24
28
44
40
UKRAINE
Transkarpatien
Wald-karpaten
Czernowitz (Tschernowzy)
Bukowina
MOLDOVA
Bessarabien
Satu Mare
Marmarosch
Suceava
Sameş
Theiß (Tisa)
Baia Mare
Moldau
Prut
Iaşi
Chişinău (Kischinew)
Tiraspol
Transnistrien
Dnjestr
UKRAINE
Odesa (Odessa)
Ostkarpaten
Moldau
Schnelle Körös
Cluj-Napoca (Klausenburg)
Bacău
Tîrgu Mureş
Mureş
Siebenbürgen
Budschak
Olt
Tirnava Mare
Mureş
RUMÄNIEN
Sibiu (Hermannstadt)
Braşov (Kronstadt)
Sereth (Siret)
Galaţi
Brăila
Petroşani
Südkarpaten
Buzău
Donau
Ploieşti
Walachei
Piteşti
Bukarest (Bucureşti)
Dobrudscha
Constanţa (Konstanza)
SCHWARZES MEER
Olt
Craiova
Donau
Ruse
Pleven
Varna
BULGARIEN
Niš
Balkan
Burgas
Sliven
Sofia (Sofija)
Stara Zagora
Maritza
Struma
Plovdiv
Pirin
Rhodopen
Edirne
ONIEN
Westthrakien
Ostthrakien
Istanbul (Istanbul)
Bosporus
Meriç
Marmarameer
Makedonien
Thassos
Samothraki
G. v. Saros
Strymonischer G.
Thessaloniki (Saloniki)
Mönchsrep. Athos
Bursa
Chalkidiki
Gökçeada
Thermaischer Golf
Dardanellen
TÜRKEI
GRIECHENLAND
Limnos
Anatolien
Lárisa
Ajios Efstratios
Thessalien
Lesbos
© Ed. Hölzel, Wien
24
28

SÜDOSTEUROPA

Herausgegeben von
Magarditsch Hatschikjan und
Stefan Troebst

SÜDOSTEUROPA

Gesellschaft, Politik, Wirtschaft, Kultur

Ein Handbuch

Herausgegeben von
Magarditsch Hatschikjan und
Stefan Troebst

Verlag C. H. Beck München

Mit 2 Karten auf den Vorsätzen

Die Deutsche Bibliothek – CIP-Einheitsaufnahme

Südosteuropa: Gesellschaft, Politik, Wirtschaft, Kultur; ein Handbuch / hrsg. von Magarditsch Hatschikjan und Stefan Troebst. – München : Beck, 1999
ISBN 3-406-45344-9

ISBN 3 406 45344 9

Satz: Fotosatz Janß, Pfungstadt
Druck und Bindung: Ebner, Ulm
Gedruckt auf säurefreiem, alterungsbeständigem Papier
(hergestellt aus chlorfrei gebleichtem Zellstoff)
Printed in Germany

Inhalt

II.
Menschen und Gesellschaften

III.
Staaten und Politik

IV.
Wirtschaft

V.
Kultur

Anhang

Tabellen im Text

Vorwort

Die historische Region Südosteuropa ist der Ausgangspunkt der geschriebenen und überlieferten Geschichte Europas. Sie steht am Beginn europäischer Geschichte, Zivilisation und Kultur und bringt einige jener Wesensmerkmale hervor, die im Laufe der Zeit zu Grundpfeilern des geistigen und gesellschaftlichen Antlitzes des ganzen Kontinents werden. Der britische Universalhistoriker Arnold Toynbee hat die Beziehung des abendländischen zum hellenischen Gesellschaftskörper mit derjenigen des Kindes zu seinen Eltern verglichen – und das trifft nicht nur auf die abendländische, sondern auf alle Formen europäischer Gesellschaftskörper zu.

Doch die Verschiebungen in der Tektonik Europas haben Südosteuropa in verschiedener Hinsicht an den Rand gedrängt und zur Peripherie werden lassen. Während die Region namentlich in der Herrschaftsperiode des Osmanischen Reiches von wichtigen Entwicklungen im übrigen Europa abgeschnitten blieb, verblaßte vor allem im Westen des Kontinents die Erinnerung daran, daß ein Teil seiner Wurzeln eben in diesem Kultur- und Geschichtsraum angesiedelt ist. Und als dieser mit der Ausgliederung aus dem Osmanischen Reich nach 1878 in seine neuzeitliche Geschichte eintrat, prägten die Auseinandersetzungen um die Abgrenzungen der jungen Nationalstaaten das Bild von einer «Krisenregion», das namentlich im Westen bis zum heutigen Tage bestimmend geblieben ist. In einigen Sprachräumen, etwa im deutschen, wurde «Balkan» zum Synonym für «Bakschisch und Blutrache» (Fritz Valjavec), also für wirtschaftliche und gesellschaftliche Rückständigkeit, babylonische Sprachverwirrung, interethnischen Hader, gewaltbereite Eliten, politische Hazardeure. Die Entwicklungen im vorangegangenen Jahrzehnt haben solchen zuvor schon verfestigten Vorstellungen noch erheblichen Auftrieb verschafft.

Nicht obwohl, sondern gerade weil sich diese Pauschalurteile und Ressentiments durchaus auf einige gegebene und nicht zu bestreitende Erscheinungen stützen können, ist es umso dringlicher, sich der Region in ihrer Gesamtheit anzunehmen, um ihrer inneren Vielfalt und Widersprüchlichkeit gerecht zu werden. Dies ist das Hauptziel des vorliegenden Handbuchs: Auskunft zu geben über die wesentlichen Bedingungen, Strukturen, Kräfte und Fragen, die Südosteuropa in Gesellschaft, Politik, Wirtschaft und Kultur prägen. Da die Region ein zusammengehöriges

Ganzes bildet, kann sie durch die Aneinanderreihung von Länderübersichten nur unzureichend erfaßt werden. Eine solche Herangehensweise würde Gefahr laufen, die einseitigen, vereinfachenden, Teilaspekte überbewertenden und letztlich verzerrenden Perspektiven zu zementieren. Folglich ist die Darstellung stets themenorientiert auf die gesamte Region bezogen. Der Untersuchungsraum ist prinzipiell das gesamte «Einzugsgebiet» der historischen Südosteuropa-Forschung, wobei die Rand- und Übergangszonen je nach Thema in unterschiedlichem Maße mit berücksichtigt werden.

Im Mittelpunkt steht das Südosteuropa der Gegenwart, das in seinem historischen Kontext und strukturellen Rahmen eingeordnet wird. Die *Einleitung (Was macht Südosteuropa aus?)* geht der Frage nach, was den Charakter der Großregion als gesonderten, zusammenhängenden Teil Europas kennzeichnet und sie von anderen Geschichtsregionen des Kontinents unterscheidet. Die Beiträge in *Kapitel I (Struktureller Rahmen und historisches Erbe)* beleuchten jene Bedingungen, geschichtlichen Abläufe und Strukturen, die für das Verständnis auch der gegenwärtigen Entwicklungen von grundlegender Bedeutung bleiben – Kulturen und Staatsbildungen, Raum und Besiedlung, die politische Entwicklung in der Neuzeit. *Kapitel II (Menschen und Gesellschaften)* nimmt sich prägender Faktoren für die Gesellschaften Südosteuropas an und erläutert ihre heutige Ausformung vor dem Hintergrund ihrer historischen Entwicklungsprozesse in der Neuzeit – Modernisierungsansätze, Bevölkerungsentwicklung und Sozialstruktur, Kirchen und Religionsgemeinschaften, Minderheiten und Nationalitätenpolitik. Die Zeit nach 1989 steht in *Kapitel III (Staaten und Politik)* im Vordergrund. Hier werden die neuen politischen und Verfassungssysteme dargestellt und verglichen, die Veränderungen in der Staatenlandschaft nach der Auflösung Jugoslawiens und die neuen außen- und sicherheitspolitischen Orientierungen skizziert. *Kapitel IV (Wirtschaft)* analysiert objektive und subjektive Kapazitäten, Potentiale und Begrenzungen für die ökonomischen Entwicklungen in der Region entlang den Wirtschaftsstrukturen, den Wirtschaftsordnungen und wirtschaftspolitischen Orientierungen sowie den außenwirtschaftlichen Veränderungen. In *Kapitel V (Kultur)* werden Themengebiete behandelt, die traditionell und gerade in Wendezeiten eine große identitätsstiftende Rolle gespielt haben und deswegen auch in ihren historischen Wirkungen vom 19. Jahrhundert bis zur Gegenwart verfolgt werden – Sprachen, Literaturen, Bildungswesen. Darüber hinaus wird der Medienbereich dargestellt, dem seit der jüngsten Wende eine größere Bedeutung zukommt. Ein statistisches Profil stellt im Anhang Grunddaten zu Fläche, Bevölkerung, Nationalitäten, Religionszugehörigkeit, Bildungsstrukturen, Währungen und wirtschaftlicher Entwicklung zusammen. Darüber hinaus ist ein Literaturverzeichnis enthalten, das vor allem unter dem Gesichtspunkt erstellt wurde, einige wichtige Hinweise für eine weiterführende Beschäftigung mit der gesamten Region und den in den einzelnen Kapiteln behandelten Themenbereichen zu liefern.

Es gehörte zu den Zielen der Herausgeber, durch das Handbuch auch der Buntheit und Vielfalt der Region gerecht zu werden. Diese spiegelt sich nicht zuletzt in unterschiedlichen Ansätzen und Auffassungen innerhalb der Südosteuropa-Forschung, bis hin zu gegensätzlichen Positionen im Grundverständnis – Primat der Zusammengehörigkeit oder der Ost-West-Spaltung – und gegenüber wichtigen Ereignissen wie etwa der Kosovo-Krise und dem Krieg im Frühjahr 1999. Es lag nicht im Bestreben der Herausgeber, solche Divergenzen zu übertünchen und eine trügerische Uniformität herzustellen. Zwar wurden für das Verständnis notwendige formale Vereinheitlichungen vorgenommen, doch blieb die inhaltliche Pluralität.

Die Wiedergabe von Orts- und Personennamen aus dem kyrillischen und griechischen Schriftbereich erfolgt in der Regel nach der wissenschaftlichen Transliteration; Ausnahmen hiervon betreffen die Fälle, in denen sich eine andere Umschrift eingebürgert hat. Die Ortsnamen werden in der landesüblichen Bezeichnung angeführt, manchmal wird in Klammern eine dem deutschen Leser vertrautere Benennung angefügt.

Zwei Farbkarten sind in diesem Handbuch wiedergegeben: vorne eine zur politischen Gliederung Südosteuropas, die auch wichtige geographische Elemente mit einbezieht, hinten eine zur ethnischen Struktur. Wir danken Univ.-Doz. Dr. Peter Jordan vom Österreichischen Ost- und Südosteuropa-Institut, Wien, für die Herstellung der beiden Karten und für die damit verbundenen Hinweise. Petra Rehder danken wir für die Verhinderung zahlreicher Fehler und für die vielen wertvollen Anregungen, die sie uns gab.

Dieses Vorwort wird in finsteren Zeiten geschrieben: Mitten in Südosteuropa herrscht Krieg. Vor allem die unmittelbar Betroffenen sind wieder einmal von entsetzlichem Leid heimgesucht. Und von den nahen und fernen Folgewirkungen ist die gesamte Region tangiert. Wie auch immer dieser Krieg ausgeht – Südosteuropa und die Südosteuropäer werden zahllose Opfer zu beklagen haben und vor neuerlichen schweren Prüfungen stehen. Wir hoffen, daß sie dabei nicht allein gelassen werden.

Köln/Berlin, im Mai 1999 *Magarditsch Hatschikjan/Stefan Troebst*

Hinweise zur Aussprache

Albanisch

c	z
ç	tsch
dh	wie stimmhaftes th im Englischen
ë	wie der dumpfe Endlaut im englischen «the»
gj	weiches dsch
q	weiches tsch
sh	sch
th	wie stimmloses th im Englischen
x	ds, wie in «Dsungarei»
xh	dsch, wie in «Dschungel»
z	stimmhaftes s, wie in «Rose»
zh	stimmhaftes sch, wie das französische j in «journal»

Bulgarisch, Kroatisch, Makedonisch, Russisch, Serbisch, Serbokroatisch, Slowenisch

ă	wie der dumpfe Endlaut im englischen «the»
c	z
ć	weiches tsch
č	tsch
dj	weiches dsch
dž	dsch, wie in «Dschungel»
ë	offenes jo, wie in «Jot»
h	ch, wie in «ach»
š	sch
šč	weiches sch
šp	schp, wie in «Sport»
št	scht, wie in «stehen»
v	w, am Wortende ff
z	stimmhaftes s, wie in «Rose»
ž	stimmhaftes sch, wie das französische j in «journal»

Griechisch

ai	ä
d	wie stimmhaftes th im Englischen
ē	i (lang)
g	vor e und i wie j, sonst g
ō	o (lang)
oi	i
ou	u
s	wie ß
th	wie stimmloses th im Englischen
y	i
z	stimmhaftes s, wie in «Rose»

Rumänisch

â	dumpfes ü (ü ohne Lippenrundung)
ă	wie der dumpfe Endlaut im englischen «the»
ce	tsche
ch	k
ci	tschi
ge	dsche, wobei das sch stimmhaft ist, wie in «Dschungel»
gi	dschi, wobei das sch stimmhaft ist, wie in «Dschungel»
î	wie â (dumpfes ü, ü ohne Lippenrundung)
j	stimmhaftes sch, wie das französische j in «journal»
ş	sch (stimmlos)
ţ	z
z	stimmhaftes s, wie in «Rose»

Türkisch

ağ	a (lang)
c	dsch, wie in «Dschungel»
ç	tsch
eğ	äj
ı	wie der dumpfe Endlaut im englischen «the»
iğ	i (lang)
ığ	dumpfes, kehliges ü (lang)
j	stimmhaftes sch, wie das französische j in «journal»
oğ	o (lang)
öğ	ö (lang)
ş	sch
uğ	u (lang)
üğ	ü (lang)
y	j
z	stimmhaftes s, wie in «Rose»

Ungarisch

a	o (kurz)
á	a (lang)
c	z
cs	tsch
cz	z
e	e (kurz, wie in «Bett»)
é	e (lang, wie in «Beet»)
gy	weiches dsch
ny	nj
ő	ö (lang)
s	sch
sz	ss oder ß
ty	weiches tsch
ű	ü (lang)
v	w
z	stimmhaftes s, wie in «Rose»
zs	stimmhaftes sch, wie das französische j in «journal»

Hinweise zu den Karten

Das Handbuch enthält die Farbkarten «Südosteuropa: Politisch-geographische Übersicht» und «Südosteuropa: Ethnische Struktur». Beide Karten wurden von Univ.-Doz. Dr. Peter Jordan vom Österreichischen Ost- und Südosteuropa-Institut, Wien, erstellt. Die Namen einiger Orte und Regionen sowie eines Staates (Moldova) sind in den beiden Karten in unterschiedlichen Formen wiedergegeben; auch haben bei zwei angegebenen Bezeichnungen für einen Ort in einigen Fällen Haupt- und Nebeneintrag die Plätze getauscht. Die Karte zur ethnischen Struktur wurde in unveränderter Fassung von einem vom Verlag Ed. Hölzel, Wien, herausgegebenen Schulatlas übernommen. Hier folgt die Kennzeichnung der Orte, Flüsse, Gebirge, Seen, Regionen und Staaten den «Vorschläge(n) zur Schreibung geographischer Namen in österreichischen Schulatlanten», herausgegeben von der Abteilung für kartographische Ortsnamenkunde der Österreichischen Kartographischen Kommission in der Österreichischen Geographischen Gesellschaft (Wien 1994). Diese Vorschläge sehen die bevorzugte Verwendung gebräuchlicher Exonyme vor, d. h. der deutschen Bezeichnungen für Objekte, die in anderssprachigen Gebieten liegen. Die Wahl der Namen in der Karte zur politischen Gliederung Südosteuropas erfolgte hingegen unter anderen Gesichtspunkten. Auf ausdrücklichen Wunsch der Herausgeber wurde hier jeweils die in der wissenschaftlichen Literatur gebräuchliche Bezeichnung verwendet, die auch in den Beiträgen wiederzufinden ist. Daher tauchen in dieser Karte sowohl Exonyme als auch Endonyme (die Namen in der jeweiligen Landessprache) auf.

Es war nicht möglich, in der Karte «Südosteuropa: Ethnische Struktur» den aktuellsten Stand wiederzugeben. Da die letzten Volkszählungen Ende der 80er bzw. Anfang der 90er Jahre durchgeführt wurden, spiegelt sie den Stand um 1990 wider. Inzwischen sind namentlich in Kroatien, Bosnien und Herzegowina, Jugoslawien und Makedonien infolge von Tötung, Flucht und Vertreibung gravierende Veränderungen in den ethnischen Strukturen eingetreten. Verläßliche Zahlen darüber oder gar neuere Volkszählungen liegen aber nicht vor. Die Karte «Südosteuropa: Politisch-geographische Übersicht» gibt den Stand der Grenzen zum 1. 1. 1999 wieder.

Abkürzungen

BIP	Bruttoinlandsprodukt
BSEC	Black Sea Economic Cooperation
CEFTA	Central European Free Trade Area
CEI	Central European Initiative
EBRD	European Bank for Reconstruction and Development
EG	Europäische Gemeinschaft
EMRK	Europäische Menschenrechtskonvention
EU	Europäische Union
EWG	Europäische Wirtschaftsgemeinschaft
FYROM	The Former Yugoslav Republic of Macedonia
GUS	Gemeinschaft Unabhängiger Staaten
IFOR	Implementation Force
IMF	International Monetary Fund
KFOR	Kosovo Force
KP	Kommunistische Partei
KSE	Konventionelle Streitkräfte in Europa
KSZE	Konferenz für Sicherheit und Zusammenarbeit in Europa
NATO	North Atlantic Treaty Organization
OECD	Organisation for Economic Co-operation and Development
OSZE	Organisation für Sicherheit und Zusammenarbeit in Europa
PfP	Partnership for Peace
PHARE	Poland and Hungary Action for the Reconstruction of the Economy
RGW	Rat für Gegenseitige Wirtschaftshilfe
SECI	Southeast European Cooperative Initiative
SFOR	Stabilization Force
SSR	Sovetskaja Socialističeskaja Respublika (Sozialistische Sowjetrepublik)
UN	United Nations
UNESCO	United Nations Educational, Scientific and Cultural Organization
UNFICYP	United Nations Peacekeeping Force in Cyprus
UNHCR	United Nations High Commissioner for Refugees
UNPREDEP	United Nations Preventive Deployment
UNPROFOR	United Nations Protection Forces
UNTAES	United Nations Transitional Administration in Eastern Slavonia, Baranja and Western Sirmium

Einleitung

Was macht Südosteuropa aus?

Magarditsch Hatschikjan

Südosteuropa ist eine der historischen Großregionen Europas. Vielfalt und Widersprüchlichkeit prägen ihr Antlitz und auch die Bilder von ihr in anderen Teilen Europas, namentlich im Westen. Daß im Südosten des Kontinents «die Wiege unserer Demokratie, unserer Lebensweise, unseres Selbstverständnisses» (Hans Hecker) und auch des Begriffs «Europa» stand, wird dabei allzuoft übersehen. In einer breiteren Öffentlichkeit festgesetzt hat sich statt dessen eine negative, von zahlreichen Trübungen und Verzerrungen durchsetzte Sicht, die in vielen entsprechenden Schlagworten ihren Niederschlag fand. Der «Balkan» selbst bekam einen pejorativen Beigeschmack, und als Umschreibungen für ihn tauchten immer wieder abwertende Kollektivurteile auf: Krisenregion, Pulverfaß, Hinterhof Europas. Im Hinblick auf die populäre Begrifflichkeit für die Region zeigen sich Anfang und Ende des 20. Jahrhunderts in geradezu erschrekkender Parallelität.

Über die räumliche und strukturelle Abgrenzung Südosteuropas herrscht keine Einigkeit. Die Auffassungen variieren sowohl je nach Fachrichtungen und nationalen Zugehörigkeiten als auch innerhalb dieser. Im folgenden geht es daher im Hauptteil um die Begriffe und Zuordnungen, mit denen die Region im Laufe der Geschichte belegt worden ist, um die verbindenden und trennenden Linien in ihr und um die Möglichkeiten und Grenzen, sie strukturell abzustecken, also die Frage zu beantworten, was sie ausmacht. Da eine Annäherung an eine europäische Teilregion ohne den Bezug zum Ganzen – Europa – unmöglich ist, umklammert dieser den Hauptteil: Zu Beginn geht es um die unterschiedlichen Begriffe und Konzepte von Europa, am Ende um deren Wirkung in der «neuen Ära» nach 1989.

Zweierlei Europa

Europa ist, so der in Düsseldorf lehrende Osteuropa-Historiker Hans Hecker, «ein fragwürdiger Begriff in doppeltem Sinne». Im buchstäblichen Sinne fragwürdig, da er sich weniger von sich aus erklärt, als vielmehr zum Fragen herausfordert. Und im übertragenen, landläufigen Sinne fragwürdig, da er oft instrumentalisiert, ja mißbraucht worden ist. Das hat auch damit zu tun, daß der Begriff und das Verständnis von Europa viel unklarer und umstrittener sind, als es auf den ersten Blick erscheinen mag.

Schon über den Ursprung des Begriffs Europa wissen wir nichts Verläßliches. Er könnte von einem phönikischen Wort abgeleitet sein, das auf eine dunkle Gegend verweist, wo die Sonne im Westen (von der Ägäis) untergeht. Er könnte auch von einem griechischen Wort abstammen, das «weite Aussicht» oder «breites Gesichtsfeld» bedeutet – womit aber noch nicht klar ist, ob dies aus dem Bezug auf das «breitgesichtige» Festland (im Gegensatz zu den Inseln) oder auf eine ebensolche, da rindviehartige Gottheit rührte. Wichtiger als die etymologische Ungewißheit ist die formale und vor allem die inhaltliche. Wir wissen nicht genau, wo Europa beginnt und wo es endet. Was gehört zu Europa? Was schließt es ein? Alle Versuche zu eindeutigen Antworten stoßen bald an ihre Schranke, die unvermeidliche Kehrseite dieser Fragen: Was gehört nicht zu Europa? Was schließt es aus?

Die Auffassungen über die Außengrenzen Europas gehen weit auseinander, ob nun Landkarten oder internationale Organisationen, Völker oder Staaten, Religionen oder Philosophien, Tradition oder Gegenwart zur Debatte stehen. Dabei verflüchtigen sich zuweilen selbst scheinbare Gewißheiten, wenn mehr als nur ein einziges Kriterium, mehr als nur eine einzige Disziplin, mehr als nur eine einzige Denkschule herangezogen werden. Wo verläuft die Westgrenze Europas? Die Antwort der Geographen fällt eindeutig aus, doch kümmert sich die «Organisation für Sicherheit und Zusammenarbeit in Europa» (OSZE) wenig um die natürliche Trennung durch den Atlantischen Ozean, und zumindest in der westeuropäischen Universalgeschichtsschreibung ist die Auffassung verbreitet, daß Europa überall dort ist, wohin die Europäer ausgewandert sind, daß etwa die Geschichte der USA ein Teil der europäischen Geschichte sei. Wo verläuft die Südgrenze? Durch das Mittelmeer, durch Zypern, durch Jerusalem, oder gar durch Marseille? Diesseits oder jenseits von Istanbul? Auf welcher Seite des Kaukasus? Die Ostgrenze schließlich ist die ohnehin umstrittenste. Zwar wird zumeist der Festlegung auf den Ural Rechnung getragen, doch kann hier weder aus geographischer noch erst recht aus historisch-politischer Sicht von einer echten, klaren Trennlinie die Rede sein. Der Ural ist keine natürliche Grenze, und die Einbeziehung der jenseits davon liegenden Territorien in den rußländischen Staatsverband hat im politisch-administrativen Sinne weiträumigere, bis Wladiwostok reichende Tatsachen geschaffen.

Woher rühren die Schwierigkeiten und Differenzen? Wer immer Europa wie immer abzustecken versucht, steht unweigerlich vor einer Entscheidung zwischen den beiden wesentlichen, konkurrierenden Europa-Konzepten, deren Grundzüge der in Wien lehrende Osteuropa-Historiker Andreas Kappeler jüngst treffend zusammengefaßt hat. Das erste Konzept, das an den Europa-Begriff der Antike anknüpft, ist umfassend angelegt und zunächst geographisch – durch die Abgrenzung gegenüber Asien und Afrika – bestimmt. Strukturell ist es von einer Symbiose gekennzeichnet, in der das geistige Vermächtnis Europas – die griechische, die römische und die jüdisch-christliche Wurzel der europäischen Kultur – mit den Traditionen der für die europäische Entwicklung prägenden Völker, namentlich des griechischen, der romanischen, der germanischen und der slawischen, zusammenkommen. Das zweite Europa-Konzept ist auf die Beschränkung hin ausgerichtet, ursprünglich religiös bzw. theologisch bestimmt und strukturell von der Gegenüberstellung der Idee vom Abendland zur orthodoxen und zur islamischen Welt geprägt. Während das erste, umfassende Europa-Konzept im Laufe der Zeit ungeachtet einzelner Ergänzungen im Kern unverändert blieb, erfuhr der zweite, engere Ansatz eine Art modernisierender Anpassung. Im Westen wurde in der Frühen Neuzeit ein eher säkularer Europa-Begriff entwickelt, der unter grundsätzlicher Wahrung seiner geistigen Abstammung nunmehr wichtige Kategorien der dort jetzt vorherrschenden politischen Philosophie (Individuum, Freiheit, Rechtsstaat etc.) in den Mittelpunkt rückte und «Europa» – genauer gesagt: seinen Erfindern, also sich selbst – die universalistische Mission der Zivilisierung der Welt übertrug. Dieser Grundriß für eine «Wertegemeinschaft» auf lateinisch-bürgerlich-rechtsstaatlicher Basis hat bis in die Gegenwart hinein die unterschiedlichen Versionen des zweiten Europa-Konzepts geprägt. Aktuell findet es seine politisch bedeutendste Ausprägung in der engen Interpretation der euroatlantischen Strukturen, die nur das heutige Einzugsgebiet der EU und allenfalls noch Mitteleuropa mit Nordamerika verbindet. Die prominenteste ideologische Unterfütterung, die allerdings nicht mehr den ursprünglichen universalistischen Anspruch teilt, lieferte der US-amerikanische Politikwissenschaftler Samuel P. Huntington in seinem Buch «The Clash of Civilizations»; danach verläuft die ausschlaggebende Trennlinie fast exakt entlang derjenigen zwischen den Einflußgebieten der Westkirchen auf der einen, Orthodoxie und Islam auf der anderen Seite.

Die Frontstellung ist von allgemeiner Bedeutung für Europa, von besonderem Belang für Osteuropa und von direktem und außergewöhnlich großem Interesse für zwei Teilregionen Osteuropas, nämlich für die hauptsächlich von den Ostslawen besiedelten Gebiete (also Rußland, die Ukraine, Weißrußland und Grenzräume in Estland, Lettland, Litauen, Polen, der Slowakei, Moldova und Zentralasien) sowie für Südosteuropa. Denn das erste, umfassende Europa-Konzept schließt diese beiden Regionen ein, das enge zweite hingegen schließt sie – mit Ausnahme der westkirchlich geprägten Teile Südosteuropas und mit Schwankungen bezüglich Teilen der Ukraine – aus. Die Auswirkungen des beschränkenden Ansatzes bekommen hauptsächlich die Ostslawen zu spüren, ob in der seriösen Form einer Geschichtsschreibung, die das Hochmittelalter unter dem Titel «Die Entstehung Europas» behandelt und sich dabei ausschließlich dem westkirchlichen Einzugsgebiet widmet, oder in der plumpen Gepflogenheit politischer Beliebigkeit, die in zyklischen Wellen, ernster Attitüde und zuversichtlicher Unkenntnis die notorische Frage wiederholt: «Gehört Rußland zu Europa?» Südosteuropa ist von diesem Phänomen ebenfalls, aber in geringerem Maße betroffen, da die Debatten hierüber sich angesichts der verzwickteren, «bunteren» Konstellationen vornehmlich in den Gefilden der Historiographie abspielen und selten in das Licht einer breiteren Öffentlichkeit gelangen. Eine der wesentlichen Ursachen hierfür ist offensichtlich. In der populären Variante des eingeschränkten Europa-Konzepts wäre die naheliegende analoge Frage: «Gehört der Balkan zu Europa?» Und ihre Antwort müßte wieder negativ ausfallen. Wie aber soll ein solcher Befund damit zu Rande kommen, daß er ausgerechnet die Heimat der Kernelemente des antiken Erbes, das «erste Europa» (Traian Stoianovich) nun aus Europa verbannt?

Diesem Problem sind andere, zwischen dem umfassenden und dem engen Europa-Begriff anzusiedelnde Konzepte weniger ausgesetzt, die strukturelle und kulturelle Dichotomien zwischen einem West- und einem Osteuropa seit dem Mittelalter konstatieren, den Alleinvertretungsanspruch Westeuropas für Europa aber ablehnen. Wenngleich auch von der abendländischen Orientierung beeinflußt, folgen sie ihr nicht uneingeschränkt, da sie nicht westeuropäischer Provenienz sind. Allerdings enthalten sie ebenfalls ausgrenzende Züge, die in erster Linie auf Rußland (und nicht auf Südosteuropa) zielen. Es ist kein Zufall, daß ihre prominentesten Repräsentanten aus Ostmitteleuropa stammen; für das 20. Jahrhundert sind hier insbesondere der (exil-)polnische Universalhistoriker Oskar Halecki und der ungarische Mediävist Jenő Szűcs zu nennen. Dabei ist Jenő Szűcs im Hinblick auf unser Thema weniger eindeutig, zumal er das Attribut «europäisch» zuweilen im strukturell-abendländischen, zuweilen im geographisch-umfassenderen Sinne verwendet. Sein wichtigstes Anliegen ist der Beleg für die kulturell-ideologische Zugehörigkeit des östlichen Mitteleuropa zum «Europa occidentalis» und – damit verknüpft – die Distanzierung Rußlands. Südosteuropa bleibt in diesen Betrachtungen weitgehend unberücksichtigt, da es nach Szűcs gegen Ende des Mittelalters «für ein halbes Jahrtausend aus den europäischen Strukturen herausfiel».

Anders, gewissermaßen expliziter, die Konstruktion Oskar Haleckis. Sie schließt die ostslawisch-russische Region – abgesehen von der Periode der Kiever Rus' – aus der europäischen Geschichte aus, während ganz Südosteuropa als integraler Bestandteil darin figuriert. Halecki unterscheidet für die Antike zwischen «Alt-Europa», das die Gebiete des Römischen Reiches umfaßt, und «Neu-Europa», das außerhalb davon liegt. In einem längeren Übergangsprozeß vollzieht sich dann eine Umstrukturierung, mit der eine partielle Verschiebung der Zugehörigkeiten einhergeht. Auf der einen Seite bildet sich um das erneuerte Westreich Westeuropa, mithin eine erweiterte Fassung der westlichen Teile von Alt-Europa. Auf der anderen Seite schließt Osteuropa die Reste des Ostreiches ein und dazu jenen Teil des Kontinents, der außerhalb jeden Reiches verblieben war, d. h. Südosteuropa sowie das östliche und das nordöstliche Mitteleuropa. In dieses Osteuropa münden also von der antiken Konstruktion her Teile sowohl Alt- als auch Neu-Europas, wobei Südosteuropa gleichermaßen das wandernde und verbindende Element darstellt. Inhaltliche Kernpunkte des Übergangsprozesses sind für Halecki Christianisierung und mittelalterliche Nationwerdung, wobei für ihn die Spaltung innerhalb des Christentums von geringerer Bedeutung ist als für Szűcs. Er weist die These von einem Dualismus, von der Wesensverschiedenheit der beiden Entitäten kategorisch zurück: «Sein» Osteuropa ist in Gänze, die griechisch-orthodoxen Teile also eingeschlossen, nicht weniger europäisch als Westeuropa. Rußland fällt in diesem Raster aus (Ost-)Europa heraus, es bildet eine eigene, nichteuropäische Größe, da für Halecki hier die Zugehörigkeit zur christlichen Welt weniger ins Gewicht fällt als die «koloniale Expansion einiger großrussischer Stämme gen Nordosten» und die vermeintlich starken und langzeitlichen Nachwirkungen asiatischer Einflüsse in der Politik und der politischen Philosophie des Zarenreiches und erst recht der bolschewistischen Sowjetunion. Es drängt sich also auch im Falle Haleckis – ähnlich wie bei Szűcs – der Eindruck auf, daß die verallgemeinernden Interpretationen vor allem in bezug auf Rußland durchaus von nationaler und ideologischer Voreingenommenheit mit beeinflußt sind.

Daß außereuropäische Kräfte in jeweils einer längeren Periode die Entwicklungen in den beiden genannten Teilregionen Osteuropas bestimmt und deren Verbindungen zum übrigen Europa unterbrochen haben, ist unstrittig; in Rußland bewirkte dies die Mongolenherrschaft (Mitte des 13. bis Ende des 15. Jahrhunderts), in Südosteuropa diejenige des Osmanischen Reiches (Ende des 14. bis Ende des 19. Jahrhunderts).

Auch sind einige Folgewirkungen nicht von der Hand zu weisen, wie sie sich etwa im Übergangscharakter des Moskauer Zartums im 16. Jahrhundert zeigten oder wie sie in dauerhaften Spuren des osmanischen Erbes in Südosteuropa noch bis zum heutigen Tag zutage treten. Schließlich ist unübersehbar, daß Rußland infolge seiner geographischen Lage und Ausdehnung eine Landbrücke zwischen Europa und Asien und somit eine Besonderheit in Europa darstellt. Das alles änderte und ändert indes keineswegs den europäischen Charakter der betroffenen Völker und Nationen, die diesen ja – teilweise ausdrücklich unter dem Banner der «Rettung Europas» – gegen die Anstürme aus Asien verteidigten. Nach deren Zurückdrängung bestand über die nun (wieder) einzuschlagende Orientierung kein Zweifel: Die Geschichte Rußlands im 17. Jahrhundert haben Generationen von Osteuropa-Historikern unter den Stichworten der «Europäisierung» und der «Verwestlichung» zusammengefaßt, die im Grunde genommen eine Re-Europäisierung unter neuen Vorzeichen darstellten, und seit der zweiten Hälfte des 17. Jahrhunderts «akkulturierte sich» (Andreas Kappeler) Rußland bewußt an das übrige Europa. Unter denselben Stichworten könnte für Südosteuropa das 19. Jahrhundert beschrieben werden, das im «Abendland» schon vorher angesichts der Bedrängung der christlichen Glaubensbrüder durch ein islamisches Reich als Teil Europas wiederentdeckt worden war.

Allerdings besteht wenig Anlaß zur Hoffnung, die Protagonisten der einschränkenden Europa-Konzepte mit solchen und anderen Hinweisen und Argumenten überzeugen zu können. Da die Kontroverse die Deutung historischer Entwicklungsstränge betrifft und deren Bündelung in übergreifende Begriffe sich nun einmal maßgeblich nach den zugrundeliegenden Kriterien ausrichtet, formiert sie sich um einen ideologischen Kern, der sich auch nach noch so eindeutiger Widerlegung unhaltbarer Behauptungen – etwa derjenigen einer seit den Mongolen vorherrschenden Dominanz des «Asiatischen» in Rußland – nicht aufweichen läßt. Wer eine bestimmte gesellschaftliche Formation, ein geschlossenes Wertesystem oder eine fest umrissene kulturelle Entwicklung als Maßstäbe im Auge hat, wird die Trennlinien hervorheben und geneigt sein, Europa als enges, statisches, ausschließliches und ausschließendes Gebilde zu definieren. Solche Modelle tendieren unweigerlich zur (Ab-)Wertung, Spaltung, Exklusion. Wer hingegen von der Gleichwertigkeit der prägenden kulturellen Traditionen Europas und der europäischen Völker ausgeht, wird Europa als umfassenden, beweglichen, einschließenden Prozeß betrachten, in dem unterschiedliche Entwicklungslinien ein inhärentes Strukturmerkmal darstellen. Nach diesem Ansatz waren und sind die verbindenden Elemente bedeutsamer als die trennenden, und die Einheit Europas wird hier nicht als (Drang zur) Uniformität verstanden, sondern als Synonym für Zusammengehörigkeit und allmähliches Zusammenwachsen.

Begriffe und Zuordnungen

Wenn sich schon, wie am Anfang dargelegt, die Außengrenzen Europas nicht exakt abstecken lassen, so bereitet der Versuch zu einer Bestimmung seiner Binnengrenzen noch weit größere Probleme. Dies gilt nicht nur, aber in besonderem Maße für Osteuropa. Im allgemeinen wird es in drei historische Großregionen geschieden – Ostmitteleuropa, Südosteuropa und die ostslawisch-rußländische Region. Manche Ansätze behandeln darüber hinaus auch Nordosteuropa als Geschichtsregion, während konzeptuelle Überlegungen zu einer Schwarzmeer-Kaukasus-Region noch in den Anfängen stecken. Sosehr sich die Unterteilung angesichts zahlreicher und vielfältiger gemeinsamer Merkmale in den einzelnen Regionen bewährt hat: Keine dieser Entitäten läßt sich eindeutig festlegen. Die unterschiedlichen Arten von Grenzen – geographische, konfessionelle, sprachliche, ethnische, kulturelle, historische, politische, sozio-ökonomische – fallen nicht zusammen, und die meisten von ihnen haben sich im Laufe der Zeit verschoben, einige mehrfach und erheblich. Was auf Europa und Osteuropa zutrifft, gilt auch für die osteuropäischen Teilregionen: Kennzeichnend ist nicht der geschlossene Raum, sondern der offene Charakter, der wechselseitige Bezug, der fließende Übergang.

Südosteuropa nimmt im Bezugsrahmen der osteuropäischen Geschichte schon dadurch eine Sonderstellung ein, daß es als einzige Teilregion Bestandteil der antiken Welt, mithin bereits vor zweitausend Jahren «geschichtlich» war. Infolge der Zugehörigkeit großer Teile der Region zu Alt-Europa, dem «ersten Europa», ist hier auch das erste nachchristliche Jahrtausend in die geschichtliche Betrachtung einzubeziehen. Im Laufe der zweiten Hälfte dieses Jahrtausends erfuhr die Region durch die Einwanderung steppennomadischer Völker und vor allem durch die Slawisierung eine deutliche Veränderung, mit der sie sich an das übrige Osteuropa anglich. Etwa vom Beginn des zweiten nachchristlichen Jahrtausends an wird sie zum Bestandteil der osteuropäischen Geschichte.

Diese historischen Wandlungen und Wanderungen sind nicht zuletzt an der Vielfalt der Namen abzulesen, mit denen die Region bzw. große Teile davon im Laufe ihrer Geschichte bedacht wurde. Doch so unterschiedlich die Bezeichnungen und die ihnen zugrundeliegenden Perzeptionen auch sind, zwei Merkmale bleiben konstant: Die Region – oder zumindest ein großer Teil von ihr – wird durchweg als zusammengehöriges Ganzes verstanden, und ihre nördlichen Abgrenzungen sind fast immer unscharf und umstritten. Hingegen besteht weitgehend Einvernehmen über die geographischen Grenzlinien im Westen, im Süden und im Osten, da Südosteuropa hier durch fünf Meere umfaßt wird – Adria, Ionisches Meer, Ägäis, Marmarameer und Schwarzes Meer.

Von der griechischen Antike an werden zwei Bezeichnungen für einen großen, oft nicht näher beschriebenen Teil der Region benutzt, die sich bis ins 15. Jahrhundert hinein halten: «Europa» und «Thrakien». «Europa» umfaßt nach den ursprünglichen Vorstellungen den mittel- und den nordgriechischen sowie den makedonisch-thrakischen Bereich. Später wird der Begriff allmählich auch auf den gesamten Kontinent bezogen, behält aber bis zum Ende des Reiches bei den byzantinischen Autoren daneben auch seine regionale Funktion bei. Ähnlich verläuft die Entwicklung des Thrakien-Begriffs, der parallel entsteht, ebenso lange verwendet wird und zeitweise ebenfalls doppelt besetzt ist: als Kennzeichnung der gesamten Region wie auch der (kleineren) römischen Verwaltungseinheit. Die Abgrenzungen der gemeinten Territorien sind zumeist unklar und häufig widersprüchlich, was auf die lücken- und fehlerhafte geographische Erfassung des Raumes zurückzuführen ist. Eindeutige Bestimmungen finden sich lediglich in bezug auf die Ägäis als Süd- und das Schwarze Meer als Ostgrenze. Demgegenüber bleibt die Ausdehnung nach Nordwesten hin meist völlig offen und verschwommen, und als Nordgrenze wird zuweilen der Haimos (der griechische Begriff für das Balkangebirge, lateinisch: Haemus), häufiger noch die Donau genannt. Dabei herrscht zeitweise die Vorstellung vor, daß diese sowohl ins Schwarze Meer als auch in die Adria münde und dadurch einen natürlichen Abschluß der Region bilde.

Bemerkenswerterweise entwickelt sich im späten Mittelalter und in der Frühen Neuzeit die auf die Region bezogene Terminologie nicht im Gleichschritt mit den deutlich erweiterten geographischen Kenntnissen. Während die geographische Nomenklatur zumeist im Rückgriff auf die römische Blütezeit der damaligen Provinzeinteilung folgt und damit gewissermaßen kleinräumiger wird, lassen die bedeutendsten kartographischen Aufnahmen keinen Zweifel daran, daß nach wie vor das Bild von einer zusammengehörigen Region vorherrscht. Deren territoriale Ausdehnung wird im übrigen – schon nach den im 15. Jahrhundert erschienenen Karten zu urteilen – ziemlich genau dem heutigen Verständnis von Südosteuropa entsprechend dargestellt, wobei auch die Unterschiede und offensichtlichen Streitfragen analog zu den heutigen verlaufen. Eine dieser Karten reicht von den Karpaten im Norden bis zum Marmara-Meer im Süden, eine andere schließt Teile von Ungarn und den Fürstentümern Moldau und Walachei ein und kennzeichnet deutlich die

Grenzen Kroatiens, Bosniens, Serbiens, Bulgariens, Albaniens und Griechenlands. Im Vergleich zu den mit «Europa» und «Thrakien» verbundenen Vorstellungen hat sich die Region insofern nach Norden und Nordwesten hin «erweitert»; die Abgrenzungen bleiben indes weiterhin unklar.

Nun ist die regionale Terminologie in der Periode zwischen dem 15. und dem 19. Jahrhundert nicht gänzlich verschwunden. In den meisten Fällen handelt es sich um einseitige Zuordnungen gemäß den Perzeptionen oder Vorlieben des jeweiligen Betrachters: So wird die Region als «hellenische», «griechische», «byzantinische», «römische», «illyrische» oder «moesische» Halbinsel apostrophiert. Von längerem Bestand bleibt allerdings nur der Begriff, der sich aus der aktuellen Zuordnung ergibt – «Europäische Türkei». Doch verliert dieser parallel zu den territorialen und politischen Einbußen des Osmanischen Reiches an Einfluß. Schließlich ist auf zwei Termini mit regionalem Bezug zu verweisen, die vorübergehend in Gebrauch sind und beide auf die einstige Zugehörigkeit der Bevölkerungen zum Römischen Reich verweisen: Von einigen westeuropäischen Reisenden wird zeitweilig «Romania» verwendet, von den Türken «Rumelien». Doch können sich auch diese Begriffe nicht durchsetzen.

In der neuzeitlichen Geschichte der Region dominieren zwei Bezeichnungen: «Balkan(halbinsel)» und «Südosteuropa». Die erstgenannte geht zurück auf den Berliner Geographen, Blindenlehrer und Germanisten Johann August Zeune, der 1808 den Begriff «Balkanhalbeiland» einführte. Dem lag der von der Antike bis ins 19. Jahrhundert hinein tradierte Irrtum zugrunde, daß das Balkangebirge («balkan» ist das türkische Wort für «bewaldeter Berg») sich über die gesamte Landmasse zwischen Schwarzem und Adriatischem Meer erstrecke – Zeune ging davon aus, daß es «bei dem kleinen Eiland Istrien mit den Alpen zusammenstößt» – und eine prägende Bedeutung für die Gesamtregion habe. (Tatsächlich teilt der 420 km lange Gebirgszug das nördliche vom südlichen Bulgarien, und er reicht in kein anderes Land hinein. Im engeren geographischen Sinne ist Bulgarien der einzige Balkan-Staat. Im Bulgarischen heißt der Gebirgszug «Stara planina», das «Alte Gebirge».) Ungeachtet dessen, daß dieser Irrtum in der zweiten Hälfte des 19. Jahrhunderts erkannt und die darauf basierende Terminologie auch entsprechender Kritik unterzogen wurde, konnte sich der Balkan-Begriff als Kennzeichnung für die Region im wissenschaftlichen und mehr noch im populären Sprachgebrauch fest etablieren.

«Südosteuropa» ist etwas jüngeren Ursprungs und entstand in der Auseinandersetzung mit dem Irrtum, aus dem der Balkan-Begriff erwachsen war. Allerdings blieb diese lange Zeit von geringer Wirkung. 1840 hatte der Geologe Ami Boué nach ausgedehnten Reisen durch die Region die bis dahin vorherrschende Vorstellung einer soliden und umfassenden Kritik unterzogen. Mehr als zwanzig Jahre später mußte der österreichische Konsul Johann Georg von Hahn, ein vorzüglicher Kenner der Region, konstatieren, daß der «Mythus einer west-östlichen Centralkette» immer noch sehr verbreitet war. Um die begrifflichen Irreführungen zu überwinden, schlug er 1861 für das «ganze Dreieck, in welches Europa gegen Südosten ausläuft», die Benennung «Südosthalbinsel» vor. Daran anknüpfend, prägte der Geograph Theobald Fischer 1893 die Bezeichnung «Südosteuropäische Halbinsel», die jedoch bis zum Ende des Ersten Weltkriegs auf wenig Resonanz stieß. Erst danach erlebte der Terminus «Südosteuropa» im deutschsprachigen Raum eine Blütezeit, da sein wertneutraler und vor allem übergreifender Charakter am besten dazu geeignet schien, den veränderten Bedingungen in der Region Rechnung zu tragen, in der die einstige Dichotomie zwischen Donaumonarchie und orientalischem Balkan in staatlicher Hinsicht überwunden war. Allerdings demonstrierte der deutsche Nationalsozialismus auch am Beispiel von «Südosteuropa», wie rasch und umfassend ein wertneutraler Begriff ideologisch usurpiert und besetzt werden kann. Infolge seiner Einfügung in die Raumordnungsideen Hitlers und entsprechender geostrategischer Erwägungen in den Publikationen auch einiger Wissenschaftler hatte er nach dem Zweiten Weltkrieg kurzzeitig eine größere Distanz und Reserviertheit zu gewärtigen. Doch mit der wachsenden zeitlichen Entfernung vom nationalsozialistischen Deutschland und vor allem mit der inhaltlichen Rückkehr zu seinem wertneutralen Kern gewann er wieder an Verbreitung und erlangte im deutschsprachigen wissenschaftlichen Bereich eine Vorzugsstellung. Allerdings bilden die deutschsprachigen Wissenschaften damit eher die Ausnahme denn die Regel. In der englisch- und der französischsprachigen Literatur wie in einigen südosteuropäischen Ländern nimmt der Balkan-Begriff mindestens eine gleichrangige Position ein.

So etablierten sich mit «Balkan(halbinsel)» und «Südosteuropa» die beiden Bezeichnungen für die Region, die auch heute noch parallel und manchmal synonym verwendet werden. Allerdings hatte sich frühzeitig eine Differenzierung dergestalt abgezeichnet, daß «Balkan(halbinsel)» ein kleineres, «Südosteuropa» ein weiter gefaßtes Gebiet meinte. Die unterschiedlichen Zuordnungen hatten und haben mit dem nach wie vor existierenden Hauptproblem zu tun, die nördlichen Abgrenzungen des jeweils gemeinten Gebiets zu bestimmen. Solange noch die irrige Vorstellung über den Balkan als Zentralkette vorherrschte, wurde der Gebirgszug als Nordgrenze der (Balkan-)Region angesehen. Nach dem Ersten Weltkrieg trat an dessen Stelle die Donau, und als nordwestlicher Abschluß fungierte nun eine Linie entlang den Flußläufen der Donau, der Save und der Kupa, wobei die Frage der Weiterführung dieser Linie bis zur Adria (bis zum heutigen Tage) gänzlich offenblieb. Dagegen bezog sich der Südosteuropa-Begriff von Beginn an auf eine größere Entität, für die auch die Bezeichnung «Balkan-Donau-Raum» verwendet wird. Da zu ihrer Eingrenzung nicht nur und nicht einmal hauptsächlich geographische Kriterien heranzogen wurden, bereitete diese noch mehr Probleme. Insgesamt gewann ein Verständnis von Südosteuropa das Übergewicht, dessen nördliche Abgrenzungen in geographischen Kategorien ungefähr folgendermaßen verlaufen: von der nördlichen Adria über die Ostalpen und die Westkarpaten zum Dnjestr und diesen entlang bis zur Einmündung ins Schwarze Meer.

Beide Perzeptionen sind bis zum heutigen Tage umstritten geblieben, und insbesondere das umfassende Südosteuropa-Konzept ist in den 90er Jahren Gegenstand neuer, ernstzunehmender Kritik geworden. Dennoch repräsentieren sie die Hauptströmung und geben so gewissermaßen die gegenwärtig mehrheitlich vertretene Konvention wieder. Danach umfaßt die Balkanhalbinsel, in Kategorien der heutigen Staatenstruktur formuliert, Teile Kroatiens, Bosnien und Herzegowina, Jugoslawien (ohne die Vojvodina), Makedonien, Bulgarien, Albanien, Griechenland, den europäischen Teil der Türkei und aus dem rumänischen Staatsverband lediglich die Nord-Dobrudscha. Südosteuropa schließt darüber hinaus die ehemaligen Länder der Stephanskrone samt der Nebenländer und die früheren rumänischen Fürstentümer Walachei und Moldau einschließlich Bessarabiens ein – außer den erwähnten Bestandteilen der Balkanhalbinsel also noch die Slowakei, Ungarn, Slowenien, die übrigen Teile Kroatiens, die Vojvodina, Rumänien und Moldova. Daneben sind einige Teilregionen aus anderen Staatsverbänden zu nennen, die zumindest zum Einzugsbereich Südosteuropas zählen: die nördliche Bukovina und Transkarpatien, beide in der Ukraine, sowie die slowenischen Siedlungsgebiete in Österreich. Schließlich ist Zypern gesondert anzuführen, das nach einigen Kriterien sogar der engeren Balkan-Region zuzuschlagen wäre, in jedem Fall aber zu Südosteuropa gehört.

Trennendes und Verbindendes

Wie die Geschichte der Bemühungen um eine einheitliche Kennzeichnung der Region belegt, ist das Konzept von Südosteuropa – im Unterschied zu demjenigen von Ostmitteleuropa, das sich erst im 19. Jahrhundert als Ergebnis einer wachsenden Beschäftigung mit der West-Ost-Dichotomie in Europa und mit den eigenen Zwischenpositionen herausbildete – weder neu noch seiner Genese und Entwicklungsgeschichte nach eindeutig an *ein* übergeordnetes Schema gebunden. Die begrifflichen Differenzen und Unsicherheiten haben hier nicht nur damit zu tun, daß die Trenn- und Verbindungslinien je nach Kriterium unterschiedlich verlaufen, was in Ostmitteleuropa nicht anders ist, sondern auch und vor allem damit, daß sich weder der Primat eines einzelnen Abgrenzungskriteriums oder eines Kriterienbündels noch derjenige eines bestimmten Gliederungsmodells – wie im Falle Ostmitteleuropas der West-Ost-Gegensatz – durchsetzen konnte.

Wenngleich den einzelnen Abgrenzungskriterien unterschiedliche Bedeutung zukommt, ist es sinnvoll, zunächst einen Überblick über die Erklärungskraft der wichtigsten unter ihnen in bezug auf die Balkan- und die südosteuropäische Region zu geben, um sie danach abzuwägen und ins Verhältnis zueinander zu setzen. Dabei fällt die Auswahl nicht schwer, da in den Debatten um die Eingrenzung (nicht nur) dieser Region stets folgende Kriterien eine Rolle gespielt haben und immer noch spielen: Geographie, Sprachen/Ethnien, Glaubensgemeinschaften, sozioökonomische Strukturmerkmale, Kulturlandschaften und historische Entwicklungsmuster von Gesellschaft und Politik.

Die naturlandschaftlichen und topographischen Gegebenheiten bieten im Hinblick auf die Abgrenzungen im Norden allenfalls einige Anhaltspunkte und stehen einer regionalen Einheit insgesamt entgegen. Abgesehen davon, daß die für die Balkanhalbinsel als nördlicher Abschluß gewählte Linie Donau-Save-Kupa in kultureller und wirtschaftlicher überhaupt keine und in historischer, ethnischer und staatlich-territorialer Hinsicht nicht immer eine Grenze bildet, sprechen ihr auch zahlreiche Geographen eine funktionelle Kraft ab. So endet das Pannonische Becken nicht an Save und Donau, sondern stülpt sich über die rechten Seitenränder weit nach Süden ein, und die Donau durchschneidet an verschiedenen Stellen gleichgeartete Gebirgstäler und einheitliche Becken. Ähnliches gilt für die bevorzugte und ebenfalls schon erwähnte Kennzeichnung der Nordgrenze Südosteuropas, wenngleich hier einige geomorphologische Gegebenheiten für die gewählte Linie sprechen. Eine gewisse einende Form ergibt sich hier durch die vom östlichen Fuß der Karpaten bis zum Mittelmeer umfaßten Beckenlandschaften. Allerdings sind sowohl im Nordwesten (Wiener Becken und die ostalpine Rand- und Vorlandzone) wie auch im Nordosten (das moldauisch-bessarabische Gebiet) offene Übergangsgürtel kennzeichnend, und der Karpatenbogen im nördlichen Zentrum, der die Slowakei, Ungarn und Transsilvanien (Siebenbürgen) umschließt, trennt auch ethnische, wirtschaftliche und staatliche Einheiten. Letzteres gilt im übrigen auch für alle anderen großen Gebirgszüge in der Region (das Dinarische Gebirge, das Pindos-Gebirge, das Balkan-Gebirge, die Rhodopen). Räumlich läßt sich also weder die kleinere Balkan- noch die umfassendere südosteuropäische Region nach Norden, Nordwesten und Nordosten hin eindeutig abgrenzen. Noch weniger kann in beiden Fällen von einer geographischen Einheit die Rede sein. Die Vielzahl von Gebirgen, die Zerrissenheit des Reliefs, die zumeist scharfe Abgrenzung der Bassins und Flußläufe von der gebirgigen Umgebung haben zur Entstehung zahlreicher zerstückelter, «verkammerter» Siedlungszonen geführt, denen es an naturgegebenen Anreizen für einen engeren Zusammenschluß mangelt. Diese kleinräumige Prägung hat kontinuierlich auseinanderstrebende Tendenzen ebenso gefördert wie umfassendere Ansätze behindert. Wenngleich raumübergreifenden Herrschaftsbildungen stets nur eine relativ kurze Lebensdauer beschieden war, bleibt bemerkenswert, daß in verschiedenen historischen Epochen auch von innen her immer wieder Versuche dazu unternommen wurden. Für das Mittelalter sind hier vor allem die beiden sogenannten bulgarischen Reiche und das serbische Großreich zu nennen, für die Neuzeit die beiden sehr unterschiedlichen jugoslawischen Staatsverbände von 1918–1941 und von 1945–1991.

Die Gliederung nach sprachlich/ethnischen Kriterien fällt doppelgesichtig aus, je nachdem, ob die südslawischen Völker eher als zusammengehörendes Ganzes oder aber vornehmlich unter den Gesichtspunkten ihrer ethnisch-sprachlichen Schichtung und der national(staatlich)en Absonderungsprozesse behandelt werden. Zu den Südslawen zählen die Bulgaren, die Makedonier, die Serben, die Montenegriner, die Kroaten und die Slowenen; bosnische Muslime, Pomaken, Torbeschen, Sandžak-Muslime u. a. sind slawophon und muslimisch, ihrer ethnischen Herkunft nach sind die Bosnier mindestens sehr eng verwandt mit den Serben und vielleicht auch mit den Kroaten, die Pomaken mit den Bulgaren, die Torbeschen mit den Makedoniern. Das kompakte, bananenförmig vom Schwarzen Meer bis über Slowenien ins südöstliche Österreich reichende Siedlungsgebiet der Südslawen bildet gleichsam die Achse der Region. In Südosteuropa stellen sie rund 35, auf der Balkanhalbinsel etwas mehr als 60 Prozent der Bevölkerung. Historisch betrachtet, hat dieser Umstand eine einigende Rolle gespielt und auch auf die Region insgesamt ausgestrahlt, was sich nicht zuletzt in der relativ engen Verbindung der einschlägigen Historiographie mit der Slawistik widerspiegelt. Allerdings beschränkt sich natürlich die Geschichte Südosteuropas nicht auf die Geschichte der Südslawen. Neben diesen haben in der gesamten neuzeitlichen Entwicklung vor allem sechs weitere ethnische Großgruppen das Antlitz der Region geprägt, von denen vier ebenfalls in weitgehend kompakten Siedlungsgebieten ansässig sind: die Griechen und die Albaner im Südwesten, die Rumänen und die Ungarn im mittleren und nördlichen Teil. Verstreut sind dagegen die Siedlungsgebiete der Türken außerhalb der Türkei, von denen sich die größten in Bulgarien und in den südlichen Teilen des früheren Jugoslawien befinden, sowie diejenigen der Roma, die sich über die gesamte Region erstrecken. Darüber hinaus sind noch die Armenier zu nennen, die im Gefolge der Massaker in der Türkei Ende des 19. Jahrhunderts und namentlich nach den Massenvernichtungen im Jahre 1915 in größerer Zahl nach Südosteuropa kamen; sie sind in fast allen Staaten der Region vertreten und vornehmlich in den größeren Städten ansässig. Zwei Ethnien, die über Jahrhunderte hinweg eine bedeutende Rolle in der Region gespielt hatten, verloren diese mit der nationalsozialistischen Aggression: die Juden zumeist durch Vernichtung während des Kriegs und Auswanderung unmittelbar nach Kriegsende, die Deutschen zumeist durch Vertreibung und Auswanderung nach 1945.

Wenn man Südosteuropa heute in ethnisch-sprachlicher Hinsicht nach Familien und nicht nach deren einzelnen Verzweigungen unterteilt, ähnelt es also nicht «durchschossener Seide» (Arnold Toynbee), sondern einem Flickenteppich mit fünf größeren Flicken (Südslawen, Griechen, Albaner, Rumänen, Ungarn), einigen kleineren und zumeist verstreuten Punkten (Türken, Roma) sowie sehr vielen einzelnen Sprenkeln. Insofern bedarf das häufig verwendete Wort von der «Gemengelage» zumindest einer Relativierung. Eine solche war bis in die zweite Hälfte des vergangenen Jahrhunderts hinein kennzeichnend für die gesamte Region, doch hat sich ihre neuzeitliche Ausprägung infolge der Tendenz zur ethnischen Homogenisierung gewandelt. Migration und Assimilation hatten zuvor schon häufig zu Verschiebungen der Siedlungsräume geführt, allerdings in unterschiedlichen Richtungen und Auswirkungen. Nun sorgte der Trend zur Homogenisierung für eine deutliche Abnahme der Überlappungen von Siedlungsgebieten, aber er machte sich nicht nur im Verhältnis zwischen den «Flicken», sondern auch innerhalb der südslawischen «Familie» selbst zusehends stärker bemerkbar. So förderte er generell die intra-ethnische Vereinheitlichung, im Hinblick auf die Konstellationen unter den Südslawen aber die Zersplitterung, wobei in diesem Fall sprachliche Nähe oder sogar Einheit und ethnische Verwandtschaft gegenüber kulturellen und konfessionellen Aspekten in den ethnischen Selbstdefinitionen zurücktraten. Daher hat sich ein Widerspruch aufgetan: Historisch von sprachlich-ethnischer Pluralität und Auffächerung gekennzeichnet, tendiert die Region in der neuzeitlichen Entwicklung zu Singularisierung und Verblockung. Es ist charakteristisch, daß historisch gewachsene ethnische Verbindungslinien wie die im kroatisch-bosnisch-serbischen Raum, im (bulgarisch-türkisch-pomakisch besiedelten) Südosten Bulgariens oder im rumänisch-magyarisch-deutsch geprägten Siebenbürgen entweder durchschnitten oder infolge von Auswanderung und ethnisierender Blockbildung ausgedünnt worden sind. Parallel dazu geht die traditionell weit verbreitete Zwei- oder Mehrsprachigkeit deutlich zurück.

Unter dem Gesichtspunkt der Glaubensrichtungen ist Südosteuropa mindestens ebenso vielfältig wie unter demjenigen der Sprachen und Ethnien. Alle drei Religionen, die in der Geschichte Europas eine wichtige Rolle gespielt haben und noch spielen – das Christentum, das Judentum, der Islam – haben sich hier in größerem Maßstab verbreitet und Wurzeln gefaßt, was in dieser umfassenden Kombination in keiner anderen europäischen Region geschehen ist. Historisch prägend war und blieb das Christentum, wenngleich die vier bis fünf Jahrhunderte währende Herrschaft des Osmanischen Reiches in weiten Teilen der Region auch in dieser Hinsicht für eine Unterbrechung sorgte, dem Islam unter einigen Bevölkerungsgruppen (Bosniern, Albanern, Pomaken) zum Durchbruch verhalf und nicht zuletzt dadurch dauerhafte Spuren hinterließ. Die südosteuropäischen Christen wiederum, d. h. die Griechen, die Rumänen, die Ungarn und die meisten Südslawen, wurden durch das Schisma von 1054 geteilt. Seitdem trennt eine weitgehend stabile konfessionelle Grenze die Region: Die im Nordwesten siedelnden Ungarn, Slowenen, Deutschen und Kroaten sind vorwiegend römisch-katholisch, die im Südosten lebenden Griechen, Rumänen, Bulgaren, Serben, Montenegriner und Makedonier vorwiegend orthodox. Die Konfessionsgrenze verläuft also deutlich weiter südöstlich als die ethnisch-sprachliche.

Die religiösen und die konfessionellen Abgrenzungen haben in der Geschichte Südosteuropas eine einflußreiche Rolle gespielt. Sie wirkten etwa in die Auseinandersetzungen zwischen den christlichen Völkern der Region und dem Osmanischen Reich hinein, erwiesen sich bei den modernen Nationenbildungsprozessen von Kroaten und Serben als der ausschlaggebende Aspekt und bestimmten noch in der jüngsten Vergangenheit den Linienverlauf bei der faktischen Dreiteilung von Bosnien und Herzegowina. Auch kamen und kommen sie äußerlich wie innerlich zum Ausdruck: durch unterschiedliche Schriftzeichen bei den Südslawen (lateinisch im westkirchlichen, kyrillisch und auch griechisch im orthodoxen Bereich), durch Tendenzen zur Gleichsetzung von Slawentum und Orthodoxie bei manchen Protagonisten des Panslawismus, durch die Neigungen in den christlichen Kirchen, sich selbst als «Vormauer der Christenheit» aufzufassen, was im ostkirchlichen Bereich auf den Gegensatz zum Islam, im westkirchlichen auf denjenigen sowohl zur Orthodoxie wie auch zum Islam abhebt. Es ist indes einschränkend darauf hinzuweisen, daß Bekenntnisse und Kirchen hauptsächlich über ihre mittelbaren geistigen und kulturellen Ausstrahlungen auf andere – gesellschaftliche, geistige, sozio-politische – Entwicklungen nachhaltige Wirkungen gezeitigt haben. Theologische und dogmengeschichtliche

Differenzen haben im Bewußtsein der südosteuropäischen Christen nur geringe Auswirkungen gehabt, zumal vom Standpunkt der Theologie und selbst der kirchlichen Organisation aus betrachtet die Unterschiede zwischen Katholizismus und Orthodoxie erheblich geringer sind als diejenigen zwischen Katholizismus und Protestantismus. Hinzu kam, daß die Konfessionsgrenze sich vor allem im Bereich der Hochkultur niederschlug, während die Volkskulturen anderen Linien folgten, aus denen sich erhebliche, über die Kirchenteilung(en) hinausgreifende Verbindungen und Überschichtungen ergaben. Sie wirkte allerdings in einen weiten Bereich geistiger und gesellschaftlicher Entwicklungen hinein und beeinflußte dadurch die Herausbildung unterschiedlicher Ausprägungen von Herrschaftssystemen, politischen Philosophien, Rechtsverständnissen und letztlich auch von sozialen Schichtungen und sozio-ökonomischen Entwicklungswegen. Hierauf wird noch ausführlicher einzugehen sein.

Was die sozio-ökonomischen Entwicklungen anbelangt, so hat Jenő Szűcs auf die in dieser Hinsicht für das neuzeitliche Europa markanteste Trennlinie hingewiesen, die den Kontinent ab etwa 1500 teilte. Bemerkenswerterweise entsprach ihr Verlauf ziemlich genau der östlichen Grenze des karolingischen Reichs um 800, und in der zweiten Hälfte des 20. Jahrhunderts sollte die politische Scheidelinie zwischen West und Ost fast exakt mit ihr zusammenfallen: vom Unterlauf der Elbe und der Saale in Richtung Süden, entlang der Leitha und dann des westlichen Randes des einstigen Pannonien. Westlich davon setzte in der Frühen Neuzeit ein Prozeß sozio-ökonomischer Dynamik ein, dessen Boden durch die vorangegangene Agrarrevolution, die demographische Explosion und den Übergang zur Stadtwirtschaft als dem Gravitationspunkt der Struktur bereitet worden war und der dann die Herausbildung der Stände und namentlich des Bürgertums vollendete. Im Osten hingegen setzte sich in Ermangelung solcher Entwicklungen oder infolge allenfalls schwacher Ansätze dazu eine relative ökonomische Rückständigkeit fest. Dabei war die Kluft, die den Südosten Europas vom Westen trennte, während der Herrschaft des Osmanischen Reiches besonders ausgeprägt, da hier analoge Prozesse noch über weitere dreieinhalb Jahrhunderte hinweg verhindert wurden und hernach unter entsprechend beeinträchtigten Bedingungen stattfanden. Innerhalb Südosteuropas wiederum war im allgemeinen ein Nord-Süd-Gefälle auszumachen, wobei die intra-regionalen Unterschiede geringer waren als diejenigen zwischen den wirtschaftlich entwickeltsten Teilen der Region und dem westlichen Durchschnitt. Die Trennlinie blieb bis in die Gegenwart hinein weitgehend stabil. Ein interessantes Abbild dessen bietet eine Übersicht des US-amerikanischen Wirtschaftswissenschaftlers Marvin Jackson, der die Entwicklung des Bruttoinlandsproduktes pro Einwohner im 20. Jahrhundert am westeuropäischen Durchschnitt gemessen hat. Die Ergebnisse der südosteuropäischen und zum Vergleich auch die der ostmitteleuropäischen Staaten fielen folgendermaßen aus:

Bruttoinlandsprodukt (BIP) pro Einwohner in südost- und ostmitteleuropäischen Staaten in Relation zum westeuropäischen Durchschnittswert, 1913–1992

	1913	1929	1950	1973	1992
Mittelwert in Westeuropa	100	100	100	100	100
Griechenland	47	55	35	67	59
Türkei	28	22	24	23	25
Bulgarien	34	27	30	45	23
Jugoslawien	41	31	28	36	22
Rumänien	41	26	21	30	15
Ungarn	60	57	45	48	32
Tschechoslowakei	60	70	64	60	39
Polen		49	44	46	27

Nach den bisher erörterten drei Kriterienbündeln könnten im Nordwesten Südosteuropas zwei Abgrenzungslinien gezogen werden: eine in den südöstlichen Grenzgebieten Österreichs und in der südlichen Slowakei gelegene nach den sozio-ökonomischen und den sprachlich-ethnischen Merkmalen, eine deutlich weiter im Süden befindliche, durch Bosnien und Herzegowina, Nord-Serbien und Rumänien verlaufende nach den konfessionellen. Diese Linien wären schon in sich nicht eindeutig, da sie selbst bei akkuratester Differenzierung zahlreichen kleineren und größeren Überschneidungen, Vermischungen und Überschichtungen nicht Rechnung tragen könnten. Noch komplizierter wird das Bild, wenn zwei andere, umfassendere Kategorien herangezogen werden – Gesellschaft und Kultur.

Es wurde bereits angesprochen, daß die Konfessionsgrenze nicht allein und nicht einmal hauptsächlich als solche, sondern vielmehr durch ihre weit über den Bereich der unmittelbar religiösen und kirchlichen Angelegenheiten hinaus in Kultur, Gesellschaft und Staat reichenden Ausstrahlungen eine bedeutende Rolle erlangt hat. Während über den Sachverhalt selbst und die wichtigsten Symptome dafür weitgehend Einigkeit besteht, bleibt die Frage umstritten, ob sich hierin kulturprägende und strukturgeschichtliche Determinanten spiegeln, die seit dem Mittelalter relativ eindeutige und konstante Bruchlinien ziehen und bis in die Gegenwart hinein die Entwicklungspfade vorzeichnen. Die Gegenüberstellung eines byzantinisch-orthodoxen Europa und eines okzidentalen Europa weist in der Tat auffällige Korrelationen zwischen gesellschaftlichen, geistigen, sozio-politischen Entwicklungen und Konfessionsgrenze auf. In vergröbernden Stichworten zusammengefaßt: Hier die Verknüpfung von ein- und letztlich untergeordneter Kirche und kaiserlicher Herrschaft (Cäsaropapismus), dort die Trennung von geistlicher und weltlicher Macht; analog dazu die Vereinnahmung der Gesellschaft durch den Staat und damit die Neigung zur verstaatlichten Gesellschaft im Osten, eine über mannigfache lokale Autonomien und Freiheiten sich entwickelnde Dualität von Staat und Gesellschaft im Westen; auf der einen Seite die Aushöhlung des römischen Rechts (paradoxerweise dort, wo es kodifiziert worden war), auf der anderen das römische Recht als Basis. Vor diesem Hintergrund streben die Entwicklungen im Mittelalter auseinander: Westlich der Konfessionsgrenze formen sich in einem längeren Prozeß Elemente und Grundlagen für Gesetzlichkeit (zu der das Lehnswesen eine wichtige Vorstufe bildet), Rechtsstaatlichkeit, Gewaltenteilung, Eigentumsrechte, moderne Wissenschaftlichkeit und neuzeitliche Institutionen; Stadtrecht, Stadtwirtschaft und die Herausbildung der Stände kündigen auch die sozial-ökonomischen Konturen des neuen Zeitalters an. Im orthodoxen Europa verbreiten sich diese Elemente und Entwicklungen durchweg mit – teilweise erheblicher – zeitlicher Verzögerung, meist nur partiell und in rudimentärer Form und unter deutlich differierenden, häufig hinderlichen Bedingungen.

Haben wir es also mit zwei Modellen zu tun, hier dem byzantinisch-orthodoxen, dort dem okzidentalen, die die Ausprägungen von Gesellschaft, Politik, Wirtschaft und Kultur grundsätzlich bestimmen und eine Art Richtlinienkompetenz für sich in Anspruch nehmen können? Resultiert daraus eine unvermeidliche Dichotomie: auf der einen Seite – im Osten – Verharren und Abgeschlossenheit, auf der anderen – im Westen – Dynamik, Offenheit, Pluralität und Fortschrittsgedanke? Und stehen Modelle und Auswirkungen letztlich in kausalem Zusammenhang mit der Konfessionsgrenze? So unbestreitbar und eindrücklich die Korrelationen auch sind, so fragwürdig bleibt das einseitige, monokausale Erklärungsmuster. Zum einen sprechen gegenläufige Entwicklungen auf beiden Seiten der Konfessionsgrenze gegen einfache Zuordnungen: Im lateinischen Europa haben sich die «westlichen» Grundmerkmale und Werte weder gleichmäßig noch gleichzeitig entfaltet, und in Teilen des orthodoxen Europa hielten einige von ihnen Einzug, lange bevor sie in einzelnen Gebieten des «Westens» Fuß faßten. Zum zweiten haben sich Bruch- und Verbindungslinien in verschiedenen Perioden und Milieus oft dem vermeintlichen Primat der Konfessionsgrenze entzogen, sei es im Alltagsleben in den ethnisch, religiös und konfessionell gemischten Regionen, in den händlerischen und handwerklichen Milieus oder in den Kämpfen der christlichen Völker Südosteuropas gegen das Osmanische Reich. Zum dritten und vor allem führt das dichotomistische Schema durch seine in doppelter Hinsicht einseitige Orientierung zu einer unvermeidlichen Verzerrung der Relationen. Da das zugrundeliegende

Konstrukt einseitig auf die Bruchlinien und auf *ein* Grundmerkmal hin zugeschnitten ist, wird den vielfältigen Verwebungen und Überschichtungen, die sich trotz, neben und mit den Differenzierungen ergeben haben und weiterhin ergeben, allenfalls eine Nebenrolle zugebilligt. Die dieser Perspektive innewohnenden Defizite belegt vielleicht am deutlichsten der Blick auf die Kulturlandschaften.

Unter Geographen und Volkskundlern herrscht bezüglich der Gliederung Südosteuropas nach Kulturzonen häufig keine Einigkeit. Manche teilen die Region in drei oder vier große Areale, manche in zwei große und vier Randzonen, manche in zahlreiche mittlere, einzelne gar in elf Kulturräume; dementsprechend variieren auch die jeweiligen Ausmaße. In einem Punkt allerdings sind keine Unterschiede auszumachen: Nicht ein einziger Vorschlag geht davon aus, daß sich die Grenzen der Kulturzonen mit der Konfessionsgrenze decken oder von ihr ableiten lassen. Der Münchener Ost- und Südosteuropa-Historiker Edgar Hösch hat, anknüpfend an die bahnbrechenden Arbeiten des serbischen Geographen Jovan Cvijić und einige weiterführende volkskundliche Überlegungen zur Kulturtypologie (Alois Schmaus, Josef Matl, Milovan Gavazzi), eine kulturräumliche Gliederung nach vier sich hervorhebenden Zonen vorgenommen:

- der Zone der balkanisch-byzantinischen Zivilisation mit stark orientalischem Einschlag in den verkehrserschlossenen kontinental- und ostbalkanischen Gebieten, wo sich die Welt des balkanischen Kleinbürgers und der typischen türkischen Landstadt findet;
- der Zone des patriarchalischen Regimes in den Hochregionen der westlichen Balkanhalbinsel mit einem ausgeprägten Sozialtypus und einem prononciert männlich-heroischen Lebensideal;
- der Zone der italoslawischen Adriakultur entlang der Küste;
- der mitteleuropäischen Kulturzone im pannonischen Raum, die die Balkanhalbinsel mit Zentraleuropa verbindet.

Unabhängig davon, ob dieser oder ein anderer Gliederungsansatz bezüglich der Kulturzonen gewählt wird: Ihre Umrisse verlaufen in keinem Fall analog zu den ethnischen, den religiösen, der konfessionellen, schon gar nicht analog zu den staatlichen Grenzen. Mehr noch: Die Kulturlandschaften selbst sind nicht als starre, eindeutig abgrenzbare Einheiten anzusehen, sondern vielmehr als flexible Bezugsgrößen, die infolge der grenzenüberschreitenden sozio-kulturellen Bewegungen einem ständigen Wandel unterliegen. Im übrigen ist nicht nur die Region als Ganzes von einer Vielfalt an Kulturräumen geprägt. Kein einziges Land, keine einzige Gemeinschaft ist in dieser Hinsicht eindimensional, überall sind Elemente mehrerer der bedeutendsten Kulturzonen auszumachen. Besonders deutlich tritt die Mannigfaltigkeit, Buntheit und Vermischung in der Volkskultur zutage. Zahlreiche Migrationen und Verpflanzungen ganzer ethnischer Gruppen und die damit einhergehenden Diffusions- und Assimilationseffekte haben vor dem Hintergrund einer fast permanenten politischen und kulturellen Überschichtung (Gräzisierung, Romanisierung, Slawisierung, Germanisierung, Türkisierung, Russifizierung, Amerikanisierung usw.) eine «eurasische Fluktuation, also das Ineinanderfließen und wechselseitige Durchschichten, Durchdringen und Verschmelzen abendländischer und byzantinischer, europäischer und orientalischer Kulturelemente und Formen» (Josef Matl) hervorgebracht. Versuche zu Grenzziehungen sind daher gerade hier wenig hilfreich. Es ist nicht die Trennung, die für die Kultur und namentlich die Volkskultur in Südosteuropa kennzeichnend ist, sondern die Begegnung, die Verbindung, die Überlagerung.

Bewegliche Symbiose: Kern- und Übergangszonen

Die je nach Kriterium divergierenden Linien der Außen- und Binnengrenzen Südosteuropas ziehen unweigerlich ein schwerwiegendes Legitimationsproblem für jedes Südosteuropa-Konzept nach sich. Es ist daher kein Wunder, daß die Debatten hierüber eine lange Tradition haben und nicht abreißen. In ihrem Zentrum stehen die Fragen: Welches sind die charakteristischen strukturellen Merkmale Südosteuropas, die es von anderen europäischen Regionen unterscheidbar macht? Was macht die Eigenheit der Region aus? Was gibt Anlaß dazu, sie als zusammengehöriges Ganzes zu betrachten?

In der zeitgenössischen deutschsprachigen Ost- und Südosteuropaforschung sind hier von den Grundzügen her zwei unterschiedliche Ansätze auszumachen. Der eine, lange Zeit hindurch deutlich vorherrschende, knüpft an die Orientierungen der Zwischenkriegszeit an und plädiert für ein umfassendes Regionalkonzept. Als Begründung hierfür hat der Südosteuropa-Historiker Mathias Bernath 1973 in einer prägnanten Zusammenfassung angeführt, daß «die für Südosteuropa typische Pluralität in Hinsicht der landschaftlichen Verklammerung, der sprachlichen und ethnischen Auffächerung, des kulturellen und sozialen Formenreichtums eine unverwechselbare südosteuropäische Physiognomie herausmodelliert hat». Darüber hinaus habe «der Geschichtsablauf in dem zwischen gegensätzlichen welthistorischen Zentren ausgespannten Südosteuropa eine Art ‹Geschehenseinheit› ... entstehen lassen», wobei zwischen Rom und Byzanz, zwischen Habsburg und den Osmanen, zwischen den hegemonialen Ansprüchen der neuzeitlichen Großmächte in Ost und West «Südosteuropa unverändert und als Ganzes ein Objekt der Weltgeschichte» gewesen sei und weiterhin sei. Insofern vollziehe sich die südosteuropäische Geschichte, nach Bernath «unvergleichbar mit den historischen Potenzen Zentral- und Osteuropas», von Beginn an auf zwei Ebenen – einerseits auf der Ebene supranationaler, hegemonialer Einwirkung von außen, andererseits auf der Ebene regionaler und volksgeschichtlicher Abläufe. Als weitere Unterscheidungsmerkmale gegenüber anderen osteuropäischen Regionen führt er die Buntheit der Völkerkarte und die eigentümliche ethnische, soziale und konfessionelle Durchmischung sowie die spezifische kulturelle Entwicklung infolge der Durchdringung mit byzantinischen, okzidentalen und orientalischen Elementen an. «Es sind jedoch nicht nur die einzelnen Elemente und Faktoren an sich, sondern es ist die eigentümliche Legierung, welche diese Elemente hier eingegangen sind, was uns berechtigt, von einer historisch-kulturellen Einheit in der Vielfalt Südosteuropas zu sprechen.»

Der andere Ansatz ist unter den Ost- und Südosteuropa-Historikern erst in der jüngsten Vergangenheit wieder stärker zutage getreten. Auch er knüpft an frühere Forschergenerationen an, und zwar vor allem an diejenigen, unter denen die Auffassung dominierte, daß der Ost-West-Gegensatz als unmittelbare oder mittelbare Folge aus der konfessionell-kulturellen Spaltung mindestens eine hervorgehobene, wenn nicht ausschlaggebende Rolle in der europäischen Geschichte gespielt hat. Der in Berlin lehrende Südosteuropa-Historiker Holm Sundhaussen hat 1998 die wichtigsten Argumente zugunsten des von der Dualismus-These getragenen Konzepts zusammengefaßt. Danach sind Politik, Gesellschaft, Wirtschaft und Kultur über Jahrhunderte hinweg durch die divergierenden Modelle von Byzanz und Abendland, Konstantinopel und Rom geprägt worden. Wer die Geschichte der Stadt, des Adels und des Bürgertums, der neuzeitlichen Institutionenbildung, der Aufklärung, des Absolutismus oder die Bildungsgeschichte im europäischen Vergleich studiere, stoße ungeachtet räumlicher Überschneidungen und gleitender Übergänge immer wieder auf die Trennungslinie zwischen Orthodoxie und Westkirchen. Diese wiederum habe sich zwar an einigen Stellen manchmal west- und dann wieder ostwärts verschoben, doch habe sich ihr «Hauptbett» eben als erstaunlich konstant erwiesen. Folgerichtig plädiert Sundhaussen dafür, den historischen Osteuropa-Begriff auf den byzantinisch-orthodoxen Kulturraum zu beschränken und diesen in zwei Subregionen zu untergliedern, die ostslawisch-rußländische und die Balkan-Region. Dementsprechend sollte der auf eine weiter gefaßte Entität zielende Südosteuropa-Begriff fallengelassen oder nur noch zur Kennzeichnung der engeren Balkan-Region verwendet werden. Zu ähnlichen Resultaten – mit einer allerdings anderen, den Ost-West-Gegensatz nicht gleichermaßen herausstellenden Begründung – kommt Andreas Kappeler. Er schlägt eine Definition vor, die den historischen Raum Südosteuropa auf den Einfluß- und Herrschaftsbereich des Byzantinischen und des Osmanischen Reiches beschränkt, da die Prägung durch diese beiden Zivilisationen und die Brückenlage zwischen Europa und Vorderasien die wichtigsten Unterschiede gegenüber Ostmitteleuropa und dem ostslawischen Osteuropa ausmachten.

Es liegt in der Natur des Gegenstandes, daß beide Ansätze nicht gänzlich zufriedenstellen können. Auf der einen Seite reicht für eine überzeugende Begründung der Zusammengehörigkeit einer Region die Berufung auf ihre Vielfalt nicht aus. Ein gewisser Kernbestand an Unterscheidungsmerkmalen ist schon vonnöten, um den Anspruch auf ihre Existenz als Geschichtsregion und damit auf ihre gesonderte Behandlung zu rechtfertigen. Einige der im umfassenden Konzept immer wieder hervorgehobenen Faktoren sind aber für Abgrenzungszwecke wenig geeignet. Es ist zu Recht darauf hingewiesen worden, daß etwa die ethnische und die konfessionelle Gemengelage ebenso wie das Wechselspiel zwischen hegemonialen Imperien und nationalen Traditionen auch zu den Wesensmerkmalen der historischen Region Ostmitteleuropa gehören. Auf der anderen Seite leistet die Einschränkung auf den byzantinisch-orthodoxen Bereich der dichotomistischen Sichtweise Vorschub, wenn sie nicht gar unmittelbar daraus abgeleitet ist. Die Verzerrungen, die sich daraus ergeben, sind schon dargelegt worden. Aber nicht nur deswegen ist sie problematisch. Mag sie sich auch auf einige durchaus bedeutsame strukturgeschichtliche Zusammenhänge stützen, so reißt sie andere und keineswegs unbedeutende auseinander, etwa ethnische, politikgeschichtliche, kulturelle. Läßt sich eine Geschichte Ungarns ohne strukturelle Bezüge zur rumänischen schreiben? Und wie sieht die Sachlage aus, wenn wir dies auf Ungarn und Serbien, Kroatien und Serbien, Slowenien und Serbien anwenden, wie erst recht, wenn die Geschichte der Übergangsregionen zur Debatte steht? Und was wird bei einer solchen Gliederung eine Kulturgeschichte Südosteuropas umfassen?

Es wird weiterhin schwerfallen, eine zufriedenstellende und allseits akzeptable Definition zu finden, die Südosteuropa nach innen abschließend ein- und damit nach außen eindeutig und explizit abgrenzt. Wenn man Südosteuropa zwischen den Polen einer Skala möglicher Charakteristika für eine historische Region ansiedeln müßte, so war es stets sehr nah an der beweglichen Symbiose und entsprechend weit von der festen Struktureinheit entfernt. Daher bleibt es sinnvoll, einen flexiblen Ansatz variabler Geometrie zu wählen, der übergreifend ist und zugleich zwischen Kerngebiet und Übergangszonen differenziert. Wenngleich auch das Kerngebiet kein festes Gebilde darstellt, bietet sich hier noch am ehesten eine Eingrenzung an, und zwar durch das von Andreas Kappeler vorgeschlagene Kriterium, nämlich die Zugehörigkeit zu den Einfluß- und Herrschaftsbereichen des Byzantinischen und des Osmanischen Reichs. Im großen und ganzen wäre dies die engere Balkan-Region plus Rumänien. Daß dieses Kerngebiet keine fixe Größe sein kann, wird vor allem daran deutlich, daß seine Abgrenzungen einige ethnische, politische, kulturelle, wirtschaftliche, staatliche Zusammenhänge und Einheiten durchschneiden und es selbst Transitionszonen beherbergt, etwa Transsilvanien (Siebenbürgen), die Vojvodina, Teile Bosniens und Kroatiens. Die anderen, außerhalb des Kerngebiets befindlichen Übergangszonen sind die übrigen Teile Kroatiens, Slowenien, der Großteil Ungarns sowie vielleicht auch die südliche Slowakei. Diese Übergangszonen sind janusgesichtig: Unabhängig davon, ob man sie bzw. die genannten vier Länder als primär zu Ostmittel- oder zu Südosteuropa gehörig einstuft, weisen sie je nach geographischer Lage und inhaltlichem Kriterium unterschiedlich stark ausgeprägte Merkmale von und Verbindungslinien zu beiden historischen Regionen auf. Insofern sind sie als Gesamtheit zumindest mittelbar und je nach Thema auch unmittelbar zum Einzugsgebiet Südosteuropas zu zählen.

Noch einmal der Balkan, noch einmal Europa

Europa scheint nicht nur ein fragwürdiger Begriff, sondern auch eine eigentümliche Befindlichkeit zu sein, jedenfalls im abendländischen Bereich. Wenn dort von Europa die Rede ist, werden zwei Zauberworte selten fehlen:»Zivilisation» und «westlich». Eine alte Gewohnheit im Westen, die nach der Wende von 1989 in Ostmitteleuropa begierig aufgegriffen wird. Václav Havel warnt schon 1993 vor einer Öffnung der NATO gegenüber «jedermann»: Nur die Tschechische Republik, Ungarn, Polen und die Slowakei (die kurz danach Mečiars wegen für einige Jahre aus dieser «Ehrenliste» gestrichen wurde) gehörten, so wie Österreich und Slowenien, der «westlichen Sphäre der europäischen Zivilisation» an, teilten ihre Werte und seien von denselben Traditionen inspiriert. Wer nun erwartet hätte, daß «die anderen» einer «östlichen Sphäre der europäischen Zivilisation» zugerechnet werden, hat sich geirrt. Mitteleuropa grenzt nach Havel «an den Balkan, eine traditionell unruhige Region, und an Eurasien». Der Übergang vom «Kampf gegen Jalta» zur Befestigung eines neuen *limes* ist fließend, parallel zu demjenigen von der falschen zur richtigen Seite von der jeweiligen Trennlinie. Auf der einen Seite des *limes* stehen die «zivilisierten» Länder (die mit den «europäischen» Werten) und auf der anderen – ja, wer eigentlich, die «neuen Barbaren»? Der Eiserne Vorhang ist tot, es lebe der Samtene Vorhang.

Die Gewaltausbrüche im Gefolge der Auflösung Jugoslawiens, namentlich die blutigen Auseinandersetzungen in Kroatien, in Bosnien und Herzegowina und im Kosovo, haben dem alten Motiv von dem Zivilisationsgraben neue Nahrung zugeführt. Kein Zweifel: Manche Akteure aus der Region haben ein beträchtliches Maß an Schuld auf sich geladen. Es gibt nicht den geringsten Anlaß dafür, die für die Schürung und die Eskalation der Konflikte unmittelbar oder mittelbar Verantwortlichen und die dabei mittätigen einheimischen Kräfte auch nur teilweise zu entlasten. Die Mobilisierung von Ressentiments unter sozio-ökonomischen, politischen, ideologischen, ethnischen, religiösen, konfessionellen oder kulturellen Vorzeichen und ihre skrupellose Nutzung zu Zwecken der Repression, der Aggression, der Expansion oder der Sezession haben entsetzliches Leid verursacht, viele Verbindungslinien buchstäblich zertrümmert und zahlreiche bestehende Trennlinien vertieft und neue geschaffen. Unabhängig davon, wie der Jugoslawien-Krieg ausgeht, die Balkan-Region als Ganzes wird zu den großen Verlierern zählen. Für sie und die Hoffnungen auf ein Zusammenrücken Europas endet das Jahrzehnt, das mit (über)großen Erwartungen begann, in einem verheerenden Rückschlag.

Es gibt aber auch keinen Anlaß, die federführenden Mächte in den internationalen Beziehungen von ihrer Mit-Verantwortung freizusprechen. Wenn man Anspruch und Ergebnis der ersten Dekade der «neuen Ära» gegenüberstellt, fällt die Bilanz ernüchternd bis erschreckend aus: Im Anfang war das erklärte Ziel, die (gesamt)europäische Einigung voranzubringen, am Ende sind neue Gräben aufgerissen und alte vertieft. Gewiß, es stand nicht in der Macht des Westens, alle Fehlentwicklungen zu verhindern. Aber war seine Politik geeignet, ihnen so weitgehend wie möglich entgegenzuwirken, den unseligen Kräften in der Region selbst das Wasser abzugraben und hoffnungsvolle Ansätze zu fördern? Warum wurde fast immer nur auf den einzelnen Krisenfall reagiert, während ein Integrationsangebot an die Region als Ganzes bis heute unterblieben ist? Warum wurde die Erweiterung sowohl der EU als auch der NATO so betrieben, daß der Eindruck entstehen mußte, als sollten Teile Europas eher auf Distanz gehalten werden? Warum wurden in zentralen Fragen – wie staatlicher Souveränität und territorialer Integrität, Menschen- und namentlich Minderheitenrechten, Vertreibungen – so offensichtlich unterschiedliche Maßstäbe angelegt, daß wesensgleiche oder zumindest verwandte Ansätze hier geduldet oder gefördert, da hingenommen und sanktioniert, dort mit allen Mitteln bis hin zur Waffengewalt bekämpft wurden? Es war und bleibt schwierig, aus der Balkan-Politik der USA und der westeuropäischen Mächte in den 90er Jahren eine klare und konsistente Bestimmung der sie leitenden Interessen herauszulesen. Geht es hauptsächlich um eine gesamteuropäische Annäherung, oder spielen eher traditionelle Erwägungen um Einflußgebiete nach wie vor eine wichtige Rolle, in denen die Balkan-Region unter dem Gesichtspunkt ihrer Funktion als Verbindungsglied zum Vorderen Orient und als Vorfeld gegenüber Rußland figuriert? Oder schwankt der Westen zwischen diesen beiden Ansätzen? Zwar konnte in Bosnien und Herzegowina wenigstens eine Schadensbegrenzung erzwungen werden. Aber die Konstellationen sind auch danach labil geblieben. Und im Hinblick auf die unmittelbaren Folgen des Luftkrieges der NATO-Staaten gegen Jugoslawien spricht der Augenschein eher für Schadensausweitung. Noch ist fraglich, ob die Eingriffe von außen, wie sie in den 90er Jahren vollzogen (bzw. unterlassen) wurden, auf Dauer zu insgesamt mehr Stabilität oder doch zu mehr Unsicherheit in der Region beitragen werden. Deren Einbindung in eine gesamteuropäische Perspektive ist in diesem Jahrzehnt jedenfalls nicht geleistet worden.

So sieht sich Südosteuropa am Ende der 90er Jahre mit neuen und alten Bürden konfrontiert. Einige alte Hypotheken sind noch erheblich angewachsen. «Der Balkan» ist wieder einmal mit dem Stempel der Krisenregion bedacht worden. Bemerkenswert rasch, unverhohlen und weitgehend unwidersprochen lebten alte Stereotypen, Feindbilder, Kollektivverurteilungen wieder auf. Die Ausgrenzung der gesamten Region von hoher moralischer Warte aus hat im abendländischen Europa eine lange Tradition, die bis in die Frühe Neuzeit zurückreicht. Im 20. Jahrhundert ist «Balkanisierung» gar zu einem gängigen Begriff zur Umschreibung von chaotischen, atavistischen, irrationalen Verhältnissen und Verhaltensweisen geworden. Das Leitmotiv ist im wesentlichen gleichgeblieben – hier das «zivilisierte Europa», dort der barbarische «Balkan». Selbst seriöse westliche Publikationen aus den 90er Jahren kolportieren negative Stereotypen wie eine «Balkan-Massakertradition» und versteigen sich zu Thesen, die den Menschen in der Balkan-Region, nicht zuletzt unter Hinweis auf die Orthodoxie, eine Art strukturell geringerer Friedens- und Demokratiefähigkeit zuschreiben. Besonders verwunderlich bleibt, daß derlei abstruse Ausflüsse westlicher Überheblichkeit ausgerechnet aus jenen Ländern des «zivilisierten Kulturkreises» stammen, die im 20. Jahrhundert allein in zwei Weltkriegen für 60–65 Millionen Tote hauptverantwortlich zeichneten.

Bedauerlich, wenngleich nicht überraschend war der Umstand, daß auch im wissenschaftlichen Bereich einige zweifelhafte Erscheinungen zutage traten. Das diesen zugrundeliegende allgemeine Problem hat der britische Historiker und Osteuropa-Kenner Hugh Seton-Watson kurz und treffend diagnostiziert: «Eines der am wenigsten erfreulichen Phänomene zeitgenössischer politischer Kontroverse ist die Verfälschung der Vergangenheit um der Gegenwart willen.» Besonders scharf ausgeprägt ist dieses Phänomen in Krisen- und Wendezeiten, zumal wenn es mit einer ethnisch-national oder ideologisch motivierten Parteinahme verbunden ist. Unter solchen Voraussetzungen werden Vergangenheit und Gegenwart auf die jeweils gewählte eindimensionale Konstruktion zugeschnitten, die «unpassende» Elemente beiseitewischt, lange und bruchlose Kontinuitätslinien suggeriert, eindeutige Ursachenfeststellung vorspiegelt, entsprechend einseitige Schuldsprüche fällt und Absolutionen erteilt, kurzum: ein schlichtes und undifferenziertes Geschichtsbild präsentiert. Während der 90er Jahre waren und sind auch in einigen wissenschaftlichen Publikationen, die glücklicherweise nicht für die gesamte wissenschaftliche Betrachtung charakteristisch sind, solche Tendenzen zu konstatieren – vor allem wenn es um die Auflösung Jugoslawiens und die blutigen Auseinandersetzungen in ihrem Gefolge geht. Zu beklagen sind dabei nicht nur einseitige aktuelle Wertungen, die ihre häufig ungesicherte Faktenbasis zuweilen durch die unkritische Übernahme der Terminologie einer der Konfliktparteien zu überspielen suchen: «Terroristen» auf der einen, «Apartheidregime» auf der anderen Seite; hier «Aggression», dort «Luftschläge»; «Flüchtlinge» vs. «Deportierte» usw. usf. Darüber hinaus sind Doppelstandards nicht zu übersehen: Massenvertreibungen werden in einem Fall entweder stillschweigend übergangen oder als Folge vorangegangenen Verhaltens der Betroffenen gewertet (womit diesen implizit auch eine Kollektivschuld zugesprochen und der Akt der Vertreibung selbst zumindest relativiert wird), im anderen Fall kategorisch und vorbehaltlos verurteilt. In einigen Arbeiten verschwindet die begriffliche Schärfe zentraler historischer und völkerrechtlicher Kategorien: Es ist nur noch von Krieg die Rede, ohne die geringste Unterscheidung zwischen Bürgerkrieg und zwischenstaatlichem Krieg. Schließlich wird – offensichtlich aus aktuellen Erwägungen heraus – die Geschichte rückwirkend uminterpretiert, so daß am Ende die Ereignisse des Jahres 1999 als eine geradezu zwingende Folge eines langjährigen, wenn nicht gar eineinhalb Jahrhunderte alten Programms erscheinen. Solche Konstrukte spiegeln nicht die historischen Realitäten, sondern die Voreingenommenheit ihrer Autoren, wobei in den 90er Jahren eine Neigung zu einseitig anti-jugoslawischen und anti-serbischen Interpretationen und Geschichtsbildern nicht zu übersehen war. Gerade angesichts der Tatsache, wie häufig in der neuzeitlichen Geschichte Südosteuropas Opfer und Täter die Seiten gewechselt haben und nach wie vor wechseln, wie sehr die meisten Völker der Region infolge der Politik ihrer Staatsführungen und auch infolge ausländischer Interventionen beide Rollen manchmal sogar gleichzeitig zu erleiden bzw. auszuführen hatten und wie oft in Südosteuropa selbst die Geschichte umgeschrieben worden ist, scheint doch größere Vorsicht und Zurückhaltung angeraten zu sein. Erst recht ist vor der besonders in Krisenzeiten verbreiteten Neigung zur kollektiven Abstempelung von Ethnien und Nationen zu warnen, zumal eine solche gewiß nicht dazu beiträgt, die Konfliktpotentiale einzuzäunen.

In Kriegszeiten gegen Stereotypen anzuschreiben ist zumindest auf kurze Sicht ein wenig erfolgversprechendes Unterfangen. Umso dringender ist es angesichts der Entwicklungen in Südosteuropa während der 90er Jahre. «Der Balkan» wird im Westen noch lange mit dem Stigma des Krisengebiets behaftet sein. Und alles deutet darauf hin, daß zumindest der Großteil der Region auch für längere Zeit aus den politisch, ökonomisch und militärisch mächtigsten Organisationen in Europa ausgeschlossen bleiben wird. Der aus dem Westbalkan gebürtige US-amerikanische Südosteuropa-Historiker Traian Stoianovich hat in pointierter Form auf die möglicherweise katastrophalen Folgen dieser sich abzeichnenden Entwicklungen hingewiesen – für Europa. Die Balkan-Region war integraler Teil des ersten Europa. Ihr Ausschluß aus dem neuen Europa und den Organisationen des neuen Europa «auf der Basis eher von Geld und Macht denn von Kultur könnte in der Tat den Selbstmord Europas zur Folge haben». Es ist zu hoffen, daß ungeachtet der gegenwärtig trüben Aussichten die Selbst-Amputation unterbleibt und Europa in seinem Gesamtkörper zusammenfindet.

I.

Struktureller Rahmen und historisches Erbe

Kulturen und Staatsbildungen

Edgar Hösch

Natur und Geschichte

Die exponierte geographische Lage am Übergang vom Donauraum und der Schwarzmeer-Region zum Mittelmeer, an der Nahtstelle zwischen Europa und Asien, hat die Bewohner der Balkanhalbinsel durch die Jahrhunderte immer wieder dem Zugriff von Eindringlingen und Eroberern und den Einwirkungen fremder Kulturen ausgesetzt. Auf dem Boden Südosteuropas begegnete das in den antiken urbanen Traditionen der Mittelmeerwelt verwurzelte Alt-Europa dem Neu-Europa der «Barbarenvölker» des Nordens. Während der Formierungsphase der Balkanvölker im frühen Mittelalter hatten die bodenständigen Bauerngesellschaften gewaltsame Eingriffsversuche der eurasischen Steppenkultur abzuwehren; in späterer Zeit standen sie in einer wechselseitigen Auseinandersetzung mit einer fremdvölkischen Stadtkultur, die im Donauraum vor allem deutsch und an der Adriaküste venezianisch-italienisch geprägt war und sich im Inneren der Balkanhalbinsel auf spätantik-byzantinischen bzw. osmanisch-orientalischen Grundlagen entwickelt hatte. In der Neuzeit gewann der europäische Südosten als Schauplatz der militärischen und ideologischen Konfrontation zwischen Islam und Christentum zudem eine weltgeschichtlich bedeutsame Sonderstellung.

Das Bewußtsein, an einem gefährdeten Grenzabschnitt zu leben und eine für die europäische Völkergemeinschaft lebenswichtige Abwehraufgabe zu erfüllen, ist seit den Perserkriegen der Antike über die Türkenabwehr bis hin zu den Frontstellungen des Kalten Krieges bei den Bewohnern der Balkanhalbinsel tief verwurzelt. In Teilregionen bildete sich eine typische Grenzermentalität heraus, die sich in der mit Stolz vorgetragenen Ansicht ausdrückte, Vorposten der abendländischen Christenheit («antemurale christianitatis») zu sein. Die Bemühungen um eine einvernehmliche Lösung der sogenannten Orientalischen Frage hielten über zwei Jahrhunderte die Diplomaten und Militärs in den europäischen Hauptstädten in Atem. Die Beilegung der periodisch wiederkehrenden Orientkrisen wurde zum Testfall einer erfolgreichen Krisenbewältigung und zur Nagelprobe einer Friedenssicherungspolitik, die letztlich auf Kosten der Balkanvölker und des «kranken Mannes am Bosporus» das mühsam austarierte Gleichgewicht der europäischen Mächte an der südosteuropäischen Peripherie bewahren und den Zugang zum Vorderen Orient erhalten wollte.

Langgestreckte Küstenareale und weiträumige Flußlandschaften sowie die offene Nordflanke zum Donauraum hin eröffneten zu allen Zeiten Außenstehenden einen bequemen Zugang. Nur im Nordwesten haben die von den Ausläufern der Ostalpen bis zu den nordalbanischen Bergen reichenden parallelen Faltenzüge des Dinarischen Gebirges ein natürliches Hindernis geschaffen, das den Übergang von der Adria in das Innere der Balkanhalbinsel erheblich erschwert hat. Den Preis hatten die Bewohner des oftmals nur wenige Kilometer breiten istrisch-dalmatinischen Küstenstreifens zu zahlen. Sie waren weitgehend schutzlos den handelspolitischen Interessen der Venezianer und Italiener ausgesetzt. Die vorherrschend gebirgige Struktur des Binnenlandes bot dagegen den Bewohnern vielfältige Möglichkeiten, in entlegenen und von der Außenwelt abgeschirmten Rückzugsgebieten Schutz zu suchen und die kulturelle Eigenständigkeit zu bewahren. Sie regte insbesondere in Krisenzeiten zu Absonderungen in schwer zugänglichen Bergregionen an.

Migrationen und Invasionen

Südosteuropa ist nach Julius von Farkas ein Raum der Bewegung, ein Raum der wandernden Grenzen und wandernden Völker. Im Wechselspiel von «Natur» und «Geschichte» erlebten die Bewohner der Balkanhalbinsel durch die Jahrhunderte hautnah die Gefahren, aber auch die Chancen überraschender Begegnungen mit fremden Völkern und Kulturen. Während der langdauernden Herrschaftsperioden auswärtiger Mächte waren kulturelle Überfremdung und gewaltsame Eingriffe in das gesellschaftliche Gefüge die unausweichlichen Begleiterscheinungen innerstaatlicher Umschichtungs- und Ausgleichsvorgänge, die von außen gesteuert wurden. Sie erweisen sich in der Rückschau als die Vorboten jener massiven Homogenisierungsversuche, deren Zwangscharakter sich im Zeichen der modernen nationalstaatlichen Ideologie bis zu den blutigen Exzessen «ethnischer Säuberungen» steigerte.

Das Siedlungsbild der Balkanhalbinsel ist bis in unser Jahrhundert hinein durch Binnenwanderungen und Bevölkerungsverschiebungen nachhaltig verändert worden. Das Ergebnis ist eine verwirrende ethnische Gemengelage auf engstem Raume, in der sich ein breites Spektrum kultureller Interferenzen widerspiegelt. In der Alltagskultur der Balkanvölker sind noch in unseren Tagen Schichtungen und Überlagerungen aus den unterschiedlichsten Kulturkreisen erkennbar, sofern sie dem wachsenden

Assimilierungsdruck eines kämpferischen Ethnonationalismus in den jeweiligen Staatsnationen standgehalten haben.

Die Mehrzahl der Balkanvölker gelangte erst sehr spät in ihre heutigen Siedlungsareale. Den Nachzüglern sind selbst die Griechen zuzurechnen, die sich das Gebiet mit illyrischen und thrakischen Stämmen teilten, die weite Landstriche der nördlichen Balkanhalbinsel und des Donauraumes bewohnten. Die Vorfahren der Griechen hatten in zwei größeren Einwanderungsschüben von der pannonischen Tiefebene bzw. dem nordwestlichen Balkanraum her ihre späteren Wohnregionen erreicht. Die sogenannten Urgriechen (Achaier) waren an der Wende vom 3. zum 2. Jahrtausend v. Chr. und die Nordwestgriechen und Dorier im ausgehenden zweiten Jahrtausend während der sogenannten Dorischen Wanderung bis in die südliche Balkanhalbinsel vorgedrungen.

In der Antike beschwor die Begehrlichkeit der Völker des Ostens eine für die griechische Poliswelt existenzbedrohende Krise herauf. Unter Xerxes I. waren persische Truppen auf dem Landwege von Kleinasien bis nach Mittelgriechenland vorgestoßen und hatten Athen erobert und zerstört. Herodotos aus Halikarnassos hat in seinem Geschichtswerk Vorgeschichte und Verlauf dieser langwierigen Perserkriege (500/490–448 v. Chr.) eindringlich beschrieben. Er wertete sie als weltgeschichtlich bedeutsame Auseinandersetzung zwischen griechischer Zivilisation und asiatischer Barbarei. Die akute Gefahr wurde erst durch die gemeinsamen Verteidigungsanstrengungen der verbündeten Griechen unter der wechselnden Führung Athens und Spartas gebannt. Nutznießer der militärischen Auseinandersetzungen waren die Makedonenkönige. Sie bauten ihren Herrschaftsbereich zu einer territorialen Basis für ein Weltreich aus, dessen Grenzen Alexander d. Gr. (336–323) über Kleinasien nach Ägypten und weit im Osten bis an den Indus ausdehnte. Noch im 3. Jahrhundert v. Chr. geriet die Balkanhalbinsel vorübergehend in den Sog der keltischen Wanderungen. 279 v. Chr. drangen keltische Stämme vom Donauraum über Thrakien und Makedonien nach Mittelgriechenland vor und erzwangen 278 den Übergang nach Kleinasien (Galater).

Das Erbe Alexanders und der Diadochenreiche traten auf der Balkanhalbinsel die Römer an, die nach mehreren Feldzügen in der Mitte des 2. Jahrhunderts v. Chr. die Makedonier und die verbliebenen griechischen Kleinstaaten bezwangen. An der Adriaküste kämpften sie in einem erbitterten Kleinkrieg in den sogenannten illyrischen Kriegen seit 229 v. Chr. den Widerstand der aufständischen illyrischen Stämme nieder. 168 v. Chr. besiegten die Römer in der Schlacht bei Pydna Perseus von Makedonien, und 146 v. Chr. eroberten sie Korinth. Mit der römischen Provinzverwaltung und ihren militärischen Kommandostrukturen kehrte um Christi Geburt vorübergehend Ruhe an den gefährdeten Außengrenzen des Imperium Romanum am Donaulimes ein. Das Verteidigungssystem aus befestigten Legionslagern und Garnisonsstädten hielt aber auf Dauer den anrückenden Völkern des «Nordens», die sichere Wohnsitze suchten und an den zivilisatorischen Errungenschaften der mediterranen Kulturwelt teilhaben wollten, nicht stand. Sie ließen sich nur zeitweilig als Verbündete (foederati) gegen Sold in eine immer brüchigere Abwehrfront einbinden. Kaiser Aurelian sah sich daher schließlich 271 n. Chr. genötigt, die Provinz Dacia wieder zu räumen, die unter Trajan 107 n. Chr. zur Vorfeldsicherung im Barbarenland nördlich der Donau eingerichtet worden war.

Das byzantinische Jahrtausend

Kaiser Konstantin d. Gr. (324–337) trug mit der Ostverlagerung des Reichsmittelpunktes nach Konstantinopel, in das neue Rom am Bosporus, dessen Grundstein 324 gelegt und das 330 feierlich eingeweiht wurde, den veränderten machtpolitischen Gegebenheiten an den besonders gefährdeten Reichsgrenzen Rechnung. Seine Hinwendung zum Christentum war ein Akt der Staatsräson, um sich der Gunst des Christengottes zu versichern und die Verteidigungsbereitschaft der Reichsbewohner zu mobilisieren. Im östlichen Mittelmeerraum hat sich unter seinen Nachfolgern aus der engen Verbindung von fortlebender römischer Staatlichkeit, griechischem Kulturerbe und christlicher Religion ein Gemeinwesen formen können, das die äußeren Bedrohungen und inneren Schwächeperioden besser überdauerte als der Westteil des Reiches, der von den Barbarenvölkern überrannt und zum Spielball der neuen Herren wurde. Ostrom, das sich als Alleinerbe des alten Rom und als Hüter der imperialen römischen Traditionen verstand, entfaltete bis zum Ende des «byzantinischen Jahrtausends» im Jahre 1453 als Missions- und Kulturzentrum, als Bollwerk des Christentums gegen den Ansturm des Islam und als Hort des griechischen Geistes eine ungeahnte Lebenskraft. Die Ausstrahlung der glanzvollen Kaisermetropole zog die Bewohner der Balkanhalbinsel in ihren Bann. Ihre Herrscher suchten die Nähe der kaiserlichen Familie und wetteiferten in der künstlerischen Ausgestaltung ihrer Herrschersitze und im höfischen Zeremoniell in der Nachahmung der am Kaiserhof beispielhaft vorgeführten Prachtentfaltung. Die von den kirchlichen Zentren Rom und Konstantinopel ausgehenden Missionierungsbemühungen teilten Südosteuropa seit dem 7. Jahrhundert in eine lateinische Nord- und eine griechische Südhälfte. Die Sprachgrenze verlief quer durch die Balkanhalbinsel von der albanischen Adriaküste über die Hochregionen des Balkangebirges bis zum Schwarzen Meer.

Wanderungen der Völker und Interferenzen der Kulturen

Während der Völkerwanderungszeit durchlebte der Donau- und Balkanraum eine hektische Umbruchphase. Der Durchzug der Goten und Gepiden im 3.–5. Jahrhundert hinterließ ebenso tiefe Spuren wie die wiederholten Einfälle der Reiternomaden der Steppe, die während des ganzen Früh- und Hochmittelalters in einer nie abreißenden Kette über die nördliche Schwarzmeer-Region bis in den Donauraum vordrangen.

Diese Migrationen im Präriengürtel Eurasiens südlich der Waldzone und nördlich der Trockensteppe, die Teil einer andauernden eurasischen Völkerwanderung waren, führten nur zu kurzlebigen Reichsgründungen. Die Westbewegung aus Innerasien setzte schon im 3. Jahrtausend v. Chr. ein. Im Hunnensturm unter Attila nahm die Gefahr aus dem Osten in der ersten Hälfte des 5. Jahrhunderts n. Chr. zeitweise beängstigende Ausmaße für die gesamte christlich-abendländische Welt an. Im 6. Jahrhundert bedrohten die kriegerischen Awaren die benachbarten Regionen im Donauraum. Sie vernichteten 567 das Gepidenreich und zwangen 568 die Langobarden, ihre bisherigen Verbündeten, zum Abzug nach Italien. 582 eroberten sie nach dreijähriger Belagerung die Save-Festung Sirmium und erzwangen den Übergang in die Nordprovinzen des byzantinischen Reiches. 626 drangen sie im Bund mit den Persern bis vor die Mauern Konstantinopels vor. Die Gefahr wurde erst unter Karl dem Großen 795/796 mit der Erstürmung des sogenannten Awarenringes, des Hauptlagers der Steppenkrieger zwischen Donau und Theiß, vorübergehend gebannt. In der ersten Hälfte des 10. Jahrhunderts versetzten die Streifzüge der Magyaren die Bevölkerung in Mittel- und Westeuropa erneut in Angst und Schrecken. Der Vorstoß der Mongolen-Tataren im 13. Jahrhundert reichte bis nach Schlesien (Schlacht an der Liegnitz 1241) und bis in das mittelalterliche Ungarn. Der Expansionsdrang der Völker aus Innerasien kam erst nach der zweimaligen Türkenbelagerung von 1529 und 1683 vor den Mauern Wiens endgültig zum Stehen.

Diese andauernden Migrationsvorgänge in der eurasischen Steppenzone ließen die Bewohner der Balkanhalbinsel nicht unberührt. Im Gefolge der Steppenvölker fanden weitere Barbarenvölker den Weg in den Donauraum und in das Innere der Balkanhalbinsel. Einen tiefen Einschnitt in der Geschichte Südosteuropas markierte die Ankunft der Slawen. In kleineren Gruppen hatten sie sich den Streifzügen der Awaren über die Donau angeschlossen. Die slawische Landnahme hat seit der zweiten Hälfte des 6. Jahrhunderts das gesamte Siedlungsgefüge Südosteuropas grundlegend verändert. Slawische Siedler verdrängten in den sich bildenden Enklaven der sogenannten Sklaviniai die provinzialromanischen Landbewohner und leiteten eine dauerhafte Slawisierung der innerbalkanischen Gebiete ein. Ende des 7. Jahrhunderts verloren die byzantinischen Kaiser nach dem gewaltsamen Vordringen der Proto-Bulgaren auf das Reichsterritorium (679/681) für über drei Jahrhunderte die Herrschaft über die gesamte nordöstliche Balkanregion. Khan Asparuch schuf im weiteren Umfeld der Residenzstädte des sogenannten Ersten Bulgarischen Reiches in Pliska und später in Preslav die Voraussetzungen für eine folgenreiche türkisch-slawische Symbiose. Auf dem Höhepunkt der territorialen Ausdehnung im 9. und 10. Jahrhundert brachte das Reich der Bulgarenkhane die Kaisermacht am Bosporus ernsthaft in Gefahr. Mit russischer Waffenhilfe gelang es Kaiser Basileios II. (976–1025) erst an der Wende zum 11. Jahrhundert, die Angriffskraft der Bulgaren zu brechen und die mühsame Rückeroberung der verlorenen Gebiete zum Abschluß zu bringen.

Einer weitergehenden Regräzisierung der Balkanhalbinsel setzte das Aufkommen einheimischer Herrscherdynastien unter den Kroaten, Serben, Bosniern und Bulgaren und das Ausgreifen der italienischen Seestädte, allen voran Genuas und Venedigs, in der Adriazone und im östlichen Mittelmeer Grenzen. Im Jahre 1453 besiegelte die Erstürmung des Mauerringes von Konstantinopel durch die Truppen Mehmeds II. den endgültigen Untergang der christlichen Kaisermacht im Osten. Fast ganz Südosteuropa geriet unter die Herrschaft des Sultans und damit in den unmittelbaren Bannkreis der islamischen Kultur. Nur die Habsburger retteten aus der Erbmasse des ungarischen Königreiches, das in der Schlacht von Mohács 1526 dem Ansturm der Osmanen erlegen war, einen schmalen grenznahen Gebietsstreifen. Von 1541 bis 1784 mußte Preßburg die Ersatzfunktion einer Haupt- und Krönungsstadt dieses sogenannten Königlichen Ungarn übernehmen.

Ethnogenese

Völker sind keine statischen und stabilen Gebilde. Sie sind Menschenwerk, und sie haben ihre Geschichte, die einen Anfang und nicht selten auch ein Ende kennt. Entgegen den in Abstammungs- und Herkunftsmythen verbreiteten romantischen Vorstellungen handelt es sich um hochentwickelte Formen menschlicher Vergesellschaftung, die mehr oder minder zufällig aus wechselnden Gruppenbildungen hervorgegangen sind, an denen in gleicher Weise autochthone wie fremde Elemente, «Eroberer und Eingesessene» (Gottfried Schramm), beteiligt sind. Der streitbare Münchener Gelehrte und ortskundige Orientreisende Jakob Philipp Fallmerayer hat daher schon 1830, während der Hochphase einer weltweiten philhellenischen Bewegung und Griechenbegeisterung, diesen Sachverhalt zum Anlaß genommen, selbst den Griechen eine ungebrochene ethnische Kontinuität abzusprechen. Er verwies auf die unübersehbaren Folgen der slawischen Landnahme und der späteren Siedlungsausbreitung der Albaner und weigerte sich, in dem zeitgenössischen Mischvolk aus skythischen Slawen, illyrischen Arnauten, Serben und Bulgaren, Dalmatinern und Moskowitern die unmittelbaren Nachfahren der antiken Griechen wiederzuerkennen.

Die Mischung der Ethnien, Sprachen und Kulturen ist zu einem Charakteristikum der Balkanhalbinsel geworden. Schon byzantinische Autoren haben die multiethnische Herkunft einzelner Personen bewußt wahrgenommen und ironisch kommentiert. Beispielsweise wird der Eroberer Artas im Jahre 1400, ein gewisser Vonko, als barbarische Mixgeburt eines serbisch-albanisch-bulgarischen Vlachen vorgestellt. Die Beteiligung unterschiedlicher Bevölkerungsgruppen an den frühmittelalterlichen Ethnogeneseprozessen wird besonders anschaulich am Beispiel der Albaner, der Rumänen und der Bulgaren sichtbar. In der albanischen Sprache lassen sich noch Relikte eines altbalkanischen Substrats erkennen. Sie lassen auf eine uralbanische Bevölkerung schließen, die in einigen von der Natur begünstigten Rückzugsgebieten dem wachsenden Romanisierungsdruck widerstanden hatte. Ihre Sprache muß sich allerdings schon im Zustand der Teilromanisierung befunden haben, als sie um 600 von den einwandernden Slawen in die Hochregionen des Balkans abgedrängt und zu einer Lebensweise als Wanderhirten gezwungen wurden.

Die Rumänen erkennen in den romanisierten Dakern ihre unmittelbaren Vorfahren. Strittig ist in der Diskussion zwischen ungarischen und rumänischen Historikern und Sprachforschern nur, ob sich die eigentliche Ethnogenese im ehemaligen Dakerland, in der römischen Provinz Dacia und in Siebenbürgen, oder südlich der Donau abgespielt hat. Verstreute Überreste der ehemaligen römischen Provinzialbevölkerung, die nicht in die Ethnogenese der späteren Rumänen einbezogen wurden, haben mit oftmals nur noch wenigen Sprechern in verschiedenen Regionen der Balkanhalbinsel bis in das 20. Jahrhundert überlebt. Dazu zählen an der Adriaküste die Istrorumänen und die Dalmaten oder Veglioten, in Makedonien die Megleniten und insbesondere die Makedorumänen oder Aromunen (von ihren jeweiligen Nachbarn auch Zinzaren, Kutzowalachen, Tschorbani, Latinci oder Remeri genannt), die als Wanderhirten und Viehzüchter vornehmlich in den Bergregionen Südmakedoniens, im Pindus-Gebirge und in den Rhodopen lebten und jahrhundertelang im Balkanhandel eine führende Rolle spielten. Der Walachenname findet sich in der geographischen Nomenklatur Südosteuropas über ein weites Areal verstreut vom Stari Vlah im Dinarischen Gebirge bis in die Dobrudscha.

Die Ethnogenese der Bulgaren wurde von den turksprachigen Proto- oder Ur-Bulgaren in Gang gebracht. Sie verlegten unter Khan Asparuch im Jahre 681 n. Chr. ihren dauerhaften Wohnsitz in die Gebiete südlich der Donau und führten die Slawenstämme im nordöstlichen Teil der Balkanhalbinsel mit dem verbliebenen thrakischen und griechisch-römischen Substrat zu einem gemeinsamen Herrschaftsverband zusammen. Die Folgen dieser Symbiose von eurasischer Steppenkultur und slawischer bäuerlicher Lebensweise sind noch am heutigen bulgarischen Wortschatz abzulesen. Einzelne Bezeichnungen für Ämter und Titel, für Verwandtschafts- und Personennamen, Gebrauchsgegenstände, Kleidungsstücke und selbst für Begriffe des religiösen Lebens sind Entlehnungen aus der Sprache der Protobulgaren.

Abkömmlinge turksprachiger Reitervölker waren durch die Jahrhunderte an den Ethnogeneseprozessen im Donau- und Balkanraum beteiligt. Eine erste Kontaktzone zwischen der Steppe und der mediterranen Kulturwelt hatte sich schon während der zweiten Phase der großen Kolonisationsbewegung der Griechen seit der Mitte des 7. Jahrhunderts v. Chr. durch Tochtergründungen vor allem der Ionier aus Kleinasien am Nordufer des Schwarzen Meeres herausgebildet (Tyras nahe der Dnjestr-Mündung, Olbia am Bug, Chersonesos, Theodosia und Pantikapaion auf der Halbinsel Krim, Tanais an der Don-Mündung, Phanagoreia an der Kuban'-Mündung). Mehrere Jahrhunderte lang kontrollierte das Bosporanische Reich, das um 480 v. Chr. im Einzugsbereich griechischer Handelsplätze auf beiden Seiten der Meerenge von Kerč entstanden war, den Austausch mit den benachbarten Steppenvölkern, ehe es im 4. Jahrhundert n. Chr. in den Wirren der sogenannten Völkerwanderung endgültig zusammenbrach.

Der Vorstoß der Hunnen um 375 n. Chr. hatte den Steppenvölkern den Weg bis in den Donauraum geöffnet. Der spätere Zerfall des Attila-Reiches gab den Anstoß zu Umgruppierungen, in die weiterhin Zuzügler aus der Steppe eingebunden wurden. Die zeitgenössischen antiken Autoren, die nur über widersprüchliche und ungenaue Informationen verfügten, überliefern verschiedene Völkernamen für diese neuen Stammesbildungen unter den turksprachigen Kriegernomaden. Die Listen verzeichnen u. a. die ogurischen Stämme der Saraguren, Oguren, Onoguren, Kutriguren und Utiguren sowie die Sabiren. Seit dem 6. Jahrhundert treten nacheinander die Awaren, die Köktürken, die Chasaren, die Petschenegen, die 896 die Magyaren zum Abzug und zur Landnahme in Pannonien drängten, auf die Bühne.

Die Magyaren waren schon auf ihrer Westwanderung eine engere Verbindung mit Völkern östlicher Herkunft eingegangen. Sie hatten noch vor der Landnahme u. a. die finno-ugrischen Nyék, die türkischen Kavaren und die iranischen Choresmier-Chalizen zu Hilfsdiensten herangezogen und in ihren Stammesverband integriert. Mit ihrer beweglichen Kampftaktik eigneten sich diese Steppenreiter in besonderem Maße zum Grenzschutz. Nach der Konsolidierung der Herrschaft der Árpáden wurden sie daher vorwiegend in den Randzonen des Reiches angesiedelt und mit militärischen Überwachungsaufgaben betraut. Als Hilfsvölker im Militärdienst sind neben den Széklern, die lange Zeit die Vorhut des ungarischen Aufgebotes stellten, auch Kampfverbände der Petschenegen eingesetzt worden. Im 13. Jahrhundert verstärkten nach dem verheerenden Tatareneinfall unter dem Enkel Dschingis-Chans, Batu, Reitertruppen der eingewanderten Kumanen (russisch: Polowzer) und Jassen (Osseten) die Streitmacht der ungarischen Könige. Als Siedlungsplätze wurden ihnen die am meisten verwüsteten Landesteile zwischen Donau und Theiß (und an den Zuflüssen Körös, Maros und Temes) zugewiesen.

Ein Jahrhundert später erzwangen die Osmanen von Kleinasien her den Übergang über die Meerengen (1354) und brachen innerhalb eines Jahrhunderts den Widerstand der christlichen Balkanvölker. 1453 waren sie die Herren in der Kaiserstadt Konstantinopel.

Der Balkan als *melting-pot*

Der Balkanraum wirkte seit der Antike wie ein Schwamm, der Menschen unterschiedlicher Sprache, Herkunft, Kultur, Religion etc. aufsog. Das Ergebnis fortdauernder Bevölkerungsfluktuationen ist heutzutage an der verwirrenden Nationalitätenkarte der Balkanhalbinsel abzulesen. Gezielte Ansiedlungen, gewaltsame Umsiedlungsaktionen und spontane Binnenmigrationen ließen eine unentwirrbare Gemengelage der Siedlungsgebiete entstehen und führten Menschen unterschiedlichster Herkunft, Sprache und Kultur auf engstem Raume zusammen.

Auch während der osmanischen Periode hielt die hohe Migrationsintensität an. Betroffen waren sowohl Christen wie Muslime. Die Eroberungszüge der Osmanen hatten unter den Balkanchristen eine spontane Fluchtbewegung ausgelöst. Ein Teil der orthodoxen Flüchtlinge wurde an der Mitte des 16. Jahrhunderts entstehenden habsburgischen Militärgrenze angesiedelt. Der schrittweise Rückzug der osmanischen Machthaber aus den eroberten Gebieten nach der erfolglosen zweiten Belagerung des kaiserlichen Wien 1683 war in umgekehrter Richtung von einem Exodus der muslimischen Bevölkerung begleitet.

Zu einer dauerhafteren Vermischung der Völker und Kulturen trugen vor allem die serbische Nordwanderung und die nachfolgende albanische Siedlungsausbreitung bei. Die Verlagerung der serbischen Siedlungsschwerpunkte aus den altserbischen Gebieten (Raška) in das nördliche Waldland der Šumadija hatte als Rückweichen vor den nachdrängenden osmanischen Eroberern begonnen. 1690 brachte eine gezielte Rettungsaktion beim Rückzug der kaiserlichen Truppen eine größere serbische Flüchtlingsgruppe unter dem Patriarchen von Peć Arsenije III. Crnojević über die Save-Donau-Grenze. Dem großen Serbenzug hatten sich 30000 Familien angeschlossen. Sie wurden mit kaiserlichem Privileg, das ihnen Glaubensfreiheit und Autonomie zusicherte, auf südungarischem Territorium, in Slawonien und in der kroatisch-slawonischen Militärgrenze angesiedelt.

Die Albaner profitierten von der serbischen Abwanderung. Sie hatten sich noch in der byzantinischen Spätzeit nach Kosovo und Makedonien und von Epirus aus in südliche Richtung zunächst nach Thessalien und dann nach Attika ausgebreitet. Der Serbenherrscher Stefan Dušan bediente sich bei seinen Kriegszügen albanischer Hilfstruppen und wies ihnen neue Siedlungsplätze in den eroberten Gebieten zu. Seit dem Ende des 14. Jahrhunderts wurden Albaner von den byzantinischen Kaisern, den Venezianern und den Katalanen als Soldaten und als Siedler zum Ausgleich von Bevölkerungsverlusten auf der Peloponnes, auf Euböa und einigen Ägäis-Inseln angesiedelt. Die Türken knüpften an diese Tradition an. Gehäufte Übertritte zum islamischen Glauben erleichterten den Albanern die Integration im multiethnischen Osmanischen Reich und eröffneten ihnen vielfältige Karrierechancen im Staatsdienst. Das numerische Übergewicht führte während der Türkenzeit im Kosovo zu einer schleichenden Albanisierung, von deren Sogwirkung auch andere Bevölkerungsgruppen erfaßt wurden.

Nach einem jahrhundertelangen Assimilationsprozeß hat sich in den heutigen ungarischen Komitaten nur noch eine folkloristische Erinnerung an die mittelalterlichen Fremdvölker erhalten. Weitgehend verwischt sind inzwischen auch die Spuren der deutschsprachigen Siedler, die von den ungarischen Königen im 12. und 13. Jahrhundert als Kolonisten ins Land gerufen und vornehmlich in Siebenbürgen angesiedelt worden waren. Seit der Vertreibung und der Abwanderung leben nach 1945 nur noch wenige Nachfahren jener Donauschwaben in Ungarn, Rumänien und Jugoslawien, die in den drei Schwabenzügen (1722–1726, 1763–1773, 1782–1787) dem Ruf der habsburgischen Landesherren gefolgt waren und sich als Kolonisten in den zurückeroberten südungarischen Gebieten – der sogenannten Schwäbischen Türkei (Baranja) bzw. in der Batschka und im Banat (der späteren Vojvodina) – niedergelassen hatten.

Herrschaftsgründung und Christianisierung

Das Schicksal der Balkanvölker war während des vergangenen Jahrtausends weitgehend fremdbestimmt. Die säkularen Entwicklungsabläufe sind vornehmlich von äußeren Kräften angestoßen worden. Nach Mathias Bernath bildete sich im Spannungsfeld zwischen Rom und Byzanz, zwischen den hegemonialen Ansprüchen der Habsburger und der Osmanen, in Südosteuropa eine Art «Geschehenseinheit» heraus. In diesen vorgegebenen Rahmen, der den machtpolitischen Ambitionen einheimischer Herrscher nur einen beschränkten Spielraum ließ, mußten sich die einzelnen Balkanvölker einfügen. Die naturräumlichen Gegebenheiten vermittelten kaum Anstöße zu übergreifenden politischen Zusammenschlüssen, sondern begünstigten eher die Ausbildung kleinräumiger Herrschaftsformen.

In der frühmittelalterlichen Gesellschaft wird ein enger kausaler Zusammenhang zwischen der Bekehrungsarbeit christlicher Missionare, die aus den Metropolen entsandt wurden, und der Herrschaftsbildung unter den «Barbarenvölkern» erkennbar. Der kirchliche Segen verlieh der Fürstenmacht eine gottgegebene Autorität und gewährte in den Außenbeziehungen einen relativen Schutz vor den Angriffen christlicher Nachbarn. Die äußeren Begleitumstände der Christianisierungsprozesse in Südosteuropa unterstreichen die politische Bedeutung, die auch die heidnischen Fürsten ihrem Übertritt zum neuen Glauben beimaßen. Die Taufe wurde in der Regel als förmlicher Staatsakt inszeniert. Ausschlaggebend waren nicht so sehr die persönliche Überzeugung des Konvertiten, sondern eher handfeste politische Überlegungen und die Erkenntnis, daß einem Heiden die Gleichberechtigung in einer christlichen Umwelt versagt bleiben mußte. Erst die Taufe versprach eine völkerrechtliche Anerkennung und die Teilhabe an den Segnungen des zivilisatorischen Fortschritts. Aus der Sicht Konstantinopels und Roms war die Heidenmission ein tragendes Element der Befriedungsbemühungen an den Außengrenzen.

Im Gegensatz zur römischen Kirche wurde in der byzantinischen Reichskirche der Sprachenstreit frühzeitig zugunsten der Volkssprache entschieden. Die Aufwertung des volkstümlichen Idioms erleichterte die Heranführung an die mediterrane Schriftkultur. Übersetzungen der liturgischen Bücher beförderten die notwendige sprachliche Akkulturation. Die «Slawenlehrer» Kyrill und Method, die 863 im kaiserlichen Auftrag zur Missionsarbeit in das Großmährische Reich des Fürsten Rastislav aufbrachen, schufen eine eigene, die sogenannte glagolitische Schrift. Im Zuge der späteren Regräzisierungsmaßnahmen setzte sich das kyrillische Alphabet durch, das zur Hälfte auf griechischen Schriftzeichen beruht. An den unterschiedlichen Schriftsystemen unter den Balkanvölkern lassen sich noch heute die Fernwirkungen der Slawenmission des Frühmittelalters und der über die byzantinische bzw. römische Kirche vermittelten Kulturorientierung ablesen.

Reichsgeschichte und Volksgeschichte

Dauerhaftere raumübergreifende Herrschaftsbildungen gelangen nur wenigen Akteuren. Dazu zählen in der Antike die römischen Imperatoren und ihre unmittelbaren Nachfolger, die Kaiser Ostroms. Diese hatten wiederholt konkurrierende Reichsgründungen abzuwehren, die einige östliche Reitervölker zunächst im Donauraum versucht hatten. Den Grundstein für ein donaubulgarisches Reich hatte 681 n. Chr. Khan Asparuch, der Sohn des Onoguren Kubrat, gelegt. Er hatte sich vom byzantinischen Kaiser Konstantin IV. vertraglich einen eigenen Herrschaftsbereich im nordöstlichen Balkanraum zusichern lassen. Seinen Nachfolgern gelang es, ihren Herrschaftsanspruch auf einen Großteil der innerbalkanischen Slawenstämme auszuweiten. Auf dem Höhepunkt der Machtausdehnung erstreckte sich das von Khan Simeon (893–927) beherrschte Territorium bis in die Nähe Konstantinopels. Erst ein Jahrhundert später gelang es der wiedererstarkten byzantinischen Militärmacht unter Kaiser Basileios II. (976–1025), dem «Bulgarenschlächter», dieses sogenannte Erste Bulgarische Reich zu zerschlagen und für mehr als eineinhalb Jahrhunderte die kaiserliche Hoheit über die innerbalkanischen Slawengebiete wiederherzustellen. Den Donauraum mußten sie den Magyaren überlassen, die sich 896 in der Donau-Theiß-Ebene niedergelassen hatten und nach einer Periode kriegerischer Streifzüge durch ganz Mitteleuropa unter König Stephan I. dem Heiligen und seiner bairischen Gemahlin Gisela aus dem Geschlecht der Liudolfinger zu verläßlichen Vorkämpfern des christlich-abendländischen Kulturkreises wurden.

Das Königreich Dalmatien und Kroatien

Die Balkanslawen hatten bei ihren ersten überregionalen Herrschaftsgründungen erhebliche Anlaufschwierigkeiten zu überwinden. Der Griff der ungarischen Könige über die Donau-Save-Linie hinaus in Richtung Adriaküste beendete frühzeitig die Versuche einer politischen Einigung der kroatischen Stämme im dalmatinischen Bereich, zu der Fürst Tomislav (um 910–928) mit päpstlicher Unterstützung angetreten war. Das Königreich Dalmatien und Kroatien wurden in der Folgezeit zwischen den konkurrierenden Machtinteressen Venedigs und Ungarns zerrieben. Venedig spielte seinen Vorteil als maritime Macht aus und bemächtigte sich im Jahre 1000 der dalmatinischen Städte. Mit den pacta conventa von 1102 wurden die Kroaten über eine Personalunion, die bis zur Auflösung der österreichisch-ungarischen Monarchie 1918 Bestand hatte, eng an das Schicksal Ungarns gebunden. Ein dauerhafterer Erfolg, sich als eigenständige Balkanmacht zu etablieren und zu behaupten, war den Serben und – in einem zweiten Anlauf nach dem Aufstand von 1185 – den Bulgaren beschieden.

Der Nemanjidenstaat

Eine günstigere Ausgangsbasis für eine politische Einigung der serbischen Stämme bot sich im 11. Jahrhundert zunächst in der adriatischen Küstenregion in Duklja (Dioclea, dem späteren Montenegro). Die Fürsten Stefan Vojislav, sein Sohn Michael und Konstantin Bodin hatten die byzantinische Oberhoheit aufgekündigt. Doch der Versuch, die Eigenständigkeit zu behaupten und auszuweiten, scheiterte an internen Zwistigkeiten. Der spätere Nemanjidenstaat formierte sich im 12. Jahrhundert in den östlichen Gebirgslandschaften am Oberlauf der Drina-Zuflüsse im altserbischen Raszien (Raška). Den Aufstieg zur zentralbalkanischen Führungsmacht verdankte er dem erfolgreichen Zusammenwirken der beiden Söhne Stefan Nemanjas. Der ältere, Stefan der Erstgekrönte, sicherte durch sein Lavieren zwischen den Mächten dem serbischen Staat die politische Kontinuität und schlug selbst die päpstliche Krone zur Herrschaftskonsolidierung nicht aus. Sein Bruder Rastko-Sava ließ sich vom ökumenischen Patriarchen in Nikäa zum Erzbischof und zum Oberhaupt einer eigenständigen serbischen Kirche weihen. Das Brüderpaar an der Spitze von Staat und Kirche verkörpert in augenfälliger Weise den Symphonia-Gedanken, d. h. das einvernehmliche Zusammenwirken der obersten weltlichen und kirchlichen Instanzen, das in der aus Byzanz ererbten politischen Theologie als die angemessene Staatsdoktrin eines christlichen Gemeinwesens vorgegeben war. Die Schwächeperiode des byzantinischen Reiches nach der Eroberung Konstantinopels 1204 durch ein Kreuzzugsheer der «Lateiner» unter venezianischer Führung erleichterte es den Nemanjidenherrschern, ihr Einigungswerk ungehindert fortzusetzen. Der unerwartete Einbruch der Mongolen-Tataren 1241/1242 im Donauraum schützte sie vor weiteren Ambitionen der ungarischen Könige und verhalf ihnen zu einem uneinholbaren Machtvorsprung vor dem bulgarischen Mitkonkurrenten.

Das Asenidenreich

Die Bulgaren waren auf dem besten Wege, sich als Nachfolger der byzantinischen Kaiser und als die neuen Herren der Balkanhalbinsel zu etablieren. 1185 hatten die Brüder Petăr und Asen mit kumanischer und walachischer Waffenhilfe einen erfolgreichen Aufstand gegen den Kaiser geprobt und sich im Norden des Balkangebirges gegen mehrere Angriffsversuche byzantinischer Truppenkontingente behauptet. Nur wenige Jahrzehnte später leitete Ivan Asen II. (1218–1241), der bedeutendste Herrscher dieses sogenannten Zweiten Bulgarischen Reiches der Aseniden, den letzten bedeutenden Abschnitt bulgarischer Großmachtpolitik ein. Er wies die fränkischen Barone und Ritter in die Schranken und schaltete in der Schlacht bei Klokotnica an der Marica 1230 den epirotischen Usurpator, den «Basileus und Autokrator der Rhomäer» Theodoros Angelos, im Ringen um die Vorherrschaft aus. Vorübergehend dehnte er seinen Herrschaftsbereich, der Adrianopel im Süden und Braničevo und Belgrad im Norden einschloß, westwärts über Makedonien bis an die Adria aus. Der Einfall der Tataren beendete 1241 abrupt den weiteren Aufstieg. Das bulgarische Reich sollte sich von dieser schweren Heimsuchung nicht mehr erholen. 1257 starben die Aseniden aus; 1330 mußten die Šišmaniden, die von ihrer Machtbasis in Vidin aus einen letzten Widerstandsversuch unternommen hatten, in der Schlacht bei Velbăžd (Kjustendil) endgültig den siegreichen Serben das Feld überlassen. Die bulgarischen Restreiche in Tărnovo und in Vidin wurden 1393 bzw. 1396 ein Opfer der Osmanen.

Das Reich Stefan Dušans

Die territorialen Verluste auf der Balkanhalbinsel konnten auch die griechischen Kaiser, die 1261 aus dem Exil in Nikäa nach Konstantinopel zurückgekehrt waren, nicht mehr rückgängig machen. Der Herrschaftsraum der Paläologen-Dynastie schrumpfte immer mehr zusammen. Im Vertrag von Nymphaion 1261 hatten sie schon zugunsten der Venezianer auf die adriatische Küstenregion verzichtet, im Osten verloren sie sehr bald ganz Kleinasien an die Türken, die ihnen seit der Mitte des 14. Jahrhunderts auch den noch verbliebenen Besitz auf der Balkanhalbinsel streitig machten. Dem Expansionsdrang der Nemanjiden hatten sie nichts mehr entgegenzusetzen. Unter dem jugendlichen König Stefan Dušan Uroš IV. (1331–1355) entstand ein serbisches Großreich, dessen Grenzen von der dalmatinischen Küste und Epirus bis zur Morava-Vardar-Linie reichten und Teile Mittelgriechenlands einschlossen. Stefan Dušan titulierte sich 1346 stolz als Kaiser der Serben und Griechen. Nach seinem

Tod löste sich das serbisch-griechische Großreich allerdings wieder in eine Vielzahl kleinerer Einheiten unter mächtigen Fürstengeschlechtern auf. Überregionale Bedeutung gewann Banus Tvrtko I. (1353–1391) in Bosnien. Er verstand es, geschickt zwischen den ungarischen und serbischen Nachbarn zu lavieren und territoriale Ansprüche auf Kroatien und Dalmatien durchzusetzen. Eine Überlebenschance hatte Bosnien angesichts der überlegenen Militärmacht der Osmanen nicht mehr. Die Nachfolger Tvrtkos konnten den Untergang nur bis 1463 hinauszögern.

Trotz heroischer Einzelleistungen, die mit den Namen Johann Hunyadi, Gjergj Kastrioti «Skanderbeg» oder Georg Branković und dem vielbesungenen Kraljević Marko verbunden sind, wurden die zersplitterten christlichen Fürstentümer in rascher Folge überrannt. Die Nachwelt hielt in epischen Liedern die Erinnerung an tragische Einzelereignisse, an den Tod des serbischen Fürsten Lazar am St. Veitstag 1389 auf dem blutgetränkten Amselfeld (Kosovo) und an den Untergang des jugendlichen Jagiellonenkönigs Władisław III. in der Schlacht von Varna 1444 lebendig.

Das Osmanische Reich

Die politische Karte Südosteuropas hat sich in der Frühen Neuzeit grundlegend geändert. Großflächige Reichsbildungen lösten die verwirrende Vielfalt rivalisierender lokaler Fürstenherrschaften ab. Die osmanischen Eroberer und die Kaiser in Wien teilten sich entlang einer umkämpften Demarkationslinie den Besitz der Balkanhalbinsel. Die Venezianer mußten schrittweise die Vorposten ihres Überseereiches räumen. 1470 zogen sie sich aus Negroponte/Euböa, 1475 von den Außenposten an der Schwarzmeerküste zurück, 1479 verloren sie im Adriaraum Skutari, 1501 Durazzo. 1500 brach die venezianische Herrschaft auf der Peloponnes zusammen, 1540 büßte die Markusrepublik ihre Vormachtstellung auf den ägäischen Inseln ein, und 1669 mußte sie schließlich nach einem erbitterten 25jährigen Krieg (1645–1669) auch auf Kreta verzichten.

Der osmanische Eroberungsdrang hatte die Habsburger, die von ihrer Wiener Residenz aus den abendländischen Abwehrkampf gegen die islamische Bedrohung zu koordinieren versuchten, zunächst in die Defensive gedrängt. Nach dem Entsatz Wiens 1683 leiteten die Heerführer der kaiserlichen Truppen, Prinz Eugen von Savoyen, Markgraf Ludwig Wilhelm I. von Baden, der «Türken-Louis», und der bayerische Kurfürst Max Emanuel, mit der Rückeroberung Ungarns das heroische Zeitalter der abendländischen Türkenkriege ein. Der Niedergang des Sultanregimes eröffnete den Balkanvölkern erstmals nach vielen Jahrhunderten der Fremdbestimmung wieder die Chance, ihr Schicksal in die eigene Hand zu nehmen.

Kulturelle Fremdbestimmung

Rom und Byzanz, Habsburg, Venedig und die Osmanen setzten über ein Jahrtausend nicht nur die machtpolitischen Rahmenbedingungen auf der Balkanhalbinsel. Sie vermittelten auch die bestimmenden kulturellen Normen und regten jene epochalen politisch-kulturellen Transformationsprozesse an, in denen sich lokale Varianten eines balkanischen Kulturraumes ausbildeten. Dem Sog der überlegenen mediterranen Schriftkultur hatten sich die jungen, noch schriftlosen Völker, die im frühen Mittelalter die Balkanhalbinsel besiedelten, nicht entziehen können. Unter allen Teilregionen der osteuropäischen Geschichte ist Südosteuropa die einzige, die einen unmittelbaren Anteil an der antiken Kulturwelt hatte. In der Neuzeit wurden die Machtzentralen Istanbul und Wien zu normgebenden Instanzen, die Leitbilder vorgaben und Kulturtranfers anregten. Das Ergebnis ist eine balkanische Kultursynthese, in der eine für den Außenstehenden oftmals verwirrende Vielfalt heterogener Einzelelemente zu einer neuen Einheit gebündelt wird. Hilfsbegriffe wie der griechisch-hellenistische Balkan, der römische Balkan, der slawische Balkan, der türkisch-islamische Balkan benennen komplexe Sachverhalte machtpolitischer und kultureller Überformungen. Die einzelnen Regionen der Balkanhalbinsel wurden dabei von den globalen Trends der Romanisierung, Hellenisierung, Slawisierung, Islamisierung, Germanisierung, Italisierung, Europäisierung in sehr unterschiedlicher Intensität erfaßt und entwickelten ein jeweils eigenes Profil einer Kulturlandschaft.

Der Balkan ist als Kulturraum in extremem Maße durch die Gleichzeitigkeit des Ungleichzeitigen gekennzeichnet. In der adriatischen Küstenzone sind Reste des römischen Kolonats erhalten geblieben, und in der Agrargesellschaft des Binnenlandes hat die patrilineare Großfamilie («zadruga») noch bis in unser Jahrhundert als angepaßte Wirtschaftsorganisation überlebt. Im Einzugsbereich der städtischen Siedlungen stieß die moderne Industriegesellschaft noch unmittelbar mit den Überresten einer transhumanten Wirtschaftsweise zusammen. Josef Matl plädierte daher zu Recht zum besseren Verständnis dieses Sachverhaltes für eine eurasische Geschichtskonzeption, die sich nicht so sehr am Gegensatz von Islam und Christentum oder an den kontrovers-theologischen Spitzfindigkeiten und den statischen Dichotomien einer christlich-abendländischen und einer orthodoxen Kulturwelt orientiert, sondern welche die Diffusions- und Assimilationsphänomene im Volksleben, den andauernden grenzüberschreitenden Austausch und die interethnischen Wechselseitigkeiten stärker in den Blick nimmt. Der Balkanraum war zu allen Zeiten eingebunden in eine «eurasische Fluktuation». Diese ist gekennzeichnet durch das Ineinanderfließen und Verschmelzen abendländischer und byzantinischer, europäischer und orientalischer Kulturelemente und Formen. Ihre Auswirkungen werden vor allem in der Volkskultur, in der Volkssprache und in der Volksdichtung, im Brauchtum und in den Rechtsvorstellungen sichtbar. Die Gemeinsamkeit der Lebensbedingungen hatte nach Matl in der Volksdichtung der Balkanvölker eine Gemeinsamkeit der Heroen, der Sujets und der Motive zur Folge. Bei der Erfassung der balkanischen Kultursynthese und ihrer lokalen Varianten verbietet sich deshalb eine einseitige Orientierung an Sprache und Volkstum und eine Überbewertung staatlicher Grenzziehungen. Die Kulturareale und die Staatsgebiete sind nicht deckungsgleich.

Das Nachleben der Reichskulturen

Was ist unter den heutigen Balkanvölkern von dieser tausendjährigen Reichsgeschichte unter den Kaisern in West- und Ostrom, den osmanischen Sultanen und den Habsburgern in Wien geblieben? Die Erfahrung lehrt, daß die Einheimischen, die im verengten Erfahrungshorizont der modernen Nationalstaaten aufgewachsen sind, eher geneigt sind, in der Geschichte nach den identitätsstiftenden Symbolen einer als ureigen empfundenen Nationalkultur zu suchen und die fortwirkenden Traditionen einer gemeinsamen Vergangenheit zu vernachlässigen. Aus mitteleuropäischer Sicht dagegen fallen neben den regionalspezifischen Besonderheiten die länderübergreifenden Gemeinsamkeiten auf der Balkanhalbinsel stärker ins Auge. Nicht selten behindern allerdings die traditionell distanzierte Wahrnehmung balkanischer Phänomene und eine latente Voreingenommenheit eine unbefangene Bestandsaufnahme.

Das römisch-byzantinische Erbe

Abgrenzungsbemühungen gegenüber dem als Pulverfaß übel beleumundeten Balkan haben in Mitteleuropa eine lange Vorgeschichte. Die negativen Stereotypen, die zur Charakterisierung dieser als uneuropäisch, archaisch und barbarisch empfundenen Peripherie Verwendung finden, verfestigten sich schon in der Publizistik der Aufklärungszeit. Ihre tieferen Wurzeln reichen noch bis in das 15. und 16. Jahrhundert zurück. Neuerdings ist im intellektuellen Diskurs um das Nachleben des römisch-byzantinischen Erbes wiederum eine dichotomische Kulturkreislehre ins Spiel gebracht worden, die von einer tiefgreifenden Spaltung Europas ausgeht. Die römische Reichsteilung des Jahres 395 ist für sie der entscheidende Fixpunkt. Nach Immanuel Geiss zieht sich seither quer durch die Balkanhalbinsel ein «binneneuropäischer Andreasgraben», an dessen Bruchlinien die tieferen Ursachen der gegenwärtigen Probleme im zerfallenden Jugoslawien sichtbar werden. Zwischen Orthodoxie und Islam auf der einen Seite und dem westlichen Christentum auf der anderen Seite verläuft demnach eine scharfe Trennlinie. Sie markiert einen konfliktträchtigen Gegensatz zwischen statischen und dynamischen Kulturen. Der amerikanische Politologe Samuel P. Huntington spricht von einem «Zusammenprall der Kulturen» («clash of civilizations») und warnt vor bevorstehenden «Bruchlinienkriegen». In letzter Konsequenz wird aus dem unterschiedlichen Geschichtsverlauf seit der Antike die Andersartigkeit der Völker im orthodoxen und vor allem im muslimischen Teil Südosteuropas konstatiert und ihre Fähigkeit, moderne demokratische Lebensformen zu entwickeln und sich in die europäischen Wertegemeinschaft einzufügen, in Zweifel gezogen.

Dem Historiker fällt es schwer, sich dieser sehr vereinfachenden Sichtweise anzuschließen. Die kirchenpolitischen Differenzen zwischen Rom und Byzanz reichen nicht aus, um auf eine durchgehende kulturelle Dichotomie und eine tiefgehende Spaltung zu schließen. Das Nebeneinander der Konfessionen im Balkanraum hat fließende Übergänge geschaffen, ein verbreiteter Bilinguismus den interethnischen Kontakt und den kulturellen Austausch erleichtert. Noch heute sind in der von italoromanischen und slawischen Traditionen geprägten Adria-Region Spuren der ehemaligen byzantinischen Präsenz zu finden. Venedig war lange Zeit ein lateinisch-byzantinischer Zwitter, und in Zusammenhang mit den auffallenden byzantinischen Beimischungen in der dalmatischen Sakralkunst hat man von einem «Adrio-Byzantinismus» gesprochen. Schon im 10. Jahrhundert fand im Hinterland der Küstenstädte die lateinische Liturgie in slawischer Sprache Eingang und konnte in einem genuin katholischen Milieu ihren archaischen Charakter in der ursprünglichen glagolitischen Schriftform durch die Jahrhunderte hindurch bewahren. Typisch östliche Heilige wie Kosmas und Damianos, der byzantinische Soldatenheilige Demetrios und besonders die hl. Paraskeve die Jüngere aus dem thrakischen Epibatai bei Selymbria, die bei den Slawen als Petka, bei den Romanen als Venera verehrt wird, stehen in hohem Ansehen. Stadtheiliger Dubrovniks ist der hl. Blasius, der aus Sebaste in Kappadokien stammte.

Unbestreitbar ist, daß die Ost- und die Westkirche in den Organisationsformen, den liturgischen Gepflogenheiten, in den Bauformen und den künstlerischen Ausgestaltungen der Kirchenräume, im Staats- und Kirchenverständnis, in den Rechtstraditionen und in der Auslegung ihres innerweltlichen Sendungsauftrages getrennte Wege gegangen sind. Aber ebenso unübersehbar ist, daß es unter den Theologen der Balkanvölker immer wieder Wanderer zwischen den Welten gab, die aus der Glaubensüberlieferung beider Großkirchen schöpften. Zudem hatten in einem vorwiegend bäuerlichen Milieu auf der Balkanhalbinsel die kontroverstheologischen Unterschiede weniger Gewicht, zumal während der langen Türkenzeit im Alltagsleben eine konfessionsübergreifende christliche Solidarität gefordert war.

Das Fortleben der Osmanenzeit

Von den christlichen Balkanvölkern war ein pfleglicher Umgang mit der Hinterlassenschaft der Osmanenzeit und dem genuin islamischen Kulturerbe schwerlich zu erwarten. Nach der Befreiung vom Türkenjoch wurden die neu entstehenden Balkanstaaten von einer Welle der Entosmanisierung erfaßt. In weiten Teilen der Balkanhalbinsel wurde die gesamte Nomenklatur der Ortsnamen und geographischen Benennungen, in denen die Erinnerung an die Jahrhunderte der Fremdherrschaft festgeschrieben war, von Turzismen gereinigt. Die türkischen Baudenkmäler sind heutzutage weitgehend aus dem Erscheinungsbild der Städte und ländlichen Siedlungen verschwunden. Sie zerfielen unter den ungünstigen Witterungseinflüssen, wurden durch Naturereignisse zerstört oder gewaltsam durch Menschenhand beseitigt.

Das osmanische Erbe lebt in christlicher Umgebung verdeckt in der Alltagskultur weiter, in türkischen Wortentlehnungen und in den Eß- und Trinkgewohnheiten, in der materiellen Volkskultur, in der Bekleidung und in der Innenausstattung der Wohnungen, in familiären Verhaltensmustern und im Volksglauben. Zur politisch-institutionellen Hinterlassenschaft der Osmanenzeit in Südosteuropa zählt man die freibäuerliche Agrarstruktur, das Fehlen einer bodenständigen Aristokratie, eine schwach entwickelte Bourgeoisie und einen starken bürokratischen Staatsapparat.

Nicht zu übersehen waren am Ausgang des 19. Jahrhunderts die langfristigen negativen Auswirkungen der Türkenherrschaft. Die offenkundigen Modernisierungsdefizite sind einer jahrhundertelangen Benachteiligung der nichtmuslimischen Bevölkerungsgruppen in einem islamischen Staat anzulasten, der ihnen nur beschränkte Autonomierechte im Rahmen ihrer kirchlichen Organisationsstrukturen zugestand und keine aktive Beteiligung an der öffentlichen Verwaltung und an der politischen Willensbildung einräumte. Die Betroffenen reagierten mit unverhohlener Abneigung gegenüber der Staatsgewalt und den öffentlichen Einrichtungen. Die Staatsverdrossenheit unter der christlichen Bevölkerung erschwerte nach der Befreiung die Implementierung moderner Verwaltungsstrukturen. Durch die dörfliche Abgeschiedenheit einer mehrheitlich bäuerlichen Bevölkerung wurden familiäre Clanbildungen begünstigt, die veraltete Wirtschaftsformen und Denkweisen konservieren halfen, und ein unentwirrbares Netz von Klientelbeziehungen verfestigt, das den Aufbau eines funktionierenden parlamentarischen Systems nachhaltig behinderte und eine erst zögerlich im Parteienwettstreit einsetzende freie Meinungsbildung im Keim zu ersticken drohte.

Der moderne Balkan

Nach der Entstehung unabhängiger Balkanstaaten erzwangen die neuen Führungsschichten andere Weichenstellungen, die zu einer modernen bürgerlichen Gesellschaft überleiten sollten. Die aus Byzanz überkommenen Rechtstraditionen verloren in den orthodoxen Ländern Südosteuropas ihre normative Bedeutung. Die neuen Gesetzbücher wurden in Anlehnung an westliche Vorlagen konzipiert. Nützlichkeitserwägungen verhalfen dem französischem Handelsrecht zu einer überregionalen Verbreitung. Das neu erstandene Hellas übernahm die Gesetzbücher aus Bayern, die der Münchner Rechtsgelehrte Georg Ludwig Maurer als Mitglied des ottonischen Regentschaftsrates ausgearbeitet hatte, während in Serbien beim Zivilgesetzbuch von 1844 das Bürgerliche Gesetzbuch der Donaumonarchie von 1811 Pate stand. Die frühen Verfassungsentwürfe der Balkanstaaten lehnten sich an den Wortlaut der belgischen Verfassung an. Der Einfluß aus dem Ausland übernommener Ideen und die Anwesenheit landfremder Berater provozierten heftige Parlamentsdebatten und Richtungskämpfe zwischen Neuerern und Traditionalisten über den richtigen Weg in eine bessere Zukunft.

Den Balkanvölkern fiel ohne Zweifel im 19. Jahrhundert eine Vorreiterrolle bei der Ablösung der Vielvölkerstaaten in Europa zu. Den Griechen, Serben, Rumänen, Montenegrinern, Bulgaren und Albanern hatte die europäische Diplomatie noch vor dem Ausbruch des Ersten Weltkrieges die erstrebten Gründungen eigener Nationalstaaten ermöglicht. Der Berliner Kongreß von 1878 brachte mit der völkerrechtlichen Anerkennung der serbischen, rumänischen und montenegrinischen Eigenständigkeit und der Autonomie des bulgarischen Fürstentums den entscheidenden Durchbruch. Die Rahmenbedingungen waren allerdings von den Großmächten vorgegeben. Über das Schicksal der Balkanvölker verhandelten die europäischen Staatsmänner mit dem Sultan in der Regel ohne Anhörung der Betroffenen. Sie diktierten die Grenzziehungen und legten die monarchische Regierungsform fest. Das ethnographische Prinzip und das Selbstbestimmungsrecht spielten nur eine untergeordnete Rolle. Die neu geschaffenen Fürstenthrone wurden mehrheitlich von Landfremden eingenommen, die weder über eingehendere Landeskenntnisse verfügten noch die Sprache ihrer Untertanen beherrschten und auch nicht ihre kirchlich-religiösen Überzeugungen teilten. Dem glücklosen Wittelsbacher Otto folgte in Griechenland 1863 die dänische Dynastie der Sonderburg-Glücksburger. In Bulgarien lösten 1887 die Coburger (Haus Sachsen-Coburg-Gotha-Koháry) den Fürsten Alexander von Battenberg ab, der beim Zaren in Ungnade gefallen war. Die Bojaren in den vereinigten Donaufürstentümern Moldau und Walachei hatten sich schon 1866 für einen Fürsten aus dem Hause Hohenzollern-Sigmaringen entschieden. Für den 1912 selbständig gewordenen albanischen Staat wurde Fürst Wilhelm zu Wied als Herrscher bestimmt. Nur den Serben und den Montenegrinern bot sich eine Chance, das Regentenamt mit Vertretern bodenständiger Dynastien zu besetzen.

Kontinuität und Neubeginn

Die modernen Nationalstaaten auf der Balkanhalbinsel folgten westlichen Organisationsmodellen. Ein flüchtiger Blick auf die Staatenkarte Südosteuropas mag einen nahtlosen Anschluß an die früh- und hochmittelalterlichen Staatsgründungen suggerieren und eine die Jahrhunderte überbrückende Herrschaftskontinuität und das Fortbestehen ethnischer Konstanten nahelegen. Eine ganze Generation war fasziniert von dem Wunschtraum einer «Wiedergeburt». Die nationale Geschichtsschreibung griff in allen Ländern Südosteuropas den Gedanken der Kontinuität bereitwillig auf und machte ihn sich als Instrumentarium einer aggressiven Außenpolitik zu eigen. Den Vorkämpfern der nationalen Bewegung war nicht entgangen, daß sich aus den frühmittelalterlichen Reichsbildungen vorteilhafte Raumkonzeptionen für die neuen Staaten ableiten ließen. Das historische Argument wurde zu einer Waffe im Kampf um vorteilhafte Grenzregelungen.

In den Mythen der Balkanvölker leben Ursprungs- und Herkunftssagen fort, die auf eine weit in die Vergangenheit zurückreichende Vorgeschichte verweisen und die sich für eine ungebrochene ethnische Homogenität und Kontinuität in den angestammten Wohnsitzen in Anspruch nehmen lassen. In der historischen Erinnerung wird ein unmittelbarer innerer Zusammenhang zwischen den ephemeren Herrschaftsgründungen des Früh- und Hochmittelalters und den Nationalstaaten des 19. und 20. Jahrhunderts postuliert. Die Ideologen des kämpferischen Ethnonationalismus fühlten sich folgerichtig als die Vollstrecker eines historischen Auftrages. Begründung und Legitimation suchten sie in den Stereotypen einer nationalen Geschichtstradition, die keine Kontinuitätsbrüche kennt. Die Albaner berufen sich weiterhin auf ihre illyrische Herkunft, die Rumänen erinnern an ihre dakische Vorgeschichte, die Bulgaren verstehen sich als die Erben der Thraker, der turksprachigen Proto-Bulgaren und der slawischen Einwanderer. Die Wortführer der Slowenen, Kroaten und Serben orientierten sich während der nationalen Erweckungsphase bei ihren konkurrierenden Raumvorstellungen an den jeweiligen großflächigen mittelalterlichen Herrschaftsbildungen. Zum Leitbild der Serben wurde das Reich Stefan Dušans im 14. Jahrhundert, das im Süden weit in den griechischen Siedlungsraum ausgriff. Die Kroaten beanspruchten die gesamte adriatische Küstenzone zusammen mit dem slawonisch-pannonischen Binnenland und dem vorgeschobenen Areal der kroatisch-slawonischen Militärgrenze. Und die Griechen beschwören eine ungebrochene Kontinuität zum Hellenenvolk der Antike. Während des 19. Jahrhunderts fühlten sie sich daher berechtigt, in ihrer als Maximalprogramm formulierten «Großen Idee» *(Megalē idea)* eine Wiederherstellung der Grenzen des byzantinischen Reiches zu fordern. Erst die folgenschwere kleinasiatische Katastrophe von 1922 nötigte sie zu einer schmerzhaften Revision ihrer überzogenen Wunschträume.

Die Sieger des Ersten Weltkrieges waren mit dem Vorsatz angetreten, die Vielvölkerstaaten zu schlagen und ein «Neues Europa» der kleinen Völker herbeizuführen. Das Ergebnis des in den Pariser Vorortverträgen ausgehandelten Vertragwerkes war eine Balkanisierung des Balkans, die die Völker Südosteuropas nicht hat zur Ruhe kommen lassen. Die Grenzziehungen des Versailler Systems sind von den Betroffenen in den Nachfolgestaaten als willkürlich empfundenen worden. Revisionsforderungen haben die nachbarschaftlichen Beziehungen dauerhaft vergiftet, der Parteienstreit um den notwendigen innerstaatlichen Interessenausgleich überforderte die Führungselite und legte das parlamentarische System lahm. Weder die autoritären Regime und Königsdiktaturen der Zwischenkriegszeit noch die kommunistische Parteiherrschaft boten eine tragfähige Alternative. Heute ist eine neue Politikergeneration aufgefordert, aus den Fehlern und Versäumnissen der Vergangenheit zu lernen und nach einem eigenen Weg zu suchen.

Raum und Besiedlung

Karl Kaser

Die südosteuropäische Halbinsel umfaßt mit einer Fläche von rund 860 000 Quadratkilometern (ohne das Territorium der europäischen Türkei) etwas mehr als die Iberische Halbinsel, etwa gleich viel wie die Ukraine und Weißrußland zusammen, etwas weniger als Deutschland und Frankreich und deutlich weniger als die skandinavischen Staaten. Das Territorium der gesamten Region ist nicht wesentlich größer als das der nach Rußland größten europäischen Flächenstaaten (Ukraine, Frankreich, Spanien). Einige südosteuropäische Staaten würden also, gemessen an ihrer Größenordnung, bestenfalls als Provinzen dieser Staaten fungieren können.

Von den zehn Staaten Südosteuropas sind fünf um die 50 000 oder weniger Quadratkilometer groß (Albanien, Slowenien, Kroatien, Bosnien und Herzegowina und Makedonien). Lediglich Rumänien mit seinen knapp 240 000 Quadratkilometern kann sich zur Gruppe der mittelgroßen europäischen Staaten zählen. Diese Relationen treten auch zutage, wenn man die Einwohnerzahlen (1995) vergleicht. In Südosteuropa leben knapp 79 Millionen Menschen, d. h. etwas weniger als in Deutschland mit seinen knapp 82 Millionen Einwohnern.

Die Fläche Südosteuropas teilen sich mittlerweile zehn Staaten, deren Einwohner einer schwer zu bestimmenden Zahl an Nationen angehören, die sich in etwa auf 25 beläuft. Rumänien ist nicht nur der mit Abstand größte Staat; die rumänische Nation ist mit etwas über 20 Millionen Menschen auch die zahlenmäßig größte. Es ist signifikant für Südosteuropa, daß in diesem Staat, in dem sich 89,5 % der Bevölkerung als Rumänen bezeichnen, 18 nationale Minderheiten offiziell anerkannt sind. Sämtliche südosteuropäische Staaten weisen eine mehr oder weniger vergleichbare Zahl an nationalen Minderheiten auf. Das ehemalige Jugoslawien berücksichtigte in seinen letzten Volkszählungen 24 Nationen und Nationalitäten; dazu kam noch eine Gruppe von «anderen». Diese Zahlen verdeutlichen eine ethnische bzw. nationale Vielfalt, die eines der wesentlichen Charakteristika Südosteuropas darstellt. Sie ist jedoch nicht bloß eine ethnisch-nationale, sondern auch eine kulturelle. Letztere ist allerdings nicht mehr in Zahlen zu fassen, denn hierbei geht es um eine Vielfalt, die erst bei tieferem Hinsehen erkennbar wird. Nicht zuletzt in

Südosteuropa 1995: Fläche und Einwohner im Vergleich (gerundete Zahlen)

Region/Ländergruppe	Fläche in km^2	Einwohner
Südosteuropa	860 000	79 Millionen
Iberische Halbinsel	600 000	50 Millionen
Ukraine und Weißrußland	810 000	62 Millionen
Deutschland und Frankreich	900 000	140 Millionen
Skandinavien	1 110000	18 Millionen

den Kriegen im ehemaligen Jugoslawien wurde diese deutlich, wenngleich die produzierten Bilder von den anderen vielfach vor-gestellt und realitätsfremder waren als die tatsächlich feststellbaren kulturellen Differenzen.

Im wesentlichen waren es fünf ethnische Komponenten – die älteste Bevölkerungsschicht, der von den heute in Südosteuropa lebenden Nationalitäten u. a. die Griechen, die Albaner und die Rumänen zuzurechen sind, sowie Italiener, Slawen, Deutsche und Ungarn –, welche die historischen Rahmenbedingungen für die gegenwärtige kulturelle und ethnisch-nationale Pluralität Südosteuropas bilden. Sie reichen bis in das frühe Mittelalter, zum Teil bis in die Antike zurück. Von ihnen soll zunächst die Rede sein.

Antike und mittelalterliche Besiedlungsvorgänge an der südosteuropäischen Peripherie

Alle europäischen Peripherien haben ihre Eigenheiten. Für die südosteuropäische gilt, daß hier in historischen Zeiten die Vermischung eurasischer Völker besonders stark ausgeprägt war. Diese Beobachtung gilt in erster Linie für das Mittelalter, trifft aber auch auf die Frühe Neuzeit zu. Die Migrationen verliefen sehr einseitig: Sie bewegten sich beinahe ausschließlich von Asien nach Europa und kaum in die umgekehrte Richtung. Diese Beobachtung gilt auch bereits für die älteste historisch erfaßbare Bevölkerungsschicht Südosteuropas. Von den gegenwärtig in Südosteuropa lebenden Nationen und Nationalitäten sind neben den bereits erwähnten Griechen, Albanern und Rumänen vielleicht die Vlachen oder Aromunen, die Sarakatsanen bzw. Karakatschanen und wahrscheinlich die Csángó dieser Gruppe zuzurechnen. Sie berufen sich auf die Abstammung von drei indoeuropäischen Ethnien, die Südosteuropa seit ihrer Zuwanderung aus Asien von etwa 2000 bis zum zwölften Jahrhundert v. Chr. überwiegend besiedelt hatten: Griechen im Süden, Illyrer im Westen und Thraker im Osten.

Viele albanische Forscher, die sich mit diesem Thema beschäftigen (Archäologen, Historiker und Linguisten) verfechten die von etlichen nichtalbanischen Wissenschaftern in Frage gestellte Theorie einer Kontinuität vom illyrischen zum albanischen Ethnikum. Ihrer Auffassung nach könnte sich der Übergang vom einen zum anderen im frühen Mittelalter vollzogen haben.

Auch in Rumänien wird eine lange Kontinuitätslinie angenommen. Um 1200 v. Chr. wurde die östliche Hälfte Südosteuropas vom Stammesverband der Thraker besiedelt; der Landschaftsname Thrakien erinnert noch an diese ethnische Gruppe, die als solche assimiliert worden ist. Eines der thrakischen Stammesfürstentümer, jenes der Daker, erstreckte sich über das weite Gebiet zwischen Donau und Theiß, den Karpaten und dem Dnjestr, also ungefähr über das heutige rumänische Siedlungsgebiet. Die heutigen Rumänen sehen sich in ethnischer Hinsicht als die Nachkommen dieser Dakerbevölkerung an, die in der Zeit der fast 170jährigen römischen Herrschaft (107–271) einer starken Romanisierung ausgesetzt war. Sprachlich zählt das Rumänische zur Gruppe der balkanromanischen Sprachen. Dieselbe ethnische Herkunft wird auch für die Vlachen oder Aromunen angenommen, wobei allerdings zur Diskussion steht, ob es sich um ein autochthones Ethnikum (das sich aus Nachkommen von in Südosteuropa angesiedelten römischen Legionären und romanisierten Illyrern zusammensetzt) oder um einen Zweig der rumänischen Bevölkerung handelt. Die Hauptsiedlungsgebiete dieser in ihrem ethnischen Bestand stark gefährdeten Gruppe liegen im Norden Griechenlands, im südlichen und zentralen Albanien sowie in Makedonien.

Während es um die bis in die Antike zurückreichende Kontinuität von albanischer und rumänischer Bevölkerung immer wieder kontroverse Diskussionen gibt, hat sich jene hinsichtlich der griechischen Bevölkerung inzwischen dadurch erledigt, daß hier eine Fokussierung auf die Frage der Sprache erfolgte, in der eine zweifelsfreie Kontinuität besteht.

Auch das Problem der Herkunft der Sarakatsanen bzw. Karakatschanen (wie sie in Bulgarien bezeichnet werden) ist in diesem Zusammenhang zu diskutieren. In dieser Gruppe von griechisch sprechenden und erst in den letzten Jahrzehnten seßhaft gewordenen Nomaden sehen so manche griechische Historiker und Ethnologen Vertreter des Urgriechentums – eine Auffassung, die ebenfalls nicht unumstritten ist.

Eine der wenigen gegenwärtigen Bevölkerungsgruppen Südosteuropas, deren Vorfahren aus westlicher Richtung kommend zuwanderten, ist die italienische. Es waren in erster Linie römische Veteranenfamilien, die im Verlauf der Römerherrschaft über Südosteuropa, die 168 v. Chr. einsetzte, angesiedelt wurden. Hand in Hand mit der verkehrstechnischen und ökonomischen Erschließung des römischen Machtbereichs gingen

Romanisierungsprozesse, von denen in erster Linie die Bevölkerung entlang der adriatischen Küste erfaßt wurde. Auch nach der starken slawischen Zuwanderung im 6./7. Jahrhundert konnte sich diese lateinisch-italienisch sprechende Bevölkerung sowohl an der istrischen wie auch an der dalmatinischen Küste ihre ethnischen Besonderheiten erhalten und erfuhr in der Zeit der venezianischen Herrschaft über diese Küstenzonen einen erheblichen Zuzug. Nachdem Italien im Verlauf des Zweiten Weltkrieges sowohl die Herrschaft über Dalmatien als auch über Istrien an Jugoslawien verloren hatte, verließen rund 300 000 Italiener das Land; heute zählt die italienische Bevölkerung nurmehr rund 15 000 Bewohner (in Slowenien und Kroatien).

Eine weitere für die ethnische Struktur Südosteuropas konstitutive Bevölkerungsgruppe wanderte im wesentlichen im 6./7. Jahrhundert zu – die Slawen. In der Frühphase ihrer Zuwanderung erstreckte sich das slawische Siedlungsgebiet über ganz Südosteuropa. An dessen Rändern assimilierte sich die slawische Bevölkerung jedoch sehr bald. Heute bilden die Nachkommen dieser Zuwanderer die tragenden nationalen Elemente der Staaten Slowenien, Kroatien, Jugoslawien, Bosnien und Herzegowina, Bulgarien und Makedonien. Auch die slawische Bevölkerung ist indoeuropäischen Ursprungs. Vor ihrer Zuwanderung lagen ihre Siedlungsgebiete wahrscheinlich zwischen den Flußgebieten der mittleren und oberen Weichsel sowie des mittleren Dnjepr. Bis zum 6. Jahrhundert dürften die slawischen Stämme bereits ausgedehnte Siedlungsgebiete in Osteuropa eingenommen haben, bevor ihre weitere Expansion sie u. a. nach Südosteuropa führte. Heute werden die slawischen Sprachen allgemein drei großen Gruppen zugeordnet: der ost-, der west- und der südslawischen; zur letzteren zählen die slawischen Sprachen Südosteuropas.

Die gegenwärtig zahlenmäßig größte ethnische Gruppe unter den Südslawen bilden die Bulgaren. Die von den Slawen besiedelten Gebiete des späteren Bulgarien wurden in der zweiten Hälfte des siebten Jahrhunderts von einer Gruppe bulgarischer Turkstämme erobert, die nicht dem indoeuropäischen Sprachenverband angehörten. Sie übernahmen die politische Führung über die slawische Bevölkerung und übertrugen dem 681 gegründeten Bulgarenstaat auch ihre Bezeichnung. Erst aus der Symbiose von slawischen und (proto-)bulgarischen Stämmen sollte sich das bulgarische Ethnikum herauskristallisieren. Diese Ethnogenese vollzog sich offenbar in den folgenden Jahrhunderten mit dem Ergebnis, daß sich das zahlenmäßig stärkere slawische Element durchsetzen konnte und die Bulgaren eine slawische und keine türkische Identität erhielten; die bulgarische Turksprache wurde vom Slawischen verdrängt.

Mit etwas über acht Millionen Angehörigen bilden die Serben heute die zweitgrößte südslawische Nation. Der serbische Stammesverband war um das Jahr 626 zugewandert. Nur allmählich gelang es, die einzelnen Stämme zu flächenmäßig kleinen Stammesstaaten zusammenzufassen, die dann in der zweiten Hälfte des 12. Jahrhunderts vereinigt werden konnten; damit war die Grundlage für die Herausbildung und Expansion des spätmittelalterlichen serbischen Königreichs geschaffen. Dessen Zentren lagen in der südlichen Hälfte des heutigen Serbien. An der späteren Siedlungsverlagerung in Richtung Norden hatte die sogenannte Große Serbische Wanderung (1690) großen Anteil. Im Zuge des habsburgischen Gegenangriffs auf das Osmanische Reich, nachdem dessen Truppen 1683 Wien erfolglos belagert hatten, waren habsburgische Truppen bis in die serbischen Gebiete vorgedrungen. Sie wurden von den Serben offen unterstützt. Als sich die Truppen jedoch wieder zurückziehen mußten, blieb die Bevölkerung schutzlos zurück. Tausende von serbischen Familien ergriffen daraufhin die Flucht in Richtung Norden bis über Belgrad hinaus, nach Syrmien, weit hinein in die von den Habsburgern wiedereroberten Gebiete Südungarns und die Donau aufwärts bis in die Nähe Budapests. Als Orthodoxe erhielten sie im katholischen Habsburgerreich eine gewisse Sonderstellung eingeräumt.

Die montenegrinische Nation bildete sich aus dem serbischen Ethnikum heraus. Diese Entwicklung setzte in der zweiten Hälfte des 14. Jahrhunderts ein, als das serbische Reich in Einzelfürstentümer zerfiel. Eines dieser Fürstentümer, die Grafschaft Zeta, wurde Ausgangspunkt des späteren montenegrinischen Staats und der Rahmen für die Herausbildung einer montenegrinischen Identität, die auch auf eine spezifische Entwicklung, die dieses Gebiet während der osmanischen Herrschaft durchlief, zurückzuführen ist.

Mit etwa 4,5 Millionen bilden die Kroaten heute die drittgrößte südslawische Nation. Etwa zugleich mit den serbischen Stämmen, also um das Jahr 626, wanderten sieben oder acht kroatische Stämme in Dalmatien und sein Hinterland sowie in Slawonien ein. Dalmatien mit seinen urbanen Zentren auf antiker Grundlage wurde zum Zentrum der ethnischen wie auch der staatlichen Formierung unter den Kroaten. Für die Herausbildung einer kroatischen ethnischen Identität spielte die frühe Gründung eines eigenen Fürstentums (um 800) und eines Königreichs in der ersten Hälfte des 10. Jahrhunderts eine wichtige Rolle. Diese war weder durch die Integration in das ungarische Königreich (1102) noch durch die Eingliederung in das Habsburgerreich (1526) ernsthaft in Frage gestellt, da das Land sich einen Sonderstatus bewahren konnte.

Die slawischen Vorfahren der heutigen Slowenen hatten sich in mehreren Etappen im 6. und 7. Jahrhundert im Ostalpenbereich angesiedelt. Gegen Ende des 7. Jahrhunderts hatte sich bereits ein kompakter Stammesverband herausgebildet. Die anfänglich vielen kleinen Stammesterritorien verschmolzen in kurzer Zeit zum unabhängigen Stammesfürstentum Karantanien, bis die Bevölkerung Ende des 8. Jahrhunderts unter fränkische Oberherrschaft geriet. Damit und mit der sukzessiv aus dem Norden einsetzenden deutschen Kolonisationsbewegung wurde es für die Bevölkerung schwierig, ihre ethnische Identität zu wahren. Unter den Habsburgern war sie auf verschiedene Verwaltungseinheiten aufgeteilt, und sozialer Aufstieg endete in den meisten Fällen mit der Assimilierung in die deutschsprachige Bevölkerungsmehrheit.

Die Problematik um die makedonische Nation ist vielschichtig. Es ist davon auszugehen, daß Makedonien als landschaftlicher Begriff eine lange historische Tradition hat. Die Landschaft erstreckt sich über das heutige Staatsgebiet Makedoniens, über die nordgriechische Provinz gleichen Namens und einen Teil Westbulgariens. Diese Aufteilung auf drei Staaten besteht seit 1913 – als Ergebnis der beiden Balkankriege. Die slawische Bevölkerung Makedoniens trat als makedonische Nation vor der zweiten Hälfte des 20. Jahrhunderts historisch nicht in Erscheinung. Im Streit zwischen Bulgarien und Serbien, welcher der beiden Sprachen die in Makedonien bis dahin gesprochenen südslawischen Dialekte zuzuordnen seien, hatten wahrscheinlich die bulgarischen Sprachwissenschafter die trefflicheren Argumente. Wie dem auch sei – der Ausgang des Zweiten Weltkriegs und die Politik Titos, die auf die Gründung einer makedonischen Nation im Rahmen Jugoslawiens abzielte, setzten neue Tatsachen; heute ist die Existenz dieser nationalen Identität eine Realität, vor der auch die griechische Außenpolitik, welche die Unabhängigkeit eines Staates, der die Bezeichnung «Makedonien» in seinem Namen führt, zu verhindern suchte, kapitulieren mußte.

Die ohnedies bereits stark differenzierte ethnische Landkarte Südosteuropas im Mittelalter wurde durch zwei weitere Ethnien bereichert: die ungarische und die deutsche. Über die «Urheimat» der Ungarn bzw. finno-ugrischen Magyaren bestehen unterschiedliche Auffassungen. Die einen vermeinen sie zwischen Wolga und Ural eruieren zu können, die anderen östlich des südlichen, wieder andere östlich des nördlichen Ural. Noch im 8. Jahrhundert scheinen finno-ugrische Gruppen in den Waldgebieten Nordrußlands bis über den Ural hinweg gelebt zu haben, bevor sich die späteren Finnen Richtung Norden und die späteren Magyaren in Richtung Süden in Bewegung setzten. Die letztgenannte Gruppe gelangte zuerst an die mittlere Wolga, dann an den mittleren Don, bis sie in der zweiten Hälfte des 9. Jahrhunderts das Steppengebiet nördlich des Schwarzen Meeres erreichte. 895 erfolgte die Weiterwanderung über die Karpaten in die ungarische Tiefebene, wo es zur dauerhaften Seßhaftwerdung und Festigung der Magyaren kommen sollte.

Die ersten Ansiedlungen von deutschen Bauern erfolgten nach dem Sieg Karls des Großen über die Awaren (Ende des 8. Jahrhunderts) bereits im 9. Jahrhundert, noch vor der Ankunft der Ungarn in Pannonien. Zu dauerhaften Niederlassungen kam es allerdings erst zwischen dem 12. und dem 14. Jahrhundert: seit dem 12. Jahrhundert in Ungarn und Siebenbürgen, im 14. Jahrhundert dann in der Region Kočevje/Gottschee südlich von Ljubljana. Im spätmittelalterlichen Serbien wurden deutsche Spezialisten zur Ausbeutung der Silberminen angesiedelt. Weit mehr Deutsche kamen jedoch im 18. Jahrhundert nach Südosteuropa; sie wurden zum größten Teil in die infolge der militärischen Erfolge der habsburgischen Armeen Ende des 17. Jahrhunderts von Osmanen geräumten Territorien nach Südosteuropa geholt. In Siebenbürgen, in der Bukovina, im Banat, in Syrmien, in der Batschka und der Baranja, in Slawonien und den ungarischen Kerngebieten wurden Tausende von deutschen Familien angesiedelt. Vor dem Beginn des Zweiten Weltkriegs betrug ihre Zahl knapp zwei Millionen – eine Zahl, die heute auf unter 200000 zurückgegangen ist.

Drei historische Kulturmuster, zwei Christentümer

Diese Besiedlungsvorgänge an der südosteuropäischen Peripherie führten dazu, daß dieser Subkontinent im Mittelalter – verglichen mit der Antike – ethnisch sehr inhomogen war. Dazu kam auch eine kulturelle Differenziertheit. Wenn wir hier Kultur als eine Summe von ökonomischen Tätigkeiten, von Aneignung der Umwelt, von Interpretationen der Welt und Methoden der Lebensbewältigung verstehen, so können wir von einer großen Vielfalt ausgehen. Archäologische Funde weisen auf zahlreiche Unterschiede in Bestattungsformen, Grabbeigaben, Festungssystemen und Hauskonstruktionen hin. Auch die überlieferten Gewohnheitsrechte und die Methoden der Zeit- und Mondphasenberechnung bestätigen diese Vielfältigkeit. Schließlich haben sich wesentliche kulturelle, religiöse und sozio-ökonomische Elemente zu unterschiedlichen Zeiten und in unterschiedlicher Intensität durchgesetzt. Das gilt für das Christentum ebenso wie etwa für die Schriftlichkeit oder die Agrartechnologien. Diese Vielfalt wurde in keiner Phase südosteuropäischer Geschichte gebrochen und aufgelöst. Erst die im 19. Jahrhundert über Südosteuropa hereingebrochene und durch die sozialistischen Systeme für knapp fünf Jahrzehnte unterbrochene Modernisierung nach westlichem Muster scheint Lebensformen und -perspektiven zu vereinheitlichen, wenngleich wir vor der paradoxen Situation stehen, daß sich in den letzten Jahrzehnten die Nationen in einem bislang unbekannten Maß ausdifferenziert haben.

Die durch die Besiedlungsvorgänge bedingten vielfältigen Lebensformen des südosteuropäischen Mittelalters sind kaum in Muster zu pressen; dennoch ist eine Kategorisierung entlang der augenfälligsten Unterschiede angebracht. Die historisch älteste Kulturschicht ist zweifelsohne die griechisch-byzantinische. Sie steht für kontinuierliche Urbanität, Schriftlichkeit, Schiffahrt, Geldwirtschaft, entwickelten Handelsverkehr, eine differenzierte ländliche sowie städtische Gesellschaft, ein Konzept eines Kaisertums, das auch Menschen von einfacher Herkunft den Weg auf den Thron ermöglichte, und für Konstantinopel als Zentrum und Hauptstadt, das in der Lage war, mannigfaltige kulturelle Impulse zu setzen.

Manche der Ethnien, die aus Asien kommend dauerhaft in Südosteuropa verblieben sind, kamen als Reitervölker. Dies gilt wahrscheinlich für Griechen, Illyrer und Thraker ebenso wie für die turkotatarischen Bulgaren und die finno-ugrischen Magyaren. Möglicherweise sind auch die frühen Kroaten dieser Gruppe zuzuzählen, sollten sie – wie manche vermuten – tatsächlich iranischer Herkunft sein. Diese Reitervölker und -ökonomien zeichneten sich durch andere Merkmale aus als die griechisch-byzantinische Kultur mit ihrer örtlichen Stabilität, nämlich durch ihre rasche Aneignung des Raums und ihre schnellen und umfangreichen Reichsbildungen. Die Bulgaren des 7. Jahrhunderts sind ein Musterbeispiel dafür, ebenso die Ungarn und die Kroaten, wenn es zutreffend sein sollte, daß sie die «Edlinger», also die Herrscherschicht über die frühe slowenische Bevölkerung, waren. Die Reiterökonomie war markt- und geldorientiert; sie mußte die unentwickelten Früchte des Ackerbaus durch den Handel und den Verkauf von Vieh ergänzen. Südosteuropa war offenkundig zu kleinräumig für diese Reitergesellschaften, so daß sie in kürzester Zeit zur Seßhaftigkeit gezwungen waren.

Ganz anders wiederum verhielt es sich mit den bäuerlichen Ackerbaukulturen der slawischen Zusiedler. Sie waren subsistenzwirtschaftend und nicht auf einen funktionierenden Markt angewiesen, da sie kaum Produkte auf den Markt brachten; ihre Ökonomien waren nicht so krisenanfällig wie jene der Reiterökonomien. Diese bäuerlichen Gesellschaften taten sich mit der Aneignung des Raumes schwer. Die Etablierung dauerhafter Reichsbildungen konnte sich über Jahrhunderte erstrecken: Von der Ansiedlung des serbischen Stammesverbandes bis zur Etablierung des mittelalterlichen Reiches verging mehr als ein halbes Jahrtausend.

Keine dieser drei Kulturen wird man höher bewerten können als die andere; alle waren Ausdruck der Möglichkeiten, die die Menschen im Laufe der Zeit vorfanden. Eines der kulturell homogenisierenden Elemente in Südosteuropa war das Christentum, wenngleich sich auch hier bald die Geister scheiden sollten. Früh setzte die Konkurrenz zwischen Rom und Konstantinopel um den Glauben der Zuwanderer ein. Mit dem byzantinischen Missionsprojekt, das der slawischen Sprache auch schriftliche Darstellungsmöglichkeiten eröffnete und seit 863 von den Glaubensbrüdern Kyrill und Method getragen wurde, schien sich Konstantinopel einen Vorteil verschafft zu haben. Letztendlich kam es zu einer Machtteilung zwischen den Missionaren in Südosteuropa: Bulgaren, Serben und ein Teil der Albaner gerieten in die Sphäre Konstantinopels, Kroaten, Ungarn und Slowenen in jene Roms. Spätestens seit 1054, dem großen Schisma, haben sich diese beiden Sphären und die Menschen, die ihnen angehörten, kulturell stark auseinanderentwickelt. Dabei ging es nicht nur um die unterschiedliche Intensität von Spiritualität oder einer anderen Konzeption des Mönchswesens; es ging um unterschiedliche Orientierungen und Solidaritäten – die unterschiedlichen Alphabete, das kyrillische und das lateinische, drücken diese unterschiedlichen Welten und Kulturen aus.

Drei Milieus: Gebirge, Ebenen und das Meer

Neben diesen Faktoren, die die ethnischen und kulturellen Unterschiedlichkeiten bedingen, war auch die Auseinandersetzung des Menschen mit dem Raum von großer Bedeutung, konkret mit dem Gebirge, den Ebenen und dem Meer. Große Teile Südosteuropas sind gebirgig und nur schwer zugänglich. Den mächtigsten Gebirgszug stellt das Dinarische Gebirge dar. Es trennt den schmalen adriatischen Küstenstreifen vom Landesinneren und damit die mediterrane Welt von der kontinentalen. In seiner durchschnittlichen Breite von 180 bis 200 Kilometern zieht es sich – von siedlungsfeindlichem Karst durchzogen – von den Ausläufern der südlichen Kalkalpen über Kroatien, Bosnien und Herzegowina, Montenegro sowie Westserbien bis nach Nordalbanien. Im nordgriechischen Thessalien und Epirus setzt der Pindus-Gebirgszug das Dinarische Gebirge in ungefähr der gleichen Richtung – von der Meeresenge von Patras unterbrochen – bis auf die Halbinsel Peloponnes fort.

Die übrigen Gebirgszüge weisen eine Ost-West-Richtung auf: das Rhodopen-Massiv, das Bulgarische Mittelgebirge und das eigentliche Balkangebirge im Norden Bulgariens. Die Karpaten schließlich beschreiben einen riesigen Bogen vom Eisernen Tor bis vor die Tore Bratislavas. In diesen Gebirgen herrschte über die Jahrhunderte – im Unterschied zur Rinderzucht in den Alpen – die Ziegen- und Schafzucht vor. Sie erfolgte in unterschiedlichen Formen, alpwirtschaftsähnlich oder in Form der Transhumanz, des Voll- und des Halbnomadismus. Die oben erwähnten Vlachen und Sarakatsanen waren berühmte Spezialisten pastoraler Weide- und Milchwirtschaft.

Aufgrund der ungesicherten hochgebirgigen Weidezonen ging die Weidewirtschaft im Dinarischen und im Pindusgebirge vielfach Hand in Hand mit Waffenkult und patrilinearer Verwandtschafts- und Gesellschaftsordnung samt Ahnenverehrung. In Nordalbanien und in Montenegro entstanden Stammesgesellschaften, in anderen Gebieten loser organisierte Abstammungsgruppen. Neueste Forschungen zeigen, daß die Patrilinearität in den pastoralen Gesellschaften des östlichen Balkans, wo sich die Frage der Sicherheit nicht in so gravierender Weise wie im Westen der Region stellte, zurücktrat und ein ausgeglicheneres Geschlechterverhältnis ermöglichte. Beiden Weidezonen war gemeinsam, daß der regelmäßige Wechsel von Sommer- und Winterweide von entscheidender ökonomischer Bedeutung war und die Schaf- und Ziegenzüchter vor große organisatorische Probleme stellte.

Es gibt nur wenige weiträumige Beckenlandschaften bzw. Ebenen auf dem südosteuropäischen Subkontinent – um so größer daher auch ihre Bedeutung. Die ausgedehnteste aller Ebenen ist das Pannonische Becken mit einer Fläche von über 100 000 Quadratkilometern, von denen der ungarische Staat den allergrößten Anteil einnimmt. In Rumänien ist die fruchtbare Walachische Ebene von Bedeutung – sowohl ökonomisch als auch als Siedlungsgebiet. Dies trifft auch auf das Siebenbürgische Becken zu. Südlich des Donaudeltas erstreckt sich die zwischen Bulgarien und Rumänien immer wieder umkämpfte Dobrudscha-Ebene. Für Bulgarien ist auch das Sofioter Becken von Bedeutung; für Bulgarien und Nordgriechenland die Thrakische Ebene. Weitere griechische agrarwirtschaftliche Zentren bilden die Makedonische wie auch die Thessalische Ebene.

Die Ebenen bildeten nicht nur die Siedlungs- und Agrarzentren, sondern stellten zugleich auch jene Zonen dar, in denen sich in historischen Zeiten – anders als im Gebirge – Großgrundbesitz und folglich soziale wie auch wirtschaftliche Abhängigkeitsverhältnisse herausbildeten. Feudalbeziehungen ähnlich jenen in Zentraleuropa hat es in Südosteuropa weder im Mittelalter noch in der Neuzeit gegeben; insbesondere fehlte die rechtliche Unterordnung von Untertanen unter die Gewalt von Grundherren. Die feudalen Systeme in Südosteuropa zeichneten sich dadurch aus, daß sie primär auf die Abgaben der Bauern abzielten; man könnte daher auch von tributären Systemen sprechen.

Wie überall in Osteuropa herrschte auf dem Land das gleichberechtigte Männererbe vor. Dieses wirkte sich auf unterschiedlichen Ebenen aus. In bezug auf die Geschlechterbeziehungen wurden die weiblichen Erben stark benachteiligt, weil sie vom Bodenerbe ausgeschlossen waren. Erst im 20. Jahrhundert wurde es Frauen verstärkt möglich, Grund und

Boden zu erben. Hinsichtlich des Bodenreservoirs konnten die gleichberechtigten Teilungsvorgänge dazu führen, daß sich die Größe der Grundstücke so sehr verringerte, daß sie ein ertragreiches Wirtschaften nicht mehr zuließen. Eine vor allem in der westlichen Hälfte Südosteuropas vielfach realisierte Alternative bestand darin, daß die Teilungen nicht vollzogen wurden und die verheirateten Söhne mit ihren Kindern im Haushalt verblieben, die so zu mitgliederstarken Konglomeraten anwachsen konnten.

Die Peripherien dessen, was wir als Südosteuropa bezeichnen, werden von Meer und Inseln gesäumt. Fünf Meere – das Schwarze, das Marmara-, das Adriatische, das Ionische und das Mittelmeer – begrenzen den Subkontinent im Westen, Süden und Südosten. Das größte von ihnen – das östliche Mittelmeer – war lange Zeit dominiert von griechischen bzw. byzantinischen Seefahrern, bis vor allem die Venezianer und Genuesen dieser Vorherrschaft ein Ende bereiteten. Den Küsten ist eine Reihe von Inseln und Inselgruppen vorgelagert. Die größeren Inseln – Korfu, Kreta und Zypern – sind sehr gebirgig; hier wurde ähnlich wie im Binnenland vorwiegend Schaf- und Ziegenzucht betrieben, und auch die Verwandtschafts- und Gesellschaftsstrukturen, die sich hier herausbildeten, waren ähnlich. Die kleineren Inseln – speziell jene der Kykladen und der Inselgruppe Dodekanes – waren dem Meer weitaus stärker ausgesetzt; hier dominierte der Fischfang.

Es ist bemerkenswert, daß sich auf diesen kleinen Inseln die sozialen Verhältnisse und die Geschlechterbeziehungen, verglichen mit jenen auf dem Kontinent, vielfach verkehrten. Der Umstand, daß viele Männer mit den gefährlichen Berufen des Fischfangs oder der Schwammtaucherei beschäftigt waren, macht es erklärbar, daß Frauen vielfach über das Eigentum verfügten oder im Erbe bevorzugt waren. Während es auf dem Festland üblich war, daß die Frauen in Haus und Familie des Mannes einheirateten, war dies auf vielen der kleinen Inseln gerade umgekehrt: Die Töchter wurden mit einem Mitgifthaus versorgt, und die Männer mußten anläßlich der Heirat den Haushalt wechseln.

Die Küstenzonen waren von ihrer Vegetation und ihren Lebensmöglichkeiten her mediterran geprägt. Bis in das 20. Jahrhundert waren die Menschen hier von den klassischen mediterranen Produkten abhängig: der Olive bzw. dem Ölbaum, dem Weizen und dem Wein. Hier erhielt sich auch häufig – allerdings nicht durchgängig – das römische Erbmuster, welches das gleichberechtigte Erbe beider Geschlechter vorsah. Diese Tradition erleichtert, auch in der Gegenwart, den Prozeß der geschlechtlichen Gleichberechtigung.

Osmanisches Reich und Islam

Die seit Mitte des 14. Jahrhunderts einsetzende Eroberung Südosteuropas durch das Osmanische Reich, das schließlich über einige Jahrhunderte einen großen Teil Südosteuropas kontrollieren sollte, führte zu weiteren einschneidenden Veränderungen. Mit diesem Reich etablierten sich eine neue Religion – der privilegierte Islam – und neue ethnische Gruppen. Bedingt durch den Umstand, daß sich das Osmanische Reich auch über den Vorderen Orient und Nordafrika erstreckte, waren Zu- und Abwanderungen aus Asien und Afrika von und nach Europa keine Grenzen gesetzt.

Eine der größten ethnischen Gruppen, die mit der Expansion des Osmanischen Reiches nach Europa kamen, waren die Türken. Der Begriff «Türken» umfaßt mehr als der Begriff «Osmanen», denn er schließt auch alle türkischen Völker außerhalb der Türkei und des Osmanischen Reiches ein. Solche leben etwa in China und vor allem im ex-sowjetischen Raum. Zu ihnen zählen unter anderen Usbeken, Turkmenen, Kirgisen, Baschkiren oder Tataren. Die vermutete «Urheimat» der türkischen Völker liegt in Innerasien – etwa im Gebiet um den Baikal-See. Erstmals werden die Türken in einer chinesischen Quelle im 6. Jahrhundert n. Chr. genannt.

In den folgenden Jahrhunderten wanderten Stammesverbände in verschiedene Richtungen. Einer dieser Stammesverbände – die Ogusen – wanderte westwärts. Von diesen trennte sich wiederum ein Stamm unter einem Führer namens Seldschuk im 10. Jahrhundert ab, trat dem Islam bei und hatte sich um die Mitte des folgenden Jahrhunderts so weit militärisch gestärkt, daß er der byzantinischen Armee 1071 nördlich des Van-Sees eine desaströse Niederlage zufügen konnte. Dadurch brachten die Seldschuken einen Großteil Anatoliens unter ihre Kontrolle.

Nach dem Aufstieg und Zerfall verschiedener türkisch-seldschukischer Großreiche im Vorderen und Mittleren Orient konnte ein ursprünglich kleines türkisches Stammesfürstentum, das sich um 1300 an der anatolischen Grenze zum Byzantinischen Reich formiert hatte, zu weltgeschichtlicher Bedeutung aufsteigen. Unter seinem Anführer Osman konnten die Grenzen des ursprünglichen Stammesterritoriums rasch erweitert werden. Als Osman, nach dem das Reich bezeichnet wird, das hier seinen Ausgang nahm, 1326 starb, eroberten seine Truppen bereits das anatolische Bursa, das zur ersten Hauptstadt des entstehenden Reiches erhoben werden sollte. Etwa drei Jahrzehnte später hatten die Nachfolger, die «Osmanen» – die man am besten als eine Führungselite verstehen sollte, die sich aus türkischen und nichttürkischen Angehörigen zusammensetzte – nicht nur einen Großteil Anatoliens unter Kontrolle, sondern überquerten bereits die Meerengen von Gallipoli. Im Jahr 1371 konnte die Hauptstadt bereits auf die europäische Reichshälfte – nach Edirne – verlegt werden. Ungeachtet einiger Rückschläge bei der Eroberung südosteuropäischer Territorien standen eineinhalb Jahrhunderte später osmanische Truppen erstmals vor der habsburgischen Residenzstadt Wien.

Die osmanische Herrschaft hinterließ sowohl türkische als auch muslimische Bevölkerungsteile in Südosteuropa, wenngleich, wie weiter unten noch auszuführen sein wird, ein Großteil beider Gruppen später verfolgt, vertrieben oder getötet wurde. Der osmanische Staat hatte – obwohl er auf muslimischer Grundlage aufgebaut war – auf eine erzwungene Konvertierung der christlichen und der anderen nichtmuslimischen Bevölkerungsgruppen keinen Wert gelegt. Einzig die «Knabenlese» – die Rekrutierung und Zwangskonvertierung unmündiger Söhne nichtmuslimischer Familien für Armee und zivile Administration in der Anfangsphase des Reiches – bildete eine Ausnahme in dieser Richtung. Auch von einer geplanten Bevölkerungspolitik im Sinne einer organisierten Ansiedlung von türkischen Familien in Südosteuropa kann kaum die Rede sein. Dennoch kam es sowohl zu türkischen Ansiedlungen wie auch zu Glaubensübertritten. Was letztere anbelangt, so vollzogen sich diese nicht nach einem einheitlichen Muster und analogen Motiven. Allerdings brachte der Glaubensübertritt unzweifelhaft etliche bedeutsame Vorteile mit sich. Zwar wurde die nichtmuslimische Bevölkerung nicht verfolgt, sie war aber bis zu den Reformgesetzen, die um die Mitte des 19. Jahrhunderts erlassen wurden, keineswegs gleichberechtigt. So war es bis dahin im allgemeinen nicht möglich, daß Nichtmuslime Land erwerben konnten; ihnen war auch, von besonderen Bereichen abgesehen, der Aufstieg im Staatsdienst unmöglich.

Die osmanische Administration sah ein System von Selbstverwaltungskörperschaften auf religiös-ethnischer Grundlage vor, das sogenannte Millet-System. Christen, Armenier, Juden und Muslime waren in diesem System organisiert. Dies hatte im wesentlichen zweierlei Auswirkungen. Einerseits blieben auf diese Weise die ethnischen und religiösen Identitäten erhalten – eine Grundlage für die nationalen Befreiungsbewegungen im 19. und frühen 20. Jahrhundert. Andererseits waren die nichtmuslimischen Millets benachteiligt; die wesentlichen ökonomischen und finanziellen Ressourcen blieben somit auf die muslimische Elite konzentriert.

Ein Glaubensübertritt konnte aus einer solchen Perspektive sinnvoll sein, war jedoch keineswegs zwingend, denn die überwiegende Mehrheit der einheimischen Bevölkerung vollzog diesen Schritt nicht. Relativ hoch war der Islamisierungsgrad speziell unter der bosnischen und der albanischen Bevölkerung; ein gemeinsamer und schlüssiger Grund dafür kann nicht genannt werden. Im bosnischen Fall betrug der Anteil der muslimischen Bevölkerung in der zweiten Hälfte des 19. Jahrhunderts etwa 40%; unter den Albanern waren es etwa drei Viertel der Bevölkerung. Ein ungelöstes Rätsel stellt auch immer noch die Islamisierung von erheblichen bulgarischen Bevölkerungsanteilen in den Rhodopen dar. Diese als Pomaken bezeichnete Gruppe konnte wahrscheinlich nur aufgrund der Abgeschiedenheit in den Rhodopendörfern ihre bulgarisch-muslimische Identität wahren.

Heute sind größere türkisch-muslimische Bevölkerungsanteile vor allem in Bulgarien (rund neun Prozent der Gesamtbevölkerung) vorhanden; kleinere Gruppen leben im Kosovo, in Makedonien und im nordgriechischen Thrakien. Es gibt aber auch das Beispiel von christianisierten Türken; in diesem Zusammenhang sind die Gagausen zu nennen. 153 000 Gagausen leben in der Republik Moldova, davon 135 000 im autonomen Gagausien im Süden des Landes, 32 000 in der Ukraine und etliche tausend im Nordosten Bulgariens (um Varna) sowie in Griechenland.

Die Vorfahren der bis zum Zweiten Weltkrieg in Südosteuropa lebenden Juden waren in das Osmanische Reich zugewandert, nachdem sie aus katholischen Ländern ausgewiesen worden waren. Dies trifft insbesondere auf die iberischen Juden zu. Dieser als Sepharden bezeichneten Gruppe war gegen Ende des 15. Jahrhunderts der Aufenthalt in Spanien verboten worden. Daraufhin wurde ihnen die Möglichkeit geboten, sich im Osmanischen Reich niederzulassen; sie bevorzugten Istanbul und größere Städte wie Saloniki. Im Unterschied dazu dominierten im nichtosmanischen Südosteuropa die aschkenasischen Juden aus den deutschen Gebieten, die Jiddisch sprachen und deren Zuzug seit Mitte des 14. Jahrhunderts stark anstieg.

Vor dem Zweiten Weltkrieg war die Zahl der in Südosteuropa lebenden Juden mit knapp 1,5 Millionen beinahe so groß wie die der dort ansässigen Deutschen. Eines ihrer geistigen Zentren war Bratislava, wo im 17. und 18. Jahrhundert die berühmtesten Rabbiner ihrer Zeit an der Talmudhochschule unterrichteten. In Ungarn lebten in der Zwischenkriegszeit etwa 450 000 Juden; zwei Jahrhunderte zuvor waren es erst knapp 12 000 gewesen. Ihre Zahl war durch die Zuwanderung sogenannter Ostjuden sprunghaft angestiegen: 1840 zählten sie bereits etwa 200 000. Die größte Gruppe war in der Zwischenkriegszeit in Rumänien ansässig; dort lebten etwa 750 000 Juden, die etwas mehr als vier Prozent der Bevölkerung ausmachten. In Bulgarien und Jugoslawien war ihr Anteil an der Gesamtbevölkerung gering, in Griechenland entwickelte sich Saloniki zu einem europäischen Zentrum der Sepharden. Dort stellten sie mit der Zeit rund die Hälfte der Stadtbevölkerung. Im Jahr 1912 waren von den 173 000 Einwohnern etwa 80 000 Juden.

Heute leben in Südosteuropa, bedingt durch die Verfolgungen während des Zweiten Weltkriegs, beinahe keine Juden mehr. Fast alle Sepharden von Saloniki wurden in den deutschen Vernichtungslagern umgebracht; ähnlich war das Schicksal der Juden aus den anderen Ländern der Region mit Ausnahme Altbulgariens. Die meisten der Überlebenden wanderten in der ersten Nachkriegsperiode nach Palästina bzw. in den neuen Staat Israel aus.

Auch die meisten Roma gelangten unter osmanischer Herrschaft nach Südosteuropa. Ihre Vorfahren hatten Indien wahrscheinlich zwischen dem 9. und 11. Jahrhundert verlassen und wanderten nach Persien, Kleinasien und Syrien aus. Von Syrien aus gelangten sie über Ägypten und Nordafrika nach Spanien, von Kleinasien aus kamen sie nach Südosteuropa. Diese Region bildete lange Zeit ihre europäische Heimat schlechthin. Von hier aus wanderten viele nach Zentral- und Westeuropa weiter. Die frühesten Nachrichten über ihre Anwesenheit stammen aus dem 14. Jahrhundert: 1322 werden sie für Kreta, 1346 für Korfu, 1378 für Zagreb erstmals genannt. Die meisten gelangten aber erst unter osmanischer Herrschaft nach Südosteuropa. Verläßliche Angaben über ihre Zahl in den einzelnen südosteuropäischen Staaten liegen nicht vor; man kann jedoch davon ausgehen, daß diese im historischen Ungarn, in Rumänien, in Bulgarien und in den Gebieten des ehemaligen Jugoslawien am höchsten war und ist. In manchen ungarischen Komitaten stellen sie knapp zehn Prozent der Gesamtbevölkerung.

Mit den Osmanen kamen auch Armenier nach Südosteuropa, die sich aufgrund ihrer Berufsstruktur primär in den Städten niederließen. Weitere Zuwanderungswellen sind für die Zeiten der türkischen Massaker an den Armeniern (im späten 19. Jahrhundert und vor allem 1915) zu verzeichnen. In bulgarischen und rumänischen Städten leben heute jeweils rund 30 000 Armenier.

Auch viele Angehörige des Turkvolks der muslimischen Tataren wanderten in osmanischer Zeit von der Halbinsel Krim zu, seit diese unter russische Herrschaft gekommmen war. Der Krimkrieg (1853–1856) löste eine weitere Zuwanderungswelle aus. Die meisten Tataren wurden in der Dobrudscha, die heute großteils zu Rumänien gehört, angesiedelt. Heute leben über 20 000 in Rumänien und einige tausend in Bulgarien.

Alte und neue Grenzen

Seit ungefähr Mitte des 16. Jahrhunderts teilten sich das Habsburgische und das Osmanische Reich sowie die Venezianische Republik die Herrschaft über Südosteuropa. Bis zum Jahr 1830, als der neugriechische Staat aus der Taufe gehoben wurde, existierten in Südosteuropa lediglich zwei Grenzen, nämliche jene zwischen dem Habsburgischen und dem Osmanischen Reich und jene zwischen diesen und Venedig. Die primäre Feindkonstellation war jene zwischen Habsburgern und Osmanen. Die osmanisch-venezianische Auseinandersetzung entfaltete sich hauptsächlich im östlichen Mittelmeer. Habsburger wie Osmanen richteten besonderes Augenmerk auf die Festigung des Grenzraumes, der sich um die Mitte des 16. Jahrhunderts stabilisierte. Er verlief mitten durch Kroatien. Nach der Niederlage der Osmanen vor Wien (1683) und deren daraus resultierenden Gebietsverlusten wurde dieser Grenzraum um das Grenzstück entlang der Save (etwa vom kroatischen Sisak bis vor die Tore Belgrads) und darüber hinaus durch anschließende Abschnitte im Banat und in Siebenbürgen verlängert. Mit der Lockerung der Grenzschutzmaßnahmen wurde erst um die Mitte des 19. Jahrhunderts begonnen.

Der Raum, der beiderseits dieser historischen Grenze teilweise viele Kilometer in das Hinterland reichte, ist einer der wohl interessantesten und wichtigsten in der neuzeitlichen Geschichte Europas. Er bildete eine Grenze zwischen Islam und Christentum, mit Abstrichen auch eine zwischen Orthodoxie und Katholizismus. Hinsichtlich dieser Grenze und der Verbreitung der Religionen hat sich bis heute nicht viel geändert, wenn man von der Flucht beinahe der gesamten serbisch-orthodoxen Bevölkerung aus den ehemals habsburgischen Grenzgebieten in Kroatien im Sommer 1995 – ausgelöst durch einen Feldzug der kroatischen Armee – absieht. Diese Grenze wird in vielen historischen Werken als abendländisches Bollwerk gegen den Islam dargestellt – eine im nachhinein erdachte, ideologisch gefärbte Konstruktion.

Als die adeligen Stände Innerösterreichs (Steiermark, Kärnten, Krain) darangingen, auf fremdem – nämlich kroatischem – Territorium diesen Grenzgürtel mit dem Bau von Festungen und der Stationierung von militärischen Einheiten auszubauen, geschah dies aus nüchternem ökonomischem Kalkül: In der Grenz- und Gefahrenzone befanden sich Grundherrschaften und damit abgabenleistende Untertanen. Zugleich wurde der Verbreitung des Islam und vorderasiatischer Kulturelemente eine Schranke gesetzt. Die Grenze verhinderte aber auch für Jahrhunderte den wirtschaftlichen und kulturellen Austausch zwischen den Völkern unter osmanischer und habsburgischer Herrschaft. Damit trug sie zur Differenzierung zwischen den südosteuropäischen Nationen und Ethnien im allgemeinen und zwischen den südslawischen im besonderen bei. Jahrhunderte unter derart unterschiedlichen Bedingungen zu leben, hat natürlich Auswirkungen auf Mentalitäten, räumliche Orientierungen und Lebenshaltungen. Auch wenn diese Differenzen in dem fast eineinhalb Jahrhunderte währenden Zeitraum seit der formellen Auflösung des Grenzgürtels über lange Perioden hinweg kaum zu erkennen waren, brachen sie zu Beginn der 90er Jahre abrupt auf: Die Auflösung Jugoslawiens zog blutige Auseinandersetzungen in Kroatien nach sich, die sich vor allem in diesem Grenzbereich (der Krajina) entzündeten.

Die Tatsache, daß Südosteuropa jahrhundertelang von nur zwei Grenzen durchschnitten wurde, hat vielfältige Möglichkeiten zur Binnenmigration innerhalb der Reichsbildungen von Osmanen, Habsburgern und Venezianern eröffnet. So war es für die Weidewirtschaft betreibenden Menschen kein Problem, von den Sommerweiden auf dem Pindus, im Dinarischen Gebirge oder in den Rhodopen auf die Winterweiden in Meeresnähe zu gelangen. Die von keiner Grenze gehemmten Herdenwanderungen konnten wegen der großen Entfernungen oft wochenlang dauern. Das Fehlen von Grenzen wirkte sich nicht nur positiv auf Handels- und Transportwege aus, sondern hatte auch zur Folge, daß sich die größeren Städte wie etwa Saloniki oder Sarajevo, vor allem aber Istanbul, zu wahrhaft multikulturellen Zentren entwikkelten.

Desgleichen bewirkten die genannten Migrationsanreize eine enge Verzahnung der Siedlungsgebiete verschiedener Ethnien. Ein gutes Beispiel dafür bietet das Kosovo. Unabhängig von der ewigen Streitfrage, wer zuerst diese Region besiedelt hat – Serben oder Albaner –, ist als Tatsache festzuhalten, daß die Entfernung von den nordalbanischen Stammesgebieten hinunter in die Kosovo-Ebene gering ist; abgesehen davon war bis 1913 dort auch keine Grenze zu überqueren. So kam es, daß im 18. und 19. Jahrhundert Tausende von albanischen Gebirgsfamilien auf der Suche nach günstigeren Lebensbedingungen in die Ebene wanderten und sich unter die serbische Bevölkerung mischten. Auch Bosnien und Herzegowina erhielt durch analoge Wanderungs- und Siedlungsbewegungen sein multinationales Gepräge, das durch die Konvertierung eines erheblichen Bevölkerungsanteiles zum Islam noch verstärkt wurde. Die Folge davon war, daß ethnisch abgrenzbare Räume immer mehr verschwammen.

Zu einem großen Problem wurde dies, als sich nach 1830 Nationalstaaten zu bilden begannen. Dieser Prozeß setzte mit der Unabhängigkeit

Griechenlands ein und verdichtete sich in mehreren Etappen bis zur Vielzahl von Staatsgrenzen in der Gegenwart: Der Berliner Kongreß 1878, die Ergebnisse der beiden Balkankriege 1912/1913 und des Ersten Weltkrieges sowie die Desintegration Jugoslawiens in den frühen 1990er Jahren waren hierfür die entscheidenden Daten.

Abwanderungen und Vertreibungen

Mit den Ansiedlungen von Tausenden von deutschen Familien und der massiven ostjüdischen Zuwanderung im 18. Jahrhundert war das lange Zeitalter der Zuwanderungen nach Südosteuropa im wesentlichen abgeschlossen. Die kleineren Zuwanderungen im 19. und 20. Jahrhundert können nicht darüber hinwegtäuschen, daß spätestens in der zweiten Hälfte des 19. Jahrhunderts eine Trendwende einsetzte: Südosteuropa wurde zu einem der wichtigsten Emigrationsgebiete Europas.

Dafür gibt es ökonomische wie auch politische Gründe. Die ökonomischen Ursachen liegen vor allem darin, daß das zur Subsistenz benötigte Bodenreservoir dahinschmolz. Dies war bedingt durch das System des gleichberechtigten Männererbes bzw. des gleichberechtigten Erbes beider Geschlechter in Kombination mit einem Bevölkerungsanstieg aufgrund gleichbleibender Geburten- und sinkender Sterberaten. Die marginale Industrialisierung konnte das immer größer werdende Potential an existenzbedrohten Menschen nicht auffangen. Eine der Folgen davon war die Auswanderung. Eine erste Welle führte Tausende von Menschen Ende des 19./Anfang des 20. Jahrhunderts nach Nordamerika, eine zweite in den dreißiger Jahren ebenfalls in die USA und die dritte seit den sechziger Jahren des 20. Jahrhunderts nach Kanada, USA, Australien und Westeuropa. Im habsburgischen Anteil Südosteuropas war Dalmatien die am wenigsten industrialisierte Region; von hier stammten auch, gemessen an der Gesamtbevölkerung, die meisten Abwanderer der ersten Migrationswelle. An ihr beteiligten sich ebenso etwa 320000 Ungarn, 50000 Bulgaren usw. Die letzte Emigrationswelle hatte zur Folge, daß gegenwärtig rund zwei Millionen Arbeitsmigranten aus dem ehemaligen Jugoslawien in Westeuropa leben.

Der zweite Grund für die Emigration liegt in dem oben skizzierten Umstand begründet, daß die staatlichen Grenzen vielfach mit den ineinander verwobenen nationalen schwer in Einklang zu bringen sind. Vertreibungen infolge von kriegerischen Auseinandersetzungen oder Verfolgungen aufgrund der nationalen Zugehörigkeit waren vielfach die Konsequenzen. Die Emigration mußte nicht zwangsweise aus dem Subkontinent herausführen; vielfach tut sie dies aber, etwa im Falle der in Bulgarien in den siebziger und achtziger Jahren unseres Jahrhunderts verfolgten Türken oder der Kriegsflüchtlinge aus Bosnien und Herzegowina in den neunziger Jahren.

Einen bemerkenswerten Sonderfall stellt die muslimische Bevölkerung Südosteuropas dar. Im Falle dieser Bevölkerungsgruppe taten sich die «ethnischen Ingenieure» besonders leicht, die christlichen Bevölkerungen Südosteuropas von der Rechtmäßigkeit der Vertreibung zu überzeugen, handelte es sich doch bei den zu Vertreibenden um die ehemaligen «Unterjocher». Millionen südosteuropäischer Muslime fanden zwischen etwa 1820 und 1920 den Tod oder flüchteten in die heutige Türkei. Schätzungen ergeben eine Zahl von etwa fünf Millionen Vertriebenen und rund fünfeinhalb Millionen Todesopfern durch Verfolgungen. Im einzelnen wurden im Verlauf des griechischen Befreiungskampfs (1821–1829) rund 25 000 Muslime von griechischen Revolutionären getötet. Bulgariens erfolgreiche Unabhängigkeitsbewegung (1876–1878) endete damit, daß rund eine halbe Million Muslime aus dem Land vertrieben wurde. Auch aus Serbien wurde während dieser Zeit ein Großteil der muslimischen Bevölkerung vertrieben, und aus Bosnien und Herzegowina wanderten, ausgelöst durch die Machtübernahme Österreich-Ungarns im Jahre 1878, rund 130 000 Muslime ab. Die nächsten Vertreibungs-, Flüchtlings- und Migrationswellen wurden durch die beiden Balkankriege und den Ersten Weltkrieg verursacht. Zwischen 1912 und 1920 flüchteten etwas mehr als 400 000 Muslime, bis 1923 weitere 1,2 Millionen. Von der 1911 in Südosteuropa lebenden muslimischen Bevölkerung waren 1923 nurmehr 38% übrig; der Rest war geflüchtet, auf der Flucht gestorben oder getötet worden (über 600 000).

Erst in der allerletzten Phase seines Bestehens praktizierte auch das Osmanische Reich eine Politik der nationalen Homogenisierung, als – ausgelöst von den empfindlichen territorialen Verlusten zu Beginn des 20. Jahrhunderts – das Konzept eines türkischen Nationalstaats immer stärker an Boden gewann. 1915/1916 wurde beinahe die gesamte armenische Bevölkerung ausgerottet oder vertrieben. Sieben Jahre später – das Osmanische Reich hatte zu diesem Zeitpunkt praktisch aufgehört zu bestehen, und auf dessen Trümmern zeichneten sich bereits die Konturen des türkischen Nationalstaats ab – war die griechische Bevölkerung Anatoliens von Vertreibung und Umsiedlung betroffen. Insgesamt dürfte es sich um etwa 1,1 Millionen Griechen gehandelt haben, die Hals über Kopf das Land verlassen mußten.

In der gegenwärtigen Debatte um die «ethnischen Säuberungen» darf also nicht außer acht gelassen werden, daß es sich dabei um eine bis weit in das 20. Jahrhundert hinein anerkannte Methode «nationaler Homogenisierung» handelt. Die Völker Südosteuropas haben in ihrer Geschichte zahlreiche Wellen solcher «nationaler Homogenisierungen» in ihrer ganzen Brutalität erlebt – die meisten von ihnen sowohl in der Rolle der Opfer wie auch in der der Täter. Die Folgen zeigen sich bis zum heutigen Tag. Vor eilfertigen Urteilen – von außen wie von innen – sollte daher zunächst die schlichte Kenntnisnahme des historischen Erbes stehen.

Politische Entwicklung in der Neuzeit

Stefan Troebst

«Zuviel Geschichte pro Quadratmeter!» lautete das resignierte Resümee zum Bürgerkrieg in Bosnien und Herzegowina, das 1994 der norwegische UN-Vermittler Thorvald Stoltenberg zog. Diesem «Fluch» einer langen Geschichte territorialer, interethnischer und religiöser Konflikte, der aus der Außensicht auf dem Donau-Balkan-Raum lastet, entspricht in der südosteuropäischen Binnenperspektive das Bild einer schweren Hypothek aus Jahrhunderten despotischer Fremdherrschaft und Barbarei. Aber gestaltet sich in Südosteuropa deshalb der zeitgleiche dreifache Übergang zu staatlich-territorialer Neuordnung, Demokratisierung und Marktwirtschaft schwieriger als in Ostmitteleuropa, ja selbst als in Teilen der ehemaligen Sowjetunion? Ist dies der Grund dafür, daß die Nachfolgestaaten der jugoslawischen Föderation und das südosteuropäische GUS-Mitglied Moldova, aber auch Nachbarländer mit längerer staatlicher Tradition wie Albanien, Bulgarien und Rumänien, mit gewaltigen Problemen konfrontiert sind? Haben gar deswegen die beiden mit Demokratiedefiziten behafteten südosteuropäischen NATO-Staaten Griechenland und Türkei ihren ganz spezifischen Wendeschock nur partiell bewältigt? Und wie kommt es, daß auf der anderen Seite der EU-Aspirant Slowenien sowie das frischgebackene NATO-Mitglied Ungarn die neuen Herausforderungen zum größeren Teil bereits gemeistert haben?

Geschichtsfixiertheit und «ethnisches Unternehmertum»

Beobachter wie vor allem Protagonisten der Nach-Wende-Entwicklung Südosteuropas bemühen für die zahlreichen Transitionsprobleme der neunziger Jahre mit Vorliebe das besagte geschichtsbezogene Erklärungsmuster. Der Donau-Balkan-Raum, so diese Sichtweise, gleicht einem Palimpsest, also einer antiken Papyrus- oder Pergamentrolle, deren ursprünglicher Text zum Zwecke neuer Beschriftung abgeschabt wurde, nun aber wieder zum Vorschein kommt. Dabei wird nicht nur auf die jüngste Vergangenheit, also auf die vier sowjetisch dominierten Jahrzehnte von Planwirtschaft und Parteidiktatur, sondern auch auf weiter zurückliegende Zeiten verwiesen – hier bevorzugt auf das «fünfhundertjährige türkische Joch» bzw. die «Turkokratie». Lediglich die in aller Regel kurze Periode staatlicher wie politischer Unabhängigkeit vor dem Beginn der volksdemokratischen Phase wird als «goldenes Zeitalter» von dieser Kritik ausgenommen. Von «außen» kamen in dieser vereinfachenden, nicht selten auch apologetischen Sicht ganz überwiegend negative Einflüsse, welche die positiven «inneren» Voraussetzungen überlagerten und auch weiterhin wirksam sind.

Hand in Hand mit dieser historisierenden Innen-Außen-Argumentation geht eine gleichfalls simplifizierende und geschichtsfixierte Sichtweise der Gegensätze und Konflikte, die zwischen Staaten, Regionen, Konfessionen, Nationen und ethnischen Gruppen innerhalb Südosteuropas bestehen. Diese werden von den Akteuren selbst als «jahrhundertealt» und somit als nur mit Feuer und Schwert, nicht aber auf dem Kompromißweg lösbar bezeichnet – ein Erklärungsmuster, das von der Außenwelt bereitwillig aufgegriffen wurde. Seit 1991, dem Jahr des Auseinanderbrechens des zweiten, föderativen Jugoslawien, bestimmt daher das unhistorische Schlagwort von den «uralten Stammesfehden» *(ancient tribal hatreds)* die Außensicht auf Südosteuropa. Nur wenige externe Beobachter und interne Akteure stießen sich dabei an dem Umstand, daß es nicht die traditionell als Konfliktherde geltenden Regionen waren, in denen Bürgerkriege, Staatenkriege und «ethnische Säuberungen» stattfanden, sondern daß ethnopolitisch motivierte Gewalt vielmehr an zuvor als unspektakulär gewerteten Orten ausbrach. Es war eben nicht die zentralbalkanische Region Makedonien, jenes ganzen Generationen bekannte «Pulverfaß», «Wespennest» oder «Zankapfel» des Balkans, um den ein Krieg der Anrainerstaaten Serbien, Bulgarien, Griechenland und Albanien entbrannt ist, wie auch kein ethnischer Bürgerkrieg zwischen rumänischer Titularnation und ungarischer Minderheit in Siebenbürgen ausgebrochen ist. Und selbst die Albaner im serbisch beherrschten Kosovo hielten ungeachtet äußerster Repression durch das «System Milošević» fast ein ganzes Jahrzehnt an einer Politik der Gewaltfreiheit fest. Statt dessen flackerten gewaltförmige Konflikte an Stellen und zwischen Kontrahenten auf, die in den Warnungen der Geschichtsdeuter innerhalb wie außerhalb Südosteuropas gar nicht als Krisenherde figurierten: Parallel zur Perestrojka brachen Partei und Staat in Bulgarien eine gewalttätige Auseinandersetzung mit der politisch gänzlich unauffälligen türkischen Minderheit im Lande vom Zaun, die 1989 in einem gewaltigen Exodus resultierte; als Folge des von Belgrad befohlenen Angriffs der Jugoslawischen Volksarmee auf Kroatien 1991 wurden zuvor kaum wahrgenommene große Minderheiten wie diejenige der kroatischen Serben in der Krajina 1995 zu Opfern von Austreibung und Fluchtreflex; das reibungsarme interethnische Nebeneinander Bosniens und der Herzegowina versank 1992 in einem blutigen Alptraum; und die zuvor politisch überhaupt nicht aufgetretene russischsprachige Bevölkerung Transnistriens probte im selben Jahr mit Erfolg den bewaffneten Aufstand gegen die neue rumänischsprachige Obrigkeit in der Republik Moldova.

Wie ist diese Diskrepanz von geschichtsfixierter Fehlprognose auf der einen Seite und tatsächlichem Ereignisverlauf auf der anderen zu erklären? Zweifelsohne durch die Dominanz vom Streben nach Macht und Besitzstandswahrung, von Eliteninteressen und strategischem Kalkül über in die Vergangenheit weisenden Elementen wie Vorurteile, Antipathie, gar Haß zwischen Angehörigen unterschiedlicher kultureller, sprachlicher, sozioprofessioneller, religiöser und ethnischer Gruppen. Bei diesen Spannungen zwischen zum Teil bereits stark akkulturierten Gruppen innerhalb desselben Staatsvolks handelt es sich eben nicht um das Resultat in der Geschichte wurzelnder Wirkungsfaktoren, sondern um die Folgen einer ausgesprochen aktuellen und explizit «nationalen Erinnerungskultur», die nun aufwendige Pflege erfuhr. «Politische Unternehmer» (Max Weber), die in Südosteuropa primär als «ethnische Unternehmer» auftreten (Joseph Rothschild), rufen mit erheblichem propagandistischem Aufwand vermeintlich «bessere Zeiten» ins kollektive Gedächtnis ihrer ethnonationalen Zielgruppen zurück, in denen Macht, Ansehen oder auch Territorium der eigenen Gruppe größer waren als in der Gegenwart. Sie prägen, polen und operationalisieren «Geschichte» also in ihrem Sinne.

Diese «ethnischen Unternehmer» in Politik, Kirche, Sport und Kultur, vor allem aber in Geisteswissenschaften und Medien sind es, die die vorgeblich «uralten Stammesfehden» samt Begründungen und vermeintlich unausweichlichen Konsequenzen ihren jeweiligen Zielgruppen vermitteln. Sie tun dies in der Hoffnung, daß diese Stereotypen verinnerlicht werden und ihre Funktion in ethnisch übertünchten politischen Konflikten entfalten. Der Ende des 19. Jahrhunderts kreierte, im Zeitraum 1945–1989 marginalisierte serbische Mythos von der Schlacht auf dem Amselfeld (Kosovo polje) im Jahr 1389 ist ein Paradebeispiel dafür, wie erfolgreiches «ethnisches Unternehmertum» staatlicher Repressionspolitik breite öffentliche Unterstützung zu schaffen vermag. Ebenfalls ein politisch gelungener Rückgriff in das Arsenal der Geschichte war serbischer- wie kroatischerseits 1992 die Reaktivierung der historisierend-perhorreszierenden Bezeichnung «Türken» für die arabisch-muslimische Namen tragenden Bosnier. Dieser Rückgriff findet seit 1998 Parallelen zum einen in der zunehmenden Verwendung derselben Bezeichnung «Türke» durch Serben und Makedonier für die Albaner (anstelle des bislang üblichen und stark pejorativen Ethnonyms «Shipetare»). Zum anderen entsprach dem südslawischen «Türken»-Terminus auf bosnischer und albanischer Seite der Rückgriff auf die unspezifische arabische Kollektivbezeichnung *gâvur,* die zugleich «Christ» und «Gottloser» meint. Die Schlachten der Vergangenheit werden ins kollektive Gedächtnis gerufen, um nicht nur fiktiv, sondern ganz real noch einmal geschlagen zu werden.

Wie der Sprachnationalismus legt dabei auch der «Geschichtsnationalismus» einen kruden Dignitäts- und Anciennitätsmaßstab an: «Türken», also Muslime jeglicher ethnischer Orientierung, sind aus «christlicher» Sicht Eindringlinge, die am besten daran tun, dorthin zu gehen, wo sie hergekommen sind. Doch auch bezüglich der «Christen» werden Abstufungen gemacht. Aus griechisch-nationalistischer Perspektive sind Nicht-Hellenen inferior, da erst vor historisch kurzer Zeit «zugezogen». Dies gilt besonders für die in der Spätantike nach Südosteuropa eingewanderten Slawen, wie etwa die Athener Makedonien-Hysterie der neunziger Jahre belegt. Dabei ist die Überzeugung «Wir leben hier seit 4000 Jahren!», die die Teilnehmer einer Protestdemonstration gegen die neue Republik Makedonien im nordgriechischen Thessaloniki 1992 lautstark äußerten, eben nicht mit der Muttermilch eingesogen, sondern das Ergebnis intensiver «ethnischer Unternehmertätigkeit» neuesten Datums. Wenig verwunderlich ist daher, daß die dergestalt als «Neuankömmlinge» Abqualifizierten ihrerseits bemüht sind, ihre «Abstammung» in die Vergangenheit hineinzuverlängern. Gemäß dem *self-fulfilling prophecy*-Effekt sind die «ethnischen Unternehmer» im neuen makedonischen Staat derzeit dabei, eine direkte Traditionslinie zu Alexander dem Großen und Philipp II. von Makedonien, ja weit darüber hinaus zu konstruieren, um die griechische 4000-Jahresmarke nach Möglichkeit zu überbieten. Und ebenfalls wenig überraschend ist, daß sich parallele albanische Bemühungen in Tirana und Priština auf ein sagenumwobenes Volk der Frühzeit namens Illyrer in einem nicht minder mythischen antiken Staat namens Dardanien konzentrieren, um damit das «Erstgeburtsrecht» auf die seit 1913 zu Serbien gehörende Region Kosovo anzumelden.

Die von den «ethnischen Unternehmern» auf allen Seiten der zahlreichen Barrikaden im Südosteuropa der Gegenwart propagierte Übertragung des «Wer zuerst kommt, mahlt zuerst»-Prinzips auf die interethnischen Beziehungen in den Staaten der Region war es, welche dem Konfliktmodus der «ethnischen Säuberung» die Tür geöffnet hat. Wer den Nachweis über «Erstankunft» nicht erbringen kann, so die gußeiserne Logik der rivalisierenden Nationalismen, wird zum Gehen gezwungen. Was selbst in Regionen Europas, die ethnisch deutlich weniger gemischt sind als der Donau-Balkan-Raum, aufgrund der Tätigkeit dortiger «ethnischer Unternehmer» seit der Frühen Neuzeit zu zahlreichen Kriegen,

Massakern, Massenfluchten und Vertreibungswellen geführt hat, birgt für Südosteuropa mit seiner so typischen ethnischen Gemengelage deutlich höhere Gefahren.

Politikgeschichte, Diplomatiegeschichte, Nationalgeschichte

Nachstehend wird überblicksartig die Geschichte der internationalen Beziehungen im Donau-Balkan-Schwarzmeerraum unter Einbeziehung der Imperialgeschichten des Osmanischen Reiches, der Habsburgermonarchie und des Zarenreiches samt ihren südosteuropäischen Bezügen behandelt. Das weitere Augenmerk gilt den zahlreichen ethnopolitisch-territorialen Konfliktknoten im neuzeitlichen Südosteuropa, die sich teils gelöst oder zumindest gelockert, teils aber verfestigt haben oder neu geknüpft worden sind. Schließlich sind Formierung und Entwicklung der sich im Wortsinne als Nationalstaaten, d. h. ethnisch homogene Gemeinwesen, begreifenden Klein- und Mittelstaatsbildungen der Region zu skizzieren. Daß der Schwerpunkt dabei auf der nicht selten als altmodisch, gar nebensächlich gewerteten Politikgeschichte, nicht hingegen auf der Sozial-, Gesellschafts- oder «neuen» Kulturgeschichte liegt, findet seinen Grund zum einen in der entsprechenden Ausrichtung der anderen vergangenheitsbezogenen Kapitel dieses Buches. Zum anderen aber ist im Falle Südosteuropas die klassische Diplomatiegeschichte von Haupt- und Staatsaktionen, von Kabinettspolitik und Geheimdiplomatie sowie «von Krieg und Kriegsgeschrei» von zentraler Bedeutung für das Verständnis der aktuellen Entwicklungen. Denn hinsichtlich der gegenwärtigen Krisenherde auf dem Balkan haben die bereits am «europäischen Konzert» des 19. Jahrhunderts beteiligten und heute weiterhin existierenden Mächte, also Rußland, Großbritannien, Frankreich, Italien und Deutschland ebenso wie die Türkei und die Staaten Südosteuropas, in einer Art historisierendem Reflex ihre ehemaligen bündnispolitischen Präferenzen, Rivalitäten und Aversionen wiederbelebt – in aller Regel ohne diese auf den Prüfstand aktuellen Staatsinteresses zu heben.

Aber die Beschäftigung mit der Diplomatiegeschichte Südosteuropas hält noch eine weitere eindrückliche Lektion bereit: In diesem Teil Europas ist internationales Engagement vor Ort – sei es in Form von Frühwarnung, präventiver Diplomatie, Konfliktmediation, humanitärer Intervention, «robuster» Friedenssicherung, militärischer Friedenserzwingung, Waffenembargos, Handelsblockaden, Wirtschaftssanktionen oder externer Finanzkontrolle – mitnichten etwas Neues, schon gar kein Nach-Wende-Phänomen. Vielmehr ist die Region seit dem ausgehenden 18. Jahrhundert Experimentierfeld der fünf Großmächte sowie Schauplatz ihrer Stellvertreterkriege gewesen. Die sogenannte Pentarchie, bestehend aus Großbritannien, Frankreich, Österreich-Ungarn, Rußland und Brandenburg-Preußen bzw. Deutschland, war dabei bemüht, ihre Aktionen mittels einer ständigen Kontaktgruppe, gebildet aus den Botschaftern der Mächte bei der Hohen Pforte, untereinander abzustimmen. Als aus heutiger Sicht besonders modern anmutende Beispiele internationalen Eingreifens in Südosteuropa seien drei genannt:

- 1881 oktroyierten die Großmächte dem Osmanischen Reich in Gestalt der *Administration Civile de Dette Publique Ottomane* eine internationale Staatsschuldenverwaltung – die Parallelen zur Tätigkeit des Internationalen Währungsfonds, der Weltbank und der Europäischen Bank für Wiederaufbau und Entwicklung im zerfallenen Jugoslawien und in der implodierten Sowjetunion, vor allem aber bei den südosteuropäischen Aspiranten auf Mitgliedschaft in der Europäischen Union, liegen auf der Hand.
- 1903 dekretierten die Großmächte eine Gendarmeriereform in der osmanischen Unruheregion Makedonien, die im Zeitraum 1904 bis 1909 von Polizeioffizieren aus Italien, Rußland, Deutschland, Frankreich und Österreich-Ungarn in die Tat umgesetzt wurde – wer dächte da nicht an die internationalen Polizeieinsätze unter der Ägide der Westeuropäischen Union in Mostar in Bosnien und Herzegowina 1994–1995 sowie in Albanien seit 1997?
- 1925 bewog ein griechisch-bulgarischer Grenzzwischenfall den Völkerbund, also den Vorläufer der Vereinten Nationen, erstmals Militärbeobachter beiderseits der Grenze zweier Mitgliedsstaaten zu stationieren – das Modell für die Parallelmissionen, die die «Konferenz für Sicherheit und Zusammenarbeit in Europa» (KSZE) 1992 auf beide Seiten der Grenze zwischen der neuen Republik Makedonien und der Krisenregion Kosovo in der noch neueren serbisch-montenegrinischen Bundesrepublik Jugoslawien entsandte.

Periodisierung und Paradigmata

Politikgeschichtliche Grobperiodisierungen fallen bezüglich einer europäischen Großregion mit antiken Grundlagen relativ leicht. Während die Völkerwanderung als Epocheneinschnitt zwischen Spätantike und Frühmittelalter unumstritten und auch das markante Datum 1453 der osmanischen Eroberung des byzantinischen Konstantinopel als Wendemarke vom Spätmittelalter zur Frühen Neuzeit allseits akzeptiert ist, wirft selbst die Binnenperiodisierung der Neuzeit nur wenig Probleme auf, sind doch die Reichsbildungen von Osmanen, Habsburgern und

Romanovs zu großen Teilen aufeinander fixiert. Die Einschnitte der Epochenjahre 1683, als die Osmanen die Belagerung Wiens aufgeben mußten, 1699, als dem Sultan im Frieden von Karlowitz das fiskalisch so bedeutsame Ungarn verlorenging, sowie 1774, dem Jahr des russisch-osmanischen Küçük-Kaynarca-Friedens, mit dem das Zarenreich als mächtepolitisches Schwergewicht auf den südosteuropäischen Plan trat, können dabei als wichtige Zäsuren für Schubverlust, Schubstillstand und Schubumkehr osmanischer Expansion gelten. Folge war das Entstehen des als Orientalische Frage bekannten Konfliktkomplexes, dessen Kern das expansionsanziehende osmanische Machtvakuum in Südosteuropa, im Schwarzmeerraum, im Kaukaus, in der Levante sowie in Nordafrika war.

Die erste Phase in der Entwicklung der Orientalischen Frage war gekennzeichnet durch eine auf Stabilisierung des bröckelnden Osmanenimperiums zielende Internationalisierung seitens der rivalisierenden europäischen Großmächte. Dies hatte im 20. Jahrhundert die von den Großmächten nicht intendierte Konsequenz des Entstehens der balkanisch-danubischen Kleinstaatenwelt. Auch dieser Prozeß ging in zwei Etappen vonstatten: In der ersten Hälfte des Säkulums entstand als Resultat der Kriege des Jahrzehnts 1912–1922 eine Staatenlandschaft, deren Struktur in einer weiteren Kriegsdekade 1940–1949 bestätigt sowie im Kalten Krieg zementiert wurde. In einer neuerlichen Periode der Kriege 1991–1999 lösten sich dann aus der Konkursmasse der sowjetischen und jugoslawischen Föderationen weitere politisch-territoriale Einheiten mit Nationalstaatsanspruch.

Gemäß dem seit dem 19. Jahrhundert vorherrschenden nationalgeschichtlichen Paradigma wird die moderne Geschichte Südosteuropas von Historikern der Region wie von den meisten Fachvertretern außerhalb derselben als die Summe von Nationalgeschichten geschrieben. Die Reichsgeschichten von Osmanen, Habsburgern und Romanovs kommen dabei in aller Regel zu kurz, die Beziehungshaftigkeit von National- und Imperialgeschichten, ihre Durchdringung und gegenseitige Bedingtheit sowie ihre Einbindung in supraregionale Prozesse und Strukturen wird nur unzureichend beleuchtet, mitunter gar vorsätzlich ausgeblendet. Auf der anderen Seite nimmt die internationale Diplomatiegeschichtsschreibung ebenso wie die mit den osmanischen und habsburgischen Großreichen befaßte historische Spezialforschung die nationalgeschichtliche Dimension häufig nur unzureichend wahr. Erst in jüngster Zeit wurden Versuche einer umfassenden, auf Phänomene «langer Dauer» ausgerichteten «totalen» Geschichtsbetrachtung der «balkanischen Welt» (Traian Stoianovich) angestellt. Konterkariert werden diese Bemühungen allerdings durch den neuerlichen Nationalismusschub in den Historiographien der Region selbst, wie er durch die Staatsneugründungen von Slowenen, Kroaten, serbischen und muslimischen Bosniern und herzegowinischen Kroaten, Serben und Montenegrinern, Makedoniern sowie Moldawiern bzw. durch den Wegfall des bis 1989/91 partiell nationalismusneutralisierend wirkenden Leninismus sowjetischer Prägung in Ungarn, Rumänien, Bulgarien und Albanien ausgelöst worden ist. Verstärkt wird diese einer Verwissenschaftlichung der Geschichtsschreibung diametral entgegenwirkende Entwicklung durch neuerliches Ansteigen des ohnehin extrem hohen Politisierungsgrades südosteuropäischer Historiker. Die Instrumentalisierung der Vergangenheit zu tagespolitischen Zwecken, wie sie von Griechenland bis Slowenien üblich ist, sowie die daraus resultierende weitgehende gegenseitige Durchdringung von politischer Sphäre und institutionalisierter Geschichtswissenschaft haben bereits zu staatssozialistischen Zeiten den hybriden Typus des Historiker-Politikers hervorgebracht, der zwischen beiden Bereichen hin und her zu wechseln in der Lage ist. Um so angemessener erscheint daher eine fachwissenschaftliche Vogelschau auf die moderne Geschichte Südosteuropas, mittels derer unter Einbeziehung der partikularen Nationalgeschichten staatensystemgeschichtliche Grundzüge und mächtepolitische Konstanten von den Anfängen der Orientalischen Frage in der Frühen Neuzeit bis zum Beginn der heißen Phase der Albanischen und Serbischen Frage am Ende des 20. Jahrhunderts herauspräpariert werden können.

Der internationale Rahmen: Die Orientalische Frage

Der im 14. Jahrhundert beginnende Expansionsprozeß des Osmanischen Reiches nach Europa hinein kam im ausgehenden 17. Jahrhundert zu einem Stillstand. Im Zuge des russisch-osmanischen Gegensatzes, wie er sich seit der Mitte des 18. Jahrhunderts auftat, wurde die Strukturschwäche osmanischer Herrschaft in Europa zunächst auf militärischem Gebiet, dann auch in anderen Bereichen von Staat, Wirtschaft und Gesellschaft deutlich. In einer gewaltigen Reformanstrengung gelang es Sultan und osmanischer Elite vom Beginn des 19. Jahrhunderts an, Militär, Verwaltung, Bildungswesen und Rechtssystem gemäß westlichen Mustern zu reorganisieren. Die «Ära der Neuordnung» («Tanzimat») mündete in die aufgeklärt-absolutistische Verfassung von 1876, mit der sich das Imperium der Osmanen als Staat seiner Bürger konstituierte. Der Staatsbankrott von 1875 sowie die große Balkankrise der Jahre 1875–1878 machten den Effekt der Reformanstrengungen indes weitgehend zunichte. Das Reich wurde nun noch stärker Objekt der Politik von Großmächten und Balkanstaaten als zuvor, und zugleich gewannen die immer zahlreicher werdenden und immer größere Bevölkerungsteile umfassenden zentrifugalen Nationalbewegungen von Christen, aber auch von Muslimen wie Albanern, Ägyptern u. a. an Dynamik. Daran änderte selbst die Modernisierungsdiktatur des jungtürkischen «Komitees für Einheit und Fortschritt» der Jahre 1908–1912 nichts, so daß die militärische Niederlage im Ersten Weltkrieg zugleich das Ende des Osmanischen Reiches bedeutete.

Die Epochenwende des Ersten Weltkrieges traf auch die beiden «ewigen» Gegner der Hohen Pforte, die Habsburgermonarchie und das Zarenreich, mit unvermittelter Härte: Gleich dem Sultan hatten Kaiser und Zar versucht, den sozialen und ethnonationalen Sprengstoff in ihrem Machtbereich auf dem Reformweg zu entschärfen, um so einer Beeinträchtigung ihrer imperialen Machtentfaltung zu begegnen. Wiewohl das Haus Habsburg bereits im 18. Jahrhundert Armee, Verwaltung und Infrastruktur modernisiert hatte, gelang die innere Befriedung des von Wien aus regierten Vielvölkerreiches nur partiell. Im «Völkerfrühling» des Jahres 1848, einer die Grundfesten der Donaumonarchie erschütternden antiimperialen Auflehnung von Magyaren, Slawen und Italienern, mußte Wien gar den Erzrivalen Rußland um Militärhilfe bitten. Zwar löste der Ausgleich mit der ungarischen Reichshälfte im Jahr 1867 das gravierendste der zahlreichen drängenden staatsrechtlichen und zugleich ethnopolitischen Probleme, doch empfanden die nichtdominanten Großgruppen der Tschechen, Italiener, Rumänen, Polen u. a. die Doppelmonarchie nun noch stärker als zuvor als «Völkergefängnis». «Demokratie, Volkssouveränität und Nationalitätenprinzip» wurden dem Historiker Dan Diner zufolge nun «zu den Totengräbern der multinationalen und dynastisch legitimierten Reiche». Dem kombinierten Außen- und Innendruck des Ersten Weltkriegs hatte der habsburgische Vielvölkerstaat nichts mehr entgegenzusetzen. Das Zarenreich als dritter Hauptbeteiligter in der Orientalischen Frage hingegen – gleich den beiden anderen autokratisch verfaßt – hielt dem Reformdruck von innen solange stand, wie es nach außen militärisch erfolgreich war. Die Niederlage im Krim-Krieg 1853–1856 indes wirkte als Dammbruch, dessen mittelbare Folge die Bauernbefreiungsgesetzgebung von 1861 war. Die Halbherzigkeit dieses Reformprojekts und das Steckenbleiben anderer Reformschritte verhinderte aber auch hier einen grundlegenden Wandel. Die beiden Revolutionen des Jahres 1917 führten daher zum Untergang des Romanov-Reichs.

Das nahezu gleichzeitige Abtreten dreier Hauptakteure der Orientalischen Frage hing eng mit deren struktureller Ähnlichkeit zusammen. In allen drei Fällen fungierten als Staatsdoktrin und damit als imperiale Klammern die Dynastie (Osmanen, Habsburger, Romanovs), die Religion (Islam, Katholizismus und Orthodoxie) und eine multiethnische, vielsprachige Verwaltungselite. Und ebenfalls in allen drei Fällen fanden Herrscher und Elite entweder gar keine oder zu spät eine Antwort auf die dringenden Fragen politischer, gesellschaftlicher und wirtschaftlicher Modernisierung. Dennoch trifft zumindest für Österreich-Ungarn und das Osmanische Reich die moderne nationalgeschichtliche Sichtweise, derzufolge die imperialen «Völkerkerker» dem Ansturm der Nationalbewegungen zwangsläufig und verdientermaßen erlegen seien, nicht zu. Kaiser und Sultan, vor allem aber die Spitzen von Zentraladministration und Provinzverwaltungen, haben durchaus flexibel, gar innovativ auf die Autonomieforderungen ihrer Untertanen reagiert. Ob beide Reiche die Herausforderung des Nationalismus gemeistert hätten, wenn nicht die anderen Großmächte einzelne Nationalbewegungen im habsburgischen und osmanischen Machtbereich unterstützt und gefördert hätten, ist eine spannende, aus historischer Sicht indes müßige Frage.

Neben den drei in Südosteuropa unmittelbar präsenten Imperien waren auch Frankreich und Großbritannien Akteure in der Orientalischen Frage. Paris hatte seit der Frühen Neuzeit das Protektorat über die Katholiken des Osmanischen Reiches inne, was vielfältige handelspolitische und merkantile Möglichkeiten eröffnete, wohingegen sich London von seinen strategischen Interessen im östlichen Mittelmeer, d. h. der Aufrechterhaltung der Kommunikationslinien in seinem Weltreich, leiten ließ. Großbritannien war daher die stärkste Stütze des Osmanischen Reiches, dessen prinzipieller Erhalt auch im Interesse Frankreichs und Wiens lag. Auf der Gegenseite standen das ans Mittelmeer drängende Rußland samt seinen nationalstaatlichen Protegés in Südosteuropa. Den teilautonomen bis «halbselbständigen» Kleinstaaten des Donau-Balkan-Raums, also Montenegro, Griechenland und Serbien, später dann Rumänien und Bulgarien, kam bei all dem lediglich die Funktion von Bauern auf dem Schachbrett der Großmächte zu. Erst im Finale der Orientalischen Frage gelang ihnen kurzfristig eine Bündelung ihrer Partikularinteressen, die 1912 im überaus erfolgreichen Ersten Balkankrieg gegen das Osmanische Reich resultierte. Unmittelbar danach jedoch verkehrte sich die neugewonnene südosteuropäische Eintracht wieder in ihr Gegenteil – eine Situation, die das gesamte 20. Jahrhundert über anhalten sollte. Zu den genannten Akteuren bzw. Statisten der Orientalischen Frage kamen in deren Schlußphase weitere Mächte und Staaten hinzu – das neue Königreich Italien und das Deutsche Reich, beide erst 1871 geeint, sowie zuletzt der 1912 proklamierte Nationalstaat der lange Zeit sultantreuen Albaner.

Von Küçük Kaynarca nach Lausanne: 1774–1923

Der in den Türkenkriegen des ausgehenden 17. Jahrhunderts immer offenkundiger werdende Machtverfall des Osmanischen Reiches wurde vom letzten Viertel des 18. Jahrhunderts an ein vorrangiges Problem des europäischen Staatensystems: Parallel zum direkten Gegensatz zwischen dem expandierenden Rußland und dem schrumpfenden Osmanischen Reich entwickelte sich eine zarisch-habsburgische Rivalität in Südosteuropa, die von Großbritannien und Frankreich besorgt beäugt wurde. Die Brisanz der nun offenkundig werdenden Orientalischen Frage war dabei von Anfang an durch die enge Verflechtung mit dem ostmitteleuropäischen Machtvakuum in Polen-Litauen äußerst hoch, waren doch Zarenreich und Habsburgermonarchie im Falle der Adelsrepublik als Teilungsmächte verbunden. Die beiden zentralen Fragen osteuropäischer, ja europäischer Politik standen also gleich kommunizierenden Röhren in direkter Verbindung. Dies erhöhte nicht nur die Möglichkeiten zur wechselseitigen Kompensation, sondern zugleich die Zahl der Reibungsflächen zwischen den Großmächten. Überdeutlich wurde dies im russisch-osmanischen Krieg der Jahre 1768–1774, als zarische Truppen den osmanisch-krimtatarischen Festungsgürtel an der nördlichen Schwarzmeerküste überrannten und weit nach Südosteuropa hinein stießen, wo sie die Donaufürstentümer Moldau und Walachei besetzten. In einer Parallelaktion vernichtete zudem 1770 die aus Ostsee und Weißem Meer in die Ägäis verlegte russische Flotte die osmanische Mittelmeerflotte. Im Siegfrieden von Küçük Kaynarca mußte der Sultan dem Zaren 1774 das bis dahin für alle fremden Schiffe gesperrte Schwarze Meer samt der Donau öffnen sowie ihm eine Schutzfunktion für die Christen des Balkans und des Nahen Ostens einräumen. Der rußländische Vorstoß nach Süden rief umgehend die anderen europäischen Großmächte auf den Plan, die aus jeweils unterschiedlichen Motiven an einer Aufrechterhaltung der osmanischen Herrschaft interessiert waren: Die Habsburgermonarchie wähnte ihre eigenen Pläne eines Anschlusses der Donaufürstentümer durch den Vorstoß St. Petersburgs in Gefahr; Großbritannien fürchtete die merkantile und handelsimperiale Konkurrenz Rußlands im osmanischen Machtbereich; und Frankreich sah durch eine Schwächung der Hohen Pforte das eigene, gegen Donaumonarchie und Zarenreich gerichtete Bündnissystem in Osteuropa, die von Schweden-Finnland über Polen-Litauen ins Osmanische Reich reichende *Barrière de l'Est*, gefährdet.

Ungeachtet der offensiven Schwarzmeer- und Balkanpolitik des Zaren kam es während des griechischen Aufstandes gegen den Sultan 1821 bis

1829 zu einer anti-osmanischen Allianz *aller* Großmächte. Der den neuerlichen russisch-osmanischen Krieg von 1828–1829 beendende Friede von Adrianopel war es schließlich, der die Voraussetzungen für die 1830 erfolgte Gründung des modernen griechischen Staates schuf. Zugleich öffnete der Vertrag das Schwarze Meer der internationalen Handelsschifffahrt, überführte die Donaumündung in russischen Besitz und unterstellte Serbien, Moldau und Walachei als nun autonome Teile des Osmanischen Reiches russischem Schutz. Die seitdem dominierende Stellung des Zarenreiches in Südosteuropa und im Schwarzmeerraum zielte indes nicht auf Vernichtung, sondern lediglich auf weitere Schwächung des «kranken Mannes am Bosporus». Dieses Einstimmen St. Petersburgs in das «europäische Konzert» wurde angesichts der innerosmanischen Reformerfolge während der «Tanzimat»-Zeit schwächer, und 1853 kam es zum erneuten Bruch zwischen Rußland auf der einen Seite sowie Hoher Pforte, Großbritannien und Frankreich auf der anderen.

Im Krim-Krieg mußte sich das mit gravierenden kriegswirtschaftlichen, infrastrukturellen und gesellschaftspolitischen Problemen konfrontierte Rußland der Romanovs einer osmanisch-britisch-französischen Militärallianz geschlagen geben. Im Pariser Frieden von 1856 verlor der Zar die Donaumündung wieder, wie sich auch sein Einfluß auf das Osmanische Reich verringerte. Ungeachtet der nun einsetzenden russischen Konzentration auf die Reformen im Innern und auf Zentralasien in der Außenpolitik blieb der Gegensatz zwischen Zar und Sultan der Kern der Orientalischen Frage. Bereits in den sechziger Jahren des 19. Jahrhunderts sann man in St. Petersburg auf Revision des Pariser Friedens, und das Übergreifen der anti-osmanischen Aufstände in der Herzegowina und in Bosnien von 1875 auf das Donauwilayet im Folgejahr bot dann 1877 Gelegenheit zu neuerlicher russischer Intervention auf dem Balkan. Nach langwierigen und schweren Kämpfen rückte die russische Armee im Winter 1877/78 auf Istanbul vor, so daß der Sultan sich im März 1878 im Vorfrieden von San Stefano zur Abtretung fast aller seiner europäischen Besitzungen – Albanien und Teile Thrakiens ausgenommen – bereit finden mußte. In Gestalt eines autonomen Großbulgarien gedachte Rußland seinen Einfluß auf dem Balkan zu sichern. Der mächtepolitische Vorstoß des Zarenreiches bis an die Ägäisküste war für das britische Weltreich wie für die Habsburgermonarchie nicht hinnehmbar, so daß sie dem Zaren mit Krieg drohten. Unter diesem Druck erklärte sich das bis hart an den Rand seiner militärischen wie kriegswirtschaftlichen Möglichkeiten gegangene Rußland zu einer Revision des San-Stefano-Vertrages bereit. Des scharfen britisch-russischen Interessengegensatzes wegen gestalteten sich die Verhandlungen auf dem Berliner Kongreß kompliziert. Der Berliner Vertrag vom 13. Juli 1878 revidierte den San-Stefano-Vorfrieden vor allem dadurch, daß Makedonien im Besitz des Sultans verblieb. Eine schlüssige Antwort auf die Orientalische Frage vermochten die Großmächte in Berlin allerdings nicht zu geben.

Die Spannungen zwischen den sich territorial zunehmend arrondierenden Balkanstaaten Montenegro, Serbien, Rumänien und Bulgarien auf der einen und dem Osmanischen Reich auf der anderen Seite sorgten in Makedonien, dem Herzstück der «Europäischen Türkei», und in den seit dem Berliner Vertrag habsburgisch besetzten Gebieten Bosnien, Herzegowina und Sandžak für einen permanenten Ausnahmezustand. Vergebens suchten die Großmächte in den Jahren 1904 bis 1909 die aufstandsgeschüttelte Krisenregion Makedonien zu stabilisieren. Der Staatsstreich der Jungtürken gegen den Sultan löste 1908 eine den gesamten Balkan umfassende Krise aus. Österreich-Ungarn annektierte nun Bosnien und die Herzegowina und gab den Sandžak an die Hohe Pforte zurück. Beides wurde von Serbien und seinem russischen Protektor als Bedrohung der eigenen Interessen gewertet. Das erfolgreiche militärische Vorgehen Italiens gegen das Osmanische Reich – 1911 in Libyen und 1912 auf Rhodos – ermutigte dann im selben Jahr auch die Balkanstaaten zu einer gemeinsamen Militäraktion gegen den Sultan. Die raschen militärischen Erfolge der griechisch-serbisch-montenegrinisch-bulgarischen Allianz bildeten das Ende der «Europäischen Türkei» und damit den Anfang vom Ende des Osmanischen Reiches. Zwar griff in dem als Zweiter Balkankrieg bekannten Interallianzkrieg von 1913 neben Griechenland, Serbien und Rumänien auch die osmanische Armee Bulgarien an, doch konnte sie aus dem europäischen Territorialbestand lediglich die Region Edirne zurückgewinnen. Seitdem erstreckt sich die Herrschaft Istanbuls in Europa ausschließlich auf das der Hauptstadt unmittelbar vorgelagerte ostthrakische Dreieck.

Endgültig unter ging das Imperium der Sultane dann im Ersten Weltkrieg – einer Ironie der Geschichte zufolge an der Seite des einstigen habsburgischen Gegners und des neuen, aus dem osmanischen Territorialbestand herausgeschnittenen bulgarischen Nationalstaats. Der Anlaß des Krieges war ein südosteuropäischer gewesen: Im Juni 1914 erschoß in Sarajevo, dem Verwaltungszentrum des nun zur Doppelmonarchie gehörigen Bosnien, ein serbischer Nationalist den habsburgischen Thronfolger Franz Ferdinand. Mit deutscher Rückendeckung erklärte Österreich-Ungarn Serbien den Krieg – ein Schritt, der eine bündnispolitische Kettenreaktion auslöste. Südosteuropa wurde nun zum Schauplatz mehrerer Teilkriege: In den Jahren 1914 und 1915 fand um und in Serbien ein erbitterter Kampf mit den Mittelmächten Österreich-Ungarn, Deutschland und – ab 1915 – Bulgarien statt, der in der Besetzung ganz

Serbiens resultierte; ein 1915 begonnenes britisch-französisches Flottenunternehmen gegen die Dardanellen mußte 1916 erfolglos abgebrochen werden; der Kriegseintritt Italiens 1915 auf Seiten der Entente führte zur Errichtung der Isonzofront, die bis 1917 auch die Region Slowenien berührte; an der den Balkan von der albanischen Adriaküste bis zur thrakischen Ägäisküste durchschneidenden, 1916 entstandenen Salonikifront standen sich bis zum Kriegsende 1918 deutsche, österreichisch-ungarische und bulgarische Truppen auf der einen Seite und britische, russische, französische, italienische sowie serbische auf der anderen gegenüber; und der Kriegseintritt Rumäniens 1916 verlängerte die Ostfront zwischen Mittelmächten und Zarenreich bis an die Donaumündung.

Im Osmanischen Reich bewirkte der Kriegsverlauf eine Verstärkung der zahlreichen zentrifugalen Tendenzen sowie eine Erosion der Zentralmacht und resultierte in der militärischen Besetzung fast des gesamten verbliebenen Reichsgebietes durch die Entente und ihre Verbündete. Entsprechend teilte der Friedensvertrag von Sèvres 1920 den Herrschaftsbereich des Sultans nahezu völlig unter den siegreichen Großmächten und Nachbarstaaten auf. Neben Großbritannien und Frankreich erhielten auch Italien, Griechenland und die 1918 gegründete Republik Armenien große Teile der osmanischen Kernregion Anatolien. In einem post-osmanischen Nachspiel zur Orientalischen Frage gelang dem vormals osmanischen Offizier Mustafa Kemal in den Jahren 1920–1922 die Rückeroberung ganz Anatoliens. Im Oktober 1922 zog Kemal in Istanbul ein, und im Friedensvertrag von Lausanne 1923 wurde die neue Türkei aus der Taufe gehoben. Nachdem bereits 1922 das Sultanat abgeschafft worden war, liquidierten die Kemalisten 1924 auch das Kalifat: Die Dynastie der Osmanen und ihr Reich hörten nun auf zu existierten. Damit war die Orientalische Frage in ihrer klassischen Form beantwortet, doch die zahlreichen Unterfragen stellten sich nun um so dringender.

Der regionale Rahmen: Territorialfragen und ethnopolitische Konflikte

Im Schatten der Orientalischen Frage auf Großmachtebene sowie im Zuge von Nationalbewegungen samt Nationalstaatsbildungen hatten sich im osmanisch-habsburgischen Südosteuropa territorial-nationale Teilfragen entwickelt, die wiederum die Politik der Großmächte erheblich beeinflußten. Im Kriegsjahrzehnt 1912–1922 versuchten die Monarchien des Donau-Balkan-Raums diese Teilfragen untereinander zu lösen – sei es mit dem Mittel des Krieges, sei es in Form von bilateralen Abkommen über Gebiets- und Bevölkerungsaustausch. Erfolg hatten dabei die drei siegreichen Ententeverbündeten Griechenland, Rumänien und Serbien. Im Rahmen der Friedensregelungen in den Pariser Vorortverträgen der Jahre 1918–1923 konnten sie einen Großteil der Gebietsgewinne, die sie auf dem Schlachtfeld oder am Verhandlungstisch gegen Osmanen, Habsburger und Romanovs, aber auch gegen Nachbarstaaten, erzielt hatten, völkerrechtlich absichern. Griechenland schob seine Nordgrenze in den Epirus, nach Makedonien und nach Thrakien vor; Rumänien sicherte sich Siebenbürgen, Bessarabien und die Bukovina; und Serbien konsolidierte zum einen seine Gewinne aus den Balkankriegen und stieg zum anderen zur informellen, aber unumschränkten Vormacht innerhalb des 1918 neugegründeten Königreichs der Serben, Kroaten und Slowenen (ab 1929: Königreich Jugoslawien) auf. Ebenfalls beträchtliche Gebietsgewinne erzielte Italien, das sich in Südosteuropa und in der Levante als Erbe Venedigs und Genuas sah und sich mit der adriatischen Gegenküste von Istrien bis Albanien sowie mit der Dodekanes-Inselgruppe in der Ägäis wichtige Brückenköpfe in der Region sicherte. Obwohl militärisch und politisch zum unterlegenen Lager der Mittelmächte gehörig, konnte Bulgarien seinen Territorialbestand wahren, da es zwar die Süd-Dobrudscha an Rumänien verlor, aber das in den Balkankriegen eroberte Pirin-Makedonien behielt. Zwar nur geringe Gebietsverluste mußte Albanien hinnehmen, doch wogen diese angesichts des Verbleibs des Kosovos bei Belgrad um so schwerer. Die größten Verluste an Territorium und Bevölkerung mußte Ungarn hinnehmen, das auf den inneren Kern der früheren habsburgischen Reichshälfte reduziert wurde.

Mit der Landkarte Südosteuropas veränderte sich aber auch das Machtgefüge in und um die Region. Denn neben dem Osmanischen Reich, der Doppelmonarchie und dem Zarenreich fiel jetzt auch das besiegte Deutschland vorübergehend als politischer Faktor aus, während die alliierten Hauptmächte USA, Großbritannien und Frankreich keine Präsenz in der Region zeigten – Südosteuropa war erstmals auf sich selbst gestellt. Um die unter dem Begriff Revisionismus subsumierten Gegenkräfte gegen die neue Ordnung unter Kontrolle zu halten, gingen die südosteuropäischen Siegerstaaten untereinander Militär- und Sicherheitsbündnisse ein. Doch weder die seit 1920/1921 gebildete Kleine Entente, bestehend aus Rumänien, dem jugoslawischen Königreich und der neuen Tschechoslowakischen Republik, noch der 1934 zwischen Rumänien, Griechenland und Jugoslawien (unter Einbindung der Türkei) geschlossene Balkanpakt konnte das Macht- und Sicherheitsvakuum dauerhaft füllen. Grund war neben der revisionistischen Politik Ungarns, Bulgariens und Albaniens sowie den Aktivitäten etlicher nationalrevolutionärer Untergrundorganisationen die ambivalente Südosteuropapolitik der Siegermacht Italien. Zwar mit den Westmächten verbündet und territorial von der Nachkriegsregelung profitierend, arbeitete Rom vor allem nach der Machtübernahme von Benito Mussolinis faschistischer Partei im Jahr 1922 zielstrebig auf die Zerschlagung des neuen Jugoslawien hin. Dabei bediente sich der «Duce» aller genannten revisionistischen Faktoren in und um dieses serbisch dominierte Königreich. Im Zeichen der bis nach Südosteuropa hineinwirkenden Machtentfaltung des nationalsozialistischen Deutschland vollzog Italien zwar einen balkanpolitischen Kurswechsel, doch war die Hegemonie des Dritten Reiches auch über den Donau-Balkan-Raum dadurch nicht aufzuhalten. Berlin nutzte die außenhandelspolitische Abhängigkeit der Staaten Südosteuropas zu deren Einbeziehung in einen Großwirtschaftsraum, der zunehmend auch politisch instrumentalisiert wurde. Mit Ausnahme Griechenlands gerieten bis 1941 sämtliche Staaten der Region unter deutschen Einfluß.

Der Zweite Weltkrieg brachte dann eine neuerliche «Neuordnung» Südosteuropas nach Adolf Hitlers Vorstellungen. Gemeinsam mit seinen Verbündeten Italien, Bulgarien, Rumänien und Ungarn besetzte NS-Deutschland Jugoslawien und Griechenland und teilte diese Staaten bis auf Rumpfstücke auf. Bulgarien erhielt Teile Rumäniens, Griechenlands und Jugoslawiens; das nun italienische Albanien wurde um Territorien Jugoslawiens und Griechenlands erweitert; das benachbarte Montenegro fiel an Italien; Ungarn erhielt Gebiete Rumäniens, der Tschechoslowakischen Republik und Jugoslawiens; das um Siebenbürgen und die Süd-Dobrudscha verkleinerte Rumänien wurde im Zuge der Eingliederung des zuvor sowjetischen Transnistriens nach Osten verschoben; auf dem Westbalkan wurde ein «Unabhängiger Staat Kroatien» unter deutsch-italienischem Kuratel geschaffen; und Slowenien samt Istrien wurden dem Deutschen Reich einverleibt.

Das Vordringen der Roten Armee und der angloamerikanischen Streitkräfte nach Südosteuropa 1944/1945 führte zur weitgehenden Wiederherstellung der Staatsgrenzen der Zwischenkriegszeit. Allerdings annektierte die siegreiche Sowjetunion Bessarabien, während Italien seine nach dem Ersten Weltkrieg erworbenen südosteuropäischen Besitzungen nun aufgeben mußte. Als einziger von Hitler dekretierter Gebietswechsel hatte die 1940 verordnete Übergabe der zuvor rumänischen Süd-Dobrudscha an Bulgarien Bestand. Die Friedensverträge der zerfallenden Anti-Hitler-Koalition mit Italien, Ungarn, Rumänien und Bulgarien in Paris 1947 zementierten dann die neu-alten Grenzziehungen in Südosteuropa. Mit der Ausnahme von Stadt und Umland Triests kam es den gesamten Kalten Krieg hindurch zu keinen territorialen Verschiebungen. Revisionismus und nationalrevolutionäre Tätigkeit, wie für die Zeit nach 1919 im Donau-Balkan-Raum so typisch, konnten sich im Spannungsfeld des Ost-West-Gegensatzes nicht entfalten. Statt dessen legte sich über die

Osthälfte Südosteuropas die *Pax sovietica.* Unmittelbare Folge war 1952 der Eintritt Griechenlands und der Türkei in die NATO. Übrig blieben Albanien und das von Josip Broz Tito als Föderation neugegründete Jugoslawien. Der auf Äquidistanz zu Warschauer Pakt und Nordatlantikpakt bedachte Vielvölkerstaat machte aus der Not eine Tugend und initiierte die Bewegung der Blockfreien, wohingegen die albanische Außenpolitik Anlehnung zunächst an Belgrad, dann an Moskau, später an Peking suchte, um letztendlich die totale Isolation zu wählen. Die vier Jahrzehnte vom Ende des Griechischen Bürgerkrieges 1949 bis zum Beginn der Militäraktionen der Jugoslawischen Volksarmee gegen die Teilrepubliken Slowenien und Kroatien 1991 waren die längste Friedensperiode in der neueren Geschichte Südosteuropas – sieht man von der blutigen Teilung Zyperns 1974 in einen griechischen und einen türkischen Teil ab. Anders als der NATO gelang es dem Warschauer Pakt, die dortigen zwischenstaatlichen Konflikte mit ethnopolitischem Hintergrund wie etwa das Siebenbürgenproblem unterhalb der Gewaltschwelle zu halten, und auch die jugoslawische Balkanpolitik blieb bei aller rhetorischen Aggressivität gegenüber Griechenland, Albanien und später Bulgarien unterhalb bestimmter Eskalationsstufen.

Die Südosteuropa zerschneidende Bipolarität hatte ihre Ursache nicht zuletzt in den zahlreichen und scharfen sowjetisch-angloamerikanischen Gegensätzen in der Balkan-Schwarzmeer-Kaukasus-Region. «Die wiedergekehrte ‹Orientalische Frage›», so Dan Diner, «fungierte als Geburtshelferin des Kalten Krieges.» Auf dem Balkan wurde der Ost-West-Konflikt zunächst mit besonders harten Bandagen in Form eines Stellvertreterkrieges auf griechischem Territorium ausgefochten: Bezeichnenderweise wurde der zugrundeliegende ideologische Gegensatz in der Innenpolitik Griechenlands – westlich orientierte Monarchisten vs. prosowjetische Kommunisten – im Zuge des Kriegsverlaufs ethnisiert. Das Regierungslager und seine angloamerikanischen Verbündeten stilisierten die Kommunisten deren Bündnisses mit der makedonischen Minderheit wegen erfolgreich als «ungriechisch». Am Ende standen Flucht und Vertreibung nicht nur zahlreicher Kommunisten, sondern auch fast aller Albaner und Makedonier aus Nordgriechenland. In die 1940er Jahre fiel überdies eine Übertragung des imperialen Staffelstabs in der Orientalischen Frage: Die Führungsposition unter den Gegnern des sowjetischen Rußland innerhalb der Großmachtpentarchie ging nun von Großbritannien auf die USA über. Deutlicher Ausdruck dieser Machtrochade waren die finanzielle wie militärpolitische Unterstützung Belgrads durch Washington im Zeichen des Tito-Stalin-Bruchs von 1948/1949, die US-amerikanische Militärpräsenz in Griechenland und der Türkei seit 1952 sowie zuletzt das starke politisch-militärische Engagement der Vereinigten

Staaten im Bosnien-Krieg der Jahre 1992–1995 und im Kosovo-Krieg 1998–1999.

Der «Eisschrank» der Blockkonfrontation, so die bekannte Metapher Jacques Rupniks, hat die zahlreichen Territorialfragen und ethnopolitischen Konflikte der Zwischen-, Kriegs- und ersten Nachkriegszeit tiefgefroren, die Wende von 1989 hat sie dann wieder aufgetaut. Allerdings haben nicht wenige dieser Konflikte während ihres Eingefrorenseins eine tiefgreifende Transformation durch ideologische Überlagerung sowie vor allem durch die rapiden Prozesse von Industrialisierung und Urbanisierung in fast allen Regionen Südosteuropas erfahren. Dies ist der Hauptgrund dafür, daß etliche der traditionellen Krisenherde des 19. und der ersten Hälfte des 20. Jahrhunderts im Zuge der Wende von 1989 eben *nicht* wiederaufgeflammt sind, wohingegen andere, die zuvor weniger brisant gewesen waren, mit unvermittelter Schärfe ausbrachen. Zu den territorialen und ethnischen Konfliktknoten, die aufgrund ihrer Transformation unter der *Pax sovietica* deutlich an Sprengkraft verloren haben, gehört die Bessarabische Frage. Bessarabien, diese Reibungsfläche zwischen Zaren- und Osmanenreich im ausgehenden 18. und im beginnenden 19. Jahrhundert sowie zwischen Rußland bzw. der Sowjetunion und Rumänien seit der Mitte des 19. Jahrhunderts, wechselte mehrfach nicht nur die staatliche Zugehörigkeit, sondern im Endeffekt auch seine ethnische Identität. Die ostromanischsprachige Mehrheitsbevölkerung, die sich bis 1944 zum Rumänentum bekannte, entwickelte während der sowjetischen Periode 1944–1991 mit deutlicher Hilfestellung aus Moskau eine separate moldawische Identität, die sich im Zuge der Eigenstaatlichkeit weiter gefestigt hat. Dies wiederum hat die russischsprachigen Minderheiten von Ukrainern, Russen und anderen in Konflikt mit der neuen Titularnation samt Zentralgewalt gebracht. Im Ostteil Moldovas, dem mehrheitlich von Russischsprachigen bewohnten Dnjestr-Tal, ist daher 1989 eine Autonomiebewegung entstanden, die sich in der Folgezeit radikalisierte und 1991 eine unabhängige Transnistrisch-Moldawische Republik proklamierte. Während die Bessarabische Frage also durch die Nationswerdung der Moldawier als beantwortet gelten kann, ist eine bezüglich Gefahrenpotential und Dimension deutlich kleinere Transnistrische Frage entstanden. Seit dem Kurzkrieg um die Dnjestr-Stadt Bendery (Tighina) im Sommer 1992 stehen sich die moldawische Zentralgewalt und der Separatstaat auf dem östlichen Dnjestr-Ufer unversöhnlich gegenüber. Auf friedlichem Wege gelöst wurde hingegen ein anderer Teilaspekt der Bessarabischen Frage, nämlich das Schicksal der kleinen Minderheit der türkischsprachigen christlichen Gagausen im Süden des Landes. Deren Autonomieforderungen wurden seitens der Zentralregierung 1994 erfüllt. Seitdem gibt es innerhalb Moldovas eine autonome Region namens Gagausenland (Gagauz Yeri).

Ebenfalls eine ostromanische Komponente besitzt die Siebenbürgische Frage, also das spannungsreiche Neben- bzw. Gegeneinander von Rumänen und Nicht-Rumänen, vor allem Ungarn und Deutschen, im Karpatenbogen. 1918 rumänisch geworden, geriet dieser historische Teil des Königtums Ungarn 1941 erneut unter die Herrschaft Budapests, bevor er 1944 wiederum Rumänien zugesprochen wurde. 1952 erhielten die Ungarn Siebenbürgens Territorialautonomie, die indes 1965 von Bukarest wieder aufgehoben wurde. Weder vor noch nach 1989 wurde eine beiderseitig als tragfähig empfundene Lösung des Problems erreicht. Dennoch haben die neuen Möglichkeiten, die sich den Siebenbürger Ungarn zur politischen Partizipation in Rumänien bieten, sowie der rumänisch-ungarische Grundlagenvertrag von 1996 die interethnische Hochspannung der ersten Nach-Wende-Jahre entschärft.

Periodisch ebenfalls brisant, aber doch lösbar war die Triest-Istrien-Frage. 1920 bis 1941 italienisch, fiel diese venetianisch geprägte und von Italienern, Istrorumänen, Slowenen und Kroaten bewohnte Region 1945 an das neue föderative Jugoslawien – mit Ausnahme des Freien Territoriums von Triest. Dessen aus dem Stadtgebiet selbst bestehende Zone A wurde angloamerikanischer Verwaltung unterstellt, die Zone B südlich der Stadt jugoslawischer. 1954 wurde das Freie Territorium aufgelöst – Zone A fiel an Rom, Zone B an Belgrad – und 1975 diese Aufteilung völkerrechtlich abgesichert.

Auch ein vierter romanischer Problemkomplex des 19. Jahrhunderts hat seine Lösung gefunden, nämlich die Aromunische Frage. Mit Hinweis auf die sprachliche Romanität der Aromunen bzw. Vlachen, einer aus transhumanten Viehhirten sowie Fernkaufleuten bestehenden Bevölkerungsgruppe auf dem Westbalkan, versuchte die Außenpolitik Rumäniens, sich eine Scheibe vom osmanischen Kuchen abzuschneiden. Erfolg war dem nicht beschieden. Nach 1919 unterlagen die Aromunen überdies rascher Assimilierung, da die neuen Grenzen ihre sozioprofessionelle Grundlage zerstörten.

Ebenfalls einer Lösung zugeführt ist die Thrakische Frage, d. h. das Schicksal der Istanbul unmittelbar vorgelagerten multiethnischen Region. Nachdem Bulgarien das 1912 eroberte und 1913 verteidigte Westthrakien im Neuilly-Vertrag 1919 wieder verlor, machten sich Griechenland, Anhänger Kemal Atatürks sowie eine interalliierte Interimsadministration die Kontrolle über West- wie Ostthrakien streitig. Erst 1923 in Lausanne kam es zu einer Teilung zwischen der neuen Türkei und Griechenland. Während das heute türkische Ostthrakien aufgrund von Flucht und Vertreibung der griechischen, bulgarischen, armenischen und jüdischen Teile der

Bevölkerung nahezu homogen türkisch ist, gibt es im griechischen Westthrakien bis heute eine durch den Lausanner Vertrag zumindest in religiöser Hinsicht geschützte «muslimische» Minderheit, bestehend aus Türken und Pomaken. Bulgarien ging in bezug auf Thrakien leer aus. Zwar konnte es 1941–1944 Westthrakien erneut besetzen, doch bestand die Sowjetunion im Waffenstillstand von Moskau im Oktober 1944 aus interalliierter Rücksichtnahme darauf, daß die Region an Griechenland zurückgegeben wurde.

Gleichfalls nur kurze Zeit virulent war die Dobrudscha-Frage, also die Rivalität zwischen Rumänien und Bulgarien um den Besitz dieser gleichfalls multiethnischen, neben Bulgaren und Rumänen auch von Türken, Russen, Deutschen, Tataren, Gagausen u. a. bewohnten Küstenregion. Der Berliner Kongreß von 1878 sprach Rumänien die Nord- und Zentral-Dobrudscha, Bulgarien das Cadrilater genannte südliche Drittel zu. Die Eroberung dieses vor allem von Bulgaren und Türken besiedelten Südteils durch Rumänien im Interallianzkrieg von 1913 wurde 1919 in Paris sanktioniert. 1940 dekretierte Hitler dann die Rückgabe an Bulgarien – ein Akt, der 1947 durch die Pariser Konferenz bestätigt wurde. Während die Dobrudscha-Frage damit ihren Abschluß fand, ist die Zugehörigkeit der vor dem Donaudelta liegenden, bis 1991 sowjetisch und seitdem ukrainisch kontrollierten Schlangeninsel noch ungeklärt.

Auch wenn nicht so bezeichnet, stellt doch das imperiale Programm eines Ägäis, Levante und Schwarzes Meer verbindenden Großgriechenland eine Griechische Frage in der Politik Südosteuropas dar. Die «Große Idee» *(Megalē idea)* einer Byzanz-Nachfolge mittels Aufwertung des neuen griechischen Nationalstaats zu einem Imperium, wie sie um die Mitte des 19. Jahrhunderts formuliert worden war, beeinflußte bis zum anatolischen Desaster der griechischen Armee 1922 die Balkan- und Ostpolitik Athens. Die völlige Inanspruchnahme des griechischen Staates durch multiple Integrationsprobleme hat zum allmählichen Verzicht auf diese Reichsidee geführt. Bis heute registrierbare historisierende Reflexe wie die Protektorenrolle für die griechische Minderheit Südalbaniens («Nord-Epirus»), griechisch-serbische Teilungsphantasien bezüglich des neuen Makedonien, der Dauerstreit Athens mit der Türkei über die Ägäis sowie vor allem der Vereinigungsanspruch bezüglich ganz Zyperns («Enosis») belegen indes, daß die politische Klasse Griechenlands noch immer unter dem Phantomschmerz dieses Verzichts leidet.

In ihrer klassischen Form gelöst ist die Makedonische Frage, die von der großen Balkankrise der 1870er Jahre bis zum Griechischen Bürgerkrieg Südosteuropa destabilisierte. Kern war die Rivalität der Nationalbewegungen bzw. -staaten von Bulgaren, Serben und Griechen um den Besitz der zentralbalkanischen, bis 1912 unter der Herrschaft des Sultans stehenden Region. Die Rivalität um Territorium ging einher mit rivalisierenden *nation-building*-Projekten, die vor allem mit bildungspolitischen Mitteln verfolgt wurden: Während Bulgarien und Serbien die sprachliche Nähe der ostsüdslawischsprachigen Bevölkerungsmehrheit Makedoniens zum Serbischen und Bulgarischen zu instrumentalisieren suchten, stützte sich Griechenland vor Ort auf die Kirchenorganisation samt kirchlichen Schulen seines Patriarchats. Im Gefolge der Balkankriege wurde die Region Makedonien dann auf die drei Anrainerstaaten aufgeteilt, wobei das militärisch unterlegene Bulgarien naturgemäß den kleineren Teil erhielt. Zwar brachte der Erste Weltkrieg für Sofia die weitgehende Erfüllung territorialer Aspirationen, doch wurde 1919–1920 in Paris der *status quo ante* wiederhergestellt. Die Zwischenkriegszeit war bezüglich der makedonischen Teilgebiete von einem prononcierten bulgarischen Revisionismus, von massiven Serbisierungsversuchen sowie von einer gezielten Hellenisierung geprägt. Als neues viertes und noch schwaches Element kam der Versuch der Schaffung einer eigenständigen makedonischen ethnischen Identität hinzu. Hieran knüpfte 1943 das entstehende föderative Jugoslawien an, das im 1912 serbisch und 1918 jugoslawisch gewordenen Teil Makedoniens nun makedonisches *nation-building* betrieb. Unter der Schutzglocke der jugoslawischen Föderation wuchs so im Verlaufe mehrerer Jahrzehnte ein makedonisches Nationalbewußtsein heran, welches 1991 in Gestalt eines makedonischen Nationalstaats sowohl das politische wie das ethnische Vakuum in der Region füllte. Für das neue Makedonien und seine Titularnation bedeutete dies indes mitnichten eine Entwarnung, denn im Wortsinne zeitgleich traten zwei weitere territorial-ethnopolitische Konfliktknoten neuerlich in ein akutes Stadium, die beide stark auf Makedonien ausstrahlten – die Serbische Frage und die Albanische Frage. Der seit 1991 verwendete Begriff einer «neuen» Makedonischen Frage hebt daher zum einen auf das distanzierte Verhältnis des kompakt im Nordwesten des Landes lebenden albanischen Bevölkerungsviertels zum neuen makedonischen Staat ab, zum anderen auf die bedrohliche geographische Lage der Minirepublik zwischen der jugoslawischen Teilrepublik Serbien und dem pro-serbischen Griechenland.

Ähnlich dem griechischen Fall beinhaltet auch die Serbische Frage das quasi-imperiale Programm des «Sammelns» derjenigen Territorien, die aus der Sicht des serbischen Nationalismus entweder mit historischen oder mit demographisch-ethnischen Begründungen als serbisch zu klassifizieren sind. Eine erste schriftliche Fixierung stellt das «Geheimprogramm» *(Načertanije)* des serbischen Außenministers Ilija Garašanin aus dem Jahr 1844 dar. Ausgehend vom 1833 geschaffenen Kernland, das Belgrad und die südlich davon gelegene Region Šumadija umfaßte, gelang der serbischen Machtelite 1878 zunächst der Erwerb des oberen Moravatals mit Niš und 1912–1913 dann der Anschluß des Kosovo und

«Südserbiens», d. h. der nordmakedonischen Vardarregion. Zwei wesentliche Elemente des großserbischen Programms blieben indes unerfüllt: Weder wurde der Durchbruch zur Ägäis erzielt, noch konnte der Anschluß Bosniens verwirklicht werden. Zumindest dieser zweite Punkt wurde nach dem für Serbiens Staat und Nation traumatischen Ersten Weltkrieg indirekt realisiert: Das neue, Bosnien mit einschließende jugoslawische Königreich mit seiner serbischen Karadjordjević-Dynastie war eindeutig serbisch dominiert. Um den daraus resultierenden Dauerkonflikt mit Kroatien und den Kroaten aufzuheben, wählte Tito 1943 eine andere, föderative Struktur. «Serbien muß schwach sein,» so die ihm von serbischen Nationalisten unterstellte Devise, «damit Jugoslawien stark ist.» «Südserbien» wurde jetzt als Makedonien eine eigene Teilrepublik, und innerhalb der Teilrepublik Serbien erhielt das Kosovo zusammen mit der Vojvodina Territorialautonomie. Keine Territorialautonomie indes erhielt die kompakt serbisch besiedelte Krajina in der Teilrepublik Kroatien. De facto traf die ethnopolitische Machiavellisierung des «Jugoslawen» Tito aber alle Nationen und ethnischen Gruppen der Föderation gleichermaßen. Denn gleichsam als «Kompensation» der territorialen Beschneidung Serbiens wurde dieser Teilrepublik überproportionaler Einfluß auf die föderativen Organe des Bundesstaates eingeräumt. Dies galt in besonderem Maße für Führungspositionen in Armee, Zoll, Staatssicherheitsdienst und Diplomatie. Zugleich wurden die Parteiorganisationen der Teilrepubliken Montenegro, Bosnien und Herzegowina sowie – bis zum Ende der sechziger Jahre – Kroatien und Makedonien der Vormundschaft der serbischen Kommunisten unterstellt. Vom Tod Titos 1980 an wurde die serbische Frustration über den föderativen Rahmen mit zunehmender Lautstärke artikuliert, und 1989 hob der Präsident der Teilrepublik Serbien Slobodan Milošević per Dekret die Autonomie des Kosovo und der Vojvodina auf. Die Teilrepubliken Slowenien und Kroatien, die zur Niederschlagung der anschließenden Unruhen im Kosovo Einheiten für die föderative Spezialpolizei bereitzustellen hatten, sahen sich nun in ihrem Entschluß zum Verlassen der Föderation bestätigt. In der Kette von Kriegen, die der 1991 von der Belgrader Führung befohlene Angriff der Jugoslawischen Volksarmee auf die Teilrepublik Slowenien auslöste, wurden die Umrisse des großserbischen nationalen Programms deutlich. Da Serbien überall dort sein sollte, wo Serben leben, wurde der Jugoslawischen Volksarmee 1991 die Eroberung des zu Kroatien gehörigen Ostslawonien befohlen, wie auch die Gründung der Republika Srpska innerhalb des 1992 entstandenen Staates Bosnien und Herzegowina Bestandteil des nationalen Programms ist. In der Innenpolitik der 1992 gegründeten, nunmehr lediglich aus Serbien und Montenegro bestehenden Bundesrepublik Jugoslawien fand neben dem Versuch der Gleichschaltung samt «Re-Serbisierung» der montenegrinischen Teilrepublik eine ethnische Purifizierung der vormaligen Autonomiegebiete und des engeren Serbien statt. Die Muslime des Sandžak, die Ungarn der Vojvodina, ja selbst die kleine bulgarische Minderheit im Südosten wurden unter verstärkten Assimilierungs- und Auswanderungsdruck gesetzt. Den Höhepunkt bildete 1999 die Austreibung von fast einer Million Albanern aus dem Kosovo. Die repressive Kosovo-Politik Belgrads löste im März 1999 Luftschläge der Organisation des Nordatlantikvertrages (NATO) gegen die Bundesrepublik Jugoslawien aus, die deren militärische sowie Teile der zivilen Infrastruktur stark beschädigten.

Das Kosovo ist zugleich die Region, in der sich Serbische Frage und Albanische Frage seit 1912 konfliktträchtig überschneiden. Kern der Albanischen Frage sind die territorialen Folgen der «Verspätung», welche die albanische Nationalbewegung gegenüber den Bewegungen von Slawen und Griechen aufweist. Ihrer mehrheitlich islamischen Religionszugehörigkeit wegen waren die Albaner wesentlich stärker in das Osmanische Reich integriert als ihre christlichen Nachbarn, und daher wurde die albanische Forderung nach Autonomie unter der Hohen Pforte im Zeitraum 1878–1910 mit wenig Verve vorgetragen. Die 1912 schließlich erfolgte albanische Unabhängigkeitserklärung kam zu einem Zeitpunkt, als die territorialen Karten auf dem Balkan bereits weitgehend verteilt waren. Daher verblieben große Teile des albanischen Siedlungsgebietes sowie ca. ein Drittel aller Albaner außerhalb des 1913 international anerkannten Fürstentums Albanien. Dies galt für die Çamëria-Region im Epirusgebirge, die an Griechenland fiel, für das Kosovo sowie die nordwestmakedonischen Gebiete um Debar, Gostivar, Tetovo und Kumanovo, die Serbien zufielen, und für die südlichen und nördlichen Ufergebiete des Skutari-Sees, die nun montenegrinisch wurden. Lediglich im Zeitraum 1941–1944 wurden sämtliche albanischen Siedlungsgebiete von Tirana aus regiert, doch geschah dies unter der Herrschaft des faschistischen Italien, das Albanien 1939 annektiert hatte, bzw. 1943–1944 unter deutscher Besatzung. 1944 fielen das Kosovo und Nordwestmakedonien wieder an Jugoslawien, und die Çamëria ging an Griechenland zurück – der albanische Nationalismus war also auf seinen Ausgangspunkt von 1912 zurückgeworfen. Die Aufhebung der Territorialautonomie des Kosovo durch Belgrad 1989 sowie die Unabhängigkeitserklärung Makedoniens 1991 bewirkten dann ein neuerliches Aufwerfen der Albanischen Frage. Neben Forderungen nach Autonomie für die Albaner Nordwestmakedoniens und Unabhängigkeit für das Kosovo (albanisch: Kosova) tauchte nun auch das Programm einer staatlichen Vereinigung sämtlicher albanischen Gebiete des zerfallenen Jugoslawien mit Albanien auf. Die Zuspitzung des Kosovo-Konflikts nach dem Dayton-Abkommen von 1995, der 1998 beginnende Kosovo-

Krieg sowie die Austreibung der großen Mehrzahl der Albaner aus dem Kosovo 1999 haben dieser Forderung stärkeres Gewicht verliehen.

Neben den akuten territorialen und ethnopolitischen Fragen in Südosteuropa ist eine Reihe von gleichsam «schlummernden» Konfliktherden auszumachen, die sämtlich Bestandteil des osmanischen Erbes der Region sind. Dies gilt für die «Dornröschennation» (Ernest Gellner) der Pomaken, eine ostsüdslawischsprachige muslimische Minderheit in dem von der bulgarisch-griechischen Grenze durchschnittenen Rhodopen-Gebirge, und für deren Gegenstück, die Torbeschen in Mittel- und Westmakedonien. Ebenfalls als potentiell konfliktträchtig muß das Verhältnis zwischen der bulgarischen Titularnation und der trotz des Exodus von 1989 noch immer großen Minderheit der muslimischen Türken im Nordosten und Südosten Bulgariens gelten. Und aufgrund massiver Repression seitens Belgrads befindet sich die westsüdslawischsprachige muslimische Bevölkerungsmehrheit des Sandžak beiderseits der serbisch-montenegrinischen Grenze bereits in der Eskalationsspirale.

Die zahlreichen territorialen und ethnopolitischen Fragen, die so kennzeichnend für die Region zwischen Ägäis und Karpaten sind, weisen eine Negativbilanz nicht nur in Form von Staatenkriegen, Bürgerkriegen, ethnisch motivierter Gewalt u. a., sondern auch in einer anderen Hinsicht auf: Zusätzlich zu den vielfältigen religiösen, sprachlichen, ethnischen u. a. Bruchlinien, die Südosteuropa durchziehen, verhindern diese Dauerkonfliktpotentiale jegliche substantielle subregionale Kooperation und damit die politische, wirtschaftliche, ja selbst die verkehrsinfrastrukturelle Integration der Region. Die Idee eines konföderativen oder gar föderativen Zusammenschlusses der Balkanstaaten, jenes aristokratische Projekt des 19. Jahrhunderts, das in der ersten Hälfte des 20. vom Sozialismus und Kommunismus adoptiert wurde, hatte daher zu keinem Zeitpunkt eine reale Chance auf praktisch-politische Umsetzung.

Der nationale Rahmen: Nationalbewegungen und Nationalstaatsbildungen

Zeitgleich mit dem Entstehen des modernen Nationalismus und des Konzepts des Nationalstaates im West- und Zentraleuropa des ausgehenden 18. Jahrhunderts erreichte die nationale Botschaft Südosteuropa. Doch anders als in Frankreich, Großbritannien oder Deutschland – Staaten, die sämtlich auf der Schwelle zur Industrialisierung standen – traf der Nationalismus im Donau-Balkan-Raum auf traditionale, vorindustrielle, mehrsprachige, multikonfessionelle und ethnisch hochgradig gemischte Gesellschaften. Folglich war der Nationalstaat hier das ehrgeizige

Projekt politischer Eliten, ging also nicht, wie weiter nördlich, auf Forderungen sich modernisierender Gesellschaften an Anciens régimes zurück. Nationalismus als politisches Programm wirkte in Südosteuropa entsprechend von oben nach unten, nicht von unten nach oben, wie dies beim französischen Prototyp und seinen west- und zentraleuropäischen Nachfolgemodellen der Fall war.

Die Nationalstaaten Südosteuropas, wie sie in einer ersten Welle im Zeitraum 1830–1918 und in einer zweiten 1991–1992 sukzessive entstanden sind, weisen eine Reihe von Gemeinsamkeiten auf, die sie von Westeuropa, partiell aber auch von Ostmitteleuropa und dem rußländisch-ostslawischen Raum unterscheiden: Durchgängig bestimmend ist im Donau-Balkan-Raum zum einen ein die Innen- wie Außenpolitik der einzelnen Nationalstaaten dominierender offener Nationalismus, der neben seiner explizit ethnischen Begründung zugleich eine implizit religiöse, d. h. christliche Komponente sowie ein mit Überwertigkeitswahn gekoppeltes missionarisches Element enthält. Das Absprechen der Identität des anderen geht dabei mit dem Drang nach dessen «Bekehrung» einher. Um ein Beispiel mittlerer Intensität zu nennen, sei auf die Weltsicht des bulgarischen Nationalismus verwiesen, der (a) in Makedoniern sprachlich serbisierte (!) Bulgaren erblickt, (b) die christlich-orthodoxen Gagausen für sprachlich türkisierte Bulgaren hält, (c) in den muslimischen Pomaken zwangsweise islamisierte Bulgaren wähnt und (d) einen Teil der islamischen Türken des Landes als Opfer kombinierter Zwangsislamisierung und Zwangstürkisierung porträtiert. Gemäß einer «Friß oder stirb!»-Logik kommen als Alternativen lediglich «Re»-Bulgarisierung oder Aussiedlung in Betracht.

In wohl keiner anderen Peripherie Europas drängen sich die selbsternannten Verteidiger des *antemurale christianitatis* so dicht wie in Südosteuropa. Nicht nur Griechenland, Bulgarien, Serbien und Makedonien wähnen sich als Bollwerke des christlichen Abendlands gegen den Islam, sondern dies tun auch Rumänien und Moldova (mit deutlich anti-slawischer Komponente), Kroatien (mit prononciert katholischer und damit anti-orthodoxer Einfärbung) sowie Ungarn und Slowenien (mit «mitteleuropäischen» und entsprechend «anti-balkanischen» Untertönen). Aber die Aversion gegen jegliche Form islamischer Zivilisation – Ernährungsgewohnheiten und Genußmittelpräferenzen ausgenommen – macht sich nicht nur in der Außenpolitik, sondern zugleich im Innern bemerkbar. Diejenigen interethnischen Konflikte in Südosteuropa, die zugleich als Gegensatz zwischen «Christentum» – und sei es in seiner leninistischen Ausprägung – und «Islam» gedeutet werden können, weisen durchgängig größeres Eskalationspotential und damit einen höheren «Grausamkeitsindex» auf als «innerchristliche» Konfliktlagen. Dabei ist die Grenze zwischen «christlichem» Anti-Islamismus und einem kruden Rassismus fließend. Neben dem Extremfall des Belgrader Apartheidregimes, wie es 1989 den Albanern des Kosovo aufgezwungen wurde, weist auch die Politik der Zentralregierungen Südosteuropas samt der Einstellung der Titularnationen gegenüber den Roma deutlich rassistischen Charakter auf. In potenziertem Maße gilt dies für muslimische Roma, die die Mehrheit der Roma Griechenlands, Makedoniens, Serbiens und Bulgariens stellen.

Die skizzierte Nationalismusdominanz gilt uneingeschränkt für die über staatliche Traditionen verfügenden Länder Griechenland, Albanien, Serbien, Bulgarien, Rumänien, Ungarn, Kroatien und Montenegro. Nur geringfügige Einschränkungen sind bezüglich der staatlichen Nachzügler Moldova, Makedonien und Slowenien zu machen, was in deren dreifachen Handicaps der Neuheit, Kleinheit und relativen militärischen Schwäche, nicht etwa in Unterschieden prinzipieller Art, begründet liegt. Gleichsam natürliche Ausnahmen von dieser Regel sind die nichtnationalen Staatsbildungen des zweiten, föderativen Jugoslawien mit seinen komplizierten ethnischen Proporzregelungen sowie die serbisch/kroatisch/bosnisch-muslimische Republik Bosnien und Herzegowina.

In der Außenpolitik hat die Richtschnur Nationalismus zur Folge, daß Staatsinteressen nicht im Zuge pragmatischer Güterabwägung, sondern gemäß eines von Politikergeneration zu Politikergeneration weitergereichten starren nationalen Programms formuliert werden. Die deutliche Erweiterung des außenpolitischen Handlungsrahmens der Staaten Südosteuropas im Zuge der Wende hat dies augenfällig in Erinnerung gerufen. Die Außenpolitik Rumäniens thematisierte die Bessarabische Frage, diejenige Bulgariens, Griechenlands und Serbiens die Makedonische, Ungarn schnitt das Siebenbürgenproblem an, und Albanien warf angesichts der Kosovo-Politik Belgrads die Albanische Frage erneut auf. Selbst das kleine Makedonien bezog in seine Außenpolitik das Reizthema der makedonischen Minderheiten in den Nachbarstaten ein, und Slowenien geriet ebenfalls wegen Minderheitenfragen mit Italien und Österreich in Konflikt.

Derselbe Nationalismusreflex ist für die Innenpolitik festzustellen. Das Nationalstaatsprinzip, im multiethnischen Südosteuropas noch sperriger als andernorts zu handhaben, wird hier im Wortsinne ausgelegt, d. h., als vornehmste Aufgabe des Nationalstaats gilt, Staatsvolk und Titularnation zu voller Deckungsgleichheit zu bringen. Vor- und Spitzenreiter dabei ist Griechenland, das sein Staatsvolk zu 100 Prozent aus ethnischen Griechen bestehend wähnt. Abweichungen werden höchstens im religiösen und heimsprachlichen Bereich, nicht hingegen im ethnonationalen geduldet. So kommt es, daß die türkischsprachigen Muslime Westthrakiens gemäß Lausanner Vertrag von 1923 zwar als «muslimische Minderheit», nicht hingegen als Türken griechischer Staatsangehörigkeit gelten. Entsprechend sind die Makedonier und Albaner Griechenlands «slawo- bzw. albanophone Hellenen». Näheres regelt das griechische Strafgesetzbuch. Juristisch weniger rigide, politisch hingegen offensiver reguliert traditionsgemäß Rumänien die «Deviationstendenzen» seiner nichtrumänischen Bürger. Hier steht das staatliche Bemühen um Parzellierung der Minderheiten nach regionalen, ethnischen oder historischen Kriterien im Vordergrund – so die administrative Aufspaltung der Ungarn in Magyaren, Székler, Csángó u. a. Vergleichbare Beispiele sind in allen übrigen Staaten der Region zu finden. Ebenfalls ein gemeinsamer Zug ist die Neigung, gescheiterte Assimilationsstrategien gegebenenfalls durch Vertreibungsmaßnahmen zu ersetzen. Die «ethnischen Säuberungen» der Krajina-Serben durch Zagreb oder der Kosovo-Albaner durch Belgrad sind dabei lediglich die Extremwerte auf einer Skala, deren untere Werte bei staatlich geförderter Aussiedlung liegen, wie dies etwa bezüglich der Juden Bulgariens und Rumäniens 1948 der Fall war.

In engem Zusammenhang mit der Nationalismusdominanz steht in sämtlichen Staaten der Region die Dominanz des Staates über Wirtschaft und Gesellschaft. Dem Historiker Wolfgang Höpken zufolge ist daher «die geringe Internalisierung von Demokratie in weiten Segmenten der Gesellschaft von den Bauern bis zur ‹Intelligentsia›» ein Charakteristikum des modernen Südosteuropa. Bei der Erklärung dieser Demokratiedefizite sowie der Marginalität von Zivilgesellschaft sind vor allem zwei Faktoren zu nennen – Inkompatibilität mit «westlichen» Denkmustern und lange Diktaturtradition. Das Implantieren «westlicher» Institutionen in die spezifischen sozialgeschichtlichen Milieus Südosteuropas ist bis heute ein schwieriges Unterfangen. Zwar sind im Verlauf des 20. Jahrhunderts etliche Modernisierungsdefizite abgebaut worden, doch haben sich andere vertieft. Denn die durchgängig monarchisch organisierten Staaten der Region unterlagen bereits in den zwanziger Jahren der Sogwirkung des Autoritarismus und entwickelten den genuin südosteuropäischen Typus der Königsdiktatur. Diese Diktaturform wurde anschließend reibungsarm in die Parteidiktatur sowjetischen Typs überführt. Selbst der regionale Ausnahmefall der griechischen Nachkriegsdemokratie brachte im Zeitraum 1967–1974 eine Militärdiktatur hervor. Unter dem Schutz der Diktatur fraß sich in Südosteuropa der Staat tief in Wirtschaft und Gesellschaft hinein, «durchherrschte» sie. Die fatalen Folgen für ökonomische Initiative, Rechtsstaatsprinzip und zivilgesellschaftliche Organisationsformen sind durch die Wende von 1989 augenfällig geworden. Ungeachtet der Inszenierung «freier» Wahlen sind Serbien und Kroatien bis heute «Ethnokratien» bzw. «Demokraturen», und im transnistrischen Landesteil Moldovas herrscht ein offen diktatorisches Regime.

Expansion und Kontraktion

Die Geschichte Südosteuropas in der Neuzeit ist diejenige gewaltiger Expansions- und Kontraktionsprozesse. Dies gilt für die beschriebenen internationalen, regionalen und nationalen Vergleichsebenen der Politikgeschichte ebenso wie für die Bereiche Gesellschaft, Wirtschaft oder Kultur. Besonders augenfällig wird dieser Umstand am Beispiel der Geschichte der diese Großregion zu unterschiedlichen Zeiten dominierenden und damit prägenden Imperien. Der frühneuzeitlichen Ausdehnung des Osmanischen Reiches in den Balkan-, Donau- und Schwarzmeerraum hinein folgte die Rückzugsbewegung des Imperiums der Sultane, die parallel mit Expansionsschüben von Habsburgern und Romanovs nach Süden vonstatten ging. Die Niederlage der nun verbündeten Erzfeinde in Wien und Istanbul im Ersten Weltkrieg sowie die zeitgleiche Implosion des Zarenreiches schufen ein Machtvakuum, das die in Südosteuropa bestehenden sowie jetzt neu geschaffenen Staaten nur unzureichend auszufüllen vermochten. Dieses Vakuum zog in der Zwischenkriegszeit die hegemonialen Bestrebungen des faschistischen Italien, im Zweiten Weltkrieg diejenigen des nationalsozialistischen Deutschlands und 1944 die der siegreichen Sowjetunion an, bevor das Epochenjahr 1989 eine neuerlich hegemoniefreie, mitnichten indes spannungsarme Periode eröffnete.

Auf der regionalen Ebene sind sowohl Eskalation wie auch Reduktion von Territorialfragen und ethnopolitischen Konflikten zu registrieren. Nicht nur kleinere Problemknoten wie die Thrakische oder die Aromunische Frage, sondern auch kapitale Konfliktbrocken wie die Bessarabische oder die Makedonische Frage können mittlerweile als zu einem Gutteil beantwortet gelten. Hingegen sind andere, im Kalten Krieg zwangsweise ruhiggestellte Streitpotentiale wie die Serbische oder die Albanische Frage heute virulenter denn je.

In erheblich höherem Maße als in Westeuropa unterliegen in Südosteuropa auch die Staaten Ausweitungs- und Schrumpfungsprozessen mittels Teilung, Vereinigung, Verschiebung, Zerschlagung, Wiederentstehung oder Neugründung. Der Territorialbestand Montenegros, Griechenlands, Serbiens, Rumäniens und Bulgariens im 19. und 20. Jahrhundert sowie Albaniens, Ungarns, Jugoslawiens und Kroatiens im 20. unterlag in rascher Folge überaus gravierenden Veränderungen, und auch die neuen Staaten Slowenien, Bosnien und Herzegowina, Makedonien und Moldova sind mit den gleichnamigen historischen Landschaften nur partiell deckungsgleich. Das Extrembeispiel ist dabei die Republik Moldova, deren territoriale Form sich sowohl von derjenigen des Moldaufürstentums des 19. Jahrhunderts wie von der der Moldavischen Autonomen Sozialistischen Sowjetrepublik der Zwischenkriegszeit kraß unterscheidet.

Ähnliche Prozesse des Ausdehnens und Zusammenziehens wie im Staatengefüge lassen sich auch in der demographischen und ethnischen Struktur der Geschichtsregion Südosteuropa nachweisen. Die politische und militärische Absicherung der osmanischen, habsburgischen und russischen Expansionen ging mit gezielter An-, Um- und Aussiedlung einher, deren Ergebnisse durch die Schrumpfung bzw. Auflösung dieser drei Imperien teils revidiert wurden, teils aber bis heute fortwirken. Wiederum von Ausweiten und Zusammenziehen sind Urbanisierung und Industrialisierung in Südosteuropa gekennzeichnet: Zahlreiche im 19. Jahrhundert durch protoindustriellen Wirtschaftsaufschwung zu städtischen Zentren aufgestiegene Zentralorte haben im Zuge staatsdirigistischer Schwerindustriepolitik in der zweiten Hälfte des 20. Jahrhunderts ihre Bedeutung an neue urbane Zentren verloren. Zugleich hat sich die Relation von Stadt- und Landbewohnern binnen weniger Jahrzehnte umgekehrt. Die Folge ist, daß zwar einerseits die neuen industriellen Metropolen eine gleichsam unhistorische Modernität aufweisen, andererseits die ins Abseits geratenen Zentren der Vergangenheit ihr vormodernes Gesicht bewahrt haben. Dabei erweist sich in der gegenwärtigen Transitionsphase mit ihren dramatischen sozialen Verwerfungen der im Vergleich zu anderen Teilen Europas noch immer niedrige Urbanisierungsgrad Südosteuropas einschließlich des hohen Anteils der Landwirtschaft an der Beschäftigungsstruktur als regelrecht lebensrettend.

Bei aller Stetigkeit der genannten Expansions- und Kontraktionsprozesse hat deren insgesamt relativer und häufig nur partieller Charakter eine auf vielen Bereichen höchst unvollkommene Ablösung von Altem durch Neues bewirkt. Folge ist die die Region Südosteuropa bis heute so stark prägende Gleichzeitigkeit des Ungleichzeitigen. Zum einen ist hier das Gestern tatsächlich gegenwärtig, gar mit Händen greifbar, und steht unvermittelt neben dem Heute. Zum anderen wird ein bestimmter Ausschnitt aus diesem Gestern mittels der beschriebenen «nationalen Erinnerungskultur» täglich invoziert. Das Problem der Südosteuropäer ist somit nicht, daß ihr Siedlungsgebiet mit «zuviel Geschichte pro Quadratmeter» belastet ist, sondern daß hier «ethnische Unternehmer» Geschichte zu interethnischem Konfliktstoff spinnen und damit – um Thorvald Stoltenberg zu variieren und zu präzisieren – zuviel ethnozentrische Nationalgeschichte pro Quadratzentimeter anhäufen. Dies gilt in ganz besonderem Maße für Regionen, die von interethnischer Spannung geprägt sind oder in denen ethnopolitische Konflikte vonstatten gehen. Der Krieg im Kosovo, den Belgrad von 1989 an mit historisierenden Schlagworten wie dem vom «serbischen Jerusalem» heraufbeschworen und 1998 dann begonnen hat, ist ein deutlicher Beleg. Die Verschränkung der beiden brisantesten macht- und ethnopolitisch aufgeladenen Territorialfragen des Balkans, der Serbischen und der Albanischen, ist zugleich Spätfolge und Déjà-vu der Orientalischen Frage mit all ihren großmachtpolitischen Implikationen. Nicht auszuschließen ist, daß dem gescheiterten Versuch einer gewaltsamen Entalbanisierung Serbiens das Auseinanderbrechen Rest-Jugoslawiens samt weiterer nationalstaatlicher Atomisierung folgt. Der pulsierende Prozeß von Expansion und Kontraktion, wie er für Südosteuropa in der Neuzeit so typisch ist, hält also an.

II.

Menschen und Gesellschaften

Modernisierungsansätze

Rumen Daskalov und Holm Sundhaussen

«Modernisierung» wird im folgenden nicht als paradigmatischer, sondern als konkret-historischer Prozeß verstanden. Es geht nicht um die Überprüfung älterer oder neuerer Modernisierungstheorien, auch nicht um die Definition dessen, was «modern» ist und wie es erreicht werden kann. Sondern es geht um die Bemühungen südosteuropäischer Eliten, die von ihnen empfundene «Rückständigkeit» ihrer Länder und Gesellschaften gegenüber dem Westen so schnell und so umfassend wie möglich zu überwinden. Die Protagonisten der Modernisierung orientierten sich an Modellen, die seit der industriellen und politischen Doppelrevolution in Westeuropa in Form von Produktionsverhältnissen, Institutionen und Wertorientierungen konkrete Gestalt angenommen hatten. Sie kannten diese Modelle zum Teil aus unmittelbarer Anschauung – durch Reisen, Auslandsstudium oder Herkunft aus einer Diaspora-Gemeinde – oder hatten indirekte Kenntnis von den Veränderungen in West- und Mitteleuropa erlangt. In Auseinandersetzung mit den traditionell-populistisch orientierten Eliten im Kampf um materielle Ressourcen und gesellschaftspolitische Gestaltungsmacht bemühten sich die «Westler», ihre Vorstellungen vom sozialen Wandel – oft in Form von «Schocktherapien» – durchzusetzen. Gleich Karl Marx, der im Vorwort zum «Kapital» verkündete, daß das industriell entwickelte Land dem minder entwickelten nur das Bild der eigenen Zukunft zeige und daß eine Nation von der anderen lernen könne und solle, waren die Modernisierer – auch wenn sie mit Marx' Klassenmodell nichts im Sinn hatten – von der Möglichkeit und Zweckmäßigkeit des «Lernens» bzw. des «Nachholens» der westeuropäischen Entwicklung durch Übernahme oder Adaption von dessen Errungenschaften überzeugt. Voraussetzung für die Realisierung dieses (vermeintlichen) Vorteils der Rückständigkeit war die Verfügungsgewalt über die einheimischen Ressourcen, d. h. vor allem die Begründung eines eigenen Staates.

Der Balkanraum südlich von Save und Donau und die rumänischen Fürstentümer Walachei und Moldau nördlich des Unterlaufs der Donau hatten jahrhundertelang unter direkter oder indirekter osmanischer Herrschaft gestanden und waren von den Veränderungen im Abendland während der Frühen Neuzeit weitgehend unberührt geblieben. Mit Etablierung einer international abgesicherten Autonomie oder Souveränität zu unterschiedlichen Zeitpunkten im 19. und 20. Jahrhundert wurden die Weichen in Richtung Modernisierung bzw. «Verwestlichung», «Europäisierung» oder «Rückkehr nach Europa» gestellt. Sehr schnell wurde deutlich, daß der nun einsetzende Nachholprozeß *keine* phasenverschobene Wiederholung des originären Entwicklungsprozesses im Westen war, daß er etwas gänzlich Neues darstellte, weder geradlinig noch widerspruchsfrei verlief und daß sich die in ihn gesetzten Erwartungen nur bedingt, mitunter auch gar nicht erfüllten.

Obgleich die Vorbedingungen für erfolgreiche Modernisierung in der Forschung nach wie vor umstritten sind, bleibt festzuhalten, daß der wirtschaftliche, soziale und kulturelle Wandel im Donau-Balkan-Raum unter Rahmenbedingungen startete, die grundverschieden von denen in Westeuropa waren, und daß diese Ausgangssituation entscheidenden Einfluß auf Bestimmungsfaktoren, Sequenzierung und Verlauf sowie Erfolg, Teilerfolg und Mißerfolg der Modernisierung hatte. Die vielfach gebrochenen Wandlungsprozesse und die spezifische Mixtur aus traditionellen und modernen Elementen ließen einen eigenen Entwicklungspfad entstehen, der weit in die Vormoderne zurückreichte und bis zur Gegenwart ausstrahlt.

«Dritte Welt» am Rande der «Ersten Welt»

Daß der Balkan im 19. Jahrhundert «rückständig» war, entsprach nicht nur einem abendländischen, «orientalistischen» Stereotyp, sondern wurde auch von Teilen der einheimischen Eliten so empfunden. Ein Vergleich mit der «Ersten Welt» deckte gewaltige «Defizite» in allen Bereichen des politischen, wirtschaftlichen, gesellschaftlichen und kulturellen Lebens auf: eine völlig unzulängliche Infrastruktur, die geringe Produktivität der Bevölkerung, das Vorherrschen der Subsistenzwirtschaft, einen umfassenden Analphabetismus, einen niedrigen Urbanisierungsgrad, die geringe Zahl einheimischer Unternehmertalente, einen Mangel an Verwaltungsfachleuten, das archaisch anmutende, durch Gewohnheit geprägte Rechtssystem und vieles andere mehr. Die Rückstände wurden als Folge des vier- bis fünfhundertjährigen «türkischen Jochs» verstanden, obwohl sie zum Teil auf das byzantinisch-orthodoxe Herrschafts- und Zivilisationsmodell in vor-osmanischer Zeit zurückverwiesen, zum Teil mit den Schwierigkeiten des Terrains, der damit verbundenen geringen Bevölkerungsdichte und der Dominanz einer extensiven Viehhaltung verbunden waren. Allerdings hatte die osmanische Herrschaft zur Überwindung dieser Entwicklungshindernisse wenig beigetragen. Im Gegenteil: Im Verlauf des 18. Jahrhunderts hatten sich die ohnehin bestehenden Unterschiede zwischen dem abendländischen Europa und Balkan-Europa weiter vertieft. Während der aufgeklärte Absolutismus in West- und Mitteleuropa durch Rationalisierung der Staatsverwaltung, Verbesserung des Verkehrssystems, gezielte Bevölkerungspolitik, Reformen des Rechtssystems sowie durch Förderung von Produktion und Handel günstige Voraussetzungen für den nachfolgenden wirtschaftlichen und sozialen Umbruch schuf, sorgte die anhaltende Schwäche der Zentralgewalt im Osmanischen Reich für eine Zunahme der inneren Verfallserscheinungen in Form von Verselbständigungsbestrebungen der Provinznotabeln, um sich greifender Willkürherrschaft und Rechtsunsicherheit. Die Schere zwischen den Entwicklungen in West- und Südosteuropa öffnete sich: Der «wohlgeordnete», absolutistisch regulierte Polizei- und Verwaltungsstaat im Westen hob sich mehr und mehr von der Anarchie im Balkanraum mit seinen endemischen Unruheherden ab.

Als 1830/1831 die ersten post-osmanischen Kleinstaaten, das Königreich Griechenland und das Fürstentum Serbien, gegründet wurden, präsentierte sich der Balkan als ein Stück «Dritter Welt» am Rande der «Ersten Welt»: dünn besiedelt, verkehrsarm, ohne rationalisierte Verwaltungseinrichtungen, ohne normiertes Rechtssystem – gesellschaftlich in patriarchal verfaßte Dorfgemeinschaften sowie verwandtschaftliche und klientelistische Netzwerke segmentiert, mit Relikten von Stammesgesellschaften in Nordalbanien und Montenegro, die im übrigen Europa längst der Vergangenheit angehörten. Während in den weiter entwickelten Teilen des europäischen Kontinents die Marktwirtschaft seit dem Spätmittelalter allmählich aus dem Meer der ländlichen Selbstversorgung herausgewachsen war, gab es in Serbien keinerlei und Griechenland wenig Kristallisationspunkte für Kapitalismus und Marktwirtschaft, an denen eine wirtschaftliche Modernisierung hätte anknüpfen können. Die Masse der Bevölkerung verharrte in einer traditionellen Selbstversorgungs- und Bedarfsdeckungswirtschaft, ohne regelmäßige Beziehung zu einem Markt, ohne Kenntnis der Marktmechanismen, ohne Anreize zur Steigerung der Produktion und ohne Kenntnis fortgeschrittener Produktionsmethoden. Die Modernisierung – nicht nur die ökonomische, sondern auch die Modernisierung des Gemeinwesens, die Überwindung der segmentären Gemeinschaften zugunsten einer komplexen Gesellschaft, die damit verbundene Entpersonifizierung und Rationalisierung der Sozialbeziehungen, die Anhebung des gesellschaftlichen Kompetenzniveaus, die Modernisierung des Rechtssystems und nicht zuletzt die Modernisierung des rigiden Satzes traditioneller Normen und Handlungsmuster – hatte buchstäblich ex nihilo zu beginnen.

Modernisierung im Zeichen der Institutionenbildung

Die Anfänge der Modernisierung reichen in die ersten Jahrzehnte des 19. Jahrhunderts zurück, als die Ideen der Aufklärung und der Französischen Revolution sowie die damit verbundenen Modelle von Nation und Nationalstaat die geistige Elite im Balkanraum inspirierten. Beginn und Intensität des westlichen Einflusses hingen von der geographischen Lage des Herkunftsraums und den Kontaktmöglichkeiten der Eliten zum Abendland ab. Die Griechen in ihren weit gestreuten Handelskolonien sowie Rumänen und Serben unter habsburgischer Herrschaft, also in Siebenbürgen und im damaligen Südungarn, wurden als erste von den neuen Ideen und vom westlichen Habitus erfaßt. Infolge dieser abendländischen Einflüsse wandten sich die aufstiegsorientierten Akteure im Balkanraum mehr und mehr von der Orthodoxie und ihrer innovationsfeindlichen Bildungstradition ab und läuteten das neue Zeitalter der Säkularisierung und Nationalisierung ein. Nach dem Krimkrieg 1853 bis 1856 verstärkte sich der westeuropäische Einfluß.

Die jahrhundertealte Multi- und Interethnizität der Bevölkerung in Südosteuropa wurde durch die im Verlauf des 19. Jahrhunderts einsetzende, aus dem Westen «importierte» Nationalstaats- und Nationsbildung in ihren Fundamenten erschüttert. In scharfer Konkurrenz zueinander bemühten sich die neuen Eliten um die Überwindung des kleinräumigen, auf das Dorf oder die Region fokussierten Gruppenbewußtseins zugunsten eines imaginierten, national definierten Großverbands – ein Prozeß, der sich in der Regel über mehrere Jahrzehnte hinzog und von der Suche nach konsensfähigen Definitionskriterien wie Sprache, Konfession, Abstammung, Territorium oder Geschichte bzw. einer Kombination aus mehreren Kriterien begleitet war. Wenngleich die ersten Anfänge der Nationsbildung (zumeist in Form des Sprachnationalismus) der Bildung neuer Staaten vorausgegangen waren, haben erst die neuen Staaten mit ihren Sozialisationsagenturen den Prozeß der nationalen Identitätsstiftung zu Ende gebracht. Irreführend wurde und wird dieser Prozeß als «nationale Wiedergeburt» tituliert. Denn es wurde nicht etwas wiedergeboren oder wiedererweckt, was früher bereits, in einem «goldenen», vor-osmanischen Zeitalter existiert hatte, sondern etwas völlig Neues geschaffen, auch wenn das Neue partiell an historisch gewachsenen Ähnlichkeitsbeziehungen wie Verwandtschaft, Sprache, Konfession oder Erinnerung anknüpfte.

Das Ergebnis der nationalen Identitätsfindung war letztlich immer und überall das Verständnis der Nation als Abstammungsgemeinschaft nach mitteleuropäischem (deutschem) Muster, selbst dann, wenn die gemeinsame Abstammung weder nachweisbar noch plausibel war und im Unterschied etwa zu Sprache und Konfession in früheren Phasen der Nationsbildung keine dominante Rolle gespielt hatte. Die Instrumente nationaler Integration nach innen und Abgrenzung nach außen waren überall ähnlich: die Kodifizierung von Schriftsprachen, die Normierung nationaler Kulturen, die Inszenierung historischer Erinnerungen, die Einführung identitätsstiftender Symbole, die Eliminierung des «fremden» Erbes, die Konstruktion von Feindbildern u. ä.

Die Begleiterscheinungen und Konsequenzen der Nationsbildung waren ambivalent: Einerseits stellte die Erfindung der modernen Nation einen wichtigen und unverzichtbaren Teil des Wandlungsprozesses dar, da sie eine neue Qualität kommunikativer Interaktion hervorbrachte, die Umgestaltung der segmentären in die komplexe Gesellschaft ermöglichte, ein starkes Mobilisierungs- und Demokratisierungspotential enthielt – zunächst nur im soziologischen, später auch im politischen Sinn – und zudem mit einem die gesamte Nation umfassenden Bildungs- und Entwicklungsanspruch verbunden war. Andererseits behinderte sie den Modernisierungsprozeß, da sie einen übermäßigen Teil der knappen gesellschaftlichen Ressourcen auf die Homogenisierung der Nation, die Sicherung und Expansion des «Nationalstaats» sowie die Realisierung nationaler Prestigeobjekte konzentrierte bzw. verschwendete. Die «Legitimierung» der neuen Staaten durch das Ethnizitätsprinzip und die Forderung nach nationaler Geschlossenheit grenzten nicht nur ethnische Minderheiten aus und ließen sie als potentielle Bedrohung der Titularnation erscheinen, sondern erschwerten auch die Formierung und Akzeptanz pluralistischer Strukturen innerhalb der neuen Großgruppe. Nation und Gesellschaft wurden gleichgesetzt, obwohl es sich um unterschiedliche soziale Ordnungssysteme handelte, und der Pluralismus stellte sich aus Sicht der Nationalideologen oft als Quasi-Verrat an der Nation dar.

Die unabhängigen Balkanstaaten entstanden nacheinander durch Revolten, Befreiungskriege, graduellen Ausbau der Autonomie und Sezession vom Osmanischen Reich. Den Anfang machten Serbien und Griechenland, gefolgt vom Fürstentum Montenegro, den 1861 vereinigten rumänischen Fürstentümern Walachei und Moldau, dem 1878 gegründeten bulgarischen Staat und dem Nachzügler Albanien, der sich erst nach den Balkankriegen von 1912/1913 bzw. nach dem Ersten Weltkrieg als Staat etablieren konnte. Von größter Bedeutung für die Neugestaltung der politischen Landkarte Südosteuropas war der Berliner Kongreß von 1878, dem Aufstände und Kriege im Balkanraum sowie ein russisch-osmanischer Krieg samt einem Präliminarfrieden vorangegangen waren. Serbien, Montenegro und Rumänien wurden von den Großmächten als souveräne Staaten anerkannt. Nordbulgarien wurde ein autonomes Fürstentum, während Südbulgarien (Ostrumelien) einen Sonderstatus innerhalb des Osmanischen Reiches erhielt; die beiden Teile vereinigten sich 1885 zum Fürstentum und späteren Königreich Bulgarien. Bosnien und Herzegowina kam unter österreichisch-ungarische Verwaltung und wurde 1908 von der Doppelmonarchie annektiert.

Alle post-osmanischen Staaten waren – nach französischem Vorbild – zentralistisch organisiert. Regionale oder ethnische Besonderheiten wurden «eingeebnet», und das vom Osmanischen Reich geduldete Subsidiaritätsprinzip, die Selbstverwaltung der Dorfgemeinschaften, fiel dem Penetrations- und Allzuständigkeitsanspruch der neuen zentralen Staatsgewalten zum Opfer. Die Landbevölkerung empfand sich daher nicht zu Unrecht als erstes Opfer der Modernisierungswelle.

Die ererbte ethnische Gemengelage, die im Spannungsverhältnis dazu stehende «Legitimierung» der neuen Staaten durch das Ethnizitätsprinzip, die Berufung auf sich wechselseitig überschneidende «historische Rechte», die von den Nationen während ihres «goldenen Zeitalters» erworben worden waren, und der rigide staatliche Zentralismus, der keine lokalen oder regionalen Traditionen duldete, verwandelten den Balkanraum in einen potentiellen Konfliktherd erster Ordnung. Ethnische Minderheiten und diejenigen Bevölkerungsgruppen, die noch keine nationale Identität ausgebildet hatten, wurden das zweite Opfer der Transformationsprozesse.

Nach der Separation der Balkanländer vom Osmanischen Reich begann die Ära der modernen Institutionenbildung. Mit Übernahme der Regierungsgewalt durch «europäisch» beeinflußte Eliten begann die Nachahmung, Übernahme oder Adaption jener westlichen Ordnungssysteme und Einrichtungen, die nach den Maßstäben der Zeit als besonders modern galten: Konstitutionalismus, Liberalismus, Marktwirtschaft, Staatsbürokratie, stehendes Heer, normiertes Recht, säkularisiertes Bildungswesen etc.

Die Verfassungsfrage stand seit dem zweiten Drittel des 19. Jahrhunderts im Zentrum der politischen Kämpfe. Bis zum Beginn des Ersten Weltkrieges brachte Serbien sechs und Griechenland fünf Verfassungen hervor. Das vereinigte Rumänien erhielt 1866, Bulgarien 1879 eine zeitgemäße Verfassung, Montenegro folgte 1905, und in Albanien setzten die Verfassungskämpfe nach dem Ersten Weltkrieg ein. Grob läßt sich das erste Jahrhundert der Verfassungsgeschichte im Balkanraum – ähnlich wie in den rumänischen Fürstentümern – in zwei Abschnitte unterteilen. Der erste begann mit der Nationalstaatsbildung und dauerte etwa bis zum letzten Drittel des 19. Jahrhunderts. In diese Zeit fiel der von heftigen Konflikten und Rückschlägen begleitete, aber insgesamt äußerlich erfolgreiche Kampf zur Einschränkung des fürstlichen Absolutismus und für die Etablierung der konstitutionellen Monarchie. Der zweite Abschnitt währte bis in die 20er Jahre des 20. Jahrhunderts und war geprägt von Auseinandersetzungen zur Durchsetzung des Parlamentarismus. Der Spätstarter Bulgarien übersprang die erste Phase, während in Montenegro und Albanien die Uhren ohnehin anders gingen. Im Zuge der politischen Machtkämpfe wurde auch das allgemeine Wahlrecht für Männer in den Balkanstaaten vor dem Ersten Weltkrieg schrittweise durchgesetzt. Rumänien zog dann nach dem Krieg gleich.

Mit gewissen Einschränkungen und Modifizierungen folgte die Verfassungsentwicklung im Balkanraum dem gesamteuropäischen Trend und wurde weitgehend von den Vorbildern in Westeuropa, vor allem von den französischen Verfassungen und der belgischen Konstitution von 1831, geprägt. Das heißt: Die Verfassungsdiskussionen und Verfassungskämpfe südlich von Save und Donau wurden inspiriert durch die Staatslehren der westlichen Aufklärung und die Ideale der Französischen Revolution. Die im Abendland konzipierten Prinzipien der Gewaltenteilung, der Volkssouveränität und der Menschenrechte wurden Schritt für Schritt einer Region eingepflanzt, die seit dem hohen Mittelalter einem grundsätzlich anderen Entwicklungspfad gefolgt war als das okzidentale Europa.

Das für die Geschichte Balkan-Europas prägende «Modell Byzanz» bot keine Ansatzpunkte für eine Weiterentwicklung zum modernen Verfassungs- und Rechtsstaat. Es existierten keinerlei philosophische oder politische Ansatzpunkte für eine Theorie der Gewaltenteilung oder die Verankerung individueller Rechte. Gewaltenteilung und Individualismus waren dem byzantinisch-ostkirchlichen Modell ebenso wie dem balkanischen Gewohnheitsrecht fremd. Nirgends im Balkanraum haben sich daher die Grundsätze des modernen Verfassungsstaats von unten her entwickeln können; überall wurden sie im Zuge nachholender Modernisierungsprozesse aus dem Ausland importiert und den jeweiligen Gesellschaften übergestülpt. Auch die sozialen und kulturellen Ausgangsbedingungen der konstitutionellen und rechtlichen Transformation im Balkanraum unterschieden sich grundlegend von denen in West- und Mitteleuropa. Südlich von Save und Donau haben wir es im 19. Jahrhundert mit traditionellen, weitgehend egalitären, funktional und arbeitsteilig wenig ausdifferenzierten sowie institutionenarmen Gesellschaften zu tun. Die auf lokaler und regionaler Ebene traditionell praktizierte *face-to-face*-Demokratie stand in einem ausgeprägten Gegensatz zu den Prozessen der Rationalisierung, Verrechtlichung, Bürokratisierung und Anonymisierung der Sozialbeziehungen im modernen Staat und zu den Grundsätzen der Gewaltenteilung. Die Akteure des Konstitutionalismus und Parlamentarismus in den Balkanländern mußten daher einen Kampf an vielen Fronten führen: Sie mußten das Gewaltmonopol des Staates gegen den massiven Widerwillen der Bevölkerung durchsetzen; sie mußten die Allgewalt des Fürsten beschränken, wobei sie von den traditionellen Führungsschichten zum Teil unterstützt wurden, und sie mußten sich die Verfügungsgewalt über die gesellschaftlichen Ressourcen sichern, gegen den Widerstand des Fürsten, gegen den Widerstand der traditionellen Eliten und gegen den Widerstand der Bevölkerung – ein komplexer, von Ungleichzeitigkeiten, Rückschlägen und Widersprüchen begleiteter Prozeß. Mitunter eilten die Verfassungsprojekte und gelegentlich auch die geltenden Verfassungstexte den gesellschaftlichen Gegebenheiten in der Region weit voraus und wiesen eine verblüffende Modernität auf, doch blieben sie meistens Makulatur oder wurden durch die sozialen Praktiken unterlaufen. Dennoch liest sich die Verfassungsentwicklung Griechenlands, Serbiens und Bulgariens bis zum Ersten Weltkrieg wie eine Erfolgsgeschichte, während das abgeschiedene, besonders rückständige Montenegro und das post-feudale Rumänien der Entwicklung in den Nachbarstaaten hinterherhinkten.

Parallel zur konstitutionellen Aus- und Umgestaltung des Herrschaftssystems verlief die Rezeption des römischen Rechts in direkter oder indirekter Anlehnung an den französischen Code civil, teilweise vermittelt durch die Bürgerlichen Gesetzbücher Österreichs und Deutschlands. Mit der Zurückdrängung des Gewohnheitsrechts und der Einführung eines nach abendländischen Normen kodifizierten Rechtssystems wurden elementare Voraussetzungen für die Entfaltung von Kapitalismus, für die Rechtssicherheit bei wirtschaftlichen und finanziellen Transaktionen, die Systematisierung der Rechte und Pflichten des Individuums und die Kalkulierbarkeit von Rechtsstreitigkeiten geschaffen. Die gesetzlichen Innovationen steckten voller Dramatik und brachten die traditionellen Grundfesten der Balkangesellschaften ins Wanken. Dies galt selbst dann, wenn der Gesetzgeber im Bereich des Familien- und Erbrechts Kompromisse zugunsten der gewohnheitsrechtlichen Normen eingegangen war. So enthielt z. B. das 1844 in Serbien erlassene Bürgerliche Gesetzbuch, das eine Überarbeitung des Österreichischen BGB von 1811 darstellte und in wesentlichen Teilen bis 1946 in Kraft blieb, bezüglich der «erweiterten Familie» (Hauskommunion bzw. Zadruga) eine Reihe widersprüchlicher Bestimmungen, die sich aus dem tiefen Konflikt zwischen kollektiven und individuellen Eigentumsrechten, zwischen traditionellen und modernen Rechtsprinzipien ergaben. Insbesondere was die untergeordnete Position der Frau, d. h. ihre rechtliche Gleichstellung mit einem unmündigen Kind, betraf, atmete das Gesetzbuch den Geist einer Vergangenheit, die nicht vergehen wollte.

Teils eilte die rechtliche Transformation den gesellschaftlichen Gegebenheiten voraus und ermöglichte deren Veränderung, teils trug sie dem

Regelungsbedarf der eingeleiteten Wandlungsprozesse Rechnung. Viele der juristischen Neuerungen entsprachen den offenkundigen Interessen der Modernisierungsakteure nach Mobilisierung von Kapital, Absicherung von Eigentumsrechten, Exklusion Dritter, Vorhersehbarkeit von Prozeduren etc., standen jedoch im Gegensatz zu den Gerechtigkeitsvorstellungen der breiten Bevölkerung. Die herkömmlichen Dorfgemeinschaften hatten ein Wechsel- und Konkursrecht weder gekannt noch gebraucht. Und solange Boden im Überfluß vorhanden war, hatten auch Streitigkeiten über Grundstücksgrenzen – zumindest bei den Ackerbauern – nur eine untergeordnete Rolle gespielt. Eigentumsdelikte mag es auch in der Dorfgemeinschaft gegeben haben, aber erst mit Auflösung der traditionellen Gemeinschaftsstrukturen wurden sie zum Massenphänomen. Und Erbschaftsstreitigkeiten nahmen im selben Maße zu, wie die Institution der Hauskommunion seit Mitte des 19. Jahrhunderts verfiel. Die beredten Klagen konservativer Zeitgenossen über den «sittlichen und moralischen Verfall» ihrer Gesellschaften und die lawinenartig anwachsende Zahl der Zivil- und Strafverfahren vor den Gerichten belegen die Dynamik des Umbruchs. Rechtliche Transformation und sozialer Wandel bedingten und durchdrangen sich wechselseitig. Und wiederum galt, daß sich zwischen Anspruch und Institutionalisierung der neuen Ordnung auf der einen und ihrer Rezeption bei der Bevölkerungsmehrheit auf der anderen Seite eine tiefe Kluft auftat.

Die Institutionenbildung hatte vielfältige Aspekte, die an dieser Stelle nicht aufgezählt oder gar behandelt werden können. Festzuhalten aber bleibt, daß sich in den ersten Jahrzehnten nach der jeweiligen Staatsgründung die Zahl der Institutionen vervielfachte. Der Aufbau einer weitverzweigten, hierarchisch gegliederten Staatsverwaltung erfolgte in atemberaubendem Tempo und führte bald zu einer Hypertrophie des öffentlichen Sektors in allen Balkanländern und Rumänien. Das ungebremste Wuchern der Bürokratie war nicht zuletzt dem Versorgungsbedarf der politischen Eliten und ihrer Gefolgschaften mit Amt und Würden zu verdanken. Da nur die Mitgliedschaft in einer staatlich alimentierten Institution soziale Aufstiegschancen zu bieten schien, erfaßte der «Drang zum Amt» immer größere Teile der mobilisierten und aufstiegsorientierten Gesellschaftsschichten, die sich nur mit großen Einschränkungen als «Bürgertum» bezeichnen lassen. Auch die Rekrutierung des Personals wies balkanische Spezifika auf: Verwandtschaftliche Sippen- und Clan-Bande sowie klientelistische Netzwerke, die über Jahrhunderte hinaus eine prägende Rolle in der alltäglichen Gestaltung der Sozialbeziehungen gespielt hatten, bewahrten diese Funktion auch nach Einführung der neuen Institutionen – im Gegensatz zu deren Erfordernissen. Ineffizienz sowie mangelnde Transparenz und Vorhersehbarkeit amtlicher Prozeduren begünstigten den Rückgriff auf Bekanntschaftsnetze, die ihrerseits die Funktionsfähigkeit der neuen Institutionen unterliefen. Die dem neuzeitlichen Verwaltungsstaat innewohnende Tendenz zur Professionalisierung der Staatsdiener wurde unter diesen Umständen nur höchst unvollkommen eingelöst. Und die Zunahme des Verwaltungsapparats stand bald in negativer Korrelation zu seiner Effizienz.

Bildungs- und Verkehrspolitik

In die Ära der Nationalstaats- und Nationsbildung fielen auch die Anfänge einer staatlichen Bildungs- und Verkehrspolitik. Während der ersten Jahrzehnte des 19. Jahrhunderts hatte sich die Bevölkerung des Balkanraums fast ausschließlich aus Analphabeten zusammengesetzt – von Teilen der ohnehin geringen Stadtbevölkerung und des Klerus abgesehen. Die für die Bildung der orthodoxen Christen im Osmanischen Reich zuständigen Kirchengemeinden und Klöster waren ihrer Aufgabe so unzulänglich nachgekommen, daß selbst die meisten Mitglieder des niederen Klerus kaum lesen, geschweige denn schreiben konnten. Nach der Staatsbildung wurde überall der obligatorische Schulbesuch eingeführt (1834 in Griechenland, 1864 in Rumänien, 1878 in Bulgarien, 1882 in Serbien und 1921 in Albanien). Doch die Erfolge stellten sich nur zögernd ein. Es fehlte an ausgebildeten Lehrkräften, an Schulgebäuden, Lehrmaterial und Bildungskonzepten. Hinzu kamen die Vorbehalte der Landbevölkerung gegen die Schulen. Ein Großteil der Bauern betrachtete den Schulbesuch ihrer Kinder als Zeitverschwendung und Verlust von Arbeitskräften, da in den Schulen kein praxisnahes Wissen, dafür aber viel Nationalideologie vermittelt wurde. Die in den Schulen erworbenen Fähigkeiten gerieten oft nach kurzer Zeit wieder in Vergessenheit, so daß die Alphabetisierung langsamer voranschritt, als der Schulbesuch erwarten ließ.

Zur Jahrhundertwende wiesen Serbien, Rumänien und Bulgarien (zusammen mit dem europäischen Rußland und Portugal) die höchsten Analphabetenquoten unter den souveränen Staaten Europas auf: zwischen 72% und 80% der Gesamtbevölkerung ohne Kleinkinder, allerdings mit großen Unterschieden zwischen den Altersgruppen, den Geschlechtern sowie Stadt- und Landbevölkerung. Griechenland lag mit 61% Analphabeten vorn. Das ein halbes Jahrhundert später gegründete Bulgarien befand sich in einem bemerkenswerten Aufholprozeß, während die Entwicklung in Serbien in den ersten sieben Jahrzehnten seiner Existenz über bescheidene Anfänge kaum hinausgekommen war.

Während in Griechenland und Bulgarien von der männlichen Bevölkerung zwischen 15 und 24 Jahren bereits über 60% lesen und schreiben konnten, waren es in Serbien nur 40%. Anders als in Griechenland und Bulgarien haben die politischen Eliten in Serbien und Rumänien die entwicklungsstrategische Bedeutung einer alle Schichten der Bevölkerung umfassenden Elementarbildung lange Zeit verkannt. Die Anhebung des bäuerlichen Bildungsniveaus rangierte auf ihrer Prioritätenliste weit hinter der Befriedigung «nationaler Ziele», dem Aufbau des Militärs, der Expansion des bürokratischen Apparats und der ebenso prestigeträchtigen wie egoistischen Pflege des höheren Bildungswesens an Gymnasien und Universitäten. Die Eliten sorgten in erster Linie für sich selbst. Die Produktion von Akademikern, die in den Staatsdienst strebten und dort beim besten Willen nicht mehr alle untergebracht werden konnten, so daß sich die Zukurzgekommenen der systemkritischen Intelligencija zugesellten, stand bald in einem krassen Mißverhältnis zur hohen Zahl der Lese- und Schreibunkundigen. Dem Historiker Armin Heinen zufolge ergab sich «die paradoxe Situation, daß Rumänien zu den Ländern mit der höchsten Analphabetenquote in Europa gehörte, es gleichzeitig aber ebenso viele Personen mit Universitätsbildung und mindestens ebenso viele Rechtsanwälte gab wie in Deutschland». In den 1930er Jahren betrug die Analphabetenrate in Jugoslawien 45% (mit extremen Unterschieden zwischen den ehemals habsburgischen und ehemals osmanischen Gebieten), in Rumänien 42% und in Griechenland 41% der jeweiligen Gesamtbevölkerung über 7–11 Jahren. Bulgarien rangierte mit 31% deutlich vor den anderen Staaten der Region, während das junge Albanien mit 80% noch in den Startlöchern stand.

Nicht minder problematisch war die Situation in den Bereichen Verkehr und Kommunikation. Zum Zeitpunkt der jeweiligen Staatsgründung gab es in den Balkanländern nur wenige überregionale Land- und Wasserwege, und diese befanden sich in einem desolaten Zustand. Von einem Verkehrs*netz* konnte keine Rede sein. Ohne Bewältigung der Raumprobleme und ohne leistungsfähiges Kommunikationssystem war jedoch an eine zügige wirtschaftliche, staatliche und gesellschaftliche Modernisierung nicht zu denken. «Art und räumliche Ausdehnung der gesellschaftlichen und staatlichen Integration», so der Verkehrshistoriker Fritz Voigt, «werden wesentlich von der Güte des Verkehrssystems mit geformt. Ob ein Staat seinen Willen überall innerhalb eines Raumes durchsetzt, ist wesentlich auch eine Frage der Qualität des Verkehrs- und Nachrichtennetzes, das ihm zur Verfügung steht.» Das gleiche gilt für die Herausbildung eines Binnenmarkts und die Kommunikationsverdichtung innerhalb einer Gesellschaft bzw. deren kulturelle Integration. Selbst in den kleinflächigen Balkanstaaten – Serbien z. B. war nach dem Berliner Kongreß nicht viel größer als das heutige Bundesland Niedersachsen – hing der Erfolg von Modernisierungsanstrengungen in hohem Maße vom Ausbau des Verkehrs- und Nachrichtensystems ab. Trotz bemerkenswerter Anstrengungen schritt die Verbesserung der Infrastruktur infolge Kapitalknappheit und des Mangels an einheimischen Ingenieuren und Facharbeitern nur langsam voran. Von größter Bedeutung für die verkehrsmäßige Erschließung des Balkanraums und seine Anbindung an das internationale Netz war der teure und heftig umstrittene Eisenbahnbau, der 1869 nach einer Vereinbarung zwischen dem Osmanischen Reich und dem Baron Moritz Hirsch, einem privaten Unternehmer, eingeleitet wurde. Durch die Orientbahn wurde schließlich Istanbul/Konstantinopel mit Mittel- und Westeuropa verbunden. Weitere Eisenbahnbauten, zumeist in staatlicher Regie, folgten. Am Vorabend des Ersten Weltkrieges besaß Rumänien 3754, Bulgarien 2227, Griechenland 2196 und Serbien 1567 km Schienenwege.

Ungeachtet unbestreitbarer Erfolge und Anstrengungen gelang es den Balkanstaaten aber weder beim Eisenbahnbau noch in den sonstigen Sektoren des Verkehrs- und Kommunikationswesens, Anschluß an den europäischen Standard zu finden. 1910 entfielen auf jeden Einwohner Serbiens durchschnittlich 13 Postsendungen pro Jahr, in Bulgarien waren es 16, in Rumänien 24 Sendungen. Nur in Rußland war die Quote mit 11 Postsendungen noch niedriger als in Serbien, während Großbritannien eine fast zehnmal höhere Quote aufwies. Im Fernsprechverkehr lagen Serbien, Bulgarien und Rumänien mit 1,6 bis 2,0 Gesprächen pro Einwohner und Jahr noch hinter Rußland zurück. In den skandinavischen Staaten wurde zum gleichen Zeitpunkt bereits mehr als dreißig Mal soviel telefoniert wie auf dem Balkan.

Zu Beginn des Ersten Weltkriegs glich das Institutionengefüge der Balkanstaaten weitgehend dem in West- und Mitteleuropa. Doch neben quantitativen gab es auffallende qualitative Unterschiede. Regierungen, Bürokratien, Parlamente, Parteien etc. gab es hier wie dort, aber die politische Kultur und die Verwaltungskultur folgten anderen Rationalitäten und Praktiken. Hinter der mehr oder minder modernen Fassade Balkan-Europas lebten nicht nur die früheren Kulturmuster fort, sondern wurden auch die Risse und Wunden erkennbar, die der stürmische, von oben induzierte Wandel den Gesellschaften geschlagen hatte. Die Weichen in Richtung Modernität waren gestellt; nun kam es darauf an, wie die Vielzahl großer und kleiner Akteure auf die Herausforderung (oder Überforderung?) reagieren, wie sie den Wandel verkraften und wie sie sich in den neuen Strukturen zurechtfinden würden. Nun mußte sich zeigen, ob Georges Clemenceau recht hatte, als er 1898 behauptete: «Es ist leichter, die Dampfmaschine, den Telegraphen und die Radioskopie zu erfinden, als ein wenig vom Atavismus unserer Herzen zu verändern.»

Die Bewährungsprobe: Vom laisser faire zur Staatsintervention

Der Agrarsektor

Die ganz überwiegende Mehrheit der Bevölkerung des Balkanraums – mit Ausnahme der Fremden in den Städten – befaßte sich zum Zeitpunkt der jeweiligen Staatsgründung mit Ackerbau und Viehzucht. Nur die griechische Gesellschaft wies mit ihren traditionsreichen Händler- und Reederfamilien eine stärker differenzierte Gliederung auf. Im balkanischen Binnenraum spielten Geld- und Marktwirtschaft dagegen eine unscheinbare Rolle, und die gesellschaftliche Arbeitsteilung war über rudimentäre Ansätze nicht hinausgelangt. Bis zum Vorabend des Ersten Weltkrieges veränderte sich die Situation nicht grundlegend. 1910 betrug der Anteil der ländlichen Bevölkerung an der Gesamtbevölkerung in Serbien 81,6%, in Bulgarien 80,9%, in Griechenland 80% und in Rumänien 80,8%. Es existierten nur wenige, weit gestreute Städte, deren Bewohner sich zu Ende der osmanischen Herrschaft aus Vertretern unterschiedlicher Ethnien, Konfessionen und Sprachen zusammengesetzt hatten. Stadt und Land bildeten zwei völlig verschiedene Welten, die nicht nur funktional und soziologisch, sondern auch ethnisch und kulturell scharf voneinander geschieden waren. Erst nach der Staatsgründung kam es zu einer raschen «Nationalisierung» der Stadtbevölkerung. Mit dem Eindringen westlicher Gestaltungs-, Stil- und Lebensformen in Stadtplanung, Architektur, Infrastruktur, Kleidung oder Mobiliar und mit der systematischen Vernichtung des osmanischen Erbes setzte die allmähliche Transformation der Städte von einem orientalischen zu einem – von «europäischen» und balkanischen Elementen durchsetzten – Mischtyp ein. Die Umwandlung der traditionellen «Čaršija», des orientalisch geprägten Händler- und Handwerksviertels, in ein «europäisches» Stadtzentrum spiegelte den Wandlungsprozeß geradezu exemplarisch wider. Fez, Turban und Pluderhose wurden von Zylinderhut und Frack verdrängt. Mit Ausnahme der rasch expandierenden Hauptstädte, den Wasserköpfen der neuen Verwaltungsapparate, schritt die Urbanisierung jedoch nur schleppend voran. Die tiefe Kluft zwischen Stadt und Dorf blieb ein Merkmal aller Balkanländer und war insbesondere den schwachen Marktbeziehungen zwischen Stadt und Land, der Exploitation des Dorfes durch die Städter, d. h. intermediäre Händler, Steuereintreiber, neue Bürokraten und Advokaten, geschuldet. Hinzu kamen die kulturelle Vernachlässigung des Landes auf der einen sowie die Fremdheit und Unverständlichkeit der von den Städten ausstrahlenden Neuerungen auf der anderen Seite. Die Konfrontation zwischen Stadt und Land erwies sich aus kurzer Sicht als unüberwindbar und schlug mitunter auf die Politik durch, z. B. während der Regierung Aleksandăr Stambolijskis und seines Bauernbundes in Bulgarien 1919–1923.

Die Agrarwirtschaft in den Balkanländern war extrem rückständig. In Serbien und Bulgarien wurde das Land – nach Auflösung der osmanischen Agrarverfassung – vor allem von Kleinbauern bewirtschaftet, die sich am vormodernen und vorkapitalistischen Bedarfsdeckungsprinzip orientierten. Großgrundbesitz gab es zu Ende des 19. Jahrhunderts noch in Rumänien und teilweise in Griechenland, vor allem in Thessalien, darüber hinaus im südlichen albanischen Siedlungsraum, in Makedonien und in Bosnien und Herzegowina. Das Land der Großgrundbesitzer wurde mittels eines Teilpachtsystems bewirtschaftet, das keinerlei Anreize für Investitionen und Produktionssteigerungen bot. 1907 rebellierten die rumänischen Bauern gegen ihre Ausbeutung durch die Großgrundbesitzer, deren Verwalter und Pächter. Die Armee schlug den Aufstand blutig nieder. Aber erst durch die Bodenreformen nach dem Ersten Weltkrieg wurde der Großgrundbesitz aufgelöst oder deutlich reduziert. Der Balkanraum stellte sich fortan als Region der Mittel- und Kleinbauern dar. Die Bodenreformen waren fast ausschließlich von der Notwendigkeit einer Eindämmung der sozialen Unzufriedenheit unter den Bauern, der Ansiedlung von Flüchtlingen, die aus ihren bisherigen Heimatländern geflohen oder vertrieben worden waren, und der Versorgung von Kriegsveteranen geleitet worden. Ökonomische Verbesserungen wie Flurbereinigung, Be- und Entwässerungsmaßnahmen oder Aufstockung des ländlichen Kreditsystems wurden damit nicht verbunden.

Diese Versäumnisse wogen um so schwerer, als der Agrarsektor schon vor der Jahrhundertwende von den ersten Krisensymptomen erfaßt worden war. Anlaß dafür war der steile Anstieg des natürlichen Bevölkerungswachstums, der in den 1880er Jahren eingesetzt hatte und sich nach der Jahrhundertwende nur langsam abflachte. Die Bodenreserven waren schnell erschöpft. Die Landflucht hielt sich mangels alternativer Beschäftigungsmöglichkeiten in engen Grenzen, und die Emigration ins europäische Ausland oder nach Übersee kam erst am Vorabend der Balkankriege allmählich in Schwung, wurde jedoch schon wenige Jahre später durch die restriktiven Maßnahmen der Zielländer wieder eingedämmt. Die Auflösung der südslawischen Hauskommunionen und ihres Gemeinschaftsbesitzes sowie die Durchsetzung des Realerbrechts beschleunigten die Verkleinerung und Parzellierung der landwirtschaftlichen Betriebsgrößen. Die «primäre Kapitalakkumulation» auf dem Lande blieb im Ansatz stecken. Dies lag einerseits an den Gesetzen zum «Schutz der bäuerlichen Heimstätte» (Serbien, Bulgarien), andererseits an der Schwäche des landwirtschaftlichen Unternehmertums. Die zahlreichen Wucherer und Pächter saugten zwar die Bauern aus, trugen jedoch wenig oder nichts zur Modernisierung der Landwirtschaft bei. Einer verhältnismäßig kleinen Gruppe erfolgreicher Großbauern stand gegen Ende des 19. Jahrhunderts eine rasch wachsende Zahl pauperisierter Parzellenbauern gegenüber. Die traditionellen familiären Organisationsformen und die Dorfgemeinschaften verloren ihre vormalige Bedeutung, so daß sich die bäuerliche Lebenswelt grundlegend veränderte. Die rasche Transformation des institutionellen Umfeldes eilte dem mentalen Wandel weit voraus. Nur schwer konnten sich die Bauern auf die neuen Herausforderungen – auf Geld- und Marktwirtschaft anstelle von Tausch- und Subsistenzwirtschaft, auf Bevölkerungswachstum oder Funktionsverlust der herkömmlichen bäuerlichen Institutionen – einstellen. Die Folge waren eine weitverbreitete Unzufriedenheit, eine um sich greifende Orientierungslosigkeit und wachsende Existenzängste. Zu Recht fühlten sich die Bauern vom Staat im Stich gelassen. Obwohl zur Jahrhundertwende 84% der Bevölkerung Serbiens von der Landwirtschaft lebten, gab es zu diesem Zeitpunkt lediglich zwei landwirtschaftliche Fachschulen mit insgesamt 130–140 Schülern. Und obwohl 88% des serbischen Exports aus Agrarprodukten bestanden, wandte die Regierung in den ersten Jahren des 20. Jahrhunderts nur 0,1 Franc pro Kopf für die Verbreitung landwirtschaftlicher Kenntnisse auf. Die im serbischen Haushalt ausgewiesenen Mittel zur Förderung der Agrarwirtschaft erreichten im Jahrfünft 1906–1910 nur ein Vierzehntel (!) dessen, was der Staat in den Pensionsfonds seiner Beamten einzahlte. Verbittert erklärte der Sekretär im Volkswirtschaftsministerium Velimir Stojković 1912 auf dem 17. Kongreß der serbischen Landwirtschaftsgenossenschaften: «In keinem Staat gibt es so viele Angehörige der Intelligenz, die unmittelbar aus der Masse des Volkes hervorgegangen sind, wie bei uns, aber dennoch verhält sich unsere Intelligenz derart indifferent gegenüber dem Volk, als ob sie dessen Schicksal nicht im mindesten berührte, indifferenter noch als die englischen Missionare und Beamten gegenüber den Eingeborenen ihrer Kolonien.» Und im Rechenschaftsbericht der Abteilung für Ackerbau und Viehzucht im Belgrader Volkswirtschaftsministerium von 1907 heißt es: «Von der Landwirtschaft haben unsere Bauern mit wenigen Ausnahmen nicht die geringste Ahnung.»

Die Chancen, die der Agrarexport noch bis zum Ende des Ersten Weltkriegs bot, konnten unter diesen Voraussetzungen nicht zur wirtschaftlichen Modernisierung genutzt werden. Von den Exporterlösen kam nur ein verschwindend geringer Teil bei den Produzenten an. Die rumänischen Großgrundbesitzer und die balkanischen Zwischenhändler, die von der Ausfuhr profitierten, zeigten andererseits wenig Neigung, ihre Gewinne langfristig zu investieren. Die Agrarmodernisierung blieb somit auf der Strecke; die Entwicklung der Massenkaufkraft auf dem Lande und die Entfaltung des Binnenmarkts stagnierten oder gingen angesichts des Bevölkerungswachstums zurück. Der Anteil des agrarischen Sektors an der Erwirtschaftung des Volkseinkommens stand bis zum Zweiten Weltkrieg in einem Mißverhältnis zur Zahl der in der Landwirtschaft aktiven Personen; und dieses Mißverhältnis vergrößerte sich von Jahrzehnt zu Jahrzehnt. Lange vor Beginn der konjunkturellen Weltwirtschaftskrise war die Landwirtschaft der Balkanländer in eine ausweglose strukturelle Krise geraten.

Von wenigen Ausnahmen abgesehen, kümmerten sich die politischen Eliten im Balkanraum nicht um die konkreten Belange der Landbevölkerung bzw. rafften sich nur in Extremsituationen, z. B. am Ende des Ersten Weltkrieges oder während der Weltwirtschaftskrise Anfang der 1930er Jahre, zu Unterstützungsmaßnahmen auf. Die Selbsthilfeorganisationen der Bauern in Gestalt der Genossenschaften vom Raiffeisen-Typ nahmen zwar in den ersten Jahrzehnten des 20. Jahrhunderts rasch zu, konnten jedoch die angestauten Probleme wie Kapitalarmut, Bodenknappheit, Absatzprobleme oder rückständige Produktionsmethoden aus eigener Kraft und ohne staatliche Unterstützung nicht meistern.

Anfang der 1930er Jahre – nach Ausbruch der Weltwirtschaftskrise – standen Millionen von Bauern vor dem Bankrott. Bevölkerungswachstum, geringe Produktivität und extensive Wirtschaftsweise der Kleinbetriebe gingen mit einem dramatisch steigenden Überschuß an Arbeitskräften Hand in Hand. Nach unterschiedlichen Berechnungen waren in den 30er Jahren 10–15 Millionen ländlicher Arbeitskräfte «überflüssig». Gemäß der ungünstigsten Berechnung belief sich der Arbeitskräfteüberschuß in Albanien auf fast 78%, in Jugoslawien auf 62%, in Bulgarien und Rumänien auf 51 bzw. 53% der Landbevölkerung – ein Desaster, wie es schlimmer kaum vorzustellen ist. Wann immer in diesem Zusammenhang von einer «ländlichen Übervölkerung» auf dem Balkan gesprochen wird, bedarf diese Aussage sowohl einer Präzisierung wie einer Ergänzung: Dem Überschuß an nicht motivierten und nicht kompetenten Arbeitskräften auf dem Lande stand ein eklatanter Mangel an qualifizierten und motivierten Arbeitskräften – sowohl auf dem Lande wie in der Stadt – gegenüber. Weder Abhängigkeit vom Ausland oder «ungleicher Tausch» zwischen Industrie- und Agrarstaaten noch Bodenknappheit oder Mangel an Kapital, sondern Mangel an Motivation und Kompetenz erwiesen sich nicht als die alleinigen, aber als die eigentlichen

Ursachen der verpaßten Agrarrevolution im Balkanraum. Die «Übervölkerung» war nicht von heute auf morgen entstanden – noch Mitte des 19. Jahrhunderts war lebhaft über eine «Untervölkerung» geklagt worden –, und sie war auch nicht die unabwendbare Folge des demographischen Wachstums. Eine Zunahme der Population kann – so paradox es klingen mag – sowohl zur «Übervölkerung» wie zur «Untervölkerung» führen, sie kann Intensivierungsprozesse stimulieren oder entmutigen. Ob das eine oder das andere eintritt, hängt von den Reaktions- und Anpassungsfähigkeiten der Gesellschaft ab. Derartige Fähigkeiten können langfristig und graduell gewachsen sein oder müssen zeitlich gestrafft und gezielt gefördert werden. Im Balkanraum war weder das eine noch das andere der Fall.

Wirtschaftspolitik in Zeiten der Industrialisierung

Aus der historischen Rückschau erscheint es unbegreiflich, daß die Eliten kein wirtschaftspolitisches Entwicklungskonzept besaßen. Sowohl die «Konservativen», die bis ins 20. Jahrhundert hinein von den Agrarexporten ihrer Länder profitierten und keine Neigung zur Veränderung des Status quo zeigten, als auch die «Liberalen», die sich dem Fortschritt verschrieben, vertrauten zunächst und im Prinzip auf die Selbstregulierungskräfte des Kapitalismus. Gleichwohl hatten sie die Entwicklung des Binnenmarkts und die Kommerzialisierung des bäuerlichen Grundbesitzes aus sozialen und «moralischen» Gründen massiv behindert. Aber generell galt: Der Staat sollte sein Gewaltmonopol durchsetzen, Schutz gegen Nachbarn bieten, die neuen Eliten mit Ämtern versehen, für Rechtssicherheit im Innern sorgen und die nationale Integration vorantreiben. Als Wirtschaftsakteur war er dagegen unerwünscht. Das Konzept des «starken Staates» stand in einem auffallenden Kontrast zur wirtschaftspolitischen Abstinenz der Regierungen.

In Serbien wurde erst 1882, gut ein halbes Jahrhundert nach der Staatsgründung, ein Volkswirtschaftsministerium ins Leben gerufen. Der Anteil des neuen Ressorts an den jährlichen Staatsausgaben schwankte in den Jahren 1895–1910 zwischen 5 und 3%, während sich die ordentlichen Aufwendungen für die Verteidigung auf 20% und für die Bedienung der Auslandsschulden auf 26–31% beliefen. In Bulgarien wurden zwischen 1900 und 1911 44% der Staatsausgaben für Verteidigung und Staatsschulden verausgabt. Über allen Balkanländern hingen einem Damoklesschwert gleich Staatsanleihen, die wiederholt die Gefahr von Staatsbankrotten heraufbeschworen. In Griechenland wurde 1893 eine internationale Finanzkontrolle eingeführt, und Serbien konnte diesem Schicksal zwei Jahre später nur durch drastische Einschränkungen seiner fiskalischen Hoheitsrechte entkommen. Ein Großteil dieser Staatsanleihen war für militärische Zwecke, die Finanzierung des Eisenbahnbaus – gemäß der Berliner Kongreßakte von 1878 – oder für die Konsolidierung der Staatsfinanzen und Währungen verausgabt worden. Sieht man von den infrastrukturellen Investitionen ab, so ist der Großteil der im Ausland zu drückenden Konditionen aufgenommenen Kredite für unproduktive Zwecke (Militär) und zur Korrektur haushaltspolitischer Versäumnisse verwendet bzw. verschwendet worden. Der Verbesserung der Landwirtschaft und dem Ausbau des Fachschulwesens schenkten die Balkanregierungen dagegen kaum Beachtung. Sie überließen das Feld den Berufsverbänden und der privaten Initiative. Und das hatte verheerende Konsequenzen.

Erst gegen Ende des 19. Jahrhunderts gingen die Regierungen des Balkanraums zu einer aktiven Wirtschaftspolitik über. In der Überzeugung, daß die Entwicklungsprobleme ihrer Länder nur mittels einer zügigen Industrialisierung gelöst werden könnten, konzentrierten sie ihre Anstrengungen auf die Förderung des sekundären Sektors. Rumänien erließ 1887 ein erstes Industrieförderungsgesetz, das 1912 verbessert wurde; Serbien folgte 1893 (verbessert 1898), Bulgarien 1894 (verbessert 1897) und Griechenland 1910. Das Bündel der Fördermaßnahmen reichte von der Zollbefreiung bei der Einfuhr von Investitionsgütern über Steuererleichterungen für Industriebetriebe, die Gewährung von Sondertarifen bei den Staatsbahnen, die kostenlose Zuteilung staatlichen Baulands, die unentgeltliche Nutzung von Wäldern, Wasserkraft u. ä. bis zur Exportförderung oder der Abnahme inländischer Industrieprodukte durch den Staat. Das Ergebnis war ein industrieller «Mini-Spurt» (John Lampe) im ersten Jahrzehnt des 20. Jahrhunderts. Doch die für eine industrielle Revolution (im Sinne einer tiefgreifenden und breitenwirksamen Umgestaltung von Wirtschaft und Gesellschaft) erforderliche Dynamik fehlte. 1902 wurden in Rumänien 625 industrielle Unternehmungen mit nur 40000 Arbeitern gezählt. In Serbien und Bulgarien gab es 1910/1911 jeweils 16000 Industriearbeiter, die in 470 bzw. 345 Betrieben beschäftigt waren. Griechenland besaß 1917 über 2000 Gewerbebetriebe mit insgesamt 36000 Arbeitern. In der Regel handelte es sich um kleinindustrielle Betriebe mit einer geringen Zahl von Beschäftigten. Eine Industriearbeiterschaft war erst im Entstehen begriffen. Viele der Lohnarbeiter waren gänzlich unqualifiziert und konnten sich schwer an industrielle Arbeitsabläufe gewöhnen. Wegen mangelnder Arbeitsdisziplin und beruflicher Qualifikation sowie infolge unzureichender Ernährung war die Arbeitsproduktivität extrem gering. Trotz der Niedriglöhne stellten sich daher die «Industriearbeiter» der ersten Generation als relativ teure (mitunter zu teure) Arbeitskräfte dar. Schwerpunkte der frühen Industrialisierung waren die Lebensmittel- und Textilindustrie, gefolgt in weitem Abstand von der Eisen- und Maschinenbauindustrie sowie anderen – von Land zu Land wechselnden – Branchen. Neben der staatlichen Unterstützungspolitik spielte das Auslandskapital, das insbesondere im Eisenbahnbau, im Bergbau (einschließlich der rumänischen Mineralölförderung) und im Kreditwesen Südosteuropas investiert war, eine wichtige Rolle.

Zur Absicherung ihrer politischen und wirtschaftlichen Unabhängigkeit verstärkten die Balkanländer nach dem Ersten Weltkrieg ihre Industrieförderungspolitik, indem sie die Zollmauern massiv erhöhten. Im Sinne der von dem Ökonomen Friedrich List propagierten «Erziehungszölle» versuchten sie, die jungen Industrien gegen ausländische Konkurrenz abzuschirmen und den Import von Fertigwaren durch Förderung der inländischen Produktion zu substituieren. Der neue Protektionismus zeitigte bald Erfolge: Nach Überwindung der Kriegsschäden setzte in der zweiten Hälfte der 20er Jahre ein erneuter Industrieboom ein, der durch rasch einströmendes Auslandskapital zusätzlich gestützt wurde.

Die Folgen der Weltwirtschaftskrise

Die Auswirkungen der Großen Depression Anfang der 30er Jahre führten jedoch zu einem dramatischen Rückschlag. Die wirtschaftliche Konsolidierung der Balkanländer nach dem Ersten Weltkrieg hatte zu wesentlichen Teilen auf dem Export von Agrarprodukten und Rohstoffen sowie dem Import von Kapital beruht. Beide Grundpfeiler brachen während der Weltwirtschaftskrise zusammen. Die Weltmarktpreise für Agrarprodukte sanken ins Bodenlose. Die durch die überseeische Konkurrenz schon vorher erschwerten Exportmöglichkeiten schrumpften drastisch infolge verstärkter Selbstversorgungsanstrengungen der Industrieländer, und der Kapitalimport kam mit der Finanz- und Bankenkrise vom Sommer 1931 zum Erliegen. Die zur Bedienung der gewaltigen Auslandsschulden erforderlichen Devisen aus Exporterlösen, Neuverschuldung und Gastarbeiterüberweisungen schmolzen zusammen oder blieben gänzlich aus, so daß die südosteuropäischen Länder Anfang der 30er Jahre vor dem finanziellen Zusammenbruch standen. Der Tiefpunkt der Krise wurde in den Jahren 1933/1934 erreicht. Erst ab 1935 – und damit deutlich später als in den Industriestaaten – setzte eine langsame Erholung ein.

Die Weltwirtschaftskrise hatte die Balkanstaaten und Rumänien aus mehreren Gründen besonders empfindlich getroffen:

– Der Beitrag der Land- und Forstwirtschaft zu den jeweiligen Exporterlösen hatte im Durchschnitt der Jahre 1925–1927 zwischen 70% (in

Jugoslawien) und 86% (in Bulgarien) geschwankt. Diese Agrarlastigkeit und das erdrückende Übergewicht einiger weniger Ausfuhrartikel machte die Exportwirtschaft der Balkanländer extrem störanfällig. Infolge der internationalen Absatzkrise sank der Index der Ausfuhrerlöse vom Basisjahr 1929 bis zum Berichtsjahr 1934 in Bulgarien auf 39,7, in Rumänien auf 47,2 und in Jugoslawien auf 48,6 Punkte. In Griechenland war der Einbruch nicht ganz so dramatisch, aber immer noch schmerzlich genug.

– Die verpaßte Agrarrevolution und die zunehmende Überschwemmung der europäischen Märkte mit preiswerten und qualitativ besseren Agrarprodukten aus Übersee hatten die internationale Wettbewerbsfähigkeit der Balkanexporteure schon während der 20er Jahre bedroht, ohne daß wirksame Abhilfe geschaffen worden wäre. Die konjunkturelle Krise seit Ende 1929 verstärkte daher eine seit langem schwelende strukturelle Krise. Beide Krisen verschärften sich wechselseitig und kumulativ.
– Die internationalen Preise für Agrarprodukte sanken schneller und tiefer als die Preise für Fertigwaren, so daß sich die terms of trade zu Lasten der agrarexportierenden Länder verschlechterten. So fielen z. B. die Exportpreise Rumäniens von 1929 bis 1934 um 62%, während sich die Importe nur um 35% verbilligten. In Bulgarien und Jugoslawien nahmen die Ausfuhrpreise um 62 bzw. 48% ab, wohingegen die Einfuhrpreise lediglich um 25% sanken.
– Die Preisschere auf den internationalen Märkten setzte sich auf den südosteuropäischen Binnenmärkten fort. Das durch hohe Zollmauern vor ausländischer Konkurrenz geschützte Gewerbe verkaufte seine Erzeugnisse zu fast denselben Preisen wie vor der Krise, während die Einkommen in der Landwirtschaft mehr und mehr versiegten. Bulgariens Bauern erlitten zwischen 1929 und 1933 einen Einnahmeverlust von 63%, während die Preise für bulgarische Industrieerzeugnisse nur um bescheidene 17% nachgaben. Für einen Eisenpflug mußte ein jugoslawischer Landwirt 1929 509 kg Mais aufwenden, 1934 waren es 1300 kg. Die bereits hohe Verschuldung der Balkanbauern erreichte während der Weltwirtschaftskrise ihren Höhepunkt.
– Der Einkommensverfall großer Teile der Bevölkerung reduzierte auch die Liquidität der Regierungen. Die selbst in Normalzeiten begrenzte Ergiebigkeit der Steuerquellen ließ rapide nach. Indirekte Abgaben und Zölle, die wichtigsten Posten unter den ordentlichen Staatseinnahmen, schrumpften während der Krise fast überall um wenigstens ein Drittel, die Einkünfte aus der direkten Besteuerung nahmen um mehr als die Hälfte ab. Die Bedienung der öffentlichen Anleihen wurde daher von Tag zu Tag schwieriger.

– Zur Katastrophe kam es, als im Sommer 1931 nicht nur die Zufuhr weiteren Auslandskapitals aufhörte, sondern auch ausländische Kredite überhastet abgerufen wurden. Ende Mai 1931 war die Österreichische Kreditanstalt zusammengebrochen. Enge finanzielle Verflechtungen – vor allem mit rumänischen und jugoslawischen Großbanken – sorgten für eine prompte Übertragung der Vertrauenskrise auf Südosteuropa. Der Ansturm der inländischen Sparer und der ausländischen Kreditgeber auf ihre Guthaben lösten den Zusammenbruch zahlreicher Banken aus. Und mit der Kapitalflucht schmolzen auch die Devisenvorräte der Zentralbanken binnen weniger Monate auf ein Minimum. Praktisch alle südosteuropäischen Länder standen 1931/1932 vor dem Staatsbankrott. Die Regierungen versuchten, das drohende Unheil durch Verbot des freien Devisenverkehrs, durch Zahlungsmoratorien, Heraufsetzung der Importzölle, Exportförderung, Einrichtung staatlicher Monopole, Preisregulierungen und Abschluß bilateraler Handelsverträge auf Clearingbasis abzuwenden. Stärker noch als der Erste Weltkrieg setzte die Weltwirtschaftskrise einen Schlußstrich unter die Epoche des klassisch-liberalen Ordnungsstaates und läutete die Ära des modernen Interventionsstaates ein. Die in den Balkanländern bereits praktizierten Bestrebungen zur Förderung nationaler Autarkie wurden durch den internationalen Paradigmenwechsel im Zeichen des Keynesianismus weiter verstärkt. Die Intervention des Staates in die Wirtschaft wurde fortan nicht mehr als vorübergehende Maßnahme, sondern als dauerhafte Notwendigkeit in Theorie und Praxis akzeptiert.

Die Erholung der internationalen Märkte und die zunehmend enge handelspolitische Bindung der südosteuropäischen Staaten an das «Dritte Reich» eröffneten den Regierungen neue Handlungsspielräume, die zur ansatzweisen Intensivierung der landwirtschaftlichen Produktion gemäß den Verträgen mit Deutschland durch vermehrten Anbau von Industriepflanzen u. ä. sowie zur forcierten Industrieförderung genutzt wurden. 1934/1935 setzte eine dritte Phase relativ schneller Industrialisierung ein, die durch die Fortentwicklung der Konsumgüterindustrie und einen geringen, aber wachsenden Anteil der Produktionsgüter- und Rüstungsindustrie geprägt wurde. Unter den Produktionsgütern dominierte die Erzeugung industrieller Rohstoffe und Halbfertigwaren; daneben gab es einzelne, zumeist staatlich betriebene oder vom Staat als Subventionsgeber und Konsument abhängige Großunternehmen mit modernster Technologie im Bereich der Schwerindustrie. Doch die volkswirtschaftliche Bedeutung dieser Betriebe war gering. Sie blieben großindustrielle Enklaven in einer rückständigen Umwelt ohne entwicklungsfördernde Vorwärts-, Rückwärts- und Seitwärtsverkoppelungen, waren international nicht wettbewerbsfähig und produzierten infolge der beschränkten Absatzmöglichkeiten auf dem Binnenmarkt geringe Stückzahlen zu übermäßig hohen Kosten. Die Zeche für die staatliche Subventionspolitik, den Ausbau staatlicher Monopole und die fortschreitende Kartellbildung in der Industrie mußte der Steuerzahler begleichen.

Insgesamt machte die Industrialisierung Südosteuropas in der Zwischenkriegszeit aber durchaus Fortschritte. Der Beitrag des sekundären Sektors zum Volkseinkommen schwankte in den Balkanländern Ende der 30er Jahre zwischen 16% (in Bulgarien) und knapp 23% (in Jugoslawien). Doch das industrielle Wachstum reichte bei weitem nicht aus, um das Problem der wachsenden landwirtschaftlichen Übervölkerung deutlich zu mindern oder gar zu lösen. Die Erwerbsstruktur der Bevölkerung veränderte sich kaum. 1938 arbeiteten noch immer 80% der aktiven Bevölkerung Rumäniens in der Landwirtschaft (wie 1910); in Bulgarien verringerte sich ihr Anteil zwischen 1910 und 1940 nur von 80 auf 78%, in Jugoslawien von 79 (1920) auf 76% (1938). Nur in Griechenland war der Prozentsatz infolge der extrem ungünstigen Ausgangsbedingungen für die Landwirtschaft deutlich niedriger und lag schätzungsweise bei 60% der erwerbstätigen Einwohner. Die Mehrheit der Landbevölkerung orientierte sich noch immer an vorkapitalistischen Wirtschaftsweisen und nicht an den Erfordernissen des Marktes – sofern von einem selbstregulierenden Markt angesichts massiver staatlicher Intervention überhaupt noch gesprochen werden konnte.

Staat und Gesellschaft unter den Königsdiktaturen

In der Zeit zwischen dem Ende des Ersten und dem Beginn des Zweiten Weltkrieges setzten sich in allen südosteuropäischen Staaten früher oder später autoritäre Regime oder Diktaturen durch, die auf dem Balkan die spezifische Form der Königsdiktatur annahmen (Albanien: König Ahmed Zogu, September 1928–April 1939; Jugoslawien: König Aleksandar Karadjordjević, Januar 1929–Oktober 1934; Bulgarien: König Boris III., Januar 1935 – August 1943, und Rumänien: König Carol II., Februar 1938 – September 1940). Einen Sonderfall stellte die Diktatur des Generals Ioannis Metaxas in Griechenland dar («Diktatur des 4. August 1936», bis Januar 1941), da die beherrschende Figur dieser Jahre nicht König Georg II., sondern Metaxas war. In Jugoslawien wurde die Diktatur nach der Ermordung des Königs im Oktober 1934 in modifizierter Form unter einem Regentschaftsrat bis zur Zerschlagung des Landes im April 1941 fortgesetzt. In Rumänien trat an die Stelle der Diktatur Carols im September 1940 die Diktatur Marschall Ion Antonescus (bis August 1944).

Die Königsdiktaturen gingen mit dem europäischen Trend zur Etablierung antidemokratischer Systeme konform, unterschieden sich aber von diesen durch die starke Position des Monarchen, die bereits in vordiktatorischen Verfassungen verankert worden war. Die Hintergründe für die Etablierung der Königsdiktaturen sind in der Schwäche der «Bürgergesellschaft» und der Instabilität der demokratisch-parlamentarischen Systeme nach dem Ersten Weltkrieg zu suchen, die im Falle Großrumäniens und des neuen «Königreichs der Serben, Kroaten und Slowenen», aber auch im jungen albanischen Staat durch gewaltige Integrationsprobleme zusätzlich verstärkt wurden. In Griechenland kam die tiefe Spaltung der Gesellschaft in Royalisten und Republikaner hinzu, die schon in den Jahren vor 1936 für wiederholte Staatsstreiche und kurzfristige Diktaturen gesorgt hatte. Der Verliererstaat Bulgarien litt vor allem unter einem frustrierten Nationalismus und den Aktivitäten der makedonischen Irredenta. Überall waren es die Unfertigkeit des Parteiensystems, der politische Klientelismus, die Manipulation von Wahlen, die weitverbreitete Gewaltbereitschaft, die Schwäche derjenigen Schichten, die einen funktionierenden politischen Pluralismus hätten tragen können, die Schwäche und Ineffizienz intermediärer Institutionen und der oft fehlende politische Grundkonsens, die die demokratischen Systeme funktionsunfähig machten und die Staaten mehr als einmal an den Rand der Unregierbarkeit rückten. Hinzu kamen die vielfältigen Modernisierungskrisen, die den Umbau der noch stark traditionell geprägten Gesellschafts- und Wirtschaftssysteme begleiteten, sowie die schwelende ökonomische Strukturkrise, die Ende 1929 in die konjunkturelle Weltwirtschaftskrise einmündete. Vor dem Hintergrund der in vielen Ländern Europas zunehmenden Verdrossenheit gegenüber dem demokratischen Parlamentarismus wirkten der italienische Faschismus und der spätere Nationalsozialismus in Deutschland als «Vorbilder», die in Teilaspekten zur Nachahmung reizten. Im Unterschied zu diesen «Modellen» stützten sich die Königsdiktaturen auf dem Balkan jedoch nicht auf politische Massenbewegungen, wenngleich einzelne Monarchen wie etwa König Aleksandar Karadjordjević oder König Carol II. nach Etablierung der Diktatur versuchten, als Ersatz für die verbotenen alten Parteien neue Regimeparteien wie die «Jugoslawische Nationalpartei» oder die «Front der nationalen Wiedergeburt» (in Rumänien) ins Leben zu rufen. Diese Regimeparteien blieben jedoch in sich heterogen und konnten die Opposition der großen illegalen Parteien nicht oder nur partiell bzw. vorübergehend überwinden. Gestützt wurden die Königsdiktaturen durch einflußreiche Vertreter des Militärs und des Unternehmertums, durch Teile der bisherigen politischen Eliten sowie durch Mitglieder der Bürokratie. Die Träger der Diktaturen strebten keine grundlegende Systemveränderung an; ihre Regime waren nicht totalitär, auch wenn sie einzelne Elemente totalitärer Regime kopierten, sondern autoritär und zutiefst nationalkonservativ. Zum Teil erhielten die Diktaturen durch Erlaß neuer Verfassungen (Jugoslawien: September 1931, Rumänien: Februar 1938) ein pseudo-parlamentarisches Gepräge, zum Teil bewahrten sie eine Art Rumpf-Parlamentarismus (z. B. Bulgarien). Zu den wichtigsten Zielen der Regime gehörten die politische und gesellschaftliche «Erneuerung», die Stärkung des Staates und die nationale Integration durch Pseudo-Jugoslawismus, «dritte griechische Kultur» u. ä. Sie grenzten sich gegenüber einheimischen faschistischen Bewegungen und radikalen Bauernparteien ebenso ab wie gegenüber den illegalen Kommunisten.

Die Bilanz der Modernisierungsansätze bis zum Beginn des Zweiten Weltkrieges fiel zwiespältig aus. In allen Balkanstaaten hatten sich seit der Staatsgründung tiefgreifende und irreversible Wandlungsprozesse vollzogen. Überall waren «europäische» Muster im Vordringen oder hatten sich durchgesetzt: Staatsbildung, Nationsbildung und Institutionenbildung waren ausländischen Vorbildern gefolgt. Das Ergebnis dieser von oben eingeleiteten Wandlungsprozesse war der vermeintlich «starke Staat», der alle Energien der Gesellschaft absorbierte und steuerte. Im langfristigen – nicht unbedingt geradlinigen, aber doch stetigen – Trend zeichnete sich eine zunehmende Konzentration der Verfügungsmacht über gesellschaftliche Ressourcen in den Händen der staatstragenden Eliten ab. Der räumlichen Konzentration auf die Hauptstadt unter Vernachlässigung des übrigen Städtenetzes entsprachen die Konzentration auf zentralisierte staatliche Institutionen unter Vernachlässigung nichtstaatlicher, regionaler und lokaler Institutionen, die Konzentration auf die Hochschulbildung zur Reproduktion der Eliten unter Vernachlässigung der Elementar- und Berufsbildung, die Konzentration auf Industrie und modernste Technologie unter Vernachlässigung der Landwirtschaft und die Konzentration auf Exekutive und Militär unter Vernachlässigung der Zivilgesellschaft. Es waren die politischen Eliten, die diese Konzentrationsprozesse vorantrieben und von ihnen profitierten.

In der ersten Phase – der Phase der Staats- und Nationsbildung – hatte die Zugehörigkeit zur Elite noch stark von personenbezogenen Merkmalen wie etwa dem persönlichen Kapital der Akteure abgehangen. Im Ergebnis hatte sich eine Art Oligarchie formiert, die in einem langen Machtkampf die Aneignungs- und Verfügungsregeln über Ressourcen festgelegt und sich durch Einführung neuer Institutionen eine Basis zur Versorgung ihrer Anhänger geschaffen hatte. Ihre Legitimation leitete sie aus ihrem «nationalen Emanzipationsauftrag» ab.

In der Krisenphase zwischen den beiden Weltkriegen entstand eine Art staatlicher Frühkapitalismus im Rahmen einer umrißhaft erkennbaren Klassengesellschaft. Die ökonomische Rückständigkeit insbesondere auf dem Lande, das disproportionierte Industrialisierungsniveau, die zäh verlaufende Urbanisierung und Alphabetisierung begünstigten das Fortbestehen patrimonialer und traditionalistischer Gefolgschaftsbeziehungen unter veränderten «modernen» Rahmenbedingungen. In Auseinandersetzung mit der marginalisierten und radikalisierten «Intelligencija» versuchte der staatstragende Flügel der partiell verbürgerlichten Eliten, die wirtschaftlich-soziale Krise und die zunehmenden politisch-weltanschaulichen Auseinandersetzungen durch eine weitere Konzentration der erschöpften Ressourcen mittels Staatsintervention in die Wirtschaft und Etablierung der Königsdiktaturen zu lösen. Am Ende der Zwischenkriegszeit präsentierte sich der Balkan in einem veränderten Gewand, das sich aus alten und neuen Flicken zusammensetzte, an manchen Stellen noch nicht fertig, an anderen schon wieder zerschlissen war.

Die staatssozialistische Aufholjagd und ihr Scheitern

Im Ergebnis des Zweiten Weltkrieges kam es in allen Balkanländern (mit Ausnahme Griechenlands) zur Etablierung kommunistischer Diktaturen und zu einer Umorientierung der gesellschaftspolitischen Leitbilder von Mittel- und Westeuropa auf Osteuropa – unter mehr oder minder direkter und massiver Einwirkung der Sowjetunion. Am zügigsten gestaltete sich die kommunistische Machtergreifung in Jugoslawien weitgehend aus eigener Kraft, und in Albanien unter jugoslawischem Einfluß. In Bulgarien und Rumänien erfolgte sie dagegen graduell mit sowjetischer Unterstützung. 1948 kam es zum Bruch zwischen Tito und Stalin, und Jugoslawien wurde aus der kommunistischen Gemeinschaft ausgeschlossen. Albanien löste sich zunächst vom jugoslawischen, dann vom sowjetischen Einfluß und steuerte nach einer vorübergehenden Anlehnung an die Volksrepublik China einen eigenen – autozentrierten und unverhohlen stalinistischen – Kurs. Rumänien ging in der «Ära Ceauşescu» 1965–1989 ebenfalls auf Distanz zur Sowjetunion und verfolgte einen totalitären, nationalkommunistischen Weg. Damit zerfiel der bis in die Nachkriegszeit als einheitlich verstandene Sozialismus in eine Vielzahl von nationalen «Kommunismen» oder kommunistischen Nationalismen.

Die Modernisierungsanstrengungen der kommunistischen Länder orientierten sich an sowjetischen Vorbildern. Durch Beseitigung des Privateigentums an Produktionsmitteln, die Bündelung aller gesellschaftlichen Ressourcen und deren planmäßig gesteuerte Redistribution durch Partei und Staat sollte die ökonomische und gesellschaftliche Rückständigkeit in einer dramatischen Aufholjagd überwunden und der Westen überflügelt werden. Staatssozialismus war gleichbedeutend mit Repression gegenüber politischen oder sozialen Gegnern, mit Monopolisierung aller gesellschaftlich relevanten Entscheidungsbefugnisse in den Händen der kommunistischen Eliten, mit zentraler Planwirtschaft, erzwungenem Konsumverzicht der Bevölkerung, mit Industrialisierung um jeden Preis, Beseitigung der bäuerlichen zugunsten einer agrar-industriellen Produktionsweise, mit Urbanisierung, Bildungsoffensive, rechtlicher Gleichstellung der Frau und Aufbau eines staatlich-paternalistischen Sozialnetzes.

Wichtige Schritte waren die «Nationalisierung» und Verstaatlichung der Industrien (in Jugoslawien und Albanien 1946, in Bulgarien Ende 1947, in Rumänien 1948) und die Kollektivierung der Landwirtschaft bis in die 60er Jahre hinein. Letztere wurde in Bulgarien am schnellsten und nachhaltigsten von allen südosteuropäischen Ländern realisiert, wo sie schon in den frühen 50er Jahren abgeschlossen war; in Rumänien wurde sie in den späten 50er und den frühen 60er Jahren vollzogen, während in Jugoslawien die meisten der ursprünglich gegründeten Kooperativen in den 50er Jahren zugunsten einer Reprivatisierung wieder aufgelöst wurden.

Nach Verabschiedung der ersten mittelfristigen Volkswirtschaftspläne zwischen 1947 und 1951 setzte die industrielle Revolution in den Balkanländern und deren Wandel von Agrar- zu industriellen Schwellenländern ein. Das Tempo des ökonomischen Umbruchs war atemberaubend. Die budgetäre Industriefinanzierung mittels indirekter Abschöpfung der Kaufkraft bei den Konsumenten und deren Konzentration auf den Ausbau der Grundstoff- und Schwerindustrien führten zu einem nie dagewesenen industriellen Boom. Erst in den 70er und 80er Jahren wurde auch die Konsumgüterindustrie stärker berücksichtigt. Millionen von Menschen fanden in der Industrie einen neuen Arbeitsplatz. Mitte der 80er Jahre war das produzierende Gewerbe in Bulgarien mit 61,2% und in Rumänien mit 63,3% am produzierten Nationaleinkommen beteiligt. Auch in Jugoslawien, wo nach dem Bruch mit Stalin die Arbeiterselbstverwaltung schrittweise eingeführt worden war, liest sich die quantifizierte Geschichte der Industrialisierung wie eine geradlinige Erfolgsbilanz. Der Umfang der industriellen Produktion stieg in den dreißig Jahren von 1951 bis 1981 um 1200%, der Produktionswert (zu konstanten Preisen von 1972) nahm um annähernd 1100% zu. Der Beitrag der Industrie – einschließlich Bergbau und Energiewirtschaft – zum produzierten Nationaleinkommen wuchs von 21 auf über 40%.

Obwohl die Landwirtschaft das Stiefkind der staatssozialistischen Modernisierungspolitik blieb, nahm die Produktion von Nahrungsmitteln und Grundstoffen dank großbetrieblicher Organisation, verbesserter Kapitalausstattung, intensiver Düngung – oft Überdüngung – und Raubbau an der Natur im Vergleich zur Zwischenkriegszeit zu und blieb ein wichtiger Bestandteil des Exportwarenkorbs.

Der Außenhandel der sozialistischen Staaten wurde auf die «Bruderländer» im Sowjetblock konzentriert. 1949 war der Rat für Gegenseitige Wirtschaftshilfe (RGW) gegründet worden, der sich in der Folgezeit nicht nur um die Steuerung des Außenhandels, sondern auch um die Koordinierung der nationalen Wirtschaftspläne und eine fortschreitende Arbeitsteilung zwischen den Partnerländern bemühte. Dieses System weitgehend geschlossener und geschützter Märkte bei geringfügigem Austausch mit westlichen Ländern und dem Weltmarkt garantierte zwar den Mitgliedsländern die Vermarktung ihrer Produkte, schottete sie jedoch gegen den internationalen Wettbewerb ab und befreite sie vom Druck kontinuierlicher Effizienzsteigerung.

Die Erfolge der Nachkriegsmodernisierung im Zeichen staatssozialistischer Redistribution wurden mit gewaltigen Problemen erkauft. Die industrielle Produktion blieb äußerst energie- und materialintensiv, ihre Produkte waren auf dem Weltmarkt kaum absetzbar. Die Raubbau an Ressourcen, die Vernachlässigung der Qualität zugunsten der Quantität («Tonnenideologie»), die mangelnde internationale Wettbewerbsfähigkeit, das Zurückbleiben hinter der technologischen Entwicklung in den westlichen Industriestaaten und die Unbeweglichkeit der überdimensionierten staatlichen Steuerungsapparate lenkten die Industrialisierung schließlich in eine Sackgasse. Das extensive Wirtschaftswachstum war bereits Ende der 50er Jahre erstmals an Grenzen gestoßen. Trotz verschiedener Reformanstrengungen gelang es nicht, die Industrie von den Fesseln staatlicher Reglementierung zu befreien. Politische Prestigeobjekte und wirtschaftliche Gigantomanie (z. B. der Aufbau der rumänischen Mineralölindustrie) führten zur Fehlallokation knapper Ressourcen und hinterließen riesige Industrieruinen. Entsprechend verheerend gestaltete sich der Absturz Ende der 80er Jahre, der die scheinbar erfolgreichen sozialistischen Staaten fast auf die Stufe von Entwicklungsländern zurückwarf.

Jugoslawien und Albanien waren in vieler Hinsicht andere Wege gegangen. Das Tito-Regime sah sich nach dem Bruch mit Stalin von 1948 aus Legitimitätsgründen zur Entwicklung eines eigenen Sozialimusmodells gezwungen. In lautstarker Auseinandersetzung mit «Etatismus und Bürokratismus» in den Ländern des Sowjetblocks bauten die jugoslawischen Kommunisten im Verlauf eines rund ein Vierteljahrhundert währenden Experimentierprozesses (1950–1976) die bescheidenen Anfänge der Arbeiterselbstverwaltung zu einem gesellschaftlich umfassenden, überaus komplizierten Selbstverwaltungssystem aus. Das Staatseigentum an Produktionsmitteln wurde durch ein rechtlich schwer faßbares Gesellschaftseigentum ersetzt. Die Bauern erhielten ihr Privatland zurück. Und ab Mitte der 60er Jahre wurde die zentrale Planwirtschaft durch Einführung marktwirtschaftlicher Elemente gelockert. Parallel zur Einführung der «sozialistischen Marktwirtschaft» vollzog sich die radikale Föderalisierung des Staates, die in der Verfassung von 1974 festgeschrieben wurde. Die partielle Öffnung gegenüber dem Westen und der mit westlichen Krediten finanzierte Wohlstand verhalfen dem Land zu einer trügerischen Blüte, die nach dem Tod der Integrationsfigur Tito 1980 einem rasch zunehmenden Verteilungskampf zwischen den Einheiten der Föderation, d. h. den Republiken und Autonomen Provinzen, wich. Die offenkundige Ineffizienz des schwerfälligen Selbstverwaltungssystems, die wachsende Auslandsverschuldung, die zunehmenden wirtschaftlich-sozialen Probleme auf der einen und das Festhalten am kommunistischen Machtmonopol sowie der Machtkampf der Republikführungen untereinander auf der anderen Seite ließen keinen Raum für eine graduelle Entwicklung von Marktwirtschaft und Demokratie. Das seit der jugoslawischen Staatsgründung bestehende Entwicklungsgefälle von Nordwesten nach Südosten und die im Verlauf der 80er Jahre um sich greifende Verarmung großer Teile der Gesellschaft boten den «idealen» Nährboden für nationalistische Agitation und Mobilisierung. Das einst vielbewunderte «jugoslawische Modell» mit Selbstverwaltung, weitgehender Gleichberechtigung der Nationen und Nationalitäten, mustergültigem Minderheitenschutz sowie relativem Wohlstand und Blockfreiheit erodierte nach Titos Tod und büßte seine Integrationskraft ein. Der jugoslawische Staat verlor seine Legitimation.

Im Unterschied zu Jugoslawien, das sich seit den 50er Jahren schrittweise gegenüber der Außenwelt geöffnet hatte, hatte sich die «Sozialistische Volksrepublik Albanien» unter dem Stalinisten Enver Hoxha bis 1985 immer mehr abgeschottet. Der Versuch, das rückständigste Land des Balkans durch einen autozentrierten Entwicklungskurs zu modernisieren, brachte zwar viele tiefgreifende Veränderungen, die jedoch unter dem Eindruck des Zusammenbruchs der sozialistischen Systeme und nach Öffnung des Landes wie ein Kartenhaus in sich zusammenfielen.

Ein wichtiger Aspekt der sozialistischen Modernisierung in den Balkanländern und Rumänien war die Urbanisierung. Die kommunistischen Führungen waren stolz darauf, das Verhältnis der Stadt- zur Landbevölkerung zugunsten der ersteren verändert zu haben. Der Anteil der Stadtbewohner an der Gesamtbevölkerung wuchs zwischen 1950 und 1971 in Bulgarien von 27,5 auf 54,7 %, in Rumänien von 24,7 auf 41,1 %, in Jugoslawien von 25,9 auf 35,3 % und in Griechenland von 36,3 auf 53,2 %. Die ursprünglich geförderte Landflucht zwecks Bereitstellung von industriellen Arbeitskäften nahm bald bedrohliche Ausmaße an: Teile des Landes wurden völlig entvölkert, «vergreisten» oder wurden «feminisiert». Die Städte waren mit dem Ansturm vom Lande, der Bereitstellung von Wohnraum und dem Ausbau der Infrastruktur völlig überfordert und entwickelten sich zu Brennpunkten ungelöster Modernisierungsfolgen.

Am meisten erreichte der Staatssozialismus bei der Entwicklung des Erziehungs- und des Gesundheitswesens, der rechtlichen Gleichstellung der Frau und der Etablierung eines sozialen Sicherungsnetzes. Dank zentraler Redistribution der gesellschaftlichen Ressourcen konnte ein weitgespanntes System von erzieherischen, medizinischen und schulischen Einrichtungen sowie subventionierten Sozialdiensten aufgebaut und unterhalten werden. Die Integration der Frauen in das Berufsleben wurde durch eine gezielte Beschäftigungspolitik, bezahlte Schwangerschaftsurlaube sowie Bereitstellung von Krippen und Kindergärten erleichtert. Der Analphabetismus wurde energisch bekämpft, und die Kinder aus Arbeiter- und Bauernfamilien erhielten Zugang zu den mittleren und höheren Bildungseinrichtungen. Ende der 70er Jahre besuchten in Bulgarien 86% der altersrelevanten Bevölkerung eine Mittelschule. Das Land stand damit weltweit auf Platz sieben, während Griechenland auf Platz 17 und Jugoslawien auf Platz 51 rangierten. Bei der Frequenz höherer Bildungseinrichtungen stand Bulgarien auf Platz neun, Jugoslawien auf Platz 24 und Griechenland auf Platz 36. Außerordentlich vorteilhaft entwickelte sich auch die Zahl der Wissenschaftler, Techniker und Ärzte in Relation zur Gesamtbevölkerung. Andererseits war die Erziehung extrem ideologisiert, und die Bevölkerungspolitik nahm mitunter, insbesondere in Rumänien, abstoßend inhumane Züge an.

Griechenland war der einzige Staat der Region, der nach dem Zweiten Weltkrieg und einem anschließenden Bürgerkrieg 1946–1949 in das westliche, marktwirtschaftliche System integriert wurde. Nach den verheerenden Kriegen Ende der 40er Jahre war über ein Drittel der Bevölkerung von staatlichen und ausländischen Hilfsmaßnahmen abhängig; die Landwirtschaft war zusammengebrochen und die Infrastruktur weitgehend zerstört. Mit einer drastischen Währungsreform begann 1953 die wirtschaftliche Erholung. Die darauf folgende langjährige Wachstumsperiode kehrte sich gegen Ende der siebenjährigen Militärdiktatur 1967–1974 erstmals um, machte jedoch bald einem neuen Aufschwung Platz. Die Wachstumsrate des Bruttosozialprodukts betrug in den zwanzig Jahren von 1950–1970 durchschnittlich 6,2% im Jahr, wobei die Landwirtschaft mit 3,9% den geringsten, die Energiewirtschaft mit 12,2% den höchsten Zuwachs auswies. Seit den 60er Jahren konnten entscheidende Fortschritte bei der Industrialisierung erzielt werden, später zwar als in den sozialistischen Ländern, aber auf einer solideren Basis. Griechenland gesellte sich damit zum «harten Kern» der «Schwellenländer», die ihre ökonomische Rückständigkeit durchbrechen konnten, aber noch weit von der Vollindustrialisierung entfernt waren. Unter den damals 24 Nationen der OECD lag Griechenland 1975 gemessen am BSP an 19. und gemessen am Pro-Kopf-Einkommen an 21. Stelle. Belastet mit großen regionalen Entwicklungsunterschieden, einem noch immer beträchtlichen Anteil an landwirtschaftlicher Bevölkerung und wachsenden Außenhandelsdefiziten, trat Griechenland Anfang 1981 der Europäischen Gemeinschaft als Vollmitglied bei. Seine weitere Entwicklung wurde dadurch stabilisiert, aber die Position als Schlußlicht der EG bzw. EU konnte Griechenland in der Folgezeit nicht überwinden.

Neo-Liberalismus

Mit dem Zusammenbruch der staatsdirigistisch-restriktiven Modernisierung Ende der 80er Jahre setzte ein erneuter wirtschaftspolitischer Paradigmenwechsel in den vormals sozialistischen Ländern ein. Doch die ideologische Wende vom Staatsdirigismus zum Neo-Liberalismus traf die Gesellschaften völlig unvorbereitet und stürzte sie in Anomie. Die marode, realsozialistische «Moderne» und die Relikte einer zählebigen vormodernen Vergangenheit gingen eine traurig-faszinierende Symbiose ein. Die «Gleichzeitigkeit des Ungleichzeitigen» ist von zahllosen Fotografen festgehalten worden. Ihre Bilder dokumentieren die Widersprüchlichkeiten und unterschiedlichen Entwicklungsgeschwindigkeiten eines langen, schmerzlichen, ebenso sprunghaften wie vielfach gebrochenen Wandlungsprozesses, der im letzten Jahrzehnt des 20. Jahrhunderts in einen Transformationsprozeß überging, der «weder logistisch vorbereitet noch organisatorisch effektiv implementiert wurde» (Nikolaj Genov). An die Stelle des starken Staates trat der erodierende Staat; die Überzeugung von der Plan- und Steuerbarkeit gesellschaftlicher und ökonomischer Prozesse wurde durch die Zuversicht auf die Selbstregulierungskräfte des Markts und der importierten Institutionen (Demokratie, Rechtsstaatlichkeit etc.) ersetzt. Doch die mit dem Neo-Liberalismus verbundenen Erwartungen erfüllten sich bis zum Ende des Jahrhunderts nur partiell oder gar nicht. Zwischen den postsozialistischen Staaten Südosteuropas (mit Ausnahme Sloweniens) und Griechenland liegt ein Entwicklungsabstand von mehreren Jahrzehnten. Mitte der 90er Jahre betrug das Bruttosozialprodukt pro Kopf der Bevölkerung in Griechenland 7710, in Rumänien 1230, in Bulgarien 1160, in Rest-Jugoslawien unter 900 und in Albanien 360 US-Dollar. Eine friedliche Entwicklung vorausgesetzt, wird es im Falle Rumäniens unter Zugrundelegung optimistischer Annahmen schätzungsweise vier bis fünf, im Falle Albaniens sieben und mehr Jahrzehnte dauern, bis das (moderat fortgeschriebene) Niveau Griechenlands erreicht werden kann. Die Aufholzeiten für die übrigen Staaten dürften zwischen diesen beiden Werten liegen. Die rund vier Jahrzehnte Sozialismus haben ein schweres Erbe hinterlassen. Die Folgen und die sich daraus ergebenden Aufgaben sind bis heute nicht in ihrer Gänze zu überschauen, wie ein Blick auf die Umweltproblematik besonders deutlich zeigt. Doch das Beispiel Griechenlands belegt, daß nicht alle Defizite der Region mit Sozialismusfolgen zu erklären sind. Das Bestreben, den Entwicklungsabstand zwischen West- und Südosteuropa zu schließen, dauert bereits ein bis anderthalb Jahrhunderte. Modernisierungsbestrebungen benötigen offenbar einen langen Atem. Ungeachtet aller Fehlprognosen scheint Marx mit seiner Behauptung recht zu behalten, daß man Entwicklungsphasen nicht überspringen oder wegdekretieren könne. Allenfalls ließen sich die Geburtswehen verkürzen. Wie dies geschehen kann, bleibt ungeklärt. Möglicherweise enthält die säkulare Modernisierungsgeschichte des Balkanraums mit seiner Vielfalt an Entwicklungsstrategien vom klassischen Liberalismus über den Staatsinterventionismus und den Staatsdirigismus bis zum Neo-Liberalismus den Schlüssel zu einer ersten Antwort.

Bevölkerungsentwicklung und Sozialstruktur

Holm Sundhaussen

Demographische Entwicklungen

Der Balkanraum südlich von Save und Donau sowie die früheren rumänischen Fürstentümer Walachei und Moldau waren über Jahrhunderte hinweg im Vergleich zu West- und Mitteleuropa relativ dünn besiedelt. Das lag einerseits an der geophysischen Struktur der Region mit ihrem dominanten Gebirgscharakter, andererseits an den vielfältigen Entwicklungsbarrieren, die eine Erweiterung der natürlichen Lebensgrundlagen und des Nahrungsspielraums behinderten. Noch Anfang des 20. Jahrhunderts betrug die durchschnittliche Bevölkerungsdichte im damaligen Königreich Serbien 60 und im rumänischen Altreich 55 Einwohner pro qkm. Im siedlungsfeindlichen Montenegro sank sie auf 22 Einwohner, während Bosnien, Griechenland und Bulgarien mit 38, 42 und 45 Einwohnern pro qkm eine mittlere Position einnahmen. Entsprechend den unterschiedlichen lokalen Rahmenbedingungen unterlag die Bevölkerungsdichte starken Schwankungen: Einige Gebiete waren fast menschenleer, während die fruchtbaren und verkehrsoffenen Ebenen zur «Übervölkerung» tendierten. Bezieht man die Einwohnerzahlen nicht auf das jeweilige Staatsterritorium, sondern nur auf die landwirtschaftlich nutzbare Fläche, so stieß der Balkanraum bereits Anfang des 20. Jahrhunderts an die Grenzen eines extensiven Bevölkerungs- und Wirtschaftswachstums. Dieser Tatbestand wurde durch die geringe Zahl der Städte und die Weitmaschigkeit des Städtenetzes zusätzlich verschärft.

Der «demographische Übergang» von einer nur mäßig wachsenden bis stagnierenden Bevölkerung zur «Bevölkerungsexplosion» setzte im Balkanraum vergleichsweise spät ein. Mangels zuverlässiger Daten läßt er sich nur in Umrissen rekonstruieren. Die Sterblichkeit, die in den 60er und 70er Jahren des 19. Jahrhunderts in Serbien noch weit über 30 Promille betragen hatte, sank Anfang der 80er Jahre spürbar ab, während die Geburtenrate über die hohen Werte der 60er Jahre noch hinausschnellte und im Verlauf der 80er Jahre mit annähernd 48 Promille ihren absoluten Höchststand erreichte. Die demographische Schere war damit weit geöffnet. Die Bevölkerung nahm jetzt im jährlichen Durchschnitt um 21 Promille zu. Doch schon nach wenigen Jahren begann die Geburtenziffer wieder langsam zu sinken, ohne daß dieser Rückgang durch eine entsprechende und kontinuierliche Abnahme der Sterblichkeit ausgeglichen worden wäre. Auf längere Sicht zeichnete sich damit die allmähliche Schließung der Schere ab.

Die überdurchschnittliche Fruchtbarkeit war vor allem die Folge der großen Nuptialität und des jungen Heiratsalters. Wenn es auch von Land zu Land gewisse zeitliche Verschiebungen hinsichtlich des «demographischen Übergangs» gab, so ließ sich doch ein allgemeines Muster des Bevölkerungswachstums im Donau-Balkan-Raum erkennen. Der Index der generellen Fruchtbarkeit war in den Balkanländern, Ungarn und Rußland Ende des 19./Anfang des 20. Jahrhunderts deutlich höher als in den west- und nordeuropäischen Staaten. Allerdings wiesen die zuerst genannten Länder (und auch Spanien) die höchste Sterblichkeit (insbesondere Säuglings- und Kindersterblichkeit) in Europa auf.

An der Westgrenze Ungarns verlief zur Jahrhundertwende eine markante demographische Trennungslinie, die Europa in zwei Teile untergliederte. Westlich dieser Linie heirateten die Menschen im allgemeinen spät, und viele blieben ledig. Im östlichen Teil Europas war die allgemeine und frühe Heirat üblich; Ehelosigkeit und Ehescheidungen blieben eine Ausnahme. Der ungarische Demograph László Katus unterscheidet drei Typen des «demographischen Übergangs» in Europa: «Der erste ist der für die meisten westeuropäischen Länder kennzeichnende Typ, den man als ‹klassisch› bezeichnen kann. (...) Der zweite Typ kann als osteuropäischer bezeichnet werden, weil er für die Mehrzahl der östlichen und südöstlichen Länder Europas charakteristisch ist. (...) Zum dritten Typ lassen sich vorläufig Ungarn und Spanien (und wahrscheinlich auch Rumänien) rechnen.» Der zweite Typ, zu dem die Balkanländer gehören, wird von Katus wie folgt beschrieben: «Hier finden wir als ausgeprägten Zug des traditionellen Bevölkerungsmodells die allgemeine und frühe Eheschließung und als Folge davon ein hohes Niveau der allgemeinen Fruchtbarkeit. Der Übergang setzt, im Vergleich zum ersten Typ, mit annähernd hundert Jahren Verspätung ein, und auf die Verminderung der Sterbeziffer folgt relativ rasch das Sinken der Geburtenziffer, in erster Linie wegen der Abnahme der bisher hohen ehelichen Fruchtbarkeit.»

Im Verlauf des 20. Jahrhunderts glich sich die natürliche Bevölkerungsbewegung im Balkanraum allmählich derjenigen in Westeuropa an. Das heißt, die Dynamik der Wachstumsrate verlangsamte sich stetig, sofern man die externen Störungen und die dadurch ausgelösten Schwankungen außer Betracht läßt. Von 1920 bis 1939 nahm die Einwohnerzahl Albaniens um insgesamt 32 Prozent, diejenige Jugoslawiens und Bulgariens um 31 bzw. 30 Prozent zu, während Rumänien ein Wachstum von 28 Prozent verzeichnete. Die Bevölkerung Griechenlands dagegen nahm infolge der Ansiedlung von Flüchtlingen und Vertriebenen um über 46% zu.

Nach dem Zweiten Weltkrieg mit seinen hohen Menschenverlusten und einem vorübergehenden Geburtenanstieg setzte sich der abnehmende Trend der Zwischenkriegszeit fort, wobei es allerdings zu einer scharfen Divergenz zwischen den Wachstumsraten der christlichen und der muslimischen Bevölkerung kam. Während die Bevölkerungsbewegung der Christen zu Stagnation oder Rückgang tendierte, hielt sich die Zuwachsrate der Muslime auf einer (im europäischen Kontext) exzeptionellen Höhe. An dem einen Ende des Spektrums stand Bulgarien, am anderen Ende Albanien. In Bulgarien, das zwischen 1920 und 1946 noch ein durchschnittliches jährliches Bevölkerungswachstum von 1,4 Prozent aufgewiesen hatte, sank die Rate nach dem Zweiten Weltkrieg zunächst auf 0,8 Prozent, in der zweiten Hälfte der 60er Jahre auf 0,6, nach 1975 auf 0,2 und Ende der 80er Jahre auf 0,1 Prozent. Die vom sozialistischen Regime unternommenen Gegensteuerungsversuche wie die drastische Einschränkung der legalen Abtreibung konnten den Abwärtstrend nicht wirksam aufhalten. Anfang der 90er Jahre schlug das bescheidene Wachstum erstmals in eine Bevölkerungsabnahme um. 1992 starben mehr Menschen als geboren wurden, so daß die Bevölkerung um 0,22 Prozent gegenüber dem Vorjahr schrumpfte. In den nachfolgenden Jahren verschärfte sich der «demographische Kollaps» als Folge des wirtschaftlichen und sozialen Desasters, das der Zusammenbruch des realsozialistischen Systems hinterlassen hatte. In national gesinnten Kreisen verbreitete sich die Angst vor einem «Aussterben» der bulgarischen Nation.

Deutlich anders verlief der demographische Prozeß in Albanien. Wegen der Lücken und Widersprüche im statistischen Material läßt sich der Beginn der «demographischen Transition» nicht zuverlässig datieren. Vermutlich setzte die «Bevölkerungsexplosion» im Vergleich zu den übrigen Balkanländern erst mit einer Verspätung von drei bis vier Jahrzehnten ein, d. h. in der Zwischenkriegszeit. Von der Mitte der 50er bis Mitte der 60er Jahre erreichte der jährliche Zuwachs mit mehr als 3 Prozent den absoluten Höhepunkt und ging im Verlauf der 80er Jahre langsam auf etwa 2 Prozent zurück. Damit wies Albanien unter allen europäischen Ländern noch immer die höchste Vermehrungsrate auf. Mit einem Durchschnittsalter von 27 Jahren gehörte seine Bevölkerung zu den jüngsten Populationen auf dem Kontinent. War Albanien am Ende des Zweiten Weltkrieges mit durchschnittlich 39 Einwohnern pro qkm das am dünnsten besiedelte Land im Balkanraum gewesen, nahm es Ende der 80er Jahre mit 111 Einwohnern pro qkm eine Spitzenstellung ein, vor Rumänien mit 98, Jugoslawien mit 92, Bulgarien mit 81 und Griechenland mit 76 Einwohnern pro qkm.

Auch die muslimische Bevölkerung in anderen Teilen des Balkanraums wies deutlich höhere Wachstumsraten auf als ihre christliche Umgebung. Dies galt für die Albaner im Kosovo und in Westmakedonien ebenso wie für die bosnischen Muslime oder die türkische Minderheit in Bulgarien. Die während der Nachkriegsjahrzehnte erzielten Modernisierungsergebnisse in den muslimischen Siedlungsgebieten wurden zu einem erheblichen Teil durch die Bevölkerungsvermehrung absorbiert. In der Regel handelte es sich um wenig entwickelte, arme Gebiete, die viele Merkmale der «Dritten Welt» aufwiesen. Ob damit der hohe Geburtenüberschuß hinreichend erklärt werden kann, sei jedoch dahingestellt. Daß die unterschiedlichen natürlichen Wachstumsraten der muslimischen und christlichen Bevölkerung in ethnisch gemischten Gebieten das nationale Konfliktpotential verschärften und gezielt zur Schürung nationaler Emotionen eingesetzt wurden, etwa in Bosnien und Herzegowina, im Kosovo, in Makedonien und Teilen Bulgariens, ist offenkundig.

Die Bevölkerungsentwicklung in den anderen Balkanstaaten und Rumänien neigte eher dem bulgarischen als dem albanischen Muster zu. In Serbien und Montenegro verringerte sich die natürliche Zuwachsrate von jährlich ca. 1,5 Prozent Anfang der 50er Jahre auf 0,3 Prozent Mitte der 90er Jahre. Auch in Griechenland schrumpfte das Bevölkerungswachstum in der zweiten Hälfte der 80er Jahre auf 0,3 Prozent per annum. In Rumänien lag die Quote dank einer rigiden Geburtenförderungspolitik in der «Ära Ceauşescu» – Abtreibungsverbot, Erschwerung der Ehescheidung, «Strafsteuer» für Kinderlose u. ä. – zwar etwas höher, erlitt jedoch nach der Wende von 1989 einen tiefen Einbruch. Wie Bulgarien hatte auch Rumänien in den frühen 90er Jahren eine negative Wachstumsrate zu verzeichnen. Die Differenz zwischen der Zahl der Geborenen und der Gestorbenen sank 1992 auf –0,02 und im folgenden Jahr auf –0,07 Prozent.

Während der Altersaufbau der albanischen Bevölkerung noch Anfang der 90er Jahre einer Pyramide glich – mit einem breiten, sich mit aufsteigenden Altersgruppen zunehmend verkleinernden Kinder- und Jugendsockel – wiesen die anderen Balkanländer die für viele Industriegesellschaften typische Glockenform auf. Die Geburtenrückgänge hatten den breiten Jugendsockel und damit die frühere Pyramidenform zum Verschwinden gebracht. Der Anteil der unter 15jährigen verringerte sich, während derjenige der über 65jährigen zunahm. Zugleich stieg die Lebenserwartung bis in die 80er Jahre hinein ständig an, bei Männern auf 67–69 und bei Frauen auf 73–75 Jahre.

Zu Beginn der «demographischen Transition» hatte in großen Teilen des Balkanraums die erweiterte Familie – das «Haus» bzw. die «Hauskommunion» – als soziale Grundeinheit der Bevölkerung dominiert. Der traditionelle «Balkanfamilienhaushalt», für den sich im 19. Jahrhundert der Terminus «Zadruga» durchsetzte, war durch Patrilinearität, Patrilokalität und Patriarchalismus charakterisiert. Das heißt, die verwandtschaftlichen Beziehungen zählten nur in agnatischer, männlicher Linie; die Frau zog bei der Heirat in den Haushalt ihres Mannes und nahm dort eine untergeordnete Position ein, die sich erst nach der Geburt eines Kindes etwas verbesserte. «Die Frauen der serbischen Bauernfamilie befinden sich in sozialer wie auch in ökonomischer Hinsicht in einer viel ungünstigeren Lage als die Männer», schrieb ein serbischer Beobachter vor dem Ersten Weltkrieg. «Die Frauen werden im Hause von allen Männern als jünger betrachtet. Die einzige Ausnahme macht die Hausmutter. ‹Es gehört sich, daß die Frau dem Manne die Hand küßt, wäre dieser auch jünger als sie. Ebenso gehört es sich, daß die Frau, möge sie arbeiten, was sie wolle, beim Vorübergehen des Mannes aufsteht und ihn mit Gott begrüßt.› Die Frau hat kein Eigentumsrecht, sie hat nur Nutzungsrecht. Sie hat auch kein Erbrecht, solange in der Zadruga eine einzige männliche Person vorhanden ist.»

Zu den weiteren Merkmalen der balkanslawischen Hauskommunion gehörten das ungeteilte Gemeinschaftseigentum, vor allem an Gebäuden, an Grund und Boden, an Vieh und an Gerätschaften, die gemeinschaftliche Wirtschaftsweise, der gemeinsame Konsum und die volle Rechtsgemeinschaft der Hausgenossen. An der Spitze des Haushalts stand ein Oberhaupt, der «Älteste», der das gesamte Hauswesen lenkte und ihre Mitglieder nach außen vertrat. Anders als in Westeuropa, wo sich die erweiterte Familie – bzw. das «ganze Haus» – bereits lange vor Beginn der «industriellen Revolution» infolge römisch-rechtlicher Erbschaftsregelungen aufgelöst hatte, hielt sich die Zadruga im Balkanraum noch bis ins 20. Jahrhundert hinein, sah sich jedoch einem rasanten Verfallsprozeß ausgesetzt. Ursächlich dafür waren die Ausbreitung der Geldwirtschaft, die Funktionsentlastung der Familien durch staatliche Institutionen und die Rezeption des römischen Rechts. Im Verlauf des 20. Jahrhunderts setzte sich dann (nahezu) überall die Kernfamilie durch. Wie die Zadruga verloren auch die patrilinear, patrilokal und patriarchalisch verfaßten Stämme, die sich in den schwer zugänglichen Gebirgsregionen Nordalbaniens und Montenegros bis ins 19. Jahrhundert hinein konserviert hatten, allmählich ihre Bedeutung. Auch hier begannen die Großfamilien mit einer gewissen zeitlichen Verzögerung, dem gesamteuropäischen Modell der neuzeitlichen Kernfamilie zu weichen.

Migration

Neben dem Geburten- oder Sterbeüberschuß werden Richtung und Stärke der Bevölkerungsbewegung durch den Saldo der Ein- und Auswanderungen bestimmt. Die grenzüberschreitenden Migrationen können wirtschaftlich-soziale, ethnische oder politische Motive haben. In Extremfällen kommen Flucht oder Vertreibung hinzu. Letztere haben in den Balkanländern seit der Nationalstaatsgründung und den damit verbundenen nationalen Homogenisierungsbestrebungen eine ebenso bedrückende wie herausragende Rolle gespielt. Der amerikanische Wirtschaftshistoriker Marvin Jackson hat in Auswertung der verfügbaren demographischen Daten versucht, eine Veränderungsbilanz ethnischer Minderheiten für die vier Länder Bulgarien, Griechenland, Jugoslawien und Rumänien im Zeitraum von 1912 bis 1970 zu errechnen. Die Summe der «Wanderungen» in oder aus den vier genannten Ländern – einschließlich Flucht, Vertreibung und Massenmord – beläuft sich nach seinen Kalkulationen auf etwa 7,4 Millionen Menschen. Darunter befinden sich Doppelzählungen, die jedoch nicht stark ins Gewicht fallen. Hinzu kommt eine weitere Million, bei der nicht entschieden werden kann, ob die Betroffenen assimiliert wurden und damit ihren Charakter als Minderheit verloren oder emigrierten. Rechnet man noch jene Personen hinzu, die in den ausgewerteten Volkszählungen nicht als Minderheit qualifiziert wurden, aber gleichwohl in ihrer Eigenschaft als zeitweilige Minderheit infolge kurzfristig veränderter Grenzziehungen Opfer eines Ethnozids wurden – wie etwa Serben und bosnische Muslime im kroatischen Ustascha-Staat während des Zweiten Weltkrieges – und berücksichtigt man sowohl die Zeit von der jeweiligen Staatsgründung bis 1912 sowie von 1970 bis zur Gegenwart, so kommt man vermutlich leicht auf eine Gesamtzahl von 12–13 Millionen Menschen (mit einer hohen Fehlerquote nach oben und unten). Diese Zahl ist in Relation zur Gesamtbevölkerung der vier Länder zu sehen, die um das Jahr 1940 herum knapp 50 Millionen erreicht hatte. Das heißt, daß jeder vierte Einwohner von der Zwangsmigration betroffen war. Unter den 6,2 Millionen Einwohnern Griechenlands Ende der 20er Jahre befanden sich 1,2 Millionen Flüchtlinge und Vertriebene aus Kleinasien, Ost-Thrakien, dem Schwarzmeerraum, Bulgarien, Konstantinopel etc. Und sofern man statt der Gesamtbevölkerung der jeweiligen Staaten nur die Einwohnerzahl der von den ethnischen Veränderungen besonders betroffenen Regionen wählt, nimmt das Ausmaß der «Wanderungen» stellenweise erdrückende Dimensionen an. Die nationale Zusammensetzung der Bevölkerung in einigen Regionen wurde im Verlauf und als Ergebnis dieser ethnischen

«Säuberungen» mitunter völlig umgekrempelt. Man denke stellvertretend an den griechischen Teil Makedoniens in den 20er Jahren nach dem griechisch-türkischen «Bevölkerungsaustausch» oder an die jüngsten «ethnischen Säuberungen» in Teilen Kroatiens, in Bosnien und Herzegowina und im Kosovo, die zwei bis drei Millionen Menschen in die Flucht zwangen.

In der Zeit zwischen den großen ethnischen Vertreibungswellen nach der jeweiligen Staatsgründung, nach den Balkankriegen, während und nach dem Ersten und Zweiten Weltkrieg sowie während der Kriege im auseinanderbrechenden Jugoslawien vollzog sich eine vergleichsweise unspektakuläre, aber mehr oder minder kontinuierliche und alltägliche Abwanderung von Türken, Deutschen, Juden u. a. – Auswanderungen, die sich nur gelegentlich verdichteten, wie etwa in Bulgarien Anfang der 50er und in der zweiten Hälfte der 80er Jahre oder in Rumänien während und nach der Ceauşescu-Diktatur. Allein im Sommer 1989 verließen innerhalb von vier Monaten über 300 000 bulgarische Türken ihre Heimat, um dem verschärften Assimilierungszwang zu entgehen. Ein Großteil kehrte jedoch nach Aufhebung der Diskriminierungsmaßnahmen wieder nach Bulgarien zurück.

Auch die vorübergehende oder endgültige Abwanderung ins europäische Ausland bzw. nach Übersee auf der Suche nach Arbeitsplätzen und Aufstiegschancen hat in der neuesten Geschichte der Balkanländer eine bedeutende Rolle gespielt. In Griechenland setzte sie früher ein als in den Nachbarländern. Ab 1890 wurden pro Jahr mehr als tausend Einwohner der Peloponnes als Auswanderer registriert. Auch andere Teile Griechenlands wurden mehr und mehr von der Abwanderung erfaßt. 1903 war die Zahl der Auswanderer aus dem damaligen Königreich bereits auf über 10 000 pro Jahr gestiegen und erreichte 1907 mit mehr als 46 000 Personen einen Höhepunkt.

Die Arbeitsmigration aus den Balkanländern wurde durch die zeitweiligen Einwanderungsbeschränkungen der Zielländer seit dem Ende des Ersten Weltkriegs und durch die späteren Auswanderungsverbote der sozialistischen Herkunftsländer (mit Ausnahme Jugoslawiens) in ihrer freien Entfaltung zwar behindert, nahm gleichwohl – zumindest vorübergehend – bedeutende Ausmaße an. In den 60er Jahren ergoß sich ein zunehmend breiter Strom von Arbeitsmigranten aus Jugoslawien und Griechenland in das westliche Europa und nach Übersee. In den frühen 70er Jahren befand sich rund eine Millionen jugoslawischer Arbeitnehmer im Ausland. Aus Griechenland waren im Verlauf des vorangegangenen Jahrzehnts knapp 800 000 Arbeitnehmer abgewandert. Die Zahl der Auswanderer übertraf damit zeitweilig die Höhe des natürlichen Wachstums. Die nach dem Sturz des Kommunismus ansteigende Auswanderungswelle aus Albanien und anderen postsozialistischen Ländern brach sich dagegen an den seit dem Ölpreisschock von 1973 schrittweise ausgebauten Restriktionen der Zielländer. Dennoch gelang es schätzungsweise 400 000 Albanern, sich bis 1995 nach Griechenland und Italien abzusetzen. Rund 130 000 Bulgaren verließen nach der Wende ihre Heimat, während fast 200 000 Rumänen einen Asylantrag im Ausland stellten. Annähernd anderthalb Millionen rumänischer Staatsbürger erwogen nach einer Erhebung aus dem Jahr 1993, ihr Land auf Dauer zu verlassen, wenn sie dazu eine Möglichkeit fänden.

Insgesamt fällt der Wanderungssaldo der Balkanländer im 20. Jahrhundert negativ aus. Das heißt, die Zahl der Auswanderer im weitesten Sinne, einschließlich der Vertriebenen und Flüchtlinge, übertraf bei weitem die der Einwanderer, so daß die tatsächliche Bevölkerungsentwicklung in den jeweiligen Staaten bzw. die quantitative Entwicklung einzelner Gruppen – wie der Türken in Bulgarien, der Deutschen und Ungarn in Rumänien, der Serben im Kosovo – hinter den Ergebnissen der natürlichen Bevölkerungsbewegung zurückblieb.

Urbanisierung

Die jahrhundertelange Instabilität der Siedlungsverhältnisse gehört zu den wesentlichen Charakteristika der Bevölkerungsgeschichte südlich von Save und Donau. Neben den grenzüberschreitenden haben Binnenwanderungen im Balkanraum seit altersher für permanente Fluktuationen der Bevölkerung und eine überaus komplizierte ethnische Gemengelage gesorgt. Das Wanderhirtentum war bis in die jüngste Vergangenheit hinein weit verbreitet. Während der vier- bis fünfhundertjährigen osmanischen Herrschaft vollzogen sich in den europäischen Provinzen gewaltige Bevölkerungsverschiebungen: die Nordwanderung der Serben, die Siedlungsausbreitung der Albaner, die Flucht der Muslime aus jenen Gebieten, die unter habsburgische Herrschaft gefallen waren, der Rückzug der christlichen Bevölkerung aus den Ebenen in die geschützten Gebirgsregionen usw. Die Vorstellung von der räumlichen Immobilität traditioneller Gesellschaften trifft die historische Realität also nur bedingt.

Nach der modernen Staatsgründung vollzog sich die Binnenmigration vor allem in Form der Abwanderung vom Land in die Stadt. Gleichwohl konnte von einer Landflucht zunächst keine Rede sein. Bis zum Ende des Zweiten Weltkriegs verlief die Urbanisierung wegen der geringen Zahl an Arbeitsplätzen im sekundären Sektor eher stockend. In den 30er Jahren lebten weniger als 20 Prozent der jugoslawischen Bevölkerung in

Städten. Nur drei Städte – Belgrad, Zagreb und Subotica – waren mit mehr als 100 000 Einwohnern als Großstädte zu bezeichnen, die jedoch mit ihren stark «verbäuerlichten» Strukturen eher traditionellen Gartenstädten als modernen urbanen Agglomerationen ähnelten. In Bulgarien und Rumänien war das Verhältnis zwischen Stadt- und Landbevölkerung ähnlich wie in Jugoslawien. Nur in Griechenland war der städtische Anteil mit über 30 Prozent der Bevölkerung etwas höher, wobei der Großraum Athen eine absolut dominante Stellung einnahm («Akropolis-Komplex»). Am anderen Ende der Skala stand Albanien mit knapp 12 Prozent städtischer Bevölkerung.

Erst mit der forcierten Industrialisierung unter sozialistischem Vorzeichen und den damit verbundenen Zwangsmaßnahmen gegen die Bauern setzte der Ansturm der ländlichen Bevölkerung auf die Städte des Balkanraums ein. Seit Beginn der 50er Jahre wanderten mehrere Millionen Menschen vom Land in die Städte ab. Die Dynamik der Landflucht bzw. der Urbanisierung nahm bald «pathologischen Charakter» an, da die Städte mit ihrer defizitären Infrastruktur auf den Ansturm unzureichend vorbereitet waren. Die Hauptstadtlastigkeit in allen Balkanländern verschärfte das Problem. Während die Hauptstädte schnell aus allen Nähten platzten, konnten die übrigen Städte ihre inferiore Position in der zentralörtlichen Siedlungshierarchie nicht oder nur schleppend überwinden. Anfang der 90er Jahre belief sich der Anteil der städtischen an der jeweiligen Gesamtbevölkerung in Bulgarien auf fast 68 Prozent, in Griechenland auf 63, in Rumänien auf 54, in Jugoslawien (Serbien und Montenegro) auf 51 und in Albanien auf 36 Prozent.

Allein im früheren Jugoslawien wechselten in den ersten dreieinhalb Jahrzehnten nach dem Ende des Zweiten Weltkriegs mehr als acht Millionen Menschen ihren Wohnsitz; darunter vier bis fünf Millionen, die vom Land in die Stadt oder stadtähnliche Verdichtungszentren zogen. Es lag in der Natur der Sache, daß vor allem die jüngeren Jahrgänge von der Landflucht erfaßt wurden, zumal zahllose kleine Dörfer und Streusiedlungen in weiten Teilen des Balkanraums auch noch Ende der 60er Jahre keinerlei zivilisatorische Errungenschaften besaßen: keine Schulen, keine Kultur-, keine Unterhaltungs- und keine Gesundheitseinrichtungen. Die Jugend blickte mit Neid auf die in der Stadt lebenden Verwandten und Bekannten und war entschlossen, das Dorf um jeden Preis zu verlassen. Im Zuge dieser Wanderbewegungen nahm die Zahl der «vergreisten» Haushalte auf dem Lande rasch zu, und viele Dörfer drohten infolge Überalterung ihrer Bewohner auszusterben. In Rumänien sollte die Dorfzerstörung durch ein 1974 erlassenes Gesetz über die «Systematisierung» des Bodens und der ländlichen Siedlungen gezielt zugunsten agro-industrieller Komplexe vorangetrieben werden. Etwa die Hälfte der rund 13 000 Dörfer des Landes waren zur Liquidation vorgesehen. Ähnliche, wenn auch weniger radikale Pläne gab es in Bulgarien.

Nach dem Umbruch von 1989 und der anschließenden «De-Industrialisierung» kam die Verstädterung in den postsozialistischen Ländern (mit Ausnahme Albaniens) zum Stillstand, und die Richtung der Wanderungsströme kehrte sich partiell um. Zwischen 1990 und 1992 verringerte sich die Einwohnerzahl von Bukarest um drei Prozent, die von Braşov sogar um elf Prozent. In Bulgarien übertraf der Wanderungsstrom aus der Stadt aufs Land in den frühen 90er Jahren erstmals den Zuzug vom Land in die Stadt. Dies war gewiß noch keine Stadtflucht, aber ein unübersehbarer Indikator für die dramatisch zunehmenden wirtschaftlichen und sozialen Nöte der städtischen Unterschichten.

Wandel in den Erwerbsstrukturen

Parallel zum Urbanisierungsprozeß vollzog sich der anfangs stockende, dann jedoch außerordentlich dynamische Wandel in der Erwerbsstruktur der Bevölkerung.

Die ganz überwiegende Mehrheit der alteingesessenen Bevölkerung des Balkanraums hatte sich zum Zeitpunkt der jeweiligen Staatsgründung mit Ackerbau und Viehzucht beschäftigt. Nur die griechische Gesellschaft mit ihren traditionsreichen Händler- und Reederfamilien war bereits stärker differenziert gewesen. Anläßlich des 1866 im Fürstentum Serbien durchgeführten Zensus wurde erstmals im Balkanraum eine umfassende, den zeitgenössischen Anforderungen entsprechende Berufszählung vorgenommen. Danach lebten 90 Prozent der Bevölkerung von einer Beschäftigung in der Land- und Viehwirtschaft, 5,4 Prozent bezogen ihren Unterhalt aus Handwerk, Bergbau und Gewerbe, 2,5 Prozent aus Handel und Verkehr und 1,6 Prozent aus dem öffentlichen Dienst und freien Berufen. Mit anderen Worten: nur knapp 10 Prozent der Gesamtbevölkerung Serbiens lebten von einer Tätigkeit in einem nichtlandwirtschaftlichen Sektor. In den ländlichen Gemeinden war ihr Anteil mit drei Prozent noch verschwindend gering, während er in den städtischen Gemeinden bereits 74 Prozent betrug, allerdings mit starken Schwankungen von Stadt zu Stadt.

Die Umschichtung der Erwerbstätigkeit vom primären auf den sekundären und tertiären Sektor verlief in allen Balkanländern stark verlangsamt. Noch zur Zeit des Zweiten Weltkrieges waren 70–80 Prozent der erwerbstätigen Bevölkerung in der Landwirtschaft beschäftigt – in Griechenland weniger, in Albanien mehr. Der durchschnittliche balkanische Bauer der Zwischenkriegszeit war nach den Bodenreformen im Anschluß an den Ersten Weltkrieg ein Kleinlandwirt, der seine winzigen und verstreuten Parzellen mit den extensiven Methoden der Dreifelderwirtschaft, oft eingebunden in den Flurzwang der Dorfgemeinde, zum Zweck der familiären Bedarfsdeckung bewirtschaftete. Von einer betriebswirtschaftlichen Rationalisierung und Kapitalisierung konnte keine Rede sein, die Marktbeziehungen blieben schwach, so daß nur sehr bedingt von einer kapitalistischen Landwirtschaft gesprochen werden konnte. Im Fall von Mißernten reichte die eigene Produktion oft nicht zur Subsistenzsicherung aus. Die Rückzahlung von Schulden (als Entschädigung für zugeteiltes Land oder zur Abzahlung von Saatgut) war unter diesen Umständen kaum möglich.

Die Möglichkeit, der ländlichen Misere zu entfliehen, blieb außerordentlich begrenzt, da die Schaffung nichtagrarischer Arbeitsplätze hinter dem starken Bevölkerungswachstum zurückblieb. Nur ein verhältnismäßig kleiner Teil der Gesellschaft, wie etwa die Kinder reicher Bauern, Kaufleute und Staatsbediensteten, gelangte in den Genuß beruflicher Veränderungs- und sozialer Aufstiegschancen. Die Mittelklasse, unter ihnen die besser gestellten Staatsbeamten und die staatliche alimentierte Intelligenzschicht, nahm zwar zu, konnte sich in der Regel jedoch nicht aus der Abhängigkeit vom Staat befreien. Auch die Industriearbeiterschaft blieb eine marginale Gruppe. In Rumänien und Bulgarien lag ihr Anteil bei 7 bis 8 Prozent der Gesamtbevölkerung. In Jugoslawien war er etwas höher, in Albanien bedeutend niedriger.

Erst nach dem Zweiten Weltkrieg kehrte sich die Verteilung der ökonomisch aktiven Bevölkerung auf die Wirtschaftssektoren dank forcierter Industrialisierung in einem rasanten Tempo um. Anfang der 90er Jahre war der Anteil der Erwerbstätigen in der Land- und Forstwirtschaft Bulgariens auf 18 Prozent gesunken, in Jugoslawien (Serbien und Montenegro) betrug er 24, in Griechenland ca. 25 und in Rumänien über 29 Prozent. In Albanien fanden dagegen noch 47 Prozent der Erwerbstätigen im Agrarbereich ihr Auskommen. Allerdings befand sich darunter eine nicht unerhebliche Zahl von Personen, die von den landwirtschaftlichen Genossenschaften als Handwerker, Kaufleute, Lehrer etc. beschäftigt wurden und mit der unmittelbaren Agrarproduktion nichts zu tun hatten. Umgekehrt hatte die Bedeutung des sekundären Sektors stetig zugenommen. In Jugoslawien beschäftigte das produzierende Gewerbe Anfang der 90er Jahre 45 Prozent der Erwerbstätigen, in Bulgarien waren es 40,6, in Rumänien 37,1 und in Albanien 30,4 Prozent. In Griechenland lag der Anteil unter 28 Prozent, da dort der tertiäre Sektor seit jeher eine größere Bedeutung hatte als der industrielle Sektor. Im Unterschied dazu stellte sich der Dienstleistungsbereich in Jugoslawien, Rumänien und Albanien als unterentwickelt dar.

Nur in Bulgarien erreichte er eine Bedeutung, die sich derjenigen in Griechenland näherte.

In allen sozialistischen Ländern hatte der Anteil der Erwerbspersonen an der Gesamtbevölkerung nach dem Zweiten Weltkrieg zugenommen. Besonders die Beteiligung der Frauen am Berufsleben war sprunghaft gestiegen. Dieser Prozeß war Folge und Teilaspekt ihrer rechtlichen Gleichstellung nach 1945. So erhöhte sich zum Beispiel der Anteil der weiblichen Beschäftigten an den Lohn- und Gehaltsempfängern des produzierenden Gewerbes in Bulgarien von einem Drittel im Jahre 1960 auf über die Hälfte im Jahre 1989. Überall wurde die Alphabetisierung und berufliche Qualifizierung der Bevölkerung mit großer Energie und großem Erfolg vorangetrieben und die Gesundheitsfürsorge verbessert. Die soziale Umwälzung während der Nachkriegsjahrzehnte liest sich wie eine Erfolgsgeschichte: Gleichstellung der Frauen, Beseitigung des Analphabetismus, Verbesserung des Humankapitals, Etablierung eines staatlichen Fürsorgenetzes, Aufbau einer Industriegesellschaft und Sicherung eines bescheidenen Wohlstands.

Und nicht zuletzt bestand überall eine lebenslange Arbeitsplatzgarantie, die allerdings in der spätsozialistischen Phase zunehmend mit Unterbeschäftigung bzw. verdeckter Arbeitslosigkeit und mit sinkender Arbeitsproduktivität erkauft werden mußte. Hatte in der Zwischenkriegszeit vor allem die Landwirtschaft unter der rapid zunehmenden Zahl «überflüssiger Arbeitskräfte» gelitten, so verlagerte sich das Problem gegen Ende der sozialistischen Regime in den sekundären Sektor, obwohl auch die Landwirtschaft «überbesetzt» blieb. Nachdem die lange schwelende ökonomische Krise Ende der 80er Jahre in den Systemkollaps gemündet war, brach über große Teile der Bevölkerung eine wirtschaftlich-soziale Katastrophe herein, die in vieler Hinsicht der Katastrophe während der Weltwirtschaftskrise Anfang der 30er Jahre ähnelte.

Sozialstrukturen nach 1989

Die einsetzende Umstrukturierung der Wirtschaft – die Einführung des Marktes, die Auflösung der landwirtschaftlichen Genossenschaften und die mehr oder minder zügig vorangetriebene Privatisierung der Industrie- und Dienstleistungsunternehmen – sowie die Produktions- und Absatzprobleme, die aus dem Verfall der bis dahin vorherrschenden Austauschbeziehungen mit den Partnern des RGW resultierten, waren mit einem rasanten Abbau von Arbeitsplätzen verbunden. Die versteckte Arbeitslosigkeit der spätsozialistischen Phase schlug in die offene Arbeitslosigkeit der postsozialistischen Phase um. In Rumänien z. B. nahm die

Zahl der registrierten Arbeitslosen innerhalb eines Jahres, von Ende 1991 bis Ende 1992, um das Dreifache zu und erreichte damit die Millionengrenze bzw. eine Quote von 8,4 Prozent – mit weiterhin steigender Tendenz. In Bulgarien, wo 1990 das Recht auf lebenslange Beschäftigung abgeschafft worden war, verloren im darauffolgenden Jahr ca. 800 000 Erwerbstätige ihren Arbeitsplatz. Die Arbeitslosenquote stieg bis 1993 auf über 16 Prozent. Betroffen waren vor allem Jugendliche und Frauen. In Albanien wurde die Arbeitslosenquote Anfang der 90er Jahre offiziell auf weniger als 10 Prozent geschätzt, belief sich jedoch nach inoffiziellen Berechnungen bereits auf 30 Prozent und mehr – mit weiterem Anstieg und gewaltigen regionalen Unterschieden. In Jugoslawien überstieg die offizielle Arbeitslosenquote Ende 1991 die 20 Prozent-Marke, in Makedonien kletterte sie in der zweiten Hälfte der 90er Jahre auf über 30 Prozent. Und in Bosnien und Herzegowina hatten der Krieg von 1992–1995 und seine Folgen nicht nur den Waren- und Dienstleistungsmarkt, sondern auch den Arbeitsmarkt zum Einsturz gebracht.

Die einst relativ egalitäre Sozialstruktur der Bevölkerung in den sozialistischen Ländern mit ihrer stabilen Stratifikation von Arbeitern, Genossenschaftsbauern und kleineren Angestellten auf der einen, Nomenklatura und Intelligenz auf der anderen Seite machte einer dramatisch zunehmenden sozialen Polarisierung Platz. Einer kleinen Schicht von Transformationsgewinnern, zumeist Angehörigen der früheren Nomenklatura und Profiteuren mafioser Netzwerke, stand eine erdrückende Mehrheit von Transformationsverlierern wie Arbeiter, Akademiker, Rentner sowie beschäftigungslos gewordene Frauen und Männern gegenüber. Dazwischen versuchte sich eine Gruppe von Kleinunternehmern in einem schwierigen Überlebenskampf als neue Mittelschicht zu etablieren. Anfang 1992 zählten sich in Rumänien bereits 11,7 Prozent der Erwerbstätigen zur Kategorie der Selbständigen – mit sehr unterschiedlichen Durchsetzungschancen. Die Zahl der Industriearbeiter nahm ab, die Bedeutung der privatisierten Landwirtschaft und des Dienstleistungssektors, vor allem von Handel, Banken, Versicherungen und Gastgewerbe, nahm zu.

Die Revitalisierung des Dorfes und der Landwirtschaft gestaltete sich ebenso schwierig wie die Konsolidierung und Modernisierung des industriellen Sektors. In Bulgarien, Rumänien und Albanien, wo der Boden nahezu vollständig kollektiviert worden war, gab es zwar gut ausgebildete und hoch spezialisierte landwirtschaftliche Arbeitskräfte, aber keine Bauern mehr. Viele der ursprünglichen Bodenbesitzer oder deren Nachkommen lebten in der Stadt und waren im sekundären oder tertiären Sektor beschäftigt. Zur Führung eines Bauernhofs waren sie weder bereit noch imstande. Die Rückgabe des Bodens an die ehemaligen Besitzer stellte auch die frühere Parzellierung der Betriebsflächen wieder her. In Rumänien standen für 6,2 Millionen Anspruchsberechtigte nur rund 9 Millionen Hektar zur Verfügung. Ähnlich gestalteten sich die Verhältnisse in Bulgarien oder Albanien. Die neuen (alten) Eigentümer nutzten das reprivatisierte Land zur Selbstversorgung ihrer Familien oder gaben es den vormaligen Leitern und Kadern der sozialistischen Genossenschaften in Pacht. Volkswirtschaftlich waren beide Lösungen problematisch. Die Entstehung einer «rentenkapitalistischen» Schicht neu-alter Eigentümer auf der einen sowie einer «beutekapitalistischen» Schicht ehemaliger genossenschaftlicher Kader auf der anderen Seite führte nicht zur Formierung ökonomisch leistungsfähiger Familienbetriebe, sondern trug zur Verunsicherung des ohnehin maroden Agrarsektors bei.

Andererseits ermöglichte angesichts rapid fallender Geldeinkommen die Re-Privatisierung des Bodens vielen verarmten Familien das Überleben. Die durchschnittlichen Monatsverdienste der Lohn- und Gehaltsempfänger entwickelten sich je nach Wirtschaftszweig unterschiedlich. Die Bezüge in der Landwirtschaft, im Bildungs-, Gesundheits- und Sozialwesen und in der öffentlichen Verwaltung blieben hinter den Einkommen einzelner Dienstleistungsbereiche (Kreditinstitute, Versicherungen) oder Industriezweige (z. B. Energiewirtschaft) zurück. Die Einkommensunterschiede zwischen den neuen Reichen und den neuen Armen nahmen zum Teil schwindelerregende Dimensionen an. Schon lange vor dem Umbruch hatte in großen Teilen der Bevölkerung ein schleichender Prozeß der Einkommensstagnation und Verarmung eingesetzt, der sich mit dem Eintritt in das letzte Jahrzehnt des 20. Jahrhunderts unaufhaltsam beschleunigte. Nach Freigabe der einst regulierten Preise konnte die Entwicklung der Geldeinkommen die Zuwächse bei den Preisen nicht einmal annähernd ausgleichen. So reichte z. B. das durchschnittliche Monatsgehalt der Albaner, das Anfang 1992 auf 1000–1200 Lek beziffert wurde, kaum noch zur Existenzsicherung einer Familie aus. Die Situation der Erwerbslosen mit einem Arbeitslosengeld von 350–700 Lek gestaltete sich nahezu hoffnungslos. In Bulgarien lebten 1992 rund 25 Prozent der privaten Haushaltsangehörigen unter dem offiziellen Existenzminimum (von 598 Lewa) und rund 53 Prozent unter dem sozialen Minimum (von 908 Lewa). Die Nominaleinkommen der rumänischen Lohn- und Gehaltsempfänger stiegen zwar zwischen 1990 und 1992 um fast 500 Prozent, doch die Kaufkraft sank im selben Zeitraum um mehr als ein Viertel. Die Angehörigen vormals privilegierter Berufsgruppen, vor allem Akademiker, mußten einen massiven sozialen Abstieg verkraften. Wer die Möglichkeit hatte, setzte sich ins Ausland ab, so daß den Gesellschaften ein kurzfristig nicht ersetzbares geistiges Kapital entzogen wurde.

Im Unterschied zu Tschechien, Ungarn, Polen oder Slowenien weckte die Transformation in den Balkanländern nicht die für eine langfristige Stabilisierung marktwirtschaftlich und demokratisch verfaßter Gesellschaften erforderlichen Initialzündungen. Die Privatisierung schritt zwar in einem von Land zu Land und von Branche zu Branche unterschiedlichen Tempo voran (besonders rasch in der Landwirtschaft, im Handel und in der Bauwirtschaft), doch mangels Kapital, unternehmerischer Talente, Defiziten in der Gesetzgebung und staatlichen Funktionsschwächen konnten keine Voraussetzungen für eine nachhaltige Entwicklung in Richtung sozialer Erholung geschaffen werden. Die mit dem Kollaps der sozialistischen Systeme verbundenen Erwartungen auf mehr Freiheit und Wohlstand haben sich – zumindest was den Wohlstand betrifft – nicht erfüllt. Die überwiegende Mehrheit der Bevölkerung Bulgariens z. B. war nach einer repräsentativen Umfrage von Mitte 1995 davon überzeugt, daß es ihr «weit schlechter» oder «schlechter» ging als im Jahre 1989. Die Enttäuschung über den Verlauf der Transformation lähmte die Zukunftsplanung ebenso wie die Eigeninitiative und zerstörte das Vertrauen der Bevölkerung in die neue Wirtschafts- und Gesellschaftsordnung. Die Fülle der zu lösenden Probleme auf der einen und die schwindende Akzeptanz des zivilgesellschaftlichen Modells auf der anderen Seite stellen die Balkanländer des ausgehenden 20. Jahrhunderts vor die größte Herausforderung ihrer neueren Geschichte.

Kirchen und Religionsgemeinschaften

Thomas Bremer

Südosteuropa ist nicht nur durch regionale, geographische, nationale und historische, sondern ebenso durch religiöse Vielfalt gekennzeichnet: Nirgendwo sonst in Europa lassen sich seit vielen Jahrhunderten Angehörige der drei monotheistischen Religionen Judentum, Christentum und Islam in größerer Zahl finden. Innerhalb des Christentums sind die drei großen Konfessionen – Orthodoxie, Katholizismus und Protestantismus – vertreten, vor allem die beiden erstgenannten in relevanter Anzahl. Südosteuropa ist daher einerseits ein Ort von Begegnung, Kontakt und Zusammenarbeit zwischen den Glaubensgemeinschaften, andererseits aber auch ein Ort von Konfrontation und Auseinandersetzung.

Häufig haben die Religionsgemeinschaften in Südosteuropa eine bedeutende Rolle für die Entwicklung der jeweiligen nationalen Identität gespielt. Eine der jüngsten Nationen, die bosnischen Muslime, wurde sogar lange Zeit nach ihrer religiösen Prägung benannt. Es liegt auf der Hand, daß diese große Nähe von religiöser und nationaler Zugehörigkeit mannigfache Probleme hervorbringen kann.

Die einzelnen Glaubensgemeinschaften

Die orthodoxen Kirchen

Nach Zahl der Gläubigen und Verbreitung ist das Christentum die größte Religionsgemeinschaft in der Region. Von den Christen Südosteuropas wiederum bekennen sich die meisten zur Orthodoxie. Diese ist in einzelne Kirchen gegliedert, die mit einer Nation in Verbindung stehen und auch entsprechend heißen (etwa Rumänische Orthodoxe Kirche, Serbische Orthodoxe Kirche, Bulgarische Orthodoxe Kirche, Orthodoxe Kirche von Albanien). Diese Kirchen vertreten alle die gleiche Glaubenslehre, haben die gleiche Liturgie (die sich nur in der Sprache unterscheidet) und erkennen sich gegenseitig an. Sie sind jedoch voneinander unabhängig und regeln ihre inneren Belange völlig selbständig. Das höchste Organ jeder einzelnen orthodoxen Kirche ist die Versammlung der Bischöfe, die vom Ersthierarchen – der oft den Titel Patriarch trägt –

geleitet wird. Zwischen den Sitzungen der Bischofsversammlung führt der Synod, eine Gruppe von Bischöfen unter dem Vorsitz des Patriarchen, die laufenden Geschäfte der Kirche. Im Bistum ist der jeweilige Bischof die höchste Instanz.

Das höchste Gremium in Glaubensfragen ist für die (Gesamt-)Orthodoxie das Ökumenische Konzil. Da es jedoch seit dem 8. Jahrhundert kein solches Konzil mehr gegeben hat, gibt es auch keine neueren, für alle Orthodoxen verpflichtenden Glaubenslehren. In der jüngsten Vergangenheit sind die Oberhäupter der einzelnen orthodoxen Kirchen verschiedene Male zu Beratungen zusammengetroffen, und ein Panorthodoxes Konzil ist seit längerer Zeit in Vorbereitung. Insbesondere zwischen dem Patriarchat von Konstantinopel («Ökumenisches Patriarchat»), das einen Ehrenvorrang innerhalb der Orthodoxie innehat, und der Russischen Orthodoxen Kirche als der größten Einzelkirche ist es immer wieder zu Spannungen wegen der Frage nach dem Umfang der Rechte des Ökumenischen Patriarchats bzw. der Einzelkirchen gekommen.

In Südosteuropa sind Rumänen, Serben, Makedonier, Bulgaren, Griechen sowie ein Teil der Albaner orthodox. Selbstverständlich gibt es unter all diesen Nationen auch eine große Zahl von Nichtgläubigen, vor allem nach den Jahrzehnten kommunistischer Herrschaft. Da es keine verläßlichen Statistiken zur Kirchenzugehörigkeit gibt, können die im folgenden angeführten Zahlen nur Annäherungswerte sein.

Die Rumänische Orthodoxe Kirche, die etwa 17 Millionen Gläubige zählt, umfaßt den größten Teil der ethnischen Rumänen. Unter diesen gibt es allerdings auch – vor allem in Siebenbürgen – relativ viele griechisch-katholische Gläubige und einige römisch-katholische Christen. Die Rumänische Orthodoxe Kirche ist aus verschiedenen autonomen Kirchenorganisationen entstanden (Walachei, Moldau, Siebenbürgen) und wurde 1925 von Konstantinopel als Patriarchat anerkannt. Sie hat vor allem ein lebendiges monastisches Leben mit vielen und großen Klöstern vorzuweisen. Viele rumänische Theologen haben bei der Entwicklung der orthodoxen Theologie und in den ökumenischen Gesprächen der letzten dreißig Jahre eine bedeutende Rolle gespielt. Nach dem Zerfall der Sowjetunion hat die Rumänische Kirche auch die Jurisdiktion über die Gläubigen in Moldova («Bessarabien») beansprucht, was dort zu einer Kirchenspaltung und zu einer Belastung der Beziehungen zur Russischen Orthodoxen Kirche geführt hat.

Die Serbische Orthodoxe Kirche war bereits während der Zeit des mittelalterlichen serbischen Reiches selbständig, wirkte unter der Türkenherrschaft jedoch in verschiedenen Jurisdiktionen fort, die nach der Gründung des jugoslawischen Staates 1920 vereint wurden. Ihr gehören etwa 8 Millionen Gläubige an. Nach dem Zerfall Jugoslawiens befinden sich ihre Bistümer in den Nachfolgestaaten sowie in den Ländern, in denen nach den verschiedenen Migrationswellen Serben leben (Westeuropa, Nordamerika, Australien). Bei den Serben ist die Verbindung zwischen nationaler und kirchlicher Zugehörigkeit traditionell sehr groß. Viele Serben bezeichnen sich als orthodox, ohne jedoch getauft zu sein und ohne am kirchlichen Leben teilzunehmen. Insbesondere in den Kriegen der 90er Jahre kam es daher zu einer wachsenden Bedeutung der Kirche in der Öffentlichkeit.

Ein besonderes Problem stellt die Orthodoxie in Makedonien dar. Seit der Gründung Jugoslawiens gehörte dieses Gebiet zur Jurisdiktion der Serbischen Orthodoxen Kirche. Nach dem Zweiten Weltkrieg gab es jedoch kirchliche Autonomiebestrebungen, die von den Machthabern unterstützt wurden, um die Existenz einer eigenen makedonischen Nation zu unterstreichen. Nur zwischen 1958 und 1967 waren die kirchlichen Beziehungen zwischen Belgrad und Skopje geregelt. Dann beanspruchte die Makedonische Orthodoxe Kirche die völlige Selbständigkeit (Autokephalie) von Belgrad, was weder von der serbischen noch von sonst einer orthodoxen Kirche anerkannt wurde. Die serbische Kirche hatte jedoch weder in der jugoslawischen Teilrepublik noch im selbständigen Staat Makedonien die Möglichkeit, ihre Ansprüche durchzusetzen, so daß die Situation bis heute ungeklärt ist: Belgrad beansprucht die Jurisdiktion über die makedonischen Bistümer; diese jedoch bilden ihre eigene, wenngleich in der Orthodoxie nicht anerkannte Kirchenstruktur mit einem Erzbischof an der Spitze.

Das Patriarchat von Bulgarien beruft sich auf die mittelalterliche kirchliche Tradition der bulgarischen Reiche. Während der Türkenherrschaft gehörte die bulgarische Kirche zu Konstantinopel; erst nach dem Zweiten Weltkrieg wurde die Selbständigkeit anerkannt. Heute gehören etwa 7 Millionen Christen zur bulgarischen Kirche. Nach den politischen Veränderungen wandte sich eine Gruppe von Bischöfen vom Patriarchen ab, dem sie enge Zusammenarbeit mit den kommunistischen Behörden vorwarfen. Erst im Herbst 1998 konnte dieses Schisma behoben werden.

In Albanien wurde die kirchliche Organisation der Orthodoxie (wie jede Religionsgemeinschaft) unter dem kommunistischen Regime gänzlich aufgelöst. Traditionell hatte sich etwa ein Drittel der Albaner, vor allem im Süden des Landes, zur Orthodoxie bekannt (anders allerdings auf dem Kosovo, wo alle Albaner – bis auf wenige Katholiken – Muslime sind). 1992 konnte wieder ein (griechischer) orthodoxer Metropolit eingesetzt werden. Weiteren griechischen Bischöfen verweigerte die Regierung jedoch Anerkennung und Einreise. Erst im Sommer 1998 konnte sich eine ordnungsgemäße Synode konstituieren, die aus dem Metropoliten und drei weiteren Bischöfen, einem Albaner aus Griechenland und zwei einheimischen Albanern, besteht. Das kirchliche Leben ist wegen der äußeren Umstände erst in seinen Anfängen.

Die Kirche von Hellas umfaßt einen großen Teil Griechenlands (der Rest gehört zu Konstantinopel, wird aber de facto von Athen aus verwaltet). Ihr gehören fast alle Bewohner Griechenlands an. Als einzige orthodoxe Kirche überhaupt konnte sie sich im 20. Jahrhundert entwikkeln, ohne in einer Minderheitensituation zu leben oder von einem kommunistischen Regime bedrängt zu werden.

Auf dem Gebiet der früheren Tschechoslowakei gibt es vor allem im Osten orthodoxe Slowaken und Ukrainer, für die 1922 eine eigene orthodoxe Kirche geschaffen worden ist.

Alle orthodoxen Kirchen in Südosteuropa haben während der jahrhundertelangen Herrschaft des Osmanischen Reiches unter außergewöhnlichen Bedingungen gewirkt, was sich in mehrfacher Hinsicht als prägend erwiesen hat. Zum einen betrifft das die konkrete Geschichte der Kirchenorganisationen, bei denen es sich, wie angeführt, ausnahmslos um Neugründungen handelt, die nach der Befreiung und der Konstituierung von Nationalstaaten, also meist erst im 20. Jahrhundert, entstanden sind. Dabei beziehen sich alle diese Kirchen auf ältere, vorosmanische Traditionen. Da während der Türkenzeit der Patriarch von Konstantinopel die Jurisdiktion über alle Orthodoxen im Reich innehatte, bedeutete die Gründung dieser Kirchen immer auch eine Auseinandersetzung mit Konstantinopel, dessen Einflußbereich dadurch erheblich verkleinert wurde.

Zum anderen hat die Türkenherrschaft auch die Beziehung zwischen Kirche und Nation entscheidend geprägt. Die Kirchen waren oft die einzigen Institutionen, in denen die nationale Kultur bewahrt werden konnte. Die Priester waren aus dem Volk, die Gottesdienste fanden in der Volkssprache statt, und in den Kirchen wurde die Erinnerung an die früheren Zeiten hochgehalten, als die entsprechende Nation noch einen mächtigen Staat bildete. Die ohnehin enge Beziehung zum Staat, die in den östlichen Kirchen aufgrund der byzantinischen Tradition besteht, wurde angesichts einer feindlichen Staatsmacht, die eine andere Religion vertrat und förderte, auf die Nation übertragen.

Die römisch-katholische Kirche

Die römisch-katholische Kirche hat ihre Angehörigen unter den Kroaten, den Ungarn, den Albanern sowie den Slowenen und den Slowaken. Außerdem gibt es zahlreiche Minderheiten in Südosteuropa, die ebenfalls mehrheitlich römisch-katholisch sind (Deutsche, Tschechen, Italiener und andere). Viele Bischofssitze sind bereits in der Antike belegt. Die ältesten der heute existierenden katholischen Bistümer stammen aus dem späten 10. und frühen 11. Jahrhundert. Viele andere wurden als Folge von Missionsbestrebungen im 18. und 19. Jahrhundert oder aber wegen pastoraler Erfordernisse noch später gegründet.

Südosteuropa gehörte bis ins 8. Jahrhundert zum westlichen (römischen) Patriarchat und wurde dann Konstantinopel unterstellt. In Fragen wie der Mission der Bulgaren kam es im 9. Jahrhundert zu Auseinandersetzungen zwischen Rom und Konstantinopel. Auch in der Folgezeit wurden immer wieder die Wirkungen beider Traditionen sichtbar, etwa in der kirchlichen Kunst, die in Dalmatien lange byzantinisch beeinflußt war, oder in der Tatsache, daß der serbische König Stefan («der Erstgekrönte») sich im 13. Jahrhundert (aus politischen Gründen) durch einen päpstlichen Legaten krönen ließ. Mit der Zeit wurde deutlicher, daß Kultur und Kirche im nordwestlichen Teil der Region lateinisch, im südöstlichen byzantinisch-orthodox geprägt waren.

In den heutigen Historiographien, vor allem in denen der Nachfolgestaaten Jugoslawiens, stellt die Frage nach dem ursprünglichen Bekenntnis einen großen Streitpunkt dar. Wenn man etwa nachweisen könnte, wie manche serbische Historiker versuchen, daß die Kroaten ihre nationale Identität nur aus dem Katholizismus und in Abgrenzung zur Orthodoxie gewonnen hätten, wäre damit ja gezeigt, daß sie «eigentlich» katholische Serben wären. Wenn umgekehrt die orthodoxe Bevölkerung Bosniens erst im letzten Jahrhundert wegen ihrer Konfession eine serbische Identität entwickelt hätte, wie einige kroatische Forscher behaupten, dann gäbe es keine historischen Ansprüche der Serben auf Bosnien. Die Frage nach den historischen kirchlichen Verhältnissen hat also nicht nur akademischen Charakter, sondern wird auch für die konkrete Tagespolitik verwendet, insbesondere in Konfliktsituationen.

Unter solchen Umständen ist es nicht verwunderlich, daß sich auch die katholische Kirche in eine enge Bindung an die jeweilige Nation begeben hat. Auch hier hat der Aspekt der nationalen Befreiung große Bedeutung, da die meisten der katholisch geprägten südosteuropäischen Nationen lange Zeit unter türkischer bzw. österreichischer Fremdherrschaft gelebt haben. Auch hier war die Kirche Bewahrerin einer nationalen Identität. Katholische Priester, die in der Regel ein höheres Bildungsniveau besaßen als die übrige Bevölkerung und auch als etwa die orthodoxen Geistlichen, waren oft Vorreiter in national-kulturellen Vereinigungen und sogar in politischen Aktivitäten für die nationale Emanzipation. Dies hat dazu geführt, daß nach einer Befreiung der katholische Klerus vielfach großen politischen Einfluß hatte. Viele Repräsentanten des Katholizismus stellten sich im Zweiten Weltkrieg auf die Seite faschistischer Regimes (z. B. in Kroatien, in Ungarn oder in der Slowakei), auch wenn bis zum heutigen Tage ihre Rolle dabei nicht immer ganz geklärt ist.

Gegenwärtig ist die katholische Kirche in Südosteuropa durch verschiedene Faktoren geprägt. Zum einen steht sie im Kontext der katholischen Weltkirche und ist insofern in die Entwicklungen der katholischen Kirche auf Weltebene eingebunden. Dennoch ist häufig eine gewisse Zurückhaltung gegenüber neueren Tendenzen zu beobachten. Viele Reformen im Zusammenhang mit dem 2. Vatikanischen Konzil, das für den Katholizismus eine Öffnung zur Welt hin bewirkte, sind in den südosteuropäischen Ortskirchen nur langsam verwirklicht worden. Das hängt nicht nur damit zusammen, daß die kommunistischen Regimes solche Reformen nicht erlaubt hätten. Auch heute noch läßt sich oft eine Zurückhaltung gegenüber aus dem Westen kommenden theologischen Richtungen, gegenüber der größeren Beteiligung von Laien oder gegenüber anderen, ähnlich gerichteten Bestrebungen erkennen. Die Gründe hierfür liegen wohl auch in der ländlichen Prägung des südosteuropäischen Katholizismus, wo der Priester eine besondere Stellung innerhalb der sozialen Gemeinschaft innehat. Das gilt insbesondere dort, wo die katholische Kirche Mehrheitskonfession ist. Diese Zurückhaltung gegenüber neueren Entwicklungen ist um so erstaunlicher, als ein relativ großer Teil der Priester im Westen – in Rom oder an deutschen, österreichischen oder französischen Hochschulen – ausgebildet worden ist.

Eine wichtige Rolle im südosteuropäischen Katholizismus spielen die Orden. Vor allem Franziskaner, Jesuiten, Benediktiner und viele Frauengemeinschaften sind sehr stark präsent. Jesuiten und Piaristen haben besonders in Ungarn eine wichtige Rolle im Bildungswesen gespielt. In Bosnien gab es während der osmanischen Zeit keine Hierarchie; Seelsorge war praktisch nur durch die Franziskaner möglich, die ihrerseits einen Modus vivendi mit den Türken gefunden hatten. Auch heute noch wird in Bosnien der größte Teil der Seelsorge durch Angehörige des Ordens geleistet. Das hat zuweilen auch zu großen Spannungen und Konflikten zwischen den Bischöfen und den Ordensangehörigen geführt, besonders im Bistum Mostar.

Die griechisch-katholischen («unierten») Kirchen

Neben der römisch-katholischen Kirche findet sich in Südosteuropa auch die griechisch-katholische («unierte») Kirche. Die Mitglieder dieser Kirche erkennen den Papst als ihr Oberhaupt an, berufen sich aber auf byzantinische liturgische und kanonische Traditionen. Ursprünglich einmal orthodox, haben sie sich unter dem Druck politischer Umstände und Konstellationen zu «Unionen» mit Rom entschlossen. Das geschah zumeist im 18. Jahrhundert. Ihre Hoffnungen, dadurch den römisch-katholischen Christen im Habsburgerreich gleichgestellt zu werden und ihre liturgischen Traditionen unverändert bewahren zu können, haben sich jedoch nicht erfüllt. Griechisch-katholische Christen sind sowohl von der Staatsmacht als auch von der römisch-katholischen Kirche lange Zeit diskriminiert worden, und das liturgische Leben hat zahlreiche Latinisierungen hinnehmen müssen.

Erst in der jüngsten Vergangenheit ist in den griechisch-katholischen Kirchen damit begonnen worden, sich wieder auf das alte Erbe zu besinnen. Größere Gruppen finden sich vor allem in Rumänien (Siebenbürgen), wo die Mehrheit der griechisch-katholischen Christen ethnische Rumänen sind, sowie in Ungarn, in der Slowakei und in den Nachfolgestaaten Jugoslawiens. Aufgrund ihrer geschichtlichen Herkunft stellen die griechisch-katholischen Kirchen für viele Orthodoxe einen Stein des Anstoßes dar und sind eine schwere Belastung für die ökumenischen Beziehungen zwischen Katholizismus und Orthodoxie. Das hat sich noch verstärkt, als sich in der Ukraine und in Rumänien die unter der kommunistischen Herrschaft verbotenen griechisch-katholischen Kirchen zu Beginn der 90er Jahre neu konstituieren konnten.

Der Islam

Der Islam in Südosteuropa ist Erbe der fünfhundertjährigen osmanischen Herrschaft. Verschiedentlich sind Versuche unternommen worden, die Existenz von größeren Gruppen islamischer Gläubiger in der Region bereits vor der Türkenzeit nachzuweisen. Doch die Ergebnisse solcher Unterfangen sind nicht überzeugend. Angehörige des Islam finden sich vor allem in Bosnien und Herzegowina, bei den Albanern in Albanien selbst und auf dem Kosovo sowie in Bulgarien. Es handelt sich dabei ausnahmslos um Sunniten.

In Bosnien und Herzegowina sind die Muslime Nachkommen von bald nach der türkischen Eroberung des Landes (1463) islamisierten Christen. In den 1960er Jahren wurde in Jugoslawien beschlossen, für die aus einer islamischen Tradition kommenden Menschen (unabhängig davon, ob sie religiös waren oder nicht) die Bezeichnung «Muslime» als Nationalität einzuführen. Bis dahin hatten sich diese Menschen entweder als Serben oder als Kroaten deklarieren müssen. Aufgrund der engen Verbindung zwischen Serbentum und Orthodoxie einerseits und Kroatentum und Katholizismus andererseits hatten viele Muslime, die sich zunächst vor allem durch ihre Namen von Serben und Kroaten unterschieden, den Ausweg gewählt, sich «Jugoslawen» zu nennen.

Das muslimische Nationalbewußtsein ist durch die Einführung des Nationalbegriffs «Muslime» in großem Maße gestärkt worden. Es liegt jedoch auf der Hand, daß die Wahl eines religiösen Begriffs für eine Nation äußerst problematisch ist. Während des Bosnienkrieges, im Herbst 1993, hat dann auch eine «Volksversammlung» der Muslime in Sarajevo beschlossen, die Bezeichnung «Muslime» zugunsten von «Bosniaken» abzuschaffen. Doch auch der neue Begriff ist nicht unproblematisch, da er als Anspruch verstanden werden kann, das einzige konstitutive Volk in Bosnien zu sein. Tatsache ist jedoch, daß sich die muslimische Nation bereits vor Ausbruch des Bosnienkrieges konstituiert hatte.

Von der muslimischen Nation in Bosnien ist die dortige muslimische Glaubensgemeinschaft zu unterscheiden. Der bosnische Islam war bis zum Zweiten Weltkrieg fest in der Bevölkerung verwurzelt. Von zwei Reformansätzen in der Zwischenkriegszeit ist der zweite gelungen. Das damalige Oberhaupt der islamischen Gemeinschaft Bosniens konnte seine Gläubigen davon überzeugen, daß Islam und das Leben in der modernen Gesellschaft durchaus miteinander zu vereinbaren sind. Bereits vorher waren Erscheinungen wie die Verschleierung bei Frauen und die Beachtung der Bestimmungen religiöser Stiftungen weitgehend zurückgegangen. Bemerkenswert ist, daß es in der Glaubenspraxis der bosnischen Muslime viele Elemente aus dem Christentum gab. Erkennbar war dies u. a. auch daran, daß den Muslimen vor dem Zweiten Weltkrieg ausdrücklich geraten wurde, das Fest des serbischen Nationalheiligen Sava nicht mehr zu begehen und katholische Kirchen nur noch dann aufzusuchen, wenn sie dabei den Fez aufbehalten konnten.

Nach dem Zweiten Weltkrieg wurde der Islam immer mehr marginalisiert. Dazu trugen repressive Maßnahmen der Behörden bei, etwa mehrere große Prozesse gegen Anhänger des Islam. Einige hunderttausend Muslime aus Bosnien waren in der ersten Hälfte des Jahrhunderts bereits in die Türkei emigriert, so daß ein großer Teil der religiös aktiven Bevölkerung wegfiel. Die Behörden in Bosnien und Herzegowina galten als die unnachsichtigsten gegenüber religiösen Aktivitäten. In den 80er Jahren gab es nur noch einen geringen Prozentsatz der ethnischen Muslime, die den islamischen Glauben praktizierten. Daran änderte auch die Gründung einer islamisch-theologischen Fakultät in Sarajevo 1977 nichts. Die jüngeren Theologen konnten fortan im Lande ausgebildet werden (und nicht mehr, wie bislang, in Kairo oder anderen Städten des Auslands), so daß sich langsam eine Gruppe islamischer Intellektueller formierte. Bei ihnen war deutlich das Bemühen sichtbar, die Grundsätze des Islam mit den Erfordernissen einer modernen, westlich geprägten Gesellschaft zu verbinden. Nirgends gab es in Bosnien das, was man in anderen Staaten «Fundamentalismus» oder «Islamismus» nennt.

Die Situation änderte sich erheblich durch den Bosnienkrieg. Für die bosnischen Muslime, die sich in starkem Maße mit ihrem jetzt selbständigen Staat identifizierten, wurde der Islam das wichtigste Identifizierungsmerkmal. Viele von ihnen wandten sich dem Glauben wieder zu, zumal eben auch bei Serben und Kroaten die Religion häufig als identitätsstiftendes Merkmal betont wurde. Vor allem auf serbischer Seite wurde die Angst vor einem fundamentalistischen Islam in den Vordergrund gerückt, der angeblich in Bosnien drohte. Staatspräsident Izetbegović, bekennender Muslim, wandte sich auch an islamische Staaten um Unterstützung, als er keine militärische Hilfe durch die westlichen Staaten bekam. Islamische Länder, die Bosnien finanziell, materiell und in geringem Maße auch personell unterstützten, verlangten dafür eine größere Beachtung islamischer Vorschriften. Da der Krieg in den meisten islamischen Staaten als Vernichtungskrieg der Christen gegen den europäischen Islam wahrgenommen wurde, war die Minimierung christlicher Elemente in Bosnien (z. B. im Zusammenhang mit dem Weihnachtsfest und seiner Symbolik) eine der ersten Maßnahmen, die eine langsame Islamisierung des Landes andeuteten.

Heute ist der Islam in Bosnien (d. h. in den Landesteilen, in denen noch Muslime leben) erheblich erstarkt, obgleich viele Bewohner des Landes nach wie vor zentrale Glaubensvorschriften nicht beachten (z. B. Verzicht auf Alkohol und Schweinefleisch). Die christlichen Kirchen beklagen sich vor allem in der bosniakisch-kroatischen Föderation des Landes über die Bestrebungen, eine Islamisierung des öffentlichen Lebens zu erreichen, die von der Zentralregierung unterstützt werden. Die konkrete Umsetzung hängt dabei zumeist von den Verantwortlichen vor Ort ab. In der serbischen Entität gibt es praktisch kein islamisches Leben mehr. Fast alle Moscheen sind dort zerstört, ein großer Teil der Bewohner vertrieben oder getötet, und insbesondere die Angehörigen der Intelligenz, die islamischen Geistlichen eingeschlossen, waren die ersten Opfer von Mord und Gewalt.

In Albanien war der Islam – ebenso wie die christlichen Konfessionen – Gegenstand der heftigen Religionsverfolgung während des kommunistischen Regimes. Im ganzen Land war nur eine einzige Moschee – als Museum – stehengeblieben. Nach der Wende stand deswegen auch das islamische Leben völlig am Neuanfang, und es beginnt erst jetzt, sich langsam zu konsolidieren.

Die Albaner auf dem Kosovo, die in ihrer großen Mehrheit Muslime sind, konnten ihren Glauben ohne derart große Repressalien wie in Albanien praktizieren. Doch ist er auch dort ohne große Bedeutung geblieben. Die Religion spielt für die Kosovo-Albaner keine besondere Rolle. In ihrer Abgrenzung gegenüber den Serben ist die nationale Zugehörigkeit (mit der Sprache) das entscheidende Element. Das wird auch durch die Tatsache belegt, daß es zwischen den muslimischen und den katholischen Albanern auf dem Kosovo keine Konflikte gibt. Grundsätzlich gilt das auch für die Albaner in Albanien: Wegen der langen atheistischen Tradition und der Bedeutung der nationalen Zugehörigkeit gibt es kaum Konflikte zwischen den einzelnen Religionsgemeinschaften. Viele muslimische Albaner drücken ihre Wertschätzung gegenüber Christen aus und sind sich etwa dessen bewußt, daß ihre Vorfahren selber aus einer christlichen Tradition stammen. Oft wird noch die Erinnerung an christliche Vorfahren gepflegt, die auf die christlichen Wurzeln der betreffenden Familie verweisen.

Etwa ein Drittel der Bewohner Makedoniens sind Muslime, wobei die kompakt im Westen und Nordwesten siedelnden Albaner die größte Gruppe (23,1 %) stellen. Ebenfalls Muslime sind die 4 % Türken des Landes, ein Teil der Roma sowie die Torbeschen (offizielle Diktion: «Makedonier-Muslime»).

Die Muslime in Bulgarien stellen rund 13 % der Gesamtbevölkerung. Sie sind in ihrer großen Mehrheit ethnische Türken (über 800 000) oder aber slawische Muslime, die sogenannten Pomaken, deren Zahl bei etwa 300 000 liegt. In den letzten Jahren des kommunistischen Regimes waren die Türken in Bulgarien starken Repressionen ausgesetzt, als die Regierung von ihnen die Bulgarisierung ihrer Namen verlangte. Nach der Wende wurden diese Maßnahmen zurückgenommen; die Auswanderung in die Türkei ging daraufhin ebenfalls zurück.

Evangelische Kirchen

Von den christlichen Konfessionen sei noch auf die evangelischen Kirchen hingewiesen. Vor allem bei den Ungarn, den Slowaken sowie bei nationalen Minderheiten (Deutschen, Tschechen) gibt es Gemeinden, die der evangelischen Tradition entstammen. Während es sich bei den Ungarn überwiegend um reformierte Christen handelt, gehören die anderen evangelischen Christen in der Regel lutherischen Kirchen an. Die Reformation hat eine große Rolle für die Entwicklung der Schriftsprachlichkeit einzelner Nationen (z. B. der Slowenen) gespielt, obgleich nach der Gegenreformation oft nur kleine Reste von den evangelischen Kirchen geblieben sind. Wegen ihrer ökumenischen Aufgeschlossenheit haben die evangelischen Kirchen während des Kommunismus oft eine wichtige Rolle gespielt. Das betrifft einerseits die Gespräche mit anderen christlichen Konfessionen, andererseits aber auch die Kontakte mit den staatlichen Strukturen. In Rumänien gab es (mit massiver staatlicher Unterstützung) offizielle Dialoge zwischen der orthodoxen Kirche und den evangelischen Kirchen, bei denen zwar die Errungenschaften des sozialistischen Staates gepriesen werden mußten, zugleich aber auch wichtige theologische Themen behandelt wurden. Deutsche Theologen aus Siebenbürgen haben große Bedeutung für die Vermittlung orthodoxer Theologie im Westen. In Ungarn unterhielten Vertreter der reformierten Kirche (nicht immer unumstrittene) Kontakte mit Repräsentanten des Staatssystems und der atheistischen Ideologie. Trotz ihrer geringen Größe hatten die evangelischen Kirchen also zuweilen eine wichtige Brückenfunktion inne.

Das Judentum

Andere Religionsgemeinschaften spielen in Südosteuropa nur eine marginale Rolle. Hier wäre einzig noch das Judentum anzuführen. Größere jüdische Gemeinden gab es vor allem seit dem Ende des 15. Jahrhunderts, als viele Juden nach ihrer Vertreibung aus Spanien im Osmanischen Reich Aufnahme fanden. In Thessaloniki, in Sarajevo und in vielen anderen Städten entstanden größere jüdische Gemeinden. Im Zweiten Weltkrieg wurde mehr als die Hälfte aller Juden Südosteuropas von deutschen Besatzungstruppen vor Ort ermordet bzw. deportiert oder von den Regierungen ihrer Heimatstaaten in die Vernichtungslager NS-Deutschlands ausgeliefert. Durch die Repressionen während des Kommunismus und die Möglichkeit, nach Israel zu emigrieren, ist die Zahl aschkenasischer wie vor allem sephardischer Juden weiter zurückgegangen. Heute gibt es nur in den größeren Städten jüdische Gemeinden. Jüdische Gläubige stellen also eine kleine Minderheit in den Staaten Südosteuropas dar, die in religiöser Hinsicht kaum Einfluß hat. In manchen südosteuropäischen Staaten läßt sich offener oder verdeckter Antisemitismus beobachten.

Sekten

Sekten haben in Südosteuropa keine große Bedeutung. Zwar waren im 19. und frühen 20. Jahrhundert verschiedene Sekten aktiv (etwa die «Nazarener»), doch sind sie im Lauf der Zeit verschwunden und konnten nach der politischen Wende kaum wieder Fuß fassen. Neuere Gruppen wie die Hare-Krishna-Bewegung, die Zeugen Jehovas und andere haben trotz großer Bemühungen nur wenig Anhänger gewinnen können. Die traditionellen Kirchen haben eindringlich vor den Gefahren der Sekten gewarnt und dadurch mehr Angst vor diesem Phänomen geschürt, als der tatsächlichen Verbreitung der Sekten angemessen wäre.

Religion und Nation

Wie wir gesehen haben, läßt sich in Südosteuropa sehr häufig eine enge Verbindung zwischen den Religionsgemeinschaften und denjenigen Nationen feststellen, deren Angehörige mehrheitlich diese bestimmte Religionsgemeinschaft bekennen. Dabei ist es gar nicht so wichtig, ob der Glaube heute tatsächlich in der Nation lebendig ist und ob sich die Menschen aktiv am Leben der Religion beteiligen und sich an die religiösen Vorschriften halten. Wichtig ist vielmehr das traditionelle Bekenntnis zum Glauben der eigenen Vorfahren, die Erinnerung an die positive Rolle der Religion in der Geschichte der Nation. Durch dieses Bekenntnis wird zugleich die nationale Identität gestärkt. Dabei kann es dann dazu kommen, daß etwa viele Angehörige einer Nation sich als orthodox (oder katholisch oder muslimisch) bekennen, ohne auch nur die elementaren Inhalte des Glaubens zu kennen und ohne jemals in irgendeiner Form am kirchlichen Leben teilzunehmen.

Eine Ausnahme im Hinblick auf die Verbindung von Religion und Nation bilden allerdings die Albaner, unter denen sich Angehörige aller drei großen Glaubensgemeinschaften finden. Bei ihnen kann daher der religiöse Unterschied nicht für die nationale Bestimmung verwendet werden. Das geschieht vielmehr durch die Sprache, die sich stark von den Sprachen der benachbarten Nationen unterscheidet. Durch die Erhaltung der albanischen Sprache auch während der osmanischen Zeit (an der auch Vertreter der katholischen Kirche einen wichtigen Anteil hatten) wurde die albanische nationale Identität bewahrt. Daher spielt der konfessionelle und religiöse Unterschied, der in Südosteuropa sonst oft ein trennendes Hindernis darstellt, bei den Albanern keine bedeutende Rolle.

Bei den anderen Nationen verhält sich die Beziehung zur Religion jeweils in Abhängigkeit von verschiedenen Faktoren. Zum einen ist hier entscheidend, ob die Religionsgemeinschaft lange Zeit in Unterdrückung gelebt hat oder ob ihr die Vertreter der herrschenden Schichten angehörten. Zum anderen ist die Beziehung zur Nation auch davon abhängig, ob die Glaubensgemeinschaft heute im Staat eine Mehrheit oder eine Minderheit darstellt. Des weiteren gibt es auch den einzelnen Religionsgemeinschaften inhärente Eigenschaften, die das Verhältnis zur Nation mitbestimmen.

Der Faktor der Erfahrung langer Unterdrückung ist sicherlich der wichtigste. In Südosteuropa ist das für die christlichen Kirchen vor allem die Erfahrung der islamischen Herrschaft in der Osmanenzeit. Von Bedeutung sind dabei nicht so sehr die tatsächlichen Ereignisse, sondern vor allem die heutige Wahrnehmung dieser Zeit. Der Islam war in Südosteuropa – zumeist jedenfalls – eine relativ tolerante Religion, die für

Christen und Juden, also die Angehörigen der anderen Buchreligionen, grundsätzlich einen rechtlichen Rahmen für ihre Existenz vorsah. Natürlich waren Muslime in vieler Hinsicht bevorzugt, doch läßt sich nicht ohne weiteres von einer jahrhundertelangen Verfolgung der Christen sprechen. Wenn es Repressionen gab, dann war das in der Regel Folge von illoyalem Verhalten der Christen dem osmanischen Staat gegenüber. Wichtig ist jedoch, daß in den christlichen Kirchen und beim größten Teil der christlich geprägten Bevölkerung diese Zeit heute als massive Unterdrückung wahrgenommen wird. Die Beendigung der Türkenzeit ist dann zugleich nationale wie auch religiöse Befreiung. Dazu kommt, daß im Osmanischen Reich die nichtislamische Bevölkerung ja nach ihrer religiösen Zugehörigkeit im sogenannten Millet-System organisiert war. In einer Zeit, als sich noch kein modernes Nationalbewußtsein herausgebildet hatte, dienten die Religionsgemeinschaften somit als Träger für eine kollektive Identität. Im Zusammenhang mit der nationalen und politischen Emanzipation trug die jeweilige religiöse Identität auch zur Entstehung einer nationalen Identität bei.

Die Bedeutung der Unterdrückungserfahrung für die Verbindung zwischen Nation und Religion gilt nicht nur für das Osmanische Reich. Umgekehrt haben Muslime diese Erfahrung in christlich geprägten Staaten gemacht, zumal wenn sie als die Verbündeten oder Nachkommen der verhaßten Unterdrücker betrachtet wurden. Doch läßt sich das Phänomen auch zwischen christlichen Kirchen beobachten: Für die katholische Kirche bei den Kroaten gilt die Zeit des ersten jugoslawischen Staates als Periode, in der sie von den serbisch geprägten Strukturen des Staates an ihrer freien Entwicklung gehindert wurde. Für die serbische Orthodoxie war die Zeit von 1848 bis 1918, als die zur Metropolie von Karlovci gehörigen Bistümer in Ungarn lagen, eine Erfahrung der Benachteiligung der Orthodoxen gegenüber den Katholiken. Ähnliches ließe sich über die Muslime in vielen Teilen Südosteuropas sagen, wo seit dem letzten Jahrhundert christlich geprägte Staaten entstanden waren.

In engem Zusammenhang mit dieser Problematik steht die Frage, ob die Angehörigen einer Glaubensgemeinschaft zur nationalen (ethnischen) Mehrheit oder Minderheit in einem Staat gehören. Hierbei ist zu beachten, daß es in vielen südosteuropäischen Staaten keine eindeutigen Mehrheitsverhältnisse gibt (oder wenigstens lange Zeit nicht gegeben hat). Der Fall, daß Angehörige einer Nation (und Religion) die überwiegende Mehrheit in einem Staat stellen, während alle Minderheitengruppen unbedeutend bleiben, ist die Ausnahme. Viel häufiger sind Mischverhältnisse anzutreffen, wobei sich oft in bestimmten Teilgebieten von Staaten die Relationen zwischen Mehrheit und Minderheit verkehren. Das trägt dazu bei, daß ein kompliziertes Beziehungsgeflecht zwischen den einzelnen Nationen entstanden ist. Es gibt viele Fälle, in denen sich die Angehörigen der zweitgrößten Nation in einem Staat ungerecht behandelt fühlten (Kroaten in Jugoslawien, Ungarn in Rumänien, Slowaken in der Tschechoslowakei), während die der drittgrößten weniger Schwierigkeiten mit der Situation hatten (Slowenen im Jugoslawien der Zwischenkriegszeit, Deutsche in Rumänien). Da die größte Nation in der Regel die religiöse Ausrichtung des Staates bestimmt hat, führte das zwangsläufig zu Konflikten. Die Erfahrung von nationaler und religiöser Unterdrückung tritt hier wieder ein: Wegen der (wenigstens als solche empfundenen) Benachteiligung der eigenen Nation entwickeln die Religionsgemeinschaften eine Aversion gegen die Religionsgemeinschaft, die durch die Mehrheitsnation repräsentiert wird.

Es gibt auch den Religionsgemeinschaften inhärente Eigenschaften, die Konsequenzen für die Beziehung zwischen der betreffenden Gemeinschaft und der Nation bzw. dem Staat haben. Diese können hier nur angedeutet werden. Gleichwohl ist zu betonen, daß diese Eigenschaften (die natürlich kein Spezifikum für Südosteuropa sind) oft entscheidenden Einfluß haben.

Die Orthodoxie ist geprägt durch das byzantinische Erbe. Dort hatte sie den Status einer Reichskirche genossen; kirchliche Lehre war zugleich staatliches Gesetz. Der Preis, den die Kirche dafür zu zahlen hatte, war ein enges Wechselverhältnis mit dem Staat, das allerdings nicht immer zuungunsten der Kirche ausging. Wie die Kaiser oft direkt in kirchliche Dinge eingriffen, den Vorsitz auf Synoden hatten und kirchliche Amtsträger absetzten, wenn sie ihnen mißliebig waren, so konnte die Kirche durch das große Gewicht ihres Wortes auch politische Vorgänge beeinflussen und dem jeweiligen Kaiser Unterstützung geben oder entziehen. Es greift also zu kurz, diese Beziehung als «Staatskirchentum» zu bezeichnen, wenn damit gemeint ist, daß die Kirche in einem einseitigen Abhängigkeitsverhältnis vom Staat stand. Tatsächlich konnte sie, wenn sie ihre Möglichkeiten gut ausnutzte, sehr großen Einfluß nehmen und ihre Position sichern. Doch bedeutete die byzantinische Tradition ein gegenseitiges Sicherungsverhältnis: Der Staat schützte die Kirche und ihre Lehre, diese wiederum stand loyal zum Staat. Eine Wiederaufnahme dieser Tradition nach der Osmanenzeit konnte man in Südosteuropa in Serbien (später Jugoslawien), Rumänien und Bulgarien beobachten, eben in den traditionell orthodoxen Ländern. Ansätze davon gibt es in den genannten Staaten auch heute wieder, nach der Ablösung der sozialistischen Systeme. Die orthodoxen Kirchen erkennen grundsätzlich den Staat an und sind ihm gegenüber loyal (auch wenn sie einzelne staatliche Entscheidungen kritisieren); die staatlichen Behörden ihrerseits akzeptieren die Kirchen bereitwillig, weil sie ja eben das politische System nicht in Frage stellen.

Die katholische Tradition sieht anders aus: Infolge der historischen Entwicklung im Westen, insbesondere der Auseinandersetzungen zwischen dem Papsttum und den westlichen Herrschern sowie der Rezeption des römischen Rechts, ist die katholische Kirche zu einem selbständigen Faktor im westlichen Staatengefüge geworden. Sie hatte Interesse daran, daß Staaten möglichst unter der Kontrolle eines katholischen Herrschers standen, und versuchte in ihrem Sinne auf politische Entscheidungen in diesen Staaten Einfluß zu nehmen. Dabei bildeten sich ganz unterschiedliche Modelle heraus. In manchen Ländern ist die katholische Kirche bis in die Neuzeit herein wichtiger politischer Faktor geblieben (z. B. in Spanien, mit Einschränkungen auch in Italien), in anderen hat sich der Staat vom Einfluß der Kirche schrittweise gelöst (z. B. in Frankreich). In Deutschland hat sich in Auseinandersetzung mit den staatlichen Behörden eine selbständige katholische Kirche mit ihren eigenen Strukturen entwickelt, die großen Einfluß auf den katholischen Teil der Bevölkerung hatte. In anderen Ländern – auch in den Staaten Südosteuropas – hat die «Katholische Aktion» versucht, die Interessen der Katholiken im Staat zu artikulieren. Das ist auch vor dem Hintergrund der vor allem in Deutschland entwickelten und formulierten katholischen Soziallehre zu sehen. So kommt es, daß mit Ausnahme von eindeutig katholisch geprägten Staaten (und solche hat es in Südosteuropa praktisch nicht gegeben) die katholische Kirche eine gewisse Distanz zu den staatlichen Strukturen einnahm und versuchte, ihren Interessen auch in der Auseinandersetzung mit dem Staat Geltung zu verschaffen.

Beim Islam schließlich spielt der nationale Unterschied zunächst gar keine Rolle. Der Islam unterscheidet zwischen den Gläubigen und den Ungläubigen, bei letzteren nochmals zwischen den Buchbesitzern (v. a. Juden, Christen) und den «Heiden». Zur Logik dieser Unterscheidung gehörte die zumeist relativ tolerante Behandlung von Christen und Juden im Osmanischen Reich. Allerdings verlangte man von ihnen Loyalität gegenüber dem Staat. Von den Gläubigen wurde ohnehin erwartet, daß sie den Staat unterstützten, da in ihm das Ideal des Islam ja bereits verwirklicht war. Die Unterschiede zwischen den Nationen in Südosteuropa wurden von den islamischen Herrschern also vor allem als religiöse Unterschiede wahrgenommen. So konnte es auch geschehen, daß Christen, die zum Islam konvertierten, in die höchsten Positionen bei den Osmanen aufstiegen. Grundsätzlich verlangt der Islam nach einer islamischen Weltordnung. Ein islamisch geprägter Staat entspricht diesem Ideal viel eher als ein christlicher. Allerdings sind bei den Muslimen Südosteuropas höchstens in Bosnien, und auch dort nur ansatzweise, Tendenzen zu registrieren, den Staat nach islamischen Grundsätzen zu organisieren.

Aufgrund dieser Gegebenheiten hat sich also bei den Religionsgemeinschaften Südosteuropas eine jeweils spezifische Haltung zur «eigenen» Nation und zu den Staaten herausgebildet, in denen ihre Angehörigen lebten. Wie haben sich nun einerseits die Religionsgemeinschaften und andererseits die Nationen bzw. Staaten dazu verhalten? In den Fällen, in denen eine staatsnahe Religionsgemeinschaft (Orthodoxie, Islam) in einem Staat lebt, in dem sie auch von den staatlichen Strukturen anerkannt wird, gibt es in der Regel keine Probleme. Staat und Glaubensgemeinschaft ergänzen sich hier in ihren Erwartungen. Problematisch wird es, wenn diese Gegebenheiten nicht vorhanden sind. Die Religionsgemeinschaften müssen dann versuchen, mit und in Staaten zu leben, mit denen sie ein gegenseitiges Mißtrauensverhältnis verbindet. Das gilt insbesondere für den Islam in christlich geprägten Staaten, aber etwa auch für die Katholiken in orthodoxen Staaten und umgekehrt. Dabei ist zu beobachten, daß die Minderheitsreligionsgemeinschaften sich dann aus den meisten gesellschaftlichen Bereichen fast völlig zurückziehen, ja oft sogar Möglichkeiten nicht ausnutzen, die ihnen der Gesetzgeber läßt. Der Bereich «Religion» wird dann der Mehrheitsgemeinschaft überlassen; die kleineren Glaubensgemeinschaften beschränken sich auf die Versorgung der religiösen Bedürfnisse der Angehörigen «ihrer» Nation. So läßt sich etwa die Rolle der orthodoxen Kirche in Kroatien oder der katholischen Kirche in Serbien beschreiben.

Die Staaten Südosteuropas betonen heute alle das Prinzip der Religionsfreiheit und der Gleichheit aller Religionen vor dem Gesetz. In der Praxis zeigt sich jedoch, daß die Religionsgemeinschaft, welcher die Mehrheit der Bevölkerung angehört, tatsächlich besser behandelt wird als die übrigen. Wenn es politische Differenzen zwischen der Regierung und dieser Religionsgemeinschaft gibt, ändert sich diese Beziehung nur graduell. Der Grund dafür liegt darin, daß die Regierung ja die religiöse Verankerung bei der Bevölkerungsmehrheit kennt und daher einen tieferen Konflikt mit der Glaubensgemeinschaft in der Regel scheut. Das ließ sich etwa gleichzeitig bei den Differenzen zwischen kroatischer Regierung und katholischer Kirche wegen der kroatischen Bosnienpolitik und bei denen zwischen dem serbischen Präsidenten Milošević und der Serbischen Orthodoxen Kirche wegen seiner (nach Meinung der Kirche) mangelnden Unterstützung der bosnischen Serben sehen. Zuweilen kommen die staatlichen Behörden den Religionsgemeinschaften auch weiter entgegen, als diese das verlangen. In Kroatien etwa hat der Staat der katholischen Kirche von sich aus angeboten, die kirchliche Eheschließung auch zivilrechtlich anzuerkennen (also die obligatorische Zivilehe zugunsten der fakultativen staatlichen oder kirchlichen abzuschaffen). Heute ist das in Kroatien Gesetz.

Ökumene und Zivilgesellschaft

Eine Folge dieser Umstände für das Verhältnis zwischen den einzelnen Religionsgemeinschaften ist ihre geringe Offenheit für ökumenische Kontakte. In den Ländern, die zum Warschauer Pakt gehörten, wurden die Religionsgemeinschaften in der kommunistischen Zeit mehr oder weniger gezwungen, sich für die Ziele der Partei einzusetzen. Die Frage des Weltfriedens war das Thema, in dem Religionsgemeinschaften das tun konnten, ohne allzustark gegen die Grundsätze ihrer Lehre zu verstoßen, die ja den Grundlagen des Marxismus konträr gegenüberstand. Daher gab es (in Südosteuropa vor allem in Rumänien) gemeinsame Auftritte der Kirchenvertreter auf Friedens- und Abrüstungskonferenzen. Auch die Mitarbeit in den internationalen ökumenischen Gremien war vielfach von diesem Thema geprägt. Allerdings sollte darüber nicht vergessen werden, daß auch wichtige theologische Ergebnisse in den ökumenischen Dialogen erzielt worden sind. In Jugoslawien, wo es keinen solchen Druck von staatlicher Seite gab, waren die ökumenischen Beziehungen dann auch äußerst schwach entwickelt.

Nach den politischen Veränderungen und dem Ende der sozialistischen Systeme haben sich in aller Regel auch die Beziehungen zwischen den Religionsgemeinschaften erheblich verschlechtert. Die meisten Religionsgemeinschaften Südosteuropas verharren heute in großer Reserviertheit gegenüber den Beziehungen mit anderen Konfessionen. Ein Grund dafür ist die Rekonstituierung der griechisch-katholischen Kirchen. Ein anderer Grund liegt darin, daß jede andere Glaubensgemeinschaft ja immer auch in einem nationalen Kontext gesehen wird und daß nationale Konflikte dann auf die Beziehungen zwischen den Kirchen übertragen werden. In einem Fall verläuft eine solche Konfliktlinie sogar innerhalb einer Kirche: In der katholischen Kirche Rumäniens gibt es große Differenzen zwischen den Bistümern, die vor allem von ethnischen Ungarn geprägt sind, und den Katholiken rumänischer Nationalität, die zumeist uniert sind. Die Differenzen zwischen den beiden Nationen im Staat haben hier sogar innerhalb einer Kirche große Auswirkungen.

Schließlich ist noch zu prüfen, wie sich die Religionsgemeinschaften gegenüber den Gesellschaften verhalten, in denen sie leben. Es liegt auf der Hand, daß die Frage nach Minderheiten und Mehrheiten auch hier die entscheidende Rolle spielt. Insgesamt ist zu konstatieren, daß zivilgesellschaftliche Vorstellungen in Südosteuropa erst langsam Fuß fassen. Insofern suchen die Religionsgemeinschaften auch häufig noch nach ihrem Platz, zumal nach den Erfahrungen der sozialistischen Zeit. Oft versuchen sie, der Gesellschaft Inhalte und Vorstellungen zu vermitteln, die für die meisten Menschen nicht akzeptabel sind (z. B. das vehemente Engagement für ein Verbot der Abtreibung, für das oft nicht nur ethische, sondern auch nationale Gründe angeführt werden). Andererseits ist häufig eine große Zurückhaltung gerade bei solchen Fragen zu beobachten, zu denen sich Glaubensgemeinschaften in der Region traditionell nicht geäußert haben. Neuere Stellungnahmen der katholischen Kirche in Ungarn und Kroatien zur sozialen Frage zeigen an, daß sich hier eine langsame Änderung vollzieht. Daß es gerade katholische Ortskirchen sind, die hier vorangehen, ist sicher kein Zufall, sondern durch den Einfluß des westlichen, insbesondere des deutschen Katholizismus bedingt.

Fazit

Was läßt sich zusammenfassend über die Bedeutung der Glaubensgemeinschaften in Südosteuropa sagen? Sie hatten eine wichtige Funktion für die Entwicklung und vor allem für die Bewahrung des nationalen Bewußtseins inne. So haben sie dazu beigetragen, daß in Südosteuropa immer eine enge Beziehung zwischen religiöser und nationaler Zugehörigkeit bestanden hat. Da sich gewisse nationale und religiöse Identitäten gegenseitig ausschlossen, fand infolgedessen häufig eine regelrechte Abgrenzung der Religionen (parallel zu der der Nationen) voneinander statt. Die Religion hat hier also keineswegs eine verbindende Rolle gespielt, wobei allerdings zu beachten ist, daß sie eben auch keinen selbständigen Platz einnehmen konnte.

Dennoch gibt es vor Ort in allen Gebieten Südosteuropas bis heute zahlreiche Beispiele für Zusammenarbeit und gute Beziehungen zwischen den Religionsgemeinschaften, ungeachtet der Schwierigkeiten auf offizieller Ebene. Ein wesentliches Problem besteht aber darin, daß praktisch in allen Religionsgemeinschaften eine kritische Schicht von Gläubigen und Theologen fehlt und daß gegen die Gleichsetzung von Nation und Religion aus den Glaubensgemeinschaften selbst kaum Widerstand artikuliert wird. Hier liegt die Herausforderung für die Religionen, die auch ihre Chance ist: nämlich trotz des historischen Erbes, das ihre Beziehung zur jeweiligen Nation geprägt hat, zu einem verbindenden Faktor für die Gesellschaften Südosteuropas zu werden – auch wenn und gerade weil solche Bestrebungen bislang noch äußerst schwach entwikkelt sind.

Minderheiten und Nationalitätenpolitik*

Gerhard Seewann

Zu Beginn des 20. Jahrhunderts war die ethnische Landkarte Südosteuropas in vielen Gebieten durch Fragmentierung und Überlagerung gekennzeichnet, d. h., es lebte eine Vielzahl ethnischer Gruppen kleinräumig zusammen. Dieser buntgewebte Teppich ethnisch gemischter Siedlungsgebiete war durch Wanderungsprozesse und Neuansiedlungen entstanden. Migrationsbewegungen großen Ausmaßes setzten mit dem Einfall der Türken in die Länder Südosteuropas im 14. Jahrhundert ein und erreichten ihren Höhepunkt zu dem Zeitpunkt, als die Expansion der Osmanen mit dem Frieden von Karlowitz 1699 umschlug in eine allmähliche Rückzugsbewegung der Pforte aus Europa. In den von den Türken am Ende des 17. und Anfang des 18. Jahrhunderts zurückeroberten Gebieten (heutige Vojvodina, rumänisches Banat, Teile Kroatiens, insbesondere Slawonien, Süd- und Zentralungarn) sowie schließlich in den aus den Sezessionskriegen des 19. Jahrhunderts hervorgegangenen Nationalstaaten Serbien, Montenegro, Griechenland und Bulgarien entstanden durch Binnenmigration, Einwanderung und Neuansiedlung zahlreiche ethnische Mischgebiete, die sich zum Teil bis heute erhalten haben.

Hinzu gesellten sich als Folge religiöser Assimilation die islamisierten Bosniaken, Albaner, Makedonier und Bulgaren, die im Verband des Osmanischen Reiches eine dominante Position eingenommen hatten, nach dem Zusammenbruch dieses Imperiums aber den Rollenwechsel zu einer vielfach verachteten Minderheit hinnehmen mußten. Trotz ihrer ethnischen Verwandtschaft wurden sie meist schlechter behandelt als die gleichfalls unterschiedliche Religionsgemeinschaft der Juden, die sich aus Spanien kommend im Verlauf der osmanischen Herrschaft in bedeutender Zahl in den Städten Südosteuropas angesiedelt hatten. Als Sephardim unterschieden sie sich in Sprache, Glauben, Kultur und Mentalität ganz deutlich von den im Verlauf des 19. und 20. Jahrhunderts aus Osteuropa eingewanderten Aschkenasim, die sich vor allem in den nördlich gelegenen Städten der Balkanhalbinsel niederließen. Letztere sprachen häufig deutsch und bildeten mit den deutschen und übrigen Einwohnern der

* Der Abschnitt «Südosteuropäische Wirkungen internationalen Minderheitenschutzes» in diesem Beitrag stammt von Stefan Troebst.

Städte in den südöstlichen Randbereichen des Habsburgerreiches Keimzellen eines bürgerlichen Mittelstandes, der zur Modernisierung dieser Gebiete erheblich beigetragen hat.

Homogenisierung und Migration im 20. Jahrhundert

Diese in vieler Hinsicht kulturell positiv wirksam gewordene ethnische Vielfalt, die eine entsprechende Landkarte um 1900 noch zur Darstellung bringen konnte, wurde in den Jahren vom Ausbruch des Ersten Balkankriegs 1912 bis zum Ende des Jahrhunderts weitgehend zerstört. Denn die Nachfolgestaaten der Vielvölkerreiche Osmanisches Reich und Habsburgermonarchie verwirklichten einen ethnisch definierten Nationalstaat. Ethnisch (und im Falle der Muslime auch religiös) unterschiedliche Minderheiten wurden deshalb ausgegrenzt und als irredentistische Bedrohung ihrer territorialen Integrität angesehen. Deshalb trachteten die Staaten von der ersten Stunde ihrer Unabhängigkeit an danach, ihr Territorium ethnisch zu homogenisieren. Die massiven Folgen territorialer Grenzziehung in Abgrenzung eines solchen Nationalstaates weisen freilich über sich hinaus, nämlich auf Grenzziehungen im Bewußtsein, auf die letztlich alle Diskriminierung und Verfolgungsmaßnahmen zurückzuführen sind. Die in Osteuropa dominierende ethnische Definition des Nationalstaats führt gesellschaftlich und politisch zur Ausgrenzung aller von der Titularnation ethnisch verschiedenen Gruppen. Die langfristig wirksamen Resultate solcher Ausgrenzungsprozesse sind:

- Assimilation, das heißt aus dem Blickwinkel der Minderheit Angleichung an die Mehrheit und Aufgabe der eigenen Gruppenidentität;
- Vertreibung und Abwanderung im passiven Fall oder Separation und Sezession im aktiven Fall;
- Geno- oder Ethnozid.

Die am häufigsten angewandten Maßnahmen waren repressiver Art, um die Assimilation und damit das «stille» Verschwinden solcher Minderheiten zu erreichen, durch freiwillige oder erzwungene Auswanderung, Bevölkerungsaustausch, Umsiedlung, Deportation, Vertreibung bis hin zum Holocaust oder den durch Massaker vollzogenen Genozid. Schauplatz solcher Massaker wurden nach den beiden Balkankriegen von 1912 und 1912–1913 die zur Disposition stehenden Grenzgebiete zwischen den Mächten, die die Konkursmasse des Osmanischen Reiches unter sich aufzuteilen hatten. Unter veränderten Rahmenbedingungen, jedoch aus gleichen oder ähnlichen Gründen, fanden solche Massaker nach dem Zusammenbruch des ersten wie des zweiten Jugoslawien 1941–1945 sowie 1991–1995 statt. Kannte die Frühe Neuzeit Vertreibungsvorgänge nur aus religiösen Gründen, so setzte in Südosteuropa erstmals eine Vertreibung aus vorwiegend ethnischen Gründen im Zuge der auf dem Berliner Kongreß 1878 festgesetzten Grenzziehung ein. Man schätzt, daß in den Kriegsjahren 1875–1878 und danach ungefähr zwei Millionen Menschen ihre Wohnorte verließen, darunter eine Million Muslime. Bis 1912 wanderten ca. 350 000 Türken aus Bulgarien aus.

Die zweite große Migrationswelle setzte mit den beiden Balkankriegen ein und dauerte bis 1926 an. Sie umfaßte schätzungsweise 3 Millionen Menschen, die der ethnischen Säuberung ganzer Gebiete vor allem Thrakiens, Makedoniens und Bulgariens zum Opfer fielen. In der kurzen Zeitspanne von 1912 bis zum Ausbruch des Ersten Weltkriegs 1914 wurden nicht nur die Bevölkerungen ganzer Dörfer entlang den neu gezogenen Grenzen der Balkanstaaten, sondern auch ganze Bevölkerungsgruppen ausgetauscht. Hervorzuheben ist hier der zwischen Bulgarien und dem Osmanischen Reich am 29. September 1913 geschlossene Vertrag, dem der 1913/14 ausgehandelte Vertrag Griechenlands mit dem Osmanischen Reich folgte. Der hierin vorgesehene Austausch von Griechen und Türken wurde durch den Ausbruch des Ersten Weltkriegs zunächst verhindert, nach dem Krieg aber vollzogen und im Friedensvertrag von Lausanne 1923 sanktioniert. Eine wichtige Ursache der Migration bildeten auch die nach dem Zusammenbruch der Habsburgermonarchie auf der Pariser Friedenskonferenz von 1919/20 neu gezogenen Grenzen zwischen der Tschechoslowakei, Ungarn, Jugoslawien und Rumänien. Zu erwähnen sind hier 350 000 Magyaren, von denen 197 000 aus Rumänien und 47 000 aus Jugoslawien in das territorial um zwei Drittel verkleinerte Mutterland flüchteten, sowie ca. 50 000 Südslawen, die mit dem Abzug der serbischen Truppen 1921 aus Südungarn ihre ungarischen Siedlungsgebiete in Richtung Jugoslawien verließen.

Die dritte große Welle von Migration und Völkermord setzte mit dem Ausbruch des Zweiten Weltkrieges ein und lief erst Ende der 1940er Jahre aus. Ihr Ausmaß wird auf 2,5 Millionen Betroffene geschätzt. An erster Stelle ist hier der Holocaust an den Juden Südosteuropas zu nennen. Aus Ungarn und den ungarisch besetzten Gebieten wurden 500 000 Juden in die deutschen Vernichtungslager deportiert und ermordet, aus Rumänien 200 000, aus Griechenland 70 000, aus Jugoslawien 60 000 und aus Albanien 600 (Überschneidungen möglich). Zahlreiche überlebende Juden nutzten nach 1944 die Möglichkeit zur Auswanderung nach Palästina bzw. in den 1948 gegründeten Staat Israel. Unter ihnen befanden sich über 90% der 44 000 Juden Bulgariens, deren von deutscher Seite geplante Deportation 1943 von Zar und Parlament verhindert worden war.

Neben Fluchtbewegungen, Umsiedlungsaktionen (z. B. deutscher Minderheiten 1940–1944 aus der Bukovina und der Dobrudscha, aus Bessarabien, Bosnien und Teilen Kroatiens und Sloweniens, insgesamt ca. 200 000 Personen) und Bevölkerungsaustausch während des Krieges kam es nach Kriegsende zur gewaltsamen Vertreibung von Italienern aus den 1918–1945 zu Italien gehörenden Gebieten Jugoslawiens und von Deutschen aus ihren Siedlungsgebieten in Ungarn, Rumänien und Jugoslawien. Nach Schätzungen von Vertriebenenorganisationen wurden damals etwa 70 000 Deutsche ermordet bzw. kamen in Lagern ums Leben.

Eine besondere Rolle spielten die Grenzveränderungen infolge der als «Schiedssprüche» kaschierten Diktate der Achsenmächte zwischen Ungarn, Rumänien und der Slowakei sowie zwischen Rumänien und Bulgarien, ferner die Aufteilung der Gebiete des aufgelösten Königreichs Jugoslawien unter den Besatzungsmächten Deutschland, Italien, Ungarn und Bulgarien. Somit wurden in diesem Zeitraum viele Grenzen mehrmals neu gezogen. Die davon betroffenen Bevölkerungsgruppen wurden wechselseitig von Titularnationen zu nationalen Minderheiten, und die damit einhergehende Unsicherheit nicht nur in bezug auf den Status der betroffenen Gruppen, sondern auch auf die Integrität des jeweiligen Staatsverbandes bedingte wiederum Fluchtbewegungen, Vertreibungsaktionen und Maßnahmen in Richtung eines gegenseitigen Bevölkerungsaustausches. So flüchteten beispielsweise 320 000 Rumänen aus Nord-Siebenbürgen, das von 1941–1944 zu Ungarn gehörte, und aus der bulgarisch gewordenen Süd-Dobrudscha, 273 000 Serben aus den Nachbarländern ins Gebiet des engeren Serbien. Andererseits übersiedelten 142 000 Magyaren nach Rumänien und 122 000 Bulgaren von Bulgarien nach Makedonien und West-Thrakien, das von bulgarischen Truppen besetzt war. Beide Gruppen mußten bei Kriegsende wieder ihre Wohnorte verlassen.

Bereits diese wenigen Beispiele machen deutlich: Jede Vertreibung, jede Umsiedlungsaktion zog wieder neue nach sich, um plötzlich entstandene, oft riesige demographische Lücken neu aufzufüllen. Die Vertreibung der Sudetendeutschen aus der Tschechoslowakei bewog die Prager Regierung zu einer Rücksiedlungsaktion der Tschechen und Slowaken, die seit dem 18. Jahrhundert in Kroatien, Bosnien, der Vojvodina, im rumänischen Banat und im siebenbürgischen Erzgebirge ansässig waren (und in Resten bis heute sind), was insgesamt mehr als 60 000 Personen betraf. Die Vertreibung der Deutschen aus Jugoslawien bewirkte eine gewaltige Binnenmigration innerhalb Jugoslawiens; am auffälligsten ist hier das Beispiel der Vojvodina, in der anstelle der bis 1944/1945 ansässigen 350 000 Deutschen nach dem Zweiten Weltkrieg eine knappe Viertelmillion vor allem von Serben und Montenegrinern neu angesiedelt wurde.

In der kommunistischen Ära von 1944 bis 1989 entstand zudem eine besondere Form ethnisch bedingter Abwanderung, nämlich die Migration bestimmter ethnischer Gruppen, die entweder von ihrem Mutterland oder einer gut organisierten Lobby unterstützt bzw. initiiert wurde. Zu nennen sind hier die deutsche, die jüdische und die armenische Migration. Die von der Bundesrepublik teilweise mit beträchtlichem finanziellen Aufwand organisierte «Rückführung» von Volksdeutschen, sogenannten «Aussiedlern», aus den Ländern Osteuropas erfaßte im Zeitraum von 1950 bis 1993 insgesamt 3 Millionen Menschen; 18% davon kamen aus Rumänien.

Zieht man eine Bilanz der mehr als 30 Millionen Menschen umfassenden Ost-West-Migration von 1918 bis 1998, so ist festzuhalten, daß diese zu 75% aus ethnischen Gründen und nur zu 10% aus politischen Gründen erfolgt ist, während 15% als Arbeitsmigranten nach Westeuropa zogen. Allein für die vier Staaten Jugoslawien, Rumänien, Bulgarien und Griechenland hat Holm Sundhaussen den Bevölkerungsverlust durch Emigration der jeweiligen Minderheitengruppen im Zeitraum von 1912 bis 1992 auf 12 Millionen veranschlagt.

Die neueste, ab der politischen Wende von 1989 zu datierende Auswanderungswelle, die im Falle Rumäniens allerdings bereits 1986 einsetzte, erfaßt vor allem gut ausgebildete, in den Städten lebende Personen der jüngeren Altersgruppen, deren negative Beurteilung ihrer Lebenschancen in Rumänien, Bulgarien und den Nachfolgestaaten Jugoslawiens häufig mit einem ethnischen oder religiösen Minderheitenstatus verbunden ist. Besonders spektakulär in diesem Zusammenhang war der Exodus der türkischen Minderheit aus Bulgarien, der für die Jahre 1989 bis 1992 auf 380000 Menschen veranschlagt wird. Der Großteil davon verließ das Land binnen weniger Monate im Sommer und Frühherbst 1989, doch kehrten viele nach dem Sturz des kommunistischen Regimes im November 1989 ins Land zurück.

Geht man von offiziellen Angaben aus, so gehören (für den Zeitraum von 1980–1993) zwei Drittel aller Auswanderer aus Rumänien (insgesamt 478000) der Minderheitenbevölkerung dieses Landes an, an erster Stelle den Deutschen, gefolgt von den Magyaren, Juden und Roma. Somit sind auch in diesem Land ethnisch-politische Gründe für die Auswanderung ausschlaggebend. Es gibt ethnisch gemischte Siedlungsgebiete, aus denen beispielsweise mehr als die Hälfte der 20–40jährigen, meist gut ausgebildete Magyaren emigrierten, wie z. B. aus Stadt und Umgebung von Tîrgu Mureş (Marosvásárhely) und Cluj (Kolozsvár, Klausenburg). Ähnliches läßt sich übrigens auch für die magyarischen Siedlungsgebiete der Vojovodina feststellen, wobei hier freilich die Flucht vor dem Militär- und Kriegsdienst in der jugoslawischen bzw.

serbischen Armee die entscheidende Ursache für die Abwanderung darstellte.

Der ungarische Geograph und Minderheitenexperte Károly Kocsis hat nach den vorliegenden Daten errechnet, daß der Anteil der politisch dominanten ethnischen Gruppen (außerhalb Jugoslawiens waren das die Titularnationen, in Jugoslawien die Serben) in den Staaten des Karpaten-Balkan-Raumes zwischen 1920 und 1980 von 68,3 auf 87,6% angewachsen ist. Im selben Zeitraum sank der Anteil der ethnischen Minderheiten von 31,7 auf 12,4%. Das würde bedeuten, daß sich der Minderheitenanteil um mehr als 60% vermindert hätte. Doch offizielle Zahlen vermitteln ein undeutliches und vielfach manipuliertes Bild von der ethnischen Struktur einzelner Länder, und nur eine Differenzierung auf lokaler oder Gruppenebene ermöglicht allfällige Korrekturen. Hier soll als signifikantes Beispiel auf die Roma hingewiesen werden, die statistisch gesehen in größerer Zahl überhaupt erst nach der Wende von 1989 aufgetaucht sind und bei allen empirischen Zeitvergleichen deshalb unberücksichtigt bleiben. Deshalb ist anzunehmen, daß der heutige Anteil der Minderheiten- an der Gesamtbevölkerung über die von Kocsis errechneten 12,4% erheblich hinausgeht und in Südosteuropa noch immer rund ein Fünftel und damit 20% beträgt.

Folgt man mit dieser Einschränkung der Berechnung von Kocsis, so hat sich der Anteil einzelner Völker, die als Minderheit außerhalb ihres Mutterlandes leben, wie folgt verändert:

	1920 in %	1980 in %	Veränderung 1920–1980 in %
Albaner	37,4	40,4	plus 3
Magyaren	27,0	21,0	minus 6
Serben	14,2	7,3	minus 6,9
Kroaten	7,0	4,1	minus 2,9
Bulgaren	4,3	1,6	minus 2,7
Rumänen	2,7	0,6	minus 2,1

Ethnische Strukturen im neuen Südosteuropa

Seit 1991 gibt es Abwanderungsprozesse und Bevölkerungsverschiebungen insbesondere in den von Krieg betroffenen Ländern Kroatien, Bosnien und Herzegowina und Jugoslawien. So hat sich der Anteil der Serben an der Gesamtbevölkerung Kroatiens durch Flucht und Vertreibung aus ihren angestammten Siedlungsgebieten wahrscheinlich um 90% verringert. Insgesamt wurden Ende der 90er Jahre in Jugoslawien mehr als 600000 vertriebene oder geflüchtete Serben registriert (300000 aus Kroatien, 225000 aus Bosnien und Herzegowina, 100000 aus dem Kosovo). Die in Bosnien und Herzegowina bis 1991 vielfach anzutreffende ethnische Gemengelage gehört seit dem Frieden von Dayton vom 21. November 1995, der die gewaltsame ethnische Entmischung aller umkämpften Gebiete de facto sanktionierte, der Vergangenheit an.

Betrachtet man die Staaten unter dem Aspekt ihres Anteils an verschiedenen Völkern und ethnischen Gruppen im einzelnen, so steht an der Spitze der Mehrvölkerstaat Bosnien und Herzegowina, in dem keine der drei Titularnationen eine Mehrheit erreicht. Das Land hat damit das schwere Erbe des Mehrvölkerstaates Jugoslawien angetreten.

Es folgen die Nationalitätenstaaten Serbien, Montenegro und Makedonien, in denen die jeweiligen Titularnationen einen Zwei-Drittel-Anteil an der Gesamtbevölkerung erreichen. Ein erheblich differenzierteres Bild ergibt sich allerdings, wenn man die beiden serbischen Regionen Vojvodina und Kosovo, die bis 1989 als Autonome Provinzen einen Sonderstatus genossen, in die Betrachtung einbezieht. In der Vojvodina sind 13 ethnische Gruppen auszumachen, unter denen 1991 die Serben nur 56,8% der Gesamtbevölkerung ausmachten. Eine noch brisantere Bevölkerungsverteilung gab es zum selben Zeitpunkt im Kosovo, wo rund 90% Albaner der regional zu einer kleinen Minderheit geschrumpften Titularnation der Serben gegenüberstehen.

Kroatien war 1991 noch als Nationalitätenstaat einzustufen, in dem die Titularnation der Kroaten 78,1% erreichte und Serben mit 12,2% die größte Minderheit stellten. Aufgrund der Kriegshandlungen, der damit verknüpften Vertreibungen insbesondere von Serben aus der Krajina (1995) und einzelner Umsiedlungsaktionen haben sich die Proportionen wesentlich in Richtung einer ethnischen Homogenisierung des Landes verändert.

Wenig geändert hat sich durch die Wende am 15prozentigen Minderheitenanteil Bulgariens. Zwar ist die absolute Zahl der Türken in den achtziger Jahren, wie gezeigt, gesunken, doch hat zugleich die Gesamtbevölkerung durch den *brain drain* vor allem junger Bulgaren abgenommen. Allerdings enthält die bulgarische Minderheitenstatistik aufgrund der amorphen und zahlenmäßig selbst durch Schätzungen kaum zu erfassenden Gruppen von Roma, Makedoniern und Pomaken beträchtliche Unsicherheitsfaktoren.

Rumänien ist, statistisch gesehen, ein Grenzfall zum Nationalitätenstaat. Die Titularnation der Rumänen erreichte 1992 einen Anteil von 89,4%. Die beiden bedeutendsten Minderheiten sind die Magyaren und die Roma, während die meisten Juden und Deutschen abgewandert sind. Wenn man freilich von Schätzungen ausgeht, dann leben in Rumänien rund zwei Millionen Magyaren – also 9% – und ebensoviele Roma, wodurch sich der Anteil der Minderheiten- an der Gesamtbevölkerung dieses Landes auf ca. 20% erhöhen würde.

Als ethnisch weitgehend homogene Staaten sind schließlich Slowenien und Albanien einzustufen. In Albanien erreicht der Bevölkerungsanteil der bedeutendsten Minderheit der Griechen laut Volkszählung von 1989 einen Anteil von 1,9%, laut Schätzungen jedoch 4–5%.

Ein abschließender Blick auf die ihrer Zahl nach bedeutendsten Nationalitäten zeigt, daß hier die Albaner, die Magyaren, die Türken und die (in Jugoslawien bzw. seinen Nachfolgestaaten bereits als ethnische Gruppe eingestuften) Muslime hervorzuheben sind. Die rund 2,5 Millionen, zu 97% muslimischen Albaner siedeln weitgehend kompakt im Kosovo, in den dem Kosovo benachbarten albanischen Gemeinden Süd-Serbiens, in dem Albanien benachbarten südlichen Grenzstreifen Montenegros und in dem gleichfalls an Albanien anschließenden westlichen Teil Makedoniens. Die 2,3 Millionen Magyaren siedeln teils kompakt, teils zerstreut in Rumänien (vorwiegend in Siebenbürgen), in Serbien (in der Vojvodina), kleinere Gruppen in Kroatien und in Slowenien. Die Türken (Gesamtzahl rund eine Million) stellen die größte Minderheit in Bulgarien und die zweitgrößte in Makedonien. Die nichttürkischen Muslime (2,6 Millionen) sind, ethnisch gesehen, meist südslawischer Herkunft (die muslimischen Albaner bleiben hier wegen ihres klaren nationalen Bekenntnisses unberücksichtigt) und bilden eine der drei Großgruppen in Bosnien. Als Minderheit siedeln sie kompakt in dem seit 1912 auf Serbien und Montenegro aufgeteilten Sandžak und als Torbeschen genannte Gruppe in Makedonien. Dazu kommt noch die rund 270 000 Personen umfassende, bulgarisch sprechende Gruppe der Pomaken in Bulgarien.

Nur als ethnische Gruppe eingestuft werden die Roma. Ihre unter sozialen, kulturellen und organisatorischen Aspekten auffallende Heterogenität deutet darauf hin, daß ihre Ethnogenese bzw. ihr Gruppenbildungsprozeß noch nicht abgeschlossen ist. Dieser wurde durch Ausgrenzung, Kriminalisierung und Marginalisierung verzögert, wenn nicht unterbunden, bevor er nach 1989 durch die Erfordernisse einer institutionalisierten Gruppenvertretung befördert, wenn nicht sogar hervorgerufen wurde. Aufgrund einer solchen Ausgangsposition verweigern auch viele Roma irgendwelche Angaben über ihre (für sie selbst oft unklare) ethnische Identität, was sich statistisch in zu geringen und damit irreführenden Bevölkerungszahlen niederschlägt. Zur verwirrenden Buntheit ihrer ethnischen Merkmale gehört auch ihre sprachliche Vielfalt, die wiederum in den letzten 10 Jahren verstärkte Bemühungen ausgelöst hat, eine Roma-Umgangssprache zu standardisieren. Alle diese Gegebenheiten erweisen sich für die meist halbherzigen Versuche, sie aus ihrer marginalen Position heraus gesellschaftlich zu integrieren, im allgemeinen als sehr hinderlich. Schätzungen gehen davon aus, daß sie mit mehr als vier Millionen derzeit als größte Minderheit in Südosteuropa anzusehen sind.

Mehrheiten und Minderheiten: Ausprägungen des Nationalstaats

Der quantitative Aspekt des Minderheitenproblems ist die Gemengelage der ethnischen Gruppen, die in einem regional/lokal unterschiedlichem Mischverhältnis zusammenleben, der qualitative jedoch der Wille der Mehrheit bzw. politisch dominanten Gruppe, *ihren* Nationalstaat *ethnisch* und nicht politisch (als Staat aller seiner Bürger) zu definieren. Probleme der Minderheit sind ihrer Genesis nach daher zunächst Probleme der Mehrheit. Denn wenn diese der Überzeugung ist, daß der von ihr geschaffene Staat nur der Staat ihres Volkes sein soll, dann ist der Konflikt mit allen anderen, schon aufgrund ihrer Merkmale abweichenden Gruppen vorprogrammiert. In einem solchen Staat sind solche Minderheiten daher unerwünscht, Bürger zweiter Klasse und Objekt ständiger Versuche, sie durch Assimilation, Vertreibung oder Ethnozid aus der Welt zu schaffen. Begreift man Nation nicht als politisches Kollektiv, sondern als politische Institution, die als Ergebnis der Auseinandersetzungen der Repräsentanten mobilisierter Unter- und Mittelschichten in Sezession von den multiethnischen Imperien entstanden ist, dann bringen nicht Nationen, sondern politische Akteure (unter Berufung auf die von ihnen vertretene Nationsidee) Nationalismus hervor. Entsprechend ist nicht von ethnischen, sondern von ethnopolitischen Konflikten zu sprechen.

Die in aller Regel entscheidende Frage, die der inhaltlichen Ausprägung staatlicher Minderheitenpolitik vorausgeht, ist die, wie sich der betreffende Staat selbst definiert. Ein solches, in der Regel auf einem Konsensus mit der Mehrheitsgesellschaft beruhendes Selbstverständnis des Staates setzt die Prioritäten seiner politischen Strategie gegenüber den in ihm lebenden Minderheiten und macht die Frage nach der rechtlichen Normierung bzw. Garantie von Minderheitenschutz zu einem sekundären, letztlich davon abhängigen Problem.

Unter diesem Aspekt sind Bulgarien und Rumänien schon aufgrund ihrer neuen Verfassungen (beide aus dem Jahr 1991) prononcierte Nationalstaaten, in denen Minderheiten nur geduldet werden. Rumänien erklärt sich darin zum «einheitlichen und unteilbaren Nationalstaat», dessen Grundlage «die Einheit des rumänischen Volkes ist» und in dem «die nationale Souveränität dem rumänischen Volk gehört». Einen ähnlichen Ansatz hat Bulgarien gewählt. Hier ist häufig noch Unverständnis darüber anzutreffen, wie und warum etwa ein Türke ein voll gleichberechtigter bulgarischer Staatsbürger sein kann. Bei den Titularnationen beider Länder war nach der Wende ein stark minderheitenfeindliches Potential auszumachen, das sich wiederholt in gewalttätigen und nationalistischen

Ausbrüchen insbesondere in der Presse dokumentierte. In Bulgarien hat sich die Lage seit 1993 allmählich beruhigt, in Rumänien ist erst mit dem Sturz des Iliescu-Regimes infolge der Wahlen von 1996 eine Entspannung eingetreten. Insgesamt kann die Ethnopolitik dieser beiden Staaten in etwa dahingehend zusammengefaßt werden, daß Bulgarien zeitweise eine Exklusionspolitik, zeitweise jedoch eine Assimilierungsstrategie verfolgte, während Rumänien zwischen Isolations- und Assimilierungsbestrebungen schwankt. Darauf antwortende Minderheitenstrategien sind meist im Spektrum zwischen Ausgleich, territorialer oder personaler Autonomie anzusiedeln.

Der streng nationalstaatliche Charakter Serbiens, das seit 1989 eine Isolationsstrategie mit Schwankungen in Richtung Vertreibungspolitik betreibt, wird dadurch etwas verschleiert, daß die neue serbische Verfassung von 1990 verbal die traditionelle jugoslawische Staatsauffassung übernommen hat und Serbien zum «Staat des serbischen Volkes» erklärt, in dem es auch andere «Völker und Nationalitäten» gebe. Doch die bis 1989/1990 gültigen Autonomieregelungen für das Kosovo und die Vojvodina wurden vollständig aufgehoben und die Möglichkeiten einer Territorialautonomie in der Verfassung auf ein formaljuristisches Minimum reduziert. Auch in Makedonien ist eine Kontinuität dahingehend anzutreffen, daß die Verfassung von 1991 den Passus aus der jugoslawischen von 1974 übernommen hat, wonach Makedonien ein «Nationalstaat des makedonischen Volkes ist», doch zugleich wird den namentlich aufgezählten Albanern, Türken, Wlachen bzw. Aromunen und Roma zusammen mit «anderen Nationalitäten» die Gleichberechtigung garantiert, wodurch diese Gruppen auch verfassungsrechtlich anerkannt werden. Der Pragmatismus der Staatsführung sowie die Tatsache, daß die Albaner bislang an allen Regierungen partizipierten, haben wesentlich zu einem Interessenausgleich zwischen den verschiedenen Volksgruppen beigetragen. Ob dies freilich für eine Ausgleichsstrategie ausreicht, muß angesichts des zunehmenden ethnopolitischen Radikalismus der Albaner dieses Landes bezweifelt werden.

In der Verfassung Kroatiens von 1990 werden zwei Ordnungskonzepte – das ethnisch indifferente französische Staatsnationskonzept und das ethnisch definierte ostmitteleuropäische Nationalstaatskonzept – miteinander vermischt. In der Präambel wird erklärt: «Die Republik Kroatien konstituiert sich als Nationalstaat des kroatischen Volkes und Staat der Angehörigen anderer Völker und Minderheiten, die seine Staatsbürger sind: Serben, Muslime, Slowenen, Tschechen, Slowaken, Italiener, Ungarn, Juden und andere, denen die Gleichberechtigung ... verbürgt wird.» Formal gesehen wird dadurch Kroatien zugleich als Nationalitätenstaat wie als Nationalstaat definiert, in der politischen Praxis jedoch hat sich der Nationalstaat vollständig durchgesetzt. Im Gegensatz zu Kroatien spricht Slowenien in seiner neuen Verfassung von 1991 nicht von einem Nationalstaat, sondern von einem «Staat aller seiner Staatsbürgerinnen und Staatsbürger, der auf dem bleibenden und unveräußerlichen Selbstbestimmungsrecht des slowenischen Volkes beruht». Der letzte Passus muß hier vor allem als Antwort auf serbische Verfassungsjuristen gesehen werden, die gerade dieses Recht vehement bestritten haben. Zusammenfassend läßt sich somit feststellen, daß sich das ethnisch definierte Nationalstaatsprinzip mit Ausnahme Sloweniens (und Ungarns) überall durchgesetzt hat. Allerdings ist es eben auch bezeichnend, daß die Ausnahmen in ethnisch weitgehend homogenen Staaten zu verzeichnen sind.

Ethnisch definierte Nationalstaaten neigen von vornherein dazu, Prinzipien, Normen und Maßnahmen des Minderheitenschutzes manipulativ mit der Zielsetzung zu mißbrauchen, die Mehrheit vor der Minderheit zu schützen und nicht umgekehrt. Da im Zentrum jeglicher Bemühungen um Minderheitenschutz die Sicherung der Reproduktion von entscheidenden ethnischen Merkmalen steht, nämlich von Sprache, Religion und Kultur, konkretisiert sich Ethnopolitik vor allem in den Bereichen Schule, Kommunikation (Massenmedien), Religions- und Kulturgemeinschaft. In all diesen Bereichen kann der Assimilations- und Anpassungsdruck seitens der Mehrheitsgesellschaft so ausschlaggebend werden, daß sich die ursprüngliche Schutzfunktion entsprechender Einrichtungen wie Schulen, Zeitungen etc. relativ mühelos ins Gegenteil verkehren läßt. Somit erhalten beispielsweise Nationalitätenschulen eine assimilierende Funktion, wenn der Unterricht primär darauf ausgerichtet ist, die Verbreitung der Staatssprache zu sichern, wie das beispielsweise in Bulgarien auf die Schulen für die türkische Minderheit zutraf (und zum Teil noch zutrifft), und der Unterricht der Minderheitensprache nur eine Alibifunktion erhält.

Grundlinien der Nationalitätenpolitik vor und nach 1989

Die neuerliche Blüte des Nationalstaatsprinzips und seine Vorherrschaft seit 1989 – nur teilweise eingeschränkt durch das Streben nach einer europäischen Integration – haben entscheidend zur Kontinuität alter Muster im Verhalten der Mehrheiten gegenüber den Minderheiten beigetragen. Diese Kontinuität konnte sich wiederum in vielen Bereichen auf die vorausgehende sozialistische Epoche stützen, in der nach Beendigung ihrer stalinistischen Phase bereits ab Ende der 1950er Jahre immer häufiger auf nationalistische Verhaltensmuster und Traditionen der Vorkriegszeit zurückgegriffen wurde. Es ist daher sinnvoll, einige Grundlinien der Entwicklung im Bereich der Nationalitätenpolitik in der zweiten Hälfte des 20. Jahrhunderts zu skizzieren, weil dadurch auch die Ausgangspositionen für die Veränderungen des politischen Systems und die in diesem Zusammenhang getroffenen Maßnahmen nach 1989/1990 deutlicher auszumachen sind.

Mit der Konstituierung sozialistischer Herrschaftssysteme Mitte oder Ende der 40er Jahre trat im Verhältnis Minderheit-Staat-Mehrheitsgesellschaft zunächst eine Entspannung ein. Die Vertreibungs- und Umsiedlungsprozesse wurden gestoppt, die Angehörigen bedeutender Minderheitengruppen wie beispielsweise der Magyaren, der Türken, der Juden etc. erhielten ihre Rechte als Staatsbürger zurück, und in vielen Lebensbereichen wurden Diskriminierungsmaßnahmen aufgehoben oder zumindest zurückgedrängt. Die in langer Tradition herausgebildeten ethnischen Trennlinien besaßen im Rahmen des tiefgreifenden Umbruchs der politischen, wirtschaftlichen und sozialen Verhältnisse keinerlei richtungsweisende Funktion und verloren zumindest offiziell ihren bis dahin immanenten politischen Charakter, obgleich ihre mentale Rolle als identitätsstiftendes Merkmal auch diesen Umbruch überdauert hat. Dabei übernahm die das Herrschaftssystem legitimierende Ideologie eine sehr dialektische Funktion: Einerseits warf sie die nationale und ethnische Kategorie «auf den Müllhaufen der Geschichte», und mit diesem Paradigmenwechsel schien das Ende des Nationalstaats und seiner ihm eigenen Unterdrückungsmechanismen gegenüber ethnischen Minderheiten gekommen zu sein. Andererseits jedoch beanspruchte sie zum Zweck des Machterhalts und der Systemstabilisierung die totale Kontrolle über die gesamte Gesellschaft und unterwarf damit alle Gesellschaftsgruppen einem neuen, diesmal aber viel enger geknüpften System der Unterdrükkung und Kontrolle unter Anwendung wesentlich brutalerer Methoden. Auf dem subtilen «Umweg» solcher Unterdrückungsmechanismen kehrte die ethnische und nationale Kategorie in die Politik zurück: erstens als nationaler Faktor nach außen als Emanzipationspotential gegenüber dem übermächtigen Moskauer Zentrum, und zweitens als ethnischer Faktor nach innen als Instrumentalisierungspotential von Gruppeninteressen und -gegensätzen.

Die sozialistische Nationalitätenpolitik hatte bei aller historisch, regional und national bedingten Unterschiedlichkeit ein in manchen Grundzügen gemeinsames Profil und bewirkte seitens der von ihr betroffenen Minderheiten auch ähnliche Verhaltensmuster. Ihrer inhaltlichen Bestimmung nach hatte sie stets einen instrumentellen Charakter. Sie war keinesfalls Selbstzweck in dem Sinne, daß Minderheitenschutz in ihr jemals Priorität erlangt hätte. Vielmehr wurde ihr eine unmittelbare innenpolitische Integrationsfunktion mit dem mittelbaren Ziel der Systemerhaltung und Systemstabilisierung zugewiesen.

Für die Minderheiten bedeutete sozialer Wandel unter sozialistischen Vorzeichen nicht nur den Verlust traditioneller Lebensorientierung, sondern auch die Gefährdung oder gar den Verlust ihrer ethnischen Identität. Sprachliche Assimilation bis hin zum Sprachwechsel in der Jugendgeneration war nur eine Resultante dieses Prozesses. Nur modernisierungsunwillige, durch Religion und spezifische Subkultur gleichsam in ihrem Konservativismus geschützte, sozial marginalisierte Minderheiten wie die Türken in Bulgarien oder die Roma in allen betroffenen Ländern erwiesen sich als dem Druck politischer Maßnahmen und des sozialen Wandels gegenüber weitgehend resistent. Ihr vormoderner Traditionalismus bedingt zum Teil bis heute eine hohe Fertilität, und ihre weit überdurchschnittliche Geburtenrate hat – etwa bei den Türken – sämtliche großen Abwanderungswellen mindestens kompensiert. Die Zahl der Albaner im Kosovo hat sich von 1948 bis 1991 gar verdreifacht.

Da eine pluralistische Gesellschaft nicht zugelassen wurde, waren alle Gremien, die als Nationalitätenverbände die Minderheit repräsentieren und handlungsfähig machen sollten, Regierungs- und Parteiorgane, mithin in Parteidisziplin und -interessen eingebunden. Damit wurde den ethnischen Gruppen eine entscheidende Qualität verweigert, nämlich sich als soziale Gruppe zu konstituieren, die ihre Interessen in eigenen Gremien frei artikulieren kann. So wurde ihnen von vornherein jede Möglichkeit einer Selbstbestimmung als Subjekt ihres sozialen Handelns genommen.

Das oft widersprüchliche Bild sozialistischer Nationalitätenpolitik – auf der einen Seite ein umfangreicher Maßnahmenkatalog zugunsten der Nationalitäten, beispielsweise im Aufbau kultureller Basiseinrichtungen, auf der anderen eine ablehnende, apathische oder zumindest indifferente Haltung der Minderheitenbevölkerung gegenüber dem reichhaltigen Angebot staatlicher Förderung – hat hierin seine Ursache. Denn parallel zu den Angeboten war ein systematischer Abbau bzw. das Verbot all jener Institutionen zu konstatieren, die in irgendeiner Weise als politische, kulturelle oder gesellschaftliche Repräsentation der Nationalitätenbevölkerung angesehen wurden. Die Schließung der ungarischen Bolyai-Universität von Cluj 1959 und die Aufhebung der territorialen Autonomie des Székler-Gebietes 1968 etwa waren nur die deutlichsten Belege für eine solche Politik in Rumänien. In Jugoslawien gab es nur in Slowenien und in Kroatien die Möglichkeit, jeweils einen Landesverband als eine wie auch immer definierte Vertretungskörperschaft der dort ansässigen Magyaren einzurichten. In ihrem bedeutendsten jugoslawischen Siedlungsgebiet, nämlich in der Vojovdina, war eine solche bis 1990 strikt verboten.

Schließlich wirkten sich die gesamtgesellschaftlichen Prozesse in besonderer Weise auf die Minderheitenbevölkerung aus. Die forcierte Industrialisierung nach 1945 hatte tiefgreifende Veränderungen der Sozial- und Siedlungsstruktur zur Folge. In den 60er und 70er Jahren waren jährlich durchschnittlich 5 bis zu 10% der Gesamtbevölkerung an der Binnenwanderung beteiligt, und die Städte verzeichneten einen Zuwachs von 50 bis 75% ihrer ursprünglichen Größe. Da dieser Umbruch planwirtschaftlich strukturiert war, verfügte die Administration über zahlreiche Möglichkeiten, die Ansiedlung von Angehörigen bestimmter ethnischer Gruppen zu steuern. In allen sozialistischen Ländern wurden Angehörige der Titularnation planmäßig vor allem in den historischen Siedlungszentren der Minderheiten und diese wiederum in Siedlungszentren der Mehrheit angesiedelt. So wurde Bukarest zur größten ungarischen Stadt außerhalb Ungarns. Der wesentliche Unterschied zum Industralisierungsprozeß westlicher Prägung bestand darin, daß die Minderheitenbevölkerung in sozialistischen Regimen solchen gesamtgesellschaftlichen Prozessen schutz- und hilflos ausgeliefert war und keine Möglichkeit hatte, Selbstschutzmaßnahmen zu entwickeln. Dadurch waren heftige Modernisierungs- und Kulturkonflikte vorprogrammiert. In diesen wurde jegliche Neuerung als Angriff auf den vormodernen Traditionalismus der Minderheit verstanden und zurückgewiesen, was wiederum andererseits das Interesse der konservativen Führungselite dieser Minderheiten an der Bewahrung ihrer religiösen Autochthonie und traditionellen Lebensweise bestätigte und bestärkte. Sofern solche Konfliktkonstellationen tatsächlich in einen Identitätskonflikt mündeten, erwiesen sie sich als nicht mehr regulierbar und führten zu Gewaltausbrüchen. So kam es infolge der Assimilationskampagne 1984/1985, die alle Türken zu islamisierten Bulgaren erklärte, in dem Moment zu Massenauswanderungen von Türken aus Bulgarien, als das Regime im Sommer 1989 im Bemühen, «Dampf abzulassen», die Grenze öffnete. Die Isolation und der Zusammenbruch des sozialistischen Regimes, das gerade in Bulgarien sehr verfestigt erschien, wurden dadurch wesentlich beschleunigt.

Den negativen Folgen dieser auch auf die Mehrheitsgesellschaft zutreffenden «Identitätsmangelwirtschaft» versuchte man in der Spätphase des sozialistischen Systems, ab Anfang oder Mitte der 70er Jahre, mit einer Umkehrung der Leninschen Losung zu begegnen: Statt «national in der Form, sozialistisch im Inhalt», wie das Lenin noch gefordert hatte, wurde man zusehends nationaler im Inhalt, und der Sozialismus verkam zu einer immer mehr formalen Angelegenheit (oder er nahm wie in Rumänien wieder stalinistische Züge an). Der Nationalismus wurde in Richtung Systemlegitimation funktionalisiert, und es entstand die wenig kohärente Variante des «Nationalkommunismus». Die Minderheiten wiederum sahen sich durch diese Entwicklung plötzlich wieder an den Eingang zur Sackgasse nationalstaatlicher Nationalitätenpolitik gestellt.

Was die Periode nach 1989 von der sozialistischen ganz grundsätzlich unterscheidet, sind die nun auch den Minderheiten mehr oder weniger offenstehenden (durch mangelnde finanzielle Ressourcen freilich begrenzten) Möglichkeiten, sich demokratisch zu organisieren. Sie können sich dadurch gegen den Assimilationsdruck der Mehrheit wirksam verteidigen und einen solchen Druck durch Formen politischer Partizipation, konkret durch den Ausbau des dazu nötigen Institutionensystems, mildern, wenn nicht gar lokal oder regional aufheben.

In den Ländern freilich, die den politischen und wirtschaftlichen Systemwechsel nur halbherzig vollzogen (wie z. B. Bulgarien) oder einen solchen durch «rotbraune» Koalitionsregierungen hintertrieben (wie z. B. Rumänien bis 1996 und Serbien bis heute), ist in den ethnopolitisch sensiblen Bereichen wie Schule, Sprache und Kultur vielfach eine Kontinuität zur sozialistischen Epoche auszumachen. Der wesentliche Unterschied besteht hier darin, daß die paternalistische Fürsorge von gestern einer deutlich minderheitenfeindlicheren Haltung seitens der Staatsorgane von heute weichen mußte. Gegenüber dem nach wie vor ungebrochenen Zentralismus von Staaten mit halbautoritären (oder wie in Serbien ausgesprochen autoritären) Machtstrukturen haben die inzwischen aufgebauten Institutionen und Organisationen seitens der Minderheit wie seitens der Mehrheit nur sehr begrenzte Chancen, einen von den herrschenden Eliten prinzipiell gar nicht erwünschten Interessenausgleich herbeizuführen, da ein solcher deren mit nationalistischen Parolen mobilisierte Machtbasis gefährden würde.

Seit 1989 steht die Ethnopolitik in engerem Zusammenhang mit der Europapolitik, der bilateralen Außenpolitik und der Innenpolitik der südosteuropäischen Staaten. Beispielhaft kann dies an den Entwicklungen im Verhältnis zwischen Rumänien und Ungarn deutlich gemacht werden. Beide Länder verfolgten bis zum Regierungswechsel in Ungarn 1994 einen nationalistischen Kurs, dessen gemeinsamer Gegenstand und Streitpunkt die ungarische Minderheit in Rumänien war. In dieser gewannen immer stärker radikale Kräfte die Oberhand, je größer der Assimilationsdruck des Iliescu-Regimes auf ihr lastete. Mit dem Amtsantritt der Regierung Horn veränderte sich das Bild, denn deren Kurs war eindeutig auf Verständigung ausgerichtet und führte zur Mäßigung der Forderungen in der Minderheitenpolitik.

Dies alles geschah vor dem Hintergrund einer sich für beide Länder zuspitzenden Entscheidungssituation über erste Schritte zur Erweiterung von EU und NATO. Der neue Kurs Ungarns führte zunächst deshalb nicht zum Durchbruch, weil der innenpolitische Handlungsspielraum der rumänischen Regierung in der Koalition mit drei nationalistischen Parteien stark eingeschränkt war. Erst der zunehmende Entscheidungsdruck in Sachen NATO- und EU-Erweiterung im Spätsommer 1996 führte zum Kompromiß beim lange verhandelten bilateralen Grundlagenvertrag, der ohne Konsens mit der ungarischen Minderheit herbeigeführt wurde. Ungarn verzichtete auf seine Forderung nach einer vertraglichen Festschreibung der Territorialautonomie für seine Konnationalen in Siebenbürgen, denn sowohl Budapest wie Bukarest hatten ein ausschlaggebendes gemeinsames Interesse daran, ihre konfliktbeladenen Beziehungen zu bereinigen, um ihre Integrationschancen nicht zu gefährden. Mit dem Abschluß des Vertrages und der nach den Wahlen von 1996 in Rumänien zwischen Mehrheit und Minderheit eingeleiteten Kooperation haben sich die Chancen grundlegend verbessert, den Vertrag tatsächlich umzusetzen. In der Führung der ungarischen Minderheit Rumäniens setzten sich zudem wieder ganz eindeutig die gemäßigten Kräfte durch, und in den Jahren 1996–1998 konnte eine ganze Reihe von ethnopolitischen Streitfragen gelöst werden.

Minderheitenrecht

Nach 1918 suchte man den Minderheitenschutz durch ein Geflecht völkerrechtlicher Verträge unter Einbeziehung des Völkerbundes als Schiedsinstanz abzusichern, während nach 1945 aufgrund der negativen Erfahrungen aus der Zwischenkriegszeit individualrechtliche Regelungen auf der Basis der Menschenrechte vorgezogen wurden. Heute ist man sich mehr oder wenig darin einig, daß beide Konzepte ungeeignet sind, das Problem des Minderheitenschutzes zu lösen. Zur Diskussion steht daher derzeit die Ergänzung der bisherigen Konzepte um kollektivrechtliche Schutzbestimmungen, doch kann diese Diskussion weder als abgeschlossen angesehen werden, noch ist ein solches Gesamtkonzept in irgendeiner Weise standardisiert und völkerrechtlich befriedigend verankert.

Auf dem Gebiet der innerstaatlichen Gesetzgebung sind zunächst die nach der Wende neu eingeführten Verfassungen zu beachten, die naturgemäß eine Vorrangstellung einnehmen. Qualitativ am untersten Ende steht die bulgarische Verfassung von 1991, die – beherrscht von der Doktrin der «nationalen und staatlichen Einheit» (Präambel) – sich weigert, die Existenz nationaler oder ethnischer Minderheiten zur Kenntnis zu nehmen, die Territorialautonomie ausdrücklich ausschließt und die Minderheiten sogar noch insofern diskriminiert, als sie politische Parteien auf ethnischer Grundlage verbietet. Allerdings wußte die türkische Partei «Bewegung für Rechte und Freiheiten» diese Bestimmung mit Hilfe eines Urteils des bulgarischen Verfassungsgerichts zu umgehen.

In der rumänischen Verfassung von 1991 wird zwar den Minderheiten das Recht auf Identität gewährleistet, dieses jedoch sogleich unter den Vorbehalt einer «Übereinstimmung mit den Prinzipien der Gleichheit und der Nichtdiskriminierung im Verhältnis zu den anderen rumänischen Staatsbürgern» gestellt. Dadurch werden alle Ansätze in Richtung einer positiven Diskriminierung, ohne die Minderheitenschutz schwer vorstellbar ist, unterdrückt, was den Schutzauftrag der Verfassung erheblich entwertet. Mit dem ausdrücklichen Verbot des «territorialen Separatismus» werden Forderungen nach einer Territorialautonomie von vornherein für ungesetzlich erklärt. Mit dieser Norm und mit der ausschließlichen Festlegung der Gerichtssprache auf das Rumänische fällt diese Verfassung hinter den Standard früherer Verfassungen (von 1952 und 1965) zurück. Positiv jedoch ist Artikel 59 zu werten, dem zufolge jeder Minderheit, die nicht die erforderliche Stimmenzahl für ein Abgeordnetenmandat auf sich zu vereinigen vermag, Anspruch auf einen Sitz in der Abgeordnetenkammer des Parlaments eingeräumt wird. Ähnliche Gewährleistungen im Sinne der politischen Partizipation der Minderheiten auf höchster legislativer Ebene sind auch in den Verfassungen von Slowenien, Kroatien und Montenegro zu finden. Prononcierte kollektivrechtliche Schutzbestimmungen enthalten nur die Verfassungen Sloweniens und Ungarns, alle übrigen nur strikt individualrechtliche (mit Gruppenbezug in Montenegro, Serbien und Makedonien), die im Falle Bulgariens durch eine Reihe von Verboten (z. B. von Organisationen, «die gegen die territoriale Integrität des Landes gerichtet sind») konterkariert werden.

Ein besonderes Minderheitengesetz (sogar mit Verfassungsrang) hat Kroatien am 4. Dezember 1991 verabschiedet, allerdings wurden die wichtigsten, die serbischen Siedlungsgebiete betreffenden Bestimmungen einer weitgehenden Territorialautonomie sofort suspendiert und sind dies bis heute geblieben. Ein Minderheitengesetz haben Ungarn (7. Juli 1993) und Slowenien (5. Dezember 1994) verabschiedet, wobei in Slowenien für die beiden kleinen Minderheiten der Magyaren und Italiener Einrichtungen der Personalautonomie auf lokaler Ebene gewährleistet werden. Erwähnung verdient auch das Gesetz der Republik Moldova vom 23. Dezember 1994, mit dem für die Gagausen eine großzügige Regelung ihrer Territorialautonomie getroffen wurde. In Rumänien ist ein Minderheitengesetz infolge großer innenpolitischer Kontroversen und Spannungen bis heute nicht erlassen worden, obwohl sich das Land anläßlich seiner im Oktober 1993 erfolgten Aufnahme in den Europarat zu einem solchen verpflichtet hat.

Auf der Ebene der einfachgesetzlichen Regelungen sind vor allem Gesetze zu Sprachgebrauch, Schul- und Bildungswesen, Kultur- und

Massenmedien sowie zum Wahlmodus und zur politischen Repräsentation und Partizipation von Bedeutung. Hervorzuheben ist hier das restriktive Sprachengesetz Serbiens vom 27. Juli 1991, mit dem der Gebrauch von Minderheitensprachen auf die Gemeindeebene eingeschränkt wird und durch weitere Klauseln als Verfahrenssprache verhindert werden kann. Als Negativbeispiel kann auch das rumänische Schulgesetz vom 30. August 1995 dienen, das restriktiver als das der Ceauşescu-Zeit ausfiel. Gestrichen wurde die Garantie für die Angehörigen von Minderheiten, in allen Unterrichtsformen die gleichen Ausbildungsformen wie das Mehrheitsvolk vorzufinden. In allen Schulen wurde der Unterricht im Fach «Geschichte der Rumänen» (wodurch die Geschichte aller Minderheiten marginalisiert wurde) als obligatorisch eingeführt und die rumänische Sprache für den Geographieunterricht zwingend vorgeschrieben. Der Ende 1996 aufgrund der Wahlen erfolgte Regimewechsel und die Beteiligung der ungarischen Minderheit an der neuen Regierung ermöglichte Veränderungen auf dem Verordnungsweg, mit denen ab Sommer 1997 die Mehrzahl der Restriktionen wieder aufgehoben wurde. Doch hält das Tauziehen um die Minderheitenschulen in Rumänien noch immer an. Das im März 1998 vom Senat verabschiedete neue Schulgesetz machte wieder einen Teil der erzielten Kompromisse rückgängig, und es bleibt abzuwarten, welche Akzente die Abgeordnetenkammer in ihrer Beschlußfassung setzt.

Zusammenfassend bleibt festzuhalten, daß Formen der Territorialautonomie gegenüber dem vorherrschenden Zentralismus in keinem südosteuropäischen Land bislang durchgesetzt werden konnten. Elemente davon, verbunden mit Formen der Personalautonomie (Kulturautonomie), sind nur in Slowenien und Ungarn anzutreffen. Von den Minderheiten werden entsprechende Forderungen in unterschiedlichen Ausprägungen erhoben. Eine Föderalisierung nach belgischem Muster verlangen die Albaner in Makedonien, eine Personalautonomie mit territorialen Komponenten streben die Magyaren in der Vojvodina und in Siebenbürgen an. Viel weitergehender sind die Forderungen der Albaner im Kosovo, die sich dort politisch nicht als Minderheit, sondern als Mehrheit betrachten (die numerisch gesehen die Titularnation der Teilrepublik Montenegro um mehr als das Dreifache übertrifft) und in Einforderung ihres Selbstbestimmungsrechtes ihre Unabhängigkeit und damit Sezession von Serbien verlangen.

Größere Bedeutung besitzen auch bilaterale, zum Teil auf Reziprozität beruhende Vertragsregelungen zwischen Staaten, in denen eine Nationalität auf der einen Seite die Titularnation, auf der anderen eine Minderheit stellt. Diese sind häufig trotz großer innenpolitischer Widerstände als Preis für eine zukünftige Mitgliedschaft in der NATO und in der EU abgeschlossen worden. Vorbildcharakter hat hier der deutsch-rumänische Vertrag über Zusammenarbeit und Partnerschaft in Europa vom 21. April 1992, in dem der KSZE-Standard zum Minderheitenschutz als geltendes Recht und die KSZE-Streitregelungsverfahren als Konfliktregulierungsmodalitäten festgelegt werden. Einen ähnlichen Vertrag hat Rumänien am 24. September 1993 auch mit der Slowakei abgeschlossen. Mit Blick auf den Schutz der Minderheiten geradezu mustergültig sind der ukrainisch-ungarische Grundlagenvertrag vom 6. Dezember 1991 samt Erklärung über die Prinzipien der Zusammenarbeit auf dem Gebiet der Gewährleistung der Rechte der nationalen Minderheiten vom 31. Mai 1991, der deutsch-ungarische Vertrag vom 6. Februar 1992, der slowenisch-ungarische Vertrag über Freundschaft und Zusammenarbeit vom 1. Dezember 1992 samt Abkommen über die Gewährleistung von Sonderrechten für die jeweiligen Minderheiten vom 6. November 1992 sowie der kroatisch-ungarische Vertrag über freundschaftliche Beziehungen und Zusammenarbeit vom 16. Dezember 1992 samt Gemeinsamer Übereinkunft vom 5. April 1995. Kroatien hat auch mit Rumänien (1993) und Slowenien (1994) Kulturabkommen abgeschlossen, in denen auf die Kulturbedürfnisse der konnationalen Minderheiten Bezug genommen wird; im Abkommen mit Slowenien wird der muttersprachliche Unterricht für sie garantiert.

Die langwierigen, immer wieder unterbrochenen Verhandlungen Rumäniens mit Ungarn über einen Grundlagenvertrag konnten erst im Sommer 1996 erfolgreich zum Abschluß gebracht und dieser am 16. September 1996 unterzeichnet werden. Hier ging es insbesondere um die Anwendung der von der Parlamentarischen Versammlung des Europarats am 1. Februar 1993 verabschiedeten «Empfehlung 1201 (1993) für ein Zusatzprotokoll über die Rechte nationaler Minderheiten zur Europäischen Menschenrechtskonvention», in deren Artikel 11 verschiedene Formen der Autonomie genannt werden. Der herbeigeführte Kompromiß schlug sich in einer Fußnote nieder, in der die Vertragspartner versichern, daß die «Empfehlung 1201» keine Verpflichtung zur Gewährleistung kollektiver Rechte und Formen der Territorialautonomie beinhalte.

Eine besonders große Zahl von Grundlagenverträgen mit anderen südosteuropäischen Staaten haben in den Jahren 1991–1994 Bulgarien (mit Griechenland, Rumänien, Moldova und der Türkei) und die Türkei (mit Ungarn, Bulgarien und Rumänien) abgeschlossen, in denen zum Teil ebenfalls minderheitenrechtliche Bestimmungen enthalten sind.

Besondere Bedeutung besitzt die am 12. Februar 1999 zwischen Bulgarien und Makedonien abgeschlossene Vereinbarung, mit der ein langjähriger Streit um die Ausfertigung der bilateralen Verträge auch in makedonischer Sprache beigelegt wurde. Von bulgarischer Seite wird die

Existenz einer eigenständigen makedonischen Nation in Abrede gestellt und die makedonische Sprache grundsätzlich als «Dialekt des Bulgarischen» angesehen; die Makedonier werden kollektiv als Teil der bulgarischen Nation vereinnahmt. Daher lehnte Sofia lange Zeit die Unterzeichnung bilateraler Verträge ab, die ja in beiden Sprachen auszufertigen sind. Die in der Vereinbarung vom Februar 1999 enthaltene Anerkennung des Makedonischen als Amtssprache und die Erklärung, keine gegenseitigen territorialen Ansprüche zu erheben, machen den Weg frei in Richtung einer Normalisierung der vertraglichen bilateralen Beziehungen. Nicht berührt wurde indes die heikle politische Frage nach der Existenz einer makedonischen Minderheit in Bulgarien, hier vor allem in der südwestlichen Pirin-Region.

Zu betonen ist, daß rechtliche Normen und Verfahren für ihre Wirksamkeit einerseits den Institutionenausbau eines Rechtsstaates voraussetzen, der sich in den Ländern Südosteuropas überall erst im Aufbau befindet, andererseits nur für die Regulierung von Konflikten und für einen institutionalisierten Interessenausgleich zwischen Mehrheitsgesellschaft und Minderheiten als ausreichend erachtet werden können. In keinem Fall gilt das für die Lösung von Mehrheits-Minderheitenkonflikten, bei denen durch Normen und Rechtsinstitutionen bestenfalls eine Eskalation verhindert werden kann. In Konfliktfällen bedarf es nämlich über den Rechtsbereich hinausgehend gewaltiger Anstrengungen der Gesamtgesellschaft, um Minderheitenschutz in einer befriedigenden Form zu erreichen und permanent zu gewährleisten. In den Staaten Südosteuropas, in denen ein regional unterschiedlich strukturierter, in der zweiten Hälfte der 90er Jahre schwächer gewordener ethnischer Nationalismus virulent ist, werden sich die mit den Minderheiten verbundenen Konflikte kaum verringern und sich die Vorkämpfer des Minderheitenschutzes häufig auf «verlorenem Posten» fühlen. Dieses Konfliktpotential zu beseitigen wird nur dann gelingen, wenn der ethnische Nationalismus in der Mehrheits- und in der Minderheitsgesellschaft seine Basis verliert und durch erfolgreiche Bemühungen um Modernisierung, europäische Integration und nicht zuletzt um Wohlstand auch in den Augen seiner bisherigen Anhänger obsolet und unmodern geworden ist.

Südosteuropäische Wirkungen internationalen Minderheitenschutzes

Bis zur politischen Wende in Osteuropa fristete der internationale Minderheitenschutz ein völkerrechtliches Schattendasein. Mit Blick auf Südosteuropa galt dies in erhöhtem Maße: Weder die Warschauer-Pakt-Staaten Ungarn, Rumänien und Bulgarien noch das isolierte Albanien, schon gar nicht die beiden Mitglieder der Organisation des Nordatlantikvertrags (NATO), Griechenland und Türkei, zeigten Interesse daran, die rudimentären internationalen Normen auf diesem Gebiet zu voller Anwendung zu bringen, geschweige denn eigene Initiativen zur Verbesserung des völkerrechtlichen Minderheitenschutzes zu ergreifen. Einzige, aber gewichtige Ausnahme in der Region war das föderative Jugoslawien, das seit den fünfziger Jahren in seiner Außenpolitik der Blockfreiheit das komplizierte Abstufungssystem politischer und kultureller Rechte seiner Titularnationen und nationalen Minderheiten als europäischen, ja globalen Exportartikel anpries. Entsprechend drängte die jugoslawische Diplomatie in der Generalversammlung der Vereinten Nationen von den siebziger Jahren an beharrlich und energisch auf die Annahme einer speziellen Minderheitendeklaration sowie im Rahmen des Helsinki-Prozesses auf die Aufnahme detaillierter minderheitenpolitischer Bestimmungen in den «Korb III» zur «menschlichen Dimension».

Es ist daher eine bittere Ironie der Geschichte, daß es der gewaltsamen Konflikte in Jugoslawien bedurfte, um die Vereinten Nationen zur Ergänzung ihres bescheidenen Instrumentariums zum Minderheitenschutz zu bewegen. Mit der Resolution Nr. 47/135 nahm die Generalversammlung der Vereinten Nationen am 18. Dezember 1992 eine «Erklärung über die Rechte von Personen, die nationalen oder ethnischen, religiösen und sprachlichen Minderheiten angehören», an. Dies erfolgte im Konsens, also auch mit den Stimmen der damaligen südosteuropäischen UN-Mitglieder Albanien, Bulgarien, Griechenland, Kroatien, Moldova, Slowenien, Ungarn und Türkei. Allerdings ist die Erklärung nicht rechtsverbindlich. Auch nennt sie keine kollektiven, sondern lediglich Individualrechte von «Angehörigen von Minderheiten», und selbst dies nur im Sinne eines Diskriminierungsverbotes, nicht etwa einer aktiven Minderheitenschutzpolitik. Immerhin zog die Erklärung die Einrichtung einer UN-Arbeitsgruppe zu Minderheiten nach sich, die dem Hohen Kommissar für Menschenrechte der UN in Genf beigeordnet und mit der praktischen Umsetzung der Deklaration befaßt ist.

Noch kurz vor dem Auseinanderbrechen des früheren Jugoslawien hatte man auf dem Kopenhagener Treffen über die menschliche Dimension der «Konferenz für Sicherheit und Zusammenarbeit in Europa» (KSZE – seit dem 1. Januar 1995 «Organisation für Sicherheit und Zusammenarbeit in Europa», OSZE) einen veritablen Erfolg erzielt: Gegen den zähen Widerstand zahlreicher KSZE-Staaten, darunter auch und gerade südosteuropäische wie Bulgarien, Griechenland, Rumänien und die Türkei, wurde am 29. Juni 1990 das Kopenhagener Abschlußdokument über die menschliche Dimension der KSZE verabschiedet. Dessen Teil IV kann als Meilenstein auf dem Weg zur völkerrechtlichen Verankerung des Schutzes nationaler Minderheiten gelten. «Die Zugehörigkeit zu einer nationalen Minderheit ist Angelegenheit der persönlichen Entscheidung eines Menschen und darf als solche für ihn keinen Nachteil mit sich bringen», heißt es hier, und weiter: «Die Teilnehmerstaaten werden die ethnische, kulturelle, sprachliche und religiöse Identität nationaler Minderheiten auf ihrem Territorium schützen und Bedingungen für die Förderung dieser Identität schaffen.» Das Dokument empfiehlt darüber hinaus, «geeignete lokale oder autonome Verwaltungen einzurichten, die den spezifischen historischen und territorialen Gegebenheiten dieser Minderheiten Rechnung tragen und im Einklang mit der Politik des betreffenden Staates stehen», und weist die Signatarstaaten auf «die besonderen Probleme der Roma (Zigeuner)» hin. Von besonderer Brisanz war, daß Minderheitenangehörige das Recht haben sollten, «Kontakte über die Grenzen hinweg mit Bürgern anderer Staaten herzustellen und zu pflegen, mit denen sie eine gemeinsame ethnische oder nationale Herkunft, ein gemeinsames kulturelles Erbe oder ein religiöses Bekenntnis teilen».

In Konsequenz des Kopenhagener Abschlußdokuments sah das auf dem 4. KSZE-Folgetreffen vom Juli 1992 verabschiedete Helsinki-Dokument dann die Einrichtung des politisch weitgehend unabhängigen Amtes eines Hohen Kommissars für Nationale Minderheiten vor. Mandatsgemäß sorgt der Hohe Kommissar für «‹Frühwarnung› und gegebenenfalls für ‹Frühmaßnahmen› im Hinblick auf Spannungen bezüglich Fragen nationaler Minderheiten, die das Potential in sich bergen, sich im KSZE-Gebiet zu einem den Frieden, die Stabilität und die Beziehungen zwischen Teilnehmerstaaten beeinträchtigenden Konflikt zu entwickeln». Dabei ist der Hohe Kommissar kein Ombudsman für nationale Minderheiten, sondern ein Mittler zwischen ihnen und den in Frage stehenden Zentralregierungen. In Südosteuropa ist er derzeit mit der Lage der Griechen in Albanien, der Albaner in Makedonien, der Serben in Kroatien, der Slowaken in Ungarn und der Ungarn in Rumänien befaßt. Zugleich hat der erste und bislang einzige, 1993 berufene Hohe Kommissar, der frühere niederländische Außenminister Max van der Stoel, im Zeitraum 1997–1998 als Persönlicher Vertreter des Amtierenden OSZE-Vorsitzenden für das Kosovo gewirkt. Obwohl sein Mandat es zuließe, hat er sich bislang nicht um die rechtlich wie politisch prekäre Lage der türkischen, pomakischen, makedonischen, albanischen, aromunischen und anderen nationalen Minderheiten in Griechenland gekümmert.

Obwohl nicht explizit als Instrument des Minderheitenschutzes geschaffen, wirken auch die zahlreichen KSZE-Langzeitmissionen in den Nachfolgestaaten der Sowjetunion und Jugoslawiens de facto durchaus in diesem Sinne. In besonderem Maße gilt dies für die 1992 nach Makedonien entsandte Mission, welche die inter-ethnischen Beziehungen dort beobachtet. Eine ebenfalls 1992 in die Minderheitengebiete der Bundesrepublik Jugoslawien, also in das Kosovo, in den Sandžak und in die Vojvodina, in Marsch gesetzte Mission wurde 1993 von Belgrad wieder hinauskomplimentiert, während die 1998 eingerichtete Mission zur Überwachung eines Waffenstillstands im Kosovo Anfang 1999 seitens der OSZE zurückgerufen wurde. Seit 1993 ist in Moldova eine Mission tätig, die die Separatisten im russophonen Landesteil Transnistrien zur Rückkehr unter das Dach der Zentralregierung zu bewegen sucht. Die Austreibung der Krajina-Serben 1995 hatte die Entsendung einer Mission nach Kroatien zur Folge, der Kollaps staatlicher Strukturen 1997 in Albanien die sogenannte OSZE-Präsenz in diesem Land. Eine für OSZE-Verhältnisse gleichsam gigantische Mission ist seit 1996 mit der Umsetzung des Dayton-Abkommens in Bosnien und Herzegowina befaßt.

Die 1990 intensivierten Bemühungen der KSZE um Minderheitenschutz im politischen Bereich fanden vom selben Jahr an eine Parallele auf dem Gebiet des Völkerrechts in den Aktivitäten des Europarates. Dabei zeigte sich ein fundamentaler Gegensatz zwischen den Auffassungen der Parlamentarischen Versammlung dieser ältesten pan-europäischen Organisation und denen des Ministerkomitees, d. h. der Regierungsvertreter: Während die Parlamentarier auf einen weitreichenden und einschneidenden Minderheitenschutz drängten, wollten die Regierungen nur allgemein gehaltene und interpretierbare Richtlinien akzeptieren.

Die genannte «Empfehlung 1201» nahm dabei direkten Bezug auf zentrale Anliegen der Kopenhagener KSZE-Deklaration von 1990. So hieß es auch hier, die Zugehörigkeit zu einer nationalen Minderheit sei eine persönliche Angelegenheit, nicht diejenige des Staates. Desgleichen wurde erneut das Recht auf freie und ungehinderte Kontaktaufnahme mit dem Titularstaat sowie das Recht auf kommunale Selbstverwaltung bis hin zur Territorialautonomie genannt. Neu war allerdings, daß eine Definition dessen gegeben wurde, was eine nationale Minderheit sei, nämlich «eine Gruppe von Personen in einem Staat, die

a. im Hoheitsgebiet dieses Staates ansässig und dessen Staatsbürger sind,
b. langjährige, feste und dauerhafte Verbindungen zu diesem Staat aufrechterhalten,
c. besondere ethnische, kulturelle, religiöse oder sprachliche Merkmale aufweisen,
d. ausreichend repräsentativ sind, obwohl ihre Zahl geringer ist als die der übrigen Bevölkerung dieses Staates oder einer Region dieses Staates,
e. von dem Wunsch beseelt sind, die für ihre Identität charakteristischen Merkmale, insbesondere ihre Kultur, ihre Traditionen, ihre Religion oder ihre Sprache, gemeinsam zu erhalten.»

Mit dieser auf autochthone («alteingesessene») Staatsbürgerminderheiten zugeschnittenen Definition wurden sowohl allochthonen («zugezogenen») Minderheiten sowie Migranten der Charakter von nationalen Minderheiten abgesprochen. Anders etwa als in Estland und Lettland mit ihren großen russophonen Bevölkerungsanteilen spielt diese an sich gravierende Einschränkung für Südosteuropa keine entscheidende Rolle. Einzig in Makedonien gab es zu diesem Zeitpunkt eine größere, kurz zuvor zugewanderte Minderheitengruppe ohne Staatszugehörigkeit, nämlich ca. 150000 Kosovo-Albaner, die seit den Unruhen von 1981 in die südliche Nachbarrepublik ausgewichen und durch den Rost des makedonischen Staatsbürgerschaftsgesetzes von 1992 gefallen waren.

Obwohl die Minderheitendefinition der «Empfehlung 1201» wegen des expliziten Ausschlusses von Nicht-Staatsbürgern und von Migranten also eher enggefaßt war, lehnte der Wiener Gipfel der Staats- und Regierungschefs der Europaratsmitglieder vom Oktober 1993 die Empfehlung ab und beschloß statt dessen die Ausarbeitung eines Rahmenübereinkommens zum Schutz nationaler Minderheiten. Dieses 1995 zur Unterzeichnung aufgelegte und am 1. Februar 1998 in Kraft getretene Abkommen listet katalogartig zahlreiche Minderheitenrechte auf, die die Mitgliedsstaaten auf ihrem Territorium umzusetzen aufgefordert sind. Ob, wann und in welcher Form dies erfolgt, obliegt letztlich den Regierungen. Obwohl rechtlich bindend, sind die Bestimmungen des Rahmenübereinkommens nicht unmittelbar in nationale Gesetzgebung zu überführen und damit für einzelne Minderheitenangehörige auch nicht einklagbar. Hinzu kommen zahlreiche weitere Schwachstellen wie vor allem ein unzureichender Implementierungsmechanismus einschließlich eines undurchsichtigen Überwachungsregimes. Überdies sind zahlreiche Artikel mit einer Vielzahl höchst dehn- und interpretierbarer Formulierungen durchsetzt. Mit der Ausnahme der Türkei, die eine «Anerkennung» der Kurden als nationale Minderheit zu vermeiden sucht, haben alle südosteuropäischen Europaratsmitglieder unterschrieben. Während Kroatien, Moldova, Rumänien und Ungarn bereits rasch und kommentarlos ratifiziert haben, haben Makedonien und Slowenien in Zusatzerklärungen die aus ihrer Sicht bei ihnen vorhandenen nationalen Minderheiten aufgezählt – Italiener, Ungarn und Roma im slowenischen Fall, Albaner, Türken, Aromunen, Roma und Serben im makedonischen. Implizit haben sie dabei allen anderen ethnischen Gruppen auf ihrem Territorium den Status einer nationalen Minderheit abgesprochen. Bislang noch nicht ratifiziert haben Albanien, Bulgarien und Griechenland. Vor allem in den Parlamenten in Sofia und Athen gab es erregte Debatten über die Auswirkungen des Rahmenabkommens auf die eigene Minderheitenpolitik.

Flankiert wird das Rahmenübereinkommen von der am 1. März 1998 in Kraft getretenen Europäischen Charta der Regional- oder Minderheitensprachen des Europarates (siehe dazu den Beitrag «Sprachen» in diesem Band). Ein ganz besonderes Interesse wird seitens des Europarates auch solchen nationalen Minderheiten in Südosteuropa entgegengebracht, die über keinen Protektorenstaat verfügen. Dies gilt für die Roma, deren Lage in den einzelnen Staaten der Region seit 1995 eine spezielle Expertengruppe untersucht (MG-S-ROM), sowie für die Aromunen des Balkans, deren besonderer Schutz und Förderung Gegenstand der «Empfehlung 1333 (1997) über die aromunische Kultur und Sprache» der Parlamentarischen Versammlung vom 24. Juni 1997 ist. In diesen Zusammenhang gehört auch ein seit 1996 auf Initiative Ungarns hin vom Europarat gemeinsam mit dem «Poland and Hungary Action for the Reconstruction of the Economy (PHARE)»-Programm der EU durchgeführtes Gemeinsames Programm «Minderheiten in Zentraleuropäischen Ländern», das mit inter-ethnischen Beziehungen befaßte Regierungsbeamte, Parlamentarier, Minderheitenvertreter, Mitarbeiter von Nichtregierungsorganisationen und Experten aus Osteuropa regelmäßig zusammenbringt. Über die genannten Aktivitäten hinaus sind sowohl Ministerkomitee wie Parlamentarische Versammlung des Europarates immer dort in Südosteuropa mit Minderheitenangelegenheiten befaßt, wo es um die Neuaufnahme oder um den drohenden Ausschluß eines Staates geht. So haben etwa im Vorfeld der Aufnahme Moldovas Straßburger Diplomaten und Parlamentarier entscheidende Hilfestellung bei der Formulierung des Ende 1994 erlassenen Statuts über Territorialautonomie für die Gagausen im Süden des Landes geleistet oder bei der Regierung Bulgariens beständig auf die Gewährung von Minderheitenrechten auch an die Makedonier im Südwesten gedrängt.

Noch unübersichtlicher und zugleich noch abgehobener als die Europaratsaktivitäten zum Minderheitenschutz in Südosteuropa sind die parallelen Unternehmungen der Europäischen Gemeinschaft (EG, seit dem 1. November 1993 Europäische Union). Bislang hat Brüssel nur halbherzige minderheitenpolitische Initiativen in der Region ergriffen. Am 16. Dezember 1991 wurde seitens der EG der KSZE-Minderheitenschutzkanon als Vorbedingung für die diplomatische Anerkennung der Nachfolgestaaten des zerfallenen Jugoslawien bestimmt und 1993 dasselbe Kriterium für die Assoziierung südosteuropäischer Staaten festgelegt. Auch war es die europäische Seite, die auf der von UN und EG gemeinsam ins Leben gerufenen Internationalen Konferenz über das Ehemalige Jugoslawien 1992 die Einrichtung einer speziellen Arbeitsgruppe für Ethnische und Nationale Gemeinschaften und Minderheiten durchsetzte. Wesentliche Elemente des Dayton-Abkommens vom 1995, vor allem bezüglich des Minderheitenschutzes, gehen auf diese Arbeitsgruppe zurück. 1996 vom Amt des Hohen Repräsentaten für Bosnien-Herzegowina übernommen, fungierte die Arbeitsgruppe bis zu ihrer Auflösung 1998 als Beratungsinstanz in Sachen Kosovo für die Internationale Balkankontaktgruppe, bestehend aus den USA, der Rußländischen Föderation, Deutschland, Großbritannien, Italien und Frankreich.

Der am 20. März 1995 zwischen der EU und mehreren osteuropäischen Staaten, darunter Bulgarien, Rumänien und Ungarn, unterzeichnete Europäische Stabilitätspakt nahm neben dem KSZE-Minderheitenkanon auch Bezug auf die Minderheitenschutzübereinkünfte des Europarates. Kernpunkt des Paktes, der auf den sogenannten Balladur-Plan zurückgeht, ist die Absicht, die brisantesten ethnopolitischen Krisenherde der Region in Form von bilateralen Abkommen südosteuropäischer Staaten untereinander zu entschärfen. Im Februar 1996, also kurz nach dem Dayton-Abkommen, beschloß die EU einen vergleichbaren regionalen Ansatz auch in bezug auf Albanien, Makedonien, die Bundesrepublik Jugoslawien, Bosnien und Herzegowina und Kroatien, der die Zusammenarbeit mit diesen Ländern unter anderem von der Beachtung der Minderheitenrechte abhängig machte. Im November 1997 schließlich begann die Umsetzung des bereits 1995 angekündigten «Royaumont-Prozesses für Stabilität und gute Nachbarschaft in Südosteuropa», unter dessen Teilprogrammen auch «Inter-ethnischer Dialog» firmiert.

Die gesamteuropäischen Minderheitenschutzbemühungen von KSZE/OSZE, Europarat und EG/EU haben bislang kein regionales Gegenstück in Südosteuropa gefunden. Die einzige explizit auf diesen Teil Europas ausgerichtete Regionalorganisation, die US-amerikanisch inspirierte Südosteuropäische Kooperationsinitiative (Southeast European Cooperative Initiative), befaßt sich mit dieser zentralen Problematik Südosteuropas nur ganz am Rande, desgleichen die Schwarzmeer-Wirtschaftskooperation (Black Sea Economic Co-operative), der ebenfalls mehrere südosteuropäische Staaten angehören, und die auf politische Regionalkooperation zielende Mitteleuropäische Initiative (Central European Initiative). Anämisch geblieben ist eine 1996 von Bulgarien initiierte Balkankonferenz für Stabilität und Zusammenarbeit in Südosteuropa (Balkan Conference on Stability and Cooperation in Southeastern Europe). Im Donau-Balkan-Raum fehlt also ein Äquivalent zum Ostseerat (Council of the Baltic Sea States), dessen «Kommissar für Demokratische Institutionen und Menschenrechte einschließlich der Rechte von Personen, die Minderheiten angehören» insofern eine noch größere Rolle als der OSZE-Hochkommissar für Nationale Minderheiten spielt, als sich seine Tätigkeit nicht auf die osteuropäischen Mitgliedsstaaten beschränkt, sondern auch auf die westlichen Ostseeanrainer erstreckt.

Unterstützt werden die genannten Bemühungen um minderheitenpolitische Normsetzung und völkerrechtlichen Minderheitenschutz in Südosteuropa durch Nichtregierungsorganisationen verschiedener Art. An erster Stelle sind hier die Organisationen nationaler Minderheiten in den Staaten der Region zu nennen, von denen sich nicht wenige als politische Parteien organisiert haben. Dies gilt etwa für die türkische Minderheit Bulgariens, die albanische Minderheit in Jugoslawien, die im Kosovo die überwältigende Mehrheit stellt, die albanische Minderheit Makedoniens, die ungarische Minderheit im rumänischen Siebenbürgen, die griechische Minderheit Albaniens u. a. An zweiter Stelle sind weltweite und gesamteuropäische Zusammenschlüsse von Minderheitenorganisationen und -parteien zu nennen, darunter zuvörderst die Organisation der Nichtvertretenen Nationen und Völker (Unrepresented Nations and Peoples Organization, UNPO) mit Sitzen in Den Haag und im estnischen Tartu, desgleichen die Föderalistische Union Europäischer Volksgruppen (FUEV) mit Sitz in Flensburg. Drittens ist auf solche internationale Nichtregierungsorganisationen im Menschenrechtsbereich hinzuweisen, die sich überwiegend oder großteils auf den Minderheitenschutz konzentrieren. Eine zentrale Rolle spielt hierbei die Minority Rights Group International in London, die eng mit dem Europarat kooperiert. Ebenfalls einen Schwerpunkt auf Minderheitenangelegenheiten im Donau-Balkan-Raum weist die Internationale Helsinki-Föderation in Wien auf, die über nationale Komitees in der Region verfügt.

Minderheitenpolitische Normsetzung und völkerrechtlicher Minderheitenschutz auf internationaler, europäischer und bilateraler Ebene, wie sie seit der Wende in Südosteuropa von 1989 verstärkt betrieben worden sind, haben – neben binnenstaatlichen Autonomieregelungen und anderen Konsenslösungen – eine positive Wirkung vor allem für kleine und damit wenig problematische Minderheiten. Größere, zumal kompakt siedelnde Minderheiten hingegen profitieren kaum davon, und gänzlich wirkungslos sind die beschriebenen Regelungen und Mechanismen im Falle akuter ethnopolitischer Konflikte wie etwa dem zwischen der albanischen Bevölkerung im Kosovo und der Belgrader Zentralregierung. Insgesamt handelt es sich also lediglich um eine von insgesamt drei Säulen zur Entschärfung potentieller sowie aktueller Mehrheiten-Minderheiten-Konflikte. Die beiden anderen, nämlich diejenigen von innerer sowie äußerer Selbstbestimmung, nehmen sich zumal aus der Minderheitenperspektive deutlich attraktiver aus als die bislang vorhandenen internationalen Standards und Schutzbestimmungen.

Weder vor noch nach 1989 hat der internationale Minderheitenschutz handfeste oder gar dauerhafte Ergebnisse für die zahlreichen Minoritäten Südosteuropas gebracht. Das Versagen der internationalen Staatengemeinschaft beim Schutz selbst der elementarsten Menschenrechte der Albaner im Kosovo ist ein deutlicher Beweis. Dennoch gibt es eine Reihe positiver Aufweichungstendenzen in der Minderheitenpolitik einzelner Staaten der Region, die auch und gerade auf internationale Faktoren zurückgehen. Dies trifft vor allem auf das EU-Mitglied Griechenland zu, doch haben auch in Bulgarien die interethnischen Spannungen abgenommen. Desgleichen profitieren einzelne Minderheitengruppen wie etwa die Roma oder die Aromunen beträchtlich von der erhöhten Aufmerksamkeit, die ihnen seitens der internationalen Gemeinschaft und damit der europäischen und nordamerikanischen Öffentlichkeit zukommt. Im Falle der Roma schlägt sich das örtlich sogar in Form bescheidener sozialer Verbesserungen nieder. Dennoch betrachten ausnahmslos alle Regierungen Südosteuropas Minderheitenrechte noch immer als einen staatlichen Gnadenakt, mitnichten als garantiertes Rechtsgut. Damit gehen sie konform mit der Haltung der Mehrzahl der Regierungen in den anderen Teilen Europas.

III.

Staaten und Politik

Politische Systeme

Richard Crampton

Die Staaten Südosteuropas sind zu unterschiedlichen Zeitpunkten und mit unterschiedlicher Geschwindigkeit in die posttotalitäre Ära eingetreten, Marschrichtung und erklärte politische Zielsetzung waren jedoch stets die gleichen: ein Ende des Einparteistaats, die Errichtung einer repräsentativen Demokratie, Garantien für die Rechte des Individuums und Rechtsstaatlichkeit.

Der politische Prozeß der Zerschlagung des Einparteisystems war relativ einfach. Verfassungsmäßige Garantien für die Führungsrolle der KP in Staat und Gesellschaft waren bald abgeschafft; das gleiche galt für die beiden Säulen des kommunistischen Kontrollapparats: Geheimpolizei und Parteizellen in den Betrieben. Ebenso leicht gelang es, die Bindungen zwischen der früheren Herrschaftspartei und gesellschaftlichen Organisationen wie Gewerkschaften, Jugendbewegungen und Frauenorganisationen aufzulösen. Neue Rechte wie etwa das zur Gründung politischer Parteien oder das Recht, unzensiert zu publizieren, private Vereine zu gründen und ungehindert zu reisen, wurden rasch gesetzlich verankert, wenngleich dieser Weg von einigen der an den jugoslawischen Sukzessionskriegen beteiligten Staaten langsamer als anderswo beschritten wurde. Als die Dayton-Vereinbarungen zur Einstellung der Kämpfe in Bosnien und Herzegowina führten, existierten jedoch inzwischen in allen (alten ebenso wie neuen) südosteuropäischen Staaten zumindest theoretisch Mehrparteiensysteme mit Parlamenten, die aus allgemeinen Wahlen hervorgegangen waren.

Ein gemeinsames Merkmal des Übergangs zu einem neuen System war sein vergleichsweise friedlicher Charakter. Gewaltanwendung im ehemaligen Jugoslawien war eher auf Grenzkonflikte und die ethnische Zusammensetzung der Gesellschaften zurückzuführen als auf mangelnde Einigkeit hinsichtlich der politischen Strukturen. Ein friedlicher Übergangsprozeß wurde überwiegend dadurch ermöglicht, daß die Sieger der Revolution keine doktrinären Ideologen waren, die ihr angestrebtes politisches System um jeden Preis erzwingen wollten: Ihnen ging es lediglich darum, ein funktionsfähiges, offenes demokratisches System zu errichten. In den meisten Fällen wurden ehemalige Kommunisten nicht Opfer von Säuberungswellen, sondern man ließ ihnen die Möglichkeit, sich eine neue Rolle im neuen System zu suchen. Ausnahmen bildeten Rumänien, wo das frühere Diktatoren-Ehepaar hingerichtet wurde, sowie Albanien, wo frühere kommunistische Führer zeitweise systematisch verfolgt, allerdings nicht exekutiert wurden. In Bulgarien wurde der ehemalige Führer der Partei vor Gericht gestellt und in einer Reihe von Anklagepunkten verurteilt, einige weitere führende Parteiaktivisten kamen ins Gefängnis. In vielen anderen Staaten ist eine bemerkenswerte Kontinuität zwischen früheren Eliten und neuen Führungsschichten zu beobachten.

Präsidenten

Die Staaten Südosteuropas sind auch nach 1989 Republiken geblieben, unterscheiden sich jedoch hinsichtlich der dem jeweiligen Staatsoberhaupt zugestandenen Macht. In Serbien und Kroatien, wo die Machtfülle der Präsidenten am ausgeprägtesten ist, genießen diese das Vertrauen einer starken und geeinten Partei. Slobodan Milošević wurde im März 1988 serbischer Präsident, aber er hatte bereits vorher die politische Kontrolle dadurch übernommen, daß er die «Serbische Sozialistische Partei» – den ehemaligen «Bund der Kommunisten Serbiens», den er seit 1986 geführt hatte – beherrschte. Er konsolidierte seine Position als Staatsoberhaupt bei den Wahlen vom Dezember 1992 und zögerte in den darauffolgenden Jahren nur selten, seine verfassungsmäßigen Befugnisse auch auszuschöpfen, indem er beispielsweise im September 1993 die Bundesversammlung auflöste, als ein gegen ihn gerichtetes Mißtrauensvotum möglich erschien. Im Jahre 1997, als ihm eine weitere Amtsperiode an der Spitze der Republik Serbien durch die Verfassung verwehrt wurde, kandidierte er für das Amt des Präsidenten der Bundesrepublik Jugoslawien. In Kroatien steht Präsident Franjo Tudjman seit der Parteigründung im Februar 1989 unangefochten an der Spitze der «Kroatischen Demokratischen Gemeinschaft». Diese ist nach wie vor Regierungspartei, gewann alle Wahlen auf nationaler Ebene und verteidigt ihre Macht und ihren Spitzenmann aggressiv.

Nach dem Sturz Nicolae Ceaușescus kam in Rumänien der Reformkommunist Ion Iliescu an die Macht. Er konnte sich auf die «Front der Nationalen Rettung» stützen und verfügte über eine große Autorität, seine Machtbasis war jedoch weniger solide als etwa die von Milošević oder Tudjman – nicht zuletzt deswegen, weil die «Front» weniger diszipliniert und homogen war als die «Serbische Sozialistische Partei» oder die «Kroatische Demokratische Gemeinschaft». Im April 1992 spaltete sich die «Front der Nationalen Rettung» in einen reformbegeisterteren und einen konservativeren Flügel; aus letzterem entstand unter der Führung Iliescus die «Demokratische Front der Nationalen Rettung», die sich im Juli 1993 in «Sozialdemokratische Partei Rumäniens» umbenannte. Iliescu blieb bis zu den Präsidentschaftswahlen vom November 1996 im Amt, in deren Folge er die Macht an Emil Constantinescu, einen der «Demokratischen Konvention Rumäniens» angehörenden Akademiker, abgeben mußte. Das Präsidentenamt würde in Rumänien zweifelsohne über noch weniger Macht verfügen, wären da nicht die Instabilität vieler Parteien und die starke Konkurrenz zwischen diesen, die immer wieder zu Spaltungen und Umbildungen führen.

Die albanische Interimsverfassung vom April 1991 wies dem Präsidenten weitgehende Befugnisse zu, die jedoch dem 1992 in dieses Amt gewählten Führer der «Demokratischen Partei» Sali Berisha nicht genügten. Er kündigte daher im Oktober 1994 ein Referendum über eine neue Verfassung an, deren Notwendigkeit er damit begründete, daß man mit der kommunistischen Vergangenheit brechen und ausländische Investoren ermutigen müsse. Diese neue Verfassung hätte allerdings auch die Machtposition des Präsidenten gestärkt. In dem Referendum vom 6. November 1994 lehnten 54% der Bevölkerung Berishas Entwurf ab. Mit der Lösung der Verfassungsfrage wurde ein Parlamentsausschuß beauftragt, der im Sommer 1998 daranging, der Öffentlichkeit erste Reformentwürfe vorzustellen. Der schließlich vorgelegte neue Verfassungstext erhielt dann beim Referendum am 22. November 1998 die notwendige Mehrheit.

Auch in Makedonien wurde das Staatsoberhaupt mit einer großen Autorität ausgestattet, während in Slowenien ein ausgewogeneres Machtverhältnis gegeben ist. In Bulgarien gab es zwischen Präsident und Premierminister ernstzunehmende Machtkonflikte. Zwischen dem von 1990 bis 1996 amtierenden Präsidenten Želju Želev und Premierminister Filip Dimitrov kam es 1992 zu Zusammenstößen, obwohl beide der gleichen Partei angehörten. Zu den strittigen Bereichen gehörten die Formulierung der Außenpolitik sowie die Frage des Umgangs mit den Akten der früheren Geheimpolizei. Auch mit einer späteren sozialistischen Regierung geriet Präsident Želev in Streit wegen der Frage der Bodenreform und eines Regierungsentwurfs für eine Justizreform, mit der alle außer den unter dem Kommunismus ausgebildeten Juristen von Führungspositionen im Rechtswesen ausgeschlossen worden wären.

Wie in mancherlei anderer Hinsicht bildet auch hier Bosnien und Herzegowina einen Fall *sui generis*. Die Präsidentschaft von Bosnien und Herzegowina selbst verfügt über wenig reale Macht, da es sich um ein Dreiergremium handelt, das im wesentlichen von externen Einflüssen abhängig ist; originäre Exekutivbefugnisse sind fast nicht vorhanden, und der führende Repräsentant der Völkergemeinschaft muß persönlich zur

Lösung von Problemen eingeschaltet werden, die von der Gestaltung von Kfz-Nummernschildern bis zur Durchsetzung der Privatisierungsgesetze reichen. In der Republika Srpska stellt sich die Lage völlig anders dar. Ihr erster Präsident Radovan Karadžić schuf eine starke Führungsposition. Seine Nachfolgerin Biljana Plavšić stieß im serbischen Teilparlament von Anfang an auf großes Mißtrauen, da sie als Marionette des Auslands galt; als sie diese Versammlung auflöste, trotzte ihr diese, indem sie weiterhin tagte und die Präsidentin aus der «Serbischen Demokratischen Partei» ausschloß. Durch diskretes und unablässiges Lobbying zog sie jedoch eine Reihe einflußreicher Persönlichkeiten aus Armee und Polizei auf ihre Seite und stellte die Vorherrschaft der Präsidentschaft gegenüber dem Parlament wieder her.

In allen Staaten der Region fungieren zwar nach wie vor Präsidenten als Staatsoberhäupter, jedoch ist in einigen Ländern auch die Frage einer Rückkehr zur Monarchie aufgeworfen worden. Monarchisten verweisen auf das Beispiel Spaniens und argumentieren damit, man brauche in Staaten, die so lange einer ideologischen Diktatur unterworfen gewesen seien, ein parteiungebundenes Staatsoberhaupt, um Zeit für die Entwicklung zu einer zivilen Gesellschaft zu gewinnen. Derartige Argumente haben jedoch ebensowenig Wirkung gezeigt wie Besuche der Prätendenten auf die Throne Albaniens, Bulgariens, Rumäniens und Jugoslawiens in den betreffenden Ländern.

Parlamente und Parteien

Alle südosteuropäischen Staaten verfügen über funktionsfähige Parlamente, die in der Mehrzahl ganz oder teilweise aus Verhältniswahlen hervorgehen. Ausnahmen von dieser Regel sind Serbien und Makedonien, wo das Mehrheitswahlsystem beibehalten wurde.

Offene und faire Wahlen, wie sie für das reibungslose Funktionieren einer repräsentativen Demokratie entscheidend sind, waren in der Geschichte der Staaten Südosteuropas Ausnahmeerscheinungen. Seit dem Beginn des Zweiten Weltkriegs hatte man sie nicht mehr erlebt, und wo bis dahin Parlamente existiert hatten, war das jeweilige Wahlsystem in der Regel durch Klientelismus und Korruption verzerrt gewesen. Unter diesem Aspekt ist die Leistung der Mehrheit der südosteuropäischen Staaten seit 1989 beeindruckend. In allen Staaten mit Ausnahme von Bosnien und Herzegowina, Kroatien und Serbien hat es Regierungswechsel als Ergebnis allgemeiner Wahlen gegeben, wenngleich dies in Rumänien (1996) und Montenegro (1997/1998) erst mit Verspätung geschah, wobei der jeweilige Wechsel politisch zwar ins Gewicht fiel, sich aber mehr auf

Personen als auf Parteien bezog. Albanien hat erlebt, wie den Reformkommunisten die Macht im Frühjahr 1992 entrissen und im Sommer 1997 erneut übertragen wurde, während es in Bulgarien zu einem dreimaligen Wechsel kam: Die Reformkommunisten verloren die Macht im Oktober 1991, gewannen sie im Dezember 1994 zurück und verloren sie ein zweites Mal im April 1997, wobei allerdings – wie später noch festzustellen sein wird – im Falle Bulgariens bei einigen dieser Regierungswechsel Faktoren eine Rolle spielten, die nichts mit der Verfassung zu tun hatten.

Nicht immer waren aber amtierende Regierungen bereit, sich dem bei Kommunalwahlen geäußerten Willen der Wählerschaft zu beugen. So weigerten sich 1990 in einigen Teilen West-Makedoniens slawische Amtsträger, Befugnisse auf die neugewählten, albanisch dominierten Kommunalvertretungen zu übertragen; und die kroatische Führung konnte sich nicht mit der Tatsache abfinden, daß bei den Kommunalwahlen vom Oktober 1995 die herrschende «Kroatische Demokratische Gemeinschaft» die Mehrheit in der Zagreber Kommunalvertretung verfehlt hatte. Auf die Folgen der Weigerung der serbischen Behörden, unter ähnlichen Umständen einen Wahlsieg der Opposition auf örtlicher Ebene anzuerkennen, wird später noch zurückzukommen sein.

Bei den meisten Wahlen in der Zeit nach 1989 waren ausländische Beobachter anwesend. Diese Wahlen wurden in der Regel als frei eingeschätzt, wenngleich in den Anfangsjahren der nach wie vor große Einfluß kommunistischer Kräfte zur Folge hatte, daß sie nicht immer fair waren. Die früheren Kommunisten in Bulgarien schüchterten beispielsweise Wähler auf dem Lande durch die Behauptung ein, im Falle eines Wahlsiegs der Opposition würden die Rentenzahlungen eingestellt, während in Rumänien angedeutet wurde, bei einem Sieg der Opposition würde diese die Rückkehr der früheren Grundbesitzer ermöglichen. In Kroatien wurden Wahlergebnisse dadurch beeinflußt, daß den außerhalb des kroatischen Nationalstaats lebenden Kroaten (also auch denen in Bosnien und Herzegowina) die Briefwahl gestattet wurde; in den allgemeinen Wahlen vom April 1997 sicherte diese Briefwahl den Wahlsieg kroatischer Parteien in Vukovar, und dies trotz einer erheblichen serbischen Bevölkerungsmehrheit in dieser Stadt. Das eklatanteste Beispiel für Wahlmißbrauch geschah 1996 in Albanien. Im September 1995 setzte Berishas «Demokratische Partei» das sogenannte Völkermordgesetz durch, das bis zum Jahr 2002 jeden vom öffentlichen Leben ausschloß, dem eine Zusammenarbeit mit der kommunistischen Geheimpolizei nachgewiesen werden konnte. Diese Regelung bedeutete, daß 139 Kandidaten der «Sozialistischen Partei» von einer Kandidatur bei den Wahlen im Mai und Juni 1996 ausgeschlossen wurden. Einem OSZE-Bericht zufolge wurde während der Wahlkampagne und bei der Stimmabgabe gegen insgesamt 32 der 79 Artikel des albanischen Wahlgesetzes verstoßen.

Die nach 1989 entstandenen politischen Parteien decken das gesamte politische Spektrum ab und können in vier große, mitunter einander überlappende Kategorien eingeteilt werden: früher regierende kommunistische Parteien, antikommunistische Wahlbündnisse, wiedererstandene frühere Parteien und völlig neue Parteien.

Das friedliche und weitgehend unideologische Wesen der Veränderungen von 1989 erleichterte das Überleben der alten, kommunistischen Regierungsparteien – allerdings mit anderem Etikett. In Serbien hat die «Sozialistische Partei» nur wenig von der Autorität aufgegeben, die sie früher als «Bund der Kommunisten» innegehabt hatte. In Rumänien blieb die Vorherrschaft seitens der ehemaligen Kommunisten in der «Sozialdemokratischen Partei» ungebrochen, bis diese nach den Wahlen von 1996 die Macht abgeben mußte – seit 1937 geschah es zum ersten Mal, daß eine rumänische Regierung über die Wahlurnen und nicht durch die Ausübung außerparlamentarischer Gewalt irgendeiner Art abgelöst wurde. Die KP Bulgariens, aus der im April 1990 die «Bulgarische Sozialistische Partei» wurde, ging im Juni des gleichen Jahres als Sieger aus den ersten freien Wahlen in diesem Land seit 1931 hervor, und die in «Sozialistische Partei Albaniens» umbenannte «Partei der Arbeit Albaniens» gewann im Frühjahr 1991 die ersten freien Wahlen.

Unter den ehemaligen kommunistischen Parteien waren naturgemäß diejenigen die stärksten, welche sich – wie in Serbien, Montenegro und Albanien – ihre Einheit erhielten. In Bulgarien bildeten sich eine Reihe von Fraktionen heraus, aber erst während der Wirtschaftskrise von 1996/1997 kam es zu einer nennenswerten Spaltung der Partei, deren Wahlaussichten seitdem äußerst schlecht stehen.

Ein erwähnenswertes Merkmal der Parteienentwicklung insbesondere in den ersten postkommunistischen Jahren bestand in der Tendenz ehemaliger kommunistischer Parteien zum Zusammengehen mit nationalistischen Kräften (besonders mit den radikaleren unter ihnen). Dies eröffnete für die häufig diskreditierten ehemals Regierenden die Möglichkeit, Legitimität zurückzugewinnen und ihr Wählerpotential auf nationaler Ebene zu erweitern. In Rumänien, wo Kommunismus und aggressiver Nationalismus seit langem koexistiert hatten, regierten die ehemaligen Kommunisten zwischen 1994 und 1996 in einer Koalition mit den Ultranationalisten der «Nationalen Einheitspartei der Rumänen» und der «Partei Groß-Rumänien». In Bulgarien war die «Sozialistische Partei» unmittelbar nach dem Zusammenbruch des Einparteisystems bereit, Wahlbündnisse mit Parteien wie etwa der scharf nationalistischen «Vaterländischen Partei der Arbeit» einzugehen. In Serbien hatte Milošеvić seine politische Macht darauf aufgebaut, daß er den kommunistischen Gaul vor den Karren des Nationalismus spannte; unverwässerter Nationalismus und nicht-reformierter Staatssozialismus stellten auch weiterhin die wichtigsten Tragpfeiler seiner Politik dar.

In anderen Ländern gestalteten sich derartige Allianzen schwieriger. In Kroatien hatte Ende der sechziger und Anfang der siebziger Jahre ein nationalistischer Aufstand in dem dortigen «Bund der Kommunisten» zu einer Konfrontation mit Tito und zu einer gründlichen Säuberung des kroatischen «Bundes» geführt. Dieser wagte es daraufhin nicht mehr, sich allzusehr mit dem kroatischen Nationalismus zu identifizieren, weshalb in den späten achtziger Jahren ein von der kommunistischen Führung unabhängiger und in Opposition zu dieser stehender Nationalismus entstand. Völlig anders lagen die Dinge in Slowenien, wo keine tiefe Kluft zwischen Kommunisten und Nationalisten existiert hatte, da der dortige «Bund der Kommunisten» seine Fähigkeit bewiesen hatte, nationale Interessen zu artikulieren und auch durchzusetzen. Nach der Trennung von der jugoslawischen Föderation war Nationalismus gegenüber den anderen ex-jugoslawischen Republiken kein wichtiges Diskussionsthema mehr und spielte bei der Entstehung politischer Parteien eine relativ geringfügige Rolle, zumal es in Slowenien keine ins Gewicht fallenden slawischen Minderheiten gab, keine größeren Gruppen von Slowenen in den anderen Nachfolgestaaten Jugoslawiens lebten und das Land keine ernstzunehmenden Grenzstreitigkeiten mit diesen hatte. In Makedonien existiert dagegen eine beträchtliche interne Minderheit: die Albaner. Der «Bund der Kommunisten» wollte die Stabilität nicht durch das Ausspielen ethnischer Spannungen gefährden und überließ es der «Inneren Revolutionären Makedonischen Organisation», das Banner des Nationalismus hochzuhalten; als sich dann die dortigen Kommunisten neu organisierten und umgruppierten, verbündeten sie sich nicht mit den makedonischen Nationalisten, sondern mit anderen kleineren Linksgruppierungen und bildeten die «Sozialdemokratische Allianz Makedoniens».

Bei den Parteien der zweiten Kategorie – den antikommunistischen Wahlbündnissen – gab es nur selten einen inneren Zusammenhalt, was insofern kaum überraschen kann, als es sich meist um ad-hoc-Bündnisse mit einem wesentlichen gemeinsamen Ziel handelte: dem der Beseitigung des totalitären Einparteisystems und der Einführung einer funktionierenden Mehrparteiendemokratie.

Als dies erreicht zu sein schien, verloren diese Zweckbündnisse ihre *raison d'être*. Ein eindrucksvolles Beispiel hierfür ist «Demos» – jene slowenische Koalition, welche 1991 für die Niederlage der Kommunisten und die Loslösung von Jugoslawien gekämpft und dies auch erreicht hatte, um sich dann im Frühjahr 1992 selbst aufzulösen. In Bulgarien wurde wenige Tage nach dem Rücktritt des kommunistischen Diktators Todor Živkov die «Union der Demokratischen Kräfte» gegründet. Die wesentliche Funktion dieser sehr buntscheckigen Allianz bestand im Aushandeln des Umbaus des politischen Systems Bulgariens, aber als dessen wesentliche Punkte vereinbart worden waren, kam es in der «Union» zu erbittertem Streit, vor allem in der Frage der Machtverteilung zwischen den zentralen Gremien und den Unterorganisationen. In Rumänien vollzog sich der Abbau des alten Systems so langsam, daß eine oppositionelle Dachorganisation erst mit der Gründung der «Demokratischen Konvention Rumäniens» Anfang 1992 auftauchte. Diese wurde von vierzehn Organisationen gebildet und schien bis zu den Wahlen von 1996 nur wenig Boden gegenüber den amtierenden ehemaligen Kommunisten zu gewinnen. In Serbien entstand 1996 ein Oppositionsbündnis – «Zajedno» (Gemeinsam) –, das bei den Novemberwahlen kandidierte. Diese Koalition organisierte später den Protest gegen die Weigerung der Regierung, die Ergebnisse dieser Wahl anzuerkennen, wovon weiter unten noch die Rede sein wird. Nachdem sie in diesem Punkt Erfolg gehabt hatte, zerfiel sie aber bemerkenswert schnell und unter großer Verbitterung. Im Sommer 1997 hatte sie bereits aufgehört zu existieren.

Die Parteien der dritten Kategorie – d. h. wiedererstandene Parteien aus früherer Vergangenheit – spielten bei der Entwicklung in der Region seit 1989 nur eine sehr geringe Rolle. In der Zeit vor der KP-Herrschaft und vor dem Zweiten Weltkrieg hatte die Bauernbewegung – soweit es die Umstände zuließen – eine wichtige Rolle in der Politik Südosteuropas gespielt. Die politische Diktatur in den einzelnen Ländern, die Besatzung und das sozialistische Regime hatten jedoch diese Parteien ihrer gesellschaftlichen Basis, ihrer geistigen Führung, ihres Eigentums und ihrer Infrastruktur beraubt. Sie tauchten zwar wieder auf, erlangten aber nie wieder die Bedeutung ihrer Vorläufer. In Kroatien erzielte die einstmals mächtige «Kroatische Bauernpartei» bei den Wahlen von 1992 ganze 2,2% der Stimmen; allerdings stieg ihr Anteil 1995 auf 7,9%. In Bulgarien betrat die Agrarpartei zwar wieder die politische Bühne, kehrte dann aber bald zu ihrer altgewohnten Selbstzerfleischung zurück: Nur in einer einzigen postkommunistischen Nationalversammlung (der von 1990) gelang es unterschiedlichen Parteiflügeln, getrennt Sitze zu erringen. In Rumänien wurde die «Nationale Bauernpartei» 1990 als «Christlich-Demokratische Nationale Bauernpartei» wiedergegründet, sie verfügte jedoch über wenig Infrastruktur und Mittel. Ihre Führung genoß zwar Achtung, war jedoch überaltert und hatte zu lange im Exil gelebt, um noch ein Gespür für das heutige Rumänien zu besitzen. Ähnliches gilt für andere frühere Parteien wie etwa die «Nationalliberale Partei» in

Rumänien oder die «Demokratische Partei» in Bulgarien, die beide eher nostalgische Echos der Vergangenheit als ernsthafte Konkurrenten um die zukünftige politische Autorität waren. In Serbien hingegen stellt der von der historischen «Radikalen Partei» unter Führung von Vojislav Šešelj übernommene extreme Nationalismus eine realistischere und unheilvollere Kraft dar.

Im allgemeinen haben die Parteien der vierten Kategorie, d. h. die Parteineugründungen, größeres Gewicht als wiedererrichtete Altparteien. Auch sie stehen jedoch vor großen Schwierigkeiten. Die gesellschaftlichen und politischen Säuberungen unter der kommunistischen Herrschaft bedeuteten auch die Beseitigung aller früheren Unterschiede nach Klassen, Status oder Besitz, und die Kräfte des Marktes hatten noch nicht genügend Zeit gehabt, um die gesellschaftlichen Grundlagen für bürgerliche Parteien zu schaffen oder zurückzugewinnen. Manche der neuen Parteien wurden auf der Basis neuer Themenstellungen wie etwa der Umweltproblematik gegründet, und in den meisten Ländern gibt es inzwischen eine «grüne» Partei. Trotz der offenkundigen Dringlichkeit der Umweltprobleme sind jedoch deren Lösungen langfristiger Natur, schwierig und immens kostspielig. Eine ernstzunehmende «grüne» Politik ist für die meisten Menschen viel zu anstrengend – für sie besteht der einfachste politische Bezugspunkt in ihrer ethnischen Identität. Im Hinblick auf Parteiengründung und Wählertreue ist dies der bestimmende Faktor überhaupt, und zwar für ethnische Mehrheiten ebenso wie für Minderheiten.

Unter den Parteien, welche die Interessen ethnischer Mehrheiten vertreten, gehört die «Kroatische Demokratische Gemeinschaft» zu den mächtigsten. Die Partei trat im Februar 1989 an die Öffentlichkeit, und zwar unter der Führung des ehemaligen Partisanenkämpfers Franjo Tudjman, der unter den Folgen der Säuberung des kroatischen «Bundes der Kommunisten» in den siebziger Jahren zu leiden gehabt hatte. Nach seiner Haftentlassung hatte er kroatische Exilkreise hofiert, die später zu einer wichtigen Geldquelle seiner Partei werden sollten. In anderen Staaten Südosteuropas entstanden kleinere chauvinistische Parteien, so beispielsweise die «Vaterländische Partei der Arbeit» in Bulgarien und die «Serbische Radikale Partei» in Serbien. In Rumänien gab es sogar mehrere derartige Parteien, deren wichtigste die «Nationale Einheitspartei der Rumänen» und die «Partei Groß-Rumänien» sind.

In allen Staaten kam es zur Bildung von Parteien nationaler Minderheiten, und zwar auch bei so kleinen Gruppen wie etwa den Armeniern Rumäniens oder den sogenannten Ägyptern (Teil der Roma) in Makedonien. Diese Parteien haben keinerlei Aussicht auf eine Vertretung im nationalen Parlament; es gibt jedoch auch Minderheitenparteien, die dahingehende Hoffnungen hegen. In Albanien gründete die kleine griechische Gemeinschaft die «Omonia», die bei den Wahlen von 1991 fünf Parlamentsmandate errang; als dieses Wahlergebnis im Februar 1992 außer Kraft gesetzt wurde, gründete man die «Menschenrechte-Union», die im folgenden Monat bei einer erneuten Wahl zwei Sitze gewann. In Bosnien und Herzegowina sind alle drei Hauptparteien ethnisch orientiert, wobei die Kroaten die «Kroatische Demokratische Gemeinschaft», die Muslime die «Partei der Demokratischen Aktion» und die Serben die «Serbische Demokratische Union» unterstützen. In Bulgarien ist zwar die Gründung von Parteien auf ethnischer oder religiöser Grundlage nach dem Buchstaben des Gesetzes verboten, es bildeten sich jedoch mehrere chauvinistische Parteien von ethnischen Bulgaren. Und die «Bewegung für Rechte und Freiheiten» ist überwiegend eine Partei der türkischen Volksgruppe und dient deren Interessen. Die ungarische Minderheit in Rumänien wird im wesentlichen durch die «Demokratische Union der Ungarn in Rumänien» vertreten, die in der 1996 gebildeten Koalitionsregierung zwei Minister stellte. Die Albaner in Makedonien waren bislang immer mit einer ihrer beiden größten Parteien an der jeweiligen Regierungskoalition beteiligt.

Den meisten Parteien ethnischer Minderheiten ist es schwergefallen, ihre Einheit zu wahren. Die Albaner in Makedonien sind in zwei Flügel gespalten, deren einer zur Anpassung bereit ist, während der andere sich ihr verweigert. In Bulgarien kam es innerhalb der «Bewegung für Rechte und Freiheiten» zu Spannungen zwischen den im Nordosten des Landes lebenden Türken und denen in der südbulgarischen Region von Kărdžali. Auch die «Demokratische Union der Ungarn in Rumänien» hatte unter Divergenzen zu leiden: Ein Teil verlangte die volle politische Autonomie für die ungarisch besiedelten Gebiete, ein anderer sah darin eine Forderung, die von der rumänischen Mehrheit unter keinen Umständen geduldet werden würde.

Bei manchen ethnischen Minderheiten hat deren geographische Verteilung zur Folge, daß ihre jeweiligen Parteien sowohl eine regionale als auch eine ethnische Identität annehmen. Das eklatanteste Beispiel hierfür ist die «Demokratische Liga des Kosovo», die – solange ein politisches Leben im Kosovo geduldet wurde – sowohl eine regionale Kosovo-Partei als auch eine albanische Partei war. Zu den weiteren Gruppen dieser Art gehört auch die «Partei der Demokratischen Aktion» in Serbien, deren Anhängerschaft sich auf die im Sandžak lebenden Muslime beschränkt; in Montenegro wurde zur Wahrnehmung der Interessen der Katholiken in der Region Kotor die kleine «Boka-Marina-Vereinigung» gegründet.

Im allgemeinen spielt der Regionalismus in der Politik der meisten südosteuropäischen Staaten keine bedeutende Rolle. In der Vojvodina existieren mehrere ethnische Parteien, aber nur eine von ihnen – die «Bauernpartei» – versucht, die Interessen der Vojvodina auf nichtethnischer Grundlage zu vertreten. Auch in Rumänien gibt es eine gewisse Wechselwirkung zwischen rumänischem ethnischem Extremismus und regionalen Faktoren; die Hochburgen der chauvinistischen Parteien liegen im ethnisch gemischten Siebenbürgen, und einer ihrer Führer argumentierte bei den Präsidentschaftswahlen von 1992, als er gegen Iliescu kandidierte, damit, daß Bukarest und der Süden kein Verständnis für die Problematik des Nordens und seiner völkisch gemischten Gemeinden hätten. In Kroatien ist die Opposition gegen das Tudjman-Regime in Dalmatien und Istrien stärker als im übrigen Land; die regimekritischen Blätter *Feral Tribune* und *Novi List* erscheinen in Split bzw. in Rijeka. In Albanien weist die Verteilung der Parteien eine spürbare regionale Komponente auf, wobei die «Demokratische Partei» ihre Basis im wesentlichen im nördlichen Landesteil hat.

Staat und Medien

In Südosteuropa hat kein Staat versucht, Oppositionsgruppen zu verbieten und zur Einparteiherrschaft zurückzukehren. In vielen Fällen wurde aber der Versuch unternommen, die Nutzung der Medien durch die jeweilige Opposition einzuengen. In Rumänien hatte sich unter Iliescu in der Führung bei Rundfunk und Fernsehen im Vergleich zur Zeit Ceauşescus wenig geändert, und zumindest in der Frühzeit des Postkommunismus schien die herrschende «Front der Nationalen Rettung» zur Praxis der ersten Nachkriegsjahre zurückgekehrt zu sein, als Oppositionszeitungen vor allem in der Provinz nur geringe Mengen an Druckpapier zugeteilt wurden. In Bulgarien verursachte die Entscheidung des Premierministers Berov, die Leiter des staatlichen Fernsehens und der amtlichen Nachrichtenagentur abzulösen, im Sommer 1993 Demonstrationen in Sofia. In Serbien versuchte die Regierung 1995, die Freiheiten der Zeitung *Borba* und der Rundfunk- und Fernsehdienste von *Studio B* einzuschränken, wobei sie nicht davor zurückschreckte, dabei auf Sondergesetze zurückzugreifen. Zwei Jahre später unternahm im März 1997 die gleiche Regierung den Versuch, die privaten Medien per Gesetz einzuschränken, wurde jedoch durch den Wirtschaftsgerichtshof überstimmt, woraufhin das Regime seine Gesetzesvorlage zurückzog.

In Kroatien machte sich die Zeitung *Feral Tribune* sehr bald in Regierungskreisen unbeliebt. Im Januar 1994 wurde ihr Chefredakteur zum Wehrdienst einberufen, und 1996 strengte die Regierung einen Prozeß gegen die Zeitung an, den sie allerdings verlor. Die Position des Blattes war im September 1997 immer noch stark genug, um die Regierung durch ein Interview mit einem Kroaten in Verlegenheit zu bringen, der nach eigenem Bekenntnis Kriegsverbrecher war. Im Dezember desselben Jahres wurde gegen den Chefredakteur einer anderen Zeitung *(Karlovacki List)* gewaltsam vorgegangen; er wurde von unbekannten Angreifern schwer mißhandelt und davor gewarnt, seine Kritik an der Regierung fortzusetzen.

Auch in Albanien wurden Gewalt und andere repressive Methoden angewandt. Im Februar 1994 wurde der Chefredakteur von *Koha Jone* auf der Grundlage des alten kommunistischen Strafgesetzbuchs wegen angeblicher Enthüllung von Staatsgeheimnissen verurteilt; er wurde bald darauf freigelassen und ging ins Ausland. Im August des gleichen Jahres mußte *Koha Jone* für mehrere Tage aufgrund neuer Finanzbestimmungen den Betrieb einstellen, denen zufolge die Zeitungen alle Kosten ausschließlich aus eigenen Einnahmen decken müssen. Diese Regelung hinderte jedoch die Regierung nicht daran, die von ihr favorisierten Publikationen zu subventionieren. 1995 und insbesondere in den Monaten vor den Wahlen von 1996 wuchs der Druck auf die regierungsferne Presse. Das schon erwähnte Gesetz über Völkermord wurde auf alle Zeitungen mit einer Auflage von über 3 000 Exemplaren angewandt. Und im Februar 1996 wurden die mit *Koha Jone* verbundenen Wochenblätter als Tageszeitungen eingestuft und unterlagen somit einer erheblich höheren Besteuerung.

Druck seitens der Regierungen auf die Medien war in Südosteuropa weit verbreitet, hat aber nirgends die Publikation von Ideengut verhindert, das der jeweils herrschenden Partei kritisch gegenüberstand. In einer Reihe von Staaten spielen private Rundfunk- und Fernsehdienste eine wichtige Rolle, und dort, wo ihre Möglichkeiten eingeschränkt werden, bleiben immer noch die Auslandsdienste westlicher Sender; aufgrund einer Vereinbarung vom Juni 1998 entstand ein neues bosnisches Rundfunknetz, das 28 private Sender mit Radio Free Europe in Prag verbindet.

Regierungen und Koalitionen

In Südosteuropa sind seit 1989 Koalitionsregierungen die Regel. Sie entstanden entweder aus freiem Willen oder durch den Zwang der Umstände. In Albanien gehörten der von der «Demokratischen Partei» 1992 gebildeten Regierung auch mehrere Nichtmitglieder der Partei an, wenngleich nie ein Zweifel daran bestehen konnte, wer den Ton angab. In Makedonien hätte die links von der Mitte stehende «Allianz für Makedonien» im Oktober 1994 eine Koalition aus den eigenen Reihen bilden können, zog es aber vor, den zur Zusammenarbeit bereiten Albanern einige Regierungsposten anzubieten. Dies geschah in der Absicht, das Risiko politischer und sozialer Instabilität zu verringern. Aus demselben Grunde wurden in die nach den Wahlen von Oktober und November 1998 neu gebildete Regierung auch fünf Mitglieder der «Demokratischen Partei der Albaner» aufgenommen, wiewohl die ethnisch makedonische Koalition aus der «Inneren Makedonischen Revolutionären Organisation – Bewegung für makedonische nationale Einheit» (VMRO-DPMNE) und der «Demokratischen Alternative» eine deutliche Mehrheit errungen hatte. In Bulgarien gab es auch keinen zwingenden Grund dafür, daß Premierminister Žan Videnov im Januar 1995 einen Agrarier und einen Vertreter der Organisation «Ökoglasnost» in sein Kabinett aufnahm. Er verfügte ohnehin über eine breite parlamentarische Mehrheit und war im Hinblick auf die Lebensfähigkeit seiner Regierung nicht von anderen Parteien abhängig.

In den meisten Fällen aber waren Koalitionen eher die Folge von Sachzwängen denn das Ergebnis einer freien Entscheidung. Nach den ersten postkommunistischen Wahlen in Bulgarien wollte der Führer der «Sozialistischen Partei» eine große Koalition aus seiner eigenen Partei und der «Union der Demokratischen Kräfte» bilden. Er begründete dies damit, daß die Probleme des Landes so gravierend seien, daß sie nur mit überaus drastischen Maßnahmen gelöst werden könnten, und daß um der nationalen Einheit willen alle großen politischen Kräfte ihr Engagement hierfür durch ihren Eintritt in die Regierung beweisen sollten, die diese Maßnahmen durchsetzen müsse. Die «Union der Demokratischen Kräfte» lehnte mit der Begründung ab, eben diese Probleme seien durch die Sozialisten verursacht worden und diese allein müßten sich daher den Makel anlasten lassen, der mit deren Lösung verknüpft sei.

Selbst dort, wo es zur erfolgreichen Koalitionsbildung kam, war dies nicht immer leicht. Zwischen dem Rücktritt von Filip Dimitrov im Herbst 1992 und der Bildung einer neuen bulgarischen Regierung unter dem parteilosen Wirtschaftshistoriker Ljuben Berov vergingen zwei Monate. In der Republika Srpska wies die Präsidentin Biljana Plavšić nach den Wahlen vom November 1997 den ihrer eigenen Partei – dem «Serbischen Volksbund» – angehörenden Mladen Ivanić an, eine Regierung aus Technokraten zu bilden; seine entsprechenden Bemühungen wurden jedoch durch den Widerstand der «Serbischen Demokratischen Partei» und der «Serbischen Radikalen Partei» massiv behindert. Nach den slowenischen Wahlen vom November 1996 dauerte die Regierungsbildung durch Janez Drnovšek mehr als drei Monate.

Koalitionen können mitunter bemerkenswert zählebig sein. In Slowenien hatte die amtierende Regierung zum Zeitpunkt der Wahlen im

November 1996 seit Januar des Jahres ohne parlamentarische Mehrheit regiert. In Makedonien hat das Bestreben, eine radikale Spaltung zwischen slawischen und albanischen Bevölkerungsgruppen zu verhindern, dazu geführt, daß Koalitionen aus Teilen beider Gruppen einem erstaunlichen Maß an Druck standgehalten haben. Es gab zwar immer wieder erhebliche Spannungen wegen solcher Fragen wie den Voraussetzungen für die Staatsangehörigkeit, der Verwendung der albanischen Sprache in amtlichen Dokumenten oder der Errichtung einer Universität mit Albanisch als Lehrsprache in Tetovo. Und die Spannung gewann im November 1993 eine neue Intensität, als eine Reihe prominenter Albaner (unter ihnen ein Stellvertretender Verteidigungsminister) unter dem Vorwurf verhaftet wurde, Waffen geschmuggelt und die Aufstellung einer albanischen Armee konspirativ betrieben zu haben. Albanische Abgeordnete zogen unter Protest aus dem Parlament aus, als die Verhafteten im Juni 1994 zu Strafen verurteilt wurden, welche diese Abgeordneten für übertrieben hart hielten. Trotz dieser Konfrontation blieben bei der Bildung einer neuen Regierung im Oktober des gleichen Jahres jedoch Vertreter des gemäßigten Flügels der Albaner im Kabinett.

In Rumänien waren Koalitionen weniger stabil. Nicolae Văcăroiu, der seit November 1992 als Premierminister amtierte, hatte sich über ein Jahr lang auf die rechtsgerichtete «Nationale Einheitspartei der Rumänen» gestützt, brauchte jedoch eine breitere parlamentarische Basis und wandte sich deshalb an die rechtsextreme «Partei Groß-Rumänien» und die kleine linksgerichtete «Sozialistische Arbeiterpartei». Die «Partei Groß-Rumänien» erwies sich als ein schwieriger Bündnispartner. Wenige Wochen nach der Unterzeichnung eines Kooperationsabkommens zwischen dieser Partei und der Regierung Văcăroiu attackierte der Parteiführer Corneliu Vadim Tudor den Premierminister und warf ihm Verrat mit der Begründung vor, er habe das militärische Potential Rumäniens auf Veranlassung der NATO abgebaut, sei KGB-Agent gewesen und an einer zionistischen Verschwörung gegen Rumänien beteiligt. Gerade der letztgenannte Vorwurf ist typisch für den in der rumänischen Politik bei der extremen Rechten virulenten Antisemitismus. Im September 1995 schied die «Partei Groß-Rumänien» aus der Regierung aus.

Bei den Wahlen von 1996 erlitt die zuvor regierende «Partei der Sozialen Demokratie Rumäniens» schwere Verluste, und die nächste Regierung wurde durch Victor Ciorbea gebildet. Auch er war zur Bildung einer Koalitionsregierung gezwungen, da seine eigene «Christlich-Demokratische Nationale Bauernpartei» im Parlament nicht stark genug war, um allein zu regieren. Es war nun an der «Demokratischen Union der Ungarn in Rumänien», sich an der Regierungskoalition zu beteiligen. Es dauerte nicht lange, bis sich beide Parteien wegen der Frage der Rückgabe konfiszierten Grundbesitzes in den Haaren lagen. Im Dezember 1997 verlor das Kabinett zwei seiner Mitglieder, darunter den Außenminister, der eine Reihe führender Persönlichkeiten beschuldigt hatte, im Dienst fremder Mächte zu stehen. Nach der Bildung einer neuen Regierung kündigte Ciorbea an, er werde von nun an auf Einigkeit innerhalb des Kabinetts bestehen, womit er jedoch wenig Erfolg hatte. Es kam zu erheblichen Divergenzen hinsichtlich der Gangart bei den Wirtschaftsreformen, und zudem waren zahlreiche Kabinettsmitglieder durch Ciorbeas Führungsstil irritiert: Kabinettssitzungen, die über zwölf Stunden dauerten, waren keineswegs ungewöhnlich. Schließlich erklärte Ciorbea im März 1998 seinen Rücktritt, und Radu Vasile trat an seine Stelle. Bis zum Juli des gleichen Jahres hatte er bereits einen seiner eigenen Minister wegen der Langsamkeit des Privatisierungsprozesses in Rumänien kritisiert, und im Kabinett kam es zu offensichtlichen Spannungen wegen des Vorhabens der Beschaffung ausländischer Hubschrauber sowie in der Frage einer ungarischsprachigen Universität in Rumänien.

Eine Variante der Koalitionsregierung ist das Notstandskabinett. In Bulgarien war im November 1990 Lukanov als Premierminister zurückgetreten; ihm folgte im Dezember ein parteiloser Jurist, Dimităr Popov, der seine Koalition aus Technokraten eine «Regierung zur Gewährleistung des friedlichen Übergangs zu einer demokratischen Gesellschaft» nannte. In anderen Ländern führten schwere Krisen zu Koalitionen. 1991 kam es in Albanien zu einer Reihe von Unruhen, in deren Verlauf vier führende Aktivisten der «Demokratischen Partei» bei gewalttätigen Auseinandersetzungen in Shkodër starben; den Höhepunkt stellte die Massenflucht von rund 20000 Albanern dar. Im Juni entließ Präsident Ramiz Alia den Führer der Sozialisten, Fatos Nano, und bestand auf der Bildung einer parteilosen «Regierung der nationalen Solidarität», welche allgemeine Wahlen vorbereiten sollte. Nach den Unruhen der vorausgegangenen Monate kam es in Albanien schließlich am 9. März 1997 zur Bildung einer «Regierung der nationalen Aussöhnung».

Außerparlamentarische Faktoren

Die Geschichte Südosteuropas ist voller Beispiele für unkonventionelle, gewaltsame Handlungsweisen. Besonders extreme Formen der Gewalt hat es in Teilen des früheren Jugoslawien gegeben. In anderen Teilen der Region führte der durch den gesellschaftlichen und ökonomischen Übergangsprozeß verursachte Druck zu Spannungen, die mitunter in verfassungswidrige Aktionen ausuferten. Dennoch waren, gemessen an der Größenordnung des ökonomischen und sozialen Wandels, bemerkenswert wenige Gewaltakte zu registrieren. Proteste waren allerdings nicht zu vermeiden.

In allen Ländern ist es zu Streiks gekommen, deren Ursachen sowohl wirtschaftlicher als auch politischer Natur waren. Es gab sie nicht nur bei den traditionellen Gruppen der Arbeiterklasse wie etwa den Bergleuten Rumäniens, Albaniens und Bulgariens oder den Eisenbahnern in Kroatien, Makedonien und Rumänien, sondern auch in den akademischen Berufen. In der ersten Hälfte des Jahres 1996 erlebte Slowenien Proteststreiks der Rundfunk- und Fernsehjournalisten, der Ärzte, der Zahnärzte, des Universitätspersonals und der Lehrerschaft. In Moldova lösten im Frühjahr 1995 Studenten eine politische Krise aus, als sie durch einen Streik die Rücknahme einer Regierungsinitiative zu erwirken suchten, mit der ein Studiengang zur Geschichte Rumäniens durch einen solchen zur Geschichte Moldovas ersetzt werden sollte. In Albanien legten im Dezember 1997 die Richter ebenso wie ein katholischer Bischof die Arbeit nieder.

Angesichts des Ausmaßes sozialer Unruhen hat es Versuche gegeben, die Gewerkschaften in halboffizielle Strukturen – ähnlich der Paritätischen Kommission in Österreich – einzubinden. So wurde beispielsweise in Bulgarien unter Ministerpräsident Popov eine trilaterale Kommission aus Gewerkschaftern, Politikern und Arbeitgebervertretern eingerichtet, um den durch die Wirtschaftsreform entstandenen Druck einzudämmen. In Albanien vereinbarten im Januar 1994 Regierung und Gewerkschaften halbjährliche Treffen zur Anpassung des Lohn- und Renten-Niveaus. Nach der Welle von Unruhen in der Industrie schlossen dort die Regierung und die drei wichtigsten Gewerkschaftsbünde 1995 einen «Sozialpakt», der für die Arbeitnehmerorganisationen eine zehnprozentige Lohnerhöhung als Ausgleich für die Beendigung der Streiks und des Eingreifens der Gewerkschaften in den politischen Bereich enthielt. Und im Oktober 1997 kam es zu einer Begegnung zwischen Gewerkschaftsführern und Ministern mit dem Ziel, eine Aussetzung aller Streiks bis zum Januar 1998 im Gegenzug zu einer Zusage der Regierung für eine Erhöhung der Löhne und Renten als Ausgleich für eine vorausgegangene Mehrwertsteuererhöhung zu vereinbaren. Derartige Absprachen waren aber selten von langer Dauer. Die bulgarische trilaterale Kommission geriet bald in Vergessenheit, und in Rumänien hatte sich die Haltung der politischen Führung im Sommer 1998 so weitgehend verändert, daß Premierminister Vasile das «Bündnis Gewerkschaften/Staat/Arbeitgeber» als den «gefährlichsten Gegner» des Reformprozesses bezeichnete. Meinungsumfragen hatten schon Ende 1995 ergeben, daß in Bulgarien 47%

und in Rumänien 65 % der Befragten eine Partnerschaft zwischen Regierung und Gewerkschaften für unwichtig hielten.

Konnten Spannungen nicht eingedämmt werden, so sprangen sie in Form von Gewalt auf die Straße über, was sowohl politische als auch wirtschaftliche Ursachen haben konnte. Die ersten derartigen Gewaltakte waren das Werk einer amtierenden politischen Führung: Im Juni 1990 brachte die Regierung von Petre Roman Bergleute aus dem Jiu-Tal nach Bukarest, wo sie protestierenden Studenten gegenübertreten und deren Demonstrationen auflösen sollten. Sie taten dies mit einem erheblichen Maß an Brutalität und verwüsteten bei dieser Gelegenheit auch noch die Hauptquartiere zweier Oppositionsparteien. Präsident Iliescu bedankte sich bei ihnen in aller Öffentlichkeit für ihre Anstrengungen, aber die Regierung wurde die Geister, die sie gerufen hatte, nicht mehr los. Im Jahr darauf kamen die Bergleute – diesmal allerdings ungebeten – zurück. Aus Verärgerung über die Sparmaßnahmen der Regierung kaperten sie Eisenbahnzüge und strömten nach Bukarest. Während der dreitägigen Demonstrationen und Gewaltakte wurde das rumänische Parlamentsgebäude geplündert, und es gab vier Todesopfer. Am 29. September trat Premierminister Petre Roman zurück.

Er war nicht das erste Opfer derartiger Unruhen. Der erste postkommunistische Präsident Bulgariens und sein Premierminister mußten ihre Ämter unter dem Druck der Straße aufgeben. Videoaufnahmen schienen zu beweisen, daß Präsident Petăr Mladenov Ende 1989 den Einsatz von Panzern zur Auflösung von Demonstrationen befürwortet hatte; er dementierte zwar, trat jedoch im Juni 1990 zurück. Die im September des gleichen Jahres gebildete Regierung der «Sozialistischen Partei» unter Andrej Lukanov sah sich ebenfalls wachsendem Druck seitens der Öffentlichkeit ausgesetzt. Besonders unter der Studentenschaft war die Annahme weit verbreitet, daß die Wahlen von 1990 durch die Sozialisten manipuliert worden seien, und man protestierte auf den Straßen. Im Spätherbst wurden angesichts der rapiden Verschlechterung der Wirtschaftslage auch die Gewerkschaften mobilisiert, und als diese sich den protestierenden Studenten anschlossen, hatte Lukanov als Premierminister keine Überlebenschancen mehr und trat im November zurück.

Sechs Jahre später war das politische System Bulgariens erneut gezwungen, dem Druck der Straße nachzugeben. Im ersten Quartal 1996 durchlebte Bulgarien eine sich verschärfende Krise. Die Probleme gingen zunächst vom Bankensystem aus. Mehrere Banken hatten Staatsunternehmen finanziert, die Verluste auswiesen, und es bestand keinerlei Aussicht auf eine Rückzahlung dieser Kredite. Das Vertrauen der Öffentlichkeit begann zu schwinden, und die Sparer versuchten, ihre Einlagen abzuheben und in D-Mark oder Dollar umzutauschen. Die Zinssätze explodierten, die Inflation galoppierte, und für die Volkswirtschaft schien sich ein GAU abzuzeichnen. Das Ganze wurde noch verschlimmert durch eine schwere Getreidekrise; in einigen Städten wurde das Brot knapp. Die Unzufriedenheit der Öffentlichkeit mit der regierenden «Sozialistischen Partei» schlug sich in den Präsidentschaftswahlen vom Oktober/November 1996 nieder, die der Oppositionskandidat Petăr Stojanov mit Leichtigkeit gewann. Als am Ende des Jahres der bulgarische Lev auf einen nie dagewesenen Tiefstand gegenüber dem Dollar abstürzte und in Sofia und einigen anderen Städten Suppenküchen eingerichtet wurden, trat Videnov als Premierminister und als Führer der «Sozialistischen Partei» zurück. Seine Nachfolger waren nach Meinung der Öffentlichkeit keineswegs besser, und im Januar 1997 kam es zu ersten Massendemonstrationen vor dem Parlamentsgebäude, bei denen vorgezogene Neuwahlen gefordert wurden. Am 10. Januar folgten ernste Zusammenstöße, als Demonstranten in das Parlamentsgebäude eindrangen und die Polizei sehr brutal reagierte. Die Regierung verweigerte zunächst jegliche Konzessionen, als dann aber die Gewerkschaften Anfang Februar mit einem Generalstreik drohten, beugte sich die Regierung dem Druck der Öffentlichkeit, erklärte ihren Rücktritt und stimmte Neuwahlen zu, die im April – d. h. eineinhalb Jahr früher als verfassungsgemäß erforderlich – abgehalten werden sollten.

Die Sofioter Demonstranten waren durch die Ereignisse in Belgrad dazu ermutigt worden, auf die Straße zu gehen. Schon im März 1991 war es zu Konfrontationen zwischen Milošević-treuen Kräften und protestierenden Demonstranten gekommen, die eine Lockerung der Regierungskontrollen über die Medien gefordert hatten. Die Demonstranten wurden schließlich unter Einsatz von Panzern und Schützenpanzern vertrieben. Danach hatte das durch den Krieg in Bosnien geschaffene Gefühl nationaler Solidarität die soziale und politische Unzufriedenheit in Grenzen gehalten; nach dem Ende der Kämpfe in Bosnien aber verlor der Ruf nach nationaler Einigkeit seine Wirkung. Die drei Oppositionsparteien, die sich in der «Zajedno»-Koalition zusammengeschlossen hatten, um den Kommunalwahlkampf im Herbst 1996 zu führen, errangen in Belgrad und in dreizehn weiteren Kommunen (einschließlich der meisten größeren Gemeinden und Städte) die Mehrheit der Stimmen und Sitze. Die Regierung weigerte sich, diese Wahlresultate anzuerkennen, woraufhin enttäuschte Oppositionsanhänger am 20. November auf die Straßen gingen. Der Protest eskalierte, bis zu 200 000 Menschen blockierten zeitweise die Straßen der Hauptstadt. Die Protestwelle war nicht nur massiv, sondern auch innovativ. Eine ihrer neuen Taktiken bestand darin, Bereitschaftspolizisten zu umarmen und abzuküssen; eine andere Taktik kam zur Anwendung, als die Regierung Protestmärsche verbot und die Protestierer daraufhin mit Kraftfahrzeugen langsam durch die Straßen Belgrads fuhren. Den ganzen Januar hindurch herrschte Verwirrung, während weiter demonstriert wurde und serbische Gerichte und Kommunen hinsichtlich der Gültigkeit der Novemberwahlen unterschiedlich entschieden. Am Abend des 2. Februar spitzte sich die Lage zu, als Bereitschaftspolizei mit Wasserwerfern und Schlagstöcken gegen gewaltlose Demonstranten vorging, die eine zur Stadtmitte Belgrads führende Brücke blockierten. Am folgenden Tag führten weitere Schlägereien dazu, daß die Polizei den Hauptsitz der Universität Belgrad besetzte, was die Studentenschaft mit Verbitterung erfüllte. Danach kühlte sich das Klima ab. «Zajedno» forderte seine Anhängerschaft auf, in den Vorstädten und nicht mehr im Stadtzentrum zu demonstrieren, und teilte am 6. Februar mit, man werde auf Protestdemonstrationen verzichten, wenn die Regierung die Gültigkeit der Wahlerfolge von «Zajedno» bei den Kommunalwahlen vom November anerkenne. Dem stimmte die Regierung zu, und am 11. Februar wurden in einer Sondersitzung des Parlaments die erforderlichen Gesetze verabschiedet.

Auch in anderen Staaten waren Straßenkrawalle zu verzeichnen. Im Oktober 1992 kam es in Montenegro zu Tumulten, bei denen gegen eine in den Augen vieler allzu nachgiebige Haltung gegenüber Serbien in der Frage der Halbinsel Prevlaka protestiert wurde: Man befürchtete, die pro-Belgrader montenegrinische Regierung könne serbischen Plänen zustimmen, Kroatien gegenüber Konzessionen zu machen, um so Serbien einen leichteren Zugang zur Adria zu verschaffen. In Kroatien selbst trugen im November 1996 Demonstrationen in Zagreb dazu bei, daß die Unabhängigkeit des Senders *Radio 101* (eines der wenigen von der Regierung nicht beherrschten Medien) gewahrt blieb.

Die schwersten Unruhen, die es außerhalb Bosniens und des Kosovo überhaupt gab, erlebte Albanien. Den unmittelbaren Auslöser bildete der Zusammenbruch einiger sogenannter Pyramiden-Investmentfonds. Diese gehörten zu den unappetitlichsten Begleiterscheinungen eines ungehemmten Kapitalismus, die nach 1989 in Südosteuropa auftauchten. Auch in anderen Staaten spielten sie zeitweise eine nicht unbedeutende Rolle. Der rumänische Investmentfonds «Caritas» lockte zahlreiche Anlager an, bis er im Mai 1994 zusammenbrach; in Varna in Nordostbulgarien gab es ähnliche betrügerische Projekte. Im Mai 1996 löste in Makedonien der Zusammenbruch des TAT-Projekts Demonstrationen aus, die zu einer weitreichenden Kabinettsumbildung Ende des Monats beitrugen.

In Albanien jedoch erlangten die Pyramidenfonds eine noch viel größere Bedeutung. In einem Land mit minimaler sozialer Sicherheit, wenig Beschäftigungsaussichten und verzweifelt niedrigen Löhnen erschien jede Chance, reich werden zu können, als verlockend. Viele Menschen investierten deshalb massiv in Pyramidenfonds, als diese in Albanien gegründet wurden. Anfänglich schütteten diese Fonds auch ansehnliche Renditen aus, was aber nicht lange aufrechterhalten werden konnte. Im Januar 1997 fror die Nationalversammlung die Aktiva zweier Fonds ein; erboste Investoren gingen daraufhin in Tirana auf die Straße, um zu protestieren.

Diese Demonstrationen waren noch harmlos im Vergleich zu den Unruhen, die im Februar ausbrachen, nachdem der in Vlora im Süden des Landes beheimatete Gjallica-Fonds in seiner Aktivität eingeschränkt worden war. Diese Proteste bekamen sofort einen politischen Anstrich, weil die regierende «Demokratische Partei» ihre Machtbasis in Nordalbanien hatte; alles, was die Staatsmacht repräsentierte – insbesondere Polizei und Militär –, wurde angegriffen, und binnen weniger Tage hatte der Wille der Regierung in weiten Teilen Südalbaniens keinerlei Geltung mehr. Mit dem Anwachsen der Unruhen kam es zur Plünderung von Armeekasernen, und es verschwanden große Mengen an Waffen und Munition. Selbst Tirana schien von einer Welle der Anarchie bedroht zu sein. Erst durch den Rücktritt der Regierung und durch die Operation «Alba», in deren Rahmen 6000 ausländische Soldaten zur Wiederherstellung der Ordnung nach Albanien verlegt wurden, konnte das Geschehen wieder unter Kontrolle gebracht werden.

Eine schwache Zentralgewalt in Albanien war infolge der historischen Erfahrungen durchaus zu erwarten gewesen; insofern traten hier längerfristig wirksame Kontinuitätslinien zutage. Ein anderes beunruhigendes Element der Vergangenheit Südosteuropa kam hingegen in der jüngeren Geschichte der Region nicht zum Tragen. Zu Beginn des 20. Jahrhunderts hatte das Militär in einer Reihe von Staaten (insbesondere in Bulgarien und in Serbien) eine wichtige Rolle in der Politik gespielt. Seit 1989 aber ordnete es sich der politischen Führung unter, obwohl es durchaus auch Grund gehabt hätte, sich zu beklagen. In Bulgarien setzte die Regierung Dimitrov einen Zivilisten als Verteidigungsminister ein, was seit 1934 nicht mehr vorgekommen war. Der neue Minister entließ dann auch prompt zahlreiche höhere Offiziere und schickte andere in Pension. Dem folgten weitere Einschnitte im Verteidigungsapparat, deren letzter im Juli 1998 angekündigt wurde; die Ausgaben für die Streitkräfte wurden ebenfalls reduziert. Es gab immer wieder Gerüchte über Unzufriedenheit im Offizierskorps, und im Sommer 1994 war sogar von einem bevorstehenden Staatsstreich des Militärs die Rede. Doch zeigte sich, daß keinerlei derartige Aktionen in Gang gesetzt wurden, und sie sind auch nicht zu erwarten. Infolge der Niederlage der Sozialisten und der Regierungsübernahme durch die «Union der Demokratischen Kräfte» im Jahre 1997 hat es ohnehin den Anschein, daß das Militär seine Energien darauf konzentriert, die bulgarische Armee besser für die Aufnahme in die NATO zu qualifizieren.

Die Armee Serbiens ist offensichtlich in einer völlig anderen Position. Am Bosnien-Krieg war sie zwar offiziell nicht beteiligt, es ist jedoch weithin bekannt, daß sie die serbische Sache in diesem Konflikt unterstützt hat. Den politischen Druck, den Milošević zur Beendigung der Kämpfe in Bosnien ausgeübt hatte, hat die Armee zweifelsohne mißbilligt, was bei den Demonstrationen Ende 1996 und Anfang 1997 offensichtlich wurde. Am 6. Januar 1997 traf sich der jugoslawische Generalstabschef mit Studentenführern, die nach der Begegnung berichteten, man habe ihnen versprochen, es werde keine Wiederholung von 1991 geben. Berichten zufolge sollen 1997 Offiziere und Eliteeinheiten der jugoslawischen Armee sogar bereit gewesen sein, gegen Milošević zu putschen, falls er gewaltsam gegen die Demonstranten vorgehen würde. Viele Berufssoldaten und nahezu alle Wehrdienstleistenden sympathisierten angeblich mit den Protestierenden, und Milošević zog es zweifellos aus eben diesem Grund vor, gegen die Studenten nicht die Armee, sondern die Bereitschaftspolizei einzusetzen, deren 120000 Mann weithin als die Privatarmee des Präsidenten angesehen werden. Zu Beginn des Jahres 1999 enthob Milošević einige hochrangige Armeeoffiziere ihrer Posten und ersetzte sie durch politisch zuverlässigere Figuren. Doch die Schäden durch die NATO-Bombardements und die Erniedrigung des Abzugs aus dem Kosovo hinterließen eine deutliche Verbitterung bei vielen Militärs, die in jeder politischen Umgestaltung Nachkriegs-Serbiens eine wichtige Kraft werden könnten.

Im Vergleich zum Militär stellt in Südosteuropa das organisierte Verbrechen eine größere latente Bedrohung politischer und gesellschaftlicher Stabilität dar. Das Ende der autoritären Herrschaft bedeutete, daß von nun an wesentlich größere Freiheiten galten und daß der Respekt vor Kontrollmechanismen und die Furcht vor ihnen schwanden. In der gesamten Region war ebenso wie im übrigen postkommunistischen Europa weithin ein schneller Anstieg bei Überfällen, Kleindiebstählen, Prostitution, dem Mißbrauch weicher Drogen und anderen Formen relativ geringfügiger Kriminalität zu verzeichnen.

Wesentlich gefährlicher aber war der Anstieg der organisierten Schwerkriminalität. Als der Zusammenbruch des sozialistischen Systems offensichtlich bevorstand, schafften manche Angehörigen der Nomenklatura Gelder beiseite (meist ins Ausland) und gründeten zwielichtige Handelsunternehmen oder Unternehmenskonglomerate. Diese Firmen manipulierten die Banken und entwickelten komplizierte Methoden, mit denen sie über Subventionen, die an Verluste erwirtschaftende Staatsbetriebe vergeben wurden, riesige Gewinne machten. Wegen dieses direkten Interesses an der Erhaltung solcher Unternehmen waren diese Finanz-Industrie-Gruppen erbitterte Gegner einer Privatisierung sowie aller Reformen mit dem Ziel der Umstrukturierung des Bankwesens oder einer Einbeziehung der Verluste machenden Unternehmen in das Konkursrecht.

Noch mächtiger wurden die Unternehmenskonglomerate durch die Verhängung von Sanktionen gegen Jugoslawien, durch die die Mafiagruppen in die Lage versetzt wurden, den Schmuggel massiv und mit riesigen Gewinnen zu betreiben. Wichtiger war aber vielleicht die Tatsache, daß sie dadurch die Komplizenschaft offizieller Vertreter auch auf einer sehr hohen Ebene erkaufen konnten. Auf diese Weise schlich sich die Korruption in den Verwaltungsapparat und in das politische Establishment ein. Es wird weithin davon ausgegangen, daß es den Finanz-Industrie-Gruppen aufgrund ihrer Macht und ihrer großen Mittel möglich war, Abgeordnete und sogar Minister zu «kaufen» und über diese Einflußmöglichkeit Reformansätze zu ersticken. Derartige Gerüchte können zwar nicht belegt werden, aber zahlreiche Beobachter gehen davon aus, daß der schleppende Fortschritt der Reformen in Bulgarien unter der Regierung Berov in den Jahren 1993–1994 und noch stärker 1995–1996 unter der Regierung Videnov teilweise auf den Einfluß dieser Finanz-Industrie-Gruppen zurückzuführen ist. Unabhängig vom Wahrheitsgehalt solcher Verdachtsmomente steht fest, daß eine der ersten Amtshandlungen der 1997 durch Ivan Kostov gebildeten bulgarischen Regierung darin bestand, ein Anti-Mafia-Gesetz nach italienischem Vorbild zu verabschieden.

Das Problem der Korruption war in nahezu der gesamten Region eine endemische Erscheinung, die jedoch in Albanien, Serbien und Bulgarien besonders gravierende Formen annahm. In Serbien warf im März 1993 der Zusammenbruch der Jugoskandić-Bank ein grelles Schlaglicht auf das Problem der Korruption und ihrer Verflechtung mit der organisierten Kriminalität. Und nach einer weitverbreiteten Annahme hing die Ermordung eines Stellvertretenden Innenministers in Belgrad im April 1997 und des Generalsekretärs der «Jugoslawischen Vereinigten Linken» im Oktober des gleichen Jahres mit der Mafia zusammen. In Bulgarien kam es 1995 und 1996 immer häufiger zu Gewaltakten im Gangstermilieu, am dramatischsten war jedoch die Ermordung des ehemaligen Premierministers Andrej Lukanov: In Sofia wurde weithin angenommen, diese Tat sei begangen worden, weil Lukanov im Begriff gewesen sei, sein gesamtes Wissen über die Querverbindungen zwischen den Finanz-Industrie-Gruppen und Teilen des politischen Establishments preiszugeben.

Auch der Attentatsversuch auf den makedonischen Präsidenten Gligorov im Oktober 1995 wurde gerüchteweise mit der bulgarischen Mafia in Verbindung gebracht. Organisierte Kriminalität ist im politischen Leben Südosteuropas keine neue Erscheinung, sie wird aber beseitigt werden müssen, wenn die Staaten der Region die volle Integration in die euro-atlantischen Organisationen erreichen sollen.

Herausforderungen für Rechtsstaat und Zivilgesellschaft

Rechtsstaatlichkeit und eine zivile Gesellschaft stehen in Südosteuropa vor einer Reihe von Herausforderungen, nicht zuletzt infolge der Aktivitäten von sogenannten Mafiagruppen und anderer Erscheinungsformen organisierter Kriminalität. Darüber hinaus aber stehen ihnen nach wie vor auch ungeheure Wirtschafts- und Umweltprobleme im Wege. Mit Ausnahme Sloweniens haben sich die Staaten der Region bisher wenig auf dem Weg zum erklärten Ziel der Integration in die Europäische Union bewegt. Wenn sie aber auf diesem Weg weniger weit vorangekommen sind als die Staaten Ostmitteleuropas, so liegt dies vor allem daran, daß die Wegstrecke für die südosteuropäischen Staaten länger ist. Ihr Ausgangspunkt liegt weiter zurück. Außer in Slowenien erfolgte der Abschied von Totalitarismus unvorbereitet oder nach wenig Vorbereitung; eine zivile Gesellschaft hatte sich also kaum entwickelt, die Führungsschichten waren ungeübt und entsprachen dem Entwicklungsstand der Organisation «KOR» im Polen der siebziger Jahre. Auch wirtschaftlich waren diese Gesellschaften weniger entwickelt als die Ostmitteleuropas, und ihre technokratischen Eliten waren deshalb kleiner und geistig weniger unabhängig als ihre etablierten Äquivalente in der ehemaligen DDR, in der Tschechoslowakei, in Polen oder in Ungarn.

Die Geschichte bot ebenfalls nicht viel an Ermutigendem; keiner der hier angesprochenen Staaten konnte auf eine demokratische Tradition zurückblicken wie etwa die der Zwischenkriegszeit in der Tschechoslowakei. Hinzu kommt, daß ein anmaßender und aggressiver Nationalismus noch keineswegs völlig überholt ist; den deutlichsten Beleg hierfür lieferten in jüngster Zeit die Entwicklungen im Kosovo. Und die unterschiedlichen Geburtenraten verschiedener Gruppen bergen langfristigen Zündstoff. Andererseits sind die Beziehungen zwischen den Bulgaren und ihrer ethnischen türkischen Minderheit besser als vor einem Jahrzehnt, und in Rumänien haben sich die Exzesse von 1990 in Tîrgu Mureş nicht wiederholt. Anlaß zu Besorgnis hat hingegen die Bereitschaft einiger Regierungen gegeben, Einfluß auf Medien und Rechtsprechung zu nehmen.

Trotz aller ihrer Defizite behält die Demokratie jedoch ihre Anziehungskraft – und wenn das entscheidende Kriterium eines demokratischen Regimes darin besteht, daß es für seine Existenz von einer breiten Unterstützung in der Öffentlichkeit abhängig ist, dann ist die Feststellung beruhigend, daß sich bei einer Meinungsumfrage Ende 1995 in Bulgarien 78%, in Rumänien 82%, in Slowenien 76% und in Kroatien 65% der Befragten als Demokraten bezeichneten.

Aus dem Englischen übersetzt von Karl Freudenstein

Verfassungssysteme

Herbert Küpper

Im Kontext der europäischen Rechtskultur stellt die Verfassung den Grundbestand von Rechtsnormen dar, die das Grundsätzliche im Staat regeln. An dieser Definition sind zwei Faktoren wichtig. Zum einen handelt es sich um Normen des Rechts: Der verfaßte Staat ist somit kein Machtstaat. Diese Rechtsnormen müssen nicht unbedingt in einer einzigen Urkunde zusammengefaßt sein, sie brauchen nicht einmal geschrieben zu sein und müssen in der Normenhierarchie keinen höheren Rang einnehmen als das übrige Recht, wie die Beispiele von Großbritannien, Israel oder Ungarn (bis 1949) zeigen.

Der zweite Faktor bezieht sich auf den Gegenstand der Regelung, nämlich das Grundsätzliche im Staat. Dazu gehört zum einen das Verhältnis der obersten Staatsorgane zueinander (Staatsorganisationsrecht), zum anderen das Verhältnis von Staat und Individuum (Grundrechte).

Dieser Beitrag gibt einen Überblick über die neuen, postsozialistischen Verfassungssysteme in den südosteuropäischen Staaten vor dem Hintergrund ihrer konstitutionellen Traditionen. Er vergleicht die Verfassungsgrundsätze, die Bestimmungen zum Staatsorganisationsrecht und zu den Grundrechten sowie das Verhältnis zwischen Verfassungstexten und Verfassungswirklichkeiten.

Verfassungstraditionen

Von der Erlangung der Eigenstaatlichkeit im 19. Jahrhundert bis zum Ersten Weltkrieg

In Südosteuropa beginnt der Konstitutionalismus in dem dargestellten Sinne mit der Erlangung der Eigenstaatlichkeit im 19. Jahrhundert. Solange die Staaten Südosteuropas zum Osmanischen Reich gehörten, waren sie von Verfassungsstaatlichkeit weit entfernt, denn die Türkei gab sich erstmalig mit dem Staatsorganisationsgesetz von 1876 eine verfassungsähnliche Grundnorm, die zudem bereits zwei Jahre später wieder außer Kraft gesetzt wurde. Das Osmanische Reich verblieb somit auch im gesamten 19. Jahrhundert auf einem vorkonstitutionellen Entwicklungsstand.

Das erste Land der Region, das sich eine Verfassung gab, war Griechenland (1844). Entsprechend der Geburtshilfe, die westeuropäische Philhellenen dem griechischen Staat bei der Erlangung der Unabhängigkeit 1829/1830 geleistet hatten, lehnte sich die griechische Verfassung eindeutig an liberale westeuropäische Vorbilder an. Diesem Muster folgten sämtliche anderen Konstitutionen der jungen Staaten Südosteuropas. Der 1861 entstandene rumänische Staat gab sich 1866 eine Verfassung, die sich an der belgischen von 1831 orientierte, die auch vielen anderen Staaten als liberale Musterverfassung diente. Rumänien wurde damit zu einer konstitutionellen Monarchie mit einem Zweikammerparlament (Abgeordnetenhaus und Senat); auch die Grundrechte wurden nach belgischem Vorbild in der Verfassung verbürgt, was zu jener Zeit auch in Westeuropa durchaus nicht gängiger Standard war.

Die serbische Verfassung von 1869 war ebenfalls die eines liberalen konstitutionellen Königreichs, ebenso ihre Nachfolgerin von 1888. Im serbischen Grundgesetz von 1901 dagegen verstärkten sich absolutistische Elemente. Die Verfassung von Bulgarien aus dem Jahre 1879, die sogenannte Tărnovo-Verfassung, enthielt noch liberalere Züge. Sie schuf eine Monarchie mit einem mäßig starken Herrscher und einem Einkammerparlament, der «Volksversammlung»; die Regierung war – und hierin lag die besondere Liberalität – nicht nur dem Herrscher, sondern auch dem Parlament verantwortlich. Die verfassunggebende und -ändernde Gewalt lag in den Händen der in dieser Form lediglich in Bulgarien zu findenden «Großen Volksversammlung», die nur der Monarch einberufen konnte. Das Fürstentum Montenegro gab sich erst 1905 ein Grundgesetz, das im wesentlichen dem üblichen Modell einer konstitutionellen Monarchie folgte.

Am spätesten setzten sich Unabhängigkeit und Verfassungsstaatlichkeit in Albanien durch. Auch wenn die Unabhängigkeit vom Osmanischen Reich am Vorabend des Ersten Weltkriegs dem Willen der albanischen Bevölkerung entsprach, so waren doch der albanische Staat, seine Grenzen und seine Verfassung das Produkt europäischer Großmachtdiplomatie. Dem künstlichen Staatsgebilde wurde 1914 von den europäischen Mächten ein Grundgesetz in der Form eines «Statuts der internationalen Kontrollkommission» gegeben, das aus der Feder westeuropäischer Juristen stammte, die über wenig Kenntnis des Landes verfügten, und das die westlichen Verfassungsstandards jener Zeit getreu widerspiegelte.

Sämtliche erwähnten Verfassungen entsprachen dem Modell einer liberalen konstitutionellen Monarchie und eines einheitlichen Nationalstaates. Auch die westlichen Werte der Gewaltentrennung, des Pluralismus und des säkularen Staates waren in den Verfassungen enthalten; das zuletzt genannte Prinzip unterstrich zudem die Abkehr vom konfessionell organisierten osmanischen Staatswesen. Die Grundrechte waren weniger stark ausgeprägt; eine Ausnahme hiervon bildete vor allem die rumänische Verfassung. Die Initiative zum Erlaß einer Verfassung hatten – vom albanischen Fall abgesehen – überall die jeweiligen einheimischen politischen Eliten ergriffen, die nach der Erlangung der Unabhängigkeit von der türkischen Fremdherrschaft ein modernes Staatswesen nach europäischen Standards schaffen wollten. Zu diesem Zweck nahmen sich die Verfassunggeber westeuropäische Konstitutionen zum Vorbild, ohne diese aber sklavisch nachzuahmen, und versahen sie bisweilen mit eigenen Schöpfungen, wie etwa der bulgarischen «Großen Volksversammlung». Am Rande erwähnt sei noch, daß die Gesetzgeber der unabhängigen südosteuropäischen Staaten auch bei der Ausgestaltung der einfach-gesetzlichen Rechtsordnung reichlich Anleihen bei den Kodifikationen und Gesetzen der west- und mitteleuropäischen Staaten nahmen, bisweilen auch bei denjenigen Rußlands. Rumänien folgte dabei vorwiegend französischen, Albanien italienischen Vorbildern; bei den anderen Staaten war eine so eindeutige Ausrichtung nicht festzustellen.

Allerdings ist festzuhalten, daß im großen und ganzen die westeuropäischen Verfassungsstandards in Südosteuropa in den Bevölkerungen nicht heimisch wurden, weil die gesellschaftliche Basis für eine derartige Modernität fehlte. Die Verfassungen blieben so in stärkerem Maße als in Westeuropa bloßes Papier. In manchen Punkten aber waren die neuen südosteuropäischen Staaten sogar fortschrittlicher als ihre Vorbilder. So stieß die Einführung eines allgemeinen und gleichen (Männer-)Wahlrechts auf sehr viel weniger Widerstand als in Westeuropa, weil die Gesellschaften Südosteuropas nicht so stark geschichtet waren und es in der Regel an größeren bürgerlichen oder (klein-)adeligen Schichten fehlte, die die Ausweitung des Wahlrechts auf die städtischen und ländlichen Armen zu verhindern gesucht hätten. Lediglich in Rumänien, wo der Bojarenadel die türkische Herrschaft überlebt hatte, waren größere Schwierigkeiten zu verzeichnen.

Eine Sonderrolle spielten die zur Habsburgermonarchie gehörigen Gebiete. In Ungarn gab es bereits seit dem Mittelalter ein «Staatsrecht», d.h. die Vorstellung, daß bestimmte rechtliche Regeln für das Funktionieren des Staates existierten. Diese Regeln waren jedoch nicht in einem Verfassungsdokument vereinigt, sondern teils gewohnheitsrechtlicher Natur, teils in einer Anzahl von Gesetzen niedergelegt. Stolz verglichen die Ungarn ihr Verfassungssystem mit dem Großbritanniens, übersahen dabei jedoch geflissentlich, daß ihr Land vor allem in der Frage der Bürgerrechte weit hinter dem britischen Entwicklungsstand hinterherhinkte. Dies galt auch für Kroatien-Slawonien-Dalmatien, das aus denselben Gründen wie Ungarn auf eine Verfassungskodifikation verzichtete.

Lediglich das Verhältnis zu Ungarn wurde in dem in Gesetzesform geschlossenen ungarisch-kroatischen Ausgleich von 1868 grundgesetzartig niedergelegt.

Die slowenischen Gebiete gehörten zu den österreichischen Erblanden, und zwar größtenteils zur Steiermark und zur Krain. In ihnen galt die jeweilige österreichische Verfassung. Die Dezemberverfassung von 1867 schuf einen liberalen Vielvölkerstaat auf der Basis einer übernationalen Erbmonarchie mit demokratischen Defiziten im Vergleich zu Westeuropa, aber deutlich ausgeprägter Rechtsstaatlichkeit. Bosnien und Herzegowina schließlich wurde 1878 von Österreich-Ungarn besetzt und 1908 formell annektiert. Es gehörte weder zum österreichischen noch zum ungarischen Reichsteil, sondern bildete eine eigenständige Einheit, deren Verwaltung zu den gemeinsamen Angelegenheiten der beiden Reichshälften Österreich und Ungarn gehörte. Nach der Besetzung wurde eine Art halbkolonialer Protektoratsverwaltung aufgebaut, deren höhere Beamte teils aus Österreich, teils aus Ungarn rekrutiert wurden.

Zwischenkriegszeit

Gemessen an der Beständigkeit der Verfassungsgrundlagen taten sich in der Zeit zwischen den beiden Weltkriegen deutliche Unterschiede auf. Während in einigen Staaten Südosteuropas eine bemerkenswerte Verfassungsstabilität zu registrieren war, wechselten in anderen nicht nur die Regierungen, sondern auch die konstitutionellen Grundlagen häufig. Allerdings war substantiell auch eine wichtige Übereinstimmung festzustellen: Der Weg in die Königsdiktatur wurde zum Spezifikum Südosteuropas in dieser Periode.

Das neugeschaffene Königreich der Serben, Kroaten und Slowenen mit dem ehemals serbischen König Petar Karadjordjević an der Spitze erließ am 28. Juni 1921 die sogenannte Vidovdan (St. Veitstag)-Verfassung, die, ausgehend von einer einheitlichen jugoslawischen Nation, dem zentralistischen Modell eines nationalen Einheitsstaates folgte. Ein starker König dominierte die Exekutive, während die Legislative dem Parlament zustand. Obwohl – oder gerade weil – die politisch-rechtliche Ordnung die Nationalitätenfrage ignorierte, nahmen die Spannungen zwischen den einzelnen Völkern zu; der König hob die Verfassung am 6. Januar 1929 auf und rief die Königsdiktatur aus. Der im selben Jahr zum «Königreich Jugoslawien» umbenannte Staat erhielt am 3. September 1931 eine neue Verfassung, die der Exekutive weite Vollmachten einräumte und ein Zweikammerparlament mit einem allgemein gewählten Unterhaus und einem zur Hälfte vom König ernannten und zur anderen Hälfte aus den Vertretern der Regionalverwaltungen bestehenden Oberhaus schuf.

In der Realität wurde Jugoslawien in ein zunehmend autoritäres Einparteisystem umgewandelt. Die Verfassung von 1931 blieb bis zur zehn Jahre später erfolgenden Zerschlagung Jugoslawiens durch Deutschland in Kraft.

In Rumänien führte ungeachtet der ausgesprochen liberal-demokratischen Verfassung vom 29. März 1923 König Carol II. ab 1930 ein persönliches Regiment. Am 27. Februar 1938 wurde eine neue Konstitution angenommen, die dem König große Machtbefugnisse einräumte und in der Schaffung faschistischer Machtstrukturen gipfelte. Schon früher, nämlich in den 1920er Jahren, hatte sich in Albanien eine Königsdiktatur unter Zogu etabliert. Der politischen Labilität des Staates, die aus den überaus archaischen Sozialstrukturen herrührte, entsprach der häufige Wechsel der Verfassungen (1920/1922, 1925, 1928). In den 1930er Jahren verstärkte sich der Einfluß Italiens, mit dem Albanien 1939 in Personalunion verbunden wurde. Aus Rom wurde dem Land eine faschistische Verfassung oktroyiert, die bis zur Machtübernahme durch die Kommunisten in Kraft blieb. Mehr textliche Stabilität zeigte Bulgarien, wo die Tărnovo-Verfassung bis zum Beginn der kommunistischen Herrschaft in Kraft blieb. Trotz des liberal-gewaltenteilenden Grundgesetzes ging aber auch Bulgarien den Weg in die Diktatur, zunächst 1923 und erneut 1934, als Zar Boris III. die Alleinherrschaft übernahm.

Ungarn, wo in der gesamten Zwischenkriegszeit ein nostalgischer Revanchismus das öffentliche Leben beherrschte, blieb bei seinem ererbten Modell der unkodifizierten Verfassung. Lediglich die kurzlebige kommunistische Räterepublik von 1919 hatte eine Konstitution im formalen Sinn erlassen, die aber unmittelbar nach dem Sturz der Räteherrschaft wieder durch das alte System ersetzt wurde. Trotzig erklärte sich Ungarn ungeachtet des Verbotes, einen Habsburger zum König zu wählen, zur Monarchie mit vakantem Thron, und der als Reichsverweser bezeichnete Staatschef Admiral Horthy entwickelte sich immer mehr zum autoritären Diktator.

Zusammenfassend läßt sich die Zwischenkriegszeit als eine Zeit großer politischer Instabilität in Südosteuropa beschreiben, in der alle Staaten den Weg in ein autoritäres und manche später in ein faschistisches System gingen. Als südosteuropäische Besonderheit entwickelte sich ein allgemeiner Trend zur Königsdiktatur, die in der Regel mit der Beseitigung des Pluralismus einherging. In einigen Ländern spiegelte sich die autoritäre Wirklichkeit in neuen Verfassungen wider, während in anderen die Diktatur unter formeller Fortgeltung der überkommenen liberalen Verfassung errichtet wurde. Das letztgenannte Phänomen, das in gewisser Weise an das formelle Fortbestehen der Weimarer Reichsverfassung nach 1933 erinnert, zeigt, welch geringen Einfluß die Verfassungstexte auf die politische Wirklichkeit oder gar das Alltagsleben ausübten und wie wenig sie in Gesellschaft, Politik und Recht verwurzelt waren.

Sozialistische Periode

Einen deutlichen Bruch mit den bis dahin vorherrschenden Traditionen bewirkten die Abschaffung der Monarchie und der Erlaß der von der KP-Herrschaft geprägten Verfassungen. Die sozialistische Periode brachte zwei konstitutionelle Generationen hervor: eine erste nach der Machtergreifung und eine zweite ab den 60er Jahren.

Die erste sozialistische Verfassung erließ Jugoslawien (31. 1. 1946), dem Albanien (14. 3. 1946), Bulgarien (4. 12. 1947), Rumänien (13. 4. 1948, ersetzt durch die Verfassung vom 24. 9. 1952) und schließlich Ungarn (20. 8. 1949) folgten. Am Rande angemerkt sei, daß auch die Staaten Ostmitteleuropas erst zu dieser Zeit sozialistische Verfassungen erhielten, so die Tschechoslowakei im Mai 1949 und Polen gar erst im Juli 1952. Alle diese Verfassungen folgten der sowjetischen Verfassung von 1936, der sogenannten Stalin-Verfassung. Dies gilt auch für Jugoslawien und Albanien, die sich im wesentlichen aus eigener Kraft befreit hatten und daher weniger unmittelbar sowjetischem Druck ausgesetzt waren, sondern freiwillig dem Stalinschen Modell folgten.

Prägend für die stalinistische Verfassungsordnung, die sich auf dem Papier sehr großzügig gab und zahlreiche auch im Westen akzeptierte Werte wie Demokratie, Menschenrechte und soziale Gerechtigkeit betonte, waren die Gewalteneinheit, der Zentralismus, der Primat der Politik über das Recht einschließlich der Verfassung und die Funktionalisierung der Grundrechte im Staatsinteresse und nicht im Interesse des Grundrechtsträgers. Zusammen mit den Inhalten wurden auch bestimmte sowjetische Institutionen bzw. institutionelle Ansätze vom sowjetischen Vorbild übernommen, wie etwa die Staatsanwaltschaft als eigenes Verfassungsorgan mit der Aufgabe einer umfassenden Gesetzlichkeitskontrolle, ein hierarchisches vierstufiges Rätesystem oder das Prinzip territorialer Autonomien zur Lösung ethnischer Fragen. Für Jugoslawien bedeutete das die Abkehr vom Einheitsstaat der Zwischenkriegszeit, da entsprechend der kommunistischen Konzeption für Vielvölkerstaaten ein föderaler Aufbau gewählt wurde.

Ab den 1960er Jahren erfaßte alle sozialistischen Staaten eine zweite Welle der Verfassunggebung. Den Auftakt machte in Südosteuropa Rumänien, das sich bereits am 21. August 1965 eine neue Verfassung gab, gefolgt von Bulgarien (18. 5. 1971). Ungarn unterzog seine Verfassung am 19. April 1972 einer Totalrevision, die formal die 1949er Verfassung nur abänderte. Materiell waren die Änderungen jedoch so bedeutend, daß es sich inhaltlich um eine neue Verfassung handelte. Innerhalb ihres Hegemonialbereichs war die Sowjetunion nicht mehr Schrittmacher der neuen Verfassungswelle, sondern Schlußlicht: Erst am 7. Oktober 1977 wurde die sogenannte Brežnev-Verfassung erlassen, die in ihrem Konservatismus Mühe hatte, den in Ostmittel- und Südosteuropa mittlerweile erreichten sozialistischen Verfassungsstandards zu folgen.

Die neue Verfassunggebung war das längerfristige Resultat der Entstalinisierungspolitik Chruščëvs und erlaubte den osteuropäischen Volksdemokratien eine größere Bandbreite an Variationen sowie die Berücksichtigung nationaler Besonderheiten. So wurde die Funktion des Staatsoberhaupts in unterschiedlicher Weise wahrgenommen – von einem Präsidenten, einem kollektiven Präsidialorgan oder von einem erweiterten Parlamentspräsidium. Die Verwaltungsgliederung der Länder, die in den 40er Jahren dem sowjetischen Vorbild angepaßt worden war, kehrte teilweise zu den nationalen Traditionen zurück. Bei den Grundrechten war in der Tendenz eine Ausweitung des Katalogs zugunsten der klassischen persönlichen und politischen Rechte zu verzeichnen, neben denen eine umfangreiche Liste sozialer Rechte stand; gleichzeitig blieb eine gewisse Betonung der Grundpflichten bestehen. Auch in der Verfassungspraxis entfernten sich die einzelnen Länder voneinander, und die Bandbreite reichte vom relativen Liberalismus des Kádárschen Ungarn über eine zunehmende Verknöcherung im Bulgarien Živkovs bis hin zur quasistalinistischen Einmanndiktatur Ceauşescus in Rumänien.

Auch von den beiden ideologischen «Abweichlern», Jugoslawien und Albanien, wurden in den 70er Jahren neue Verfassungen erlassen. Die Verfassung der Sozialistischen Föderativen Republik Jugoslawien vom 21. Februar 1974, eine der längsten der Welt, baute den seit 1953 auf Verfassungsebene verankerten eigenständigen jugoslawischen Weg des Selbstverwaltungssozialismus weiter aus. Im institutionellen Gefüge fiel hier das ständige Experimentieren mit der Zusammensetzung der zwei Parlamentskammern auf. In einigen Republiken wie etwa Slowenien wurde das Parlament in noch mehr Kammern (zeitweise bis zu fünf) aufgefächert. Einzigartig im Sozialismus war die bereits 1963 eingeführte Verfassungsgerichtsbarkeit, die auf Bundes- wie auf Republikebene eine gewisse Verfassungskontrolle ausübte. Auf der anderen Seite des Spektrums verharrte Albanien im Stadium eines ungebrochenen Stalinismus, und die extrem isolationistische Verfassung vom 28. Dezember 1976 war von Hoxha als Denkmal seiner selbst gedacht.

Gorbačëvs Politik von Perestrojka und Glasnost wurde von den einzelnen Volksrepubliken in Südosteuropa in unterschiedlichem Maße rezipiert. Auf Verfassungsebene fanden diese Reformen durchweg wenig Niederschlag.

Die postsozialistische Verfassunggebung

Angestoßen von den Gorbačëvschen Reformen, fand die kommunistische Herrschaft in Südosteuropa zwischen 1989 und 1991 ihr Ende. Ziel aller Staaten Südosteuropas war es, einen Verfassungsstaat nach westeuropäischem Muster zu schaffen. An den sozialistischen Verfassungen wurde in der Regel zunächst nur das Nötigste geändert, um die Grundlagen für den Wechsel zu legen; so wurden etwa der «Parteiartikel» gestrichen und der Pluralismus verankert. Auf dieser Grundlage wurden dann überall neue Parlamente gewählt und neue Verfassungen erarbeitet, in die die zu verwirklichenden Werte Demokratie, Pluralismus, Menschenrechte, Marktwirtschaft, Rechtsstaat und Sozialstaat als Grundlagen der neuen Ordnung Eingang fanden.

Bemerkenswert ist hierbei, daß in Südosteuropa sowohl die erste als auch die letzte postsozialistische Verfassung zu finden ist. Als erstes der neuen Grundgesetze trat am 28. September 1990 die serbische Verfassung in Kraft. Es folgten Kroatien (22. 12. 1990), Bulgarien (12. 7. 1991), Makedonien (17. 11. 1991), Rumänien (21. 11. 1991), Slowenien (23. 12. 1991), die Bundesrepublik Jugoslawien (27. 4. 1992), Montenegro (12. 10. 1992) und Bosnien und Herzegowina (24. 2. 1993, 14. 12. 1995). Das Schlußlicht bildete Albanien, dessen Verfassung erst am 21. Oktober 1998 vom Parlament verabschiedet und am 22. November 1998 durch ein Referendum angenommen wurde. Ein Extrem in beide Richtungen zugleich bildet paradoxerweise Ungarn, das seine 1949 erlassene und 1972 novellierte Verfassung bereits 1989/1990 einer so weitgehenden Revision unterzog, daß sie materiell eine komplett neue Regelung darstellte. Es gelang jedoch im Parteienhader nicht, im Laufe der 90er Jahre eine auch formal neue Verfassung zu verabschieden, so daß nach wie vor die Verfassung von 1949, wenn auch mit völlig neuem Inhalt, gilt. Immerhin genügt die revidierte Fassung den Ansprüchen, die das neue System an ein Grundgesetz stellt, so daß der fachliche Druck zur Schaffung eines neuen Dokuments nur gering ist, wenn auch die inneren Widersprüche des Textes, der bisweilen an einen Flickenteppich erinnert und seit 1989 vielfachen Änderungen unterzogen wurde, eine Straffung und Systematisierung wünschenswert erscheinen lassen.

Rein äußerlich führte der Zerfall der Bundesrepublik Jugoslawien zu den größten Änderungen. Da dieser aber entlang den bestehenden Republikgrenzen stattfand und die jugoslawischen Teilrepubliken – wie in föderalen Systemen üblich – eigene Verfassungen besessen hatten, war er für die Verfassungslage weniger einschneidend, als man auf den ersten Blick annehmen würde. Im wesentlichen standen die jugoslawischen Nachfolgestaaten ebenso wie die anderen Staaten der Region vor dem Problem, mehr oder weniger über Nacht eine Verfassung – sowie eine Rechtsordnung – zu schaffen, die dem bis dahin herrschenden sozialistischen System sowohl in den Grundwerten als auch in vielen Ausprägungen im Detail diametral entgegengesetzt war. Insofern erinnerte die Lage an das 19. Jahrhundert, als die einzelnen Balkanstaaten nach Erlangung der Unabhängigkeit vom islamisch-theokratischen Osmanischen Reich vor genau derselben Aufgabe gestanden hatten. Eine weitere Parallele bildete die Tatsache, daß sowohl die angestrebten Grundwerte als auch die Art ihrer Verwirklichung vom Vorbild Westeuropas übernommen wurden. Schließlich ähnelte sich die Lage auch noch insofern, als eine Verpflanzung des «law in the books» ohne größere Probleme vonstatten ging, das «law in action» hingegen, also der Rechtsalltag der Bürger, der Wirtschaftssubjekte und der Behörden, erst sehr langsam den neuen Vorgaben folgen.

Wie im 19. Jahrhundert fand auch jetzt der konstitutionelle Neubeginn auf Initiative der einheimischen Eliten und unter ihrer Leitung statt. In vielen Staaten wurden westliche Berater zur fachlichen Unterstützung eingeladen, ohne daß ihnen ein bestimmender Einfluß eingeräumt worden wäre; die Steuerung der Erarbeitung einer Verfassung verblieb überall in den Händen der inländischen politischen Kräfte. Ausnahmen bildeten Albanien und Bosnien und Herzegowina, auf die noch einzugehen sein wird. Die Bevölkerungen teilten mehrheitlich die Zielsetzung hinsichtlich der anzustrebenden Grundwerte, hatten aber zu Beginn der Wende nicht mit derart hohen sozialen Kosten des ökonomischen Umbaus gerechnet. Diese sozialen Kosten stellen in Südosteuropa die Akzeptanz der gleichzeitig mit der Marktwirtschaft eingeführten anderen, politischen Werte in manchen Ländern immer wieder auf die Probe.

Zustande gekommen sind die Verfassungen überall durch einen entsprechenden Akt des Parlaments. In Bulgarien betraute man damit in Anknüpfung an alte Traditionen die eigens zu diesem Zweck einberufene «Große Volksversammlung». In Rumänien traten beide Parlamentskammern zu einer «Verfassunggebenden Versammlung» zusammen und führten danach getrennt ihre Arbeit fort. Eine auf ihrem föderalen Charakter beruhende Besonderheit bietet die jugoslawische Verfassung, die nicht nur vom alten jugoslawischen Rumpfparlament, sondern auch von den vorher neugewählten Parlamenten der im Bund verbliebenen Gliedstaaten Serbien und Montenegro gutgeheißen wurde. In zwei Staaten wurden die Bevölkerungen mittels Referenda am Zustandekommen der Verfassungen beteiligt, nämlich in Rumänien und in Serbien. Hinsichtlich der Ordnungsgemäßheit und Freiheit des Referendums in Serbien bestehen erhebliche Zweifel, so daß die Zustimmungsquote von 97% wohl nicht den realen Verhältnissen entspricht.

Viele der neuen Verfassungen zeigen seit ihrem Erlaß eine erstaunliche textliche Kontinuität. Lediglich die ungarische Verfassung wurde seit 1989 zahlreichen Änderungen unterzogen, was unter anderem daran liegt, daß es sich um eine etappenweise revidierte und nicht um eine in einem Guß erlassene Verfassung handelt, so daß immer wieder zu reformierende Detailprobleme auftauchen. Hohe Verfahrenshürden vor einer Änderung errichten insbesondere Bulgarien und Montenegro.

Zwei Staaten in der Region haben aus eigener Kraft keine Verfassung zustande gebracht. In Albanien wurde kurz nach der relativ späten Wende von 1991 eine Interimsverfassung zur Gestaltung des staatlichen Lebens bis zur Verabschiedung einer vollgültigen Verfassung in Kraft gesetzt und mit der Fortdauer des Provisoriums um weitere nötige Teile ergänzt. Archaische soziale und politische Strukturen, ökonomisches Chaos, der mehrfache Kollaps der gesamten Staatsgewalt sowie die autoritären Führungsansprüche des Präsidenten Berisha verhinderten, daß auf normalem parlamentarischem Weg eine Verfassung zustande kam. Der Entwurf einer auf Berisha zugeschnittenen Präsidialverfassung scheiterte in einem Referendum am 6. November 1994. Von Beginn an waren in Albanien zahlreiche ausländische Beratungsinstitutionen an den Verfassungsprojekten beteiligt, und mehrere Verfassungsentwürfe wurden durch europäische Gremien abgesegnet, bevor sie in den inneralbanischen Zwistigkeiten scheiterten. Schließlich schaffte es die internationale Beratungshilfe, die im «Administrative Centre for the Coordination of Assistance and Public Participation» der OSZE in Tirana ihren institutionellen Ausdruck fand, daß ein kompromißfähiger Text zustande kam, der trotz des Widerstands der Berisha-Anhänger am 21. Oktober 1998 vom Parlament und am 22. November 1998 durch ein Referendum angenommen wurde. Ohne die über dem inneralbanischen Parteienstreit stehenden und daher «neutralen» internationalen Institutionen und das Placet des Europarates wäre wohl auch diese Verfassung nicht zustande gekommen.

Noch deutlicher ist der internationale Einfluß in Bosnien und Herzegowina, das ohne den politischen Druck von außen auf die Bürgerkriegsparteien, das Friedensabkommen von Dayton abzuschließen, als Staat nicht mehr existieren würde. Am 24. Februar 1993, als bereits Krieg herrschte, machte das Staatspräsidium eine revidierte, von sozialistischen Inhalten befreite Fassung der Konstitution vom 25. Februar 1974 bekannt. Sie blieb angesichts der Zustände im Land bloßes Papier. Das Daytoner Abkommen stellte Bosnien und Herzegowina praktisch unter ein internationales Protektorat und diktierte dem Staat auch eine neue Verfassung, die vor allem auf dem ethnischen und weniger auf dem demokratischen Prinzip beruht. Bosnien und Herzegowina zerfällt danach in eine kroatisch-muslimische Föderation und in die Republika

Srpska (sogenannte Entitäten), die in sich eine gewisse ethnische Homogenität haben sollen, während das politische System auf gesamtstaatlicher Ebene auf der Grundlage des ethnischen Proporzes der drei Hauptbevölkerungsgruppen (Muslime, Serben und Kroaten) beruht. Wegen ihrer Besonderheiten bleiben die Verfassungen Bosnien und Herzegowinas und der Entitäten im folgenden weitgehend ausgespart.

Verfassungsstrukturen

Wie bereits angeführt, folgen sämtliche Verfassungen im wesentlichen westlichen Grundwerten und Leitbildern. Sie tun dies aber auf durchaus unterschiedliche Weise. Im folgenden wird dargelegt, welche Inhalte die neuen Verfassungen haben, wo sie sich an universellen Werten orientieren und auf welche eigenen Traditionen sie zurückgreifen. Gegenstand des Vergleichs sind zunächst die Grundwerte, dann das Staatsorganisationsrecht und schließlich die Grundrechte und -pflichten.

Verfassungsgrundsätze

In fast allen südosteuropäischen Verfassungen folgt auf eine mehr oder weniger lange Präambel ein Kapitel über die grundlegenden Bestimmungen, die die Identität des Staates und seiner Ordnung festlegen. Vom Umfang der Einleitung her fallen drei Texte auf, nämlich der kroatische, der makedonische und der montenegrinische: Hier wirkt die wortreiche jugoslawische Tradition nach. Lediglich Rumänien verzichtet ganz auf eine Einleitung. Präambelfreudigkeit und ein erstes Kapitel über die Grundlagen entsprechen der Form nach dem sozialistischen Verfassungsaufbau, der insofern Traditionen geschaffen hat.

Allen Verfassungen gemeinsam ist das Bekenntnis zu *Volkssouveränität* und *Demokratie*, *Pluralismus*, *Verfassungsstaatlichkeit* und *Gewaltenteilung*. Auch das *republikanische Prinzip* ist in allen Verfassungen präsent, wenngleich nach dem Ende der KP-Herrschaft viele Exilmonarchen bzw. deren Abkömmlinge «ihre» Länder besuchten. Ein gewisses Echo rief dies nur in Rumänien und, noch schwächer, in Albanien hervor. In Ungarn, wo die republikanische Staatsform nie ernsthaft zur Debatte stand, löste die Ankündigung Ottos v. Habsburg, als Präsidentschaftskandidat zur Verfügung stehen zu wollen, trotz seiner Popularität eine so heftige Diskussion im Lande aus, daß er von einer Kandidatur Abstand nahm.

In Bosnien und Herzegowina knüpfen zahlreiche politische Rechte nicht an den Wahlbürger, sondern an die Zugehörigkeit zu einer der drei «Staatsnationen» an. Hier tritt das demokratische hinter das *ethnische Prin-*

zip zurück, da Bevölkerungsteile, die sich keiner der drei Gruppen zugehörig fühlen oder mit dem von ihrer Gruppe vertretenen Kurs nicht einverstanden sind, ohne Vertretung bleiben. Dieser Anachronismus ist nur aufgrund der besonderen Lage des Landes nach dem jahrelangen Krieg zu verstehen.

Einen Siegeszug in allen postsozialistischen Verfassungen trat das im Sozialismus als «bourgeois» geschmähte *Rechtsstaatsprinzip* an. Bis auf Serbien nennen alle Verfassungen Südosteuropas das Prinzip beim Namen, wobei es sich in der Regel um Lehnübersetzungen des deutschen Wortes Rechtsstaat handelt. Die postjugoslawischen Verfassungen (außer diejenige Sloweniens) benutzen den Ausdruck «Herrschaft des Rechts». Aber auch in der serbischen Verfassung ist das Rechtsstaatsprinzip – in Form einer Umschreibung in Art. 119 – vorhanden. Eine besondere Ausprägung des Rechtsstaats, nämlich die Verpflichtung des Staates, für seine Organe finanziell zu haften, haben Bulgarien, Jugoslawien, Makedonien, Rumänien und Slowenien ausdrücklich normiert, womit sie ähnliche Klauseln aus sozialistischer Zeit fortführen.

In einem gewissen inhaltlichen Zusammenhang mit dem Rechtsstaatsprinzip steht der Grundsatz der *Völkerrechtsfreundlichkeit* der Verfassung, der radikal von der sozialistischen Abschottung des innerstaatlichen Rechtsraums von der internationalen Rechtssphäre abweicht. Das allgemeine Völkerrecht wird überall in den innerstaatlichen Rechtsraum einbezogen, wobei Albanien noch am zurückhaltendsten ist. Hier sind die besonders starken isolationistischen Traditionen noch nicht gänzlich überwunden. Ratifizierten völkerrechtlichen Verträgen räumen einige Staaten einen Rang zwischen Verfassung und Gesetz ein (Albanien, Bulgarien, Kroatien, Slowenien; Rumänien bezüglich menschenrechtlicher Verträge); in den anderen Staaten teilen sie den Rang der Norm, die sie in innerstaatliches Recht transformiert. Ausdrückliche supranationale Öffnungsklauseln, die die Übertragung von Souveränitätsrechten an internationale Organisationen ermöglichen, enthält nur die albanische Verfassung, was mit dem späten Datum ihres Erlasses und dem mittlerweile geschärften Problembewußtsein zu erklären ist. Die einzigen Länder, deren Westintegration so weit fortgeschritten ist, daß Souveränitätsübertragungen an NATO oder EU in greifbare Nähe gerückt sind, nämlich Ungarn und Slowenien, haben eine derartige Klausel noch nicht in ihre Verfassungen eingefügt, werden dies aber noch vor dem Beitritt tun müssen, wie das ungarische Verfassungsgericht Mitte 1998 festgestellt hat.

Faktisch durchweg enthalten sind das Prinzip der *Sozialstaatlichkeit* und Äußerungen zur *Wirtschaftsordnung*. Zum Sozialstaat erklären sich Bulgarien, Kroatien, Makedonien, Montenegro, Rumänien und Slowenien. In der albanischen und der ungarischen Verfassung findet sich eine entsprechende Umschreibung. Marktwirtschaft als Staatsziel und/oder Grundlage der Wirtschaftsordnung erwähnen die Verfassungen Albaniens, Bulgariens, Jugoslawiens, Kroatiens, Makedoniens, Rumäniens, Serbiens und Ungarns. Jugoslawien, Makedonien, Serbien und in gewisser Weise auch Rumänien haben in ihre Verfassungen nach sozialistischem Vorbild ein ganzes Kapitel über die Wirtschaftsordnung aufgenommen, das Staatszielbestimmungen ebenso wie bürgerliche und soziale Grundrechte enthält.

Das *Nationalstaatsprinzip* liegt allen Verfassungen zugrunde, wenn es auch in unterschiedlichem Maße deutlich wird. Sehr prononciert kommt es in der rumänischen Verfassung zum Ausdruck. Lediglich Bosnien und Herzegowina ist ein multinationaler Staat, dessen Entitäten wiederum der Nationalstaatsidee folgen. Ähnliches gilt für das föderale Verhältnis zwischen Jugoslawien und den Teilrepubliken. Aus dem Nationalstaatsprinzip heraus ist auch die Pflicht des Staates verständlich, für konationale Minderheiten im Ausland zu sorgen, was sich in den Verfassungen von Albanien, Kroatien, Makedonien, Rumänien, Slowenien und Ungarn findet.

In einem inhaltlichen Zusammenhang mit dem Nationalstaatsprinzip steht die Entscheidung für den *Einheitsstaat.* Fast alle Staaten Südosteuropas sind Einheitsstaaten. Die einzigen Ausnahmen bilden Jugoslawien, das die sozialistische Tradition des Föderalismus fortführt, wenn auch mit einer stark verminderten Anzahl von Gliedstaaten, sowie das internationale Kunstprodukt Bosnien und Herzegowina mit seinen Entitäten und seinem schwachen Gesamtstaat; in Serbien bewirken die aus der sozialistischen Konzeption des Minderheitenrechts überkommenen autonomen Provinzen eine gewisse Brechung des Einheitsstaates. Besondere Betonung erfährt der Grundsatz des Einheitsstaates nur in Bulgarien und Rumänien.

Staatsorganisationsrecht

Allen Verfassungen liegt das Prinzip der *Gewaltenteilung* zugrunde. Die Ausstattung mit Verfassungsorganen und ihre Zuordnung zu den Gewalten entspricht überall europäischen Standards. Die Legislative wird durch das Parlament wahrgenommen, dessen Abgeordnete ein freies und kein imperatives Mandat mehr innehaben, die Judikative durch die Gerichte und die Verfassungsgerichte. Die Exekutive bildet die Regierung, und auch das Staatsoberhaupt (der Präsident) wird in der Regel am ehesten der Exekutive zugeordnet. Die rumänische Verfassung bezeichnet den Präsidenten ausdrücklich als Vermittler zwischen den staatlichen Gewalten und zwischen Staat und Gesellschaft, worin Ansätze zu einer über allem schwebenden Stellung eines conducător gesehen werden können

– ein Titel, den sowohl der faschistische Diktator Antonescu als auch der kommunistische Diktator Ceauşescu führten. Aus sozialistischer Zeit ererbt ist die eigenständige Regelung der Staatsanwaltschaft, auch wenn sie auf das international übliche Format einer bloßen Anklagebehörde zurückgestutzt wurde. Schließlich finden die Hilfsorgane des Parlaments (Ombudsleute, Rechnungshof) sowie weitere Staatsorgane (Nationalbank, Zentrale Wahlkommission, Armee und Ordnungskräfte, staatlicher Rundfunk) in unterschiedlichem Maße Erwähnung. In Zusammenhang mit der Justiz oder den Grundrechten regeln die Verfassungen von Bulgarien, Jugoslawien, Kroatien, Makedonien und Slowenien auch die Rechtsanwaltschaft, die kein Staatsorgan darstellt. Verschiebungen des Kompetenzgefüges ergeben sich im Falle eines Notstands, für den alle Verfassungen Sonderregeln vorsehen, die die Entscheidungswege verkürzen und nötigenfalls Ersatz für die am ehesten an der Arbeit gehinderten Kollegialorgane wie das Parlament vorsehen.

Das Verhältnis zwischen Präsident, Parlament und Regierung wird in diesem Handbuch in dem Beitrag «Politische Systeme» ausführlich beleuchtet. Aus normativer Sicht genügt hier die Aussage, daß sich die Verfassungen Südosteuropas entweder für ein parlamentarisches System (Albanien, Bulgarien, Jugoslawien, Makedonien, Slowenien, Ungarn) oder ein Mischsystem (parlamentarisch-präsidentiell in Montenegro, präsidentiell-parlamentarisch in Kroatien, in Rumänien und in Serbien) entschieden haben. Ein reines Präsidialsystem findet sich in keinem der Verfassungstexte. Der Präsident wird entweder unmittelbar vom Volk (Bulgarien, Kroatien, Makedonien, Montenegro, Rumänien, Serbien, Slowenien) oder durch das Parlament (Albanien, Jugoslawien, Ungarn) gewählt; seine Wiederwahl ist nur einmal (in Jugoslawien gar nicht) möglich. Nur in Bosnien und Herzegowina übt ein Kollegialorgan, in dem die drei Staatsvölker durch je einen Vertreter repräsentiert sind, die Funktionen des Staatsoberhauptes aus.

Die Binnenstruktur der *Parlamente* weist deutliche Unterschiede auf. In Albanien, Bulgarien, Makedonien, Montenegro, Serbien und Ungarn bestehen Einkammerparlamente. Zweikammerparlamente gibt es zum einen in den föderativen Systemen Jugoslawiens und Bosnien und Herzegowinas und zum anderen in den Einheitsstaaten Kroatien und Rumänien; für Slowenien gilt dies nur mit deutlichen Einschränkungen. In Rumänien entspricht die Unterscheidung von Abgeordnetenhaus und Senat zwar der Tradition, aber da beide Kammern nach gleichem Muster gewählt werden, sind die Relationen im wesentlichen identisch, so daß eine von ihnen strenggenommen überflüssig ist. Traditionell ist in Rumänien zudem der Legislativrat, der das Parlament in Fragen der Gesetzgebung fachlich berät, eine Funktion, die üblicherweise von den Justizministerien wahrgenommen wird. Bulgarien fügte 1995 einen ähnlichen Gesetzgebungsrat in die Geschäftsordnung des Parlaments ohne verfassungsrechtliche Verankerung ein. In Ungarn dagegen hat die Kraft der Tradition nicht ausgereicht, wieder eine zweite Kammer zu schaffen, obwohl dies vor allem unmittelbar nach der Wende diskutiert wurde. Das kroatische Komitatehaus ist im wesentlichen eine Vertretung der Regionen, und der an den mittlerweile abgeschafften bayerischen Senat angelehnte, mit bloßen Beratungsfunktionen ausgestattete slowenische Staatsrat besteht aus Repräsentanten der Berufsstände und der lokalen Interessengruppen und stellt als solcher eine Fortsetzung des jugoslawischen Multikameralismus dar.

In den meisten Staaten können die Bürger durch *Volksbegehren* und *Volksabstimmungen* an der Arbeit der Legislative mitwirken. Volksabstimmungen sind außer in Jugoslawien (in Bundesangelegenheiten) überall vorgesehen, Volksbegehren überall außer in Bulgarien und in Kroatien. Formen direkter Demokratie auf kommunaler Ebene finden Berücksichtigung in den Verfassungen Bulgariens und Serbiens sowie am Rande in denen Montenegros und Ungarns.

Die Unabhängigkeit der *Gerichte* wird überall gewährleistet. Einige Staaten haben zur institutionellen Absicherung der Unabhängigkeit einen Justizrat als landesweite Selbstverwaltung der Justiz eingeführt. Dazu gehören Albanien, Bulgarien, Kroatien, Makedonien, Rumänien, Slowenien und seit 1997 auch Ungarn. Der Justizrat, in dem in der Regel Vertreter der Justiz die Mehrheit haben, ist zwischen das zur Exekutive gehörende Justizministerium und die einzelnen Gerichte und Richter geschaltet und entscheidet über Einstellungen, Beförderungen und disziplinarische Maßnahmen. Westliches Vorbild für diesen Justizrat ist Italien.

Die *Verfassungsgerichtsbarkeit* gehört mittlerweile auch in Südosteuropa zum Standard. Sie fehlt in keiner Verfassung. Ihre Hauptaufgabe liegt in der Normenkontrolle und außer in Rumänien in der Entscheidung von Kompetenzstreitigkeiten zwischen Verfassungsorganen. Grundrechtsschutz gewähren die Verfassungsgerichte in Albanien, Kroatien, Makedonien, Montenegro, Slowenien, Ungarn und mit Einschränkungen in Jugoslawien und Serbien.

Alle Verfassungen garantieren die *kommunale Selbstverwaltung*. Überall außer in Bulgarien und Montenegro erlauben es die Verfassungen, den Kommunen auch Staatsaufgaben zur Erledigung zu übertragen. Den grundrechtlichen Charakter des Rechts auf örtliche Selbstverwaltung betonen besonders die kroatische, die montenegrinische und die ungarische Verfassung. Territoriale Autonomien nichtkommunaler Art sind in der Regel bereits durch die Vorschrift über den Einheitsstaat ausgeschlossen.

Ein ausdrückliches Verbot spricht die bulgarische Verfassung aus, während die Verfassung Serbiens in Fortführung der Formen der sozialistischen jugoslawischen Nationalitätenpolitik zwei territoriale Autonomien vorsieht: die der Vojvodina und des Kosovo. Diese an sich großzügige Form von Minderheitenrechten ist aber in der Praxis über längere Perioden hindurch massiv ausgehöhlt worden, wie vor allem die Entwicklungen im Kosovo belegen.

Eine Besonderheit postsozialistischer Verfassungen ist die Anführung einer mehr oder weniger umfangreichen Liste von Staatsämtern, die mit einer Mitgliedschaft oder Führungstätigkeit in einer Partei unvereinbar sind. Nach den Erfahrungen des autoritären Einparteisystems sahen die Verfassunggeber in den *Inkompatibilitätsvorschriften* eine nötige Vorsichtsmaßnahme. Hiervon macht auch Südosteuropa keine Ausnahme. Besonders umfassend ist die Liste der (partei-)politikfreien Ämter in Ungarn, wo dem Präsidenten, den Verfassungs- und den allgemeinen Richtern, den Berufssoldaten und Polizisten, den Staatsanwälten und mit Einschränkungen sogar den Wehrpflichtigen eine politische Betätigung untersagt ist. Ansonsten betreffen die Beschränkungen in der Regel Ämter mit besonderem Neutralitätsanspruch, also vor allem solche in der Justiz, daneben bisweilen das des Staatsoberhaupts, in Albanien auch dasjenige des Ombudsmanns.

Einige Verfassungen enthalten *traditionelle Besonderheiten*. So ist in der neuen bulgarischen Verfassung wieder eine «Große Volksversammlung» als verfassunggebende und -ändernde Gewalt vorgesehen. In Ungarn ist 1997 die traditionelle vierte Gerichtsebene, die unter kommunistischer Herrschaft zum Zwecke der Anpassung an das dreistufige sowjetische Vorbild abgeschafft worden war, wieder in die Verfassung hineingeschrieben worden. Die Umsetzung hat die Regierung jedoch aus Geldmangel bis auf weiteres suspendiert. In die rumänische Verfassung schließlich wurde das bereits in der 1923er Verfassung enthaltene Verbot der Um- oder Ansiedlung fremder Bevölkerungsgruppen aufgenommen.

Grundrechte und -pflichten

Alle Verfassungen außer der von Bosnien und Herzegowina enthalten umfangreiche Grundrechtskataloge. Bis auf Ungarn, wo die Totalrevision von 1989/1990 an der Abfolge der Verfassungskapitel nichts geändert hat, werden die Grundrechte überall vor dem Staatsorganisationsrecht verkündet. Neben den politischen und bürgerlichen Grundrechten nehmen die sozialen Grundziele und -rechte einen breiten Raum ein. Die Minderheitenrechte sowie die Grundpflichten sind ebenfalls eigenständige Kategorien, die eine gesonderte Untersuchung rechtfertigen. Die Vorstaatlichkeit der Grundrechte, d.h. ihr angeborener Charakter, wird in der bulgarischen und in der ungarischen Verfassung ausdrücklich anerkannt und liegt den anderen Verfassungen unausgesprochen zugrunde. Die kroatische Verfassung selbst führt zu einer gewissen Entwertung der Grundrechte, weil sie eine Einschränkung «zum Schutz der Rechtsordnung» erlaubt. Grundrechte sind aber gerade dazu da, der Rechtsordnung zum Schutz des einzelnen Grenzen aufzuzeigen.

Die südosteuropäischen Verfassungen enthalten alle klassischen *bürgerlichen und politischen Freiheitsrechte*. Diese waren auch in den kommunistischen Verfassungen enthalten, so daß vom Textlichen her kein Umdenken, sondern nur ein Ernstnehmen stattfinden mußte. Darüber hinaus wurden in die neuen Verfassungen zahlreiche moderne Freiheitsrechte aufgenommen, so etwa fast durchgängig das Recht auf Zugang zu öffentlichen Informationen und auf informationelle Selbstbestimmung, und erstmals auch das Recht auf Wehrdienstverweigerung. Die jungen Verfassungen Südosteuropas haben hier die internationalen Standards durchgängig gut rezipiert. Seltener ist die Verbürgung der auch im deutschen Grundgesetz normierten allgemeinen Handlungsfreiheit, die alles erlaubt, was nicht ausdrücklich verboten ist (Makedonien, Montenegro und Serbien). In Ungarn ist im Rahmen des Gleichheitssatzes die positive Diskriminierung zur Schaffung faktischer Chancengleichheit ausdrücklich erlaubt, was auch im internationalen Vergleich bemerkenswert ist. Das Verbot der Haft wegen der Nichterfüllung vertraglicher Pflichten in Albanien ist ein Hinweis auf die teilweise archaischen Sozialstrukturen im Land. Die Todesstrafe ist in Jugoslawien (für bundesrechtlich geregelte Straftaten), Kroatien, Makedonien, Rumänien und Slowenien durch die Verfassung förmlich abgeschafft; in den anderen Ländern ist die Abschaffung durch einfaches Gesetz oder durch die Praxis der Nichtanwendung geschehen. Eine Besonderheit Bosnien und Herzegowinas ist das Recht der Vertriebenen und Flüchtlinge auf Rückkehr und Rückgabe des Eigentums.

Eine gewisse Einschränkung ergibt sich im Hinblick auf das *Eigentum*, weil mehrere Verfassungen den Grunderwerb durch Ausländer ausdrücklich verbieten oder stark einschränken (Bulgarien, Jugoslawien, Rumänien, Slowenien) bzw. einer gesetzlichen Regelung vorbehalten (Kroatien, Makedonien, Serbien). In dieser Beschränkung, die in den anderen postsozialistischen Staaten auf einfach-gesetzlicher Ebene zu finden ist, spiegelt sich die Befürchtung vor einem möglichen «Ausverkauf des Landes» wider.

Die starke Betonung der *sozialen Grundziele und -rechte* ist ein Erbe der kommunistischen Vergangenheit, in der diese Versprechungen im Mittelpunkt der Propaganda standen und entsprechende Erwartungshaltungen weckten. Auch in diesem Bereich haben neben den klassischen, bereits in den kommunistischen Verfassungen enthaltenen sozialen Rechten wie dem Recht auf Arbeit oder dem Recht von Mutter und Kind auf Unterstützung modernere soziale Rechte wie das Recht auf eine gesunde Umwelt (Bulgarien, Jugoslawien, Kroatien, Makedonien, Slowenien, Ungarn) oder die Rechte Behinderter (Albanien, Makedonien, Rumänien, Slowenien) Eingang in die neuen Verfassungen gefunden, wobei insbesondere ökologische Rechte bisweilen bereits in den sozialistischen Verfassungen der 1970er Jahre aufgetaucht waren. Das Problem der Normativität der sozialen Grundrechte wird nur von einigen Verfassungen angesprochen. So sind zahlreiche soziale Zielsetzungen in Albanien als Staatsziele ohne subjektiven Rechtscharakter formuliert; dogmatisch gelungen ist in diesem Zusammenhang die Regelung des Umweltschutzes, der ein Staatsziel ist, während das Recht auf Information über den Zustand der Umwelt ein einklagbares Grundrecht darstellt. Manche Verfassungen verweisen bei bestimmten sozialen Rechten auf Institutionen wie Sozialversicherungen, die der Staat zur Verwirklichung zu unterhalten hat. Diese Regelungsmethode war bereits in den sozialistischen Verfassungen bekannt. In Ungarn behilft sich die Verfassungsrechtsprechung mit der Betonung der objektiv-rechtlichen Seite der sozialen Grundrechte, so daß beispielsweise aus dem Recht auf eine gesunde Umwelt ein relatives Verschlechterungsverbot für Umweltschutznormen abgeleitet wird.

Infolge der häufig gemischten ethnischen Strukturen spielen *Minderheitenrechte* auf Verfassungsebene durchweg eine große Rolle. Vorbildliche Regelungen enthalten die Verfassungen Ungarns und Sloweniens. In Ungarn sind die nationalen und ethnischen Minderheiten staatsbildende Faktoren, ihnen stehen weite individuelle und kollektive Rechte bis hin zur Bildung öffentlich-rechtlicher Autonomien zu. Slowenien stuft den Schutz je nach Volksgruppen ab; die «autochthonen italienischen und ungarischen Volksgruppen» haben das Recht auf «Selbstverwaltungsgemeinschaften», für die «Gemeinschaft der Roma» gelten gesetzliche Sonderrechte. Kroatien hat neben einigen Minderheitenklauseln in der eigentlichen Verfassung 1991 eine Art Minderheitencharta mit Verfassungsrang erlassen. Die anderen Verfassungen gewähren den Minderheiten in der Regel nicht mehr als einen Diskriminierungsschutz und einige individuelle Rechte; die rumänische Verfassung «schützt» zudem die Mehrheit vor einer Diskriminierung durch Sonderrechte für die nationalen Minderheiten. Besondere Regeln für Minderheiten hält die bulgarische Verfassung bereit, die einerseits angesichts der jüngsten Vergangenheit vor gewaltsamer Assimilierung schützt, andererseits die Gründung ethnischer Parteien verbietet. Dieses Verbot ist allerdings durch das Verfassungsgericht entschärft worden. Zusätzlich hat jeder Bürger die Pflicht, die bulgarische

Sprache zu lernen. Überhaupt keinen Minderheitenschutz sieht die Verfassung von Bosnien und Herzegowina vor, da sie alle Rechte an die Zugehörigkeit zu einer der drei staatstragenden Völker knüpft und so für Minderheitenrechte, d.h. für Rechte von Bevölkerungsteilen, die keiner der drei Gruppen angehören (wollen), überhaupt keinen Raum läßt. Daß dieses ethnische Prinzip zudem eine gravierende Einschränkung des demokratischen Prinzips bedeutet, ist bereits dargelegt worden. Im Hinblick auf die Minderheitenrechte ist somit für die Region eine wichtige Disproportion festzuhalten: Die vorbildlichsten Regelungen finden sich in zwei ethnisch weitgehend homogenen Staaten (Ungarn und Slowenien), während in den Staaten mit größeren ethnischen Minderheiten die Bestimmungen einiges zu wünschen übrig lassen.

Nicht nur ethnische, sondern auch religiöse Vielfalt prägt die Staaten Südosteuropas, wenn auch das religiöse Element am Ende des 20. Jahrhunderts eine geringere Bedeutung besitzt als das ethnische. Die Religionsfreiheit ist in allen Verfassungen verankert; dasselbe gilt für die Trennung von Staat und Kirche. Obwohl es nirgendwo eine Staatskirche gibt, wird in der bulgarischen Verfassung doch der orthodoxen Ostkirche als «traditioneller Religion» eine textliche Bevorzugung zuteil. In der makedonischen Verfassung wird neben den «sonstigen Religionsgemeinschaften» die makedonisch-orthodoxe Kirche als einzige namentlich angeführt, allerdings ohne weitere Attributierung; die montenegrinische nennt immerhin die orthodoxe Kirche, die römisch-katholische Kirche und die islamische Glaubensgemeinschaft. Eine starke Betonung findet das friedliche Miteinander der Religionsgemeinschaften in Albanien, wo sich in der Vergangenheit die Bedrohung des Staatswesens durch religiöse Gegensätze deutlich gezeigt hat. Religiöse Bezüge finden sich einzig in der Präambel der Verfassung Albaniens, wo allerdings als Alternative zum Glauben an Gott auch der Glaube an andere universelle Werte genannt wird; hier mag die polnische Verfassung von 1997 als Vorbild gedient haben.

Grundpflichten spielen rein vom Umfang her eine bescheidenere Rolle als Grundrechte, aber auch sie finden als Erbe sozialistischer Verfassungstraditionen eine gewisse Berücksichtigung. Allgemein übliche Grundpflichten sind Schul-, Wehr- und Steuerpflicht. Jugoslawien, Montenegro und Rumänien verpflichten den einzelnen ausdrücklich zur Beachtung der Rechte anderer. Darüber hinaus findet sich in den Verfassungen Bulgariens, Jugoslawiens, Kroatiens, Makedoniens, Montenegros, Serbiens und Sloweniens die Pflicht des einzelnen zum Schutz der Umwelt, was als Korrelat zum Recht auf eine gesunde Umwelt sinnvoll ist und das Individuum an seine Eigenverantwortung in diesem Bereich erinnert. Bulgarische und serbische Bürger sind zudem zur Hilfeleistung im Katastrophenfall verpflichtet. Auf die Pflicht bulgarischer Bürger, die bulgarische Sprache zu lernen, wurde bereits in Zusammenhang mit den Minderheiten hingewiesen. In Rumänien ist die als heilig bezeichnete Treue zum Land eine an prominenter Stelle ausgesprochene Grundpflicht.

Für die *institutionelle Absicherung* der Grundrechte haben die einzelnen Staaten unterschiedliche Modelle gewählt. Auf die Rolle der Verfassungsgerichtsbarkeit beim Schutz der Grundrechte wurde bereits hingewiesen. Auch die Verwaltungsgerichtsbarkeit im materiellen Sinne, d.h. die gerichtliche Überprüfung der Rechtmäßigkeit behördlichen Handelns, ist als wichtige Garantie für den Bürger überall verankert. Ombudsleute, die als parlamentarische Hilfsorgane dem Schutz der Menschen- und Bürgerrechte nicht nur auf rechtlicher, sondern auch auf politischer Ebene verpflichtet sind, existieren in Albanien, Kroatien, Makedonien, Rumänien, Slowenien und Ungarn. Das zuletzt genannte Land leistet sich sogar drei Ombudsleute, und zwar für die allgemeinen Grundrechte, für die Minderheitenrechte und für den Datenschutz. Makedonien hat als Garantie einen grundrechtlichen Anspruch auf Information über die Menschenrechte und Grundfreiheiten und zur Regelung von Minderheitenfragen einen vom Parlament eingesetzten Rat für zwischenethnische Beziehungen eingeführt; einen vergleichbaren interethnischen Rat kennt auch die Verfassung Montenegros.

Eine besondere Art der Grundrechtsgarantie ist der Verweis auf *völkerrechtliche Standards*, die ja nicht im Belieben des innerstaatlichen Normgebers stehen. Rumänien räumt internationalen Menschenrechtsstandards den Vorrang vor den eigenen Gesetzen ein. Die albanische Verfassung verbietet eine Einschränkung der Grundrechte, die weiter geht als in der Europäischen Menschenrechtskonvention (EMRK) zulässig. In Bosnien und Herzegowina überläßt die Verfassung den Grundrechtsschutz komplett dem Völkerrecht: Sie erklärt, ohne einen eigenen Grundrechtsteil zu enthalten, die Menschenrechte und Grundprinzipien der EMRK zu geltendem Recht im Range über den Gesetzen. In den Schutzmechanismen zeigt sich ebenfalls ein starker internationaler Einschlag: Der Ombudsmann und die Menschenrechtskammer – in der zudem auch ausländische Fachleute als Richter mitwirken – sind durch das Dayton-Abkommen völkerrechtlich abgesichert. Allen postsozialistischen Staaten ist die Aufnahme in den Europarat nur mit der Maßgabe gestattet worden, daß sie der EMRK und ihrem internationalen Schutzmechanismus durch die Europäische Menschenrechtskommission und den Europäischen Menschenrechtsgerichtshof beitreten. Außer in Bosnien und Herzegowina und in Jugoslawien, die nicht dem Europarat angehören, existiert somit eine zusätzliche völkerrechtliche Gerichtsbarkeit für den Einzelfall, was insbesondere in Bulgarien, wo es keinen verfassungsgerichtlichen Individualrechtsschutz gibt, eine gewisse Rolle spielt.

Verfassungswirklichkeit

Die Verfassungswirklichkeit hinkt in vielen Punkten noch hinter den Verfassungstexten her. Die größten Diskrepanzen zwischen Anspruch und Wirklichkeit gibt es auf dem Gebiet der *Grundrechte.* Die sozialen Grundrechte können in der Regel schon wegen der schlechten bis katastrophalen Wirtschaftslage kaum verwirklicht werden. Während die Sozialsysteme Sloweniens und Ungarns den Anforderungen des Systemwechsels noch einigermaßen zufriedenstellend gerecht werden, hat in Albanien fast jede staatliche Sicherung aufgehört zu bestehen; die anderen Staaten befinden sich je nach Wirtschaftslage zwischen diesen Extremen.

Die private und öffentliche Armut in einigen Ländern verschlechtert häufig die Durchsetzungschancen auch der bürgerlichen und politischen Rechte und stellt durch die finanzielle Auszehrung der Gemeinden auch für die kommunale Selbstverwaltung eine existentielle Bedrohung dar. Die schlechte Finanzausstattung der Behörden und die minimale Bezahlung der öffentlichen Bediensteten verhindern häufig, daß sich im öffentlichen Dienst liberalere rechtsstaatliche Ansichten und Praktiken ausbreiten können: Die Beamten verharren lieber in der ungebrochen obrigkeitsstaatlichen Tradition, die ihnen wenn schon kein Auskommen, so doch eine gewisse Autorität und ein gewisses Prestige zuteil werden läßt. Die Bürger wiederum sind mit Alltagssorgen zu sehr beschäftigt, um grundrechtlich gesicherte Freiräume oder Partizipationsrechte einfordern zu können. Am ehesten kommt noch die neue Wirtschaftselite, die vom Mißstand der Korruption im Staatsapparat nicht so sehr betroffen ist, sondern eher noch von ihr profitiert, in den Genuß der neuen Freiheiten.

Unter den schlechten ökonomischen Bedingungen leiden zum einen die wirtschaftsbezogenen Freiheitsrechte, insbesondere die Berufsfreiheit und das Eigentum: Wo es keine Arbeit gibt, kann auch die Berufsfreiheit nicht ausgeübt werden, und wer nichts besitzt, dem nützt die Eigentumsgarantie nichts. Zum anderen sinkt mit zunehmender Verarmung auch die Toleranz gegenüber nationalen und religiösen Minderheiten, wie die zahlreichen nationalistischen Ausbrüche bis hin zum Krieg oder die Behinderungen zeigen, denen christliche Sekten vornehmlich amerikanischer Provinienz oder die «neuen Religionen» bei ihrer Bekehrungstätigkeit unterliegen.

Aber es sind auch Defizite zu registrieren, die nicht in erster Linie aus der ökonomischen, sondern aus der politischen Entwicklung resultieren.

Da viele Regierungen eine Kontrolle der Medien für wesentlich erachten, ist auch die Pressefreiheit akut gefährdet, wobei der pluralistischere Sektor der Printmedien weniger dem Zugriff des Staates unterliegt als die Rundfunkanstalten. In einigen Staaten, insbesondere in Jugoslawien, kann von einer tatsächlichen Medienfreiheit kaum gesprochen werden, wie die wiederkehrenden Skandale um die wenigen regierungskritischen Zeitungen und Radiostationen immer wieder beweisen.

Die sinkende soziale Versorgung, kombiniert mit den Mängeln der Verwirklichung der Freiheitsrechte, bringt die neuen Systeme in einigen Staaten in eine Legitimationskrise. Unter dem Kommunismus war die soziale Grundsicherung der Bevölkerung der Preis für die Akzeptanz der Einschränkungen der bürgerlichen und politischen Rechte. In den Augen vieler Menschen hat das neue System die Absenkung der sozialen Standards verschuldet, ohne ihnen reale Möglichkeiten der Inanspruchnahme der neuen Freiheitsrechte zu eröffnen. In Bulgarien hat dies nach der Wende zu langen Phasen kommunistischer Mehrheiten im Parlament geführt, in Albanien sogar mehrfach zum Zusammenbruch der gesamten Staatsgewalt unter dem Druck der Straße. Noch stützt die Hoffnung auf eine bessere Zukunft die neue Ordnung, aber wenn sich die Verwirklichung der Grundrechte nicht grundlegend verbessert, ist es möglich, daß die Bevölkerungen den leeren Versprechungen des Grundrechtsteils ihrer Verfassungen ebensowenig Glauben mehr schenken wie den hohlen Verheißungen des Kommunismus und erneut eine grundlegende Wende fordern. Das Anwachsen eines extremen Nationalismus in einigen Ländern, vor allem in Rumänien und in Serbien, zeigt, in welche Richtung eine derartige Wende gehen könnte.

Ganz düster sah es mit der Erfüllung von Grundrechten aller Art naturgemäß in den vom Krieg heimgesuchten Gegenden aus. Dies geht bisweilen über die eigentlichen Kriegsgebiete hinaus und betrifft den gesamten in den Krieg verwickelten Staat. So war der serbisch-kroatische Krieg für Kroatien der Anlaß dafür, die für die Serben äußerst großzügigen und für die kleineren Minderheiten immer noch beträchtlichen Minderheitenrechte nicht anzuwenden und nach dem Ende des Krieges förmlich zu suspendieren. Die Führung unter Tudjman argumentierte zunächst damit, daß in den serbischen Siedlungsgebieten wegen des Krieges die Voraussetzungen für die Einführung der vorgesehenen Autonomierechte nicht gegeben seien. Später hieß es, daß vor der Inkraftsetzung der Minderheitenrechte eine Volkszählung stattzufinden habe, was viele Kritiker veranlaßte, hinter den Minderheitenrechten eine nicht ernst gemeinte, nur propagandistischen Zwecken dienende Kosmetik zu vermuten. Auch die allgemeine menschenrechtliche Bilanz in Kroatien fällt negativ aus, und erst recht gilt dies für den anderen Kriegsteilnehmer, nämlich Serbien. In Bosnien und Herzegowina schließlich verhindert das Trauma des Bürgerkriegs jegliche Normalität und damit auch schon den Gedanken an eine ungehinderte Ausübung der Grundrechte.

Weniger Abweichungen vom Verfassungstext gibt es in der Realität auf dem Gebiet des *Staatsorganisationsrechts*. Die größten Diskrepanzen finden sich am ehesten noch bei der tatsächlichen Machtverteilung zwischen den politischen Verfassungsorganen Präsident, Parlament und Regierung. Festzuhalten bleibt in diesem Zusammenhang, daß die Kompetenzverteilung der Verfassung wenig Einfluß auf die reale Machtverteilung hat. So hat das als präsidial-parlamentarisches Mischsystem ausgestaltete Regierungssystem Serbiens die Präsidialdiktatur von Milošević nicht verhindern können. Die Tatsache, daß Milošević nach dem Wechsel von dem serbischen auf den jugoslawischen Präsidentenstuhl das äußerst schwach ausgestaltete gesamtjugoslawische Präsidentenamt zur Fortführung seines autokratischen Regimes nutzen und seinen Nachfolger im serbischen Präsidentenamt zur Bedeutungslosigkeit verurteilen konnte, zeigt das geringe Gewicht verfassungsrechtlicher Austarierungen gegenüber einer autoritären Wirklichkeit.

Festzustellen ist ebenfalls, daß die neuen Verfassungen nicht immer das Fortdauern der alten Strukturen verhindert haben. In Rumänien führte die Regierung Iliescu den Autoritarismus Ceauşescus – wenn auch mit milderen Mitteln – fort, so daß hier erst 1997 eine wirkliche Wende zustande kam. Auch in Bulgarien setzte der Strukturwandel langsamer ein als der Verfassungswandel. Im Serbien Miloševićs wurden noch nicht einmal die spätsozialistischen Eliten ausgewechselt, geschweige denn die Strukturen. Hier hat lediglich der Kommunismus seine legitimierende Kraft verloren; an seine Stelle ist ein aggressiver Nationalismus getreten.

Fazit

Die Verfassungen Südosteuropas entsprechen den modernen internationalen Standards. Sie orientieren sich dabei vor allem am Vorbild westeuropäischer Verfassungen. Die neueren Tendenzen der Verfassungsstaatlichkeit hat Südosteuropa in seinen Verfassungstexten gut rezipiert; manchen bisher vereinzelt gebliebenen Institutionen wie dem italienischen Justizrat verhilft die Region auf breiter Front zu internationaler Verbreitung.

Bei aller textlichen Modernität finden einige Werte, die im Westen als veraltet bzw. überwunden gelten, in Südosteuropa starke Betonung. Hierzu gehört vor allem der ethnisch gefärbte Nationalstaat. Noch ist offen, ob die Staaten der Region hier nur ihren vielzitierten «nationalstaatlichen Nachholbedarf» ausleben, um dann später in die von Westeuropa vorgelebte Entwicklung zu münden, oder ob in dieser Betonung ethnischer Nationalstaatlichkeit auf Dauer ein neues Spezifikum des südosteuropäischen Konstitutionalismus entsteht.

Ansonsten finden sich in den modernen Verfassungen Südosteuropas wenig traditionelle Elemente. Als punktuelle Ausnahmen mögen hier die bulgarische «Große Volksversammlung» und der rumänische Legislativrat gelten. Diese schwache Ausprägung eigener Traditionen hat ihrerseits in Südosteuropa Tradition. Die Verfassunggebung im 19. Jahrhundert rezipierte westliche Verfassungsstandards, ohne an eigene Traditionen anknüpfen zu können: Nach Jahrhunderten türkischer Herrschaft verfügte kein Land Südosteuropas – von den rechtskulturell ohnehin eher mitteleuropäisch geprägten Bestandteilen des Habsburgerreichs Ungarn, Kroatien und Slowenien einmal abgesehen – über eigene Herrschafts- oder gar Verfassungstraditionen, die in die neuen Verfassungen hätten Eingang finden können. So begnügte man sich mit der Übernahme der international geltenden Standards.

Dasselbe gilt auch für die südosteuropäische Verfassunggebung im ausgehenden 20. Jahrhundert. Das Vorgängersystem wurde mehr oder weniger in toto abgelehnt, so daß man an dessen Verfassungstraditionen nicht anknüpfen wollte. Trotzdem überlebten einzelne Elemente sozialistischer Verfassungsstaatlichkeit wie etwa die starke Betonung sozialer Grundrechte, die Ausgestaltung der Staatsanwaltschaft als Verfassungsorgan oder die Vorschaltung eines ersten Kapitels über die Grundlagen des Staates vor das Grundrechtskapitel. Im großen und ganzen aber wollten die Staaten Südosteuropas weg vom sozialistischen System in allen seinen Ausprägungen. Eine Anknüpfung an präsozialistische Traditionen war schwierig, weil die Zwischenkriegszeit – häufig in der spezifisch südosteuropäischen Form der Königsdiktatur – autoritär geprägt war. Zudem liegen eben die Zeiten liberaler Verfassungsstaatlichkeit, die als Grundidee heute vielleicht in Frage käme, noch weiter zurück, weswegen ihre Errungenschaften vom Entwicklungsstand her für heutige Zwecke ungeeignet sind. Lediglich die vergleichsweise demokratische rumänische Verfassung von 1923 konnte in stärkerem Maße als Vorbild herangezogen werden. Das zeigt sich vor allem am Aufbau der neuen Verfassung, aber auch in etlichen Detailregelungen, die manchmal wörtlich aus der Verfassung der Zwischenkriegszeit übernommen wurden.

Südosteuropäische Verfassungstradition ist mithin das weitgehende Fehlen originärer eigener Traditionen und die Rezeption der jeweils gültigen internationalen Verfassungsstandards auf der Höhe der Zeit. Diese Rezeption geschieht im Regelfall durch die einheimischen Eliten ohne ausschlaggebende fremde Einflußnahme. Lediglich in Albanien ist die Gesellschaft so fragmentiert und die Staatsgewalt so schwach, daß das

Land beim Aufbau des Staatswesens auf ausländische Unterstützung angewiesen ist – auch das ist mittlerweile Tradition. Das materiell und psychisch kriegszerstörte Bosnien und Herzegowina ist als faktisches internationales Protektorat ein Sonderfall in jeder Beziehung. Das Kosovo ist dabei, eine ähnliche Entwicklung zu nehmen. Damit stehen die Gebiete, die bereits vor dem Ersten Weltkrieg das Zentrum des «Pulverfasses Balkan» bildeten, nämlich Bosnien und Herzegowina und die Siedlungsgebiete der Albaner, auch heute wieder im Mittelpunkt von Konflikten und internationalen Lösungsversuchen.

Typisch für die südosteuropäische Verfassungsstaatlichkeit ist seit ihrem Bestehen das Auseinanderfallen von Text und Wirklichkeit. Die Realitäten des staatlichen Lebens werden den hehren Versprechungen der Verfassungsurkunden oft nicht gerecht. Demokratie und Rechtsstaatlichkeit scheitern oft an Autoritarismus, Obrigkeitsstaatlichkeit, Korruption, Klientelismus sowie wirtschaftlicher und sozialer Unterentwicklung. Hierin liegt der Hauptunterschied zu einer zweiten Region, in der 1989/1990 die sozialistischen Systeme abgeschüttelt wurden, nämlich Ostmitteleuropa. Unter rechtskultureller Sicht gehören hierzu neben Polen, der Tschechischen Republik und der Slowakei auch die hier mitbehandelten Staaten Ungarn, Slowenien und – mit Einschränkungen – Kroatien. Auch die Staaten Ostmitteleuropas haben sich im Zuge des Systemwechsels neue Verfassungen gegeben, die mehr von der Rezeption universeller Verfassungsstandards als von der Wiederbelebung eigener Traditionen geprägt sind. In der Umsetzung der neuen Verfassungswerte sind sie jedoch viel weiter vorangekommen als die südosteuropäischen Länder, was sich auch in den besseren Chancen auf den Beitritt zu EU und NATO zeigt. Dieser Vorsprung in der Verfassungswirklichkeit beruht auf einer fortgeschritteneren sozialen Entwicklung, welche in Ostmitteleuropa eine gesellschaftliche Basis hat entstehen lassen, die eine liberale pluralistische Demokratie mit einer Marktwirtschaft und einer ansatzweise sich selbst organisierenden gesellschaftlichen Sphäre tragen und leben kann.

Eben diese Basis fehlt in Südosteuropa. Hier muß die Wirklichkeit in vielerlei Hinsicht den modernen Anforderungen gerecht werdenden Texten angepaßt werden. Dazu bedarf es vor allem der wirtschaftlichen und der sozialen Entwicklung. Die südosteuropäische Verfassungsstaatlichkeit wird sich – vielleicht erstmalig in ihrer Entwicklung – diesen Fragen der Umsetzung verstärkt zuwenden müssen, wenn sie auf Dauer bestehen will.

Staatensystem

Wolfgang Höpken

Südosteuropa lebt mit dem Image einer chronischen Instabilität seiner Staatenlandschaft. Wenngleich die Entwicklung im früheren Jugoslawien diesem Bild eine Menge Nahrung gegeben hat, trifft es gleichwohl nur einen Teil der historischen Realität. Für gut sieben Jahrzehnte nämlich – zwischen dem Ende des Ersten Weltkriegs und der Zäsur durch den Systemwandel in Osteuropa – erwies sich die Staatenlandschaft der Region trotz einer Vielzahl an Konflikten im großen und ganzen als stabil. Nachdem die friedensvertraglichen Regelungen nach dem Ersten Weltkrieg die Auflösung der beiden Imperien Österreich-Ungarn und Osmanisches Reich vollendet und den im 19. Jahrhundert begonnenen Prozeß der Etablierung souveräner Nationalstaaten abgeschlossen hatten, blieb die südosteuropäische Staatenwelt, von kurzzeitigen Veränderungen im Zweiten Weltkrieg abgesehen, bis zum Beginn der 90er Jahre weithin unverändert.

Staatenlandschaft 1918–1989

Die Ergebnisse des Ersten Weltkrieges etablierten ein Staatensystem aus sieben souveränen Einzelstaaten (Ungarn, Jugoslawien, Rumänien, Bulgarien, Albanien, Griechenland, Türkei), das freilich von Anbeginn an mit einer Fülle an latenten Gefährdungen zu kämpfen hatte. Die in den Pariser Vorortverträgen 1919/1920 festgelegten Grenzen waren mehr machtpolitischen Imperativa und Koalitionsverpflichtungen der Siegermächte geschuldet als der komplizierten ethnischen Gemengelage der Region und dem Prinzip des Selbstbestimmungsrechts. Territorialstreitigkeiten und Minderheitenkonflikte waren daher die Folge. Vieler dieser Konflikte sollten dabei eine erhebliche Resistenz beweisen, und einige von ihnen gewannen in der Umbruchphase nach 1989 erneute Virulenz. Trotz der vielfältigen Antagonismen zwischen den Siegerstaaten des Ersten Weltkriegs (Rumänien, Jugoslawien, Griechenland) und den Verliererstaaten (Ungarn, Bulgarien, Türkei) blieben die Grenzen der südosteuropäischen Staaten in der Zwischenkriegszeit stabil.

Es war erst der Zweite Weltkrieg, welcher eine grundlegende Revision des Status quo nach sich zog. Die Überfälle auf Albanien, Griechenland und Jugoslawien 1939/1941 führten zur Annexion von Teilen dieser Staaten durch Deutschland (Teile Sloweniens) und Italien (Istrien, Teile Sloweniens sowie des adriatischen Küstengebietes und der vorgelagerten Inseln, faktische Annexion Albaniens sowie des Kosovo und West-Makedoniens). Andere Teile Jugoslawiens und Griechenland wurden einem zivilen bzw. militärischen Besatzungsregiment unterworfen. Territoriale Zugeständnisse an die mit Deutschland und Italien verbündeten Staaten Ungarn, Rumänien und Bulgarien ermöglichten diesen im Windschatten der faschistischen Expansionspolitik die Verwirklichung ihrer maximalistischen Nationalstaatsvorstellungen. Mit der Errichtung des «Unabhängigen Staates Kroatien» wurde ein ganz neuer Staat etabliert, dem als vom Deutschen Reich abhängiges Gebilde freilich im Inneren wie nach außen wichtige Elemente wirklicher Staatlichkeit fehlten. Es entstand so im Kriege eine territoriale Neuordnung, die ausschließlich den strategischen und machtpolitschen Interessen der beiden Hegemonialmächte sowie den Territorialvorstellungen der mit ihnen verbündeten Anrainerstaaten entsprungen war. Von wenigen Ausnahmen abgesehen – Verbleib der Süd-Dobrudscha bei Bulgarien, erneute Rückgabe Bessarabiens an die UdSSR durch Rumänien sowie Abtretung Istriens und der dalmatinischen Besitzungen Italiens an Jugoslawien – wurden die Verschiebungen nach 1945 wieder rückgängig gemacht.

Das Ende des Zweiten Weltkriegs bedeutete daher im wesentlichen eine Restitution des territorialen Status quo, wie er vor 1939/1941 bestanden hatte, wenn er auch nunmehr im Zeichen der blockpolitischen Spaltung der Region stand. Auch in Südosteuropa förderte der Kalte Krieg dabei zunächst die Instabilität der Staatenordnung. Alte Terriorialdispute lebten im Gewande der ideologischen Konfrontation des Kalten Krieges wieder auf, wie beispielsweise in dem sich über Jahre hinziehenden jugoslawisch-italienischen Konflikt um die Zugehörigkeit Triests. Der griechische Bürgerkrieg 1944 bis 1949 drohte zeitweilig zu einer Verschiebung des Status quo zugunsten des sozialistischen Lagers zu führen. Die von Jugoslawien und Bulgarien bis zum Bruch Belgrads mit Moskau 1948 verfolgte Idee einer staatlichen Vereinigung in einer Balkan-Föderation zielte gar auf eine völlige Neugestaltung der südosteuropäischen Staatenlandschaft. Der sowjetisch-jugoslawische Disput beschwor darüber hinaus ab 1948 neue Konflikte herauf, diesmal zwischen den sozialistischen Staaten der Region. Politische, wirtschaftliche, aber auch militärische Drohgebärden von seiten der sozialistischen Nachbarstaaten und der UdSSR erweckten zeitweilig den Eindruck einer echten Bestandsgefährdung Jugoslawiens.

Das Abklingen der «heißen Phase» des Kalten Krieges und die Verfestigung der blockpolitischen Strukturen der südosteuropäischen Staaten in drei «Lager» (die Warschauer-Pakt-Staaten Ungarn, Rumänien, Bulgarien, die NATO-Mitglieder Griechenland und Türkei sowie die keinem Block angehörenden Staaten Albanien und Jugoslawien) bewirkten aber auch in Südosteuropa seit den späten 50er Jahren eine Stabilisierung. Bestehende Kontroversen wurden beigelegt oder wichen einer pragmatischen Handhabung. Jenseits propagandistischer Kontroversen wurden sie nicht mehr zu ernsthaften Gefährdungen der territorialen und staatlichen Ordnung. Der Triest-Konflikt konnte 1954 gelöst werden. Wie der Streit Jugoslawiens mit Österreich um die slowenische Minderheit in Kärnten war auch er in der Folgezeit zwar bisweilen Anlaß für Belastungen in den bilateralen Beziehungen, löste jedoch nicht mehr ernsthafte Krisen aus. In ähnlicher Weise wichen auch die zunächst durch den Ost-West-Konflikt getrübten Beziehungen Bulgariens mit Griechenland und der Türkei seit Mitte der 60er Jahre einer Phase der Entspannung. Die lange Zeit zwischen Griechenland und Albanien stehende Frage der Zugehörigkeit des Nord-Epirus wurde seit den späten 60er Jahren durch beiderseitige Anerkennung des Status quo beigelegt. Auch die mit dem Kominform-Konflikt zu ideologischen Gegnern gewordenen Nachbarstaaten Jugoslawien, Bulgarien und Albanien mäßigten ihre Spannungen. Streitigkeiten um Makedonien zwischen Belgrad und Sofia reduzierten sich auf ideologische Scharmützel, die je nach dem Stand der Beziehungen Jugoslawiens zur UdSSR entweder aktiviert oder gezügelt wurden. Seit Ende der 50er Jahre verband sich dabei auf bulgarischer Seite die an alten Positionen festhaltende Makedonien-Rhetorik mit einem Verzicht auf eine tatsächliche Infragestellung des Status quo. Gleiches gilt auch für die jugoslawisch-albanischen Kontroversen, wie sie sich nach dem Streit Belgrads mit Moskau entwickelt hatten. Auch sie wichen seit Mitte der 60er Jahre in dem Maße einer pragmatischen Koexistenz, in dem Tirana sich außenpolitisch von Moskau abwandte und Belgrad sich zu einer großzügigeren Minderheitenpolitik gegenüber der albanischen Bevölkerung im Kosovo bereitfand. Latente Konflikte innerhalb der beiden politischen und militärischen Blöcke wurden ohnehin durch die Blockdisziplin in Grenzen gehalten. So lebten die rumänisch-ungarischen Unstimmigkeiten hinsichtlich Siebenbürgens und der Rechte der ungarischen Minderheit zwar seit den 70er Jahren angesichts einer immer nationalistischer werdenden Politik Ceauşescus wieder auf. Zu einer Infragestellung des staatlichen und territorialen Status quo führte dies jedoch nicht.

Aus diesem Bild einer sich seit den 60er Jahren stabilisierenden Staatenlandschaft Südosteuropas fällt allein das griechisch-türkische Verhältnis heraus. Die beiderseitige Blockzugehörigeit Griechenlands und der Türkei zur NATO konnte zwar auch hier die Eskalation zu einem direkten militärischen Zusammenstoß verhindern. In Gestalt der Zypernfrage vollzog sich jedoch im Einflußbereich des westlichen Bündnisses die einzige territoriale und staatliche Veränderung der nach 1945 etablierten Staatenlandschaft. Die innere Stabilität der 1954 ausgerufenen Republik Zypern war von Anfang an durch ein gespanntes Verhältnis der griechischen und türkischen Volksgruppen gestört. Die einseitige Veränderung der auf Parität gründenden zypriotischen Verfassung durch die griechische Seite im Jahre 1964 ließ diese Spannungen zu einem gewaltsamen Dauerkonflikt der Volksgruppen werden. Ihren Höhepunkt fand diese Krise in der Intervention der Türkei auf Zypern 1974 und in der Ausrufung der sogenannten «Türkischen Republik Nord-Zypern», die hier bis heute eine faktische, wenn auch keine völkerrechtlich anerkannte «Zweistaatlichkeit» etablierte.

Es waren somit erst die politischen Umbrüche nach 1989, die zu einer grundlegenden Veränderung der staatlichen Landschaft Südosteuropas führten. Die staatliche Desintegration Jugoslawiens erhöhte dabei die Zahl der souveränen Staaten in Südosteuropa von vormals sieben auf nunmehr elf (Ungarn, Slowenien, Kroatien, Bosnien und Herzegowina, die Bundesrepublik Jugoslawien, Makedonien, Albanien, Griechenland, die Türkei, Rumänien, Bulgarien). Staatliche und territoriale Revirements schienen sich zunächst auch andernorts anzudeuten. So wirkte der Zerfall der UdSSR mit dem Entstehen der Republik Moldova ebenfalls nach Südosteuropa hinein. Die in der Etablierungsphase dieses Staates auf moldauischer wie auf rumänischer Seite verfolgte Option einer staatlichen Vereinigung mit Rumänien löste zeitweilig im Inneren des neuen Staates massive, zum Teil militärisch eskalierende Konflikte mit der dortigen russischen und gagausischen Bevölkerung aus und beeinträchtigte die Beziehungen zu Rußland nachhaltig. Am Rande Südosteuropas schien sich so neben Jugoslawien ein zweiter militärischer Krisenherd aufzutun. Internationale Krisenprävention, vor allem aber die sich auf moldauischer Seite durchsetzende Abkehr von der Vereinigungsoption mit Rumänien wirkten jedoch letztendlich stabilisierend.

Auch in anderen südosteuropäischen Ländern rief der politisch schwierige und sozial-ökonomisch kostenreiche Transformationsprozeß besonders in den ersten Jahren nach dem Umbruch von 1989 aufwallende nationalistische Strömungen hervor, die sich zu einer Gefährdung der inner- und zwischenstaatlichen Stabilität auszuwachsen drohten. So wurden die bilateralen Beziehungen zwischen Ungarn und Rumänien durch Auseinandersetzungen um die Lage der ungarischen Minderheit in Rumänien belastet. In Bulgarien gewannen die Konflikte zwischen Angehörigen der Staatsnation und der türkischen Minderheit zunächst beträchtlich an Schärfe, und das Makedonien-Thema lebte in der politischen

Öffentlichkeit wieder auf. Die zunächst eskalierenden zwischenethnischen Konflikte und Spannungen mit den Nachbarstaaten konnten jedoch eingehegt werden, bevor sie sich zu einer Gefährdung des staatlichen oder gar des territorialen Status quo auswuchsen. Der Wunsch nach Integration in die europäischen Strukturen wirkte sich dabei beruhigend aus und hielt die Beteiligten letztendlich von einer Eskalation nationaler Konflikte ab. Sosehr das Ende des Kommunismus somit in Südosteuropa auch eine Erschütterung der bestehenden Staatenlandschaft mit sich brachte, so sehr war es letztlich doch «nur» das ehemalige Jugoslawien, in dem dies konkrete – hier allerdings tragische – Folgen hatte.

Der Zerfall Jugoslawiens und der konfliktreiche Übergang zur Neuordnung

Die föderale Architektur und ihre Erosion

Jugoslawien war nach dem Bruch mit der UdSSR 1948 mit dem Anspruch eines innen- wie außenpolitischen Alternativmodells gegenüber dem sowjetischen Sozialismus wie auch gegenüber einer pluralistischen Ordnung angetreten. Das Experiment des «Selbstverwaltungssozialismus» und die seit den frühen 60er Jahren verfolgte Politik der Blockfreiheit symbolisierten diesen Alternativanspruch nach innen und nach außen. Der schwierigen Nationalitätenfrage sollte zudem durch die Etablierung einer föderalen Ordnung jene staatsgefährdende Sprengkraft genommen werden, die sie im ersten Jugoslawien zwischen den Weltkriegen entfaltet hatte.

Die Architektur dieser föderalen Ordnung mit sechs Republiken (Slowenien, Kroatien, Bosnien und Herzegowina, Montenegro, Serbien, Makedonien) sowie zwei zur Republik Serbien gehörenden Provinzen (Vojvodina, Kosovo) wie auch die territoriale Abgrenzung der föderalen Einheiten waren dabei nach Kriegsende in einem pragmatischen, in sich nicht immer konsistenten Verfahren entworfen worden. In der Einrichtung der einzelnen Republiken verbanden sich ethnische und historische Motive mit Erfahrungen der Zwischenkriegszeit. Darüber hinaus spielten bei der Gestaltung des föderalen Ordnungssschemas auch Erwägungen hinsichtlich einer Machtbalance zwischen den einzelnen Völkern eine Rolle, die z. B. in der Schwächung Serbiens durch die Einrichtung der beiden Provinzen auf seinem Territorium oder die Etablierung einer Republik Montenegro zum Tragen kamen. Beides – die Frage der föderalen Einheiten wie auch ihre territoriale Abgrenzung – verursachte schon damals eine Reihe von Konflikten. Umstritten war etwa die Schaffung einer Republik Bosnien und Herzegowina. Von serbischer Seite wurde die Einrichtung autonomer Entitäten auch für die serbische Minderheit in Kroatien gefordert, analog zu den beiden Provinzen, welche auf dem Territorium Serbiens etabliert worden waren. Der Verlauf der Republikgrenzen war vor allem im serbisch-kroatischen Grenzbereich der Vojvodina strittig. Unter den Bedingungen einer damals noch zentralistisch geführten Partei, die derartigen Fragen angesichts der angestrebten sozialistischen Utopie keine prinzipielle Bedeutung zumaß, wurden diese Konflikte durchweg «von oben» gelöst; sie sollten freilich in der Zerfallskrise der 90er Jahre neuerliches Gewicht erhalten.

Zunächst hatte die Partei darauf gehofft, daß die Erfahrungen des Krieges, der föderative Ordnungsrahmen sowie die Festigung einer sozialistischen Gesellschaftsordnung der nationalen Frage den Boden entziehen und eine auf ideologischer Gemeinsamkeit beruhende gesamtjugoslawische Identität («sozialistischer Jugoslawismus») entstehen lassen würden. Bereits Anfang der 60er Jahre zeichnete sich jedoch ab, daß auch unter den Bedingungen des Sozialismus die nationale Frage nicht hinfällig werden sollte. Angesichts unverändert aufkeimender Gegensätze zwischen den Republiken wurde das Konzept eines «sozialistischen Jugoslawismus» daher durch eine Politik ersetzt, die sich an der Stärkung der ethnischen Identität der einzelnen Völker interessiert zeigte und den Einzelrepubliken größere Rechte zuzugestehen bereit war. Das Ergebnis dieses nationalitätenpolitischen Kurswechsels war die Verfassung von 1974. Sie sollte Staat und System zugleich ein über die Zeit nach Tito hinausweisendes Fundament geben. Die dabei geschaffene Ordnung gründete auf einer substantiellen Stärkung der Einzelrepubliken und der ihnen statusmäßig nunmehr fast gleichgestellten Provinzen zu Lasten der Bundesinstanzen. Diesen wurden bis auf eine außen-, wirtschafts- und sicherheitspolitische Rahmenkompetenz fast alle unmittelbaren Entscheidungsressourcen genommen. Die Verfassung wertete damit zugleich den Souveränitätscharakter der Republiken erheblich auf und verlieh ihnen fast eigenstaatliche Elemente. Jugoslawien hatte damit in mancher Hinsicht die Grenze zu einer konföderalen Ordnung überschritten. Gegen die daraus erwachsenen Gefahren der Schwächung der Gesamtstaatlichkeit setzten die Architekten dieser Ordnung vor allem für die Zeit nach Tito auf die bindende Kraft der gemeinsamen sozialistischen Ideologie und die – freilich ebenfalls föderalisierte – Kommunistische Partei («Bund der Kommunisten Jugoslawiens» – BdKJ) als gesamtstaatlicher Ordnungsfaktor, aber auch auf die Armee als Wahrerin der äußeren wie inneren Integrität des Landes.

Die Verfassungsordnung von 1974 hat dem Land nicht die gewünschte Stabilität verleihen können. Das auf den Tod Titos (4. Mai 1980) folgende

Jahrzehnt war vielmehr durch eine schleichende Desintegration von System und Staat gekennzeichnet. In wirtschaftlicher Hinsicht wurde die Stabilität dabei durch einen ungebremsten Leistungs- und Wohlstandsverfall gemindert. Er wurde durch weltwirtschaftliche Trends befördert, hatte seine eigentlichen Ursachen aber in der Ineffizienz des sozialistischen Systems sowie in einer zunehmenden, durch die Verfassung von 1974 begünstigten Fragmentierung des jugoslawischen Wirtschaftsraums. Lange bevor die Frage staatlicher Separierung der jugoslawischen Republiken auf die Tagesordnung gesetzt wurde, beklagten Ökonomen immer wieder das Entstehen von sechs autonomen «Republik-Wirtschaften». Mit den wirtschaftlichen Effizienzverlusten und den Desintegrationsprozessen ging eine immer gravierender werdende Schwäche der staatlichen und politischen Institutionen einher. Die Zentralorgane verloren in den 80er Jahren immer mehr an Handlungsmacht. Die faktische Entscheidungskompetenz verlagerte sich fast völlig auf die Republiken. Angesichts der wirtschaftlichen Krise bedeutete dies nicht nur den Verlust an gesamtstaatlicher Steuerungsfähigkeit; die Zentralinstanzen büßten mit ihrer Macht zugleich auch ihre Legitimität ein. Gesamtstaatliche Desintegration und Legitimationsverlust blieben aber nicht nur auf die zentralstaatlichen Instanzen beschränkt. Auch die Kommunistische Partei, der eigentlich die Rolle eines gesamtjugoslawischen Integrationsfaktors zukommen sollte, wurde von einer ganz ähnlichen zentrifugalen Dynamik erfaßt. Damit blieb nur noch die Armee als Garant der Gesamtstaatlichkeit. In der akuten Zerfallskrise des Jahres 1991 sollte dies von erheblicher Bedeutung werden, als sie diese Rolle ins Spiel zu werfen begann und damit die militärische Konfrontation zwischen den Republiken einleitete. Offen ausbrechende ethnische Konflikte sowie Zeichen wachsender ethnischer Distanz begleiteten die Desintegrations- und Legitimationskrise. Die 1981 ausbrechenden Unruhen im Kosovo, wo die Albaner die formelle Aufwertung ihrer Provinz zu einer eigenen Republik forderten, stellten erstmals den föderativen Status quo in Frage und waren zugleich Vorboten eines sich allenthalben zeigenden Ethnonationalismus.

Erhebliche Folgen für die Stabilität Jugoslawiens hatten schließlich auch jene Prozesse, die sich mit der Amtsübernahme Gorbačëvs in Osteuropa abzeichneten. Sie wirkten sich mindestens in dreifacher Hinsicht auf die Erosion und den Zerfall Jugoslawiens aus: Zum einen verminderte das Ende der Blockkonfrontation ab Mitte der 80er Jahre den internationalen «Relevanz-Wert», den Jugoslawien in der Zeit des Kalten Krieges für den Westen besessen hatte. Eine der Folgen davon war, daß die Bereitschaft des Westens zur ökonomischen Unterstützung des Landes ausgerechnet in der Zeit kumulierender Krisenzeichen zurückging. Mehr aber noch begann die sich in den osteuropäischen Staaten abzeichnende

Überwindung des sozialistischen Systems auch die ideologische und systempolitische Ausnahmerolle Jugoslawiens als «liberalere» Alternative zum Sozialismus osteuropäischer Prägung hinfällig zu machen. Auch von seiner Systemqualität her verlor der jugoslawische Staat damit an Attraktivität für seine Bürger. Und schließlich ließen die zum Ende der 80er Jahre hin auch auf Jugoslawien überschwappenden Oppositionsbestrebungen jene neuen politischen Eliten entstehen, die zusammen mit ihrer Forderung nach Überwindung des sozialistischen Status quo zugleich auch die Option einer Abkehr vom jugoslawischen Status quo verbanden.

Der Zerfallsprozeß

Im Zusammenwirken dieser Krisenphänomene kamen dem jugoslawischen Staat nicht nur seine institutionellen und ökonomischen Integrationsmechanismen abhanden. Zugleich erodierten damit auch jene Bindungen an eine gesamtjugoslawische Staatlichkeit, die in der Bevölkerung in den Jahrzehnten zuvor vorhanden gewesen waren. Das wirtschaftliche Versagen des Sozialismus, die schleichende Aushöhlung des Gesamtstaates und die immer stärker werdende Verlagerung aller Entscheidungsressourcen auf die einzelnen Republiken ließen die Sinnhaftigkeit gesamtjugoslawischer Identität fraglich werden. Die institutionelle, systemare und letztendlich auch legitimatorische Erosion des sozialistischen wie des jugoslawischen Staats- und Gesellschaftsprojektes führte so zwar nicht zwingend zum Staatszerfall. Schon gar nicht präjudizierte sie ein gewaltsames Auseinanderfallen des Staates. Aber die Auflösung Jugoslawiens wurde zum Ende der 80er Jahre hin immer mehr von einem «worst case scenario» zur realen Möglichkeit.

Der Zerfallsprozeß des Staates 1990/1991 läßt sich in zwei, sich freilich überlappende Handlungsstränge zerlegen. In einer ersten Phase vom Ende der 80er Jahre bis zu den freien Wahlen, welche in allen Republiken im Laufe des Jahres 1990 stattfanden, wurde die Frage von Staatszusammenhalt und Staatszerfall noch durch das Miteinander und Gegeneinander der alten, kommunistischen Parteieliten bestimmt. Entscheidend für den Gang der Ereignisse war dabei zunächst der Gegensatz zwischen Slowenien und Serbien. In ihm prallten sowohl hinsichtlich der systemaren Weiterentwicklung Jugoslawiens als auch hinsichtlich seiner Zukunft als Gesamtstaat schwer überbrückbare Zielvorstellungen aufeinander. Auf slowenischer Seite stand dabei eine sich pluralistischen und marktwirtschaftlichen Reformen öffnende Parteiführung. Hinsichtlich der gesamtjugoslawischen Staatlichkeit verband sie dies mit der Forderung nach einem Erhalt des (kon-)föderalen Status quo, zunehmend jedoch mit dem Einfordern einer noch weitergehenden Konföderalisierung Jugoslawiens, die jeder Republik weitestgehende Gestaltungsfreiheit einräumen sollte («asymmetrische Föderation»).

Auf serbischer Seite stand dem seit der Machtübernahme Slobodan Miloševićs 1987 eine Position entgegen, die an der sozialistischen Ordnung festhielt und sich nur widerwillig der Forderung nach politischem Pluralismus öffnete. Hinsichtlich der Zukunft des jugoslawischen Staates forderte Milošević eine Rezentralisierung Jugoslawiens, mit der die Kontrolle Serbiens über die zwei Provinzen Kosovo und Vojvodina wiederhergestellt und die zentralstaatlichen Kompetenzen zu Lasten der Republiken gestärkt werden sollten. Durch eine Reihe von Maßnahmen suchte er diese Politik einseitig zu realisieren: Die Aufhebung der Autonomie der beiden Provinzen 1989 bedeutete ein *fait accompli* gegen die bestehende föderative Ordnung. Mittels einer populistischen Mobilisierungsstrategie («antibürokratische Revolution») brachte er die Parteiführungen der beiden Provinzen Kosovo und Vojvodina, sodann auch diejenige Montenegros unter Kontrolle. Mit dieser Gleichschaltung vormals autonomer Regionalführungen veränderte er die gesamtjugoslawische Eliten-Balance, konnte er im Bund wie in der Bundespartei doch jetzt vier der acht Stimmen hinter sich vereinen. Die Mobilisierung der serbischen Minderheiten außerhalb Serbiens war ein weiterer Schritt zur Durchsetzung seiner Vorstellungen. All dies unterminierte die Konsensfähigkeit der Republikführungen empfindlich und trug zu ihrer Polarisierung in zwei kaum mehr dialog- und schon gar nicht konsensfähige Lager bei. Die Selbstauflösung des «Bundes der Kommunisten Jugoslawiens» im Januar 1990 war Ausdruck dieser Polarisierung. Mit ihr fiel zugleich endgültig eine jener Instanzen fort, der eine gesamtstaatliche Integrationsfunktion zugedacht gewesen war.

Der Übergang zum Parteienpluralismus 1990, der außer in Serbien und in Montengegro überall nichtkommunistische Kräfte an die Macht brachte, leitete eine zweite Phase des Staatszerfalls ein. Vor allem in Slowenien und in Kroatien orientierten sich die neuen politischen Kräfte nunmehr an der Möglichkeit einer staatlichen Separierung. Die Option eines konföderalen Jugoslawien wurde zwar nicht aufgegeben, geriet aber zu einer zweitrangigen Zielperspektive. Zudem reduzierte sich das, was von ihnen unter jugoslawischer Gesamtstaatlichkeit verstanden wurde, auf einen lockeren Bund souveräner Einzelstaaten. Diese Veränderung der Zieloptionen auf seiten Sloweniens und Kroatiens wirkte sich auch auf serbischer Seite radikalisierend aus. Hier trat etwa seit Herbst 1990 neben der Forderung nach einem rezentralisierten jugoslawischen Staatsverband eine weitere Option in Erscheinung – eine Vereinigung der Republik Serbien mit serbisch bewohnten Gebieten Kroatiens und Bosniens im Falle der Auflösung Jugoslawiens.

Seit der Jahreswende 1990/1991 gingen die Kontrahenten dazu über, ihre jeweiligen Primäroptionen in die Praxis umzusetzen. Slowenien und Kroatien begannen zügig mit der rechtlichen und institutionellen Loslösung ihrer Republiken vom Bund. Serbien versuchte einerseits durch Drohung mit der Jugoslawischen Volksarmee die beiden sezessionswilligen Republiken doch noch zum Festhalten am jugoslawischen Staat zu bewegen, bereitete aber zugleich mit einer massiven politischen und auch militärischen Unterstützung der serbischen Minderheiten in Kroatien und Bosnien für den Fall des Sezessionsvollzugs eine auch gewaltsam durchzusetzende Vereinigung der serbisch bewohnten Gebiete mit der eigenen Republik vor. Versuche, im unmittelbaren Dialog der Republikführungen im Frühjahr 1991 noch einen Weg aus der Krise zu finden, erwiesen sich als aussichtslos. Diesen fehlte nicht nur eine hinreichende inhaltliche Gemeinsamkeit, sondern auch, sieht man hier einmal von den Führungen Makedoniens sowie Bosnien und Herzegowinas ab, der Wille zum Verzicht auf die eigenen Maximalpositionen. Auch dem Reintegrationsversuch des letzten jugoslawischen Ministerpräsidenten Ante Marković, der in den Jahren 1989 und 1990 dem jugoslawischen Staat über eine Reform und die Gesundung der Wirtschaft wieder Zustimmung einzuhauchen suchte, blieb der Erfolg versagt. Ungeachtet der zeitweiligen Stabilisierung der gesamtwirtschaftlichen Lage konnte Marković die ethnische Polarisierung nicht aufbrechen und kam mit seiner gesamtjugoslawisch orientierten Partei bei den Wahlen über einen Achtungserfolg nicht hinaus.

Der Ende 1990 verkündete Beschluß Sloweniens und Kroatiens, ihre Sezessionsabsichten binnen 6 Monaten auch unilateral umzusetzen, besiegelte den Zerfall Jugoslawiens. Er übte zugleich eine Sogwirkung auch auf die Republiken Bosnien und Herzegowina und Makedonien aus. Obwohl beide eher am Erhalt Jugoslawiens interessiert waren, wurden sie mit dem Sezessionsbeschluß der beiden nördlichen Republiken vor die Wahl gestellt, entweder in einem serbisch majorisierten Rumpf-Staat zu verbleiben oder ebenfalls den Weg in die staatliche Autonomie zu gehen. Makedonien folgte den nördlichen Republiken dabei noch 1991 mit einem Referendum über die Unabhängigkeit. In Bosnien und Herzegowina, das aufgrund seiner muslimisch-kroatisch-serbischen Struktur am tiefsten von einer solchen Entscheidung betroffen war, folgte dieser Schritt Anfang 1992.

In den ethnisch stark gemischten Republiken wie Kroatien und Bosnien und Herzegowina war der Weg in die Unabhängigkeit dabei von schweren Konflikten begleitet, die zu einer Untergrabung ihrer jeweiligen Staatlichkeit führten. In Kroatien lösten sich die Serben nach der Ankündigung der kroatischen Unabhängigkeit aus dem kroatischen

Staatsverband und riefen im Frühjahr 1991 eine eigene «Republika Srpska Krajina» aus. Am Beschluß zur Unabhängigkeit zerbrach auch in Bosnien und Herzegowina der zunächst noch gewahrte Konsens der drei ethnischen Gruppen, die nach den ersten freien Wahlen 1990 eine gemeinsame Regierung gebildet hatten. Nachdem die Mehrheit der Muslime und Kroaten sich jedoch im Referendum für die Unabhängigkeit der Republik entschieden hatten, etablierten die Serben auch hier eine eigene «Serbische Republik Bosnien und Herzegowina». Nur ein Jahr später sollten ihnen im Gefolge wachsender kroatisch-muslimischer Spannungen auch die bosnischen Kroaten mit der Ausrufung einer eigenen «Republik Herceg Bosna» folgen. Die staatliche Existenz Bosnien und Herzegowinas wurde damit zwischenzeitlich zur Fiktion.

Militärische Konfrontationen und internationale Lösungsversuche

Für drei Republiken führte der Beschluß der Unabhängigkeit unmittelbar in die militärische Konfrontation. Lediglich Makedonien konnte eine kriegerische Verwicklung vermeiden. War der kurze militärische Zusammenstoß der Jugoslawischen Volksarmee mit den Kräften der slowenischen Territorialverteidigung im Juni/Juli 1991 noch ein halbherziger Versuch gewesen, die Sezessionsbestrebungen Sloweniens zu verhindern und die staatliche Integrität Jugoslawiens mit Gewalt zu wahren, so gewann der sich unmittelbar anschließende Krieg gegen Kroatien bereits einen anderen Charakter. Hier ging es Belgrad nicht mehr um den Erhalt des jugoslawischen Staates, sondern um die Herauslösung der serbisch besiedelten Gebiete aus dem kroatischen Staatsverband und deren Vereinigung mit Serbien. Dieselben Motive lagen auch dem militärischen Engagement zugrunde, das der internationalen Anerkennung Bosnien und Herzegowinas auf dem Fuße folgte. Im bosnischen Krieg kam es darüber hinaus seit 1992 zugleich auch zu massiven militärischen Konflikten zwischen den Muslimen und Kroaten Bosniens, wie auch zeitweilig zu gewaltsamen Zusammenstößen zwischen konkurrierenden muslimischen Fraktionen in Nordwestbosnien. Die Überlegenheit der serbischen Kräfte führte zunächst zur Eroberung von weiten Teilen Kroatiens und Bosniens. Kroatien verlor die Souveränität über mehr als ein Drittel seines Territoriums. In Bosnien und Herzegowina erreichten die serbischen Eroberungen gar zeitweilig 70% des Republikterritoriums. Erst 1994/1995, nach massiver Aufrüstung und nach einer von den USA erzwungenen Beendigung der kroatisch-muslimischen Feindseligkeiten, korrigierten die kroatischen und muslimischen Kräfte die Anfangserfolge der Serben nachhaltig. Die kroatischen Offensiven des Frühjahrs und Sommers 1995 in Westslawonien und der Krajina sowie muslimisch-kroatische Erfolge in Bosnien schufen neben dem militärischen Eingreifen der NATO eine Voraussetzung dafür, daß die bosnischen Serben nach ihrer Ablehnung früherer Friedensvertragspläne den Verhandlungen von Dayton zustimmten.

Mit dem Dayton-Abkommen fand ein internationales Krisenmanagement einen Abschluß, das sich zuvor als ausgesprochen ineffizient dargestellt hatte. Organisationen wie die OSZE verfügten kaum über die nötigen Mittel, um auf die bereits militärisch eskalierten Konflikte Einfluß zu nehmen. UN und EU zeigten sich ebenfalls überfordert. Die UN war zwar fähig, die humanitären Folgen des Krieges zu mildern, nicht jedoch, den Frieden herbeizuführen. Nicht weniger schwer tat sich aber auch die EU. Das Fehlen einer gemeinsamen Außen- und Sicherheitspolitik beeinträchtigte ihre Handlungsfähigkeit; immer wieder machte sich die Uneinigkeit der Mitgliedsländer negativ bemerkbar. Nirgends zeigte sich dies deutlicher als in der Frage der Anerkennung der jugoslawischen Nachfolgerepubliken. Während Frankreich und Großbritannien lange am Erhalt eines gesamtjugoslawischen Staates festhielten, wurde Deutschland zum Vorreiter einer Anerkennung. Das Vorpreschen der deutschen Seite, die entgegen vorherigen Absprachen noch vor der Vorlage des Abschlußberichtes der Badinter-Kommission eine solche Anerkennung aussprach, wirkte sich dabei im Hinblick auf ein gemeinsames Vorgehen der EU nachteilig aus. Nur mühsam konnten Auffassungsunterschiede überwunden und eine gemeinsame politische Linie gefunden werden. Letztendlich aber scheiterte das Krisenmanagement der EU.

Nicht zuletzt dies veranlaßte die USA, sich zunehmend stärker zu engagieren, nachdem Washington die Jugoslawien-Krise zunächst als europäische Angelegenheit betrachtet hatte. Nachrichten über serbische Menschenrechtsverletzungen wurden im Kontext des amerikanischen Präsidentenwahlkampfes zum Katalysator eines verstärkten amerikanischen Engagements, das sich vor allem hinsichtlich des Einsatzes militärischer Mittel als entscheidend erweisen sollte. Eine Sonderrolle im Chor des internationalen Krisenmanagements suchte auch Rußland zu spielen. Nicht zuletzt aus Gründen innenpolitischen Drucks war Moskau dabei bemüht, eine einseitig gegen Belgrad gerichtete Politik der Staatengemeinschaft zu verhindern. Insbesondere einem militärischen Eingreifen setzte es Widerstand entgegen. Freilich trug es die meisten der internationalen Maßnahmen mit, und des öfteren, so etwa beim erzwungenen Abzug schwerer serbischer Waffen aus dem Umkreis Sarajevos, wirkte sich die rußländische Vermittlung konstruktiv aus.

Unbestritten war unter den internationalen Akteuren lange Zeit, daß es nur eine diplomatische und politische Lösung des Jugoslawien-Konfliktes geben könne. Im Falle des Slowenien- und des Kroatien-Krieges schien ein solches diplomatisches Kriseninstrumentarium noch zu greifen. In Kroatien setzte Vermittler Cyrus Vance Anfang 1992 einen Waffenstillstand und die Stationierung von Blauhelmtruppen durch. Diese vermochten zwar die Kontrahenten von weiteren militärischen Konflikten abzuhalten, mehr als das Einfrieren des Status quo gelang aber auch ihnen nicht. Weder konnte eine Rückkehr der geflohenen kroatischen Bevölkerung noch die Entwaffnung der Serben erwirkt werden, schon gar nicht die Rückführung der von Serben abgetrennten Gebiete unter kroatische Souveränität.

Wirkungslos hingegen waren die Versuche, den Krieg in Bosnien und Herzegowina zu stoppen. Das Mittel wirtschaftlicher und kultureller Sanktionen gegen Belgrad trug zwar zur fortschreitenden Zerrüttung der serbischen Wirtschaft bei, vermochte aber weder Slobodan Milošević noch die bosnischen Serben zum Einlenken zu bewegen. Vorschläge einer friedensvertraglichen Regelung scheiterten immer wieder am Widerstand einer oder mehrerer Konfliktparteien. Der Vance-Owen-Plan vom Januar 1993, der eine Gliederung in größtenteils gemischtethnischen Kantonen vorsah, scheiterte vor allem am Widerstand der bosnischen Serben, die, gestützt auf ihre damalige militärische Stärke, nicht bereit waren, von der Idee einer Vereinigung mit Serbien abzulassen. Auch der diesem Vorstoß folgende Plan der Vermittler Owen und Stoltenberg, der in Anerkennung der militärischen Realitäten eine lockere Konföderation autonomer ethnischer Einheiten vorsah, fand nicht die Zustimmung der Beteiligten. Er traf auf den Widerstand vor allem der Muslime, die sich mit zwei räumlich getrennten Siedlungsgebieten hätten zufrieden geben müssen. Der Vorschlag der im Frühjahr 1994 gebildeten Bosnien-Kontaktgruppe, der eine Konföderation zweier Einheiten vorsah, nämlich der Republika Srpska und einer muslimisch-kroatischen Föderation, wurde wiederum von serbischer Seite abgelehnt, da er dieser kein in sich geschlossenes Siedlungsgebiet geboten hätte. Erst nachdem die Serben im Laufe des Jahres 1994/1995 militärisch zunehmend in die Defensive geraten waren und die NATO mit Luftschlägen in den Konflikt eingegriffen hatte, konnte dieser Vorschlag zur Grundlage der Daytoner Friedensregelung werden.

Jegliches militärisches Engagement des Westens war lange Zeit ausgeschlossen worden. Insbesondere der Einsatz von Bodentruppen wurde von allen Akteuren abgelehnt. Auch der Einsatz bewaffneter Kräfte unter UN-Ägide in Gestalt der UNPROFOR-Truppen diente ausschließlich der Absicherung der humanitären Hilfe. Erst das immer größer werdende Ausmaß der ethnischen Säuberungen und Menschenrechtsverletzungen sowie die Intransigenz der serbischen Seite bewirkten hier einen Sinneswandel. Mit der Einrichtung von gegebenenfalls auch militärisch zu verteidigenden «Schutzzonen» in mehreren belagerten muslimischen Städten im März 1993 wurde die Schwelle eines möglichen militärischen Eingreifens herabgesetzt. Nach dem Massaker auf dem Marktplatz von Sarajevo im Februar 1994, dessen tatsächliche Urheberschaft allerdings bis heute umstritten geblieben ist, wuchsen der internationale Druck und die Bereitschaft zu militärischen Schlägen gegen die serbische Seite. Die ab Frühjahr 1994 nach neuen serbischen Repressalien erstmals unternommenen Luftschläge waren denn auch – zusammen mit der sich verschlechternden militärischen Position der Serben – dafür verantwortlich, daß diese in die Verhandlungen von Dayton einwilligten und der vier Jahre andauernde Krieg in Bosnien und Herzegowina beendet wurde.

Die post-jugoslawische Staatenlandschaft

Die neue Staatenordnung, die seit 1991 auf dem Boden des früheren Jugoslawien entstand, ist sowohl hinsichtlich der inneren Ordnung der Nachfolgestaaten als auch hinsichtlich ihres territorialen Status quo immer noch in einem hohem Maße fragil. Lediglich im Falle *Sloweniens* hat die staatliche Verselbständigung zu einer nach innen wie nach außen gefestigten Staatlichkeit geführt. Hierbei kam dem Land entgegen, daß es nur in einen kurzen Krieg mit der jugoslawischen Armee verwickelt wurde und im Inneren in ethnischer Hinsicht mit keinen nennenswerten Problemen konfrontiert ist. Zeitweilige Spannungen mit Italien um die Restitution früheren italienischen Eigentums, welche auch die Chancen zur Integration Sloweniens in die EU zu belasten drohten, wurden dabei ebenso auf konsensualem Wege beigelegt wie Grenzstreitigkeiten mit Kroatien.

Kroatien

Als relativ gesichert kann fürs erste die staatliche und territoriale Integrität Kroatiens angesehen werden. Kroatien hatte von Anfang an auf die Option einer militärischen Rückgewinnung der 1991/1992 verlorenen Territorien gesetzt und daran festgehalten, zumal die dort stationierten UN-Truppen sich zwar als friedenswahrend bewährt hatten, die ihnen auch gestellte Aufgabe einer schrittweisen Reintegration der serbisch kontrollierten Gebiete nach Kroatien jedoch nicht zu realisieren vermochten. Die mit Duldung des Westens im Frühjahr und Sommer 1995 erfolgten kroatischen Offensiven brachten denn auch Westlawonien und die Krajina wieder unter die Kontrolle Zagrebs, freilich unter der Begleiterscheinung einer zumindest hingenommenen, wenn nicht gar strategisch intendierten Flucht und Vertreibung der dortigen serbischen Bevölkerung. Angesichts der kroatischen Drohung einer weiteren militärischen Wiedereroberung führte internationale Vermittlung im November 1995 zu einem Abkommen zwischen Kroatien und den einheimischen Serben in Ostslawonien, welches auch diesen Teil des kroatischen Staatsgebiets in die Obhut Zagrebs zurückführte. Die Einrichtung einer UN-Mission (UNTAES) konnte dabei die in der Krajina und in Westslawonien beobachteten Flucht-, Vertreibungs- und Repressionsmaßnahmen vermeiden und eine relativ reibungslose Reintegration des Territoriums in die kroatische Souveränität garantieren. Ostslawonien stellt so zugleich den bislang erfolgreichsten Versuch einer international kontrollierten Friedenskonsolidierung im ehemaligen Jugoslawien dar.

Die Vertreibung und Flucht der Serben hat die serbische Minderheit in Kroatien auf eine *quantité négligeable* zusammenschrumpfen lassen. Entgegen internationaler Verpflichtungen wurde auch die Rückkehr der Flüchtlinge von der Zagreber Regierung bislang dilatorisch behandelt, ja zum Teil offen erschwert und verhindert. Die Gefahr einer erneuten Infragestellung der staatlichen Integrität Kroatiens von innen heraus, wie dies noch zu Beginn der 90er Jahre geschehen war, hat sich dadurch verringert, wenn auch um den Preis der erzwungenen ethnischen Homogenisierung. Die Aufnahme diplomatischer Beziehungen zwischen Kroatien und der Bundesrepublik Jugoslawien hat auch gegenüber dem ehemaligen Kriegsgegner die Sicherheit der Republik erhöht. Zumindest auf kurze Sicht dürfte daher die Gefahr einer Revision des Status quo von außen eher unwahrscheinlich sein. Substantielle Veränderungen in Bosnien und Herzegowina hätten aber gewiß auch Rückwirkungen auf die Sicherheitslage Kroatiens. Nicht auszuschließen ist auch, daß sich das Potential an serbischen Flüchtlingen, die innerhalb Serbiens in ungesicherten sozialen Verhältnissen leben und denen eine Rückkehr nach Kroatien bislang kaum möglich war, zu einer Lobby für eine revanchistische Politik gegen Zagreb entwickeln und radikaleren Kräften Auftrieb geben könnte.

Bosnien und Herzegowina

Ein ungleich höheres Maß an staatlicher Instabilität und territorialer Unsicherheit hat Bosnien und Herzegowina zu gewärtigen. Das im November 1995 in Dayton geschlossene Friedensabkommen hat zwar das Prinzip eines souveränen und unteilbaren bosnisch-herzegowinischen Gesamtstaates festgeschrieben und damit das von den bosnischen Serben, aber auch zumindest zeitweilig von den bosnischen Kroaten verfolgte Ziel einer Teilung der Republik und des Anschlusses an den jeweiligen Titularstaat blockiert. Die dem Friedensabkommen folgende innerstaatliche Ausgestaltung der Republik erfolgte freilich in einer Weise, welche die Stabilisierung eines solchen Gesamtstaates erheblich erschwert.

Schon die eigentümliche staatliche Struktur, die der Republik verordnet wurde, macht eine solche Stabilisierung nicht leicht. Die Verfassung definiert die Republik Bosnien und Herzegowina als einen Staat aus drei Völkern in zwei weithin autonomen «Entitäten», nämlich einer kroatisch-bosniakischen (muslimischen) Föderation sowie der Republika Srpska (RS). In territorialer Hinsicht wurden der Föderation 51 %, der RS 49 % des Staatsgebietes zugesprochen – eine Regelung, die in etwa dem militärischen Kräfteverhältnis zum Zeitpunkt des Friedensschlusses entsprach, die zugleich aber eine Reihe wirtschaftlicher, strategischer und demographischer Spannungsfelder zwischen den Entitäten und den drei ethnischen Gruppen offenläßt. Zudem verfügt jede der beiden Entitäten nicht nur über eigene administrative und Willensbildungsorgane, sondern auch über beträchtliche eigene Souveränitätsrechte (eigene Armee, Justiz, Staatsangehörigkeit. Bildungswesen). Der gesamtstaatlichen Souveränität sind damit von vornherein beträchtliche Grenzen gezogen. Vor allem die den Serben und Kroaten zugestandene Anknüpfung «spezieller paralleler Beziehungen» zu ihren Mutterrepubliken wirkt einer Stärkung des gesamtstaatlichen Zusammenhalts entgegen.

Kompliziert und nicht eben integrationsfördernd sind auch die institutionellen Strukturen und Kompetenzverteilungen innerhalb der Republik. Die extrem konföderale Struktur erinnert jedenfalls an die jugoslawische Verfassung von 1974, die nicht gerade durch institutionelle Effizienz und besondere integrative Kraft geprägt war. Die bisherigen Stabilisierungsbemühungen fallen denn auch ernüchternd aus: Gesamtstaatliche Instanzen funktionieren bislang fast nur dort halbwegs, wo der internationale Druck dies erzwingt. Gemeinsames Parlament, Präsidentschaft und Regierung bleiben schwach und werden durch gezielte Blokkadeversuche der Beteiligten schwach gehalten. Die seit 1995 durchgeführten Wahlen, von denen manche westliche Beobachter integrationsfördernde Effekte erwarteten, haben die ethnische Fragmentierung eher verfestigt denn aufgebrochen. Auch in wirtschaftlicher und infrastruktureller Hinsicht sind bislang nur wenige Re-Integrationsprozesse auszumachen.

Eines der gravierendsten Probleme bildet die Frage der Rückkehr der Flüchtlinge. Das Gros der Flüchtlinge ist bislang in solche Gegenden zurückgekehrt, in denen die eigene ethnische Gruppe die Mehrheit hat; eine Rückkehr in ihre ursprünglichen Herkunftsorte, die jetzt unter der Herrschaft einer fremden ethnischen Gruppe stehen, ist bislang hingegen äußerst selten und zumeist mit erheblichen Konflikten verbunden gewesen. Die Repatriierung von Flüchtlingen hat sich so bislang nicht als

Hebel des Zusammenwachsens erwiesen, sondern als ein Element der weiteren Verfestigung der Republik in ethnisch homogene, gegeneinander abgeschlossene Einheiten. Selbst innerhalb der Föderation kommt die Zusammenarbeit und Integration dabei nur zögernd voran. Die Zusammenführung wichtiger Institutionen wie Polizei und Armee geschieht nur langsam und ist von großen Widerständen begleitet. Das Bildungswesen bleibt noch ethnisch segregiert und steht ganz im Dienste der nationalen Identitätsstiftung des eigenen Ethnikums, nicht jedoch der Entwicklung einer gesamtbosnischen Staatsidentität.

Der Hauptgrund für den schleppenden Prozeß der Umsetzung des Daytoner Abkommen liegt in dem auf allen Seiten vorhandenen Widerwillen oder zumindest Mißtrauen gegen die Idee einer gesamtbosnischen Staatlichkeit. Das Bemühen der internationalen Gemeinschaft, über eine gezielte Unterstützung kooperationswilliger Politiker, supra-ethnischer Parteien und nicht-staatlicher Organisationen eine zivilgesellschaftliche Integration des Gesamtstaates zu befördern, hat dem bestehenden Segregationszustand bislang kaum wirklich entgegenwirken können. Wenngleich im lokalen Rahmen einige Erfolge zu verzeichnen waren, ist es bislang weder innerhalb der Föderation noch in der Republika Srpska gelungen, jene politischen Kräfte substantiell zu stärken, die an einer wirklichen Integration der Republik interessiert sind. Zwar konnte internationaler politischer und finanzieller Druck den kooperationswilligen Flügel um Biljana Plavšić in der Republika Srpska gegen die Hardliner um Radovan Karadžić stärken und auch erste politische Kooperationsformen zwischen muslimischen und serbischen Politikern erwirken. Unter der Mehrheit der Politiker und der Bevölkerung wird das Daytoner Abkommen hier aber nach wie vor primär als Bestätigung des eigenen, im Grunde genommen traditionslosen und operettenhaften Staatlichkeitsanspruchs interpretiert und nicht als Ausgangspunkt zur Festigung bosnisch-herzegowinischer Gesamtstaatlichkeit.

Sicherlich nicht weniger stark sind aber auch die Widerstände innerhalb der Föderation: Sie gehen hier vor allem von der kroatischen Führung in der Herzegowina aus. Die im Zuge der kroatisch-muslimischen Auseinandersetzungen während des Kriegs ausgerufene kroatische «Republik Herceg Bosna» wurde zwar mit dem Dayton-Abkommen formell aufgelöst; de facto aber besteht bis heute in der Herzegowina eine separate kroatische Administration weiter. Symptomatisch für den Widerstand gegen jede Form der Kooperation sind dabei die bis heute andauernden Schwierigkeiten einer administrativen Vereinigung der Stadt Mostar, welche vor allem an der dortigen kroatischen Administration scheitern. Die politische Führung der Republik Kroatien hat mit ihrer Unterstützung der herzegowinischen Kroaten einer solchen Obstruktionsstrategie Rükkendeckung gegeben. Die von vielen Kroaten favorisierte Option einer Vereinigung mit dem Titularstaat blieb hier ebenso bestehen wie das analoge Ansinnen auf seiten der Serben.

Angesichts der sich verfestigenden Segregation zwischen den Völkern haben schließlich auch bei den Muslimen jene Kräfte an Einfluß gewonnen, die mit dem Gedanken eines eigenen muslimischen Staates spielen. Auch hier konnten sich jene, die an der Idee eines multiethnischen, gesamtstaatlichen Bosnien und Herzegowina festhalten, bislang nicht entscheidend in Position bringen. Die bei Friedensschluß angestrebte Restituierung *eines* Staates Bosnien und Herzegowina wird daher wohl nur bei langfristiger Präsenz internationaler Militärkräfte und erheblichem internationalem Engagement überhaupt eine Chance haben.

Auch die territoriale Integrität wird gegenwärtig nur durch die Präsenz internationaler Truppen gesichert. Im Inneren ist vor allem die Zuordnung des strategisch wichtigen Brückenkopfes bei Brčko zwischen den Entitäten heftig umstritten. Die Anfang 1999 verfügte Neutralisierung wurde von serbischer Seite abgelehnt. Damit bleibt ein Spannungsherd erhalten, steht doch ein neutralisiertes Brčko einer Arrondierung des Territoriums der Republika Srpska in ein geschlossenes, an Serbien angrenzendes Gebiet im Wege. Einen weiteren latenten Gefahrenpunkt für die staatliche Integrität Bosnien und Herzegowinas bilden zudem jene Autonomiebestrebungen, die im Kriege im nordwestlichen Bosnien entstanden.

Verglichen mit diesen innerstaatlichen Stabilitäts- und Integrationsproblemen scheinen die äußeren Grenzen zumindest formalrechtlich gesichert zu sein. Kroatien und die Bundesrepublik Jugoslawien haben diese im Daytoner Vertrag anerkannt. Allerdings bieten das ideologische Profil und die Nationsvorstellungen der wichtigsten politischen Akteure in beiden Nachbarrepubliken keine Gewähr dafür, daß alte Vereinigungsabsichten nicht von neuem aufgegriffen werden. Der kroatische Präsident Tudjman und sein damaliger serbischer Amtskollege Milošević hatten bereits während des Krieges ganz unverhohlen die Möglichkeit einer Teilung Bosnien und Herzegowinas sondiert. Während sich die Beziehungen zwischen der politischen Führung der Republika Srpska und Slobodan Milošević seit Dayton deutlich abgekühlt haben und der jugoslawische Präsident zudem gegenwärtig mit der Kosovo-Krise gebunden ist, so daß ihm kurzfristig nicht an einer Destabilisierung Bosnien und Herzegowinas gelegen sein dürfte, bleibt die Haltung der kroatischen Führung in dieser Frage nach wie vor ambivalent. Diese hatte ja bereits während des Krieges die Sezessionsbestrebungen der dortigen Kroaten offen unterstüzt. Die Hilfe für den integrationsfeindlichen Kurs der Kroaten in der Herzegowina, die indirekte Einbeziehung der bosnisch-herzegowinischen Kroaten in das politische Leben der Republik Kroatien durch Erteilung des Wahlrechts wie auch die immer wieder zu vernehmenden Äußerungen über eine Vereinigung der kroatisch besiedelten Gebiete Bosnien und Herzegowinas mit Kroatien – all dies läßt erkennen, daß der Respekt vor der bosnischen Staatlichkeit in der Zagreber Führung nicht besonders ausgeprägt ist. Ein Abzug der internationalen Truppen dürfte daher nicht nur die inneren Friktionen neu anheizen, sondern wohl auch die Begehrlichkeiten der Nachbarn erneut stimulieren.

Bundesrepublik Jugoslawien

Instabilität hinsichtlich der Staatlichkeit und der Territorialstruktur kennzeichnet auch die Lage der Bundesrepublik Jugoslawien. Sie ergibt sich zum einen und in erster Linie aus dem Kosovo-Konflikt. Aber auch Spannungen zwischen den beiden Föderationspartnern Serbien und Montenegro haben das Gefüge dieses Staates erschüttert. Die Krise im Kosovo stellt dabei nicht nur für Serbien und Jugoslawien die elementarste Herausforderung für den staatlichen und territorialen Status quo dar, von ihr gehen auch sicherheitspolitische Gefährdungen für die Nachbarstaaten aus, namentlich für Albanien und Makedonien.

Die nach den Unruhen von 1981 einsetzende repressive Politik des Regimes im *Kosovo* hatte sich mit dem Machtantritt Slobodan Miloševićs 1987 und der Aufhebung der Autonomie der Provinz 1989 erheblich verschärft. Serbien setzte seither auf eine polizeiliche Kontrolle über das Kosovo; die albanische Bevölkerungsmehrheit antwortete mit dem totalen Boykott der offiziellen staatlichen Institutionen und dem Aufbau eines sogenannten «Parallelstaates». Jede Form interethnischen Umgangs wich damit auf beiden Seiten einer Apartheid und totalen Kooperationsverweigerung. Die Albaner erklärten sich zunächst zu einer eigenen Teilrepublik Jugoslawiens, nach dessen Zerfall im September 1991 sodann zur «unabhängigen Republik». Beide Strategien erzielten allerdings nicht die angestrebten Erfolge. Die serbische Repressionspolitik erwirkte vor allem eine Radikalisierung auf albanischer Seite. Aber auch die Strategie des friedlichen Widerstands, wie sie durch den «Präsidenten» Kosovos, Ibrahim Rugova, symbolisiert wird, konnte ihr Ziel, die internationale Gemeinschaft für eine Unterstützung der Unabhängigkeit zu gewinnen, nicht erreichen.

Aus mehreren Gründen hat der Westen der Forderung nach Etablierung eines Kosovo-Staates bisher einmütig eine Absage erteilt. Zum einen hatte er die Anerkennung der jugoslawischen Nachfolgestaaten 1991/1992 auf das Prinzip der völkerrechtlichen Qualität der Republiken (und nicht der Provinzen) und damit der Wahrung der Republikgrenzen gegründet. Zum zweiten würde die Hinnahme einer Sezession des Kosovo bedeuten, daß man den Serben Bosniens schwerlich ein ähnliches Recht wird verweigern können. Das Fundament der mit Dayton gefundenen Lösung für Bosnien und Herzegowina würde dadurch in Gefahr geraten. Drittens schließlich sind es gerade die möglichen Auswirkungen auf Montenegro und die Nachbarstaaten Makedonien und Albanien, die vor einer Sezessionsoption zurückschrecken lassen. Denn eine Abspaltung des Kosovo könnte großalbanischen Einigungsbestrebungen Vorschub leisten. Und daraus entstehende Gefährdungen Makedoniens könnten, so das «worst case scenario», Bulgarien, Griechenland und die Türkei auf den Plan rufen und sich so zu einem gesamtbalkanischen Flächenbrand ausweiten.

Die Ausklammerung der Kosovo-Frage aus den Verhandlungen von Dayton bedeutete eine zusätzliche Schwächung Rugovas, schienen doch alle albanischen Forderungen damit ignoriert worden zu sein. Angesichts dieser strategischen Sackgasse und der serbischen Repressionsgewalt, aber wohl auch infolge von Veränderungen unter den aktiven Kräften der Kosovo-Albaner, bei denen zunehmend eine Generation nachrückte, die von den Erfahrungen mit dem jugoslawischen bzw. serbischen Unterdrückungsapparat in den vorangegangenen 15 Jahren geprägt war, machte sich in der zweiten Hälfte der 90er Jahre eine deutliche Radikalisierung bemerkbar. Es wuchs der politische Widerstand gegen Rugovas Kurs, und mit der «Kosovo-Befreiungsarmee» (UÇK) entstand auch eine militante Bewegung, die seit Ende 1997 in größerem Stil den bewaffneten Kampf um die Unabhängigkeit des Kosovo aufnahm.

In der sich 1998 dramatisch zuspitzenden Lage suchte die internationale Gemeinschaft nach einer politischen Lösung für das Kosovo-Problem. Doch auch der Versuch ihrer ultimativen Erzwingung durch die Balkan-Kontaktgruppe im Februar 1999 im französischen Rambouillet führte nicht zu einem Durchbruch. Während die albanische Seite nach langem Zögern das vorgelegte Abkommen unterzeichnete, wohl nicht zuletzt um ein militärisches Eingreifen der NATO zu ermöglichen, verweigerte Belgrad vor allem wegen der vorgesehenen internationalen Truppenpräsenz die Unterschrift. Daraufhin setzten am 24. März 1999 Luftangriffe der NATO auf Jugoslawien ein; unmittelbar danach eskalierten die Massenvertreibungen von Albanern aus dem Kosovo in monströse Formen und Ausmaße (zeitweise waren rund 900 000 Menschen betroffen), ebenso die Repression der verbliebenen Albaner durch serbische Behörden und paramilitärische Truppen. Die Bombardements der NATO, die im Kosovo wie auch im übrigen Jugoslawien zu einer massiven Zerstörung militärischer und ziviler Objekte führten, dauerten bis

Anfang Juni an, ehe eine Regelung durchgesetzt werden konnte. Eine wichtige Voraussetzung für den schließlich erreichten Verhandlungserfolg war die Wiedereinbeziehung Rußlands in das diplomatische Krisenmanagement sowie die Einigung zwischen den führenden NATO-Staaten und Rußland auf ein gemeinsames Vorgehen, dem sich auch ein nun völlig isolierter Milošević nicht mehr widersetzte. Die Resolution des UN-Sicherheitsrats vom 9. Juni 1999 basierte auf dem zuvor erreichten Konsens der «G-8-Staaten». Sie nahm Kernelemente der Rambouillet-Lösung auf, wich jedoch in einzelnen Teilen davon ab. Anstelle der in Rambouillet geforderten NATO-Truppen wurde eine unter UN-Mandat stehende, um russische Kontingente erweiterte Schutztruppe (KFOR) etabliert; de facto steht diese allerdings unter NATO-Kommando. Zusammen mit der UNO soll die KFOR eine Art militärische und zivile Protektoratsherrschaft über das Kosovo ausüben.

Dabei sind sowohl in kurzfristiger wie in mittelfristiger Perspektive zahlreiche größere Probleme zu bewältigen. Kurzfristig geht es vor allem um die Herstellung sicherer Verhältnisse, die in den ersten Wochen nach Ende des Krieges trotz internationaler Militärpräsenz nicht immer gewährleistet werden konnten. Rache-Gewalt von Albanern und Vertreibungsdruck führten zu einer beträchtlichen Abwanderung von Serben, welche den serbischen Bevölkerungsanteil im Kosovo weiter marginalisierte. Die Durchsetzung der vereinbarten Demilitarisierung der UÇK bleibt eine weitere noch nicht realisierte Voraussetzung für Rechtssicherheit. Auch die zum Teil unkontrolliert verlaufende Rückkehr der Flüchtlinge in das Kosovo stellt die internationale Gemeinschaft vor erhebliche Probleme. Mittel- und langfristig stellt sich nach wie vor die Frage der Tragfähigkeit des jetzigen Lösungsansatzes. Der Verbleib Kosovos bei Serbien/Jugoslawien ist angesichts des faktisch vollständigen Souveränitätsverlustes Serbiens und der zunehmenden Abwanderung der Serben gegenwärtig eine Chimäre. Eine Wiederherstellung dieser Souveränität wäre von der internationalen Gemeinschaft hingegen nur gegen den Widerstand der Kosovo-Albaner und deren Führung durchzusetzen, die weiterhin auf dem Ziel der völligen Unabhängigkeit beharren.

Zu den über Kosovo hinausgehenden Folgeproblemen zählt zudem mittelfristig auch das Bemühen um eine grundsätzlichere Stabilisierungspolitik für die Region. Die im «Stabilitätspakt» der G-8-Staaten verankerten wirtschaftlichen Hilfsmaßnahmen und politischen Kooperations- und Intergrationsanreize sollen im Gegenzug für die Selbstverpflichtung der südosteuropäischen Staaten auf Wahrung von Pluralität, Menschen- und Minderheitenrechten und auf Flüchtlingsrückführung die notwendigen Voraussetzungen schaffen. Im Falle ihrer Realisierung wäre möglicherweise erstmals eine Grundlage für eine umfassendere Stabilisierung der Region geschaffen, die über punktuelles Krisenmanagement hinausweist.

Eine weitere Folge der Entwicklungen im Kosovo, aber auch der möglichen Separationsbestrebungen unter den drei Völkern in Bosnien und Herzegowina, könnte darin bestehen, daß sich in unmittelbarer Nachbarschaft eine andere Krisenzone auftut – der mehrheitlich von Muslimen besiedelte *Sandžak* im Grenzgebiet zwischen Serbien, Montenegro und Bosnien und Herzegowina. Schon im und unmittelbar nach dem Zweiten Weltkrieg gab es hier Autonomiebestrebungen, welche die Partisanenführung sogar eine Zeitlang mit der Idee kokettieren ließ, aus dieser Region eine eigene administrative Einheit zu machen. Derartige Überlegungen scheiterten am Widerstand serbischer und montenegrinischer Vertreter und endeten in einer Teilung des Gebiets zwischen Serbien und Montenegro. Religiös und kulturell fühlen sich die dortigen Muslime jedoch eng verwandt mit denen in Bosnien und Herzegowina. Während des Krieges in Bosnien und Herzegowina kamen denn auch erneut Autonomieforderungen unter ihnen auf. Die serbische Regierung hat derartige Bestrebungen bislang konsequent unterbunden. Zwar hat sie sich dabei einer mit den Verhältnissen im Kosovo vergleichbaren Repressionspolitik enthalten. Vertreter der Muslime haben aber des öfteren über staatliche Repressalien geklagt. So wurden noch 1997 gewählte Vertreter der Muslime in den Kommunalverwaltungen ihres Amtes enthoben, als Belgrad eine serbische Zwangsverwaltung einsetzte. Angesichts ihrer relativ geringen Zahl und ihrer Unterlegenheit gegenüber der serbischen Staatsmacht haben die Muslime dem bislang wenig offenen Widerstand entgegengesetzt. Auch im Hinblick auf den Kosovo-Konflikt haben sie sich neutral verhalten. Eine Restituierung der Autonomie für die Albaner im Kosovo würde aber wohl auch ihren Autonomieforderungen neuen Auftrieb geben und könnte so zum Ausgangspunkt für einen weiteren ethnischen Spannungsherd in Serbien werden.

Als potentielles Konfliktfeld mit möglichen Rückwirkungen auf die staatliche Struktur Serbiens und Jugoslawiens muß schließlich auch die *Vojvodina* gelten. Die dortige ungarische Minderheit und Teile der serbischen Bevölkerung haben die Aufhebung der Autonomie der Provinz 1989 genauso als eine gravierende Verschlechterung ihrer Rechtsstellung empfunden wie die Albaner im Kosovo. Allerdings wird diese Unzufriedenheit weder mit einer Sezessionsforderung noch gar mit vergleichbaren militanten Protestformen verbunden; die Forderung nach einer Neudefinition des Status der Region im Rahmen Serbiens bzw. der Bundesrepublik Jugoslawien ist aber auch hier erhoben worden.

Daneben ist die Bundesrepublik Jugoslawien auch durch wachsende Spannungen zwischen den beiden Föderationspartnern Serbien und *Mon-*

tenegro unter Druck geraten. Die Frage der staatlichen Einheit mit Serbien, hinter der die Frage nach der eigenen Identität (montenegrinisch oder serbisch?) steht, hat die montenegrinische Gesellschaft im vergangenen Jahrhundert mehr als einmal gespalten. Titos Etablierung einer eigenen montenegrinischen Republik nach 1945 war dabei nicht nur historischen Traditionen der Eigenständigkeit Montenegros geschuldet, sondern verfolgte auch das machttaktische Ziel, dadurch ein allzu großes Gewicht Serbiens in der jugoslawischen Föderation zu verhindern. Das Aufleben des serbischen Nationalismus seit Mitte der 80er Jahre hatte denn auch diese Trennung Montenegros von Serbien ins Visier genommen. Mit seiner Politik der Massenmobilisierung war es Slobodan Milošević gelungen, in der Republik proserbische Kräfte an die Macht zu bringen. Schon im Bosnien-Krieg jedoch gab es in Teilen der montenegrinischen Führung Widerstand gegen eine allzu enge Anbindung an die Politik Miloševićs, sah man doch die eigene Republik durch die serbische Politik in den Sog der wirtschaftlichen Sanktionen gerissen. Mit dem Wahlsieg von Milo Djukanović über den Milošević-Verbündeten Momir Bulatović 1998 hat diese stärker auf Autonomie ausgerichtete Politik an Gewicht gewonnen. Im Verlauf des Krieges im Frühjahr 1999 verstärkten sich die Bemühungen um Distanzierung. Djukanović forderte nach Beendigung der Luftangriffe den sofortigen Rücktritt von Milošević und machte den Verbleib Montenegros in der Föderation von politischen Veränderungen in Serbien abhängig. Vor einer tatsächlichen Separierung Montenegros von der Bundesrepublik Jugoslawien, die mit ganz erheblichen innenpolitischen Konflikten einhergehen würde, dürfte auch Djukanović angesichts der in dieser Frage tief gespaltenen montenegrinischen Bevölkerung zurückschrecken. Doch sind die Spannungen symptomatisch für den fragilen Zustand, in dem sich die Bundesrepublik Jugoslawien befindet.

Makedonien

Obwohl Makedonien es als einziger der Nachfolgestaaten geschafft hat, die Desintegrationskrise Jugoslawiens ohne kriegerische Auseinandersetzung durchzustehen, ist gerade diese Republik als eine besonders sensible Krisenzone betrachtet worden. In der Tat hat sich seit ihrer Unabhängigkeit eine Reihe an innen- wie außenpolitischen Gefährdungen der staatlichen und territorialen Integrität ergeben.

Die zunächst erwartete Bedrohung der makedonischen Sicherheit durch territoriale Aspirationen von außen hat sich dabei mittlerweile als weniger brisant erwiesen. Zwar hat es im Gefolge des makedonischen Unabhängigkeitsreferendums im September 1991 nicht an serbischem Druck auch auf diese Republik gemangelt. Im Laufe des Jahres 1992 scheint es sogar zu Sondierungsgesprächen zwischen Milošević und dem damaligen griechischen Premier Mitsotakis über eine eventuelle Aufteilung Makedoniens gekommen zu sein. Der makedonischen Republikführung um den Staatpräsidenten Kiro Gligorov gelang es jedoch im Frühjahr 1992, die in Makedonien stationierten Einheiten der Jugoslawischen Volksarmee zum Abzug zu bewegen. Neben dem in Makedonien sehr viel effizienteren internationalen Krisenmanagement in Gestalt der rechtzeitigen Stationierung von UN-Truppen dürfte es vor allem das Fehlen einer serbischen Minderheit in Makedonien gewesen sein, das Milošević hier von einer vergleichbar offensiven Politik wie in Kroatien oder in Bosnien und Herzegowina abgehalten hat.

Auch sind Ansätze zu einer Destabilisierung der Republik seitens ihrer Nachbarn Griechenland und Bulgarien, die beide in der Vergangenheit immer wieder die Existenz einer makedonischen Nation bestritten und damit auch deren Eigenstaatlichkeitsanspruch in Zweifel gezogen hatten, inzwischen spürbar eingehegt worden. Bulgariens Probleme mit dem Bestehen einer eigenständigen makedonischen *Nation* haben der Anerkennung des makedonischen *Staates* von Anfang an nicht im Wege gestanden. Hoffnungen auf eine bulgarisch-makedonische Vereinigung sind zwar bis heute nicht verschwunden und werden in jüngerer Vergangenheit sogar wieder offener artikuliert. Bislang haben sie aber nicht zu einer Infragestellung der staatlichen Integrität Makedoniens geführt. Folgenreicher war da schon die Boykottpolitik, mit der Griechenland die Republik Makedonien zunächst belegte. Die griechischen Proteste entzündeten sich an der Wahl des Staatsnamens sowie an der Fahne des neuen Staates, die auf antike Insignien Philips II. (von Makedonien) zurückgriff. Vor allem aber nahm Athen Anstoß an dem in der Verfassung verankerten Vertretungsanspruch Skopjes für die Makedonier außerhalb des Landes, in dem es die Gefahr territorialer Ansprüche entdecken zu können glaubte. Auch ein verfassungsrechtlich verankerter Verzicht Skopjes auf jegliche territoriale Ansprüche konnte derartige Bedenken nicht zerstreuen. Später wurde aber die zeitweilig überbordende, auch durch innenpolitische Frontkämpfe mit beeinflußte griechische Boykottpolitik durch einen mehr auf pragmatische Kooperation zielenden Ansatz abgelöst. Zwar verweigert Griechenland der Nachbarrepublik weiterhin die Anerkennung des Namens und pocht auf die unter internationaler Vermittlung gefundene Bezeichnung «Frühere Jugoslawische Republik Makedonien». In der emotional umstrittenen Frage der Staatsflagge wie auch in Fragen der alltäglichen Kooperation sind jedoch mittlerweile wichtige Barrieren beiseite geräumt worden.

Als sehr viel brisanter stellt sich gegenwärtig die Möglichkeit einer von innen ausgehenden Gefährdung der makedonischen Staatlichkeit dar.

Eine solche Gefährdung wird immer wieder mit dem Hinweis auf die albanische Minderheit (Anteil an der Gesamtbevölkerung nach der letzten Volkszählung: rund 23 Prozent) begründet. Die makedonische Führung hat sich zwar von Anfang an um einen Konsens mit den Albanern bemüht. Gleichwohl hat es vor allem hinsichtlich des verfassungsmäßigen Status der Albaner (Minderheit oder eine von zwei Staatsnationen) und der Einrichtung einer eigenen albanischen Universität erhebliche Widersprüche und Spannungen gegeben. Auch gemäßigte Gruppierungen unter den Albanern fordern eine substantielle Verbesserung der kulturellen Rechte ihrer Volkssgruppe – allerdings im Rahmen des makedonischen Staates; radikalere Gruppierungen gehen mit der Forderung nach territorialer Autonomie für die kompakt besiedelten albanischen Siedlungsgebiete in West-Makedonien deutlich darüber hinaus. Die ethnische Stabilität der Republik dürfte aber nicht nur von weiteren Konzessionen an die albanische Minderheit abhängen, sondern ganz entscheidend auch von der weiteren Entwicklung im Kosovo. Insbesondere dann, wenn diese sich auf eine Unabhängigkeit hin zubewegt, würden sich spürbare Folgewirkungen in Makedonien zeigen, wobei dann möglicherweise die Forderung nach einer Vereinigung der albanischen Siedlungsgebiete in West-Makedonien mit einer selbständigen «Republik Kosova» erhoben wird.

Stabilitätsgefährdungen außerhalb Jugoslawiens

Außerhalb des früheren Jugoslawien hat sich die Staatenlandschaft Südosteuropas bislang als weitgehend stabil erwiesen. Dabei schien sich zunächst ein weiterer Neuordnungsprozeß mit größeren Folgen abzuzeichnen. Das Entstehen einer unabhängigen Republik Moldova wirkte mit der hier anfangs verfolgten Idee einer Vereinigung mit Rumänien in den territorialen Status quo Südosteuropas hinein. Diese Bestrebungen führten zu inneren Konflikten wie auch zu beträchtlichen Spannungen innerhalb der Region. Im Inneren des neu etablierten Staates reagierten die türkischstämmigen Gagausen mit Autonomiebestrebungen auf die Vereinigungsabsicht, da sie eine deutliche Verschlechterung der eigenen Position befürchteten. Unter der russischen Bevölkerung Transnistriens kam es sogar zur faktischen Abspaltung einer eigenen, von Truppen der ehemaligen Roten Armee getragenen «Republik». Anders als im Falle Jugoslawiens führten diese Konflikte aber nicht zum Staatszerfall. Die nach anfänglicher Euphorie bald erfolgende Abkehr von der Vereinigungsidee und das Festhalten an einer eigenen staatsnationalen Identität der moldauischen Bevölkerung ließ das Konfliktpotential abklingen. Eine bemerkenswerte Bereitschaft zu innerstaatlichen Autonomieregelungen vermochte die Auseinandersetzungen mit den Gagausen beizulegen; der Transnistrien-Konflikt konnte durch internationale Intervention zumindest eingefroren werden.

Deutlich geringere Sprengkraft, wenigstens soweit es die Staatenstruktur Südosteuropas betrifft, entfalteten hingegen zwischenethnische Antagonismen, wie sie Anfang der 90er Jahre in Rumänien und in Bulgarien zum Ausdruck kamen. In beiden Ländern ging die Überwindung des politischen Systems mit dem Einfordern substantiell erweiterter Rechte für die dort lebenden Minderheiten einher, die im letzten Jahrzehnt kommunistischer Herrschaft einem beträchtlichen Druck ausgesetzt gewesen waren. Dabei kam es anfänglich zu gewaltsamen Zusammenstößen, schwereren in Rumänien zwischen Rumänen und Ungarn, einigen wenigen auch in Bulgarien zwischen Bulgaren und Türken. In beiden Fällen gelang es aber, die Spannungen zu reduzieren. In Rumänien führte die Ablösung des Iliescu-Regimes und die Aufnahme von Vertretern der ungarischen Minderheit in die Regierungskoalition zu einer deutlichen Entspannung. Bestärkt wurde dies durch den ungarisch-rumänischen Nachbarschaftsvertrag, in dem die kulturellen und politischen Rechte der Minderheiten ebenso hervorgehoben werden wie das Prinzip der territorialen Integrität. Zwar bleibt das nationalistische, sich immer wieder mit neokommunistischen Strömungen verbindende Potential weiterhin stark, so daß auch der fragile interethnische Konsens einer latenten Gefährdung ausgesetzt ist. Zumindest gegenwärtig aber scheinen akute Konflikte neutralisiert zu sein.

Auch in Bulgarien trat mit der Zeit eine Beruhigung der Lage ein. Die Forderungen der türkischen Minderheit nach Restituierung der ihnen in der Živkov-Ära genommenen kulturellen Rechte sowie die mit der Demokratisierung des Landes einsetzende parteipolitische Mobilisierung der Türken waren zunächst auf eine aggressive Gegenbewegung unter der bulgarischen Bevölkerung gestoßen, die aus machttaktischem Kalkül insbesondere von der Sozialistischen Partei bisweilen gezielt geschürt wurde. Abgesehen von einzelnen Ausschreitungen konnten die Konflikte jedoch unterhalb der Schwelle gewaltsamer Eskalation gehalten werden. Bemessene kulturelle Konzessionen an die Minderheit kamen deren Erwartungen entgegen; auf der anderen Seite stellte auch die Minderheit die bulgarische Staatlichkeit nicht ernsthaft in Frage. Wenngleich nationale Emotionen angesichts der ökonomischen Probleme jederzeit mobilisierbar sind, scheint die Minderheitenfrage gegenwärtig kein vorrangiges Stabilitätsproblem für Bulgarien zu sein. Alle extrem nationalistischen Parteien kamen bei den bisherigen Wahlen über die Größenordnung von Splittergruppierungen nicht hinaus.

So bleibt neben dem ex-jugoslawischen Raum Zypern der einzige Staat Südosteuropas mit rechtlich und territorial unverändert ungeklärten Staatlichkeits- und Grenzregelungen. Die im Zuge der türkischen Invasion vom Juli 1974 etablierte «Attila-Linie», welche 36,3% der Insel unter türkische Kontrolle brachte, hat die Insel seither in zwei fast hermetisch getrennte, durch Flucht und Vertreibung ethnisch segregierte Teile getrennt. Der griechische Süden hält dabei an einem gesamtstaatlichen Vertretungsanspruch fest; im Norden der Republik wurde die völkerrechtlich nur von der Türkei anerkannte «Türkische Republik Nordzypern» ausgerufen. Lediglich die nach der türkischen Invasion eingerichtete Blauhelm-Mission (UNFICYP) hat bislang eine militärische Konfrontation beider Seiten verhindern können.

Die fast drei Jahrzehnte währende Teilung, die mittlerweile eingetretenen demographischen Umschichtungen (auf türkischer Seite vor allem infolge einer massiven Einwanderung von Festland-Türken) und die sehr unterschiedliche Wirtschaftsentwicklung – erhebliche Prosperität im Süden, eine stagnierende, ganz auf die Unterstützung der Türkei angewiesene Entwicklung im Norden – haben die Spaltung der Insel verfestigt und eine Wiederherstellung staatlicher Einheit zunehmend unwahrscheinlicher gemacht. Selbst Vorschläge einer staatlichen Reintegration, wie sie im Zuge der UN-Vermittlungsbemühungen diskutiert worden sind, erstrecken sich denn auch nur auf die Möglichkeit einer wie auch immer zu gestaltenden Zusammenfügung zweier ethnisch homogener, weithin autonomisierter Kantone oder föderaler Einheiten. Doch auch so bescheidene Lösungsvorschläge, wie sie zuletzt 1997 unter der Ägide des Bosnien-erfahrenen Krisenmanagers Richard Holbrooke vorgelegt wurden, sind bislang gescheitert, vor allem, weil der türkische Norden an der Forderung nach Anerkennung einer nordzypriotischen Staatlichkeit festhält. Auf der anderen Seite haben im Süden der Insel weder der Umstand der sich verfestigenden «Quasi-Zweistaatlichkeit» noch die sich gegenwärtig ökonomisch ausgesprochen vorteilhaft darstellenden Entwicklungsperspektiven dazu beigetragen, daß der Status quo anerkannt wird. Die Kontrahenten werden dabei zwar durch die internationale Präsenz an einem gewaltsamen Konflikt gehindert. Immer wieder auftretende Grenzzwischenfälle und zuweilen sich verschärfende Spannungen – wie z. B. nach der Drohung, im Süden aus Rußland erworbene Raketen zu stationieren – zeigen jedoch die unveränderte Polarisierung. Die internationale Präsenz stellt somit – ähnlich wie in Bosnien und Herzegowina – die Voraussetzung für den Erhalt eines Friedens dar, dessen ordnungspolitische Konsequenzen – die Zementierung einer faktischen Teilung – sie mit ihrem Engagement ganz und gar nicht beabsichtigt hatte.

Fazit

Südosteuropa ist nicht die einzige Region Europas, in der das Umbruchsjahr 1989 mit dem Ende des Kommunismus zugleich eine substantielle Veränderung der Staatenlandschaft eingeläutet hat, sie ist jedoch die einzige, in der diese Veränderung mit einer bis heute nicht überwundenen Gewalteruption einhergegangen ist. Dieses sich aus den Ereignissen im früheren Jugoslawien nährende Bild sollte freilich nicht den Blick auf die Gesamtregion verstellen. Mit 1989 sind zwar überall in Südosteuropa eine Vielzahl zumeist alter territorialer und ethnischer Konfliktzonen und Streitfragen erneut virulent geworden. Zu einer Infragestellung der bestehenden staatlichen und territorialen Ordnung hat dies aber ausschließlich in Jugoslawien geführt. In den anderen südosteuropäischen Staaten erschütterten zeitweilig aufflammende Minderheitenprobleme – ganz ähnlich wie in der Zwischenkriegszeit – die bestehende Staatenlandschaft nicht. Die territoriale Integrität blieb hier ein gewahrtes oberstes Gebot, dem man sich – und sei es auch nur aufgrund der daran geknüpften Integrationsaussichten in Richtung auf die EU – durchgängig unterwarf. Eine Festigung der demokratischen Strukturen, eine möglichst baldige Verbesserung der wirtschaftlichen und sozialen Lage, aber auch eine Perspektiven öffnende Kooperation von seiten der Europäischen Union dürften die entscheidenden Voraussetzungen dafür sein, daß dies so bleibt.

Staatliche und territoriale Krisenzonen bleiben hingegen das ehemalige Jugoslawien sowie Zypern. In Zypern wie in Bosnien und Herzegowina hat internationales Krisenmanagement dabei zwar eine nicht zu unterschätzende Bewahrung des Friedens erreicht, im erstgenannten Fall seit fast einem Vierteljahrhundert, im anderen unter ungleich komplizierteren Bedingungen immerhin seit nunmehr fast fünf Jahren. In beiden Fällen besteht aber die Gefahr, daß unter internationaler militärischer Präsenz bestehende Zustände konserviert werden, die man allenfalls als Übergangszustände zu einer Wiederherstellung eines gesamtstaatlichen Status quo angesehen hatte. Auch für das Kosovo dürfte auf absehbare Zeit nicht mehr als eine durch internationale Präsenz herbeigeführte Eindämmung der Gewalt zu erwarten sein, was von einer strukturellen Stabilisierung noch weit entfernt ist.

Außen- und Sicherheitspolitik

Marie-Janine Calic

Seit über einem Jahrhundert gilt Südosteuropa als sprichwörtliches Pulverfaß. Nach verbreiteter Meinung steht der Balkan immer noch für Kleinstaaterei, aggressiven Nationalismus und ethnische Kriege: Weil der Kommunismus historische Bündniskonstellationen und politisch-territoriale Konflikte wie in einem Kühlschrank eingefroren habe, würden nach Ende der Blockkonfrontation ähnliche Antagonismen, Expansionsgelüste und Bedrohungsvorstellungen wiederaufleben wie vor den beiden Weltkriegen. Tatsächlich haben sich die südosteuropäischen Staaten bei der Neuordnung ihrer Außen- und Sicherheitspolitik aber weniger von vermeintlichen historischen Altlasten als von aktuellen politischen, ökonomischen und militärischen Kalkülen leiten lassen. Mit unterschiedlichem Erfolg haben die meisten von ihnen zielstrebig auf die euro-atlantische Integration hingearbeitet.

«Aufbruch nach Europa»

Die internen und die weltpolitischen Veränderungen der späten 80er und frühen 90er Jahre haben das Koordinatensystem internationaler Beziehungen in Südosteuropa gründlich durchgeschüttelt. Der Zerfall des wirtschaftlichen, politischen und militärischen östlichen Bündnisses und die jugoslawischen Sukzessionskriege schufen eine vollkommen veränderte außen- und sicherheitspolitische Lage und leiteten eine intensive Dynamisierung und Umorientierung in den internationalen Beziehungen der südosteuropäischen Staatenwelt ein.

Neben historischen und innenpolitischen Faktoren haben in erster Linie die folgenden Entwicklungen die Außen- und Sicherheitspolitik der südosteuropäischen Staaten in den 90er Jahren bestimmt:

- das Ende der Blockkonfrontation und der damit verbundene strategische Bedeutungsverlust der Region;
- der Relevanzverlust Moskaus und das Verschwinden von Warschauer Pakt und RGW als Grundpfeiler der Außen- und Sicherheitspolitik der Ostblockstaaten;
- das aus beidem resultierende sicherheitspolitische Vakuum, das zu einer

Aufwertung der bi- und der multilateralen Beziehungen in der Region führte;
- der Einstieg in das pluralistische Mehrparteiensystem, das die Wahl außenpolitischer Optionen demokratischen Wettbewerbs- und Legitimierungsprozessen unterwarf;
- der Zerfall Jugoslawiens und die durch die Sukzessionskriege hervorgerufenen außen- und sicherheitspolitischen, sozialen und ökonomischen Herausforderungen;
- die vom Ausbau der europäischen Strukturen, insbesondere von EG/EU und KSZE/OSZE, ausgehende Integrationsdynamik;
- die wachsende Einflußnahme der neuen Regionalmächte Italien, Griechenland und Türkei in Südosteuropa.

Schon in der kommunistischen Ära besaßen die Balkanländer wenig Gemeinsamkeiten in der Behandlung außen- und sicherheitspolitischer Fragen. Verbindende Merkmale in den politischen Strukturen, Institutionen, Traditionen und Werten fehlten schon zur Zeit des Kalten Krieges und sind auch bis heute nur ansatzweise vorhanden. In jedem der Staaten Südosteuropas wirkten die politischen Umbrüche daher anders, und erst im Laufe der Zeit kristallisierten sich gemeinsame Trends heraus.

Dies gilt zuallererst für Griechenland und die Türkei, deren Feindseligkeit trotz Mitgliedschaft in der NATO kaum an Virulenz eingebüßt hat. Ebensowenig ließen sich die beiden ehemaligen Mitglieder des Warschauer Paktes, Bulgarien und Rumänien, auf eine Stufe stellen. Nur Sofia betrieb eine moskauhörige Außen- und Sicherheitspolitik, während Bukarest mit relativ eigenständigem, nach Westen offenerem Status agierte. Die rumänische Führung hatte sich an den militärischen Aktivitäten des östlichen Bündnissystems lediglich eingeschränkt beteiligt und eine strikt defensiv ausgerichtete Verteidigungsdoktrin entwickelt. Dies führte dazu, daß Rumänien im Kalten Krieg eine Art Mittlerstellung zwischen Ost und West einnahm.

Auch Jugoslawien, das nie einem der beiden Militärbündnisse angehört hatte, und Albanien, das 1968 aus dem Warschauer Pakt ausgetreten war, gingen als «Blockfreie» vor 1989/1990 sehr unterschiedliche Wege: Belgrad hatte sich nach dem Bruch mit der Sowjetunion (1948) und der Gründung des Warschauer Paktes (1955) zu Beginn der 60er Jahre an die Spitze der Blockfreienbewegung gesetzt und eine aktive global und europäisch ausgerichtete Außenpolitik betrieben, bevor der Vielvölkerstaat Ende der 80er Jahre aufgrund seiner vielzähligen ökonomischen, ethnischen und politischen Probleme auch in den auswärtigen Angelegenheiten handlungsunfähig wurde. Albanien dagegen galt aufgrund seiner eigenwilligen außenpolitischen Wendungen, die schließlich in die totale Selbstisolation führten, als «Sonderfall». Enver Hoxha, der Albanien zwischen 1944 und 1985 regierte, suchte die Unabhängigkeit seines Landes durch wechselnde Allianzen zu sichern: zuerst mit Jugoslawien (1945–1948), dann mit der Sowjetunion (1948–1961) und schließlich mit China (1961–1978). Nach dem Bruch mit Peking schottete sich Albanien praktisch nach allen Seiten ab.

Durch die politischen Veränderungen in den kommunistisch regierten Ländern brachen die Grundpfeiler der Außen- und Sicherheitspolitik in Südosteuropa zusammen. Die ehemaligen Ostblockstaaten fanden sich in einem sicherheitspolitischen Vakuum wieder: Der Warschauer Pakt zerfiel, und das System bilateraler Verträge mit der Sowjetunion wurde hinfällig. Jugoslawien und Albanien erlebten einen rasanten geostrategischen Relevanzverlust. Mit Ende der Blockkonfrontation bot sich den südosteuropäischen Staaten aber auch die Chance zur Neudefinition ihrer außenpolitischen Optionen. Bei unterschiedlichen Akzentsetzungen entschieden sich die meisten Staaten für die politische und wirtschaftliche Einbindung in die europäischen Vergemeinschaftungsprozesse.

In Albanien setzte die Aufgabe der Isolationspolitik gänzlich neue Wegmarken: Im März 1991 nahm Tirana nach 50 Jahren erstmals wieder diplomatische Beziehungen zu den USA auf, im Juni auch zur Europäischen Gemeinschaft. Am 19. Juni 1991 wurde das kleine Balkanland, das 1975 als einziger europäischer Staat die Konferenz in Helsinki boykottiert hatte, in die KSZE aufgenommen. Die «Demokratische Partei» Sali Berishas, die bei den Parlamentswahlen im März 1992 die kommunistische Regierung aus dem Amt verdrängte, legte die Grundlagen für eine enge Anlehnung und Zusammenarbeit mit den USA. Washington gewährte Albanien in der Folgezeit die Meistbegünstigungsklausel sowie umfassende humanitäre und wirtschaftliche Hilfe. Gleichzeitig wurden die Beziehungen zur historischen Schutzmacht Italien besonders gepflegt. Vor allem die oppositionellen Sozialisten erblickten in Rom Albaniens «natürlichen Verbündeten». Als im Frühjahr 1997 soziale Unruhen in dem kleinen Balkanland ausbrachen, übernahm Italien die Führung der Operation «Alba», mit der zwischen dem 15. April und 12. August 1997 eine Multinationale Schutztruppe (Multinational Protection Force) in Albanien stationiert wurde. Schon wegen der in Abständen nach Italien schwappenden Flüchtlingswellen hat Rom ein herausragendes Interesse an der Stabilisierung Albaniens.

Auch Rumänien und Bulgarien entschieden sich frühzeitig und mit großem innenpolitischen Konsens für die euro-atlantische Integration. Bulgarien wurde am 7. Mai 1992, Rumänien am 7. Oktober 1993 in den Europarat aufgenommen. Beide Staaten unterzeichneten Assoziierungsabkommen mit der Europäischen Gemeinschaft (Rumänien: 1. Februar 1993, Bulgarien: 8. März 1993). Die rasche Hinwendung nach Westen, insbesondere die Frage eines möglichen NATO-Beitritts, war jedoch unter den verschiedenen politischen Parteien umstritten. Während vor allem die postkommunistischen Kräfte für freundschaftliche Beziehungen zu Rußland plädierten, propagierten deren Gegner eine möglichst vollständige Integration in die westlichen Bündnisstrukturen.

In Bulgarien leitete die im Frühjahr 1997 gewählte Regierung der «Union der demokratischen Kräfte» unter Ministerpräsident Ivan Kostov einen Kurs- und Prioritätenwechsel in der Außenpolitik ein. Die zwischen Dezember 1994 und Dezember 1996 regierenden Sozialisten hatten Ende 1995 zwar den Antrag auf Vollmitgliedschaft Bulgariens in der EU gestellt, verhielten sich wegen russischer Einwände jedoch reserviert gegenüber einem möglichen NATO-Beitritt. Unter Ivan Kostov rückte die baldige Aufnahme Bulgariens in die Allianz nunmehr an die oberste Stelle auf der außenpolitischen Agenda. Gleichzeitig sollte das Land besser auf den angestrebten EU-Beitritt vorbereitet werden. Mit dem Programm «Bulgarien 2001» sollten Gesetzgebung, Handelspolitik und außenpolitischer Dialog besser mit der EU abgestimmt werden. Ferner kündigte die Regierung an, die Staatsverwaltung zu reformieren und die Übernahme des *acquis communautaire* sicherzustellen. Damit verbunden war ein distanzierteres Verhältnis zu Rußland, das auf eine «freundliche, gleichberechtigte und für beide Seiten vorteilhafte» Grundlage gestellt werden sollte. Teil der neuen Strategie war es, Bulgarien aus der totalen Abhängigkeit von russischen Erdöl- und Gaslieferungen zu befreien. In diesem Zusammenhang hat sich die bulgarische Regierung auf einen nervenaufreibenden Konflikt mit dem russischen Energiekonzern «Gazprom» eingelassen.

Rumänien verfolgte nach 1989 zunächst eine Politik der expliziten Rücksichtnahme auf die von Moskau formulierten Sicherheitsinteressen. Im April 1991 unterzeichnete es als einziger ehemaliger Warschauer-Pakt-Staat einen Freundschaftsvertrag mit der Sowjetunion, der Moskau Mitspracherechte in bezug auf die künftige Bündnis- und Militärpolitik Rumäniens einräumte. Der Vertrag wurde dann allerdings nie ratifiziert. Erst nach dem Sturz Petre Romans als Premierminister schlug die neue rumänische Führung nach den Parlamentswahlen im September 1992 einen unzweideutigen Kurs in Richtung Aufnahme in die NATO und die EU ein. Diese Wende erschien im Lichte der kriegerischen Konflikte in Jugoslawien, in der Republik Moldova und im Kaukasus notwendig. Die Beziehungen zu Rußland blieben aber auch danach ein bedeutender Pfeiler in der rumänischen Außenpolitik.

Mit der Abkopplung der beiden ehemaligen Ostblockstaaten aus der von Moskau dominierten Bündnissphäre ist der Einfluß Rußlands in Südosteuropa seit 1989/1990 sukzessive zurückgegangen. Aufgrund seines politischen Relevanzverlustes und seiner eklatanten ökonomischen Schwäche konnte Rußland die sicherheitspolitischen Interessen der südosteuropäischen Staaten nicht mehr befriedigen. Vor allem war Moskau nach dem Zerfall der Sowjetunion und des Warschauer Paktes nicht mehr in der Lage, wirksam Machtprojektion auszuüben. Lediglich die Jugoslawienkrise sollte Rußland noch einmal Gelegenheit geben, eine aktivere Rolle in der Region zu spielen. Während des serbisch-kroatisch-bosnischen Krieges profilierte sich Moskau immer wieder als Fürsprecher serbischer Interessen. Die «strategische Partnerschaft» Serbiens mit Rußland ergab aber auch aus der Sicht Belgrads nur vor dem Hintergrund seiner totalen außenpolitischen Isolation einen Sinn. Im Grunde würde auch die Bundesrepublik Jugoslawien lieber heute als morgen den Anschluß an den europäischen Integrationsprozeß finden.

Die Beziehungen zur Europäischen Union

Trotz verbleibender bi- und multilateraler Probleme herrscht in den Staaten Südosteuropas bei kaum einer Frage mittlerweile so großer innenpolitischer Konsens und eine so große Gleichförmigkeit wie bei dem Ziel der möglichst raschen Integration in die Europäische Union und in die NATO. Zu diesem Zweck haben mit Ausnahme der Bundesrepublik Jugoslawien alle Staaten, zum Teil zeitversetzt, regelrechte Beitrittskampagnen in Gang gesetzt. Sowohl die Europäische Union als auch die NATO haben prinzipiell ihre Bereitschaft zur Aufnahme neuer Mitglieder aus Mittel-, Ost- und Südosteuropa erklärt. Beide Erweiterungsprozesse sind zwar politisch und konzeptionell miteinander verknüpft, wegen der unterschiedlichen Beitrittsanforderungen von EU und NATO haben die einzelnen südosteuropäischen Länder jedoch bei den beiden Organisationen jeweils ganz unterschiedliche Integrationschancen. Wer – wie Slowenien – die EU-Mitgliedschaft quasi schon in der Tasche hat, hat damit noch lange keine Aufnahmegarantie für die NATO erworben.

Von den Staaten Südosteuropas haben bislang nur Ungarn und Slowenien – zusammen mit Estland, Polen, Tschechien und Zypern – den Sprung in die erste Erweiterungsrunde der EU geschafft. Am 28. März 1998 wurde der Prozeß zur Aufnahme konkreter Beitrittsverhandlungen offiziell in Gang gesetzt. Ljubljana strebt an, im Jahr 2002 der Union beizutreten und sich 2005 auch der Europäischen Währungsunion anzuschließen. Vorher müssen jedoch noch die konkreten Aufnahmekriterien mit Brüssel ausgehandelt werden.

Rumänien und Bulgarien hoffen – gemeinsam mit Lettland, Litauen und der Slowakei –, in die zweite Erweiterungsrunde zu gelangen. Durch den Abschluß der Assoziierungsabkommen («Europa-Abkommen») haben Bukarest und Sofia schon einmal die erste Zwischenstufe erreicht. Beide Länder möchten der Union im Jahr 2010 als Vollmitglieder beitreten. Der genaue Termin hängt allerdings davon ab, wie die EU die Integrationsfähigkeit der Kandidaten bewertet. Nach den Beschlüssen des Europäischen Rates von Kopenhagen im Juni 1993 müssen die osteuropäischen Länder vor Aufnahme in die EU bestimmte Bedingungen erfüllen. Dazu gehört der Aufbau stabiler demokratischer, rechtsstaatlicher und marktwirtschaftlicher Strukturen, die Wahrung von Menschen- und Minderheitenrechten sowie die Bereitschaft, die Ziele der politischen, der wirtschaftlichen und der Währungsunion zu erfüllen. Dabei werden sie auf Grundlage der Europa-Abkommen mit Hilfe von PHARE und anderen Finanzierungsprogrammen unterstützt.

Auch Albanien und Makedonien hoffen auf den Beitritt zur EU, haben bislang jedoch nur Kooperationsabkommen geschlossen, die die Handelspolitik und andere Bereiche der Zusammenarbeit betreffen. Diese Abkommen mit Albanien (11. Mai 1992) und Makedonien (29. April 1997) gelten als Ausgangspunkt für die Weiterentwicklung der vertraglichen Beziehungen zur Gemeinschaft mit dem Abschluß von Europa-Abkommen als nächstem Schritt. Beide Staaten nehmen am PHARE-Programm teil.

Kroatien, Bosnien und Herzegowina und die Bundesrepublik Jugoslawien unterhalten dagegen überhaupt keine vertraglichen Beziehungen zur EU, obwohl sie dies wünschen. Verhandlungen mit Kroatien über ein Kooperationsabkommen wurden nach dem Einmarsch der kroatischen Armee in die UNO-Schutzzonen in der Krajina im August 1995 abgebrochen. Mit Bosnien und Herzegowina und der Bundesrepublik Jugoslawien wurden sie gar nicht erst aufgenommen.

Vor dem Hintergrund der Kosovo-Krise beschlossen die Außenminister der EU im Frühjahr 1999, allen südosteuropäischen Staaten grundsätzlich «die Perspektive einer Annäherung an die EU» zu eröffnen. Brüssel beabsichtigt, den Staaten der Region neue Formen vertraglicher Beziehungen anzubieten, das heißt eine neue Generation maßgeschneiderter «Stabilitäts- und Assoziierungsabkommen». Vor einer Vollmitgliedschaft müssen die Balkanstaaten jedoch die oben genannten «Kopenhagener Kriterien» für Demokratie und Marktwirtschaft erfüllen. Daß es bald zu ihrer Aufnahme in die EU kommen könnte, ist mithin fraglich.

Auf dem Weg in die NATO

Mit Ausnahme der Bundesrepublik Jugoslawien haben alle südosteuropäischen Staaten ebenfalls Anstrengungen unternommen, der NATO beizutreten. Sie verweisen auf das Stabilitätsangebot, das sie dem westlichen Bündnis machen können: Der NATO-Beitritt werde die südöstliche Flanke der Allianz stärken und regionale Konflikte entschärfen.

Am zielstrebigsten haben dies seit 1992 Slowenien, Rumänien und Albanien verfolgt. Als erster Balkanstaat hat Albanien bereits Anfang 1992 den Antrag auf Beitritt zur NATO gestellt, doch wurde es aufgrund seiner prekären innen- und außenpolitischen Lage umgehend abgewiesen. Mit mehr Nachdruck und Überzeugungskraft starteten Slowenien und Rumänien ihre diplomatischen, politischen und publizistischen Kampagnen für die Aufnahme in die Allianz. In diesen Ländern wird der Wunsch nach Aufnahme in die NATO von allen relevanten politischen Kräften getragen. Er genießt auch in der Bevölkerung breite Akzeptanz.

Ungeachtet des intensiven Lobbyismus der osteuropäischen Staaten beschloß die NATO auf ihrem Brüsseler Gipfeltreffen im Januar 1994, die verteidigungspolitische Kooperation mit interessierten OSZE-Staaten zunächst auf das Programm «Partnership for Peace» (PfP) zu beschränken. Dem Programm sind seither Rumänien (26. Januar 1994), Bulgarien (14. Februar 1994), Albanien (23. Februar 1994), Slowenien (30. März 1994) und Makedonien (15. November 1995) beigetreten. Das ebenfalls interessierte Kroatien darf sich dem PfP-Programm erst nach Erfüllung bestimmter Bedingungen im Bereich der Verwirklichung von Menschen- und Minderheitenrechten sowie der Umsetzung des Vertrages von Dayton anschließen.

In der Bundesrepublik Jugoslawien gilt die NATO dagegen wegen des zweieinhalbmonatigen Bombardements im Frühjahr 1999 als feindliche Macht. Allerdings ist die Ablehnung der Allianz in maßgeblichen militärischen und politischen Kreisen keineswegs unumstritten. Sogar im jugoslawischen Generalstab gibt es Stimmen, die für eine schrittweise Annäherung der Bundesrepublik Jugoslawien an die NATO, beispielsweise durch den Beitritt zum PfP-Programm, plädieren. Ende der 90er Jahre ist dies gleichwohl noch Zukunftsmusik.

Ähnlich wie die EU hat auch die NATO den Beitrittskandidaten konkrete Bedingungen gestellt. Diese wurden in der «NATO-Erweiterungsstudie» vom September 1995 wie folgt definiert: Die Kandidaten müssen Demokratie, Rechtsstaatlichkeit und gutnachbarschaftliche Beziehungen verwirklichen und die zivile Kontrolle des Militärs, eine Streitkräftereform sowie die Kompatibilität und Interoperabilität ihrer

Armeen mit der Allianz sicherstellen. Zudem müssen sie zur Beteiligung an Friedenseinsätzen bereit sein.

Dementsprechend haben sich die Beitrittskandidaten intensiv um eine umfassende Militärreform bemüht. In Slowenien, Rumänien, Bulgarien und Makedonien wurden die Streitkräfte demokratischen Kontrollmechanismen unterworfen, bestimmte militärische Führungspositionen wurden durch zivile ersetzt. So hat Rumänien mit dem «Integrierten Konzept der Nationalen Sicherheit» und der «Militärischen Verteidigungsdoktrin» die defensive Ausrichtung und Interoperabilität seiner Streitkräfte mit den Armeen der NATO-Staaten sichergestellt. Durch die Ende 1995 abgeschlossene Reform sind seine Streitkräfte kleiner, professioneller und flexibler geworden. Gemäß den im KSE-Vertrag festgelegten Obergrenzen wurde die Armee um 41 000 Soldaten auf 230 000 reduziert. Bis zum Jahr 2005 strebt Bukarest einen weiteren Abbau auf 140 000 Mann an. Gleichzeitig wurde die Zahl der Panzer, Artillerie und Kampfflugzeuge bzw. -hubschrauber verringert. Seit 1. März 1997 verfügt das Land über eine «Schnelle Eingreiftruppe», die der NATO in Krisenfällen zur Verfügung stehen soll. Auch auf anderen Gebieten (Rüstungsproduktion und -beschaffung, Ausbildung und Manöver, Beteiligung an Friedenseinsätzen) ist Rumänien um möglichst rasche Erfüllung der Interoperabilitätskriterien bemüht.

Bulgarien ist auf dem Reformweg weniger weit fortgeschritten. Das Land unterhält seit 1991 eine Armee von rund 107 000 Mann, die zwischen 1997 und 2010 in drei Stufen auf 65 000 reduziert werden soll. Auch in Hinblick auf die Strukturanpassung und Professionalisierung seiner Streitkräfte sowie bei der Beteiligung an Friedenseinsätzen war Bulgarien sehr zurückhaltend. Erst am 17. März 1997 wurde ein Programm zur Vorbereitung und Angliederung Bulgariens an die Allianz angenommen, das den vorgegebenen Anpassungsprozeß (von der Streitkräftereform bis zur Teilnahme an Friedensoperationen) strukturiert. Wie andere PfP-Staaten haben schließlich auch Makedonien und Albanien Anstrengungen unternommen, Auftrag, Struktur und Doktrin der nationalen Streitkräfte den Vorgaben der NATO anzupassen.

Angesichts dieser Bemühungen wurde der Beschluß der NATO vom Dezember 1997, die erste Erweiterungsrunde auf Polen, Ungarn und die Tschechische Republik zu begrenzen, in Südosteuropa mit großer Enttäuschung aufgenommen. Vor allem Slowenien und Rumänien hatten sich größte Mitgliedschancen ausgerechnet und hoffen nun auf eine zweite Erweiterungsrunde. Auch Bulgarien und Makedonien dürften sich dann erneut um eine Mitgliedschaft bemühen.

Die Beziehungen zur Türkei und zur islamischen Welt

Fast alle südosteuropäischen Staaten haben gute Beziehungen zur Türkei entwickelt, die seit den frühen 1990er Jahren eine aktive Balkanpolitik betreibt und auch schon davor um die Entwicklung bilateraler Zusammenarbeit bemüht war. Anknüpfungspunkte bieten die Geschichte des Osmanischen Reiches sowie die bis heute in Südosteuropa lebenden türkischen und muslimischen Minderheiten. Im vergangenen Jahrzehnt hat Ankara ein dichtes Netzwerk bilateraler politischer, wirtschaftlicher und militärischer Kooperationsbeziehungen geknüpft. Dabei geht es nicht um die Reaktivierung der historischen osmanischen Dominanz auf dem Balkan, sondern um die Wahrnehmung aktueller politischer, militärischer und ökonomischer Interessen.

Die südosteuropäischen Staaten haben sich aus unterschiedlichen Motiven gegenüber dieser Politik empfänglich gezeigt. Besonders Albanien, Makedonien, Bulgarien und Rumänien erhoffen sich von der Partnerschaft mit der Türkei tatkräftige Unterstützung für ihren Antrag auf Aufnahme in die NATO. Die ärmsten Länder Albanien und Bosnien und Herzegowina, denen sich die Türkei wegen ihres beträchtlichen muslimischen Bevölkerungsanteils als natürliche Verbündete anbietet, versprechen sich finanzielle und materielle Unterstützung bei der Überwindung ihrer gravierenden sozialen und ökonomischen Probleme. Beide Staaten haben sich zudem gegenüber Einflüssen und Hilfsangeboten islamischer Staaten geöffnet. So wurde Albanien schon 1992 Mitglied der Islamischen Entwicklungsbank und der Islamischen Weltkonferenz.

Vor allem Sarajevo hat die schon zu Zeiten Jugoslawiens gut entwikkelten Beziehungen zur islamischen Welt zu vertiefen gesucht. Während des Krieges lag es nahe, so die als mangelhaft kritisierte Unterstützung des Westens zu kompensieren. Neben der Türkei zeigten sich vor allem der Iran, die Golfstaaten, Pakistan und Malaysia – im Verein mit der Islamischen Weltkonferenz – für die Hilfsappelle Sarajevos empfänglich. Sie forderten die Aufhebung des Waffenembargos und eine Militärintervention zugunsten der militärisch und politisch bedrängten bosnischen Muslime. Dennoch beschränkte sich die Solidarität der islamischen Welt mit den Bosniaken vorwiegend auf moralische Unterstützung.

Seit Kriegsende ist der islamische Einfluß im bosniakischen Teil Bosnien und Herzegowinas deutlicher sichtbar geworden. Mit Hilfe des Irans, Saudi-Arabiens und anderer muslimischer Staaten sind etliche Moscheen, Koranschulen und islamische Kulturzentren entstanden. Auch der bosnische Geheimdienst und die Föderationsarmee werden tatkräftig unterstützt. Der wachsenden Einflußnahme islamischer Länder stehen jedoch die westlichen Staaten, insbesondere die USA, kritisch gegenüber. Sarajevo wurde gezwungen, die militärischen und geheimdienstlichen Kontakte zur islamischen Welt, insbesondere dem Iran, zu reduzieren.

Außer mit Bosnien und Herzegowina hat die Türkei seit 1992 Kooperationsabkommen mit Albanien, Makedonien, Rumänien und Bulgarien unterzeichnet. Das bulgarisch-türkische Verhältnis, das Ende der 80er Jahre durch die Assimilationspolitik Sofias gegenüber der türkischen Minderheit schwer belastet worden war, hat sich durch die Aufnahme vertrauens- und sicherheitsbildender Maßnahmen sukzessive normalisiert. Zusammen mit Rumänien unterzeichneten Bulgarien und die Türkei im April 1998 ein Abkommen zur Bekämpfung von Terrorismus, organisierter Kriminalität, Geldwäsche sowie Waffen- und Drogenschmuggel. Zwischen 2000 und 2005 wollen die drei Länder eine Freihandelszone einrichten.

Die türkische Balkanpolitik steht im Kontext der Konflikte mit Griechenland (vor allem denen in der Ägäis und in Zypern). Im Juli 1974 wollte die Athener Militärjunta durch einen Putsch in Zypern die Vereinigung der Insel mit Griechenland erreichen. Eine Militärintervention der Türkei führte zur Besetzung von einem Drittel des zyprischen Territoriums sowie am 15. November 1993 zur Proklamation der «Türkischen Republik Nordzypern». Seither ist die Insel faktisch geteilt und bildet den zentralen Konfliktherd im türkisch-griechischen Verhältnis. Die türkischen Zyprioten können sich die Wiedervereinigung der Insel nur im Rahmen einer Konföderation zweier weitgehend unabhängiger Teilstaaten vorstellen. Die Griechen, die die Bevölkerungsmehrheit stellen, wollen die Türken jedoch nicht als gleichberechtigtes Staatsvolk anerkennen und fordern einen starken Bundesstaat. Sie hoffen, durch den EU-Beitritt eine Lösung der Zypernfrage in ihrem Sinne erzwingen zu können. Trotz zahlreicher internationaler Vermittlungsversuche kam es auch in den 90er Jahren verschiedentlich zu bewaffneten Auseinandersetzungen auf der Insel.

Vor diesem Hintergrund versuchte auch Griechenland, seine Beziehungen zu den Balkanstaaten in gewisser Weise für den Konflikt mit der Türkei zu instrumentalisieren. Dem stand allerdings die Tatsache entgegen, daß sich in der ersten Hälfte der 90er Jahre eine Reihe von Konflikten mit den nördlichen Nachbarn auftat, vor allem wegen der griechischen Minderheit in Albanien (Nordepirusfrage), der zeitweiligen Regierungsbeteiligung der türkischen Minderheit in Bulgarien sowie der Anerkennung Makedoniens. Erst seit 1994/1995 haben sich die Beziehungen Griechenlands mit den Nachbarn in der Region deutlich verbessert, wobei vor allem Bulgarien und Serbien die (generell überschätzte) türkische Einflußnahme in der Region bremsen sollen.

Foren multilateraler Balkankooperation

Wenngleich die südosteuropäischen Staaten auf längere Bemühungen um eine multilaterale Zusammenarbeit zurückblicken können, steht eine institutionalisierte Balkankooperation noch am Anfang. Die Zusammenarbeit beschränkt sich Ende der 90er Jahre im wesentlichen auf vertrauens- und sicherheitsbildende Maßnahmen, Programme zur Bekämpfung der organisierten Kriminalität, Infrastrukturprojekte, den Ausbau von Verkehrs- und Fernmeldekorridoren sowie von Erdöl- und Gasleitungen. Auf politischer Ebene haben diese Initiativen dagegen bislang noch kaum Früchte getragen.

In Südosteuropa herrscht die Meinung vor, daß regionale Verflechtung zwar prinzipiell wünschenswert sei, jedoch nicht politisch institutionalisiert werden sollte. Denn es wird geargwöhnt, daß der Westen die Balkankooperation als Alternative zum EU-Beitritt aufbauen wolle. Man will sie deshalb in der Regel nicht als Selbstzweck, sondern lediglich als einen notwendigen Zwischenschritt auf dem Weg in die Europäische Union betrachten.

So wurden auch die bereits vor der Wende abgehaltenen Außenministertreffen von sechs Balkanstaaten (1988 in Belgrad und 1990 in Tirana) als Vorbereitung und Ergänzung, nicht als Alternative zur Integration in die Europäische Gemeinschaft gewertet. Nach der durch die jugoslawischen Nachfolgekriege bedingten Unterbrechung wurde die Konferenzserie 1996 wiederbelebt. Außenministertreffen fanden 1996 in Sofia, 1997 in Thessaloniki und 1998 in Istanbul statt. Produziert wurden dabei allgemeine Erklärungen über gutnachbarliche Beziehungen, Stabilität, Sicherheit und Zusammenarbeit.

Alle wichtigen regionalen Zusammenschlüsse, die nach 1989/1990 gegründet wurden, sollen ihre Mitglieder auf die Integration in die europäischen Institutionen vorbereiten. Zu ihnen gehören:

- Zentraleuropäische Initiative (Central European Initiative, CEI). Im November 1989 gründeten Österreich, Ungarn, Italien und Jugoslawien die Quadragonale, die 1992 in Zentraleuropäische Initiative umbenannt wurde. 1992 traten Bosnien und Herzegowina, Kroatien und Slowenien, 1993 Makedonien, 1996 Albanien, Bulgarien und Rumänien bei. Erklärtes Ziel des 16 Mitglieder zählenden Zusammenschlusses ist neben der europäischen Integration die Bewältigung von Transitions- und Infrastrukturproblemen sowie die politische und wirtschaftliche Zusammenarbeit.
- Zentraleuropäische Freihandelszone (Central European Free Trade Area, CEFTA). Aufbauend auf einer am 15. Februar 1991 im ungari-

schen Visegrád abgegebenen «Erklärung über Kooperation» einigten sich die politischen Führungen Polens, der Tschechoslowakei und Ungarns im Oktober auf die Gründung einer Freihandelszone. Das Abkommen zur Gründung der CEFTA wurde am 21. Dezember 1992 unterzeichnet und soll bis Januar 2001 umgesetzt werden. Am 1. Januar 1996 trat Slowenien, am 12. April 1997 Rumänien und am 1. Januar 1999 Bulgarien der CEFTA bei. Eine Reihe weiterer Länder, darunter Kroatien, Makedonien, Lettland, Litauen und die Ukraine, hat ebenfalls Interesse bekundet.

– Schwarzmeer-Wirtschaftskooperationszone (Black Sea Economic Cooperation, BSEC). Die 1992 auf türkische Initiative gegründete BSEC ist der bislang umfassendste und ambitionierteste Versuch, multilaterale Kooperationsstrukturen in der Region zu etablieren. Ihr gehören die Türkei, Bulgarien, Albanien, Griechenland, Rumänien, Moldova, die Ukraine, Rußland, Georgien, Aserbaidschan und Armenien an. Als Ziel setzt sich die BSEC, die Zusammenarbeit in Wirtschaft, Wissenschaft, Technologie und Umwelt zu fördern und dabei eine Verbindung zwischen Europa und Zentralasien herzustellen. Bis zum Jahr 2010 soll schrittweise eine Freihandelszone errichtet werden.
– Balladur-Pakt. 1993 regte der damalige französische Premierminister Édouard Balladur einen Stabilitätspakt zwischen den Ländern Ost- und Mitteleuropas an. Die Idee war, Konflikte durch die Förderung von Demokratisierung und Regionalkooperation sowie durch Grenz- und Minderheitenschutzabkommen zu entschärfen. Die 1994 in Paris begonnenen Verhandlungen wurden an zwei «runden Tischen» geführt, einem baltischen und einem zentraleuropäischen. An letzterem beteiligten sich Bulgarien, Polen, Rumänien, die Slowakei, Tschechien, Ungarn, Slowenien, die Ukraine, Moldova und die Türkei sowie die USA, Kanada, die Schweiz und daneben OSZE und Europarat. Die anderen Nachfolgestaaten Jugoslawiens blieben ausgeklammert. Im März 1995 wurde der Stabilitätspakt besiegelt und zur Überwachung und Fortentwicklung an die OSZE transferiert.
– Prozeß für Stabilität und gute Nachbarschaft in Europa (Royaumont-Prozeß). Nach Abschluß des Dayton-Abkommens wandten sich die internationalen Bemühungen zur Förderung der Regionalkooperation auch den postjugoslawischen Staaten zu. Am 13. Dezember 1995 startete die EU den nach seinem Gründungsort benannten Royaumont-Prozeß. Teilnehmer sind die fünf jugoslawischen Nachfolgestaaten, ihre vier Nachbarstaaten, die nicht der EU angehören, sowie die USA, Rußland, Vertreter von OSZE und Europarat. Ziel der Initiative ist die Umsetzung des Abkommens von Dayton (Pariser Friedensvertrag) durch den Abbau ethnischer Konflikte und Vertrauensbildung. Im Vor-

dergrund stehen die Demokratisierung, der Aufbau zivilgesellschaftlicher Strukturen sowie kulturelle Aktivitäten in den beteiligten Staaten.

- Die Südosteuropäische Kooperationsinitiative (Southeast European Cooperative Initiative, SECI) wurde am 5. Dezember 1996 durch die amerikanische Regierung ins Leben gerufen. Als Koordinator wurde der ehemalige österreichische Vizekanzler Erhard Busek ernannt. Auch das Ziel der SECI ist es, ihre Mitglieder auf die Integration in die europäischen und atlantischen Strukturen vorzubereiten. Sechs Arbeitsgruppen befassen sich mit Energiepolitik, der Förderung von kleinen und mittleren Unternehmen, der Verbesserung der Verkehrsnetze, mit Umweltproblemen und anderen Fragen von grenzüberschreitender Bedeutung. An der Initiative beteiligen sich Albanien, Bosnien und Herzegowina, Bulgarien, Kroatien, Griechenland, Ungarn, Moldova, Rumänien, Slowenien, Makedonien und die Türkei. Eine Einladung an die Bundesrepublik Jugoslawien wurde im Lichte der Kosovo-Krise Anfang 1998 zurückgezogen.
- Eine Friedenstruppe für Südosteuropa (Multinational Peace Force in South Eastern Europe) wollen seit 1997 die Verteidigungsminister der Türkei, Griechenlands, Bulgariens, Rumäniens, Makedoniens, Albaniens und Italiens gründen. Jedes Land soll bis zu 500 Soldaten beisteuern. Allerdings ist fraglich, ob diese Truppe wie geplant bis zum Jahr 2002 einsatzfähig sein wird.
- Stabilitätspakt für Südosteuropa. 1999 wurde erstmalig der Versuch unternommen, die internationale Südosteuropa-Politik in ein umfassendes Regionalkonzept zu gießen. 38 Staaten und 15 internationale Organisationen verpflichteten sich am 10. Juni 1999 in Köln auf den «Stabilitätspakt für Südosteuropa», der Albanien, Makedonien, Bosnien und Herzegowina, Kroatien, Bulgarien, Rumänien, Slowenien sowie – wenn sie die Voraussetzungen erfüllt – die BR Jugoslawien an die europäischen Strukturen heranführen soll. Gleichzeitig sollen diese Staaten nach dem Vorbild der KSZE-Schlußakte von Helsinki an drei regionalen Runden Tischen bi- und multilaterale Abkommen zur Förderung von Demokratie, Marktwirtschaft und Sicherheit aushandeln.

Trotz der vordergründig beeindruckenden institutionellen Vielfalt sind die konkreten Resultate der Balkankooperation bislang eher spärlich. Grund dafür sind nicht nur die in der Region bestehenden nationalen Sonderinteressen, Rivalitäten und Konflikte. Hinzu kommt das Konkurrenzverhalten der häufig von wirtschaftlichen Eigeninteressen geleiteten externen Akteure, die sich um die Förderung der südosteuropäischen Zusammenarbeit bemühen. Es erleichtert den kooperationsunwilligen Vertretern der südosteuropäischen Staaten, sich hinter allgemeinen und häufig inhaltsleeren Erklärungen zu verstecken. Denn in Südosteuropa ist man der Ansicht, daß sich die Probleme am besten im Rahmen der bereits bestehenden multilateralen Strukturen lösen ließen und nicht durch räumlich begrenzte Neuschöpfungen. Der Nutzen einer raschen Mitgliedschaft in der EU und in der NATO wird im allgemeinen wesentlich höher bewertet als der einer regionalen Zusammenarbeit. Zudem stehen die Länder Südosteuropas in ihren wirtschaftlichen und politischen Beziehungen mit den westlichen Organisationen in zum Teil scharfem Wettbewerb untereinander. Von den Bemühungen, die regionale Zusammenarbeit anzukurbeln, sollte man sich deshalb nicht zuviel versprechen. Durch den anstehenden EU-Beitritt bestimmter Balkanstaaten wird sie weiter an Relevanz und Attraktivität einbüßen.

Die Folgen der jugoslawischen Sukzessionskriege

Im Zuge der politischen Umgestaltungsprozesse in Ost- und Südosteuropa haben auch die kriegerischen Konflikte in Jugoslawien zusätzliche Koordinaten gesetzt. Denn mit Jugoslawien, das mit seiner gut ausgerüsteten Armee zu Zeiten des Kalten Krieges als Puffer zwischen den Blöcken fungiert hatte, verschwand ein weiterer zentraler Pfeiler der europäischen Nachkriegsordnung. An seine Stelle trat ein System extrem instabiler Kleinstaaten, deren interne und bilaterale Konflikte der gesamten Region ihren Stempel aufdrückten.

Von den jugoslawischen Teilrepubliken, die sich 1991/1992 für unabhängig erklärten, hat allein Slowenien den Sprung in die Normalität relativ rasch und unbeschadet geschafft. Dagegen stand die Außenpolitik Kroatiens, Bosnien und Herzegowinas und der Bundesrepublik Jugoslawien bis Ende 1995 vollkommen im Schatten der jugoslawischen Sukzessionskriege.

Die außenpolitischen Bemühungen Kroatiens richteten sich seit der Unabhängigkeitserklärung im Juni 1991 auf eine möglichst rasche Einbindung in die euro-atlantischen Strukturen. Es ließe sich sogar behaupten, daß die Verselbständigung dieser jugoslawischen Teilrepublik ähnlich wie die Sloweniens maßgeblich durch das Integrationsziel motiviert war. Wegen der kriegerischen Konflikte mit Belgrad blieb Zagreb die Annäherung an den Westen jedoch verwehrt: Nachdem serbische bewaffnete Verbände und die Jugoslawische Volksarmee 1991/1992 fast ein Drittel des kroatischen Staatsgebietes unter ihre Kontrolle gebracht hatten, mußten zuerst die volle Souveränität und die territoriale Integrität wiederhergestellt werden, bevor an eine aktive Außenpolitik überhaupt zu denken war. Im Mai 1995 vertrieb die kroatische Armee in einer Blitzaktion die Serben aus Westslawonien, im August eroberte sie mit der Operation «Oluja» (Sturm) die Krajina zurück. Rund 300 000 Serben mußten Kroatien verlassen. Ostslawonien, das einzige verbliebene Serbengebiet, wurde am 12. November 1995 einer Übergangsverwaltung der UNO (United Nations Transitional Authority in Eastern Slavonia, UNTAES) unterstellt. Mit Ende ihres Mandats erhielt Kroatien am 15. Januar 1998 die volle Souveränität über sein gesamtes Staatsgebiet zurück.

Dennoch wurde Kroatien bis Ende der 90er Jahre nicht als vollwertiges Mitglied der internationalen Staatengemeinschaft akzeptiert. Zwar wurde es 1996 in den Europarat aufgenommen, aber sowohl der Beitritt zum europäischen PHARE-Programm als auch zur «Partnerschaft für den Frieden» der NATO stehen noch aus: Kroatien muß erst den serbischen Flüchtlingen die Rückkehr in die Krajina ermöglichen, demokratische Grundsätze im eigenen Land verwirklichen und das Friedensabkommen von Dayton umsetzen.

Vor allem Zagrebs ambivalente Haltung gegenüber Bosnien und Herzegowina steht einer raschen Einbindung Kroatiens in die euro-atlantischen Vergemeinschaftungsprozesse – auch nach Kriegsende – im Wege. Zagreb hatte die Nachbarrepublik zwar als selbständigen Staat offiziell anerkannt, sich jedoch während des bosnischen Krieges mehrfach politisch und militärisch in deren innere Angelegenheiten eingemischt. Bis Anfang 1993 waren die Armeen beider Länder gegen die bosnisch-serbischen Streitkräfte verbündet gewesen, bevor sie in den einjährigen kroatisch-muslimischen «Zweiten Krieg» eintraten. Auf internationalen Druck hin schlossen die beiden Kontrahenten im Februar 1994 Frieden und gründeten eine «Föderation» innerhalb Bosnien und Herzegowinas. Die «Föderation» erhob zwar den Alleinvertretungsanspruch für den Gesamtstaat, de facto beschränkte sich ihr Einfluß aber auf weniger als die Hälfte seines Territoriums. In sich zerfiel sie in kroatisch und muslimisch regierte Gebiete. Auch nach Abschluß eines international garantierten Abkommens über die Verwirklichung dieser Föderation (10. November 1995) ließ die in Kroatien regierende Partei, die «Kroatische Demokratische Gemeinschaft» (HDZ), nicht davon ab, die in Bosnien und Herzegowina lebenden Kroaten (rund 17% der Bevölkerung) und ihren Parallelstaat, die illegale «Gemeinschaft Herceg Bosna», zu fördern. Selbst nach Abschluß des Friedensabkommens von Dayton bestehen Befürchtungen, die Präsidenten Franjo Tudjman und Slobodan Milošević könnten sich zum Schaden der muslimischen Bosniaken auf eine Aufteilung Bosnien und Herzegowinas einigen.

Noch offener als Zagreb hielt Belgrad nach Kriegsende an seiner Politik fest, die in Bosnien und Herzegowina lebenden Ko-Nationalen, in diesem Fall also die Serben, zu unterstützen. Am 9. Januar 1992 hatte deren Führung die «Serbische Republik Bosnien und Herzegowina» ausgerufen (später geändert in «Republika Srpska»). Die Bundesrepublik Jugoslawien hat, freilich ohne Sarajevo je offiziell den Krieg zu erklären, politisch, militärisch und logistisch auf seiten der bosnisch-serbischen Streitkräfte interveniert. Erst 1994 war es unter dem Druck der im Mai 1992 gegen die Bundesrepublik Jugoslawien verhängten internationalen Sanktionen zum Bruch des Präsidenten Slobodan Milošević mit den bosnischen Serben gekommen. Hegemonieansprüche gegenüber der «Republika Srpska» hat er gleichwohl nie aufgegeben.

Die hegemonialen Bestrebungen Kroatiens und der Bundesrepublik Jugoslawien gegenüber Bosnien und Herzegowina erscheinen um so gefährlicher, als dieses Land auch vier Jahre nach Kriegsende noch immer unter erheblicher institutioneller Schwäche und innerer Zerrissenheit leidet. Am 21. November 1995 hatten die Präsidenten Kroatiens, Bosnien und Herzegowinas und der Bundesrepublik Jugoslawien in Dayton einen Friedensvertrag paraphiert, am 14. Dezember 1995 in Paris formell unterzeichnet. Er wurde durch die Unterschriften der Vertreter der Europäischen Union sowie der damals schon zur Kontaktgruppe gehörenden Staaten Frankreich, Deutschland, Rußland, Großbritannien und USA – Italien kam erst später hinzu – bezeugt.

Der Daytoner Vertrag bestätigte Bosnien und Herzegowina als unabhängigen und souveränen Staat in seinen Vorkriegsgrenzen. Er wurde jedoch in zwei Entitäten unterteilt: in die von Kroaten und Bosniaken regierte «Föderation Bosnien und Herzegowinas» mit 51% des Staatsgebiets sowie in die «Serbische Republik» (»Republika Srpska») mit 49%. Sarajevo wurde zur ungeteilten Hauptstadt erklärt. Ausdrücklich den Bundesgewalten zugewiesen sind die Zuständigkeiten für Außenpolitik, Außenhandel, Zoll- und Geldpolitik, Einwanderungs- und Staatsbürgerfragen sowie Transportwesen. Alle anderen Kompetenzen, einschließlich der Verteidigungspolitik, fallen den Entitäten zu. Sie dürfen ferner eigene Staatsangehörigkeiten vergeben, Verträge mit Staaten und internationalen Organisationen schließen und «parallele Sonderbeziehungen» (special parallel relationships) zu Nachbarstaaten, also der Bundesrepublik Jugoslawien und Kroatien, unterhalten. Auf dieser Grundlage (Annex IV) unterzeichneten die Bundesrepublik Jugoslawien und die Republika Srpska am 28. Februar 1997 ein Kooperationsabkommen. Auch Zagreb unterbreitete im November 1997 einen Vorschlag zum «Aufbau besonderer Beziehungen» zwischen Kroatien und der Föderation. Vorgesehen waren unter anderem eine Zoll- und Währungsunion, Kooperation bei der Gesetzgebung und in Fragen der europäischen Integration, obwohl die Außenpolitik in der Kompetenz der Republik Bosnien und Herzegowina liegt und nicht in der der Entitäten. Beide Verträge wurden jedoch von der internationalen Gemeinschaft für verfassungswidrig befunden.

Die im Friedensvertrag verankerten gesamtbosnischen politischen Institutionen existieren auch Jahre nach Kriegsende nur auf dem Papier. Präsidium, Ministerrat und Parlament traten zwar zusammen, blieben jedoch weitgehend arbeits- und entscheidungsunfähig. Eine eigenständige bosnische Außenpolitik konnte sich nur ansatzweise entwickeln. Im Bereich der Verteidigung läßt sich noch weniger von einer gesamtbosnischen Politik reden. Jede Entität darf eine eigene Armee unterhalten, praktisch besitzen alle drei Völker Bosnien und Herzegowinas gesonderte (serbische, kroatische und bosniakische) Streitkräfte.

Im Rahmen der Verhandlungen von Dayton vereinbarten die Föderation und die Republika Srpska militärische Obergrenzen im Verhältnis 2:1. Um die ursprüngliche militärische Überlegenheit der Republika Srpska auszugleichen, wurde die Föderationsarmee durch das von den USA initiierte «Train and Equip»-Programm mit mehreren hundert Millionen US-Dollar aufgerüstet. Auch die Streitkräfte in den Nachbarstaaten unterliegen vertraglichen Begrenzungen. Die Bundesrepublik Jugoslawien, Kroatien und Bosnien und Herzegowina mußten sich auf einen Rüstungsproporz in der Relation 5 : 2 : 2 verpflichten.

Zur Implementierung des Friedensvertrages setzte die internationale Staatengemeinschaft ihre größte und bislang anspruchsvollste Friedensmission in Gang. Neben der SFOR (Stabilization Force), die die Umsetzung der militärischen Vereinbarungen sicherstellt, fungiert das Büro des Hohen Repräsentanten (Office of the High Representative) als zentrale Koordinationsstelle für den zivilen Wiederaufbau. Die Vereinten Nationen wurden mit der Rückführung der Flüchtlinge, die OSZE mit der Durchführung von Wahlen beauftragt. Mehr als 600 internationale Regierungs- und Nichtregierungsorganisationen wirken seither vor Ort an Aufbau und Konsolidierung des Friedens in und um Bosnien und Herzegowina mit. Wesentliche Bereiche des Abkommens wurden dennoch auch Jahre nach seiner Unterzeichnung noch nicht umgesetzt, geringfügige Fortschritte nur durch massiven Druck der internationalen Gemeinschaft erzwungen. Anhaltend hohe Militärausgaben in beiden Entitäten und ungeklärte politische und territoriale Konflikte bewirken, daß Bosnien und Herzegowina weiterhin als eines der gefährlichsten Sicherheitsprobleme Südosteuropas gilt.

Die Lösung der Makedonischen Frage

Neben Bosnien und Herzegowina hatte auch Makedonien einen besonders schweren Start in die Selbständigkeit. Beobachter fürchteten, daß die Unabhängigkeitserklärung Makedoniens 1991 alte Aufteilungswünsche und Chauvinismen seiner Nachbarn Griechenland, Serbien, Albanien und Bulgarien wecken und erneut die seit dem 19. Jahrhundert virulente Makedonische Frage (Wer sind und zu wem gehören die Makedonier?) aufwerfen würde. Doch Makedonien blieb die einzige Teilrepublik Jugoslawiens, die ohne kriegerische Verwicklungen in die Unabhängigkeit schritt. Zudem hat Skopje bereits 1992 eine aktive Politik der «positiven Äquidistanz» mit dem Ziel guter und ausgewogener Beziehungen in alle Richtungen in Gang gesetzt.

Als erster Nachbar erkannte Bulgarien am 15. Januar 1992 den neuen Staat an. Es hat jedoch Vorbehalte gegen die Existenz einer makedonischen Nation und Sprache geltend gemacht. Sofia stellte zwar klar, keinerlei territoriale Ambitionen gegenüber Makedonien zu hegen, selbst wenn Teile der bulgarischen Öffentlichkeit immer noch von der «Wiedervereinigung» Bulgariens mit Makedonien träumen. Aber erst Anfang 1999 konnte eine Reihe bilateraler Verträge unterzeichnet werden, da Sofia zuvor – entgegen den internationalen Gepflogenheiten – die Ausfertigung der Abkommen in der Landessprache Makedonisch verweigert hatte.

Dem Verhältnis zu Albanien kommt wegen der mehr als 460 000 in Makedonien lebenden Albaner eine besondere Bedeutung zu. Die damaligen Präsidenten Sali Berisha und Kiro Gligorov äußerten bereits bei ihrem ersten Treffen im Juni 1992 den Wunsch, «modellhafte Beziehungen» zwischen ihren Ländern aufzubauen. Tirana öffnete 1993 eine diplomatische Vertretung in Skopje und half Makedonien, ein 1994 durch Griechenland verhängtes Wirtschaftsembargo zu umgehen. Letztlich blieb die Haltung des damaligen albanischen Staatsoberhaupts jedoch ambivalent. Zeitweilig übte Berisha sogar Druck auf Skopje aus, um die ethnopolitischen Forderungen der Albaner in Makedonien, in erster Linie ihre Anerkennung als staatstragendes Volk, durchzusetzen. Erst der 1997 gewählte sozialistische Ministerpräsident Fatos Nano hat schließlich jegliche Intervention zugunsten der Ko-Nationalen in den Nachbarstaaten explizit ausgeschlossen.

Die Bundesrepublik Jugoslawien verhielt sich dagegen anfänglich äußerst kritisch gegenüber Makedonien. Da serbische Nationalisten Makedonien noch in der Zwischenkriegszeit als «Südserbien» vereinnahmt hatten und die jugoslawische Volksarmee 1991 gegen die Verselbständigung Sloweniens und Kroatiens kämpfte, stand die Befürchtung im

Raum, daß die südlichste jugoslawische Teilrepublik das nächste Opfer großserbischer Aggressionspläne werden würde. So war man fast überrascht, als sich die Jugoslawische Volksarmee gemäß einem kurz zuvor unterzeichneten Abkommen bis April 1992 aus Makedonien zurückzog. Dabei ist fraglich, ob in Belgrad – außer bei einer Minderheit ultranationalistischer Kräfte – tatsächlich je territoriale Aspirationen nach Süden gehegt wurden. Durch die Ratifizierung des Abkommens von Dayton normalisierte sich das jugoslawisch-makedonische Verhältnis weitgehend. Am 8. April 1996 erkannten sich die beiden Staaten gegenseitig an und vereinbarten im Oktober 1996 eine Freihandelszone. Lediglich in den Sukzessionsverhandlungen blieben Fragen nach dem Grenzverlauf sowie der Aufteilung von Schulden und Vermögen Jugoslawiens offen.

Am feindseligsten stand zunächst Griechenland dem neuen Staat gegenüber. Athen behauptete, daß Skopje territoriale Ansprüche auf griechisches Territorium erhebe, was den EG-Richtlinien zur Anerkennung neuer Staaten in Osteuropa widerspreche. Vor diesem ideologischen Hintergrund legte die griechische Regierung ihr Veto im Europäischen Rat ein, als Makedonien einen Antrag auf Anerkennung durch die Europäische Gemeinschaft stellte.

Die griechische Regierung hatte drei Indizien für das vermeintliche makedonische Expansionsstreben ausgemacht: den Staatsnamen ‹Makedonien›, die Staatsflagge, die den Stern von Vergina trug, und die Verfassung vom 17. November 1991, die in Artikel 49 den Minderheitenschutz und die kulturelle Förderung der Auslandsmakedonier postulierte. Der damalige Premierminister Konstantin Mitsotakis und viele national orientierte Griechen meinten, daß die Bezeichnung Makedonien seit alters her griechisch sei und sich bis heute auf griechisches Territorium beziehe. Ebenso sei der sechzehnstrahlige Stern von Vergina als historisches Emblem der antiken makedonischen Königsfamilie Philips II., des Vaters Alexanders des Großen, urgriechisch. Symbole und Staatsnamen dürfe allein Athen verwenden. Kritiker der griechischen Position hielten entgegen, es sei wohl kaum wahrscheinlich, daß der Zwei-Millionen-Staat Makedonien mit seinen 10 000 schlecht bewaffneten Soldaten die 122 000 Mann starke und gut ausgerüstete griechische Armee überfallen werde. Im übrigen wurde darauf verwiesen, daß auch die griechische Verfassung in Artikel 108 die Fürsorge Athens für die griechische Diaspora vorschreibt.

Am 6. Januar 1992 verabschiedete das makedonische Parlament dennoch zwei Verfassungsergänzungen, mit denen territoriale Ansprüche gegen Nachbarstaaten sowie die Einmischung in deren innere Angelegenheiten explizit ausgeschlossen wurden. Die europäische Expertenkommission unter Leitung Robert Badinters kam folglich zu dem Schluß, daß Makedonien alle Kriterien für die Anerkennung als unabhängiger

Staat erfülle. Wegen des griechischen Widerstandes blieb ihm dies am 15. Januar 1992, als Slowenien und Kroatien anerkannt wurden, dennoch verwehrt. Nachdem die kleine Republik am 8. April 1993 unter dem provisorischen Namen «The Former Yugoslav Republic of Macedonia» (FYROM) in die Vereinten Nationen aufgenommen worden war, zog die EU im Dezember 1993 mit der Anerkennung nach. Rußland, China, die Türkei und Bulgarien hatten den Staat dagegen schon 1992 unter seinem Verfassungsnamen anerkannt.

Das griechische Verhalten gegenüber «Skopje», wie Makedonien verächtlich tituliert wurde, blieb gleichwohl feindselig. Um zu demonstrieren, daß dessen Zukunft von Griechenland abhänge, erließ Athen im Februar 1994 einseitig eine Transportblockade gegen seinen nördlichen Nachbarn und schnitt ihn von dem für seinen Außenhandel lebenswichtigen Hafen von Thessaloniki ab. Da die griechische Regierung damit gegen wichtige EU-Bestimmungen verstieß, landete der Fall vor dem Europäischen Gerichtshof, der die Aufhebung der Zwangsmaßnahmen verlangte.

Der Durchbruch im griechisch-makedonischen Verhältnis wurde erst am 13. September 1995 durch ein international vermitteltes Interimsabkommen erzielt. Makedonien änderte seine Staatsflagge, indem die sechzehn- durch eine achtstrahlige Sonne ersetzt wurde. Griechenland hob im Gegenzug die einseitige Wirtschaftsblockade auf. Die Staaten einigten sich auf gegenseitige Anerkennung ihrer Souveränität, territorialen Integrität und politischen Unabhängigkeit. Lediglich der Namensstreit konnte nicht beigelegt werden. Griechenland stieg in der Folgezeit zum drittgrößten Handelspartner und wichtigsten ausländischen Investor in Makedonien auf. Durch den betont europäischen Kurs des seit Januar 1996 amtierenden Ministerpräsidenten Konstantin Simitis von der «Panhellenischen Sozialistischen Bewegung» (PASOK) haben sich die bilateralen Beziehungen weiter entspannt. Mittlerweile unterstützt Athen die Integration des kleinen Nachbarn in die EU, und Makedonien sieht Griechenland gerade deswegen als wichtigsten außenpolitischen Partner an. Ende der 90er Jahre kann die «Makedonische Frage» mithin als entschärft gelten. Die Existenz eines souveränen und unabhängigen makedonischen Staates wird von allen vier Nachbarstaaten anerkannt.

Das bedeutet indes nicht, daß damit alle Gefahren für den kleinen Balkanstaat bereits gebannt wären. Vor dem Hintergrund einer tiefen ökonomischen Depression und starker ethnopolitischer Spannungen ist die innere Stabilität Makedoniens gefährdet. Es ist die ungelöste «Albanische Frage», der Wunsch nach Vereinigung der albanischen Siedlungsgebiete in einem Staat, der das Land in Unruhe hält.

Krisenherd Kosovo

Die Unterzeichnung des Friedensabkommens von Dayton markierte die Wende zu normalen Beziehungen zwischen den jugoslawischen Nachfolgestaaten sowie den Beginn einer aktiveren Außenpolitik der Bundesrepublik Jugoslawien. Durch die internationale Sanktionspolitik war Belgrad zwischen 1992 und 1995 praktisch handlungsunfähig gewesen, wenn man von den häufigen, politisch jedoch weitgehend bedeutungslosen Solidaritätsbekundungen Rußlands absieht. Mit seiner Resolution 757 hatte der Sicherheitsrat der Vereinten Nationen am 30. Mai 1992 den Warenverkehr mit Serbien und Montenegro unterbunden, Zahlungen und Kredite eingefroren und den Flugverkehr stillgelegt. Darüber hinaus wurde die Zusammenarbeit in den Bereichen Sport, Kultur und Technik suspendiert. Durch die Resolutionen 787 (16. November 1992) und 820 (17. April 1993) wurden die Sanktionen noch einmal erheblich verschärft und ihre Kontrolle verbessert. Nicht nur die Bundesrepublik Jugoslawien, sondern auch ihre Nachbarn haben unter dem Embargo schwer gelitten: Die Balkanstaaten verloren einen wichtigen Handelspartner und durften die zentralen jugoslawischen Verkehrslinien für ihren Warentransport nicht mehr benutzen. Griechenland, Makedonien, Bulgarien, Rumänien und Ungarn beklagten Ausfälle von mehreren Milliarden US-Dollar. Erst durch Dayton sind die Sanktionen weitgehend aufgehoben worden, lediglich der Zugang zu den internationalen Finanzorganisationen blieb Belgrad wegen des Kosovo-Problems durch einen «äußeren Sanktionswall» weiter versperrt.

Im Zuge des in Dayton begonnenen Friedensprozesses normalisierten die jugoslawischen Nachfolgestaaten, soweit sie dies noch nicht getan hatten, ihre bilateralen Beziehungen. Am 8. April 1996 erkannten sich Makedonien und die Bundesrepublik Jugoslawien gegenseitig an, am 23. August 1996 wurde ein Abkommen über die Normalisierung der Beziehungen zwischen Kroatien und der Bundesrepublik Jugoslawien unterzeichnet. Eine entsprechende jugoslawisch-bosnische gemeinsame Erklärung folgte am 3. Oktober 1996. Damit war eine wichtige Voraussetzung für die weitere politische Entspannung in der Region gelegt. Im Verlauf des Jahres 1996 begannen schließlich auch zahlreiche europäische und außereuropäische Staaten, ihre diplomatischen Beziehungen zur Bundesrepublik Jugoslawien zu normalisieren.

Eine Reihe von Konflikten ist im bosnisch-kroatisch-jugoslawischen Staatendreieck gleichwohl offengeblieben, darunter die Aufteilung von Schulden und Vermögen Jugoslawiens im Rahmen der Sukzessionsverhandlungen, der kroatisch-montenegrinische Territorialstreit über die

Halbinsel Prevlaka (dem wichtigsten jugoslawischen Militärhafen, der jedoch auf kroatischem Territorium liegt) sowie das Rückkehrrecht von rund 300 000 Serben, die im Sommer 1995 aus Kroatien nach Bosnien und Herzegowina und in die Bundesrepublik Jugoslawien vertrieben worden waren und deren Wiederaufnahme Zagreb faktisch verweigert.

Trotz seiner immensen Sprengkraft blieb bei den in Dayton initiierten postjugoslawischen Friedensverhandlungen das Kosovo-Problem ausgespart. In der autonomen Provinz Kosovo, die völkerrechtlich Bestandteil der Bundesrepublik Jugoslawien ist, lebten Anfang der 90er Jahre nach serbischer Schätzung rund 1,6 und nach albanischer etwa 1,9 Millionen Albaner. Sie stellten dort 84,2 % (die serbische Annahme) bzw. 88,8 % (die albanische) der Bevölkerung. Tito hatte der Provinz Kosovo in der Verfassung von 1974 eine weitreichende territoriale Autonomie zugestanden, die jedoch nach dem Machtantritt Slobodan Miloševićs als serbischer Präsident in den Jahren 1989 und 1990 stark zurückgestutzt wurde. Seither bestreiten die Albaner die Legitimität der jugoslawischen Institutionen und boykottieren die Wahlen. Sie haben einen Schattenstaat mit einer Regierung, einer Präsidentschaft und parallelen Steuer-, Schul- und Gesundheitssystemen aufgebaut. Im Juli 1990 erklärten sie das Kosovo für von Serbien unabhängig, und im September 1991 stimmten sie in einem Referendum für den «souveränen und unabhängigen Staat Kosova».

Die Kosovo-Albaner argumentieren, daß nach dem Zerfall Jugoslawiens 1991/1992 alle Völker – auch die dort beheimateten Albaner – ein Recht auf Selbstbestimmung hätten. Die Expertenkommission der Europäischen Gemeinschaft (Badinter-Kommission) hatte dagegen beschlossen, daß nur die Teilrepubliken, nicht aber die autonomen Provinzen Jugoslawiens als Völkerrechtssubjekte anzusehen seien und unabhängige Staaten werden dürften. Gleichzeitig wurde im sogenannten «Carrington-Plan» festgelegt, daß Minderheitenregionen einen Sonderstatus (Territorialautonomie) erhalten sollten. Während die internationale Gemeinschaft nacheinander Slowenien, Kroatien, Bosnien und Herzegowina und Makedonien als unabhängige Staaten anerkannte, wollte sie das Kosovo-Problem durch eine Territorialautonomie innerhalb der Grenzen der Bundesrepublik Jugoslawien lösen.

1996 trat erstmals die Untergrundorganisation «Kosovo-Befreiungsarmee» («Ushtria Çlirimtare e Kosovës» – UÇK) öffentlich in Erscheinung. Seit Mitte 1997 hat sie systematisch Anschläge auf serbische Polizeieinrichtungen, Privathäuser und albanische «Kollaborateure» verübt. Seit März 1998 ging Belgrad mit Sonderpolizei und Armee scharf gegen die Aufständischen vor, der Konflikt eskalierte zum Krieg. Die internationale Gemeinschaft hat daraufhin verschiedene diplomatische und finanzielle

Sanktionen sowie ein Waffenembargo gegen die Bundesrepublik Jugoslawien verhängt.

Die blutigen Zusammenstöße zwischen aufständischen Albanern und serbischer Sonderpolizei und Armee zwischen März und Oktober 1998 ließen befürchten, daß sich die Albaner in den angrenzenden Staaten mit den Kosovaren solidarisieren. Rund 2,5 Millionen Albaner lebten damals als Minderheit außerhalb ihres Mutterlandes: im Kosovo schätzungsweise noch 1,4 Millionen, in Montenegro 50 000, in Makedonien 460 000 und im Norden Griechenlands 150 000. Immer häufiger ertönte der Ruf, die «Albanische Frage» durch den Zusammenschluß aller albanischen Siedlungsgebiete zu lösen.

Sowohl Skopje als auch Tirana haben einem guten Verhältnis zu Belgrad zunächst Priorität vor Solidaritätsbekundungen mit den Kosovo-Albanern eingeräumt. Albanien, der vormals wichtigste Fürsprecher der kosovarischen Selbständigkeit, hat unter dem 1997 ins Amt gewählten sozialistischen Ministerpräsidenten Fatos Nano jegliche panalbanische Intervention ausgeschlossen und statt dessen zielstrebig an der Normalisierung der bilateralen Beziehungen zur Bundesrepublik Jugoslawien gearbeitet. Im November 1997 traf Nano auf Kreta mit Slobodan Milošević zum ersten jugoslawisch-albanischen Gipfeltreffen seit 1948 zusammen.

Auch Skopje zeigte sich bemüht, das Verhältnis zu seinem wichtigsten Außenhandelspartner, der Bundesrepublik Jugoslawien, nicht unnötig zu belasten. So hat es die makedonische Regierung 1998 ausgeschlossen, Militärschläge gegen die Bundesrepublik Jugoslawien von makedonischem Territorium aus zuzulassen. Am 13. Oktober 1998 hatte die NATO wegen der Vorgänge im Kosovo ihre Streitkräfte mobilisiert und zu Bombenangriffen auf das Territorium der Bundesrepublik Jugoslawien ermächtigt. Die Drohung mit Luftschlägen auf serbisches Territorium wurden auch nach einem zwischen US-Vermittler Richard Holbrooke und Slobodan Milošević geschlossenen Abkommen zur Lösung der Kosovo-Krise aufrechterhalten. Wenig später entsandte die OSZE eine mehrere hundert Personen starke Mission in die Krisenprovinz, um die Einhaltung der mit Belgrad getroffenen Vereinbarungen (in erster Linie die Demobilisierung und den Rückzug von jugoslawischer Armee und serbischer Sonderpolizei) zu überwachen. Gleichzeitig wurde in Makedonien eine 1700 Mann starke NATO-Eingreiftruppe, die «Extraction Force», stationiert. Sie sollte die OSZE-Verifikatoren im Kosovo im Konfliktfall mit Panzerfahrzeugen und Hubschraubern evakuieren.

Angesichts neuer Gewalthandlungen im Kosovo geriet die internationale Gemeinschaft jedoch unter Handlungsdruck. Im Februar 1999 lud die Kontaktgruppe zu Verhandlungen über den künftigen Status Kosovos in das französische Schloß Rambouillet ein. Nach internationalen Vorstellungen sollte sich Kosovo innerhalb der BR Jugoslawien selbst regieren dürfen, also eigene demokratische Institutionen (Legislative, Exekutive und Judikative) erhalten. Zur Umsetzung wurde im militärischen Anhang des Abkommens die Entsendung einer militärisch robusten Friedenstruppe unter Führung der NATO gefordert.

Während die albanische Delegation unter massivem Druck schließlich dazu bewegt werden konnte, das Abkommen zu unterzeichnen, verweigerte Jugoslawien strikt die Zustimmung. Aus historischen und politischen Gründen wollte Belgrad die Einschränkung seiner Souveränität durch eine ausländische Interventionsmacht nicht akzeptieren. Die Serben fürchteten ferner, daß die Autonomieregelung früher oder später zur Abtrennung des Kosovo führen würde.

Um die Forderungen von Rambouillet durchzusetzen, begann die NATO am 24. März 1999 einen Luftkrieg gegen militärische Einrichtungen, Infrastruktur und Industrieanlagen in Serbien und Montenegro. Erst Anfang Juni lenkte die Führung in Belgrad ein. Unterdessen entwickelte sich eine der größten Flüchtlingskrisen der europäischen Nachkriegsgeschichte: Rund eine Million Menschen flohen oder wurden aus dem Kosovo vertrieben. Am 3. Juni 1999 stimmte das serbische Parlament schließlich einem mühsam entwickelten Friedensplan der Staatengemeinschaft zu. Die serbischen Truppen zogen sich aus dem Kosovo zurück, in das Friedenstruppen (KFOR – Kosovo Force) aus NATO-Staaten und auch aus Rußland einrückten. Die Provinz wurde einer internationalen Verwaltung durch die UNO unterstellt. Damit wurde der Kosovo-Krieg formal beendet. Die «Albanische Frage» blieb gleichwohl weiterhin ungelöst.

Fazit

Die politischen Veränderungen in Osteuropa in den späten 80er und frühen 90er Jahren haben die außen- und sicherheitspolitische Lage in den südosteuropäischen Staaten von Grund auf verändert. Dabei hat der empirische Befund die Hypothese von der Wiederkehr der Geschichte weitgehend widerlegt. In den zehn Jahren nach der historischen Zeitenwende von 1989/1990 haben primär aktuelle politische, ökonomische und militärische Faktoren die auswärtigen Beziehungen der südosteuropäischen Staaten geprägt und weniger vermutete historische Reminiszenzen. In vielen Fragen haben die außenpolitischen Apparate Pragmatismus bewiesen, eine Politik der positiven Äquidistanz zu den Nachbarn verfolgt und eine Annäherung an den gesamteuropäischen Integrationsprozeß bewirkt. Erleichtert wurde diese zweifellos durch den Ende 1995 begonnenen Dayton-Prozeß, der die Grundlagen für eine allseitige Normalisierung der internationalen Beziehungen auch in den jugoslawischen Nachfolgestaaten schuf.

Die innen- und zwischenstaatlichen Instabilitäten in der Region sind damit auch Ende der 90er Jahre noch längst nicht beseitigt. Denn große ethnopolitische Konflikte bleiben weiterhin virulent: der um Bosnien und Herzegowina, der von kroatischen und serbischen Hegemonieansprüchen genährt wird, sowie der im Kosovo, der die «Albanische Frage», die Vereinigung der albanischen Siedlungsgebiete in einem Staat, aufwirft. Hinzu kommt die sich möglicherweise fortsetzende staatliche Desintegration und ethnische Homogenisierung der Vielvölkerstaaten BR Jugoslawien und Makedonien, die die politisch-territoriale Ordnung Südosteuropas erneut aus dem Gleichgewicht bringen könnten. Zudem sollte man neben den «harten» militärischen auch «weiche» politische, soziale und umweltbezogene Gefahren berücksichtigen. Neben den Nachwirkungen von Krieg und ethnischen Vertreibungen in den Nachfolgestaaten Jugoslawiens drohen Südosteuropa nach wie vor auch soziale Unruhen und politische Massenproteste (etwa in Bulgarien, Rumänien, Serbien und Albanien). Hinzu kommen neuerdings überall Risiken, die aus transnationaler organisierter Kriminalität, illegaler Einwanderung und grenzüberschreitenden Umweltproblemen erwachsen.

Gleichwohl wäre es unangemessen, Südosteuropa vorrangig durch die Brille möglicher Konflikte zu betrachten und von den weiteren europäischen Integrationsprozessen auszuschließen. Denn wenn es heute etwas Verbindendes in der Region gibt, dann ist es der hohe Grad der Abhängigkeit von internationaler, und hier vor allem westlicher Zusammenarbeit. Eine kluge, auf den Gesamtraum bezogene Politik der Einbindung Südosteuropas in verschiedene multilaterale Kooperationszusammenhänge wäre die beste Voraussetzung dafür, sozialökonomischer Destabilisierung und politischer Radikalisierung langfristig entgegenzuwirken. Zuvor müßte sich der Westen allerdings darüber klarwerden, daß auch diese Region ein integraler Bestandteil Europas ist.

IV.

Wirtschaft

Transition: Institutioneller und struktureller Wandel*

Marvin Jackson

Es geht in diesem Beitrag um die wesentlichen Dimensionen der Wirtschaftsstrukturen in den südosteuropäischen Staaten, wie sie sich als Ergebnis kombinierter Auswirkungen sowohl der Öffnung ihrer Volkswirtschaften für einen freieren Handel als auch der institutionellen und politischen Veränderungen seit 1989 herausgebildet haben. Die historische Entwicklung der Wirtschaftsstrukturen Südosteuropas ist in einigen Werken (u. a. *Jackson/Lampe 1982* sowie *Lampe/Jackson 1982)* eingehend behandelt worden. Auch die spezifischen Strukturmerkmale in Ostmittel- und Südosteuropa während der sozialistischen Periode waren Gegenstand detaillierter Untersuchungen (u. a. *Jackson 1987* und *Winiecki 1988).*

Bevor auf die Einzelheiten in der Periode seit 1989 eingegangen wird, lohnt es sich, den Stellenwert der Wirtschaftsstruktur in einem größeren sozialen Rahmen wenigstens generell anzusprechen. So wie der Begriff hier verwendet wird, beschreibt «Wirtschaftsstruktur», welche Güter und Dienstleistungen erzeugt werden, und spricht damit jene Tätigkeiten an, die von Unternehmern und Arbeitnehmern ausgeübt werden. Ohne daß damit ein ökonomischer Determinismus unterstellt wird, ist auf die Tatsache hinzuweisen, daß die meisten Erwerbstätigen den überwiegenden Teil ihres Lebens am Arbeitsplatz verbringen, mehr oder weniger nahe am Arbeitsplatz wohnen und den Hauptteil ihres Einkommens aus dieser Arbeit beziehen. Es ist also offensichtlich von Bedeutung, sich mit den Wirtschaftsstrukturen und ihren Veränderungen eingehender zu beschäftigen.

* Die Forschungsarbeiten, die diesem Beitrag zugrundeliegen, sind im Rahmen von Phare-Projekten (ACE Project P-96-6071-R und CIPA Project CT 93-003) gefördert worden. Der Autor bedankt sich hierfür wie auch für die Unterstützung der Arbeiten durch seine Kollegen George Petrakos und Alexandre Repkine.

Die Determinanten der Wirtschaftsstruktur und des strukturellen Wandels

In einigen klassischen Studien *(Kuznets 1966* sowie *Chenery/Syrquin 1975)* wurde dargelegt, daß die Wirtschaftsstruktur in einer engen Korrelation zum Niveau wirtschaftlicher Entwicklung steht, wie es im Bruttoinlandsprodukt (BIP) pro Einwohner zum Ausdruck kommt. Diese ist nicht notwendigerweise eine schlichte und einseitige Beziehung von Ursache und Wirkung. Eines der Bindeglieder ist die sogenannte «Einkommenselastizität der Nachfrage», womit die allgemein auftretende Tendenz gemeint ist, daß sich die Nachfrage bei wachsenden Einkommen von Nahrungsmitteln zu Industrieerzeugnissen und Fertigwaren hin verlagert. Ein weiteres, komplexeres und längerfristig wirksames Bindeglied sind die Technologietransfers von einem Land zum anderen, woraus sich ein gemeinsamer Prozeß der Kostenreduzierung und der Beschaffung neuer Produkte ergibt. Hinzu kommen natürlich noch andere Faktoren wie Vorkommen und Lage der natürlichen Ressourcen. Auch die Größe der einzelnen Länder steht in einer statistisch signifikanten Beziehung zu ihrer Wirtschaftsstruktur.

Wichtige Faktoren bilden daneben die institutionellen Rahmenbedingungen und die politischen und wirtschaftspolitischen Orientierungen. Seit dem 19. Jahrhundert existiert eine umfangreiche Literatur zu dem Thema, wie durch protektionistische Maßnahmen und andere staatliche Eingriffe, die auf den Ersatz von Importen durch inländische Produkte zielen, bewußt auf die Entwicklung der Wirtschaftsstruktur eingewirkt werden kann. Der Grundgedanke besteht darin, daß mit derartigen Mitteln zusätzliche Aktivitäten – namentlich im industriellen Bereich – gefördert werden können. In der Zwischenkriegszeit wurde etwa die Forderung erhoben, der Staat solle die Einfuhr von Industrieerzeugnissen, die auch im Inland produziert werden können, nicht erlauben, solange die Wertschöpfung je Beschäftigten (und damit die Produktivität) in der Industrie höher sei als die Wertschöpfung je Beschäftigten (und damit die Produktivität) in der Landwirtschaft *(Manoilescu 1923).*

Schließlich ist auf die Ausgangsbedingungen zu Beginn einer Periode des Strukturwandels zu verweisen, d. h. in diesem Falle auf die Folgen der Entwicklungsstrategien und der institutionellen Umfelder in der sozialistischen Periode. Es ist bekannt, daß der kommunistisch geführte Staat die direkte Kontrolle über die allgemeine Mittelzuweisung übernahm, um die industrielle Entwicklung voranzutreiben. Diese Politik beruhte auf einer spezifischen Auffassung sowohl über den Entwicklungsprozeß als auch über die Sicherheitsinteressen der neuen Gesellschaft. Gleichzeitig wurden Dienstleistungen als «unproduktiv» angesehen und daher nicht gefördert. Außerdem war ein erhebliches Maß an dysfunktionalem Verhalten im institutionellen Rahmen des Systems zu konstatieren. Zum Beispiel versuchten Betriebe und Industriemanager, sich von den Planern unabhängig zu machen, indem sie die vertikale Integration vorantrieben und die Spezialisierung einschränkten. Schließlich wirkten auch die Veränderungen im außenwirtschaftlichen Bereich auf die Wirtschaftsstrukturen zurück. Als nach dem Ende des II. Weltkriegs der Warenaustausch unter den sozialistischen Staaten zunahm, förderte die Sowjetunion durch vorteilhafte *terms of trade* den Handel mit Industrieprodukten, während sie den Handel mit Grundstoffen aus Landwirtschaft und Bergbau benachteiligte, indem sie den anderen Staaten solche Güter zu günstigen Konditionen anbot. Als sich später der Handel mit dem Westen in frei konvertierbaren Währungen entwickelte, zogen es diese Staaten wiederum vor, ihre Grundstoffe zu Weltmarktpreisen und gegen Devisen zu verkaufen, und zwar zu günstigeren Bedingungen, als sie ihnen von den anderen sozialistischen Ländern angeboten wurden.

Herausforderungen und Antworten nach 1989

Alle Länder Südosteuropas außer Griechenland und der Türkei sahen sich nach 1989 dramatischen Belastungen und Herausforderungen ihrer Wirtschaftsstrukturen ausgesetzt. Hierzu trugen vor allem folgende Faktoren und Entwicklungen bei:

Da waren zum einen die *Anfangs- bzw. Ausgangsverzerrungen.* Diese ergaben sich aus den Folgen einer Fülle struktureller Merkmale, die aus der sozialistischen Periode geerbt worden und für marktwirtschaftlich verfaßte Volkswirtschaften untauglich waren, erst recht bei einer starken Öffnung gegenüber dem internationalen Handel. Es waren zu viele Ressourcen der Industrie und zu wenige dem Dienstleistungssektor zugeführt worden; die Industriebetriebe waren zu sehr vertikal integriert und verwendeten Technologien, die einen übergroßen Verbrauch an Energie und Rohstoffen erforderlich machten. Das Gesamtniveau der Außenhandelsabhängigkeit war häufig zu unterentwickelt; man hatte zu großen Wert auf die Ausfuhr von Maschinen und komplexer Elektronik gelegt, während die Handelsbeziehungen mit den benachbarten, damals ebenfalls sozialistischen Staaten ebenso vernachlässigt worden waren wie grenzüberschreitende Wirtschaftsprojekte.

In der Transitionsperiode konnte ein großer Teil des vorhandenen Investivkapitals keine adäquaten Renditen erzielen. Trotzdem könnten solche Unternehmen weiter in Betrieb bleiben, solange Produkte zu

Preisen gefertigt werden, welche die Betriebstkosten (Löhne, Energie und Material) decken. Frühe Forschungen (etwa *Hughes/Hare 1994)* legen den Schluß nahe, daß die Erträge eines signifikanten Teils der vorhandenen Unternehmen möglicherweise nicht einmal dazu ausreichten, um die Kosten der häufig importierten Energie und Rohstoffe zu decken, von den Lohnkosten ganz zu schweigen. Solche Betriebe erwirtschafteten anscheinend eine «negative Wertschöpfung», sobald für Produkte, Energie und Rohstoffe Weltmarktpreise bezahlt wurden. Logischerweise wäre es – sofern nicht rasche Stabilisierungen herbeigeführt werden können – sinnvoll, solche Betriebe zu schließen, weil dies auf eine Steigerung des Nationaleinkommens (bzw. des Nettoinlandsprodukts) hinauslaufen würde, das ja auf den einheimischen Wertschöpfungsbeiträgen beruht.

Zum zweiten kamen sehr rasch *makroökonomische Initialschocks* hinzu. Einigen Wissenschaftlern zufolge *(Brada/King 1992, Portes 1992, Kolodko 1993)* haben sich die Regierungen in den Transitionsstaaten zu Beginn des Wandels währungspolitisch zu restriktiv verhalten, weil sie die Inflation unter Kontrolle halten wollten. Als Ergebnis davon gerieten die Volkswirtschaften einiger osteuropäischer Staaten in eine Rezession. Unter dieser Prämisse betrachtet – die bisherigen Forschungsergebnisse sind allerdings nicht eindeutig –, würden bestimmte Branchen (Investitionsgüter und Baustoffe, langlebige Konsumgüter) härter betroffen sein als andere. Man könnte somit von einem deflationsbedingten Strukturwandel sprechen. Ein solcher Prozeß könnte sich aber umkehren, sobald der wirtschaftliche Wiederaufstieg stattgefunden hat *(Jackson/Repkine 1997)*.

Zum dritten traten ebenfalls rasch und in unterschiedlichen Formen *Initialschocks im Außenhandel* auf. Den ersten löste der schnelle Zusammenbruch des Handels mit der Sowjetunion aus. Hier gingen nicht nur Exportmärkte verloren, sondern auch der privilegierte Zugang zu Energie und Rohstoffen. Gleichzeitig erfolgten die Öffnung des Außenhandels und diejenige im Hinblick auf Niederlassungen ausländischer Unternehmen. Später begann der Prozeß der Öffnung der EU-Märkte aufgrund der besonderen Handelsvereinbarungen in den Assoziierungsabkommen («Europa-Abkommen»), die den zehn Assoziierungsstaaten, zu denen auch Ungarn, Slowenien, Bulgarien und Rumänien gehören, praktisch freien Zugang für ihre Fertigerzeugnisse gewähren.

Alle diese Faktoren wirkten sich letztendlich auf die einzelnen wirtschaftlichen Akteure aus, denen durch die institutionellen und politischen Veränderungen schrittweise neue Dimensionen von Wahlmöglichkeiten und Entscheidungsfreiheiten eröffnet wurden. Die Manager staatseigener Betriebe erhielten nun freie Hand bei der Bestimmung der Märkte und Preise, trugen aber auch die Verantwortung dafür, daß genügend Einnahmen erzielt wurden, um Arbeiter und Zulieferer bezahlen zu können.

Individuen wie Gruppen stand es frei, ein Unternehmen zu gründen, und öffentliche Vermögenswerte wurden Schritt für Schritt veräußert oder an die früheren Eigentümer zurückgegeben. Import- und Exportgeschäfte wurden aus der staatlichen Kontrolle entlassen. Schließlich wurden staatseigene Unternehmen verkauft oder nach unterschiedlichen Verfahren privatisiert.

Die institutionelle Dynamik ergab folgende Entwicklungen und Ergebnisse: Die dominierenden Staatsbetriebe mußten zunächst erhebliche Verluste bei Absatz und Output hinnehmen. Sie begannen dann, ihre Personalbestände abzubauen, in der Regel dadurch, daß sie freiwerdende Arbeitsplätze nicht wieder besetzten. Neu gegründete Unternehmen waren sehr erfolgreich bei der Steigerung von Output und Personalbestand, es gab aber in der Anfangsphase nicht genug von ihnen, um den Niedergang der Staatsunternehmen zu kompensieren. Selbst bei privatisierten Staatsbetrieben vergingen meist mehrere Jahre, bis sie wieder Wachstum aufwiesen. Daher war die Erholungsphase hinsichtlich des Outputs in den Anfangsjahren der Transition davon abhängig, wie schnell neue (private) Unternehmen gegründet werden konnten und wie rasch sie anschließend wuchsen.

Naturgemäß waren mit den neuen Herausforderungen, Chancen und Verantwortlichkeiten zahlreiche Probleme verbunden. Menschen, die einen neuen Standort für eine Firma suchten oder aus anderen beruflichen Gründen umziehen wollten, sahen sich oft mit erheblichen Mobilitätsschranken konfrontiert. Für angehende Unternehmer war Startkapital schwer aufzutreiben. Die Manager von Staatsbetrieben waren in der Regel technische Fachleute, und daher fehlten ihnen die erforderlichen Kenntnisse für den kapitalistischen Geschäftsbetrieb. Fachwissen hinsichtlich aller Funktionsbereiche der Geschäftswelt besaßen nur diejenigen, die in westlichen Firmen gearbeitet oder mit diesen kooperiert hatten. Nicht übersehen werden darf auch die nur rudimentäre Entwicklung dessen, was man als Unternehmergeist bezeichnen könnte. Der Augenschein deutet auf wichtige Unterschiede hinsichtlich der Robustheit dieses Unternehmergeistes in und zwischen den einzelnen Ländern hin, doch ist bislang bedauerlicherweise nur wenig an guter Forschung zu diesem Thema betrieben worden.

Sowohl die Hemmnisse als auch die Chancen für effektive Antworten der relevanten Akteure auf die neuen Herausforderungen waren in den einzelnen Transitionsländern sehr unterschiedlich. Aus den Daten wie auch aus den soliden Untersuchungen und Analysen geht hervor, daß die südosteuropäischen Staaten – im Gesamtbild betrachtet – gegenüber den ostmitteleuropäischen zurückblieben. So haben etwa die Regierungen Bulgariens und Rumäniens Reformen absichtlich vermieden, oder aber sie bewegten sich so zögerlich und konfus, daß sich daraus nur wenig an stimulierenden Effekten auf die jeweilige Bevölkerung ergab. Die Unterschiede in den Ansätzen wirkten sich auch auf die einzelnen Wirtschaftssektoren und -branchen aus, so daß Tempo und Intensität des Strukturwandels in verschiedenen Bereichen deutlich variierten. So konnte, um nur ein Beispiel herauszugreifen, das Angebot an Dienstleistungen und Konsumgütern erheblich schneller gesteigert als etwa die Umstrukturierung großer Automobilwerke vorangebracht werden.

Hauptsächliche Dimensionen der Wirtschaftsstruktur

Im folgenden werden lediglich drei wesentliche Dimensionen der Wirtschaftsstruktur untersucht und verglichen:

- die drei Hauptsektoren Landwirtschaft, verarbeitende Industrie und Dienstleistungen (manchmal als primärer, sekundärer und tertiärer Sektor bezeichnet);
- die wichtigsten Industriebranchen und
- das, was mitunter «Offenheit des Außenhandels» genannt wird, oder die Proportionen von Exporten und Importen im Verhältnis zu der einheimischen Produktionstätigkeit.

Vorweg sind einige Anmerkungen zu den vorliegenden Strukturdaten erforderlich. Auch wenn in diesem Beitrag nicht die Absicht verfolgt wird, grundlegende Fragen zu wirtschaftlichen Gesamtrechnungen oder Statistiken aufzuwerfen, bedarf es einiger Erläuterungen, um Verwirrung bei der Interpretation der Daten zu vermeiden. Zum einen führte der institutionelle Bruch nach 1989 zu Veränderungen in den nationalen Gesamtrechnungen. Damit ging der Wandel der inhaltlichen Zuweisungen und der Berechnungsgrundlagen für die Angaben über die Aktivitäten in den hauptsächlichen Sektoren und Branchen sowie der verwendeten relativen Preisstrukturen für die Evaluierung dieser Aktivitäten einher. Zum zweiten ist auf die – auch in anerkannten internationalen Gesamtrechnungen zu findende – wichtige Differenz zwischen Bruttoproduktionswert und der sogenannten Wertschöpfung eines Sektors oder einer Branche hinzuweisen. Der Bruttoproduktionswert ist höher, da er sowohl den Input aus anderen Sektoren und Branchen (Material, andere Vorleistungen) als auch die Wertschöpfung in dem betreffenden Sektor bzw. der jeweiligen Branche einschließt. Zum dritten können, wenn Produktionsziffern von Sektoren und Branchen verwendet werden, um Strukturen und deren Wandel zu messen und zu vergleichen, zwei unterschiedliche Statistikwerte herangezogen werden: Der eine gibt die Produktionsanteile der einzelnen Sektoren und Branchen wieder, die in laufenden Preisen (also den Preisen im jeweiligen Jahr) bemessen werden, der andere stellt einen Vergleich auf der Basis von Volumenindizes her. Im ersten Fall resultieren unterschiedliche Ergebnisse sowohl aus relativen Preisveränderungen von einem Jahr zum anderen (Beispiel: die Industriepreise steigen im Vergleich zu den Agrarpreisen) als auch aus relativen Volumenveränderungen (das Produktionsvolumen der Industrie nimmt im Vergleich zu dem in der Landwirtschaft zu), während im zweiten Fall die Auswirkungen relativer Preisveränderungen nicht berücksichtigt werden. Beide Verfahren haben ihren Wert, wobei aber eben berücksichtigt werden muß, daß nicht ein und dasselbe gemessen wird.

Die wichtigste Schlußfolgerung besteht darin, daß nicht Statistiken miteinander vermischt werden dürfen, die auf unterschiedlichen Berechnungssystemen beruhen. Da die Statistiken aus der Zeit vor 1989 im allgemeinen nicht auf der Basis der nach 1989 verwendeten Systeme umgerechnet worden sind, ist hinsichtlich des Strukturwandels ein solider Vergleich der beiden Zeitabschnitte kaum zu leisten. Auch sollten nicht Statistiken verquickt werden, von denen die einen auf der Bruttoproduktion, die anderen auf der Wertschöpfung beruhen. Gleiches gilt für Produktionsziffern zu laufenden und zu konstanten Preisen.

Sektorale Beschäftigungsstruktur und Bruttoinlandsprodukt (BIP)

Vor der Betrachtung der Statistiken zur strukturellen Entwicklung ist daran zu erinnern, daß nach 1989 sowohl die Gesamtbeschäftigung als auch die Bruttoinlandsprodukte wesentlich zurückgingen, wobei das Absinken der Beschäftigungszahlen hinter demjenigen der BIP zurückblieb, wie aus einem Vergleich der Tabellen 1 und 4 ersichtlich wird.

In den südosteuropäischen Staaten nahm die Gesamtbeschäftigung im Durchschnitt stärker ab als in den ostmitteleuropäischen. Auch setzt sich das Absinken der Beschäftigungszahlen in Südosteuropa fort, während es in Ostmitteleuropa etwa seit 1995 zum Stehen gekommen zu sein scheint; in Polen nimmt die Gesamtbeschäftigung seit 1993 wieder zu.

Bei den Verlagerungen in den sektoralen Beschäftigungsstrukturen (siehe Tabelle 2) ist zu berücksichtigen, daß sie sich parallel zum Schrumpfen des gesamten «Beschäftigungskuchens» eingestellt haben. Die auffälligsten Veränderungen seit 1989 bestehen im Wachstum des Dienstleistungssektors, der drei große Kategorien umfaßt: private Dienstleistungen, Geschäfts- und Finanzdienstleistungen sowie öffentliche Verwaltung. Bemerkenswert ist, daß diese Veränderung im Falle Rumäniens am wenigsten ausgeprägt ist. Der Gesamtumfang des Dienstleistungssektors scheint in Bulgarien und in Rumänien überhaupt geringer zu sein als in den anderen Ländern, für die vergleichbare Daten vorliegen.

Tabelle 1: Gesamtbeschäftigung in südost- und ostmitteleuropäischen Transitionsstaaten, 1990–1997 (Indices, 1989 = 100)

	1989	1990	1991	1992	1993	1994	1995	1996	1997
Albanien	100	99	98	76	73	81	79	78	77
Bosnien u. H.	100	95	88	22	10	9	10	23	31
Bulgarien	100	94	82	75	74	74	75	75	73
Jugoslawien	100	97	94	91	88	87	85	85	84
Kroatien	100	97	89	79	77	75	74	75	74
Makedonien	100	99	96	91	86	82	74	71	67
Moldova**	100	99	99	98	81	80	80	79	79
Rumänien*	100	99	99	96	92	92	87	86	82
Ungarn*	100	97	88	80	76	74	73	73	72
Durchschnitt* **	**100**	**98**	**93**	**86**	**81**	**80**	**78**	**78**	**76**
Estland	100	99	96	91	85	83	78	77	77
Lettland	100	100	99	92	86	77	74	72	74
Litauen	100	97	100	98	93	88	86	87	88
Polen	100	96	90	86	84	85	87	88	90
Slowakei*	100	98	86	87	85	84	86	85	82
Slowenien	100	96	89	84	81	79	79	79	79
Tschechien	100	99	94	91	90	90	93	93	92
Durchschnitt	**100**	**98**	**93**	**90**	**86**	**84**	**83**	**83**	**83**

Anm.: * Jahresende; ** seit 1993 ohne Transnistrien; *** ohne Bosnien und Herzegowina.

Quelle: Economic Survey of Europe, 3/1998.

Die Anteile der Beschäftigten in verarbeitender Industrie und Bauwirtschaft sind in allen in der Tabelle 2 angeführten Ländern gesunken, was den Schluß nahelegt, daß den sogenannten Transitionsstaaten ein Prozeß der Deindustrialisierung gemeinsam ist. Eine nähere Betrachtung der Veränderungen im Arbeitskräftebestand zeigt, daß diese vor allem in Form des Ausscheidens von (vornehmlich weiblichen) Industriearbeitern aus dem Arbeitsprozeß eingetreten sind *(Jackson 1996)*. Im landwirtschaftlichen Bereich sind hingegen unterschiedliche Tendenzen auszumachen. In Bulgarien und Rumänien waren hier steigende Beschäftigtenanteile zu verzeichnen, wobei es sich jedoch nicht um einen einfachen arithmetischen Effekt aus den Schrumpfungsprozessen in Industrie- und Gesamtbeschäftigung handelt; vielmehr spiegelt sich hier auch der Umstand wider, daß sich Arbeitslose der Subsistenzlandwirtschaft zuwenden. Ebenfalls von Interesse ist, daß in Bulgarien und in Rumänien die Beschäftigungsanteile im Dienstleistungsbereich unter den Durchschnittswerten der Transitionsländer liegen.

Tabelle 3 ermöglicht den Vergleich mit den Mitgliedsstaaten der EU sowie der Türkei. Die Beschäftigungs-Verschiebungen weg von der Landwirtschaft ebenso wie von der Industrie waren in den EU-Ländern

Tabelle 2: Beschäftigungsstruktur in osteuropäischen Staaten nach Wirtschaftssektoren, 1989–1995 (in % der Beschäftigten)

	Landwirtschaft			Industrie incl. Bauwesen			Dienstleistungen		
	1989	1993	1995	1989	1993	1995	1989	1993	1995
Bulgarien	18,6	22,1	23,9	45,3	36,6	33,8	36,0	41,3	42,3
Lettland	17,4	19,5		37,4	28,5		45,2	52,0	
Litauen	17,9	19,6		42,1	38,0		40,0	42,4	
Polen	26,8	25,8	22,0	36,8	31,6	32,3	36,4	42,6	45,7
Rumänien	27,9	35,9	35,4	45,1	35,8	34,3	27,0	28,3	30,3
Rußland	13,5	14,6	16,1	42,8	39,5	35,7	43,7	45,4	51,8
Slowakei	13,8	12,1	9,2	46,3	39,8	37,5	39,9	48,1	53,3
Slowenien	2,6	2,4	2,1	52,6	46,8	45,9	44,8	50,8	52,0
Tschechien	10,6	6,9	6,5	49,2	44,6	42,1	40,2	48,6	51,4
Ungarn	15,5	9,1	8,0	37,8	33,8	32,6	46,7	57,1	59,4
Durchschnitt	**16,5**	**16,8**	**14,2**	**43,5**	**37,5**	**37,2**	**40,0**	**45,7**	**49,1**

Quellen: Economic Survey of Europe in 1994–1995, Genf 1995; nationale Statistiken.

eindeutig weitreichender. Zwar ähneln die Beschäftigungsstrukturen in den Transitionsstaaten stärker denen in drei südlichen EU-Mitgliedsländern (Griechenland, Spanien und Portugal), doch sind in Osteuropa insgesamt (immer noch) relativ größere Industriesektoren und kleinere Dienstleistungsbereiche zu konstatieren. Die Türkei nimmt mit einem großen Beschäftigungsanteil ihrer Landwirtschaft eine ausgesprochene Ausnahmestellung ein; in Osteuropa kommt dem nur noch der entsprechende Wert in Rumänien nahe.

Auf eine Diskussion der Aufteilung des Arbeitskräftepotentials würde logischerweise eine Betrachtung der Allokation der Sachinvestitionen und auch der natürlichen Ressourcen folgen. Das Fehlen brauchbarer und vergleichbarer Daten über Kapitalanlagen macht dies jedoch unmöglich, und eine angemessene Erörterung der Komplexitäten in Zusammenhang mit den natürlichen Ressourcen würde weit über den thematischen und formalen Rahmen dieses Beitrags hinausgehen.

Tabelle 4 gibt die Entwicklung der realen Volumina der Bruttoinlandsprodukte auf der Basis der inflationsbereinigten Produktionswerte wieder. Das BIP ist der Wert der Gesamtproduktion in einem bestimmten Zeitraum abzüglich der Inputs (Teile, Rohstoffe, Energie) und stellt somit die sogenannte Wertschöpfung dar, d. h. den Überschuß des Produktionswerts im Verhältnis zum Wert der eingesetzten Mittel.

Wie bereits erwähnt, sind die Aufwärts- und Abwärtsbewegungen des BIP das auslösende Moment für Verschiebungen in der Beschäftigungsstruktur. Die anfängliche Abnahme nach 1989 ist in den meisten Transi-

Tabelle 3: Beschäftigungsstruktur in EU-Mitgliedsstaaten und der Türkei nach Wirtschaftssektoren, 1993 (in % der Beschäftigten)

	Landwirtschaft, Forstwesen und Fischerei	Industrie incl. Bauwesen	Dienstleistungen und öffentliche Verwaltung
Belgien	3,0	29,0	68,0
Dänemark	5,0	26,0	69,0
Deutschland	4,0	38,0	59,0
Finnland	9,0	27,0	64,0
Frankreich	5,0	28,0	67,0
Griechenland	21,0	24,0	55,0
Großbritannien	2,0	29,0	69,0
Irland	14,0	28,0	58,0
Italien	7,0	32,0	60,0
Luxemburg	3,0	26,0	70,0
Niederlande	4,0	26,0	70,0
Österreich	7,0	35,0	58,0
Portugal	12,0	33,0	56,0
Schweden	4,0	25,0	71,0
Spanien	10,0	31,0	59,0
EU-Durchschnitt	**7,3**	**29,1**	**63,5**
Durchschnitt drei südliche (GR, P, ES)	**14,3**	**29,3**	**56,7**
Türkei	44,0	22,0	34,0

Quelle: Eurostat, Basic Statistics of the European Union, 1995.

tionsländern zum Stillstand gekommen, und im Falle Polens liegt das reale BIP seit 1996 – bei qualitativ besseren Waren und Dienstleistungen – höher als der entsprechende Wert für 1989. Wie bei den Beschäftigungszahlen spielen sich also Verlagerungen in der großsektoralen BIP-Struktur (Tab. 5) ab, während der gesamte «BIP-Kuchen» zunächst schrumpft und dann wieder zu wachsen beginnt.

In Tabelle 5 wird die Entwicklung der Anteile der großen Wirtschaftssektoren an der Wertschöpfung für die Jahre 1991 bis 1998 dargestellt, wobei allerdings nicht für alle Länder vergleichbare Daten vorliegen und sich je nach Quelle doch signifikante Schwankungen ergeben, woraus sich die Unterschiede zu den Angaben in Tabelle 12 des Statistischen Profils erklären. Zwischen der Gruppe der südosteuropäischer Staaten im jeweils oberen und der Gruppe der ostmitteleuropäischen Staaten im jeweils unteren Teil der Tabelle erscheint jedoch ein Vergleich möglich und lohnenswert. Jenseits der augenfälligen Sonderposition Albaniens – dessen große Abhängigkeit von der Agrarproduktion in scharfem Kontrast zu den Proportionen in den übrigen Ländern steht – ist im Gesamtbild zu konstatieren, daß die Landwirtschaft in Südosteuropa wesentlich wichtiger ist als in Ostmitteleuropa. Dies ist jedoch weniger auf positive Ent-

Tabelle 4: Reales Volumen des BIP in südost- und ostmitteleuropäischen Transitionsstaaten, 1990–1997 (Indices, 1989 = 100)

	1989	1990	1991	1992	1993	1994	1995	1996	1997
Albanien	100	90	65	60	66	71	81	88	82
Bulgarien	100	91	83	77	76	78	80	72	67
Jugoslawien*	100	92	81	59	41	42	44	47	50
Kroatien	100	93	73	65	60	63	67	71	76
Makedonien	100	90	84	77	70	69	68	68	69
Moldova**	100	98	81	57	57	39	38	35	36
Rumänien	100	94	82	75	76	79	85	88	82
Ungarn	100	97	85	82	82	84	86	87	90
Durchschnitt	**100**	**93**	**79**	**69**	**66**	**66**	**69**	**70**	**69**
Estland	100	92	83	71	65	64	67	69	77
Lettland	100	102	92	60	51	52	51	53	56
Litauen	100	97	91	72	60	54	56	59	62
Polen	100	88	82	84	88	92	99	105	112
Slowakei	100	98	83	78	75	79	84	90	96
Slowenien	100	92	84	79	81	86	89	92	95
Tschechien	100	99	87	85	85	87	93	97	98
Durchschnitt	**100**	**95**	**86**	**76**	**72**	**73**	**77**	**80**	**85**

Anm.: * Gross material product (Bruttoinlandsprodukt abzüglich einiger Bereiche des Dienstleistungssektors); ** Net material product (Nettoinlandsprodukt abzüglich einiger Bereiche des Dienstleistungssektors) für 1989–1990.

Quelle: Economic Survey of Europe, 3/1998.

wicklungen in der Agrarwirtschaft selbst als vielmehr auf das Ausmaß der Schrumpfung der Industrieproduktion und auf die langsame Entwicklung des Dienstleistungssektors zurückzuführen. In Südosteuropa gehen die Anteile der Industrie tendenziell weiter zurück, wohingegen sie in den ostmitteleuropäischen Staaten mehr oder weniger stabil sind oder nach anfänglichen Rückgängen nunmehr wieder wachsen. Wie bereits festgestellt wurde, ist der Dienstleistungssektor in Südosteuropa – von der bemerkenswerten Ausnahme Makedonien abgesehen – immer noch zu klein.

Ein Vergleich zwischen den Tabellen 2 und 5 zeigt, daß die Anteile der Beschäftigten im Agrarsektor höher sind als dessen Anteile am BIP. Dies spiegelt eine generelle Tendenz wider: Die Arbeitsproduktivität ist in der Landwirtschaft niedriger als in der Industrie und im Dienstleistungssektor. Wie bei den Beschäftigungszahlen ist auch bei den BIP-Anteilen ein Vergleich zwischen den Transitionsländern und den Mitgliedsstaaten der EU und der Türkei (siehe dazu Tab. 6) sinnvoll. Während die landwirtschaftlichen BIP-Anteile der Länder Ostmitteleuropas inzwischen etwa dem EU-Durchschnitt entsprechen, liegen diejenigen der südosteuropäischen Transitionsstaaten deutlich höher; ähnliche Werte erreichen in der

Tabelle 5: Anteile der Wirtschaftssektoren am BIP in südost- und ostmitteleuropäischen Transitionsstaaten, 1991–1998 (in %)

	1991	1992	1993	1994	1995	1996	1997	1998
Landwirtschaft								
Albanien	42,5	54,2	54,6	55,1	55,9	55,4	62,6	
Bulgarien	14,3	11,7	10,3	12,0	13,1	14,6	23,3	
Kroatien	9,7	13,5	12,8	10,4	10,0			
Makedonien		14,4	9,8	10,4	10,7	11,0	10,8	
Moldova			32,0	29,0	33,0	31,0	30,0	
Rumänien	18,9	19,0	21,0	19,8	19,9	19,1	18,8	16,0
Durchschnitt	**21,4**	**22,6**	**23,4**	**22,8**	**23,8**	**26,2**	**29,1**	
Polen	6,8	6,7	6,6	6,2	6,4	6,0		
Slowakei		6,2	6,6	7,4	5,6	5,2	4,8	
Slowenien	5,2	5,2	4,5	4,0	3,9	3,9	3,9	4,1
Tschechien	6,0	6,1	6,5	3,8	5,3	5,1	4,8	4,8
Ungarn	7,8	6,7	6,3	6,0	5,9	6,1	5,8	
Durchschnitt	**6,5**	**6,2**	**6,1**	**5,5**	**5,4**	**5,3**	**4,8**	
Industrie								
Albanien	32,1	16,9	13,9	12,4	11,5	12,2		
Bulgarien	37,1	40,5	35,0	32,1	32,7	30,2	29,4	
Kroatien	29,5	29,0	30,8	27,9	23,6			
Makedonien		29,4	25,1	19,3	19,2	19,5	19,0	
Moldova			39,0	33,0	28,0	28,0	29,0	
Rumänien	37,9	38,3	33,8	35,6	34,6	36,0	35,6	31,7
Durchschnitt	**34,2**	**30,8**	**29,6**	**26,7**	**24,9**	**25,2**	**22,6**	
Polen	40,2	34,0	32,9	32,2	29,2	27,1		
Slowakei		37,9	35,4	30,6	32,2	30,0	28,2	
Slowenien	36,0	32,1	29,3	30,3	28,4	27,9	28,7	38,9
Tschechien		40,2	34,9	33,5	34,1	33,6	35,0	36,5
Ungarn	26,7	25,7	26,6	27,4	23,1	23,5	25,0	
Durchschnitt	**34,3**	**34,0**	**31,8**	**30,8**	**29,4**	**28,4**	**29,2**	
Dienstleistungen und Sonstiges								
Albanien	25,4	28,9	31,5	32,5	32,6	32,4		
Bulgarien	48,6	47,8	54,7	55,9	54,2	55,2	47,3	
Kroatien	60,8	57,5	56,4	61,7	66,4			
Makedonien		56,2	65,1	70,3	70,1	69,5	70,2	
Moldova			29,0	38,0	43,0	41,0	41,0	
Rumänien	43,2	42,7	45,2	44,6	45,5	44,9	45,6	52,3
Durchschnitt	**44,5**	**46,6**	**47,0**	**50,5**	**52,0**	**48,6**	**40,8**	
Polen	53,0	59,3	60,5	61,6	64,4	66,9		
Slowakei		55,9	58,0	62,0	62,2	64,8	67,0	
Slowenien	58,8	62,7	66,2	65,7	67,7	68,2	67,4	57,0
Tschechien		53,7	58,6	62,7	60,6	61,3	60,2	58,7
Ungarn	65,5	67,6	67,1	66,6	71,0	70,4	69,2	
Durchschnitt	**59,1**	**59,8**	**62,1**	**63,7**	**65,2**	**66,3**	**66,0**	

Quelle: Transition Report Update 1999.

Tabelle 6: Anteile der Wirtschaftssektoren am BIP in EU-Mitgliedsstaaten und der Türkei, 1992 (in %)

	Landwirtschaft, Forstwesen und Fischerei	Industrie incl. Bauwesen	Dienstleistungen und öffentliche Verwaltung
Belgien	1,8	31,4	66,7
Dänemark	3,6	27,2	69,2
Deutschland	1,2	39,4	59,3
Finnland	6,7	38,0	55,3
Frankreich	3,1	30,9	66,0
Griechenland	17,0	27,3	55,6
Großbritannien	1,5	34,5	64,0
Irland	7,6	38,0	54,4
Italien	3,3	33,5	63,2
Luxemburg	1,7	35,8	62,5
Niederlande	4,0	30,9	65,1
Österreich	3,4	43,9	52,7
Portugal	6,3	39,0	54,7
Schweden	3,1	40,4	56,5
Spanien	3,8	34,0	62,2
EU-Durchschnitt	**4,5**	**34,9**	**60,5**
Durchschnitt drei südliche (GR, P, ES)	**9,0**	**33,4**	**57,5**
Türkei	17,8	38,1	44,1

Quelle: Eurostat, Basic Statistics of the European Union, 1995.

Vergleichsgruppe nur Griechenland und die Türkei. Demgegenüber weisen beide Gruppen von Transitionsländern die Gemeinsamkeit relativ kleinerer Industriesektoren auf. Die relative Größe der Dienstleistungsbereiche ist wiederum unterschiedlich; in Südosteuropa liegt sie unter dem EU-Durchschnitt, in Ostmitteleuropa hingegen darüber.

Zusammensetzung der Hauptsektoren

Jeder der drei Hauptsektoren wirtschaftlicher Aktivitäten besteht seinerseits aus Branchen und deren Teilbereichen. Der Agrarsektor beispielsweise kann in Viehwirtschaft und Feldanbau und diese wiederum weiter untergliedert werden, wenn ein detaillierteres Bild wirtschaftlicher Strukturen und ihres Wandels entstehen soll. Im Hinblick auf Südosteuropa gibt es Belege für eine relative und absolute Verringerung bei tierischen Produkten, so daß die Anteile der pflanzlichen Erzeugnisse zunehmen. Der am stärksten differenzierte Bereich ist der Dienstleistungssektor mit der bereits erwähnten Dreiteilung in private, Finanz- und Geschäftssowie öffentliche Dienstleistungen. Hier war in dem in der sozialistischen

Tabelle 7: Bruttoindustrieproduktion in südost- und ostmitteleuropäischen Staaten, 1990–1997 (Indices, 1989 = 100)

	1989	1990	1991	1992	1993	1994	1995	1996	1997
Albanien	100	87	50	35	32	26	24	27	26
Bosnien u. H.	100	102	77	26	2	2	3	5	7
Bulgarien	100	83	66	54	49	54	56	59	53
Jugoslawien	100	88	73	57	36	36	38	40	44
Kroatien	100	89	63	54	51	50	50	51	55
Makedonien	100	89	74	62	54	48	43	44	45
Moldova*	100	103	92	67	67	49	47	44	44
Rumänien	100	82	63	49	50	52	57	60	56
Ungarn	100	91	74	67	70	76	80	83	92
Durchschnitt[1]	**100**	**89**	**69**	**56**	**51**	**49**	**49**	**51**	**52**
Estland	100	100	93	60	49	47	48	49	56
Lettland	100	101	100	66	45	40	39	41	46
Litauen	100	97	94	66	43	32	33	35	35
Polen	100	76	70	72	76	86	94	102	113
Slowakei	100	96	77	70	68	71	77	79	81
Slowenien	100	90	78	68	66	70	72	73	73
Tschechien	100	97	76	70	66	67	73	75	78
Durchschnitt	**100**	**94**	**84**	**67**	**59**	**59**	**62**	**65**	**69**

* ab 1993 ohne Transnistrien; [1] ohne Bosnien und Herzegowina.

Quelle: Economic Survey of Europe, 3/1998.

Periode am meisten vernachlässigten Bereich der Finanz- und Geschäftsdienstleistungen sowohl absolutes als auch relatives Wachstum (im Vergleich zu den anderen Dienstleistungsarten) zu verzeichnen.

Tabelle 7 weist zunächst die Indices für die realen Volumina der Bruttoindustrieproduktion aus. Vergleicht man diese Werte mit den Indices zur Gesamtentwicklung des BIP (Tab. 4), so wird ersichtlich, daß in der Mehrzahl der Fälle die industrielle Produktion im Verhältnis zum realen Volumen des BIP gesunken ist; das gleiche gilt für den Anteil am BIP zu laufenden Preisen, wie dies aus Tabelle 5 hervorgeht. Nichtsdestoweniger scheint die Industrieproduktion in allen Ländern inzwischen die Talsohle – gewissermaßen den Boden einer U-förmigen Kurve – erreicht und in den Ländern Ostmitteleuropas diese in den letzten Jahren sogar durchschritten zu haben. Im Falle Polens hat sich die Industrieproduktion inzwischen stärker erholt als das BIP; das bedeutet in diesem Fall, daß ihr Anteil am realen BIP zugenommen hat. Gemessen an der Entwicklung der realen Produktion liegt hier also nicht mehr eine Deindustrialisierung vor.

Es ist offensichtlich, daß die Länder Südosteuropas im Hinblick auf

Tabelle 8: Volumen ausgewählter Branchen in Relation zur Gesamtindustrieproduktion in Bulgarien, Polen, Rumänien, der Slowakei, Slowenien, Tschechien und Ungarn, 1995–1996

Branche	Übliche Relation zur Gesamtindustrieproduktion 1995/96	Ausnahmen
Nahrungsmit., Getränke, Tabak	Höher	Slowakei, Bulgarien
Textilien	Niedriger	
Bekleidung	Höher	Slowakei, Slowenien
Lederprodukte	Niedriger	
Holz	Niedriger	Polen, Ungarn
Papier	Höher	Rumänien
Druck	Höher	
Brennstoffe	Niedriger	Slowenien, Slowakei, Bulgarien
Chemische Produkte	Niedriger	Tschechien, Slowakei, Bulgarien
Gummi, Plastik	Höher	Rumänien, Bulgarien
Mineralien	Höher	Rumänien, Slowakei
Metall	Höher	Polen, Rumänien
Maschinen	Niedriger	Polen, Rumänien
Transporteinrichtungen	Höher	Slowenien, Bulgarien

Quelle: Jackson/Petrakos 1999

die Industrieproduktion nach wie vor unter Problemen leiden. Insbesondere Bulgarien und Rumänien verzeichnen weiterhin sinkende Werte.

Die Veränderungen in den Anteilen der einzelnen Branchen an der gesamten Industrieproduktion wiesen im Verlauf der U-Kurve zahlreiche unterschiedliche Muster auf *(Jackson/Repkine 1997)*. Manche Branchen schrumpften zunächst stärker als die Gesamtproduktion, andere hingegen weniger stark. In manchen Fällen kehrten sich die anfänglichen Bewegungen um, während sie sich in anderen Fällen fortsetzten. Ein und dieselbe Branchen folgte in den sieben untersuchten Ländern nicht immer ein und demselben Entwicklungsschema.

Aus Tabelle 8 gehen die Positionen der einzelnen Branchen im Vergleich zur gesamten Industrieproduktion in den Jahren 1995 und 1996 hervor; dies sind die letzten Jahre, für die bereits Daten für die LICOS-Industriedatenbasis vorlagen. Für wenigstens fünf der sieben Länder ergibt sich meist ein deutlich auszumachendes gemeinsames Muster, aber immer noch weisen im Durchschnitt zwei Länder abweichende Werte auf, wobei es sich dabei häufig um Bulgarien und Rumänien handelte.

Tabelle 9 eröffnet einen weiteren Einblick in die sich wandelnden Industriestrukturen, und zwar anhand der Branchenanteile an der Brut-

Tabelle 9: Branchenanteile an Industrieproduktion zu laufenden Preisen in Bulgarien, Polen, Rumänien, der Slowakei, Tschechien und Ungarn, 1989–1996 (in %)

Branche	Bulgarien 1990	Bulgarien 1995	Tschechien 1989	Tschechien 1996	Ungarn 1989	Ungarn 1996	Polen 1989	Polen 1996	Rumänien 1989	Rumänien 1996	Slowakei 1989	Slowakei 1996
DA-Nahrungsmittel, Getränke, Tabak	27,38	20,91	21,53	16,24	20,57	25,63	20,55	25,31	18,55	17,74	14,53	16,28
DB – Textilien, Bekleidung	8,79	5,24	6,56	5,15	7,16	4,15	8,91	7,27	10,40	7,63	5,81	3,94
DC – Lederprodukte	1,53	1,37	2,59	1,23	2,07	0,88	2,63	1,36	1,84	1,62	2,18	1,54
DE – Papier, Druck, Verlagswesen	1,13	1,24	1,67	1,47	0,87	1,66	1,76	3,46	1,54	2,23	2,14	1,77
DD – Holzprodukte	1,71	3,65	2,64	4,31	3,14	4,52	1,88	5,73	1,70	2,18	5,81	6,33
DF – Brennstoffe	9,91	24,21	8,08	4,70	5,34	7,63	5,19	4,65	7,74	10,72	9,44	8,84
DG – Chemische Produkte	5,38	9,37	5,20	8,48	11,23	10,03	7,04	7,64	6,68	9,39	8,97	9,89
DH – Gummi, Plastik	2,46	2,63	1,66	2,75	2,63	3,84	1,83	3,93	3,32	2,70	3,63	4,52
DI – Mineralstoffe	3,82	3,79	3,88	5,16	3,48	3,63	3,49	4,69	4,58	4,83	5,09	4,29
DJ – Metallurgie, Metallprodukte	9,14	13,41	15,70	21,34	15,50	10,96	14,98	12,11	15,59	17,30	21,79	17,80
DK – Maschinen	5,70	3,65	11,61	9,08	7,56	5,64	7,89	6,94	12,01	8,06	9,08	8,07
DL – elektrische, elektronische Produkte	12,07	4,89	6,36	5,99	11,81	11,34	15,86	5,13	7,02	4,11	5,27	5,37
DM – Transporteinrichtungen	5,44	3,48	10,03	10,82	6,35	8,68	6,53	7,93	6,30	8,23	3,63	8,90
DN – andere Industrieprodukte, Möbel	5,52	2,16	2,50	3,28	2,28	1,41	1,48	3,84	2,73	3,28	2,62	2,45
GESAMT	100	100	100	100	100	100	100	100	100	100	100	100
A*	46,1	34,6	37,5	31,7	36,1	38,3	37,2	47,0	36,8	34,7	33,1	32,3
B**	30,7	53,4	34,5	42,4	38,2	36,1	32,5	33,0	37,9	44,9	48,9	45,3
C***	23,2	12,0	28,0	25,9	25,7	25,7	30,3	20,0	25,3	20,4	18,0	22,3

Die Klassifikation der Branchen ist für die *LICOS Industrial Database* erstellt worden, auf der die vorliegende Tabelle basiert.

* Konsumgüter: DA, DB, DC, DD, DE, DN
** Halbfabrikate: DF, DG, DH, DI, DJ
*** Maschinen, elektrische und elektronische Produkte: DK, DL, DM

Quelle: Jackson/Petrakos 1999

toindustrieproduktion, gemessen zu laufenden Preisen. Damit werden in diesem Fall die Auswirkungen sowohl der relativen Produktionsentwicklungen (wie in Tab. 7) als auch der relativen Preisveränderungen aufgezeigt.

Bulgarien und Rumänien weisen insofern ein ähnliches Muster auf, als der Anteil der «Verbraucher»-Branchen an der gesamten Industrieproduktion sinkt (besonders stark in Bulgarien), derjenige der Branchen für Halbfabrikate wächst und bei Maschinenbau, elektrischen und elektronischen Produkten eine besonders starke Abnahme zu verzeichnen ist. Die Slowakei ist das einzige der sechs verglichenen Länder, in dem der Anteil der zuletzt erwähnten Branchen Wachstum aufweist; allerdings gelingt es in Ungarn und Tschechien, diese Werte wenigstens konstant zu halten. Sowohl in Ungarn als auch in Polen sind signifikante Zunahmen bei den Anteilen der Konsumgüterbranchen zu registrieren.

Die Rolle des Außenhandels

Sieht man einmal vom institutionellen Wandel ab, so übten von allen Faktoren, die auf die Wirtschaftsstrukturen einwirkten, der anfängliche Kollaps des Handels mit der ehemaligen Sowjetunion und das rasche Wachstum der Handelsbeziehungen mit der übrigen Welt und insbesondere der EU den stärksten Einfluß aus. Bei Ungarn und Slowenien erfolgte die zuletzt genannte Veränderung so rasch, daß ihr Handel, gemessen in USD, zu keiner Zeit abnahm. Die Ausfuhren Polens, Tschechiens und der Slowakei verringerten sich kaum. Im Gegensatz hierzu exportierten Albanien, Bosnien, Bulgarien und die Bundesrepublik Jugoslawien in den Jahren 1997 und 1998 jeweils weniger als im Jahre 1989. Die Ausfuhren Rumäniens erreichten nur knapp ihren USD-Wert von 1989.

Ein Vergleich der Tabellen 4 und 7 mit Tabelle 10 belegt die dramatischen Auswirkungen der Veränderungen im Außenhandel. Bei Ungarn beispielsweise machte die Steigerung der Ausfuhren das 2,6-fache der Veränderung im BIP aus. In den meisten Ländern wuchsen denn auch die Anteile der Exportprodukte an BIP und Industrieproduktion in signifikantem Maße. Gleichzeitig nahm auch das relative Volumen der Importe im Verhältnis zum BIP zu.

Die Ausweitung des Handels beruhte auf noch stärkeren Zuwächsen der Anteile sowohl der Ausfuhren in den als auch der Einfuhren aus dem EU-Raum. 1997 machten bei Ungarn und Slowenien die entsprechenden Exporte und Importe 65% des gesamten Außenhandels aus, bei Polen 64%, bei Tschechien 60%, bei Rumänien 55%; bei der Slowakei waren es jedoch nur 42% und bei Bulgarien sogar 40%. Bulgarien hatte

Tabelle 10: Außenhandel südost- und ostmitteleuropäischer Staaten in USD, 1990–1998 (Indices, 1989 = 1,00)

Exporte fob	1989	1990	1991	1992	1993	1994	1995	1996	1997	1998
Albanien	1,00	0,76	0,33	0,24	0,41	0,46	0,67	0,71	0,47	
Bosnien und Herz.	1,00	0,88					0,01	0,03	0,05	
Bulgarien	1,00	0,79	0,49	0,59	0,56	0,59	0,80	0,74	0,74	0,69
Jugoslawien	1,00	1,04	1,05	0,57			0,34	0,41	0,53	
Kroatien	1,00	1,55	1,27	1,67	1,43	1,64	1,78	1,74	1,60	
Makedonien	1,00	1,70	1,67	1,83	1,61	1,66	1,84	1,75	1,80	
Moldova				1,00	1,45	1,52	1,82	1,45	3,70	
Rumänien	1,00	0,57	0,53	0,54	0,61	0,76	0,98	1,00	1,04	
Polen	1,00	1,25	1,02	0,90	0,97	1,18	1,56	1,67	1,76	1,91
Slowakei	1,00	0,89	0,94	1,04	1,53	1,88	2,41	2,47	2,48	2,75
Slowenien	1,00	1,21	1,14	1,96	1,78	2,00	2,44	2,44	2,46	2,64
Tschechien	1,00	0,89	0,94	1,04	1,57	1,69	2,57	2,60	2,70	3,13
Ungarn	1,00	1,01	1,06	1,10	0,92	1,11	1,33	1,62	1,97	2,33
Importe cif	1989	1990	1991	1992	1993	1994	1995	1996	1997	1998
Albanien	1,00	0,99	1,06	1,36	1,09	1,43	1,69	2,37	1,61	
Bosnien und Herz.	1,00	0,95					0,28	0,65	0,84	
Bulgarien	1,00	0,76	0,35	0,61	0,64	0,58	0,77	0,69	0,67	0,68
Jugoslawien	1,00	1,24	1,03	0,72			0,50	0,76	0,89	
Kroatien	1,00	1,37	1,02	1,16	1,11	1,39	2,00	2,08	2,43	
Makedonien	1,00	1,64	1,36	1,29	1,28	1,59	1,84	1,74	1,88	
Moldova				1,00	1,03	1,02	1,52	2,35	3,17	
Rumänien	1,00	1,18	0,99	1,07	1,12	1,22	1,76	1,96	1,93	
Polen	1,00	0,98	1,20	1,25	1,45	1,67	2,24	2,87	3,27	3,71
Slowakei	1,00	1,00	0,93	1,21	2,04	2,08	2,77	3,51	3,23	3,59
Slowenien	1,00	1,47	1,28	1,91	2,02	2,27	2,95	2,93	2,91	3,11
Tschechien	1,00	1,00	0,93	1,21	1,50	1,75	2,95	3,24	3,17	3,38
Ungarn	1,00	0,99	1,29	1,25	1,43	1,64	1,75	2,05	2,40	2,87

Quelle: Economic Bulletin for Europe 1998; WIIW for 1998.

schon zu Beginn der Transition den niedrigsten EU-Handelsanteil aufzuweisen, nämlich lediglich rund 12%.

Im institutionellen Bereich verursachten diese Prozesse große Probleme und Herausforderungen für die Führungen der Unternehmen. Deren Positionen auf den ohnehin eingeschränkten Binnenmärkten wurden noch durch Importe bedroht, welche andererseits allerdings effektivere Mittel und höherwertige Maschinen verfügbar machten, als sie früher von den anderen sozialistischen Staaten bezogen worden waren. Gleichzeitig bot die Öffnung der Exportmärkte große Anreize für diejenigen, welche der Preis- und Qualitätskonkurrenz gewachsen waren. Bedauerlicherweise sind die institutionellen Konturen der Expansion des Außenhandels noch nicht ausreichend erforscht. Einige Wissenschaftler *(Hoekman/Djankov 1997)* kommen zu dem Schluß, daß die Zunahme der

Importe positive Auswirkungen auf die Entwicklung der Exporte ausübt. Andere *(Landesmann/Burgstaller 1997)* beschreiben, wie die Ausfuhren aus Transitionsländern die Anteile des intra-industriellen Handels (Einfuhren und Ausfuhren innerhalb der gleichen Branche bzw. des gleichen Teilbereichs) dadurch steigern, daß man sich zunächst auf den unteren Teil des Qualitäts-Preis-Spektrums spezialisiert. Ihre Untersuchungen belegen darüber hinaus eine erhebliche Fähigkeit zum Aufstieg innerhalb dieses Spektrums für Ungarn, Slowenien und Tschechien, die jedoch für die meisten südosteuropäischen Staaten nicht ausgewiesen werden kann. Die Ausfuhren Rumäniens sind, unter diesem Gesichtspunkt betrachtet, sogar abgesunken.

Eine weitere Untersuchung *(Repkine/Walsh 1999)* legt den Schluß nahe, daß den auf die östlichen Märkte spezialisierten Unternehmen wenig Erfolg dabei beschieden war, ihre Exporte von der ehemaligen Sowjetunion weg zur EU hin zu lenken. Die Erfahrungen der ungarischen Ikarus-Werke (Autobus-Produktion) liefern hierfür ein anschauliches Beispiel. Wahrscheinlich waren die erfolgreichen postkommunistischen Exporteure diejenigen Unternehmen, die bereits zu Beginn der Transition in den EU-Raum exportierten. Repkine und Walsh sind der Auffassung, daß unternehmerische Fähigkeiten und die Kontakte mit Partnern im EU-Raum entscheidende Faktoren für Transitionserfolge waren. So gesehen ist der relativ geringe EU-Anteil im Außenhandel Bulgariens verständlich, da in keinem früher sozialistischen Land so viele Unternehmen mit sowjetischen Partnern verbunden oder von diesen abhängig waren. Vor diesem Hintergrund ist es auch nicht überraschend, daß die bulgarische Industriestruktur sich im Verlauf der Transition stärker verändert hat als diejenige Rumäniens oder die der ostmitteleuropäischen Länder *(Jackson und Petrakos 1999)*.

Die strukturellen Veränderungen im Außenhandel weisen in der Regel eine rasche Abnahme der Ausfuhren von Erzeugnissen aus, deren Produktion von Technologie und Facharbeitern abhängig ist. An ihre Stelle traten bei den Exporten in den EU-Raum vorwiegend Waren, deren Herstellung weniger qualifizierte Arbeitskräfte erfordert und mit geringem Energieverbrauch verbunden ist. Dies gilt vor allem für die südosteuropäischen Staaten, denn auch im Hinblick auf die Anteile höherwertiger Produkte waren die Länder Ostmitteleuropas erfolgreicher. Bulgarien und Rumänien weisen signifikant niedrigere Anteile intra-industriellen Handels mit der EU auf. In Rumänien zeigt sich darüber hinaus eine besonders starke Abhängigkeit von Exporten arbeitsintensiver Textil- und Bekleidungsartikel sowie elektronischer Produkte, deren Herstellung einfache Technologie erfordert.

Fazit

Die südosteuropäischen Staaten hatten bislang bei der Transition eindeutig größere Probleme und Schwierigkeiten als die ostmitteleuropäischen. Hierzu gehörten auch stärkere Verluste an Arbeitsplätzen, deutlichere Rückgänge bei den Bruttoinlandsprodukten und den Industrieproduktionen und schwächere Entwicklungen des Außenhandels. Gerade an den Beispielen Bulgariens und Rumäniens läßt sich ablesen, daß auch die strukturellen Konsequenzen mehr negative Seiten aufwiesen, als dies in Ostmitteleuropa der Fall war, wozu auch der Umstand gehört, daß der jeweilige Landwirtschaftssektor immer noch zu groß und der Dienstleistungssektor zu klein ist. Das Verhältnis von Außenhandel und BIP ist nach wie vor ungünstig, wobei Bulgarien als Besonderheit noch einen Rückstand beim Anteil des Handels mit dem EU-Raum aufweist. Beide Länder, Bulgarien wie Rumänien, bleiben abhängig vom Export arbeitsintensiver Produkte, und die Anteile des intra-industriellen Handels sind gering.

Die bisher unbefriedigenden Ergebnisse sind auch vor dem Hintergrund der offensichtlichen Tatsache zu betrachten, daß die Regierungen Bulgariens, Rumäniens, Moldovas und Makedoniens sich bei der Veränderung rechtlicher Institutionen und bei der Umsetzung angemessener politischer Entscheidungen langsamer bewegt haben. Selbst wenn sogenannte Reformregierungen an die Macht gelangen, bleibt es schwierig, einen politischen Konsens über die Durchführung der notwendigen Maßnahmen herbeizuführen. Ob die Schwäche unternehmerischer Reaktionen auf die Herausforderungen aus einem unzulänglichen institutionellen Umfeld oder aus tieferliegenden Gegebenheiten rührt, die zur Soziologie und Geschichte Südosteuropas gehören, läßt sich schwer beantworten.

Natürlich hatten die Volkswirtschaften der südosteuropäischen Staaten auch unter Problemen anderer Art und Natur zu leiden. Sie sind im Vergleich zu den ostmitteleuropäischen weiter entfernt von den am meisten entwickelten Zentren und den reichsten Märkten in der EU, und auch das Fehlen gemeinsamer Grenzen, die rasche grenzenübergreifende Handels-, Wirtschafts- (und kulturelle) Ströme erleichtern, macht sich nachteilig bemerkbar. Die Region selbst ist weniger dicht besiedelt und im Hinblick auf die Infrastruktur für den intra-regionalen Transport und Verkehr arm ausgestattet. So findet sich an der langen bulgarisch-rumänischen Grenze eine einzige Brücke über der Donau. Schließlich sind natürlich auch die Zerstörungen und Schäden durch die Kriege im früheren Jugoslawien sowie die Folgen von Embargos und Sanktionen zu nennen. Die beste Verbindungsroute zu Zentraleuropa wurde durchschnitten, und die schwächsten Volkswirtschaften in der Region wurden unter den stärksten Druck gesetzt.

Möglicherweise wird dem Krieg um das Kosovo eine Art international geförderter Wiederaufbau wie in Bosnien folgen. Man kann nur hoffen, daß der Aufwand und die Anstrengungen diesmal großzügiger ausfallen und sich auch auf strukturelle Schwachstellen der Region – wie etwa Transport und Verkehr – beziehen werden. Gleichzeitig ist zu hoffen, daß dem fortgesetzten Druck seitens der Weltbank, der EU-Kommission und anderer internationaler Institutionen insofern Erfolg beschieden ist, als schließlich in allen südosteuropäischen Staaten geeignete und angemessene strukturelle Rahmenbedingungen in rechtlicher, institutioneller und politischer Hinsicht hergestellt werden. Die großen Fragen bleiben die künftige Politik und die unternehmerischen Ressourcen. Wird die Region die Institutionalisierung einer Mafia-ähnlichen Kultur vermeiden können, wie sie in Sizilien oder in großen Teilen Lateinamerikas Wurzeln gefaßt hat?

Die künftige Wirtschaftsstruktur der Region ist von der Qualität, der Quantität und dem Tempo der Umsetzung der genannten Maßnahmen abhängig. Doch selbst bei bester Unterstützung ist mit ernsthaften Hindernissen zu rechnen. Die Steigerung von Produktivität und Qualität im Agrarsektor, mit der eine Abnahme des Arbeitskräftebedarfs in diesem Bereich einhergeht, wird notwendigerweise Bewegungen von Arbeitskräften in die verarbeitende Industrie und in den Dienstleistungssektor auslösen oder aber eine große und dauerhafte Komponente von Subsistenzwirtschaften schaffen. Der Anteil der verarbeitenden Industrie an der jeweiligen Volkswirtschaft ist aber schon groß genug. Erforderlich ist eine Bewegung hin zu Branchen mit größerer Wertschöpfung pro Beschäftigten und zu «größeren Produktionsserien» (d. h. Effektivitätszuwachs aus Vergrößerung des Produktionsmaßstabs, was Kostensenkung wie Wohlfahrtsanhebung impliziert) auf lokaler und regionaler Ebene. Dabei sollte man sich nicht nur auf die verarbeitende Industrie per se, sondern auf wechselseitig komplementäre Aktivitäten unter Einschluß entsprechender Ansätze im Dienstleistungssektor, z. B. im Bereich der Forschung, des Marketings, der Finanzen etc., konzentrieren *(Baldwin 1994)*. Das Problem besteht hier darin, daß die entwickelteren Volkswirtschaften schon die Vorteile derjenigen genießen, die zuerst auf den Märkten präsent sind. Die bisherigen Erfahrungen zeigen, daß es für die weniger entwickelten Staaten und deren Regierungen nicht leicht ist, Wege und Mittel zur Förderung «größerer Produktionsserien» in lokalem und regionalem Rahmen zu finden. Wahrscheinlich wird daher die künftige Entwicklung in großem Maße von der Stärke und Ausstrahlungskraft unternehmerischer Energie abhängig sein, wenn diese im Angesicht größerer europäischer Märkte durch angemessene Reformen gefördert und weder durch einheimische Politiker noch durch regionale Kriege behindert wird.

Aus dem Englischen übersetzt von Karl Freudenstein

Wirtschaftsstrukturen

Bruno Schönfelder

Der größte Teil Südosteuropas war vor 1945 agrarisch geprägt und wurde nach der Machtergreifung der Kommunisten einer sozialistischen Industrialisierung unterworfen. Diese weist gewisse Eigentümlichkeiten auf, die sie von einer «normalen», unter den Bedingungen einer Marktwirtschaft voranschreitenden Industrialisierung erheblich unterscheidet. Auch die Entwicklungsstrategie der jugoslawischen Kommunisten war bis in die frühen 80er Jahre hinein von diesem Typus. Die wirtschaftlichen Strukturen der Länder Albanien, Bosnien und Herzegowina, Jugoslawien (Serbien und Montenegro), Makedonien, Moldova und Rumänien sind bis zum heutigen Tag von den Folgen dieser Entwicklungsstrategie stark betroffen. Slowenien war dies nie in demselben Maße, außerdem hat sich die slowenische Wirtschaft erfolgreicher umstrukturiert. Kroatien ist ein Grenzfall und liegt gewissermaßen auf halbem Wege zwischen Slowenien und der Gruppe der von der sozialistischen Industrialisierung entscheidend geprägten Staaten. Auf diese konzentriert sich der vorliegende Beitrag.

Die sozialistische Industrialisierung als Erblast

Ungeachtet aller Unterschiede zwischen den Entwicklungsstrategien der einzelnen kommunistischen Führungsgruppen läßt sich ein bedeutendes Maß an Gemeinsamkeiten verzeichnen. Gemeinsam war ihnen das Streben nach der raschestmöglichen Industrialisierung der von ihnen regierten Länder und die Vorstellung, daß als Kernstück dieser Industrialisierung der Aufbau einer bedeutenden eigenen Maschinenbauindustrie sowie die Entwicklung jener Industriezweige anzusehen sei, die die Vorprodukte für die fraglichen Maschinen erzeugen, also die Metallurgie, die Energiewirtschaft und der Bergbau. Raschestmöglich bedeutete die Errichtung einer möglichst großen Zahl neuer Produktionsstätten, eine Erweiterung der Produktionskapazitäten, nicht die Modernisierung der bereits bestehenden. Es beinhaltete also vor allem ein quantitatives Mehr. Nachdem in den sechziger Jahren die ersten Früchte der Industrialisierungsbemühungen herangereift waren, erhöhte sich der Stellenwert der

Modernisierungsinvestitionen zwar etwas, aber er blieb insbesondere in Bulgarien, Rumänien und der Moldawischen SSR bescheiden, in Albanien gar vernachlässigbar gering. Selbst in Jugoslawien, das diesbezüglich ab den sechziger Jahren eine vergleichsweise aufgeklärte Politik verfolgte, finden sich zahlreiche Anlagen, die seit Jahrzehnten keinerlei Modernisierung mehr erfahren haben.

Insbesondere in den ersten Jahrzehnten der sozialistischen Periode spielte die Frage nach der Wirtschaftlichkeit der neuen Anlagen im Bereich des Maschinenbaus und der Grundstoffindustrie praktisch keine Rolle, sie aufzuwerfen galt mindestens als unerwünscht. Später änderte sich die Einstellung hierzu insbesondere in Jugoslawien, aber auch dort wurde die Wirtschaftlichkeit nie zum ausschlaggebenden Entscheidungskriterium. Auch in den siebziger und achtziger Jahren verwendete die jugoslawische Führung gewaltige Mittel auf die Errichtung und den Ausbau hoffnungslos unwirtschaftlicher Anlagen wie z. B. des Stahlwerks in Smederevo. Ein anderes Beispiel ist der Erdölkonzern INA, der in den achtziger Jahren den größten Teil seines Investitionsbudgets für letztlich fast völlig erfolglose Explorationsarbeiten verausgabte, während seine ursprünglich relativ modernen Raffinerien veralteten. Allerdings war die Triebkraft in den späteren Phasen nicht mehr die fixe Idee, daß die Steigerung der Stahlproduktion der Gipfel des Fortschritts sei, sondern der Einfluß der mächtigen Interessengruppe, zu der die Grundstoffindustrie durch die strukturellen Entscheidungen der fünfziger und sechziger Jahre herangewachsen war. So lebten die in den Anfängen der Planwirtschaft geschaffenen Strukturen auch nach dem Verlust mancher Illusion fort.

Die Schwerpunktsetzung forderte vielfältige wirtschaftliche Opfer, als erstes die Landwirtschaft. Zweifellos ließ sich ein überaus ehrgeiziges Aufbauprogramm im Bereich der Schwerindustrie in den fünfziger und sechziger Jahren nur auf Kosten der Landwirtschaft verwirklichen – schließlich war dies der bei weitem wichtigste Wirtschaftszweig. Diese Vernachlässigung der Landwirtschaft wurde später, insbesondere in den siebziger Jahren, zumeist nicht fortgesetzt, wobei es hierin allerdings große Unterschiede in der Region gab. Fortdauernde Vernachlässigung war in Albanien zu verzeichnen, in geringerem Maße auch in Rumänien, während in Jugoslawien und der Moldawischen SSR dem sozialistischen Teil der Landwirtschaft später sogar eine ausgeprägte Vorzugsbehandlung zuteil wurde. Aber selbst diese Bevorzugung konnte die strukturellen Schäden nicht völlig beheben, die in den Jahrzehnten zuvor entstanden waren.

Vernachlässigt wurde auch die Verkehrsinfrastruktur, und zwar in fast allen Bereichen, von der Eisenbahn über die Straße bis hin zu den

Hafenanlagen. Angesichts des armseligen Verkehrsnetzes, das aus vorsozialistischen Zeiten geerbt worden war, mußte zwar bis zu einem gewissen Grad auch in die Verkehrsinfrastruktur investiert werden, sonst wären die für die Industrialisierung erforderlichen Gütertransporte undurchführbar gewesen. Dennoch blieb der Entwicklungsstand des Verkehrsnetzes durchweg hinter dem in ähnlich entwickelten Marktwirtschaften zurück. Eine Ausnahme von dieser Regel war erneut Jugoslawien, dessen Führung ab den sechziger Jahren die Bedeutung des Verkehrswesens erkannte.

Vernachlässigte Bereiche ließen sich noch viele nennen, so die Konsumgüterindustrie, die Telekommunikation und beträchtliche Teile des Dienstleistungssektors. Mit Ausnahme von Albanien, wo die Versorgung mit industriellen Konsumgütern stets äußerst bescheiden blieb, steigerten zwar alle Länder die Konsumgüterproduktion ab den sechziger Jahren erheblich. Aber selbst bei einer rein quantitativ stark verbesserten Versorgung hatte die sozialistische Konsumgüterproduktion charakteristische Schwachstellen, so die notorischen Qualitätsmängel, ein schmales Sortiment, ein geringes Tempo der Produktinnovation. Als markantes Beispiel für derartige Mängel sei an die rumänische *(Dacia)* oder die jugoslawische Pkw-Produktion *(Zastava)* erinnert, die über Jahrzehnte hinweg dieselben Produkte auf schon lange veralteten Anlagen erzeugte. Ihre Schwächen wurden offenkundig, als die Märkte nach 1989/1990 geöffnet wurden – selbst gegen die koreanische Konkurrenz hatten die südosteuropäischen Hersteller keine Chance.

Ein gemeinsames, wenn auch unterschiedlich stark ausgeprägtes Merkmal der sozialistischen Industriepolitik war schließlich eine Neigung zur Selbstversorgung, Importsubstitution, ja Autarkie. Die Palme gebührte diesbezüglich Albanien, dessen Versuch, in einem Kleinstaat eine relativ «komplette» Industrie zu errichten, zu absurden Ergebnissen führen mußte. Anfänglich war die Abkapselung vom Weltmarkt allenthalben gewollt, später erwies sich dann eine Wiedereingliederung als so schwierig, daß man bestimmte eigene Produktionslinien, deren Mängel kaum zu übersehen waren, eher notgedrungen weiterbetrieb. Eine Folge dieser Abkapselung war der Verzicht auf die Vorteile, die eine Spezialisierung auf jene Aktivitäten bietet, die am besten beherrscht werden. Eine weitere war, daß eine Modernisierung der eigenen Industrie gehemmt wurde, da man das nötige Wissen, das Know-how für eine solche Modernisierung, allenfalls in Teilbereichen besitzen konnte. Die anfängliche Vorstellung, man müsse sich nur die Baupläne für die im Westen neu entwickelten Maschinen beschaffen und könne diese dann mit Leichtigkeit nachbauen, erwies sich als hoffnungslos naiv. Selbst wenn sich auf diese Weise tatsächlich etwas Funktionstüchtiges erzeugen ließ, war der dafür erforderliche Aufwand zumeist sehr hoch. Dies beeinträchtigte insbesondere jene Industriezweige, in denen sich der technische Fortschritt im Westen mit besonderem Tempo vollzog, und so kam es zu dem Paradox, daß beispielsweise der Maschinenbau, dem die kommunistischen Führungen herausragende Bedeutung beimaßen, am Ende eine besonders geringe Konkurrenzfähigkeit aufwies.

Nun war es nicht so, daß die Vorzüge einer Spezialisierung den Planern verborgen geblieben wären. Im Rahmen des Rates für Gegenseitige Wirtschaftshilfe (RGW) wurde versucht, Spezialisierungsvereinbarungen zu treffen und auf diese Weise Spezialisierungsvorteile auszunutzen. Doch waren diese Vereinbarungen wenig erfolgreich, weil es den betreffenden Herstellern oft weder vor noch nach Abschluß der Vereinbarung gelang, das erforderliche Spezialwissen zu erwerben und auf sich zu konzentrieren. So hatte eine Vereinbarung, gemäß derer Rumänien sich auf die Herstellung bestimmter Lokomotiven spezialisieren sollte, nur für kurze Zeit Bestand, weil die Eisenbahnverwaltungen der belieferten RGW-Länder nach der Prüfung der rumänischen Fabrikate eine Beeinträchtigung der Betriebssicherheit befürchteten. Längere Gültigkeit hatte eine Vereinbarung, gemäß der Bulgarien das RGW-Monopol für Gabelstapler erhielt. Dennoch fiel es der tschechischen Industrie nach 1989 leicht, den bulgarischen Anbieter vom Markt zu verdrängen.

Ein gemeinsamer Charakterzug in der Industrie der südosteuropäischen Länder war eine geringe Wertschöpfung. Ein wesentlicher Teilaspekt dieses Phänomens ist eine außerordentlich hohe Material- und Energieintensität. Der Verbrauch an Energieträgern pro Kopf der Bevölkerung lag in den achtziger Jahren in fast allen Ländern wesentlich höher als in Westdeutschland, obwohl der Lebensstandard weitaus niedriger war. Daß die Rumänen in jener Zeit frieren mußten, war nicht darin begründet, daß Rumänien wenig Energie bzw. Energieträger erzeugte – das Gegenteil war der Fall. Das Problem war vielmehr, daß Ceauşescu darauf bestand, die unter seiner Herrschaft errichtete Industrie zu betreiben – und die verbrauchte außerordentlich viel Energie. Nach der Wende wurde ein Teil dieser Industrie abgeschaltet, damit blieb mehr für die Beheizung übrig.

Sogar noch ausgeprägter als in Rumänien oder Bulgarien war das Phänomen der hohen Material- und Energieintensität in der Moldawischen SSR, da die Sowjetunion ihre Rohstofflieferungen an die «Bruderländer» stets beschränkte, wohingegen die eigene sowjetische und damit auch die moldauische Industrie nach der Devise arbeiten durfte, daß die Vorräte an Naturschätzen unbegrenzt und die Förderkosten vernachlässigbar gering seien. So überlebte der Großteil der moldauischen Industrie das Ende der Sowjetunion nur kurze Zeit. Sobald für die Rohstoff- und

Energielieferungen Preise bezahlt werden mußten, die sich den Weltmarktpreisen näherten, hatte sie keine Chance, über die Verkaufserlöse für ihre Erzeugnisse auch nur die Kosten der Rohstoff- und Energieversorgung zu decken. Dies ist es, was mit dem Begriff einer negativen Wertschöpfung gemeint ist: Selbst wenn die Arbeiter auf ihren gesamten Lohn verzichten und der Kapitalgeber auf den Zins, erwirtschaftet der Betrieb einen Verlust.

In der spätsozialistischen Ära waren auch viele jener Produkte mit einer negativen Wertschöpfung behaftet, die es bei ihrer ursprünglichen Einführung wohl noch nicht gewesen waren. Man denke an Pkw der Marke *Zastava.* Jahrzehnte nach ihrer Neueinführung waren diese Modelle so weit hinter der Konkurrenz zurückgeblieben, daß nurmehr derjenige, dem sich keine Alternative bot, bereit war, für sie einen nennenswerten Preis zu bezahlen. Daß die Wertschöpfung der verarbeitenden Industrie so stark zurückging, läßt sich – wie aus diesem Beispiel deutlich wird – nicht vollständig erklären, ohne die geringe Fähigkeit zur Innovation zu berücksichtigen, die – wenn auch in unterschiedlichem Maße – alle sozialistischen Wirtschaftssysteme kennzeichnete. Am Ende der kommunistischen Herrschaft war die Gesamtwertschöpfung der bulgarischen verarbeitenden Industrie negativ, dasselbe galt für Rumänien, Albanien und die Moldawische SSR. Zweifellos erzeugten einige Betriebe auch eine positive Wertschöpfung, aber die mit einer negativen überwogen.

Könnte ein Land mit einer solchen Wirtschaftsstruktur ohne nennenswerte Wirtschaftsbeziehungen mit dem Ausland auskommen, so könnte es trotz aller hier dargestellten Schwierigkeiten über lange Zeit hinweg existieren und sich möglicherweise sogar in bescheidenem Umfang weiterentwickeln. Das Phänomen einer geringen und abnehmenden Wertschöpfung bleibt verborgen, solange man nur für einen abgeschotteten Binnenmarkt produziert, auf dem das heimische Produkt trotz seiner Mängel weiterhin gekauft wird, weil keine Alternative besteht. Aber keines dieser Länder konnte ohne Importe auskommen, und der Importbedarf ließ sich auch nicht ausschließlich aus den «Bruderländern» befriedigen. Bei Importen aus dem Westen wurde der Preisverfall, dem die eigenen Erzeugnisse unterlagen, auf schmerzliche Weise spürbar, hatte dieser Preisverfall doch zur Folge, daß ein gegebenes Importvolumen mit einem immer größeren Exportvolumen bezahlt werden mußte. Soweit die Sowjetunion der Handelspartner war, trat dieses Problem erst mit einer zeitlichen Verzögerung auf, nämlich erst dann und in dem Maße, in dem die Sowjetunion nicht mehr bereit war, ein für sie immer ungünstigeres Geschäft – die Bezahlung wertvoller Rohstofflieferungen durch Gegenlieferungen zunehmend geringwertiger Industrieprodukte

– weiter zu betreiben. So war es der Außenhandel, der die Schwachpunkte der wirtschaftlichen Strukturen letztlich bloßlegte und erkennbar werden ließ, daß die sozialistische Industrialisierung in eine Sackgasse führte.

Die Strukturkrise der 80er Jahre

In den 80er Jahren gerieten alle Länder der Region in eine Wirtschaftskrise, als erstes Albanien, das durch das Zerwürfnis mit China dessen Unterstützung verloren hatte. Am spätesten machten sich die Auswirkungen in Moldova bemerkbar, das als Teil der Sowjetunion bis 1991 von einem schier unbegrenzten Zugang zu billigen Rohstoffen profitierte. Je nach dem Einsichtsvermögen der jeweiligen Führung fielen die Reaktionen auf die Krise sehr unterschiedlich aus, was zu einer gegenläufigen Entwicklung führte. Am uneinsichtigsten verhielt sich der albanische Diktator Hoxha. Ceauşescu reagierte mit einem verstärkten Autarkiestreben und einem fast völligen Verzicht auf weitere Investitionen. Das Ergebnis war eine Konservierung der um 1980 bestehenden Wirtschaftsstruktur.

Die jugoslawische Führung bemühte sich um eine Umstrukturierung. Diese Bemühungen sind hier von Interesse, weil sie partiell, aber eben nur partiell, Erfolg zeitigten. Am erfolgreichsten verliefen sie in Slowenien und trugen dort dazu bei, später den Übergang zur Marktwirtschaft zu erleichtern. Aber auch in anderen Teilen Jugoslawiens waren sie kein völliger Fehlschlag. Insbesondere suchte man die Exportfähigkeit und -orientierung der heimischen Wirtschaft zu stärken und so frühere Fehler zu korrigieren. Bestandteil dieser Politik war auch eine Förderung des Tourismus. Ein Schwerpunktbereich, in dem sich Jugoslawien als ein international führender Hersteller zu etablieren versuchte, der vorwiegend für den Export produziert, war der Schiffsbau. Eine ähnliche Entwicklungsstrategie verfolgte zur selben Zeit Süd-Korea, und dies nicht ohne Erfolg. In den achtziger Jahren war Jugoslawien jahrelang der drittgrößte Schiffsbauer der Welt, aber bereits vor den blutigen Konflikten in der ersten Hälfte der 90er Jahre, die die kroatischen und die jugoslawischen Werften zusätzlich schädigten, war ein Fiasko absehbar. Heute gelten nur die Reparaturwerften als überlebensfähig. Der Grund, warum die koreanische Werftenpolitik erfolgreich war und die jugoslawische nicht, waren vor allem das Wirtschaftssystem und die gelockerte Arbeitsdisziplin des Spätsozialismus. Die jugoslawischen Schiffe hatten eine akzeptable Qualität, aber sie wurden nie pünktlich geliefert. Die Arbeitsorganisation war so mangelhaft und der Materialverbrauch so hoch, daß die Werften ständig hohe Verluste erwirtschafteten. Der Schiffsbau entpuppte sich als Faß ohne Boden.

Die postsozialistische Umstrukturierung

Mit der politischen und wirtschaftspolitischen Neuorientierung, die zu Beginn der 90er Jahre einsetzte, erhob sich auch die Frage, in welche Richtung die Umstrukturierung der Volkswirtschaften erfolgen sollte und wie man diese beschleunigen könnte. Nun ist es in einer Marktwirtschaft in erster Linie Aufgabe der Unternehmer, neue ertragreichere Verwendungsmöglichkeiten der Produktionsfaktoren zu entdecken. Die Schaffung neuer Strukturen ist damit vor allem eine unternehmerische Aufgabe, und die Fähigkeit von Unternehmern, solche neuen Verwendungsmöglichkeiten zu entdecken, stellt ihre eigentliche Existenzberechtigung dar. Dies schließt indes nicht aus, daß der Staat unterstützend tätig werden kann, und mancher wird angesichts der Schwäche und Demoralisierung der postsozialistischen Unternehmerschicht eine solche Rolle des Staates sogar für unerläßlich halten.

Die Erwartung, die Unternehmer würden sich alsbald in eine gesittete, produktive Klasse verwandeln, sobald der Staat ihnen dies nur gestattet und sie reich genug geworden sind, um daran selbst ein Interesse zu besitzen, erwies sich als allzu optimistisch. Die Entwicklung nach 1990 brachte zwar eine Fülle neuer unternehmerischer Existenzen hervor, die aber zunächst weder über Erfahrung noch über größere Mittel verfügten. Nicht wenige dieser neugebackenen Unternehmer waren durchaus erfolgreich, aber diese Erfolge führten in weit geringerem Maße zu neuen produktiven Investitionen, als dies in Ostmitteleuropa der Fall war. Hierfür gab es verschiedene Ursachen, von denen die wichtigste der Mangel an Rechtssicherheit und ganz allgemein an Sicherheit war und ist.

Will man unterstützend eingreifen, so bedarf es einer Vorstellung über die anzustrebende Richtung. Durch das Scheitern der sozialistischen Industrialisierung sind die Volkswirtschaften der hier betrachteten Länder in mancherlei Hinsicht wieder auf den Stand am Beginn eines Industrialisierungsprozesses zurückgeworfen worden. Neben Industriezweigen wie der Textil-, der Schuh- und der holzverarbeitenden Industrie als «klassischen» Domänen für «Einsteiger» bietet sich dabei der Ausbau der Landwirtschaft und einer sich anschließenden Lebensmittelverarbeitung an, die zu den traditionellen Stärken Südosteuropas gehören. Daß die komparativen Vorteile in diesen Richtungen zu vermuten sind, ist keine überraschende Erkenntnis, und eben deswegen hat die Europäische Union just in diesen Bereichen erhebliche Handelshemmnisse aufgebaut.

Selbst gegenüber Bulgarien und Rumänien, die in den Genuß von Assoziierungsverträgen («Europa-Abkommen») gelangt sind, hat sich die EU beim Abbau dieser Hemmnisse äußerst zurückhaltend gezeigt. Abseits des landwirtschaftlichen Bereichs, in dem die Ausfuhrbarrieren für die südosteuropäischen Staaten fast unüberwindlich sind, lassen sich solche Hindernisse zwar durch eine starke Abwertung der heimischen Währung teilweise unterlaufen, aber dies hat den Nachteil, daß sich jene Produkte erheblich verteuern, die die heimische Volkswirtschaft nicht zu erzeugen vermag – und dies ist ein großer Teil der Produktpalette. Solange sich die Europäische Union nicht entschließen kann, ihre Märkte in den sogenannten sensitiven Bereichen (namentlich dem Agrarsektor) wesentlich weiter zu öffnen, ist eine rasche Wohlstandsteigerung in Südosteuropa so gut wie ausgeschlossen.

Nun könnte man vermuten, daß aufgrund der Industrialisierungsbemühungen in der Vergangenheit ein Potential oberhalb derartiger «low-tech»-Sektoren vorhanden sein sollte, das nicht zuletzt mit Hilfe ausländischer Direktinvestitionen mobilisiert werden könnte. Dies ist in den meisten Ländern Ostmitteleuropas gelungen; hier waren und sind ausländische Direktinvestitionen für einen großen Teil des Exportwachstums verantwortlich, und Betriebe, die ausländischen Unternehmen gehören, realisieren heute oft mehr als die Hälfte aller Exporte. Wiewohl auch Südosteuropa einige Kapazitäten aufzuweisen hatte, die ausländische Investoren hätten interessieren können, blieb der Zufluß ausländischer Investitionen sehr bescheiden; es kam sogar zu einigen spektakulären Rückzügen wie dem von *Rover* aus Bulgarien oder dem von *Fiat* aus Serbien. Die Gründe hierfür sind vielschichtig und lassen sich nicht einfach auf einen gemeinsamen Nenner reduzieren. Daß beispielsweise Rumänien erst spät von größeren ausländischen Investitionen erreicht wurde, lag auch an der Haltung einer schwachen Regierung, die unter starkem Druck einheimischer Interessenten stand – schließlich sind die wenigen Betriebe, die einen ausländischen Investor anzulocken vermögen, in der Regel auch für Inländer attraktiv, die allerdings, anders als ein ausländischer Großbetrieb, schwerlich das Know-how und das Kapital aufzubringen vermögen, um die latenten Stärken dieser Betriebe zur Geltung zu bringen. Eine weitere Teilerklärung für das geringe Interesse ausländischer Investoren ist die zögerliche Privatisierung. Raschere Maßnahmen in dieser Richtung hätten ausländische Interessenten unter Zugzwang gesetzt; in der Befürchtung, daß ein möglicherweise begehrenswertes Objekt bald anderweitig vergeben sein könnte, hätte mancher das Risiko eines Engagements vielleicht gewagt. Mangelnde Konsequenz bei der Durchsetzung marktwirtschaftlicher Reformen kann allerdings nicht alles erklären. Schließlich hat selbst Moldova, das als marktwirtschaftlicher

Musterknabe der Region gelten darf, da es die guten Ratschläge aus dem Westen beinahe buchstabengetreu befolgt hat, kaum ausländische Investitionen anzuziehen vermocht. Hier dürfte vor allem die grassierende Korruption abschreckend gewirkt haben. Neun Jahre nach der Wende ist jedenfalls festzustellen, daß viele jener Potentiale, die westliche Investoren hätten anziehen können, inzwischen verlorengegangen sind.

Daß die Marktmechanismen nur schlecht funktionieren, sollte nicht zu dem Schluß verleiten, daß verstärkte industriepolitische Bemühungen des Staates weiterhelfen würden. Solche Aktivitäten laufen Gefahr, von Interessengruppen instrumentalisiert zu werden, die die alten Strukturen konservieren wollen. Und selbst wenn eine solche Instrumentalisierung vermieden werden könnte – eine angesichts der Schwäche südosteuropäischer Regierungen und Institutionen reichlich hypothetische Annahme –, bedürfte es für eine erfolgreiche Entwicklung beträchtlicher Beharrlichkeit und einer Fähigkeit zur Mobilisierung erheblicher Mittel, zweier Voraussetzungen also, die kaum erfüllt werden können. Eine marktwirtschaftliche Ordnungspolitik ist letztlich auch die wirkungsvollste Strukturpolitik, so daß es ratsam ist, sich auf die ordnungspolitischen Aufgaben zu konzentrieren. Auf diesem Wege werden sich indes keine raschen Erfolge erzielen lassen, und daher besteht die Gefahr, daß eine wirtschaftliche Stagnation die politische Instabilität bis zu jenem Punkt verstärkt, an dem jegliche wirtschaftliche Konsolidierung illusorisch wird. Westeuropa hat sich in zunehmendem Maße finanziell und militärisch in Südosteuropa engagiert. Dies könnte sich als wenig wirkungsvoll erweisen, wenn es nicht mit einer Marktöffnung für jene Produkte verbunden wird, bei deren Herstellung Südosteuropa komparative Vorteile besitzt.

Im folgenden wird die bisherige Entwicklung in den wichtigsten Wirtschaftsbereichen skizziert.

Industrie und Bergbau

Albanien, Bosnien und Herzegowina und Moldova verloren in den frühen neunziger Jahren den größten Teil ihrer Industrie und sehen sich damit auf ein Entwicklungsniveau zurückgeworfen, das man mit dem Pakistans oder Indiens vergleichen kann. Gemäß amtlicher Statistik waren in Albanien 1997 etwa drei Prozent der Bevölkerung im erwerbsfähigen Alter im verarbeitenden Gewerbe beschäftigt. In Bosnien und Herzegowina und in Albanien hat dies vorwiegend politische, in Moldova vorwiegend ökonomische Ursachen. Der fast vollständige Untergang der albanischen Industrie war vor allem eine Folge der Plünderungen, die sich an den Zusammenbruch der öffentlichen Ordnung im Jahre 1997 anschlossen. Eine Wiederaufnahme der Produktion wäre in einer Reihe von Betrieben beispielsweise der Baustoffindustrie durchaus denkbar, wenn jemand das Risiko einer relativ bescheidenen Investition auf sich zu nehmen bereit wäre. Überlebt hat der Bergbau, neu angesiedelt hat sich eine Lohnveredelung beispielsweise für die italienische Textilindustrie, aber nur in bescheidenem Umfang.

Der Untergang der moldawischen Industrie ist auch darauf zurückzuführen, daß sie sich ausschließlich auf die Bedürfnisse des sowjetischen Marktes spezialisiert hatte. So verfügte Moldova über eine bedeutende lebensmittelverarbeitende Industrie. Aber Rußland nimmt heute ihre Dienste nurmehr in einem stark verringerten Maße in Anspruch, und Lebensmittel, die westlichen Qualitätsstandards entsprechen, kann sie kaum fertigen. Dazu müßte man die Anlagen völlig erneuern. Nur in einigen wenigen Betrieben ist dies geschehen, dort werden nun Fruchtsäfte oder Weine für den Westexport erzeugt, aber gesamtwirtschaftlich fällt das kaum ins Gewicht. Ein politischer Faktor, der wesentlich zur Deindustrialisierung Moldovas beitrug, war die faktische Separation von Transnistrien, auf dessen Territorium ein Großteil der Industrie und fast sämtliche Kraftwerke liegen.

Jugoslawien (Serbien und Montenegro) besaß gegenüber vielen anderen südosteuropäischen Staaten einen Vorsprung, der nach 1990 rasch verspielt wurde. Der Niedergang begann 1990, als Belgrad sich der erforderlichen weiteren Umstrukturierung verweigerte. Der größte Teil der jugoslawischen Industrie leidet seit Jahren unter einer sehr geringen Kapazitätsauslastung; so verzeichnete der größte Industriebetrieb *Zastava* zwischen 1994 und seiner weitgehenden Zerstörung 1999 im Durchschnitt eine Kapazitätsauslastung von ca. 5 Prozent.

Vergleichsweise günstiger ist die Lage in Rumänien, Makedonien und Bulgarien. Dort ist eine Umstrukturierung der Industrie in Gang gekommen, die sich allerdings infolge mangelnden Kapitals und Knowhows in mäßigem Tempo vollzieht. Man sollte daher auch dort nicht damit rechnen, daß sich in absehbarer Zukunft ein kräftiger industrieller Aufschwung einstellen könnte. Immerhin besteht die Aussicht, daß ein beträchtlicher Teil der Industrie dieser Länder überleben wird. Von der Umstrukturierung ist eine Vielzahl von Branchen erfaßt, wobei sich bedeutende Gewichtsverlagerungen vollzogen haben. In der rumänischen Textilindustrie beispielsweise ist eine Schwerpunktverlagerung von den Spinnereien und Webereien zur arbeitsintensiven Weiterverarbeitung und Konfektionierung erfolgt, bei der die rumänischen Betriebe – oft im Auftrag westeuropäischer Unternehmen – eine erhebliche Leistungssteigerung erbrachten. Andere Wachstumsbereiche sind die Möbelindustrie und die Erzeugung von Elektrogeräten.

Daß Südosteuropa ein bedeutendes Entwicklungspotential im Bereich der Lohnveredelung besitzt, ist wegen der geringen Transportentfernung und der extrem niedrigen Löhne offenkundig. So waren 1998 in albanischen oder jugoslawischen Exportbetrieben der Schuh- oder Textilindustrie Monatslöhne von 80–100 DM normal. Was die Lohnkosten anbelangt, kann man also durchaus mit China oder Indien konkurrieren, und es gibt wenig Grund zu der Erwartung, daß sich dies in absehbarer Zukunft ändern wird. Dieses Entwicklungspotential ist bislang erst zu einem kleinen Teil ausgeschöpft worden.

Sehr problematisch verläuft die Entwicklung im Bereich der Grundstoffindustrie, beispielsweise der Metallurgie. Der wichtigste Kunde, die Rüstungswirtschaft, ist entfallen. Die bulgarische und die rumänische Metallurgie produzieren nach wie vor in erheblichem Umfang und exportieren nunmehr einen großen Teil dieses Ausstoßes in den Westen. Hierbei handelt es sich etwa um Massenstahl, dessen Marktpreis kaum die variablen Produktionskosten decken dürfte, geschweige denn die fixen. Eine Modernisierung dieser Werke ist auf dieser Basis unmöglich, so daß sich die Produktion früher oder später nicht wird fortsetzen lassen. Verständlicherweise schiebt man die Stillegung solcher Kapazitäten vor sich her. Dies ist allerdings mit der Gefahr verbunden, daß man auch künftig aus politischen Gründen zu kostspieligen Erhaltungssubventionen gezwungen sein wird. In dem bedeutenden rumänischen Bergbausektor ist die erforderliche Umstrukturierung trotz der Bergarbeiterunruhen in Angriff genommen worden, zumindest einige der zahlreichen unrentablen Zechen werden geschlossen. In Serbien, das ebenfalls über einen erheblichen Bergbausektor verfügt, wurde in dieser Hinsicht weit weniger in Gang gebracht.

Sehr schwierig ist die Lage im Energiesektor. Energieproduktion und -verbrauch sind nach wie vor hoch. Zwar ist der Verbrauch der Industrie zurückgegangen. Da man aber aus sozialen Gründen zögerte, die Energiepreise sehr stark anzuheben, hat der Verbrauch der Bevölkerung zugenommen, so z. B. durch die Anschaffung von Elektrogeräten und -heizungen. Ein großer Teil der Kraftwerke nähert sich dem Ende seiner Lebenserwartung, ungenügende Instandhaltungsmaßnahmen gefährden die Betriebssicherheit zum Teil erheblich. Um die Kapazität zu erhalten und die erforderlichen Energiesparmaßnahmen zu verwirklichen – beispielsweise durch eine Erneuerung der Versorgungsnetze, deren gegenwärtiger Zustand zu hohen Energieverlusten führt –, wären außerordentlich hohe Investitionen erforderlich, die die betroffenen Länder schwerlich aufzubringen in der Lage sind. Infolgedessen drohen mittelfristig Versorgungsengpässe.

Ein Prüfstein für den Erfolg der Umstrukturierung ist die Entwicklung der Exporte, insbesondere derjenigen, bei denen sich der Hersteller mit seinen Produkten im Wettbewerb behauptet und dabei Gewinne erzielt. Schließlich ist es das Ziel der Umstrukturierung, daß die Betriebe die Fähigkeit hierzu erlangen. Gemessen an diesem Ziel, haben die bulgarische und die rumänische Industrie nennenswerte, aber bei weitem noch nicht ausreichende Fortschritte erzielt, Makedonien nur bescheidene; Jugoslawien ist weit hinter seinen Ausgangspunkt zurückgefallen.

Die Landwirtschaft

Mit Ausnahme von Bosnien und Herzegowina verfügen alle Länder Südosteuropas über viel fruchtbares Ackerland, und das Klima ist günstig. Bei entsprechender Nutzung könnte ein Vielfaches der eigenen Bevölkerung ernährt werden. Nicht umsonst galt die Moldova mehr noch als die Ukraine als die Kornkammer der Sowjetunion. Es gibt die These, daß wirtschaftliche Rückständigkeit von Vorteil sein kann, wenn eine Umstrukturierung not tut, weil in einer rückständigen Wirtschaft die alten Strukturen weniger verfestigt sind – sie sind gewissermaßen nicht in Metall und Beton gegossen. Ob es diesen Vorteil der Rückständigkeit außerhalb der Landwirtschaft tatsächlich gibt, ist zweifelhaft, aber in der Landwirtschaft Südosteuropas ist er wirksam geworden. Bulgarien, Moldova und Teile Jugoslawiens (namentlich die Vojvodina) besaßen die vergleichsweise modernste, am besten mit Maschinen ausgerüstete Landwirtschaft, Bulgarien war das am meisten verstädterte, der Landwirtschaft entfremdete Land Südosteuropas, und eben in diesen Ländern und Regionen erwies sich die Umstrukturierung der Landwirtschaft als besonders schwierig. Sie war mit einem starken Produktionsrückgang verbunden, so daß es der Landwirtschaft schwerfiel, die Rolle eines «sozialen Puffers» zu spielen. In allen Ländern aber ist die industrielle Basis so schwach, daß die Landwirtschaft schier unvermeidlich zur wichtigsten oder zumindest zweitwichtigsten Beschäftigung für die erwerbstätige Bevölkerung gerät. An diesem Ergebnis ist kaum zu zweifeln, die Frage ist nur, wie schwierig sich der Übergang gestaltet.

Mit einem ca. 50prozentigen Anteil der Landwirtschaft am (geschätzten) Sozialprodukt sind Albanien und Moldova inzwischen wieder als Agrarstaaten einzustufen, in Makedonien ist der Anteil etwas geringer, aber die Landwirtschaft ist trotzdem der bedeutendste Wirtschaftszweig. Wir sind auf Schätzungen angewiesen, weil sowohl in der Landwirtschaft – wegen der großen Bedeutung der Selbstversorgung – als auch in anderen Wirtschaftszweigen – wegen der weitverbreiteten «grauen» Wirtschaft – ein großer Teil der Produktion keiner statistischen Erfassung zugänglich ist. In Jugoslawien und in Rumänien liegt der Anteil bei ca. 25 Prozent. Will man die gesamtwirtschaftliche Bedeutung der Landwirtschaft abschätzen, so muß man zusätzlich bedenken, daß ein beträchtlicher Teil der Industrie sich damit befaßt, Vorprodukte für die Landwirtschaft bereitzustellen (z. B. Traktoren, Dünger) oder landwirtschaftliche Produkte weiterzuverarbeiten. Der Beitrag des unter Einschluß solcher Aktivitäten der Industrie und des Dienstleistungssektors definierten «gesamten Lebensmittelsektors» zur gesamtwirtschaftlichen Wertschöpfung wird in Rumänien und in Jugoslawien auf 40–50 Prozent geschätzt, geringer ist er nur in Bulgarien.

Einen weiteren Anhalt für die Bedeutung der Landwirtschaft liefert die Beobachtung, daß sehr viele Haushalte – in Rumänien beispielsweise mindestens die Hälfte aller bestehenden – zumindest nebenberuflich eine Landwirtschaft betreiben, die erheblich zur Nahrungsmittelversorgung der Familie beiträgt und damit angesichts der oft außerordentlich niedrigen Arbeitseinkommen ein Überleben überhaupt erst ermöglicht. Wenn sich ein gewisser Aufschwung abzeichnet, wie dies in Rumänien 1994/1995 der Fall zu sein schien, geben viele diese Tätigkeit in der Landwirtschaft wieder auf und verpachten ihr Land.

Hinsichtlich der Strukturen der Landwirtschaft gibt es in der Region bedeutende Differenzen, die vor allem durch den unterschiedlichen Ausgangspunkt zu erklären sind. Makedonien und Jugoslawien (mit Ausnahme der Vojvodina) waren stets kleinbäuerlich geprägt; die kurzlebigen Sozialisierungsversuche der vierziger Jahren haben kaum Spuren hinterlassen. Seit den sechziger Jahren hatten die selbständigen Bauern gute Möglichkeiten, sich Maschinen zu beschaffen, und verfügen heute im Unterschied zu den Bauern in anderen Ländern Südosteuropas über einen mengenmäßig völlig ausreichenden Maschinenbestand. Die sozialistische Landwirtschaftspolitik verhinderte aber ganz bewußt – durch Beschränkungen hinsichtlich des Zukaufs von Böden, durch ihr Monopol im Landhandel –, daß sich eine «bäuerliche Bourgeoisie» entwickeln konnte, die vorwiegend für den Markt statt für die Selbstversorgung produzierte. Obwohl einige dieser Hindernisse inzwischen weggefallen sind, dominiert auch heute noch die Selbstversorgungswirtschaft. Die Versorgung der jugoslawischen Städte übernimmt bis heute vorwiegend die in staatlichen Großbetrieben organisierte Landwirtschaft der Vojvodina. Diese unterliegt einem allmählichen Auszehrungsprozeß, ohne daß eine funktionsfähige Alternative in Sicht wäre. Insgesamt vollzog sich in der jugoslawischen Landwirtschaft ein allmählicher Produktionsrückgang ohne dramatische Einbrüche.

Solche mußte hingegen die bulgarische Landwirtschaft hinnehmen. Um der Gefahr regelmäßiger Dürren zu begegnen, war – vorwiegend unter der Herrschaft der Kommunisten – ein umfangreiches Bewässerungssystem errichtet worden, das später aber so stark vernachlässigt wurde, daß es schon 1990 fast funktionsunfähig war. Die Privatisierungswirren gaben ihm den Rest. Ferner hatte man viel in die Tierproduktion investiert, war aber nie imstande gewesen, die Tiere angemessen zu füttern – nach 1990 war man dies wegen der Funktionsunfähigkeit der Bewässerungssysteme erst recht nicht. Der Aufbau großer Viehbestände erwies sich damit als Fehlspezialisierung, ebenso wie die Erzeugung von Obst für die verbündeten sozialistischen Staaten.

Günstiger verlief die Entwicklung in Rumänien, wo es nach einem vorübergehenden Einbruch zu Beginn der neunziger Jahre relativ rasch zu einem Aufschwung der kleinbäuerlichen Familienbetriebe kam. Von einem nachhaltigen Rückgang der landwirtschaftlichen Produktion kann dort nicht die Rede sein.

Sowohl in Bulgarien als auch in Rumänien wurde zu Beginn der 90er Jahre rasch, ja geradezu überstürzt, das Land an seine ursprünglichen Besitzer bzw. deren Erben zurückgegeben. In Albanien hingegen teilten die Arbeiter der vormaligen Kollektivbetriebe deren Land unter sich auf, so daß diese hier binnen kurzem von der Bildfläche verschwanden. Auch in Rumänien wird inzwischen ungefähr ein Drittel des Landes von ca. vier Millionen bäuerlichen Familienbetrieben bewirtschaftet, wohingegen sich in Bulgarien der Abschied von der Kollektivwirtschaft weitaus schwieriger und langsamer gestaltet und in Jugoslawien alles beim alten geblieben ist. In Bulgarien ist der Boden zwar privatisiert, wird aber häufig von den Nachfolgeorganisationen der Kollektivwirtschaften bearbeitet. Wo es zu einer Auflösung der Kollektivwirtschaften kam, wurde ihr Maschinenbestand verteilt, aber dieser reichte auch in Bulgarien nicht aus, um alle Landwirte zu versorgen, so daß der Esel wieder in den Rang eines beliebten Nutztieres aufgestiegen ist.

Allenthalben handelt es sich bei den bäuerlichen Familienbetrieben um Kleinbetriebe mit einer zumeist niedrigen Produktivität. Einstweilen hat die außerordentliche Vermehrung dieser Kleinbetriebe vor allem Vorteile, weil es die sozialen Probleme zu lindern hilft. Soll jedoch das bedeutende landwirtschaftliche Potential der meisten Länder Südosteuropas künftig als Entwicklungsfaktor zur Geltung kommen, so müssen Strukturen entstehen, die bislang noch weitgehend fehlen. Die Organisationen, die die Landwirte mit Vorprodukten versorgen oder ihre Erzeugnisse aufkaufen, besitzen vielfach noch eine Monopolstellung und bieten nur ein ungünstiges Preis-Leistungs-Verhältnis. Die Entwicklung eines Kreditwesens und einer Rechtsordnung, die es dem erfolgreichen Landwirt ermöglicht, zu expandieren und Hinzukäufe von Land oder Maschinen durch einen Kredit zu finanzieren, steht erst am Anfang. Wo auf die Bedürfnisse der Landwirtschaft spezialisierte Kreditinstitute bestehen wie etwa die Banca Agricola in Rumänien, haben sich diese lange damit befaßt, die Überreste der landwirtschaftlichen Staatsbetriebe über Wasser zu halten. Derartige Probleme ließen sich durch die Entwicklung von Agrargenossenschaften lösen, wie sie in einigen Ländern Südosteuropas wie z. B. in Bulgarien vor 1945 auch existierten. Vorläufig ist dies aber nur Zukunftsmusik.

Bau- und Wohnungswirtschaft

In der sozialistischen Periode wurde ein in quantitativer Hinsicht bedeutendes Bauvolumen erreicht. Seit Mitte der 80er Jahre sind die statistisch erfaßte Bautätigkeit und die Beschäftigung in der Bauwirtschaft dramatisch zurückgegangen – so stark, daß ein weitgehender Verfall der vorhandenen Bauten als vorprogrammiert erscheint, ohne daß ein Ersatz für die verlorengegangene Substanz in Sicht wäre. Dies gilt auch für den Wohnungsbestand, wobei gerade im Wohnungsbau zu berücksichtigen ist, daß ein erhebliches Bauvolumen mittels Selbsterstellung und Schwarzarbeit bewältigt wird.

Nach anfänglicher Vernachlässigung waren ab den sechziger Jahren viele Wohnungen gebaut worden, wobei die Plattenbautechnologie dominierte. Diese Technik ermöglichte es, mit einem begrenzten Mitteleinsatz viel Wohnraum zu errichten, der allerdings gravierende qualitative Mängel aufwies. Der gravierendste besteht in dem hohen Erhaltungsaufwand, den diese Bauten erfordern. Stellt man auf die Lebenszeitkosten statt auf die Errichtungskosten ab, haben sich die Plattenbauten als keineswegs preisgünstig erwiesen. Wird die Instandhaltung vernachlässigt, so werden viele bereits nach 40–50 Jahren nahezu unbewohnbar. Eben das ist in vielen südosteuropäischen Ländern geschehen; die älteste Generation der Plattenbauten ist von Bauschäden wie dem Durchrosten des Armierungsstahls, Verrotten der Rohrleitungen und Durchnässung stark betroffen.

Der jugoslawische Wohnungsbau erreichte ab den siebziger Jahren eine höhere Qualität. Außerdem gab es in Jugoslawien keinen Mangel an Baumaterial, was dem Eigenheimbau und der Erhaltung zumindest eines Teils der Altbauten zugute kam. Auch heute springt der bessere Zustand der Bausubstanz noch jedem ins Auge, der von Rumänien oder Bulgarien aus Jugoslawien oder Makedonien erreicht. In Albanien unterblieb der «industrielle Wohnungsbau» schon allein deswegen, weil es an der nötigen Transporttechnik fehlte. Hier handelt es sich infolgedessen durchweg um Ziegelbauten, die zumeist eine höhere Lebenserwartung aufweisen. Diesbezüglich ist Albanien also im Vorteil.

Ein gravierender Nachteil sämtlicher hochgeschossiger Wohnbauten aus sozialistischer Zeit besteht darin, daß ihre Bewohner sie trotz allen handwerklichen Geschicks nicht selbst sanieren können. Es ist aber fast immer unmöglich, die Mittel für die Beauftragung einer Baufirma zu erhalten. Damit erscheint eine Entwicklung als vorgezeichnet, in der diese Quartiere zum Slum und schließlich zur Ruine herabsinken werden. Der Neubau wird ebenso wie Sanierungsmaßnahmen vor allem dadurch gehemmt, daß eine Fremdfinanzierung wegen der geringen Funktionsfähigkeit des Bankensystems kaum möglich ist – der Bauherr muß seine Baumaßnahme im wesentlichen mit Eigenkapital finanzieren. Das setzt seinen Aktivitäten enge Grenzen. In Albanien ist die Errichtung primitiver Behausungen auf völlig unerschlossenem Terrain bereits heute ein alltägliches Bild, die anderen Länder Südosteuropas dürften folgen.

Die geringe Funktionsfähigkeit der Bau- und Wohnungsmärkte stellt ein außergewöhnlich großes Entwicklungshemmnis dar, weil sie die Mobilität der Bevölkerung beeinträchtigt. Unglücklicherweise ist eine Besserung kaum in Sicht – sie würde eine erhöhte Fähigkeit des Bankensystems erfordern, Ersparnisse zu sammeln und an Investoren und Bauwillige weiterzuleiten. Hierfür fehlen noch viele Voraussetzungen.

Verkehrswesen

Die weitere wirtschaftliche Entwicklung Südosteuropas hängt stark von der verkehrsmäßigen Erschließung der Region ab. Dies ist im Agrarsektor besonders augenfällig. Die Fähigkeit, sich beispielsweise als Lieferant von Frühgemüse oder Früchten auf den EU-Märkten zu etablieren, ist davon abhängig, ob die Produkte rasch und preisgünstig ans Ziel gebracht werden können. Für die Industrie spielt die Entwicklung der Infrastruktur insbesondere bei höherwertigen Produkten eine große Rolle, weil lange Transportzeiten sich in hohen Kapitalkosten niederschlagen. Unter Berücksichtigung dieser Kapitalkosten erreichen die Transportkosten in Südosteuropa in der Regel das Zwei- bis Dreifache der westeuropäischen Vergleichswerte.

Der Beitrag der Eisenbahn zur verkehrsmäßigen Erschließung hält sich sehr in Grenzen. Angesichts des gebirgigen Reliefs sind die Baukosten neuer Trassen außerordentlich hoch, die vorhandenen Strecken sind kurvenreich und müssen immer wieder Gebirgszüge überwinden. Das Streckennetz ist dünn und befindet sich vielfach in einem schlechten Zustand. Das Durchschnittstempo, mit dem sich die Züge fortbewegen, überschreitet nur auf wenigen Abschnitten 30 km/h. Um die Leistungsfähigkeit der Eisenbahn zu erhöhen, wären gewaltige Investitionen erforderlich.

Nicht ganz so schwer zu erreichen ist eine Modernisierung der Häfen. Bei den rumänischen und bulgarischen ist sie, anders als bei den albanischen und jugoslawischen, bereits im Gang, wobei es letzteren zusätzlich an einer leistungsfähigen Anbindung an ihr Hinterland mangelt. Punktuell ist eine Erschließung über die Häfen immerhin denkbar, aber als Ganzes läßt sich Südosteuropa nur über den Straßenverkehr erschließen. Die hierfür bei weitem wichtigste Straßenverbindung verläuft von Budapest bzw. Zagreb über Belgrad und Skopje bzw. Sofia nach Griechenland bzw. in die Türkei. Bedeutende Teilabschnitte dieser Verbindung sind so weit ausgebaut, daß sie ein erhebliches Verkehrsvolumen bewältigen könnten. Infolge des Transitverkehrs ließe sich auf dieser Strecke ein ausreichendes Mautaufkommen erzielen, um eine Beseitigung der vorhandenen Engpässe finanzieren zu können. Daß dieses Entwicklungspotential brachliegt, ist auf die Intransigenz der jugoslawischen Regierung zurückzuführen, die damit nicht nur die eigene Wirtschaft schädigt, sondern auch Bulgarien und Makedonien als Wirtschaftsgeiseln nimmt. Entwicklungsfähige Alternativen zu der blockierten Route durch Jugoslawien sind nicht in Sicht, da das rumänische Straßennetz für die Bewältigung größerer Verkehrsvolumina ungeeignet ist.

Aber nicht nur Jugslawiens Neigung zu einer Abgrenzung gegenüber seiner Umwelt steht der verkehrsmäßigen Erschließung Südosteuropas im Wege, auch anderswo auf dem Balkan läßt sich ähnliches beobachten. Nur eine Brücke überspannt die Donau zwischen Bulgarien und Rumänien. Der Bau weiterer wäre durchaus finanzierbar und unterbleibt nur deswegen, weil beide Seiten im Grunde genommen der Auffassung sind, daß dies nicht als dringliche Aufgabe anzusehen sei. Solange sich hier kein Einstellungswandel vollzieht, wird Südosteuropa eine abgeschiedene Region bleiben, in der übermäßige Transportkosten und -zeiten die wirtschaftlichen Aktivitäten stark beschränken.

Die «graue Wirtschaft»

Ein gemeinsames Kennzeichen (fast) aller Aktivitäten, die man unter dem Begriff der «grauen Wirtschaft», der «Schattenwirtschaft» oder des «informalen Sektors» zusammenfaßt, besteht darin, daß auf die Einkommen, die sie stiften, keine Steuern und Sozialabgaben entrichtet werden. Dies mag der einzige Gesetzesverstoß sein, dessen sich der Einkommensbezieher schuldig macht, oder nur einer von vielen bis hin zu ausgesprochen kriminellen Aktivitäten. Diese Abgrenzung verliert allerdings dort ihre Trennschärfe, wo bedeutende Teile der öffentlichen Verwaltung tief in gesetzeswidrige Handlungen verstrickt sind. Bis zum gewissen Grad ist das in allen Ländern Südosteuropas der Fall, besonders ausgeprägt aber im transnistrischen Teil Moldovas und in Albanien.

Vielerlei Aktivitäten lassen sich in den «informalen Sektor» verlagern. Sie unterliegen der Voraussetzung, daß der Kapitaleinsatz und die Zahl der Personen, die zusammenwirken müssen, nicht zu groß werden dürfen, da es sonst für die Behörden zu leicht würde, sie aufzudecken. Diese Bedingungen setzen der wirtschaftlichen Entwicklung, deren der informale Sektor fähig wäre, enge Grenzen, die sich allerdings überwinden lassen, wenn der Staat so korrupt ist, daß die Beamten auch das Offensichtliche nicht mehr sehen – eine Bedingung, die in Südosteuropa teilweise erfüllt ist. Industrielle Produktion ist im informalen Sektor auf jeden Fall nur in bescheidenem Umfang möglich.

Zahlreiche Wirtschaftszweige erfüllen die angeführten Bedingungen. Zu ihnen zählen das Handwerk, der Einzelhandel, der Gütertransport, das Gaststättenwesen und viele andere Dienstleistungen. Für einige dieser Aktivitäten ist zwar die Beschaffung eines gut sichtbaren Kapitalgutes erforderlich – beispielsweise benötigt man für den Gütertransport einen Lkw, dessen Existenz man den Behörden schwerlich verheimlichen kann. Dieses Problem läßt sich lösen, indem man einen Teil der Umsätze ordnungsgemäß versteuert und den Rest verschweigt oder aber indem man die Beamten besticht.

In Südosteuropa ist heute wenigstens die Hälfte der erwerbstätigen Bevölkerung in substantiellem Umfang in der Schattenwirtschaft tätig. Mit substantiell ist gemeint, daß sie nicht nur gelegentlich «schwarz» arbeitet, sondern einen erheblichen Teil ihres Einkommens aus der Schattenwirtschaft bezieht. Die meisten sind nur «im Nebenberuf» in der Schattenwirtschaft tätig und üben daneben einen legalen «Hauptberuf» aus. Allerdings gibt es auch nicht wenige, die ausschließlich in der Schattenwirtschaft arbeiten – am häufigsten ist dies in Albanien der Fall. Es kommt auch vor, daß der offizielle «Hauptberuf» nur eine Art von Tarnung darstellt, die dem Erwerbstätigen Sozialversicherungsansprüche verschafft, aber bei weitem nicht den Löwenanteil seiner Energien verschlingt. So mancher Arbeitgeber leistet dem noch Vorschub, und zwar keineswegs nur in böser Absicht, sondern weil er um die mißliche Lage seiner Mitarbeiter weiß, die von ihrem Lohn unmöglich leben können. Nur verhältnismäßig wenig in der Schattenwirtschaft engagiert sind diejenigen, die haupt- oder nebenberuflich Landwirtschaft betreiben. Die Schattenwirtschaft wird vor allem von der städtischen Bevölkerung getragen.

Die Expansion der Schattenwirtschaft läßt sich beispielsweise daran erkennen, daß die Umsätze im legalen Teil des Handels weit stärker gefallen sind als Einkommen und Konsum der Bevölkerung. Offenkundig erreicht ein großer Teil der Konsumgüter den Kunden nicht mehr auf dem offiziellen Weg. Da im legalen Teil des Handels hohe Steuern und Abgaben entrichtet werden müssen, kann er mit dem «grauen» Handel kaum konkurrieren.

Nicht minder auffällig ist der Einfluß der Schattenwirtschaft auf die Entwicklung des Handwerks. In Rumänien beispielsweise war in der

Vergangenheit unzweifelhaft eine Unterversorgung mit Handwerksleistungen zu beklagen. Betriebe selbständiger Handwerker gab es kaum. Nichtsdestoweniger hat die Zahl der selbständigen Handwerksbetriebe seit 1989 nur langsam zugenommen. Es kann kaum ein Zweifel daran bestehen, daß weiterhin eine erhebliche Nachfrage nach Handwerksleistungen besteht und auch befriedigt wird, aber eben aus der Schattenwirtschaft heraus.

Deren Expansion ist vor allem ein Kind der Not. Es hat sich gezeigt, daß bereits ein relativ bescheidener Wirtschaftsaufschwung genügt, um die Ausmaße der Schattenwirtschaft deutlich zu reduzieren. Man mag den «informalen Sektor» daher als ein notwendiges Übel werten. Ein Übel ist er aber allemal. Wer sich in größerem Stil in der Schattenwirtschaft engagiert, wird alsbald den Schutz des Gesetzes schmerzlich vermissen und kaum umhinkommen, sich andere Beschützer zu suchen. Diese sind teuer und verstehen es meist trefflich, sich unentbehrlich zu machen. Haben sie sich erst einmal eingenistet, ist es für die Gesellschaft außerordentlich schwierig, sich ihrer wieder zu entledigen.

Bildungsstand und Fertigkeiten der Erwerbstätigen

Die Fähigkeiten und Kenntnisse der Arbeitskräfte erweisen sich häufig als ein weit wesentlicherer Entwicklungsfaktor als der Vorrat an physischen Kapitalgütern. Gemäß einer weitverbreiteten Auffassung befinden sich die Länder Südosteuropas wenigstens in dieser Beziehung im Vorteil. Der Anteil der Absolventen von Fach- und Hochschulen an der erwerbstätigen Bevölkerung ist höher als in anderen Ländern mit einer vergleichbaren Wirtschaftsleistung, der Anteil der Analphabeten und Ungelernten geringer.

Die These, daß beispielsweise die Bulgaren hochqualifiziert seien, ist zwar nicht völlig falsch, bedarf aber einer Relativierung. Ihr liegt ein einseitiger Bildungsbegriff zugrunde. Sicherlich vermag Bulgarien hinsichtlich der Verbreitung technischer und naturwissenschaftlicher Kenntnisse in der Bevölkerung ohne weiteres mit westlichen Industrieländern zu wetteifern. Zweifellos wurden in der sozialistischen Periode bedeutende Fortschritte in Bildung und Ausbildung erzielt. Stark unterbelichtet blieben allerdings die Fremdsprachen – nicht nur die westlichen, sondern auch die der Nachbarvölker, was sich in Ermangelung einer *lingua franca* etwa im Hinblick auf bilaterale Wirtschaftsbeziehungen sehr nachteilig auswirkt –, verschiedene Teilgebiete der Geisteswissenschaften und vor allem wesentliche Bereiche von Wirtschaft und Recht. Dies war nicht nur einem einseitigen Bildungsideal geschuldet, sondern noch mehr dem politischen System. Insofern ist in allen genannten Bereichen ein deutlicher Nachholbedarf vorhanden.

Selbst hinsichtlich der technisch-naturwissenschaftlichen Kenntnisse sind Abstriche vorzunehmen. Zwar brachte das sozialistische Bildungswesen ein Heer von Ingenieuren hervor, aber an eine zumeist gute Hochschulausbildung schloß sich eine berufliche Praxis an, die dem Ingenieur wenig Anreize und Möglichkeiten bot, sein Wissen zu vermehren. Die Entwicklungen der 90er Jahre haben das Potential noch weiter beeinträchtigt. Aus Albanien, Jugoslawien und Bosnien und Herzegowina sind sehr viele Akademiker, aber auch Facharbeiter abgewandert, und inzwischen klagen dort Unternehmen über Schwierigkeiten, Fachkräfte zu finden. In den anderen Ländern war die Abwanderung bislang weniger ausgeprägt, sei es, weil die Bevölkerung weniger mobil ist oder weil ihr die Lage als weniger hoffnungslos erscheint.

Der öffentliche Dienst und das Sozialsystem

Sozialisierung und Industrialisierung verschafften den kommunistischen Führungen die Möglichkeit, die Steuerschraube wesentlich stärker anzuziehen und ein höheres Steueraufkommen zu erzielen, als dies in marktwirtschaftlich verfaßten Entwicklungsländern der Fall ist. Fast die gesamte Produktion erfolgte in großen Organisationen, deren Leiter wenig Veranlassung hatten, der Besteuerung Widerstand entgegenzusetzen. Es wäre auch nicht ratsam gewesen, weil es in großen Organisationen zu viele Mitwisser gibt – die Wahrscheinlichkeit, daß Steuerhinterziehung aufgedeckt wird, ist infolgedessen zu groß. Das hohe Steueraufkommen ermöglichte eine starke Erweiterung der öffentlichen Verwaltung und die Gewährung einer Vielzahl von Sozialleistungen. Sozialisierung und Industrialisierung schufen nicht nur die Möglichkeit, sondern auch die Notwendigkeit, bestimmte Sozialleistungen wie z. B. Renten zu gewähren. Schließlich besaß nun keiner mehr ein Vermögen, von dem er im Alter leben konnte, und traditionelle Verpflichtungen zur wechselseitigen Hilfe im Familienverband hatten an Bindekraft verloren.

Die Reformen der neunziger Jahre verminderten die Fähigkeit der Regierungen, Steuern zu erheben, nachhaltig. Soweit die großen Organisationen nicht zerfielen, gerieten sie zumeist unter starken Konkurrenzdruck, der ihre Einnahmen schmälerte und damit auch ihre Fähigkeit, Steuern zu zahlen. Daneben entstanden viele neue Klein- und Kleinstbetriebe, die auf den Zugriff des Fiskus relativ leicht mit einem Abtauchen in die Schattenwirtschaft reagieren können und dies auch zweifellos tun, wenn der Zugriff zu kräftig ausfällt. Die öffentlichen

Ausgaben entsprechend den Steuerausfällen zurückzuführen war schwierig, bestand doch ein großer Teil dieser öffentlichen Ausgaben aus Sozialleistungen, beispielsweise aus Renten für Personen, die sonst über keine nennenswerte Einkommensquelle verfügen.

Gespart wurde infolgedessen notgedrungen bei den Gehältern im öffentlichen Dienst. Dieser war auch unter der Herrschaft der Kommunisten weit vom Ideal eines unpolitischen und fachlich kompetenten Dienstes entfernt. Die öffentliche Verwaltung hatte den Status eines verlängerten Arms der kommunistischen Partei, und das vertrug sich nicht allzugut mit fachlicher Kompetenz. Doch nach dem Ende der kommunistischen Herrschaft verbesserte sich die Qualität des öffentlichen Dienstes nicht, eher war das Gegenteil der Fall. Den fähigeren Mitarbeitern winkten besser bezahlte Anstellungen im neu entstehenden Privatsektor. Eine Entpolitisierung des öffentlichen Dienstes unterblieb ebenfalls: Die neu an die Macht gelangten Parteien benutzten ihn für die Versorgung ihrer Anhänger. In einem solchermaßen demoralisierten öffentlichen Dienst kann sich die Korruption leicht ausbreiten, was wiederum zu einer Ausweitung der Schattenwirtschaft und damit zu einer weiteren Aushöhlung der Steuerbasis führt. Bei internationalen Vergleichen über die Verbreitung der Korruption im öffentlichen Dienst finden sich die meisten südosteuropäischen Länder im letzten, gleichsam «korruptesten» Viertel der untersuchten Staaten, wobei Rumänien und Bulgarien innerhalb dieses Viertels relativ günstig positioniert sind.

Im Extremfall kann es dazu kommen, daß der Staat seine sozialstaatlichen Verpflichtungen nur dadurch einigermaßen erfüllen kann, indem er die legal tätigen Unternehmen in einem ruinösen Ausmaß besteuert. Die wirtschaftliche Aktivität verlagert sich dann weitgehend in die Schattenwirtschaft, die aber nur begrenzte Entwicklungsmöglichkeiten bietet. Auf diese Weise kann es zu einem langfristigen wirtschaftlichen Niedergang kommen. Dieses Bild ist eine ernstzunehmende Gefahr, aber kein unvermeidliches Schicksal.

Wirtschaft und Umwelt

Die sozialistische Industrialisierung hat zu einer zum Teil außerordentlich starken Umweltbelastung einzelner Orte und Regionen geführt, die mitunter regelrecht vergiftet worden sind. Industriebetriebe, die die Umwelt derart stark belasten, hat es vor Jahrzehnten auch in Westeuropa gegeben. Der Unterschied besteht indes darin, daß in Westeuropa seitdem sukzessive weniger schmutzige Technologien entwickelt und zum Einsatz gebracht wurden – dies ist in Südosteuropa fast völlig unterblieben, dort arbeitete man mit herkömmlichen Technologien weiter – und daß sich Südosteuropa gewissermaßen auf die besonders umweltbelastenden Industrien spezialisiert hat wie z. B. auf die Verhüttung von Metallen oder auf die Verstromung geringwertiger Kohle. In denjenigen Ländern, in denen es ab den 70er Jahren zu einer starken Subventionierung der Landwirtschaft kam, war eine Überdüngung und eine ungelöste Gülleproblematik zu beklagen – dort entwickelte sich die Landwirtschaft zu einem der größten Umweltverschmutzer.

Angesichts dieser Umweltsünden sollte die Kehrseite wirtschaftlicher Rückständigkeit indes nicht vergessen werden; sie hat auch der «Erschließung» und Zerstörung von Naturlandschaften vorgebeugt, wie etwa im Dinarischen Gebirge, in den Karpaten oder auf dem Balkan. Weitgehend verbaut wurden allerdings einige der touristisch attraktivsten Landschaften an der Schwarzmeerküste und der Adria.

Die postsozialistische Entwicklung hat der Umwelt im großen und ganzen gutgetan. Die Überdüngung der Felder hatte ein Ende, und viele der ehemaligen Industriegiganten sind bereits außer Betrieb. Auch von den verbliebenen wird noch mancher seine Produktion einstellen müssen, so daß in der Zukunft die schwerwiegendsten Umweltprobleme wohl in anderen Bereichen zu finden sein werden. Kritisch dürfte es beispielsweise bei der Ableitung und Klärung der Abwässer und bei der Gewinnung von Trinkwasser werden. Dies waren stets vernachlässigte Bereiche, und selbst die vorhandenen schwachen Systeme verlieren allmählich ihre Funktionsfähigkeit.

Ausblick

Man kann die hier behandelten Länder als eine neue Gattung von Entwicklungsländern auffassen, der man auch die Nachfolgestaaten der ehemaligen Sowjetunion mit Ausnahme des Baltikums hinzuzählen kann. Aber trotz der Parallelen in der Wirtschaftsstruktur sind die Zukunftsaussichten der meisten Staaten Südosteuropas nach der Überzeugung des Autors günstiger als diejenigen der GUS-Länder. Der entscheidende Unterschied liegt nicht im wirtschaftlichen Bereich. Seit ihrer nationalen Wiedergeburt im 19. Jahrhundert haben sich die Völker Südosteuropas vor allem an westeuropäischen Vorbildern orientiert. Diese Orientierung an Westeuropa war und ist nicht auf eine kleine Minderheit von Gebildeten beschränkt, sondern wird von einer breiten Mehrheit getragen. Diesbezüglich gibt es also einen recht breiten Konsens, der Chancen einer erfolgreichen Nachahmung eröffnet.

Wirtschaftsordnungen und Wirtschaftspolitik

Franz-Lothar Altmann

Südosteuropa befindet sich seit nunmehr knapp einem Jahrzehnt in einem tiefgreifenden politischen und wirtschaftlichen Wandlungsprozeß. Ähnlich wie im übrigen Teil des früher sozialistisch regierten Europa waren fast alle Länder der Region Südosteuropa zunächst durch den Zusammenbruch des sozialistischen Weltsystems und namentlich des Rats für Gegenseitige Wirtschaftshilfe (RGW) mit der Notwendigkeit einer allgemeinen Neuorientierung ihrer Wirtschaftsverfassungen konfrontiert. Hinzu kam jedoch als Besonderheit für den Kernbereich der Region der Zerfall der früheren Sozialistischen Föderativen Republik Jugoslawien in einer Art und Weise, die den ohnehin schon großen Systemwandlungsproblemen noch erhebliche Kriegsbelastungen und Kriegsfolgen hinzufügte. Die Region Südosteuropa, die zwar niemals ethnisch, jedoch wirtschaftspolitisch für längere Zeit als eine gewisse Einheit betrachtet wurde, begann in den 90er Jahren sehr schnell, nicht nur in politischer, sondern jetzt auch in wirtschaftlicher Hinsicht ein zunehmend heterogenes Bild zu formen, in dem die Transformation der Wirtschaftsordnungen mit unterschiedlicher Intensität, Schnelligkeit und auch wirtschaftspolitischem Engagement verfolgt wurde.

Vorweg ist zum Begriff der Wirtschaftsordnung eine gewisse Klarstellung angebracht. In der Literatur werden die Begriffe Wirtschaftsverfassung und Wirtschaftsordnung häufig synonym verwendet. Dies hat dann seine Berechtigung, wenn man Wirtschaftsverfassung als das «faktische Ordnungsgefüge eines konkreten Landes, einer Volkswirtschaft» versteht. Korrekter, da begrifflich adäquat, ist jedoch eine engere Definition, die Wirtschaftsverfassung im normativen Sinne als Gesamtheit von Rechtsnormen bestimmt, die die Regelung der Wirtschaft zum Gegenstand haben.

Von diesem engeren, normativen Begriff der Wirtschaftsverfassung kann deshalb richtigerweise der Begriff der Wirtschaftsordnung abgegrenzt werden, wenn man das tatsächliche Wirtschaftsgefüge im Sinne hat, wie es in einer bestimmten politischen Gemeinschaft zu einer bestimmten Zeit besteht, das heißt, wie es auch in einer Definition von Walter Eucken verwendet wird, der damit die Gesamtheit der Formen versteht, in denen die Lenkung des alltäglichen Wirtschaftsprozesses in concreto erfolgt. Dieser faktische Begriff der Wirtschaftsordnung ist demnach auch für die Betrachtung der wirtschaftlichen Gegenwart in Südosteuropa angebracht, sollen doch die tatsächlichen Inhalte des Wirtschaftsprozesses und des hierfür entwickelten Ordnungsgefüges beschrieben werden.

Rahmenbedingungen der wirtschaftlichen Transformationen

Die südosteuropäischen Staaten bilden in wirtschaftlicher Hinsicht ein überaus weitgespanntes Spektrum. Schon allein der erreichte Entwicklungsstand variiert von hochentwickelt im Falle Sloweniens – ein Land, das wirtschaftlich und infrastrukturell klar an der Spitze aller Transformationsländer, das heißt auch noch vor Tschechien, einzuordnen ist – bis zu Albanien, das auf den Stand eines Entwicklungslandes der südlichen Hemisphäre zurückgefallen ist. Einige Staaten (Bulgarien, Rumänien und Slowenien) sind mit der EU assoziiert, einige kämpfen um eine Assoziierung (Kroatien, Makedonien und auch Bosnien und Herzegowina), während bei den übrigen die Aussichten auf eine wie auch immer geartete Einbindung zumindest für absehbare Zeit denkbar schlecht stehen, sei es aus wirtschaftlichen und strukturellen (Albanien), sei es aus politischen Gründen (Jugoslawien). Hierdurch ergeben sich für einige Staaten zum Teil sehr weitreichende Unterstützungsmaßnahmen, für andere ein fast totaler Ausschluß von weltwirtschaftlichen Entwicklungen und internationalen Finanzierungsmöglichkeiten. Der im Juni 1999 beschlossene «Stabilitätspakt Südosteuropa» könnte aber neue Bewegung in die Europa-Einbindung bringen.

Ein breites Spektrum ist auch in politischer Hinsicht auszumachen. Man findet in Südosteuropa bereits gefestigte Demokratien, jedoch auch Mischformen halbautokratischer Art, wie beispielsweise in Kroatien unter Franjo Tudjman und in Albanien unter Sali Berisha. Im zweiten Anlauf sich demokratisierende Gesellschaften zeigen sich in Rumänien und in Bulgarien, während die Bundesrepublik Jugoslawien auf dem Papier durchaus durchformierte demokratische Strukturen aufweist, in der Realität jedoch von einem repressiven, clanokratischen Regime beherrscht wird. Ein weiterer Sonderfall ist Bosnien und Herzegowina, wo die beiden Entitäten nicht nur dadurch gekennzeichnet sind, daß de facto ein Protektorat besteht, sondern vor allem dadurch, daß die Personen, die während der Kriegszeit auf der jeweiligen Seite Führungspositionen innehatten, auch in den neugebildeten Quasi-Staaten vielfach weiterhin das Sagen in Wirtschaft und Politik haben. Korruption und Cliquenwirtschaft sind in beiden Entitäten, d. h. in der muslimisch-kroatischen Föderation und in der Republika Srpska, Hauptmerkmale der Staats- und Verwaltungsstrukturen. Hinzu kommt, daß bis heute keine echten Ansätze zu einer gesamtstaatlichen Zusammenarbeit zwischen den beiden Entitäten zu erkennen sind.

Deutliche Unterschiede findet man auch insofern, als die Mehrzahl der Gesellschaften durch starke ethnische Gegensätze und Spannungen oder durch Auseinandersetzungen verschiedener Clans gekennzeichnet ist. In Albanien, Bulgarien, Kroatien, Makedonien und insbesondere in der Bundesrepublik Jugoslawien dauern solche Konflikte an und sind sicherlich noch für eine längere Zeit als große Gefahrenherde anzusehen. Andererseits finden wir aber in der Region auch ein Land – Slowenien –, in dem ethnische Probleme praktisch überhaupt keine Rolle spielen, sowie ein Land – Rumänien –, in dem es den Anschein hat, als ob die bisher bestehenden und die Innenpolitik sehr stark dominierenden ethnischen Konflikte deutlich abgebaut werden konnten.

Nicht zu vergessen sind schließlich auch die enormen finanziellen Belastungen, die sich als Ergebnis der Kriege für Bosnien und Herzegowina, Kroatien, die Bundesrepublik Jugoslawien, Makedonien und Albanien ergeben haben und noch lange nachwirken werden. Jugoslawien hat durch den Kosovo-Konflikt auch erhebliche wirtschaftliche Folgekosten zu tragen und besitzt zunächst auch keine Perspektiven, über eine verstärkte Einbindung in die europäischen Wirtschaftsstrukturen seine marode Wirtschaft wieder in Gang zu setzen. Ebenfalls besonders problematisch stellt sich die Frage der Kriegsfolgen für Bosnien und Herzegowina dar, wo die Zerstörung der Produktionsanlagen und der Infrastruktur sowie die Verminung weiter Teile des Ackerlandes einen extremen finanziellen und personellen Aufwand erfordern, um dem Land eine neue Basis für einen Wiederbeginn zu sichern.

Die Voraussetzungen für eine erfolgreiche und schnelle Transformation der Wirtschaften Südosteuropas sind also völlig ungleich. Natürlich kann in einem entwickelten Land mit gefestigten politischen, demokratischen Strukturen ein schnellerer Transformationsfortgang erwartet werden als in einem Entwicklungsland, in dem sich nach einem demokratischen Beginn autokratische Verhaltensweisen durchsetzten. Natürlich kann Wirtschaftstransformation, die mit vorübergehenden tiefgreifenden Umstrukturierungen verbunden ist, in einem Land ohne ethnische Gegensätze mit stärkerem Konsens in der Bevölkerung rechnen als in einem Land, in dem große nationale Spannungen ständiges Mißtrauen zwischen den einzelnen Bevölkerungsgruppen bewirken und jede ethnische Gruppe versucht, sich auf Kosten der anderen wirtschaftlich zu behaupten. Natürlich können sich privatwirtschaftliche Strukturen nur dort entwikkeln, wo überhaupt noch Produktionsstätten vorhanden sind: Wie soll in

Bosnien und Herzegowina etwas umstrukturiert werden, was völlig zerstört ist und wo privates Kapital nur in den Händen weniger Kriegsgewinnler zu finden ist, die zudem kein Interesse an heimischen Investitionen zeigen?

Hinzu kommt, daß es sich in dieser Region mit Ausnahme Rumäniens um relativ kleine Länder handelt, die zum einen sehr stark außenhandelsabhängig sind, die aber schon vor der Wende extrem wenig Handel untereinander pflegten: Ganze 4% des Außenhandelsumsatzes der südosteuropäischen Länder wurden vor 1989 unter ihnen selbst abgewickelt. Ihr Außenhandel war zumeist hauptsächlich auf die Sowjetunion und Osteuropa orientiert, daneben auch, vor allem bei Rumänien und Jugoslawien, auf die Entwicklungsländer. Ostmitteleuropa und der ex-sowjetische Raum waren aber nach 1989 bzw. 1991 zunächst als Absatzmärkte weitgehend verloren, und auch die Entwicklungsländer sind im Grunde genommen bereits seit den 80er Jahren nur noch als schlechte Schuldner und keineswegs mehr als gute Handelspartner anzusehen. Eine partielle Ausnahme bildete Slowenien, da es als Teilrepublik den größten Part des jugoslawischen Westhandels bestritten hatte und somit nach der Wende über bereits bestehende Verbindungen und Erfahrungen verfügte, die eine Neuorientierung seines nunmehr eigenstaatlichen Außenhandels deutlich erleichterten. Albanien stellt hier eine weitere Ausnahme dar, da es infolge seiner früheren Isolationspolitik weder mit den Ostmärkten noch mit denen der Entwicklungsländer enger verbunden war.

Verlauf der Transformationen

Ordnungspolitik

Es muß zunächst grundsätzlich berücksichtigt werden, daß seit Beginn der Transformationsbemühungen erst eine kurze Zeitspanne vergangen ist. Dabei haben sich – wie angesichts der geschilderten Ausgangsbedingungen und Voraussetzungen zu erwarten war – sehr unterschiedliche Abläufe in der wirtschaftlichen Transformation ergeben. Mitbestimmend hierfür waren aber nicht nur innere, sondern auch äußere Faktoren. Die gesamte Region durchlief ja auch in außenwirtschaftlicher Hinsicht einen tiefen Orientierungswandel. Westeuropa mit seinen reichen Marktwirtschaften wurde die neue Orientierungsrichtung, zumal die dort ablaufende Integrationsentwicklung besondere Attraktivität ausstrahlte. Die programmatischen Integrationsbestrebungen der Europäischen Union übten und üben auf die Nichtmitglieder offensichtlich einen außergewöhnlich starken Anreiz und eine fast irrationale Faszination aus. Allerdings erlebte gerade diese Neuorientierungsregion Westeuropa in der ersten Hälfte der neunziger Jahre eine schwere wirtschaftliche Rezession. Eine der Auswirkungen davon war, daß die für die Neuorientierung der südosteuropäischen Länder und auch für deren wirtschaftliche Erholung notwendigen Nachfrageimpulse aus der neuen Orientierungsregion äußerst schwach ausfielen. Darüber hinaus blieben infolge der schwachen Wirtschaftsentwicklung in der Europäischen Union die erhofften stärkeren Investitionsbewegungen in Richtung Südosteuropa aus, was zusätzlich dadurch verschärft wurde, daß hier das politische Umfeld oft einen unsicheren Eindruck machte, so daß die tatsächlich getätigten Investitionen sich vorwiegend auf die ostmitteleuropäischen Länder Ungarn, Tschechien und Polen konzentrierten. Das geringe Interesse an Südosteuropa als möglicher Wachstumsregion und als künftiger wirtschaftlicher und politischer Partner mußte für die dortigen Transformationsbestrebungen äußerst abträglich sein.

Trotzdem: Im ersten Schwung des Neubeginns wurden die grundsätzlichen Hausaufgaben der ersten Stunden in fast allen südosteuropäischen Ländern erledigt. Hierunter sind insbesondere zu verstehen: die Liberalisierung der Preise, der Märkte und des Außenhandels sowie die Schaffung einer neuen Gesetzgebung in den wirtschaftsrelevanten Sektoren, d. h. vor allem neue Handelsgesetze, neue Aktiengesetze, neue Konkursgesetzgebungen. Die Währungen wurden mit einheitlichen Wechselkursen versehen, und schrittweise wurde Konvertibilität eingeführt. In allen Ländern erfolgte eine Neugliederung des Bankensystems, so daß nunmehr auch dort zweistufige Bankenordnungen mit einer unabhängigen Zentralbank und einem Geschäftsbankenbereich bestehen, in dem private und staatliche Banken nebeneinander und miteinander konkurrieren.

Sogar in Bosnien und Herzegowina wurden nach dem Friedensschluß von Dayton dank des internationalen Druckes grundsätzliche Reformgesetze verabschiedet, doch stellte und stellt sich ihre Durchführung als extrem schwierig heraus. So ist es zum Beispiel noch nicht gelungen, ein beide Entitäten umschließendes integriertes Zahlungssystem durchzusetzen und die unterschiedlichen Steuersysteme zu vereinheitlichen. Zwar wurde nach der Errichtung einer Nationalbank für Bosnien und Herzegowina (August 1997) eine neue Währung, die konvertible Mark, unter strikten Währungsratregeln (currency board) eingeführt (eine konvertible Mark = eine DM). Seit Mitte 1998 werden auch alle Einnahmen und Ausgaben des Staatsbudgets in konvertibler Mark geführt, und auch die Entitäten haben sich verpflichtet, den Gebrauch der konvertiblen Mark auf ihren Territorien zu fördern. Trotzdem wird in der Republika Srpska nach wie vor der jugoslawische

Dinar und in den Gebieten der Föderation mit kroatischer Majorität die kroatische Kuna verwendet, während als Zahlungsmittel im Gesamtstaat gleichzeitig die DM fungiert.

Mit Abstrichen muß auch der Einstieg Rumäniens in diese Grundaufgaben der Reformpolitik betrachtet werden. Die erste neue Riege nach Ceauşescu, angeführt von Präsident Iliescu, hatte einen grundlegenden Wandel des politischen und ökonomischen Systems zunächst wohl nicht vorgesehen. Der nach dem Leiter einer speziellen Kommission benannte «Postolache-Plan» beinhaltete vorwiegend Elemente gradueller Veränderungen des bestehenden Systems, wie sie aus der späten sowjetischen Zeit und auch aus noch früheren Ansätzen in Ostmitteleuropa bereits bekannt waren: Dezentralisierung der Entscheidungen, größere Autonomie der Betriebe, aber keine grundlegende Änderung der Eigentumsverfassung. Die neue Regierung nach den ersten freien Parlamentswahlen vom Mai 1990 unter Premierminister Petre Roman verstand sich aber doch als reformsetzende Institution und verabschiedete eine Vielzahl von Gesetzen, die den wichtigsten Rahmen für den Übergang setzen sollten. Hierzu gehörten Entflechtungsgesetze, die Auflösung von Großkombinaten und deren Umwandlung in Kapitalgesellschaften wie auch die Etablierung eines zweistufigen Bankensystems im Dezember 1990.

Es zeigte sich durchgängig, daß Reformwillen und entsprechende Durchführung doch sehr abhängig von der Herkunft und der Bindung der «neuen Eliten» war. In den Ländern, in denen sich direkt nach der grundsätzlichen Wende die alten Kader, wenn auch in neuen, meist sozialdemokratischen Gewändern weiter an der Macht halten konnten, war deutlich Zurückhaltung gegenüber ernsthaften, tiefgreifenden Reformen spürbar.

Noch deutlicher als in Rumänien kam dies in Albanien zum Ausdruck. Dort war aus den ersten freien Wahlen im März und April 1991 die kommunistische «Partei der Arbeit» noch als klare Siegerin hervorgegangen. Diesen Erfolg hatten die Kommunisten vor allem den Stimmenverhältnissen in den ländlichen Gebieten zu danken, in denen im März 1991 die «kleine Privatisierung», insbesondere die Zuteilung kleiner Landparzellen an die Kollektivbauern, begonnen hatte. Die neu gebildete Regierung unter Fatos Nano war (noch) nicht bereit, durchgreifende Reformmaßnahmen einzuleiten, wie sie EG, Weltbank und der Internationale Währungsfonds (IMF) als Bedingung für dringend benötigte Kredite gefordert hatten. Die wirtschaftlichen Zustände blieben alarmierend, auch die rechtliche Lage war nach wie vor unbefriedigend, und nach wochenlanger Streik- und Protestbewegung unter Führung der unabhängigen Gewerkschaften kam im Sommer 1991 eine breite Koalition unter Einschluß der wichtigsten Oppositionsparteien zusammen, die dann auch die Grundlage für einen kräftigen Reformschub schuf.

Kern der ersten Reformphase war die Privatisierung des Bodens und des Handels; die Kolchosen wurden aufgelöst. Wegen des Widerstands der Sozialisten konnte die Regierung zur Verbesserung der Versorgung jedoch lediglich im Kleinhandel und Kleingewerbe eine «kleine Privatisierung» einleiten. Es muß allerdings festgestellt werden, daß schlechte Vorbereitung und Organisation dieser ersten Reformschritte, Schwerfälligkeit und Willkür der Bürokratie und chaotische Zustände in den ohnehin für eine Privatisierung zunächst nicht vorgesehenen Großbetrieben die albanische Volkswirtschaft bis zum Ende des Jahres 1991 in den Zusammenbruch trieben.

Im März 1992 wurden dann erneut Wahlen durchgeführt, die nunmehr zu einem überwältigenden Sieg der «Demokratischen Partei» unter Sali Berisha führten. In den folgenden zwei Jahren wurden auch in der Tat wichtige rechtliche und soziale Grundlagen für ein marktwirtschaftliches Konzept geschaffen und Pläne für eine Verbesserung der Infrastruktur in Gang gesetzt. So erfolgte im April 1992 die Einführung eines zweistufigen Bankensystems, im Juli desselben Jahres wagte Albanien die Einsetzung eines einheitlichen Wechselkurses und die Verkündung einer beschränkten Konvertibilität der heimischen Währung. Alle mengenmäßigen Beschränkungen des Außenhandels wurden beseitigt, und im August 1992 wurden die meisten Inlandspreise freigegeben. Die nächsten wichtigen Schritte erfolgten im April 1993 mit dem Restitutionsgesetz für nichtlandwirtschaftlichen Grund und Boden, im Mai 1993 begann die Privatisierung von Gebäuden, einen Monat später nahm die Privatisierungsagentur ihre Arbeit auf. Die erste ausländische Bank öffnete ihre Türen im Juli 1993. In den Jahren 1994 bis 1996 – im Vergleich zu anderen Transformationsländern also spät – wurden wichtige Gesetze verabschiedet, die die Steuerverwaltung, das Wettbewerbsrecht, das Konkursverfahren, die Unabhängigkeit der Zentralbank und den Start einer Couponprivatisierung betrafen.

Hatte man somit gemeint, daß Albanien sich nun auf dem richtigen Weg zur Herausbildung eines marktwirtschaftlichen Ordnungsgefüges befinde, so erfolgte im Dezember 1997 der große Schock: Der Zusammenbruch der Pyramideneinlagen führte bis ins Frühjahr 1997 hinein zu bürgerkriegsähnlichen Zuständen, in deren Folge die Volkswirtschaft Albaniens völlig kollabierte. Geschäfte und Fabrikanlagen wurden ebenso geplündert wie die Waffendepots der Armee, ausländische Investoren verloren zur Gänze ihre Einlagen. Da die meisten Zoll- und Steuerbüros zerstört wurden, wurde Schmuggel jeglicher Art die normale Geschäftsform. Alle früheren Versuche, eine zielorientierte Ordnungspolitik durchzuführen, waren damit vergeblich. Ende 1997 blieb der schwachen Regierung in Tirana nurmehr übrig, zumindest einen Teil der Zölle über die italienischen und griechischen Zollbüros einzuholen, um so wenigstens einen Minimalstock der Staatseinnahmen sicherzustellen. Mittlerweile sind die meisten Zollbüros wieder geöffnet, die EU unterstützt Albanien hierbei aktiv.

Privatisierung

Noch differenzierter muß man den großen Bereich der Privatisierung sehen, die allgemein als zentrale Komponente für die Errichtung einer Marktwirtschaft gesehen wird, da man nur von privaten Wirtschaftsakteuren rationales marktwirtschaftliches, d. h. kostenbewußtes und gewinnorientiertes Verhalten erwarten kann.

Größere Defizite sind hier noch in Rumänien und in Bulgarien auszumachen. In Rumänien wurde im August 1991 ein Privatisierungsgesetz verabschiedet, nachdem bereits seit Februar 1990 die Gründung kleiner privater Gewerbe- und Dienstleistungsbetriebe möglich war. Das neue Gesetz über die große Privatisierung sah vor, daß 30% des Aktienkapitals jeder Kapitalgesellschaft in Form von kostenlosen Anteilscheinen an die Bevölkerung verteilt werden; die restlichen 70% sollten über einen Staatseigentumsfonds in jährlichen Schritten durch öffentliche Ausschreibungen, Auktionen und Direktverkäufe, auch an ausländische Interessenten, veräußert werden. Die Verwirklichung vor allem des zweiten Teils des Privatisierungsprogramms lief allerdings viel langsamer ab als ursprünglich vorgesehen. Ende 1996 befanden sich immer noch mehr als drei Viertel der gesamten Buchwerte der zu privatisierenden Unternehmen im Besitz des staatlichen Eigentumsfonds. Ein neues Reformprogramm und die Gründung eines eigenen Ministeriums für Privatisierung im November 1997 konnten diese auch nicht beschleunigen, so daß dieses Kernstück jeder Transformation in Rumänien klare Rückstände aufweist. Es ist nur folgerichtig, daß entsprechend dem überlangsamen Tempo in der Privatisierung auch die Umstrukturierung der Unternehmen bisher kaum stattgefunden hat. Pläne, einige der größten Verlustbringer zu schließen, wie dies 1997 in dem Abkommen mit dem IMF und der Weltbank vereinbart war, wurden nicht realisiert. Seit 1997 geht die Industrieproduktion sogar in absoluten Zahlen zurück, und das Bruttoinlandsprodukt zeigt negative Wachstumsraten.

In Bulgarien wurden zwischen 1992 und 1997 lediglich 20% des gesamten vorhandenen Unternehmenskapitals entweder über Barverkauf oder über Coupons (in der Massenprivatisierung) in private Hände überführt. Für einen zweiten Anlauf wurden im März 1998 wichtige Änderungen des Privatisierungsgesetzes verabschiedet, die ein breiteres Spektrum von Privatisierungsmethoden zulassen. Hierzu gehört auch eine zweite Welle der Massenprivatisierung mittels Vergabe von neuen Investitionscoupons, die von der Bevölkerung gekauft und dann in einer Vielzahl von Transaktionen – beispielsweise Auktionen, Ausschreibungen, Management und Employee-buy-outs, Kauf von Anteilen in Pensionsfonds – verwendet werden können. Mittlerweile ist zwar spürbar, daß sich die Umstrukturierung der Unternehmen beschleunigt, gleichzeitig wird diese aber begleitet von weiterhin undurchsichtigen Insider-Aktionen, deren Manko insbesondere das dann fehlende Kapital für Umstrukturierungsmaßnahmen darstellt. Sozial schmerzhaft, aber dringend notwendig waren die Schließungen einer Reihe von Unternehmen im Rahmen des sogenannten «Liquidationsprogramms» des Jahres 1997. Dies bewirkte immerhin, daß der Gesamtbetrag der Verluste der staatlichen Unternehmen deutlich sank.

Defizite sind auch im Falle Kroatiens zu konstatieren, wo die Mehrzahl der Großbetriebe sich immer noch unter staatlicher, wenn auch in vielen Fällen indirekter Direktive befindet. Insgesamt ergibt sich hier ein gemischtes Bild. Auf der einen Seite sind in der Tat die notwendigen Liberalisierungsschritte sowohl bei den Preisen als auch im Außenhandelsverkehr und im Währungsbereich erfolgt, auf der anderen Seite machen sich die Verzögerungen in der Privatisierung der Großunternehmen deutlich bemerkbar. Zwar gibt es in Kroatien nur wenige ausschließlich in Staatsbesitz befindliche Unternehmen, doch hält der Staat bedeutende Eigentumsteile in immer noch vielen Großbetrieben. In neu gegründeten oder in vollprivatisierten Firmen ist jeweils nur rund ein Viertel aller Beschäftigten zu finden. Gut 30% sind in Staatsunternehmen beschäftigt, die restlichen 20% in Firmen, in denen der Staat eine Minderheitsbeteiligung hält. Typisch für die Privatisierung, soweit sie bisher erfolgt ist, ist ferner die Methode des Management- oder des Employee-buy-outs, beide nicht gerade bekannt dafür, daß frisches Kapital für notwendige Umstrukturierungen und Modernisierungen eingebracht wird. Erst 1998 wurden im Rahmen des lang verzögerten Coupon-Privatisierungsprogrammes neue Eigentumsanteile von 471 Unternehmen an die Bevölkerung verkauft. Angesichts der verzögerten Privatisierung, der immer noch hohen Staatsanteile in der Industrie und der infolge des Employee-buy-outs eher vielzähligen Anteilseigner in den tatsächlich privatisierten Unternehmen sind straffe Unternehmensführungen (Corporate Governance) nach wie vor selten, und auch die Produktivitätsentwicklung läßt mangels echter Umstrukturierung zu wünschen übrig.

In Makedonien wurde im Juni 1993 ein Privatisierungsgesetz verabschiedet, unter dem rund 90% aller Unternehmen allerdings zumeist durch eine Kombination von Management- und Employee-buy-out privatisiert wurden. Wie schon angeführt, hat sich diese Methode der Privatisierung als nicht besonders förderlich für die Umstrukturierung der Unternehmen erwiesen, weil weder neues Management noch frisches Kapital oder Know-how eingebracht werden und überdies häufig ein größerer Anteil der Aktien noch über längere Zeit in der Hand der staatlichen Privatisierungsagentur verbleibt, bis die Restschulden durch die Übernehmer bezahlt sind. Ungeachtet dessen konnte die wirtschaftliche Entwicklung auf einem allerdings niedrigen Niveau stabilisiert werden. Nach Jahren ständigen Rückgangs des BIP und der Industrieproduktion wurden seit 1996 wieder positive Wachstumszahlen erzielt. Um den Restrukturierungsprozeß zu unterstützen, wurden weitere Maßnahmen ergriffen, wie erleichterte Bestimmungen für Einstellungen und Entlassungen von Beschäftigten und Erschwernisse für sogenannte Insider-Privatisierungen. Die leichte Stabilisierung erlitt jedoch durch den Krieg um das Kosovo im Frühjahr 1999 einen deutlichen Rückschlag.

Besonders rückständig ist der Bereich Privatisierung in der Bundesrepublik Jugoslawien. Dort wurde der letzte Versuch des Zentralbankpräsidenten Dragoslav Avramović, eine fortschrittliche Gesetzgebung zur Privatisierung zu veranlassen, durch das Parlament gestoppt. Dies hatte denn auch prompt den Rücktritt des «Vaters der wirtschaftlichen Stabilisierung in Serbien» zur Folge.

Eine spezielle Problematik im Bereich der Privatisierung ist in Rumänien und in Bulgarien mit der Bodenrückgabe verbunden. In Bulgarien hat die Beschränkung der Einheitsgrößen zu unwirtschaftlichen Kleinstrukturen in der Landwirtschaft und entsprechendem Rückgang in der landwirtschaftlichen Produktion geführt. Für die rumänische Landwirtschaft, die immer noch knapp 20% zum Bruttoinlandsprodukt beiträgt und fast 30% der Gesamtbeschäftigung abdeckt, waren bis 1997 starke staatliche Eingriffe und ein nicht funktionierender Bodenmarkt kennzeichnend. Im April 1998 wurde ein Gesetz verabschiedet, um die Voraussetzungen für eine beschleunigte Restitution und klarere Eigentümerrechte zu schaffen und somit eine neue Strukturierung der landwirtschaftlichen Produktion mit größeren Bodeneinheiten nach Zukauf zu ermöglichen. Erschwert wird ein neuer Aufbruch jedoch vor allem durch die Schwäche des Finanzsektors, der der Landwirtschaft – wie im übrigen auch dem Kleingewerbe und mittelgroßen Unternehmen – viel zu wenig Kreditmöglichkeiten anbieten kann.

Prozeßpolitik

Es herrscht Einigkeit darüber, daß eine stabilitätsorientierte Geld- und Fiskalpolitik die wichtigste Voraussetzung für einen kontrollierten und erfolgreichen Systemwandel darstellt. Betrachtet man unter diesem Gesichtspunkt die Staaten Südosteuropas, so finden sich deutliche Unterschiede mit den entsprechenden Auswirkungen auf Gesamtwirtschaft und Systemwandel.

Unter den eher positiven Beispielen sind hier Kroatien, Slowenien, Makedonien und in eingeschränktem Maße Rumänien anzuführen. In Rumänien konnte seit 1993 mit der Zustimmung zu dem IMF-Abkommen eine deutliche Inflationssenkung erzielt werden, mit dem Ergebnis, daß dieses Land im März 1996 erstmals im internationalen Kredit-Rating aufgeführt wurde. Allerdings konnte der positive Trend nicht stabilisiert werden. Unter der aus den Wahlen vom November 1996 hervorgegangenen neuen Regierung wurde in den darauffolgenden zwei Jahren zwar eine große Anzahl an Gesetzen, Verordnungen und Regierungsbeschlüssen verabschiedet, doch mangelte es zumeist an Konsistenz und Qualität bei der Umsetzung der Pläne. Die häufigen Überarbeitungen von Gesetzen verunsicherten insbesondere mögliche Investoren aus dem Ausland nur noch mehr, da der Reformaktivismus offensichtlich erheblich ausgeprägter war als die Reformeffizienz. Darüber hinaus führten regierungsinterne Richtungskämpfe dazu, daß der konsequent stabilitätsorientierte Finanzminister Dăianu, der zunächst erfolgreich versucht hatte, den fiskalischen und monetären Bereich in Konsolidierungsbahnen zu lenken, im September 1998 zurücktrat. Es war daher nicht verwunderlich, daß der IMF die für 1998 ausstehenden drei Tranchen der Finanzierungshilfe gerade wegen mangelnder Reformergebnisse auf Eis legte. Für die weitere wirtschaftliche Zukunft des Landes ist nach übereinstimmender Einschätzung erforderlich, daß zunächst das Haushaltsdefizit und das Defizit in der Zahlungsbilanz kontrolliert und abgebaut werden.

Kroatien ging noch konsequenter vor, indem es den Schwerpunkt seiner Wirtschaftspolitik fast ausschließlich auf die Eindämmung der Inflation lenkte, was ebenfalls dazu führte, daß es zu Beginn des Jahres 1997 zum ersten Mal mit Ratings versehen wurde. Ein weiteres positives Zeichen bestand darin, daß sich sowohl die Dresdner als auch die Deutsche Bank bereit fanden, sich mit größeren Kreditversprechen zu engagieren.

In bezug auf Makedonien muß man bewundernd anerkennen, daß trotz großer Probleme mit zwei Restrukturierungsprogrammen – der Bankensektor war infolge jugoslawischer Erblasten nahezu operationsunfähig, und zahlreiche marode Industriebetriebe benötigten laufend Stützungen durch den Staatshaushalt – die Grundsätze der Stabilitätspolitik unangetastet blieben. Trotz Doppelblockade (als Folge des Embargos gegen Jugoslawien und des Namensstreits mit Griechenland) ist das Haushaltsdefizit auf Maastricht-Niveau. Die Inflation konnte deutlich gesenkt werden, und der zunächst feindselige Nachbar Griechenland begann sich mit der Normalisierung der Beziehungen für Makedonien als Investitionsziel zu interessieren.

Slowenien schließlich ist ebenfalls deutlich auf Maastricht-Kurs und hat zu Polen, Ungarn und Tschechien aufgeschlossen. Im Rennen um eine EU-Vollmitgliedschaft hat es diese Staaten sogar – was die wirtschaftliche Kriterienerfüllung anbelangt – praktisch schon überholt.

Am anderen Ende der Skala sind Albanien, die Bundesrepublik Jugoslawien und Bulgarien zu finden. Albanien hatte bis Mitte 1996 eine scheinbar positive Entwicklung vorzuweisen: Das Haushaltsdefizit war deutlich gesunken (bis auf einen Anteil am BIP von 6,7 %), die Inflation hatte einstellige Werte (7,8 %) erreicht, und die heimische Währung, der Lek, war seit 1992 stabil geblieben. Doch alles brach wie ein Kartenhaus in sich zusammen, als das Pyramidenfieber sprunghaft anstieg und sich in der Folge herausstellte, daß vieles äußerst labil und nicht auf festem Grund gebaut war. In der Tat war das gesamtwirtschaftliche Wachstum vorwiegend von der Erholung der kleinlandwirtschaftlichen Produktion und der raschen Ausweitung des Dienstleistungssektors getragen worden, während in die Warenproduktion praktisch keine Investitionen geflossen waren. Die Bevölkerung hatte die Sparvolumina in die zweifelhaften Pyramidengeschäfte gesteckt und aus den zunächst anfallenden Zinserträgen einen Scheinwohlstand finanziert, der zudem noch durch die Überweisungen der Auslandsalbaner gestützt wurde. Heute steht das Land schlechter als zu Beginn der Aufschwungsphase da, weil auch noch die letzten, ohnehin sehr zurückgebliebenen Produktionsanlagen der Zerstörungswut der enttäuschten Verlierer aus den Pyramidengeschäften zum Opfer gefallen sind.

Einen ähnlichen, wenn auch nicht so gewalttätigen Rückschlag erlitt Bulgarien, das sich zunächst in einem – wenn auch langsamen – Aufwärtstrend zu befinden schien. Hier wie auch im weiter unten noch anzusprechenden Fall Jugoslawiens konzentrierten sich die wirtschaftspolitischen Auseinandersetzungen vorwiegend auf die Frage, wie ernst die Haushaltsdisziplin zu nehmen sei. Als die «Bulgarische Sozialistische Partei» im Jahre 1995 (wieder) an die Regierung kam, wurde der Druck auf den Nationalbankpräsidenten Todor Vălčev, dessen Hauptsorge stets die Eindämmung des Haushaltsdefizits gewesen war, so stark, daß er zurücktrat. In der Folgezeit wurde die Haushaltsdisziplin zunehmend aufgeweicht, und da dies von anderen wirtschaftspolitischen Fehlgriffen begleitet wurde, trat ein herber Rückschlag ein; 1996 ging das BIP um fast 11% zurück. Die Inflation stieg rasch an, und es kam zu einer allgemeinen tiefen Krise. Vor allem deswegen wurden vorgezogene Neuwahlen erzwungen, die einen neuerlichen Regierungswechsel herbeiführten. Die neue Führung unter Ministerpräsident Ivan Kostov konnte den Niedergang stoppen, die politische und die wirtschaftliche Lage beruhigen und Grundlagen für eine leichte ökonomische Erholung schaffen.

Ein anschauliches negatives Beispiel für die Bedeutung einer konsequenten monetären und fiskalischen Stabilitätspolitik bietet die Bundesrepublik Jugoslawien. Als der Verbund von Serbien und Montenegro durch die Kriegsverwicklung und das darauffolgende internationale Embargo in eine bislang weltweit einmalig hohe Inflationsspirale geriet, wurde der bis dahin bei der Weltbank in Washington tätige bekannte Wirtschaftswissenschaftler Dragoslav Avramović zum Zentralbankpräsidenten berufen. Avramović band zu Beginn des Jahres 1994 mit einer radikalen Reform den neuen Dinar fest an die DM und brachte innerhalb von zwei Monaten die Hyperinflation, deren Jahresrate zeitweise Milliardenhöhen erreicht hatte, unter Kontrolle. Die Inflation sank fast auf Null, die Wirtschaft stabilisierte sich in erstaunlicher Weise. Im Mai 1996 wollte Avramović ein durchgreifendes Privatisierungsprogramm im Parlament verabschieden lassen, um der Stabilisierung nunmehr den Fortgang der Transformation folgen zu lassen, woran jedoch bestimmte (vor allem Schwarzmarkt-)Kreise in der Bundesrepublik Jugoslawien überhaupt nicht interessiert waren. Avramović trat zurück, der Neubeginn der Transformation war gescheitert, die Inflation ist seither im Steigen begriffen, und die Wirtschaftslage verschlechtert sich zusehends. Eine der innenpolitischen Folgen hieraus war der seit Mitte 1997 immer deutlicher zutage tretende Gegensatz zwischen Montenegro und Serbien. Montenegro legte großen Wert auf eine Privatisierung und wollte in der Durchführung seiner weiteren Wirtschafts- und Transformationspolitik nicht mehr von Belgrad abhängig bleiben. Mit diesem Argument wurden auch öffentlich die Gegensätze zu Belgrad herausgestellt. Ein wichtiges Motiv hierfür war die Annahme, daß die Distanz zu Belgrad sich positiv auf den Umfang dringend benötigter wirtschaftlicher Unterstützung aus dem Westen auswirken würde.

Problembereiche der Transformation

Die Transformationsstaaten stehen auch in verschiedenen einzelnen Bereichen vor gleichen oder ähnlichen Herausforderungen. Im Verlauf der bisherigen Entwicklungen ist deutlich geworden, daß vier dieser Problembereiche von besonderer Bedeutung sind: das Banken- und Kreditsystem, der Kapitalmarkt, die Wettbewerbspolitik und schließlich die Landwirtschaft.

Banken und Kredit

Die Situation im Banken- und Kreditbereich stellt eine ernstzunehmende Barriere für die Restrukturierung und wirtschaftliche Erholung Südosteuropas dar. Zwar ist mittlerweile in allen Ländern ein zweistufiges Bankensystem etabliert, doch sind hier noch eindeutige Schwachstellen auszumachen. Entweder befinden sich große Anteile der nominell unabhängigen Banken noch in Staatshand, oder die neu entstandenen Privatbanken sind deutlich unterkapitalisiert und müssen unter dubiosen Umständen ihre Geschäfte durchführen. Unterkapitalisierung ist auch bei den Großbanken, den ehemaligen Staatsbanken, ein verbreitetes Phänomen, da diese die enormen Altschulden der vormals staatlichen Industriebetriebe übernehmen mußten, was zu großen Problemen in den Bilanzen führte. Hohe Außenstände aber, insbesondere solche von kaum eintreibbarer Art, führen unvermeidbar zu einer Beschränkung der Kreditfazilitäten, wie das Beispiel Bulgariens überdeutlich gezeigt hat. Nach der extremen Wirtschafts- und Finanzkrise des Jahres 1996 konnte aber die Lage, wie schon angesprochen, stabilisiert werden. Fünfzehn der schwächsten Banken mußten schließen, und die sehr schwache Kapitalausstattung der noch bestehenden Banken begann sich langsam zu verbessern. Gekennzeichnet ist der bulgarische Bankensektor durch die Dominanz von fünf großen Banken, die in staatlichem Eigentum waren und mehr als zwei Drittel der Einlagen besaßen. Die notwendige Privatisierung kam in Gang, nachdem Mitte 1997 die Vereinigte Bulgarische Bank von ausländischen Investoren, die Europäische Bank für Wiederaufbau und Entwicklung (EBRD) eingeschlossen, gekauft wurde. Im August 1998 wurde auch die Postbank zu gut drei Vierteln an ein Konsortium internationaler Investoren verkauft. 1999 wurden dann die Grundlagen für die Privatisierung weiterer Großbanken geschaffen.

Natürlich stellt sich in Zusammenhang mit der mangelnden Kapitalausstattung der Banken auch in den anderen Ländern immer wieder die Frage nach dem möglichen Engagement von Auslandsbanken. Diese könnten zwar zum einen genügend neues Kapital zur Stärkung der Kreditfazilitäten einbringen und gleichzeitig auch für den notwendigen Wettbewerb auf dem Bankenmarkt sorgen, stoßen aber andererseits auf deutliche Zurückhaltung bei den Politikern, weil keines der Transformationsländer eine Überfremdung des strategischen Bankenmarkts durch Auslandsbanken zulassen möchte. So kommt es, daß beispielsweise in Rumänien Privatbanken erst rund 15% des gesamtem Geschäftsvolumens bestreiten, der ganze Rest aber immer noch in Händen von mehr oder weniger staatlich beherrschten Großbanken liegt. Sogar in Slowenien zeigt sich das Banken- und Kreditsystem noch als unterentwickelt und ungenügend dezentralisiert, so daß sowohl hier wie auch in den übrigen Ländern Klein- und Mittelbetriebe immer noch auf ein zu dürftiges Kreditangebot stoßen.

Dies trifft auch auf Kroatien zu, wo der Bankenmarkt zeitweise durch Insolvenzen erschüttert wurde. Mit über 60 Banken ist Kroatien auf diesem Gebiet überversorgt. Die Bankenaufsicht war äußerst schwach, was auch dazu führte, daß häufig übergroße Kreditengagements bei einzelnen Kunden die Banken in ungesunde Abhängigkeitsverhältnisse brachten. Mit Hilfe der EBRD und weiterer ausländischer Banken sowie eines neuen Bankengesetzes sollte Kroatien seine Bankenkrise überwinden können. Dies stellt eine wichtige Voraussetzung für ein gesundes Kreditgeschäft mit erschwinglichen Zinsen vor allem für kleinere und mittlere Unternehmen dar, denen bisher der Zugang zu ausländischen Kreditmärkten weitgehend versperrt blieb.

Wie in fast allen Transformationsländern ist die schwache Finanzdisziplin auch in Makedonien eines der wichtigsten Probleme, die es zu überwinden gilt. Es hängt vor allem mit einer Erblast aus der sozialistischen Zeit zusammen, der Anhäufung großer, zumeist nicht rückzahlbarer Kredite der Unternehmen bei den vormaligen Staatsbanken. Einige Bankskandale führten dazu, daß die makedonische Nationalbank im Februar 1997 die Mindestgrundkapitalsumme für Banken auf die immer noch erstaunlich niedrige Summe von DM 300000,– erhöhte. Seither hat sich die Gesundung der Banken fortgesetzt, und der Anteil der sogenannten schlechten Kredite ist deutlich zurückgegangen. Trotzdem gewähren Banken immer noch Unternehmen, die als schlechte Gläubiger bekannt sind, relativ hohe Kredite, teilweise deswegen, weil diese Banken im Tausch für ausstehende Kredite Unternehmensanteile übernommen haben. Noch im Laufe des Jahres 1997 wurde eine ganze Reihe von privaten Sparkassen vor allem in Zusammenhang mit einer den albanischen Fällen ähnlichen Pyramidenaffäre geschlossen. Das Bankengesetz vom April 1998 sieht nicht zuletzt deswegen striktere Regeln und umfassendere Inspektionen vor Ort vor.

In Albanien ist der Finanzsektor klein und in äußerst schlechter Verfassung. Die meisten finanziellen Aktivitäten finden außerhalb des Bankensystems und des Aktienmarktes statt. Drei Banken vereinten zeitweise über 90% aller Einlagen, auf der Kreditseite war der unglaublich hohe Anteil von über 90% zweifelhafter oder zeitweilig nicht bedienter Kredite (keine Zins- und Rückzahlung) zu verzeichnen. Dementsprechend sind die Möglichkeiten für die Kreditierung neuer Aktivitäten minimal. Eine der drei Großbanken, die landwirtschaftliche Commerzbank, mußte sogar liquidiert werden.

Das Bankwesen in Bosnien und Herzegowina ist ebenfalls durch niedrige Liquidität gelähmt. Der Bankensektor besteht in beiden Entitäten zum einen aus zahlreichen großen und weitgehend insolventen Staatsbanken und einer zunehmenden Anzahl von sehr kleinen Privatbanken, die dem privaten Sektor jedoch nur wenig Kapitalunterstützung anbieten können. Sowohl in der Föderation als auch in der Republika Srpska wurden 1998 gesetzliche Maßnahmen auf den Weg gebracht, die die Restrukturierung, Privatisierung und mögliche Liquidation der Staatsbanken ermöglichen sollen. Zur Unterstützung der Sanierung des Bankensektors wurden unabhängige Bankagenturen in beiden Entitäten eingesetzt, die direkt intervenieren können und sogar Problembanken selbst schließen dürfen.

Kapitalmarkt

Ähnliche Mängel zeigen sich auch auf dem Kapitalmarkt. Wertpapierbörsen können ihre Geschäftstätigkeit erst beginnen, wenn handelbare Wertpapiere/Aktien in ausreichendem Ausmaß zur Verfügung stehen. Deshalb sind funktionierende Wertpapierbörsen bisher nur in jenen Ländern anzutreffen, in denen die Privatisierungen bereits weiter fortgeschritten sind und entsprechende Papiere für den Handel zur Verfügung stehen, in Südosteuropa also nur in Slowenien und, wenn es zur Region gerechnet wird, in Ungarn. Andererseits ist zu bedenken, daß in Rumänien erst seit November 1995 eine Börse betrieben wird, in Makedonien seit Anfang 1996. Wichtig ist der Kapitalmarkt vor allem für die Kapitalbeschaffung der privatisierten Unternehmen, die in der Form von Aktiengesellschaften auf dem Kapitalmarkt ihre Investitionsvolumina sichern müssen. Doch stellt sich in diesen Ländern auch die Frage, ob das in der Bevölkerung vorhandene Sparvermögen ausreichend sowie ein entsprechendes Interesse vorhanden ist, so daß für angebotene Wertpapiere und Aktien überhaupt eine Nachfrage auf dem Markt bestehen kann. Aus diesem Grund war ja Ungarn mit seinen ersten Papieren zunächst auf den Wiener Aktienmarkt ausgewichen. In jedem Fall besteht auf dem Kapitalmarkt, ebenso wie auf dem Banken- und Kreditmarkt, noch enormer Entwicklungsbedarf, wobei deutliche Abstufungen bezüglich des bereits erreichten Niveaus zu bemerken sind, wiederum mit Slowenien am einen und Albanien am anderen Ende der Skala.

Wettbewerbspolitik

Transformation in Richtung Marktwirtschaft bedeutet in erster Linie die Umwandlung einer zentralgelenkten Volkswirtschaft in eine Wettbewerbswirtschaft. Die Wettbewerbspolitik als Rahmengebung für das angestrebte neue Wirtschaftssystem muß dabei konsequent und umfassend konzipiert werden. Unter der Neuordnung einer marktwirtschaftlich orientierten Wettbewerbspolitik versteht man zum ersten das Aufbrechen und Verkleinern der vormaligen sozialistischen Großbetriebe (Demonopolisierung), zum zweiten die Liberalisierung der internen Märkte sowie des Außenhandels, wobei allerdings letzteres bisher in praktisch allen Transformationsländern zu enormen Außenhandelsdefiziten geführt hat, und zum dritten eine konsequente Wettbewerbsgesetzgebung, die sowohl als Antimonopolgesetzgebung wie auch als allgemeine Gesetzgebung gegen unlauteren Wettbewerb verstanden werden muß.

Gerade der zuletzt angeführte Punkt ist bisher in Südosteuropa häufig unzureichend verwirklicht worden. So existiert beispielsweise in Rumänien eine Antimonopolpolitik bisher lediglich auf dem Papier. Zudem gestaltet sich eine effektive Antimonopolpolitik in kleineren Ländern prinzipiell schwierig, da hier von Natur aus nur wenige Anbieter in bestimmten Bereichen vorhanden sind, und gerade solche Umstände sind in Südosteuropa vorwiegend anzutreffen. Eine totale Öffnung für ausländische Anbieter zur Verbreiterung des Wettbewerbs stellt sich jedoch problematisch dar, da die ausländische Konkurrenz meist übermächtig ist und damit für inländische Hersteller vernichtend auftritt, und das zu einem Zeitpunkt, wo diese gerade erst anfangen, sich mit marktwirtschaftlichen Strukturen und westlichen Qualitätsstandards anzufreunden.

Landwirtschaft

Ein Sonderproblem stellt schließlich die Landwirtschaft dar. Für alle der klimatisch begünstigten Länder Südosteuropas – Albanien ausgenommen – bildete früher die Sowjetunion den Hauptmarkt für die landwirtschaftlichen Erzeugnisse. Dieser Markt brach nach 1991 mit einem Mal fast vollständig weg; entsprechende Reaktivierungsversuche sind über geringe Teilerfolge noch nicht hinausgekommen. Eine Exportumorientierung auf die westeuropäischen Märkte stößt naturgemäß auf extrem schwierige Wettbewerbsverhältnisse und auf eine Nachfragestruktur, der die südosteuropäischen Länder bisher jedenfalls noch nicht ausreichend gerecht werden können. Darüber hinaus treten auf den heimischen südosteuropäischen Märkten zunehmend auch westeuropäische Anbieter als ernstzunehmende Konkurrenten auf, locken die Konsumenten mit qualitativ hochwertigen und im allgemeinen Marketing (Verpackung, Sortiment, Stückelung etc.) deutlich überlegenen Produkten und erschweren somit das Überleben der südosteuropäischen Agrarproduzenten.

Gleichzeitig lief in Südosteuropa aber auch noch ein mit vielen Sonderproblemen behafteter Restitutionsprozeß in der Landwirtschaft ab. So wurde beispielsweise in Rumänien und vor allem in Bulgarien durch die Beschränkung der Größe von landwirtschaftlichen Privatbetrieben eine Agrarstruktur gebildet, die auf die Zerstückelung des Landes hinausläuft, was wiederum die Profitabilität der agrarischen Produktion in vielen Fällen überaus negativ belastet. Den neuen Kleinbauern stehen nicht nur zu kleine Ackerflächen zur Verfügung, sie sind infolge Kapitalmangels auch nicht in der Lage, effektive Maschinen und Düngemittel einzusetzen. In Bulgarien ist infolgedessen der Anteil des Agrarsektors am BIP von knapp unter 20% am Ende der 80er Jahre auf zeitweise unter 10% in der ersten Hälfte der 90er Jahre zurückgegangen, wobei gleichzeitig die von der Landwirtschaft lebende Bevölkerung sogar noch leicht zunahm.

Gerade in Südosteuropa sollte aber die Landwirtschaft zumindest über einen gewissen Zeitraum hinweg noch eine Art stabilisierendes Auffangbecken für die Transformationswirtschaften darstellen. Hiervon kann aber keine Rede sein. Nur in Albanien hatte die Landwirtschaft vorübergehend tatsächlich eine leichte Stabilisierung nach der Privatisierung bewirkt. Hier stieg der Anteil des Agrarsektors am BIP während der ersten Hälfte der 90er Jahre sogar erheblich. Allerdings ist darauf zu verweisen, daß die Anteile der ländlichen Bevölkerung und der Agrarproduktion hier immer schon erheblich höher waren als in den anderen südosteuropäischen Staaten.

Erste und zweite Transformationsphase

Die wirtschaftliche Transformation ist in den Ländern Südosteuropas nach den ersten Jahren des mehr oder weniger beschleunigten Umbaus der Volkswirtschaften ins Stocken geraten. Während einige wenige Länder, vor allem Slowenien, die wichtigsten Umstrukturierungen in den meisten Bereichen auf relativ hohem Niveau vollenden konnten, findet man in den übrigen Ländern Südosteuropas abgestuft noch weite Bereiche, in denen die Transformation erhebliche Lücken aufweist. Das betrifft insbesondere das Banken- und Kreditsystem sowie den Kapitalmarkt, aber auch die Privatisierung (in Jugoslawien, Bulgarien und Rumänien). Behinderungen beziehungsweise Rückschläge haben sich in Rumänien und Bulgarien ergeben; für Albanien muß die erste Transformationsphase als mißglückt betrachtet werden.

Die Kernelemente der ersten Transformationsphase bestehen in der Bildung von Institutionen, der Schaffung freier Märkte und der entsprechenden umfassenden Gesetzgebung in der Wirtschaft und auch im zivilen und strafrechtlichen Bereich. Dies ist in fast allen Ländern Südosteuropas erfolgt. In Albanien ist zwar der rechtliche und institutionelle Rahmenrohbau geschaffen worden – freies Unternehmertum und eine Land- und Bodenreform sind eigentumsrechtlich abgesichert –, ansonsten jedoch überwiegen wirtschaftliches Chaos und einfache Subsistenzwirtschaft.

Die Beendigung der ersten Transformationsphase ist natürlich nicht eindeutig zu erfassen; aber wichtige Hinweise in dieser Richtung liefert der Grad an Stabilisierung. Eine solche ist in Albanien, aber auch in Rumänien noch nicht erreicht. In Bulgarien scheint sich seit 1998 eine Stabilisierung auf niedrigem Niveau abzuzeichnen. Die Bundesrepublik Jugoslawien hatte sich auf ebenfalls sehr niedrigem Niveau quasi-stabilisiert, doch war hier seit längerem eine – zunächst allerdings sanfte – Abwärtstendenz zu registrieren, die durch den Krieg in den freien Absturz auf ein Niveau der 60er Jahre überging. Lediglich Makedonien, Kroatien und vor allem Slowenien können als zunächst stabilisiert bezeichnet werden, was aber im Falle der beiden erstgenannten Länder keineswegs heißt, daß die Entwicklung schon als wachstumsorientiert und wohlstandssichernd angesehen werden kann. Vor allem Makedonien weist noch teilweise labile Grundlagen auf, und seine politische und wirtschaftliche Situation ist durch den Kosovo-Konflikt und seine Folgen erneut großen Belastungen ausgesetzt. Kroatien kämpft bei hohem Leistungsbilanzdefizit mit Liquiditätsengpässen und nachlassender Binnennachfrage.

Der Einstieg in die zweite, die Erholungsphase, sollte dementsprechend mit wieder anziehendem Wirtschaftswachstum und der Vollendung bestimmter Restrukturierungsmaßnahmen verbunden sein. Wirtschaftswachstum wurde in Slowenien und auch in Kroatien registriert, obwohl im letztgenannten Fall noch erhebliche Zweifel bezüglich der ausgewiesenen Zahlen angebracht sind und auch diese bereits eine schwache Konjunktur signalisieren, seit 1996 auch in Makedonien. Bosnien und Herzegowina ist hier insofern ein Sonderfall, als bei extrem hoher Unterbeschäftigung wirtschaftliches Wachstum beginnend vom Null-Niveau eingesetzt hat, so daß das Land in keiner Weise in das Normalschema der

Transformation (ordnungspolitische Rahmensetzung, prozeßpolitische Weichenstellung, Stabilisierung, neues Wachstum) einzuordnen ist.

Einen signifikanten Hinweis auf die Ergebnisse der Transformationen in den einzelnen südosteuropäischen Staaten ergibt der Vergleich ihres Bruttoinlandsprodukts von 1989 und 1998. Gemessen am Ausgangspunkt (1989 = 100), hatten die einzelnen Staaten neun Jahre später die folgenden Werte erreicht: Slowenien 103, Rumänien 78, Kroatien 78, Makedonien 69, Bulgarien 67, die Bundesrepublik Jugoslawien 50 (das war, wohlgemerkt, vor der Bombardierung durch die NATO), Albanien 50 und Bosnien und Herzegowina 40.

Außenwirtschaft

Vladimir Gligorov

Südosteuropa ist kein einheitlicher oder integrierter Wirtschaftsraum; dies ist nicht so sehr eine Folge geographischer Gegebenheiten, sondern vielmehr der Geschichte, der Politik und des Entwicklungsstands. Diese Tatsache spiegelt sich sowohl im intra-regionalen als auch im übrigen Außenhandel wider. Ersterer ging nach 1989 in vielen Fällen zurück; letzterer hat sich unterschiedlich entwickelt, abhängig davon, in welcher Weise wachsende Sicherheitsprobleme die Positionen des jeweiligen Landes und seine politischen und wirtschaftlichen Chancen beeinflußt haben. Der folgende Überblick über die Außenwirtschaft faßt die Situation vor 1989 kurz zusammen, stellt die unterschiedlichen Reaktionen auf die Entwicklungen nach 1989 dar, analysiert die Handelsströme innerhalb der Region und die Verschiebungen im extra-regionalen Außenhandel, untersucht die Handelsstrukturen und beurteilt die Perspektiven für die Integration der Region.

Strukturen und Entwicklungen vor 1989

Die Teilung Europas nach dem Zweiten Weltkrieg durchschnitt Südosteuropa in verschiedener Hinsicht. Die Türkei und Griechenland gehörten den westlichen Bündnisstrukturen an, Rumänien, Bulgarien und Ungarn den östlichen, während Albanien sich praktisch im Zustand der Autarkie befand. Jugoslawien hatte ein Kooperationsabkommen mit der EWG (dem Vorläufer von EG und EU) und war andererseits assoziiertes Mitglied des Rats für Gegenseitige Wirtschaftshilfe (RGW). Vor 1989 war die Region somit politisch und wirtschaftlich desintegriert.

Im Hinblick auf den Außenhandel der südosteuropäischen Länder können drei wesentliche Merkmale festgehalten werden. Zum einen trieben die marktwirtschaftlich verfaßten Staaten Griechenland und die Türkei vor allem mit dem EU-Raum Handel. In ihren Handelsbeziehungen mit den sozialistischen Volkswirtschaften ging es vor allem um spezifische Güter, d. h. Energie, Rohstoffe und bestimmte Investitions- und Verbrauchsgüter. Zum zweiten stützten sich die sozialistischen Länder bei ihrem Handel nicht auf Märkte ab, so daß sich einige im Handel zwischen Marktwirtschaften zu beobachtende Erscheinungen hier nicht ergaben; geographische Nähe etwa führte nicht unbedingt zu großen Handelsströmen zwischen den benachbarten Ländern. Und zum dritten wies Jugoslawien beide vorgenannten Merkmale auf. Da es nicht zentralistisch-planwirtschaftlich verfaßt war und umfangreiche Wirtschaftsbeziehungen zum Westen bestanden, war der Anteil der EWG- (bzw. später EG-)Staaten an seinem Außenhandelsvolumen groß, während es beim Handel mit der Sowjetunion um ganz spezifische Güter ging und der Handel mit den anderen sozialistischen Ländern in Südosteuropa keine große Bedeutung hatte.

Die Desintegration hing häufig auch mit der schlechten bzw. nichtexistierenden Infrastruktur zusammen. Selbst im Fall Jugoslawiens waren die Straßen- und Schienenverbindungen nach Ungarn, Bulgarien und Rumänien nicht sehr gut; Verbindungen nach Albanien waren fast gar nicht vorhanden. Die Verbindungswege zwischen den übrigen sozialistischen Ländern waren nicht viel besser. Lediglich die Verkehrsinfrastruktur zwischen Jugoslawien und Mittel- und Westeuropa befand sich in einem besseren Zustand und wurde laufend ausgebaut.

Im Finanzwesen herrschte ebenfalls keine Einbindung und Zusammenarbeit vor. Auch hier bildete Jugoslawien eine Ausnahme, denn es verfügte über kommerzielle Banken, gehörte dem Internationalen Währungsfonds (IMF) und der Weltbank an und wurde in immer stärkerem Maße in das internationale Finanzsystem eingegliedert. Seine Währung war zwar offiziell nicht konvertibel, wurde aber bei vielen europäischen Banken gehandelt. Die jugoslawische Bevölkerung durfte bei einheimischen Banken Sparkonten in Valuta unterhalten (und wurde sogar dazu ermuntert), aus denen Forderungen im Ausland beglichen werden konnten. Jugoslawische Bürger durften im In- und Ausland Kreditkarten der größeren Banken benutzen. Demgegenüber gab es in den Beziehungen mit den anderen Ländern kaum (oder nur unter Schwierigkeiten) Kreditgeschäfte, Zahlungen oder andere monetäre bzw. finanzielle Verbindungen.

Deutliche Unterschiede waren auch in verschiedenen anderen Aspekten auszumachen. So nahm etwa lediglich in den Handelsstrukturen Jugoslawiens, Griechenlands und der Türkei der Dienstleistungsbereich einen signifikanten Platz ein. Darüber hinaus waren Jugoslawien, die Türkei und bis zu einem gewissen Maße auch Griechenland Auswanderungsländer; während von dort viele Menschen nach Westeuropa oder nach Übersee gingen, war dies bei den anderen Ländern der Region nicht der Fall. Für die Auswanderungsländer ergaben sich erhebliche Auslandseinnahmen: Die Überweisungen der Gastarbeiter und andere Transferarten schlugen sich in der Leistungsbilanz dieser Länder spürbar nieder.

Im übrigen waren die Volkswirtschaften der sozialistischen Staaten Südosteuropas aus unterschiedlichen Gründen in der Regel relativ geschlossen. Ihre Handelsbeziehungen untereinander waren durch direkte und indirekte Handelshemmnisse aller Art belastet, was zu einem geringen Anteil des Außenhandels an ihrem jeweiligen Bruttoinlandsprodukt führte. Selbst Griechenland und die Türkei waren, was den Stellenwert des Warenaußenhandels für ihre Volkswirtschaften anbetraf, trotz ihrer Integration in EG und Weltwirtschaft keine sehr offenen Länder. Die übrigen Staaten der Region verfolgten keine Freihandelspolitik und verließen sich bei der Förderung von Wachstum und Entwicklung auf ihre internen Ressourcen.

In den achtziger Jahren traten zwar im Hinblick auf Handels- und andere Wirtschaftsbeziehungen Änderungen ein. Das allgemeine Bild einer desintegrierten Region änderte sich jedoch bis zu den umwälzenden Ereignissen von 1989 nicht grundlegend.

Liberalisierung und weitere Desintegration

Drei Ereignisse bestimmten die politische und wirtschaftliche Entwicklung in Südosteuropa nach 1989: der Zerfall des «sozialistischen Weltsystems», die Auflösung Jugoslawiens und der Zusammenbruch des Kommunismus in Albanien. Für einige Länder brachte diese Entwicklung eine Liberalisierung mit sich; sie hatte aber für die Region insgesamt auch eine weitere Desintegration zur Folge.

Genereller Indikator für Liberalisierung und Desintegration ist hier der Grad der Integration im Verhältnis zur EU. Die nachstehende Tabelle gibt Aufschluß über die Art der jeweiligen Vertragsbeziehungen mit der EU.

Tabelle 1: Integration südosteuropäischer Länder gegenüber der EU

Land	Vertragsbeziehungen
Bulgarien	Assoziierungsabkommen
Rumänien	Assoziierungsabkommen
Slowenien	Assoziierungsabkommen
Ungarn	Assoziierungsabkommen
Albanien	Kooperationsabkommen
Makedonien	Kooperationsabkommen
Bosnien und Herzegowina	Keine Vertragsbeziehungen
Jugoslawien	Keine Vertragsbeziehungen
Kroatien	Keine Vertragsbeziehungen
Griechenland	EU-Mitglied
Türkei	Freihandelsabkommen

Vier Ländern gelang der Abschluß eines EU-Assoziierungsabkommens. Zwei von ihnen – Slowenien und Ungarn – gehören zu den Kandidaten der ersten Runde für einen EU-Beitritt. Auch Rumänien und Bulgarien schlossen Assoziierungsabkommen ab, die ihnen nach Erfüllung der von der EU festgelegten Kriterien den Beitritt ermöglichen sollen. Zwischen Albanien und der EU besteht ein Kooperationsabkommen – ein großer Schritt nach vorn für ein Land, das nach dem Zweiten Weltkrieg (nicht nur) seine Volkswirtschaft am stärksten abschottete und praktisch im Zustand der Autarkie lebte.

Damit endet aber auch schon die Liste der Länder, deren Integrationsgrad gegenüber der EU zunahm. Von den übrigen Ländern gelang es Makedonien als einzigem, den Status quo zu halten, den es als Teilrepublik Jugoslawiens besessen hatte, obwohl ihm dieser Status – im Gegensatz zu Slowenien, das praktisch zum Erben des früheren Kooperationsabkommens zwischen Jugoslawien und der EG wurde – nicht automatisch gewährt wurde. Bei den übrigen drei Staaten – Kroatien, Bosnien und Herzegowina, Jugoslawien – nahm der Integrationsgrad ab. Sie hatten früher als Teile Jugoslawiens ein Kooperationsabkommen mit der EG gehabt, mit der EU bestehen aber nunmehr keine Vertragsbeziehungen.

Die Prozesse von Liberalisierung und Desintegration zogen weitere Kreise. Alle Länder der Region, die Assoziierungsabkommen mit der EU abgeschlossen haben (d. h. Slowenien, Ungarn, Rumänien und Bulgarien), traten der Zentraleuropäischen Freihandelszone (CEFTA) bei. Zwischen anderen Staaten wurden bilaterale Freihandelsabkommen geschlossen, so z. B. zwischen Slowenien und Kroatien, zwischen Kroatien und Bosnien und Herzegowina, zwischen Makedonien und Jugoslawien. Zwischen Makedonien und den übrigen Nachfolgestaaten Jugoslawiens wurden mehrere Freihandelsabkommen unterzeichnet, wobei jedoch unklar ist, inwieweit sie tatsächlich implementiert werden.

Am deutlichsten bemerkbar machte sich der Prozeß der Desintegration im ex-jugoslawischen Raum. Nach der Auflösung der Föderation brachen viele Handelsbeziehungen ab, von denen manche bis heute nicht wiederaufgebaut worden sind. Beispielsweise gibt es gegenwärtig wenig Handel zwischen Slowenien und Jugoslawien oder etwa zwischen Kroatien und Jugoslawien. In anderen Fällen sind praktisch gar keine Handelsbeziehungen mehr vorhanden. Die eigentümlichste Besonderheit stellt Bosnien und Herzegowina dar, das aus zwei Entitäten besteht – der Republika Srpska und der (kroatisch-muslimischen) Föderation von Bosnien und Herzegowina. Obwohl sie zusammen formal einen souveränen Staat bilden, gibt es zwischen ihnen keinen wesentlichen Handelsverkehr. Andererseits aber treiben sie Handel mit Jugoslawien und Kroatien – die Republika Srpska mit Jugoslawien und die Föderation mit Kroatien.

Verschärft wurde die Desintegration noch durch Handelssanktionen und Boykotts. Gegen Jugoslawien wurden 1992 EU-Handelssanktionen und von 1993 bis Ende 1995 Sanktionen der UN verhängt. Nach wie vor bestehen Maßnahmen der «Außenmauersanktionen» (wonach Jugoslawien von der Mitgliedschaft in internationalen wirtschaftlichen und politischen Organisationen ausgeschlossen bleibt) sowie Sanktionen seitens der USA und der EU hinsichtlich öffentlicher Investitionen. Makedonien war von Anfang 1994 bis Ende 1995 Gegenstand griechischer Boykottmaßnahmen.

Alle diese Desintegrationsprozesse führten zu einer sprunghaften Zunahme von verschiedenen Formen von Schattenwirtschaft einschließlich Schwarzhandel. Alle Länder der Region sind davon betroffen, aber die Hauptquelle liegt in denjenigen drei Nachfolgestaaten Jugoslawiens, die aus den Prozessen der Liberalisierung und der europäischen Integration weitgehend herausgefallen sind, also in der (Serbien und Montenegro umfassenden) Bundesrepublik Jugoslawien, in Bosnien und Herzegowina und in Kroatien. Das Volumen derartiger Aktivitäten ist nicht leicht zu bestimmen, denn Daten hierüber sind verständlicherweise nur schwer erhältlich. Auf jeden Fall aber fallen sie durchaus ins Gewicht.

Angesichts auseinanderstrebender Entwicklungen hat die EU im Verhältnis zu den Ländern der Region eine Differenzierungspolitik eingeschlagen. Im Hinblick auf den sogenannten westlichen Balkan bedient sie sich eines von ihr so bezeichneten «regionalen Ansatzes», der im Kern auf folgendem Prinzip beruht: Regionale Integration ist die Vorbedingung für jede EU-Integration. Anders ausgedrückt ist die EU nicht bereit, ihre Beziehungen zu einem Land des westlichen Balkans aufzuwerten, das selbst nicht bereit ist, die eigenen Beziehungen zu den Nachbarn zu normalisieren. Dies bedeutet jedoch nicht, daß ein zur Zusammenarbeit bereites Land zum Gefangenen der unkooperativen Haltung eines seiner Nachbarn gemacht würde: Es muß nur den guten Willen nachweisen, die eigenen Beziehungen innerhalb der Region in gleicher Weise zu intensivieren wie die Beziehungen zur EU. Daraus erklärt sich der unterschiedliche Stand der Vertragsbeziehungen dieser Staaten mit der EU.

Umorientierung im Außenhandel

Nach dem Zusammenbruch des «sozialistischen Weltsystems» kam es in der gesamten Region zu einer weitreichenden Verlagerung des Handels. Mit dem Kollaps vorhandener Handelsbeziehungen orientierten die meisten Länder der Region ihren Handel zur EG/EU hin. Diese Verschiebung wurde durch die Assoziierungsabkommen abgesichert. In dem Jahrzehnt seit 1989 sind die EU-Staaten für die meisten Transitionsländer der Region die wichtigsten Handelspartner geworden. Für fast alle Länder war dies ein recht radikaler Einschnitt, da es sich zumeist um kleinere Volkswirtschaften handelt, deren Wachstum und Entwicklung in erheblichem Umfang vom Außenhandel abhängig sind. So wickeln denn auch Slowenien und Ungarn rund 70% ihres Handels mit dem EU-Raum ab; bei Bulgarien und Rumänien liegt dieser Anteil bei über 50%. Auch bei kleineren Ländern wie Albanien und Makedonien sind EU-Staaten die dominierenden Handelspartner.

Ähnliches ist bei den Ländern des westlichen Balkans zu beobachten, mit denen die EU keine Vertragsbeziehungen unterhält. Auch für Kroatien und Jugoslawien sind EU-Staaten die dominierenden Handelspartner. Lediglich Bosnien und Herzegowina treibt überwiegend innerhalb der Region Handel: Seine wichtigsten Partner sind Kroatien, Jugoslawien und Slowenien. Allerdings wächst selbst in diesem Fall der EU-Anteil ständig, wenngleich diese Entwicklung durch die spezifischen Außenhandelserfordernisse des Landes behindert wird, auf die noch einzugehen sein wird.

Unabhängig vom Grad der formellen Verbindung kommt somit für den Außenhandel aller südosteuropäischen Staaten dem EU-Raum entscheidende Bedeutung zu. Zumeist nehmen dabei Deutschland und Italien die wichtigsten Positionen ein, in einigen Fällen auch Österreich und Griechenland. Deutschland steht in nahezu allen Fällen an erster Stelle, meist dicht gefolgt von Italien. Von den Handelspartnern außerhalb der EU ist Rußland nach wie vor von Bedeutung, insbesondere bei Erdöl und anderen Rohstoffen. Dies gilt besonders für Bulgarien und in geringerem Maß für Jugoslawien; auch für Rumänien und Makedonien spielt es eine gewisse Rolle. In allen diesen Fällen sind Öl und Erdgas die ausschlaggebenden Faktoren der Handelsbeziehungen.

Die Verschiebungen haben zwar alle Länder der Region in signifikanter Weise betroffen; mit ihnen ging aber nicht eine generelle Erweiterung des Außenhandels einher. Bei den Nachfolgestaaten Jugoslawiens war sogar eine Verringerung des Gesamtvolumens zu verzeichnen. Selbst bei Slowenien lag dieses 1998 (unter Einschluß des Handels mit den anderen ex-jugoslawischen Republiken) niedriger als vor 1989. In noch stärkerem Maß trifft dies auf die übrigen neuen Staaten zu. Bosnien und Herzegowina verzeichnet die ungünstigsten Ergebnisse, aber die gleiche Tendenz gilt für Jugoslawien und – wenngleich in geringerem Maß – für Makedonien. Selbst der kroatische Handel mit der EU hat vor allem beim Export von Waren und Dienstleistungen Einbußen erlitten.

Bei anderen südosteuropäischen Ländern war der Wechsel noch prononcierter, da ihr Handel mit dem EG-Raum vor 1989 kaum ins Gewicht gefallen war. Im Falle Bulgariens und Rumäniens etwa trat eine recht radikale Verlagerung ein. Das Gesamtvolumen des Handels muß deshalb zwar nicht unbedingt wesentlich größer als in der Vergangenheit sein, die Veränderungen in dessen Länderstruktur sind jedoch unübersehbar. Dasselbe gilt für Albanien, insbesondere im Hinblick auf seine Importe.

Bei dieser Neuorientierung des Handels ist eine Asymmetrie zu beobachten, die auch für andere Übergangsländer charakteristisch ist: Die EU-Staaten sind zwar die dominierende Größe für die Region, doch diese stellt in ihrem Außenhandel fast eine *quantité négligeable* dar. Dies mag für einzelne kleinere EU-Länder wie etwa Österreich nicht in dieser Schärfe zutreffen, die wichtigsten Handelspartner sind jedoch Deutschland und Italien, und die gesamte Region macht in deren Handelsbilanzen lediglich Bruchteile aus. Diese Asymmetrie ist von überaus großer Bedeutung, und auf sie wird noch zurückzukommen sein.

Handelsbilanzen

Im Gefolge der beschriebenen Verlagerung der Handelsströme stellten sich in den meisten Fällen Außenhandelsbilanzdefizite ein, die zu einem dauerhaften Phänomen wurden. Von der partiellen Ausnahme Bulgarien abgesehen, weisen alle Länder der Region Defizite in nennenswertem, großem oder sehr großem Volumen aus. Diese finden sich vorwiegend im Warenaustausch; im Dienstleistungssektor verbuchen die meisten Staaten einen Überschuß.

Daß Transitionsstaaten – ebenso wie Entwicklungsländer – große Handelsbilanzdefizite als Dauererscheinung aufweisen, ist keineswegs ungewöhnlich. Insbesondere dann, wenn eine Volkswirtschaft im Wachstum begriffen ist, kann damit gerechnet werden, daß das Land mehr ein- als ausführt, und zwar aus zwei Gründen: Zum einen steigen Einkommen, privater Konsum und öffentliche Ausgaben, und ein Teil dieses Wachstums wird für weitere Importe verwendet werden. Zum anderen erhöhen sich die Investitionen, und in einer Übergangs- oder Entwicklungswirtschaft werden sie die Spareinlagen übersteigen. Die Differenz zwischen beiden schlägt sich in größeren Einfuhren nieder.

Die Signifikanz der Handelsbilanzdefizite liegt selbst bei wachsenden Volkswirtschaften darin, daß ihre Finanzierung nach einer gewissen Zeit schwierig wird. Dem sogenannten Humeschen Gesetz zufolge müssen alle Importe letztendlich über Exporte bezahlt, demzufolge Defizite irgendwann durch Überschüsse ausgeglichen werden. Soweit solche Defizite die Folge einer niedrigen Sparquote sind, wird dieser Schwachpunkt letztlich durch deren Erhöhung kompensiert werden müssen, wenn eine Trendwende zu Exportüberschüssen errreicht werden soll. Im Wachstum befindliche Volkswirtschaften müssen also bereit sein, sich nach einer gewissen Zeit ihren Handelsbilanzproblemen zu stellen.

In Südosteuropa gibt es aber anhaltende Handelsbilanzdefizite selbst in Volkswirtschaften, die überhaupt nicht oder aber nicht in überzeugender Weise wachsen. So sind beispielsweise die Handelsbilanzdefizite von Kroatien, Bulgarien, Jugoslawien, Rumänien, Bosnien und Herzegowina, Makedonien und Albanien hoch bzw. sehr hoch, ohne daß dies in irgendeiner Weise durch die Erhöhung der Wachstumsraten abgesichert wäre. Infolgedessen müssen in allen diesen Fällen die Bilanzprobleme von Zeit zu Zeit unter Kontrolle gebracht werden, was sich wiederum, zumindest vorübergehend, negativ auf das Wirtschaftswachstum auswirkt. Ein großes und andauerndes Defizit ist somit keineswegs ein Impuls für das Wachstum dieser Volkswirtschaften, sondern vielmehr ein Hemmschuh, wenn nicht sogar eine Barriere.

Abgesehen von den damit zusammenhängenden makroökonomischen Problemen gibt es auch mikroökonomische Konsequenzen. Handelsbilanzdefizite sind zumindest teilweise auch dadurch bedingt, daß sich – die gegebene Preisstruktur vorausgesetzt – Präferenzen der einheimischen Verbraucher zugunsten ausländischer Waren ergeben. Die einheimischen Produkte sind also bei den geltenden Preisen nicht konkurrenzfähig. Soll sich dies ändern, muß entweder die einheimische Produktivität gesteigert oder aber das Preisverhältnis zwischen Importen und Exporten (d. h. die *terms of trade)* verändert werden. Ersteres setzt die Umstrukturierung der einheimischen Produktion, letzteres die Änderung der Wechselkurse voraus.

Nun mag man – wie dies häufig getan wird – argumentieren, daß beide Anpassungen kombiniert werden sollten. Wechselkurse sollten demzufolge flexibel genug sein – was in diesem Zusammenhang bedeutet, daß eine Abwertung zugelassen wird –, während die einheimische Produktion umstrukturiert wird. Damit ist nicht gesagt, daß ein Land notwendigerweise versuchen muß, seine Außenhandelsbilanz auszugleichen, denn dies könnte eine relativ niedrigere Wachstumsrate erzwingen, was sich wiederum negativ auf die Umstrukturierung auswirken könnte. Selbst wenn eine solche Wechselkurspolitik zur Absicherung der Außenhandelspositionen eines Landes der richtige Ansatz wäre, hätte er in den südosteuropäischen Ländern kaum verfolgt werden können, da sie gezwungen waren, zur Stabilisierung ihrer Volkswirtschaften einschneidende Maßnahmen zu treffen. Die meisten von ihnen (Ausnahmen: Slowenien und Rumänien) entschieden sich denn auch dafür, formell oder informell irgendein Regime fester Wechselkurse einzuführen, um die

Inflationsrate zu senken. Dieses Vorgehen führt tendenziell zu einer realen Aufwertung der eigenen Währung, was die Importe billiger und die Exporte teurer macht. Damit werden die Außenhandelsbilanzprobleme nur noch verschärft.

Wenn die Auslandsschulden noch nicht ein besorgniserregendes Maß erreicht haben, mag das Handelsbilanzdefizit anfänglich keine allzu großen Probleme aufwerfen. Ist dies jedoch – wie etwa in Bulgarien – der Fall, wird die Finanzierung des Außenhandelsdefizits schwierig. Gibt es ein Moratorium (wie im Fall Jugoslawiens), so können sich ebenfalls Probleme einstellen, weil dann der Handel überwiegend in bar abgewickelt werden muß. Bei manchen Ländern ist die Verschuldung zwar nicht außergewöhnlich hoch, aber hoch genug, um ein vorsichtiges und sorgsames Vorgehen im Blick auf die Außenhandelsbilanz nahezulegen; dies trifft beispielsweise für Ungarn zu. In den meisten anderen Fällen ist anfänglich ein günstiger Zeitpunkt gegeben, zu dem die Steigerung der Importe dazu benutzt werden kann, um die Wirtschaft anzukurbeln und die Produktivität zu steigern. Geschieht dies aber nicht, werden andauernde Bilanzprobleme zu einer wachsenden Auslandsverschuldung führen; letztlich resultieren daraus ernsthafte Behinderungen und Belastungen für die jeweilige Volkswirtschaft.

Signifikante Handelsbilanzprobleme sind in nahezu allen Ländern der Region vorhanden, in einigen nehmen sie gravierende Ausmaße an. In Jugoslawien und in Kroatien beispielsweise machen die jeweiligen Exporte nur etwas mehr als die Hälfte des Importvolumens aus. Der entsprechende Wert liegt in Makedonien bei rund 60%, während die rumänischen Exporte ungefähr 70% der Importe entsprechen. Demgegenüber decken die Ausfuhren von Albanien und von Bosnien und Herzegowina nur einen Bruchteil der Einfuhren ab.

Zahlungsbilanzen

Da die Außenhandelsbilanzen meist defizitär sind, empfiehlt sich ein Blick auf andere Posten der Zahlungsbilanz, um festzustellen, ob fehlende Exporte im Warenverkehr durch Dienstleistungen oder Einkommensübertragungen ausgeglichen werden. Besonders wichtig ist dies bei hochverschuldeten Ländern, die sich große Kreditaufnahmen nicht erlauben können; in noch stärkerem Maße gilt es für Länder, die einem Moratorium unterliegen oder aus anderen Gründen ihren Schuldendienst nicht ordnungsgemäß leisten können.

Wenngleich die meisten südosteuropäischen Länder auch defizitäre Zahlungsbilanzen aufweisen (Ausnahmen sind Slowenien und Bulgarien), sind diese Defizite geringer als die der Handelsbilanzen, was darauf zurückzuführen ist, daß andere Positionen (Dienstleistungen und Einkommenstransfers) Handelsbilanzdefizite kompensieren. Dabei bestehen jedoch innerhalb der Region erhebliche Unterschiede bezüglich der Herkunft der Überschüsse. Manche Länder erzielen solche in mitunter sogar großen Ausmaßen aus Einkommensübertragungen. Das gilt für die meisten Nachfolgestaaten Jugoslawiens, für Albanien und die Türkei, also die Auswanderungsländer. Die Zahlenangaben über die Überweisungen aus dem Ausland sind zwar häufig unzuverlässig, es kann jedoch kein Zweifel am hohen Stellenwert dieses Postens für die Zahlungsbilanzen der genannten Länder bestehen.

In zahlreichen südosteuropäischen Staaten sind Dienstleistungen eine wichtige Devisenquelle, wobei der Tourismus und infrastrukturbezogene Dienstleistungen im Vordergrund stehen. So fallen die Dienstleistungsbilanzen von Kroatien, Griechenland, der Türkei, Slowenien und Ungarn positiv bis sehr positiv aus. In diesen Ländern ist der Fremdenverkehr die wichtigste Einnahmequelle. In Jugoslawien hingegen ist die Dienstleistungbilanz zwar ebenfalls positiv, doch beruht dies auf Leistungen im Infrastruktursektor. Jugoslawien ist Durchgangsland und erzielt dadurch – etwa über Transportgebühren – erhebliche Deviseneinnahmen. Manche Länder können aus unterschiedlichen Gründen auf solche Einnahmequellen nicht zurückgreifen. Rumänien verfügt beispielsweise ebenso wie Bulgarien über ein erhebliches Fremdenverkehrspotential, doch ist dieser Sektor in beiden Ländern unterentwickelt. Nur geringfügige Ausmaße erreichen hier Transfers aus dem Ausland.

Ungarn stellt hinsichtlich der Einkommensübertragungen (d. h. in diesem Fall der Einkommen aus Faktorleistungen) eine Ausnahme dar. Da das Land Empfänger großer Zuflüsse ausländischen Investitionskapitals (sowohl von Direkt- als auch von Portfolioinvestitionen) gewesen ist, steht es in jüngster Zeit vor dem Problem des Gewinntransfers. In den letzten Jahren wurde dies zu einem ganz erheblichen Posten, der vermutlich in den nächsten Jahren noch weiter wachsen wird. Im Gegensatz zu Ungarn haben die meisten anderen Länder der Region bisher nur in geringem Umfang ausländische Investitionen anziehen können. Da jedoch die gesamte Region nicht damit rechnen kann, sich auf der Grundlage eigenen Sparens zu entwickeln, und somit Investitionen des Auslands dringend benötigt, wird längerfristig überall das gleiche Problem wie derzeit in Ungarn auftauchen.

Eine der Konsequenzen der beschriebenen Struktur der Zahlungsbilanzen besteht darin, daß sie die langfristige regionale Verteilung des Handels und die Handelsstrukturen im Warenverkehr, aber auch die Allokation von Produktionsfaktoren spürbar beeinflußt.

Regionale Verteilung des Handels

Wie bereits festgestellt wurde, kam es nach 1989 in den meisten südosteuropäischen Ländern zu einer erheblichen Umorientierung im Außenhandel. Diese Entwicklung wird hier zusammengefaßt, um so längerfristige Determinanten des Außenhandels in Südosteuropa zu erörtern.

Erstens ist der Handel mit den EU-Staaten zum dominierenden Faktor geworden. Dabei ist in den meisten Fällen das Volumen der Einfuhren aus dem EU-Raum größer, wenn nicht gar viel größer als dasjenige der Exporte dorthin.

Zweitens hat der Handel innerhalb der Region in den meisten Fällen aus einer Reihe von Gründen abgenommen, wozu auch die Ähnlichkeit der Produkte gehört, auf deren Herstellung sich die südosteuropäischen Staaten spezialisiert haben.

Drittens verringerte sich der Handel mit den Staaten im ex-sowjetischen Raum, weil ihre Wirtschaftslage zumeist desolat ist und ihre Märkte mit dem westeuropäischen nicht konkurrieren können.

Viertens schließlich haben sich einigen der südosteuropäischen Staaten außer dem westeuropäischen auch andere Absatzmärkte eröffnet, wenngleich diese für den gesamten Außenhandel bisher keine wesentliche Rolle spielen.

Diese Entwicklungen sind in keiner Weise überraschend, denn es handelt sich historisch gesehen um Handelsnetze, wie man sie auch vor 100 oder 150 Jahren hätte beobachten können. Wegen der Unterschiede im Entwicklungsniveau trieben die südosteuropäischen Staaten hauptsächlich mit den höherentwickelten Ländern Westeuropas Handel. In der Regel waren ihre Handelsbeziehungen untereinander nicht sehr intensiv. Ganz besonders galt dies in Zeiten eines mehr oder weniger liberalisierten Handels. Der kursorische Rückblick auf die Geschichte läßt folgende Schlüsse zu.

Es muß mit einer langfristigen Abhängigkeit der südosteuropäischen Länder vom Handel mit den EU-Staaten gerechnet werden. Am intensivsten werden vermutlich weiterhin die Beziehungen mit Deutschland, Italien und abgestuft davon auch mit Österreich sein. Diese Länder werden im übrigen wichtige Handelspartner nicht nur für die Transitionsstaaten sein, sondern auch für Griechenland und die Türkei bleiben.

Ferner ist davon auszugehen, daß die Handelsbilanzdefizite gegenüber den EU-Staaten für lange Zeit fortbestehen werden, weshalb diese vermutlich in steigendem Maße Investitionen in der Region tätigen werden, um diese Defizite abzubauen.

Eine Liberalisierung des Handels mit anderen Ländern der Region oder auch mit Ländern außerhalb Südosteuropas führt nicht zwangsläufig zu einer Steigerung des Handels untereinander. Interessante Hinweise dafür liefert die Entwicklung der Handelsbeziehungen zwischen Slowenien und anderen Nachfolgestaaten Jugoslawiens. Unmittelbar nach 1991 blieb der Handel Sloweniens mit Kroatien bzw. mit Makedonien auf einem vergleichsweise hohen Niveau. In der Folgezeit ging er jedoch ständig zurück, obwohl Freihandelsabkommen unterschiedlicher Art abgeschlossen wurden. Die Handelsliberalisierung in der Region, zweifellos wünschenswert, erzeugt nicht automatisch und in jeder Hinsicht eine wesentliche Steigerung oder Verlagerung des Außenhandels.

Das geringe Volumen des intra-regionalen Handels ist darin begründet, daß die südosteuropäischen Staaten sich auf die Produktion ähnlicher Güter spezialisiert haben und daß die Produktdiversifikation noch relativ unterentwickelt ist. Für den Export spielen immer noch landwirtschaftliche Erzeugnisse, Lebensmittel und Rohstoffe die wichtigste Rolle, daneben noch die Endverarbeitung von Halbfabrikaten. Deshalb ist der intra-sektorale Handel nicht sehr weit entwickelt, und im inter-sektoralen haben die Länder einander nicht viel anzubieten.

Diese Feststellung führt zu der Schlußfolgerung, daß die Liberalisierung des Handels mit der EU zumindest anfänglich zu einer weiteren Desintegration innerhalb der Region führen wird. Der intra-regionale Handel existiert und überlebt in dem Maße, wie EU-Märkte nicht zugänglich sind. Anders ausgedrückt: Zumindest anfänglich hängt die Erweiterung der Potentiale für den intra-regionalen Handel von der Diversifikationspolitik der jeweiligen Regierungen ab. So war das große Volumen des Handels innerhalb des ehemaligen Jugoslawien darauf zurückzuführen, daß die Wirtschaftspolitik des Landes dem Binnenhandel Vorrang gegenüber dem Außenhandel gab. Mit dem Zerfall des Staatsverbandes wurde der einstige Binnenhandel zum Außenhandel; da alle früheren Anreize und günstigen Bedingungen entfielen und zudem politische Spannungen zahlreiche bilaterale Beziehungen belasteten, verringerten sich die Möglichkeiten für den Außenhandel wesentlich. Auch nachdem der Handel zwischen den Nachfolgestaaten liberalisiert worden war, kam es zu keinem starken Wachstum.

Aus denselben Gründen war beim Handel mit anderen Regionen im engeren oder weiteren Umfeld der EU auch dann kein Wachstum zu verzeichnen, wenn Freihandelsabkommen existierten. So hat beispielweise die Mitgliedschaft in der Zentraleuropäischen Freihandelszone den Handel der Mitgliedsstaaten untereinander nicht wesentlich gesteigert. Alle derartigen Liberalisierungsmaßnahmen sind keineswegs unwesentlich, stellen jedoch mitnichten einen Ersatz für den Handel mit dem EU-Raum dar.

Der geringe Umfang des intra-regionalen Handels ist zwar hauptsächlich die Folge der Produktions- und Handelsstrukturen dieser Länder, hat aber darüber hinaus – vor allem im Konsumgüterbereich – auch mit dem allgemein niedrigen Einkommensniveau zu tun. Setzen erst einmal Entwicklung und Wachstum ein, so wird auch der Handel untereinander zunehmen. Dann werden sich die niedrigeren Transportkosten und andere Standortvorteile auswirken, was jetzt bereits beim Handel Griechenlands mit der Türkei sowie bei demjenigen beider mit einigen Transitionsstaaten in der Region zu beobachten ist. So weitet beispielsweise Griechenland seinen Handel mit Bulgarien, Albanien und Jugoslawien aus, während die Türkei zunehmend in Bulgarien und in Rumänien präsent ist. Die Handelsvolumina sind zwar noch recht gering, könnten aber in Zukunft wachsen. Allzu große Sprünge sind hier indes nicht zu erwarten, da den Möglichkeiten für eine Ausweitung gewisse Grenzen gesetzt sind. Die Produktionsstrukturen Griechenlands und der Türkei sind nicht sehr außenhandelsorientiert, was einen relativ geringen Umfang des Außenhandelssektors in beiden Staaten zur Folge hat.

Ähnliches gilt auch für den Handel mit Rußland und den übrigen Nachfolgestaaten der Sowjetunion. Rußland ist zwar immer noch ein wichtiger Handelspartner für die Region (vor allem für Bulgarien und Jugoslawien), aber es geht dabei um sehr spezialisierte Bereiche (hauptsächlich Öl und Erdgas). Der Handel mit diesen Ländern wird aber in dem Maße zunehmen, wie in Rußland und in anderen osteuropäischen Staaten Wirtschaftswachstum einsetzt. Von besonderem Interesse sind natürlich die Schwarzmeeranrainerstaaten.

Ungeachtet dessen wird der Handel mit den EU-Staaten für die Region insgesamt und für jedes einzelne Land auch in Zukunft an erster Stelle stehen. Da die südosteuropäischen Staaten auf Investitionsgüter angewiesen sind, um ihre Industrien zu modernisieren, besteht ein offensichtlicher Sachzwang, ihren Handel zum EU-Raum hin zu lenken.

Handelsstruktur

Die Verlagerung zum EU-Raum hin hat für die Außenhandelsstruktur in Südosteuropa weitreichende Folgen. Das dabei entstehende Bild wird im wesentlichen durch zwei Faktoren bestimmt.

Einerseits hat die Handelsliberalisierung Preis- und Qualitätserwägungen eingeführt, die es in zentralen Planwirtschaften und in geschützten Volkswirtschaften nicht gab. Außerdem waren die Länder der Region dazu gezwungen, die auf dem westeuropäischen Markt üblichen Preise und Qualitätsnormen zu akzeptieren. Für ihre Konkurrenzfähigkeit hatte dies sowohl insgesamt als auch im Hinblick auf einzelne Produkte und Branchen wichtige Konsequenzen.

Andererseits wurden die Außenhandelsstrukturen auch wesentlich durch die Entwicklung des Bruttoinlandsproduktes (BIP) der einzelnen Länder beeinflußt. Ein komprimiertes Bild dieser Entwicklung in den 90er Jahren liefert die folgende Übersicht:

Tabelle 2: Bruttoinlandsprodukt der südosteuropäischen Transitionsstaaten, 1998 (Indices, 1989 = 100)

Land	BIP 1998
Slowenien	103,2
Ungarn	95,4
Kroatien	78,3
Rumänien	77,7
Makedonien	69,0
Bulgarien	66,8
Jugoslawien	50,3
Albanien	50,0
Bosnien und Herzegowina	40,0

Offensichtlich ist, daß alle südosteuropäischen Transitionsstaaten einige Zeit gebraucht haben, ehe sie sich von den Einbrüchen nach 1989 bzw. 1991 erholten. Von Ungarn und Slowenien abgesehen, weisen sie auch nach einem Jahrzehnt immer noch ein spürbares Minus beim BIP auf, auch wenn sich in der zweiten Hälfte der 90er Jahre die Zahlen in den meisten Fällen zumindest langsam nach oben bewegt haben. Dieses niedrige Produktionsniveau wird möglicherweise noch längere Zeit andauern, da die meisten Länder ihre Fähigkeit zu nachhaltigem Wachstum erst noch unter Beweis stellen müssen.

Noch wichtiger ist die Tatsache, daß die Industrieproduktion im Vergleich zu 1989 noch stärker gefallen ist (einzige Ausnahme: Ungarn). Selbst im Fall Sloweniens liegt das 1998 erreichte Niveau um ungefähr ein Viertel unter demjenigen von 1989. In anderen Ländern ist sie um etwa die Hälfte geschrumpft; Albanien und Bosnien und Herzegowina sind fast entindustrialisiert worden. Da die landwirtschaftliche Produktion wesentlich geringere Einbußen erlitt, ist ihr Anteil am BIP gestiegen. Das Volumen der Dienstleistungen und ihr Anteil am BIP nahm in den meisten Fällen zu, nur in den Nachfolgestaaten Jugoslawiens (außer in Slowenien) sank der absolute Wert.

Umstrukturierungen auf der Angebotsseite führen auch zu veränderten Strukturen im Außenhandel. In dieser Hinsicht muß zwischen Ungarn und praktisch allen anderen Ländern der Region unterschieden werden. Obwohl Agrarerzeugnisse bei den Exporten und Konsumgüter bei den Importen nach wie vor einen wesentlichen Teil einnehmen, ist es Ungarn gelungen, seine Exportstruktur zu diversifizieren und die Ausfuhren höherwertiger Produkte (namentlich Maschinenbau- und Werkzeugindustrieerzeugnisse sowie Transportmittel) zu steigern. Hinsichtlich seiner Außenhandelsstrukturen ist das Land näher an die entwickelteren EU-Staaten herangekommen.

Die Außenhandelsstrukturen Sloweniens sind jetzt ähnlich wie diejenigen Ungarns, doch waren sie schon vor 1989 diversifizierter. Dies weist darauf hin, daß die Umstrukturierung hier nicht so ausgeprägt war. In allen übrigen Staaten aber ging die Liberalisierung des Außenhandels mit einer Spezialisierung einher, die Exporte von landwirtschaftlichen Erzeugnissen, Bergbauprodukten und Güter aus arbeitsintensiver Produktion begünstigte. Albanien beispielweise exportiert kaum etwas anderes als Rohstoffe sowie etwas Erdöl und Elektrizität. Ähnlich liegt der Fall in Bosnien und Herzegowina, dessen Exporte nur Rohstoffe und Holzartikel umfassen. In Rumänien, Makedonien und Jugoslawien konzentrieren sich die Exporte – zusätzlich zu Rohstoffen – auf Industrien, in denen Arbeitskräfte den wichtigsten Wettbewerbsvorteil darstellen (Textilien, Bekleidung etc.).

In Ländern mit erheblichem Dienstleistungsanteil am Handel – z. B. Kroatien wegen des Fremdenverkehrs – ähnelt die Handelsstruktur derjenigen der Türkei und der weniger entwickelten südlichen EU-Mitgliedsstaaten. Hier stehen dem Export von Dienstleistungen Einfuhren von Konsum- und Investitionsgütern sowie Halbfabrikaten gegenüber. Diese Importstrukturen finden sich auch in anderen Ländern, und zwar unabhängig davon, ob sie die Einfuhren aus Transfers oder mit Krediten aus dem Ausland finanzieren. Da in den Transitionsstaaten (ausgenommen möglicherweise Ungarn und Slowenien) nirgendwo ein nachhaltiges Wachstum vorliegt, ist eine Außenhandelsstruktur, bei der Rohstoffe sowie arbeitsintensive Produkte und Dienstleistungen exportiert und Konsumgüter aller Art importiert werden, fast überall zu beobachten. Dies trägt zur Verfestigung der Handels- und Zahlungsbilanzdefizite sowie zu einem geringen Wachstum bei, dessen Ausmaße und Aussichten im folgenden Abschnitt erörtert werden.

Handel, komparative Vorteile und Wachstum

In den meisten Ländern der Region tendierte der Handel dazu, sich den jeweiligen komparativen Vorteilen anzupassen; diese Handelsmuster wiederum haben vorhandene oder ererbte komparative Vorteile verstärkt. Wie erwähnt, spezialisieren sich die südosteuropäischen Staaten mit wenigen Ausnahmen auf Produktion und Export arbeitsintensiver Erzeugnisse. Diese Muster bilden sich zur gleichen Zeit heraus, in der diese Länder recht negative makroökonomische Entwicklungen durchlaufen. Daher kann damit gerechnet werden, daß sich daraus längerfristige Konsequenzen für die Verteilung von Produktionsfaktoren – und darin insbesondere für das Verhältnis von Arbeit und Kapital – in der Region insgesamt ergeben.

Zunächst einmal läßt sich dies ablesen aus der Steigerung des sogenannten «Outward Processing Trade» (OPT). Dabei handelt es sich um Arrangements, bei denen ausländische Unternehmen einen Teil des Produktionsprozesses zum Zwecke der Kostensenkung bei bestimmten Faktoren in ein anderes Land auslagern. In den meisten Fällen geht es dabei um die Lohnkosten. So wird z. B. ein Unternehmen Halbfabrikate in ein anderes Land ausführen, in dem einheimische Arbeitskräfte die Produktion zu Ende führen; die Fertigwaren werden dann zurück ins Ursprungsland oder in Drittländer exportiert. Bei diesem Verfahren erzielt der einheimische Betrieb keinen Gewinn; die einzigen Vorteile betreffen Beschäftigung und Einkommen der einheimischen Arbeitnehmer. Die anfänglichen Investitionen aus dem Ausland in billige lokale Arbeitskraft können sich zwar zu Investitionen in Kapital und Anlagen, ja sogar in Forschung und Entwicklung ausweiten, aber dies geschieht nur langsam und in Ausnahmefällen. Meist wird eine solche Geschäftstätigkeit so lange fortgeführt, wie sich ein Kostenvorteil ergibt, d. h., solange die örtlichen Löhne niedrig genug und damit konkurrenzfähig sind.

Aus diesen Betrachtungen können Schlußfolgerungen für andere Aspekte des Außenhandels gezogen werden, die auf komparativen Vorteilen basieren. Solange das Lohnniveau in der Region niedrig bleibt, wird der komparative Vorteil für arbeitsintensive Erzeugnisse gegeben sein. Verstärkt wird dies noch durch hohe Arbeitslosenquoten, die in dieser Region bei zwischen 10 und 40% liegen (in Bosnien und Herzegowina sowie in Jugoslawien sind sie noch höher). Die Bedeutung der oben erläuterten Spezialisierung des Handels besteht nun darin, daß die jetzige Orientierung in arbeitsintensive Produktionen noch verstärkt wird. Setzen sich die absatzfähigen Waren überwiegend aus solchen mit hohem Lohnkostenanteil zusammen, so wird in die entsprechenden Produktionszweige investiert werden. Wenn es sich dabei um Erzeugnisse handelt, deren Fertigung wenig Kenntnisse erfordert (was ebenfalls zutrifft), so wird wenig in die Ausbildung investiert, was langfristige Konsequenzen für den Ausbildungsstand nach sich ziehen wird. Schließlich werden, falls niedrige Lohnkosten den wesentlichen komparativen Vorteil darstellen, die Löhne wahrscheinlich niedrig bleiben, was wiederum geringe Investitionen in die berufliche Aus- und Fortbildung zur Folge hat. Wenngleich keine gesicherten Erkenntnisse auf der Basis systematischer Untersuchungen über mögliche Verschiebungen im Ausbildungssektor vorliegen, deuten Einzelbeobachtungen und mittelbar zu ziehende Schlüsse aus Studien über die sich entwickelnden Industriestrukturen darauf hin, daß in vielen Ländern der Region unter den gegebenen Bedingungen eher ein niedrigerer Ausbildungsstand in Kauf genommen als eine bessere Qualifikation angestrebt wird.

Auf der anderen Seite gibt es aus unterschiedlichen Gründen große Migrationsbewegungen. Die wirtschaftlich motivierte Auswanderung aus der Region weist zwei Hauptmerkmale auf. Aufgrund der Lohnunterschiede und der hohen Arbeitslosenzahlen in der Heimat nehmen Menschen jedes Ausbildungsstands niedrigqualifizierte und schlechtbezahlte Arbeit in höherentwickelten Ländern an, sofern sich überhaupt eine Möglichkeit dazu bietet. Ferner wandern Menschen mit besserer Ausbildung und solche, die sich weiterbilden wollen, eher in höherentwickelte Länder aus. Die beschriebene Art der Spezialisierung in Handel und Produktion führt also sowohl bei niedrig- als auch bei höherqualifizierten Arbeitskräften zu größeren Auswanderungsbewegungen.

An dieser Stelle ist ein Hinweis auf die Analyse des britischen Wirtschaftswissenschaftlers Paul N. Rosenstein-Rodan angebracht, der gegen Ende des Zweiten Weltkriegs bemerkenswerte Thesen im Hinblick auf den Wiederaufbau Südosteuropas vorlegte. Sowohl die Gesamtlage als auch die Themen waren damals die gleichen oder ähnliche wie heute. Rosenstein-Rodan postulierte 1943, Entwicklungen der oben beschriebenen Art könnten nur vermieden werden, wenn Bedingungen geschaffen würden, die eine wesentliche Erhöhung der Investitionen in der Region ermöglichten. Seiner Auffassung nach sollten – wenn man Investitionen anlocken wollte – eine ausreichend große Freihandelsregion geschaffen und gezielte Anstrengungen zum Ausbau der Infrastruktur unternommen werden, um die Kosten zu senken, die den Handel und diejenigen Investitionen behindern, die nicht nur auf Niedriglöhne ausgerichtet sind.

Einzelheiten dieses Vorschlags mag man zwar kritisieren, und manches trifft eindeutig nicht auf die Gegebenheiten zu, die sich etwa im letzten Jahrzehnt entwickelt haben; die Betonung der entscheidenden Funktion der Investitionen jedoch kann nicht hoch genug eingeschätzt werden. Um sowohl die «Ausfuhr» von Menschen umzukehren als auch die Nachfrage nach höher qualifizierten Arbeitskräften zu steigern, müßten sowohl einheimische als auch ausländische Investitionen deutlich stärker angezogen werden. Daß diese These zutrifft, ist am Beispiel Ungarns abzulesen, wo das relativ große Ausmaß der ausländischen Investitionen zu einer erheblichen Verbesserung der Außenhandelsstruktur und darüber hinaus zu höheren Wachstumsraten geführt hat. In allen übrigen Ländern gab es nur geringe oder nicht ausreichend große Investitionen aus dem Ausland. Dieses enttäuschende Investitionsvolumen erklärt sich aus hohen Risiken und aus anderen Kosten, mit denen sich Investoren in diesen Ländern konfrontiert sehen. Ein Beispiel hierfür ist Albanien, wo die ausländischen Investitionen der Jahre 1995 und 1996 während des Zusammenbruchs im Jahr 1997 abgeschrieben werden mußten, da die Fabrikanlagen während der schweren Unruhen geplündert und zerstört wurden. Darüber hinaus ist fast überall in der Region mit Korruption in großem Umfang zu rechnen.

Auch behindern zahlreiche Probleme hinsichtlich der politischen Stabilität und der Rechtsstaatlichkeit eine stärkere Beteiligung ausländischen wie einheimischen Kapitals. Solange dies der Fall ist, werden die bisherige Spezialisierung des Handels und die Verteilung der Produktionsfaktoren fortdauern und weiter zementiert werden, was für die Wachstumsaussichten der gesamten Region vorhersehbar negative Auswirkungen haben wird.

Entscheiden sich die Länder der Region dafür, die Produktionsfaktoren im Einklang mit ihren jetzigen komparativen Vorteilen zu verteilen, so werden sich ihre Wachstumsraten analog zu denjenigen entwickeln, die in den spezialisierten Sektoren erreicht werden können. Konzentrieren sie sich darüber hinaus auf arbeitsintensive Güter, so gelten für diese meist gleichbleibende oder abnehmende, nicht aber jene steigenden Ertragszuwächse, die für höherentwickelte Industrien mit sogenannten differenzierten Erzeugnissen charakteristisch sind. In diesem Fall werden die Wachstumsraten nicht nur niedrig sein: Sie werden letztlich nur noch parallel zur Zunahme des Arbeitseinsatzes steigen, die vom Bevölkerungswachstum abhängt. Da in allen Ländern (Ausnahmen: Albanien, die Siedlungsgebiete von Albanern außerhalb Albaniens, Gegenden mit überwiegend muslimischer Bevölkerung und die Türkei) das Durchschnittsalter der Bevölkerung zunimmt und die Auswanderung anhält, kommt es sogar zu ökonomischem Rückschritt.

Dies wird auf andere Weise selbst in denjenigen Ländern eintreten, deren Handel einen großen Dienstleistungsanteil aufweist, die also vom Tourismus abhängen. Bei ihnen kann sich so etwas wie die «holländische Krankheit» entwickeln, womit die Probleme von Ländern charakterisiert werden können, die sich auf die Ausfuhr natürlicher Ressourcen stützen. Verfügt beispielsweise ein Land über Ölquellen, so wird es wahrscheinlich hohe Einnahmen aus Erdölexporten erzielen, und seine Währung wird überbewertet; dadurch sinkt die Wettbewerbsfähigkeit anderer Wirtschaftszweige, und das Land wird letztlich von Erdölausfuhren leben und alles andere importieren. Die gleichen Folgen sind in südosteuropäischen Staaten zu beobachten, die ausländischen Touristen Sonne und Meer verkaufen. In Griechenland und in Kroatien etwa tendiert die Industrieproduktion zu einer schwächeren Entwicklung, weil beide Länder ihre Einnahmen im Fremdenverkehr erzielen und sie für deutsche und italienische Industriegüter ausgeben. Sie spezialisieren sich somit auf eine Art von Handel mit Dienstleistungen, der in dem Maße wächst, wie die Nachfrage nach diesen Leistungen zunimmt; eben dieses Wachstum aber wird in der Regel niedriger sein als das von Ländern, die sich auf fachkräfteintensive Industrien und Dienstleistungen stützen.

Einige Wirtschaftswissenschaftler, die den Überlegungen Rosenstein-Rodans folgen, sind der Auffassung, daß ein echter Auftrieb der wirtschaftlichen Entwicklung Südosteuropas eine Initialzündung in Gestalt eines gezielten Investitionsförderungsprogramms voraussetzt. Sie meinen, daß Liberalisierung allein nicht ausreicht. Von zentraler Bedeutung sei die Integration in die Finanzmärkte, wenn die Investitionen gesteigert und Wachstum und Entwicklung erreicht werden sollen. Dies aber wird angesichts der zwangsläufigen Entwicklung der Handelsspezialisierung und der Verteilung der Produktionsfaktoren nicht spontan eintreten. Und die einzige realisierbare Integration ist diejenige in die EU, die aber, so wie sich die Dinge entwickelt haben, wahrscheinlich für lange Zeit nicht erreichbar sein wird. Unter den gegebenen Bedingungen dürfte geringes Wachstum ein längerfristiges Phänomen in Südosteuropa bleiben.

Schattenwirtschaft

Wie bereits festgestellt wurde, weisen die Volkswirtschaften der Region unterschiedliche Ebenen regionaler, europäischer und globaler Integration auf. Diese verschiedenen Integrationstypen und -ebenen drücken sich auch in unterschiedlichen Handelsregimes aus. Außerdem existieren zahlreiche formelle und informelle Handelshemmnisse. Das extremste Beispiel ist Bosnien und Herzegowina, wo formelle Handelshemmnisse zwischen den beiden politischen Entitäten sowie eine Reihe von informellen Barrieren zwischen den Kantonen der kroatisch-muslimischen Föderation von Bosnien und Herzegowina bestehen. Der Handel innerhalb des Gesamtstaates wird mit erheblichen Transaktionskosten belastet, die im Außenhandel sogar noch höher sind. Infolgedessen findet vor allem lokaler Handel statt, und das Gesamtvolumen der legalen Geschäfte ist gering. Dagegen sind die Anreize für Aktivitäten auf dem schwarzen oder dem grauen Markt beträchtlich. (Der Begriff «grauer Markt» besagt, daß die gesetzlichen Vorschriften unklar oder zweideutig sind, so daß nicht ohne weiteres bestimmt werden kann, wann es sich um Schwarzmarktgeschäfte im eigentlichen Sinn handelt.) Diese machen sicherlich ein Mehrfaches des offiziell erfaßten Handels aus.

Dies ist hinsichtlich der Kombination von formellen und informellen Handelshemmnissen gewiß ein Extremfall, nicht aber in bezug auf den Umfang der halb- oder illegalen Geschäfte. Im Fall Albaniens mögen die Aktivitäten auf dem schwarzen und dem grauen Markt sogar noch umfangreicher sein, obwohl es rechtlich ein einheitlicher Staat ist. Dessenungeachtet bestehen dort in signifikantem Umfang informelle Handelshemmnisse, die von örtlichen Behörden oder selbsternannten Autoritäten errichtet werden. Sollen Handelsverträge abgeschlossen und ausgeführt werden, so müssen an jedem Schalter, bei jeder Brücke und nahezu überall dort Abgaben und Gebühren entrichtet werden, wo jemand sich selbst zum Steuer- oder Zolleintreiber gemacht hat.

Ein großer Parallelmarkt (ein anderer Begriff für den schwarzen oder grauen Markt) ist auch in Montenegro entstanden, wo solche Aktivitäten sogar durch den Staat gefördert werden. Dieselbe Situation findet sich in Serbien, wo die Geschäfte von Staatsbeamten selbst getätigt werden; dies wird öffentlich dementiert, und es kommt in der Tat ständig zu Schauprozessen gegen Schwarzmarkthändler. Werden solche Prozesse ernsthaft betrieben, so deutet dies darauf hin, daß «selbständige» Schwarzmarkthändler mit denen im Staatsdienst konkurrieren und deshalb ausgeschaltet werden sollen.

Ähnlich ist die Lage in Kroatien. Sowohl dort als auch in Jugoslawien werden die grauen Märkte dadurch begünstigt, daß beide Länder unklare Grenzen zu Bosnien und Herzegowina haben. Nach ihren Handelsbilanzen wird ein großer Teil des Handels angeblich mit Bosnien und Herzegowina abgewickelt; in Wirklichkeit handelt es sich dabei oft um Ein- und Ausfuhren aus bzw. in Drittländer. Jugoslawien und Kroatien nutzen so die Freihandelsabkommen mit Bosnien und Herzegowina aus, um die Zollbestimmungen zu umgehen. Ferner wird dieser Handel zu einem großen Teil in jugoslawischen Dinar und kroatischen Kuna abgewickelt, da diese Währungen in den serbisch und kroatisch dominierten Gebieten die üblichen Zahlungsmittel sind.

An der Spitze der Aktivitäten auf den Parallelmärkten steht der direkte Schmuggel, der beträchtliche Ausmaße und Bedeutung gewonnen hat. Es geht dabei vor allem um Kraftfahrzeuge, Zigaretten und andere, insbesondere langlebige Konsumgüter. Geldschmuggel und Devisenschwarzhandel werden in Jugoslawien – aber auch in anderen Ländern – in erheblichem Umfang vor allem dann betrieben, wenn die Inflationsrate hoch oder das Bankensystem zusammengebrochen war, was mit

Ausnahme Sloweniens in allen Transitionsländern der Region mindestens einmal geschah. Überdies sind Ersparnisse bei den einheimischen Banken (ausgenommen denjenigen in Ungarn und Slowenien) nicht sicher angelegt, weshalb es zur Kapitalabwanderung in höher entwickelte Länder oder Off-Shore-Zentren kommt, von denen Zypern für die Region an erster Stelle steht.

Parallelmärkte und Schattenwirtschaft erstrecken sich auch auf Produktion und Investitionen. In manchen Ländern werden bei OPT-Unternehmen Arbeitskräfte beschäftigt, die nicht einmal legale Verträge haben, so daß der örtliche Manager oder Arbeitgeber dadurch mehr verdient, daß keinerlei Sozialabgaben abgeführt und außerdem keine Steuern auf Löhne und Gewinne bezahlt werden. Naturgemäß braucht eine solche Schattenwirtschaft Protektion, woraus sich das große Ausmaß der in der gesamten Region außer in Slowenien und Ungarn verbreiteten Korruption erklärt. Diese wiederum hat weitreichende Konsequenzen für die Art der Institutionen, die geschaffen werden, und für die Wirksamkeit und Effizienz der Rechtsstaatlichkeit. Alle diese Faktoren tragen dazu bei, den Gesamtumfang des Handels (auch des Außenhandels) zu verringern, insbesondere das Volumen des legalen Handels zu senken und Anreize für Investitionen in der Schattenwirtschaft zu erhöhen.

Sicherheit und Handel

Die bisher besprochenen Transaktionskosten, die den Außenhandel behindern, können als mikroökonomisch eingestuft werden. Sie sind aber zumindest teilweise die Konsequenz aus dem hohen Niveau von Transaktionskosten makroökonomischer Natur, die mit der Sicherheitslage in der gesamten Region, besonders aber in den Staaten des sogenannten westlichen Balkans zu tun haben. Seit 1991 sind hier verschiedene blutige Konflikte ausgebrochen, deren bislang letzter zu der NATO-Intervention in Jugoslawien führte. Diese Kriege hatten dramatische Rückwirkungen auf das Ausmaß der wirtschaftlichen Aktivitäten in der Region, auf die Handelsvolumina, auf die Strukturen in Wirtschaft und Handel, auf Konsum und Spartätigkeit im öffentlichen wie im privaten Bereich. Letzteres beeinflußte auch die Fähigkeit der betroffenen Staaten, ihre Wirtschaftsprobleme und ihre politische und wirtschaftliche Umgestaltung in den Griff zu bekommen. Unter anderem führte die Unsicherheit zur Anspannung der öffentlichen Finanzen bis hin zum Staatsbankrott.

Die schweren Krisen der jüngsten Vergangenheit sind auf die Desintegration des ehemaligen Jugoslawien zurückzuführen, welche die Grenzen der Nachfolgestaaten in Frage stellte. Ohne auf Geschichte und

Politik des letzten Jahrzehnts einzugehen, mag hier der Hinweis darauf genügen, daß die permanenten Sicherheitsprobleme vor allem dadurch entstehen, daß zahlreiche Grenzen nach wie vor unklar sind. Kroatien, Jugoslawien sowie Bosnien und Herzegowina sind sogar Staaten ohne eindeutige, international festgelegte und allseitig anerkannte Grenzen. Auch zwischen Kroatien und Slowenien sowie zwischen Jugoslawien und Makedonien gibt es Grenzprobleme. Bei einigen Staaten sind darüber hinaus die Binnengrenzen umstritten. So ist Bosnien und Herzegowina in zwei Entitäten geteilt, die sich zumindest nach innen und in ihren wechselseitigen Beziehungen durchaus wie souveräne Staaten verhalten. Gravierend ist die Auseinandersetzung um das Kosovo, durch die die NATO in einen unerklärten Krieg gegen Jugoslawien hineingezogen wurde. Und schließlich existiert die Möglichkeit einer weitergehenden Desintegration, in deren Verlauf zumindest Montenegro (möglicherweise nach einem schweren inneren Konflikt, wenn nicht gar einem Bürgerkrieg) zu einem unabhängigen Staat würde. Jedenfalls werden – wie auch immer die aktuellen Krisen ausgehen – längerfristig erhebliche Sicherheitsprobleme in der Region fortbestehen, und mit ihnen große politische und ökonomische Herausforderungen.

In Bosnien und Herzegowina hat das Fehlen einer klaren politischen Lösung einen ungeheuren ökonomischen Preis gefordert. Dreieinhalb Jahre nach dem Friedensabkommen vom Dezember 1995 war immer noch keine einzige politische Frage, die von dem gemeinsamen Willen der dort lebenden Menschen abhing, gelöst. Die Wirtschaft des Landes stützt sich auf Kredite und Hilfe aus dem Ausland, die hauptsächlich für den Wiederaufbau der Infrastruktur und der öffentlichen Versorgung sowie für den Konsum verwendet werden. Dadurch entsteht eine nicht lebensfähige Binnen- und eine noch weniger lebensfähige Außenwirtschaft. Bei fast vollständiger Abwesenheit privater oder öffentlicher Investitionen aus dem In- oder dem Ausland ist der ökonomische Zusammenbruch absehbar, wenn erst einmal der Zufluß ausländischer Gelder versiegt – sofern sich das rechtliche und politische Umfeld nicht verändert.

In Jugoslawien wird die Lage die gleiche sein. Nach Beendigung der Kriegshandlungen besteht ein noch erheblich erhöhter Investitionsbedarf, doch steht zu erwarten, daß in Ermangelung einer klaren politischen Lösung die Zuflüsse von außen nicht über den Rahmen humanitärer und Wiederaufbauhilfe hinausgehen werden. Das Ungleichgewicht zwischen Investitionsbedarf und privaten und öffentlichen Kapazitäten ist auch in anderen Ländern zu beobachten. Die Lage der öffentlichen Finanzen Kroatiens etwa ist sehr angespannt und droht untragbar zu werden; ähnliches gilt für Makedonien. Auch Rumänien und Bulgarien haben das gleiche Problem zu gewärtigen, wenngleich bisher nicht aufgrund von Sicherheitsaspekten, sondern infolge des allgemeinen wirtschaftlichen Zusammenbruchs; zusätzliche Belastungen aus der sich verschlechternden Sicherheitslage werden aber zumindest die Haushaltsprobleme gravierender werden lassen. In einer noch desolateren Situation befindet sich Albanien aufgrund des Verfalls der inneren Sicherheit sowie infolge der mit der Kosovo-Krise zusammenhängenden militärischen, Sicherheits- und Flüchtlingsprobleme. Ohne sehr umfangreiche Auslandshilfe kann von Albanien in der Tat nicht erwartet werden, daß es dieser Probleme Herr wird.

Der gegenwärtige unhaltbare Zustand der öffentlichen und privaten Finanzen in weiten Teilen der Region geht auf Entscheidungen zurück, die während der 90er Jahre getroffen wurden. Ungeheure Ressourcen wurden in Kriege und andere Konflikte, in Sanktionen und Boykottmaßnahmen und in fehlgeschlagene Reformen gesteckt. Diese politischen Entscheidungen haben die Struktur der öffentlichen Finanzen bestimmt, die ihrerseits die privaten Einkommen in hohem Maße belastet haben. Die objektiven und die subjektiven Bedingungen verheißen düstere Aussichten. Solange in der Region große Sicherheitsrisiken gegeben sind und Regierungen sich unnachgiebig und verantwortungslos verhalten, werden die öffentlichen Finanzen durch zusätzliche Kosten belastet werden, wie Konflikte sie stets für Wirtschaft und Handel mit sich bringen. Alle Länder Südosteuropas werden viel Geld und Ressourcen für Rüstung und Militär ebenso wie für Flüchtlinge und Sicherheitsbelange aufwenden müssen, wie sie mit massiven Bevölkerungsbewegungen verbunden sind. Dies wird die jetzt schon unhaltbaren Verhältnisse der öffentlichen und privaten Haushalte noch weiter belasten.

Die durch den Krieg in Jugoslawien verursachten größeren Sicherheitsprobleme werden auch für alle übrigen Länder der Region (Slowenien und die Türkei möglicherweise ausgenommen) neue wirtschaftliche Probleme schaffen. Schon jetzt sind Handelswege unterbrochen, was für Länder wie Griechenland, Bulgarien, Makedonien, Rumänien sowie Bosnien und Herzegowina zusätzliche Transportkosten zur Folge hat. Auch die Flüchtlingsströme nehmen die Ressourcen der betroffenen Länder, zu denen letztlich auch Ungarn, Rumänien, Kroatien, Bulgarien gehören können, in Anspruch. Eine Fortdauer der Krise und der Instabilität wird die Investitionstätigkeit in der gesamten Region beeinträchtigen und einige Wirtschaftszweige – etwa den Fremdenverkehr in Ländern wie Kroatien – unmittelbar und empfindlich treffen. Es sind also zahlreiche ökonomische Konsequenzen aus einer Fortdauer der regionalen Instabilität zu gewärtigen. Dabei sind zwei Problembereiche von herausragender Bedeutung.

Der eine betrifft die langfristig angespannte Lage der öffentlichen Finanzen. Große öffentliche Defizite, wie sie zur Finanzierung sicherheitsrelevanter Ausgaben notwendig sein mögen, können von einer offenen Wirtschaft nicht getragen werden. Deshalb werden die betroffenen Länder ihren Import insgesamt einschränken und dabei hinsichtlich der Warenkategorien selektieren müssen. Zweitens werden sich ausländische Investitionen verteuern, und sie werden aufgrund erhöhter Risiken nicht ausreichend verfügbar sein. Dies wird in allen Ländern der Region neue Probleme bei der Privatisierung aufwerfen. Im Lichte der in Ungarn gemachten Erfahrungen kann konstatiert werden, daß Auslandsinvestitionen günstige Auswirkungen auf die ökonomische Transformation im allgemeinen und auf die Außenhandels- (und namentlich die Export-) Struktur im besonderen haben. Auf diese Vorteile wird man verzichten müssen, da in allen Ländern der Region die Privatisierungspläne angepaßt werden müssen, möglicherweise selbst in Griechenland. Slowenien bildet hier insofern eine Ausnahme, als hier eine Privatisierung unter Beteiligung von ausländischem Kapital nicht gern gesehen wird. Die Folgen werden angesichts der derzeitigen Zahlungsbilanzprobleme und wegen der angespannten Situation ihrer öffentlichen Finanzen überaus negativ sein. Insgesamt wird der zusätzliche Verbrauch von Ressourcen zur Stärkung der eigenen Sicherheit den privaten Konsum sowie die privaten und öffentlichen Investitionen einschränken; auch Auslandsinvestitionen werden durch erhöhte Risiken gebremst. Beides hat überaus negative Konsequenzen für den Außenhandel.

Integrationsaussichten

Die EU setzt auf einen differenzierten Ansatz gegenüber den südosteuropäischen Staaten. Ursprünglich hatte hinsichtlich der Integration der gesamten Region so etwas wie Enthusiasmus geherrscht. 1991, kurz vor dem Zerfall Jugoslawiens, bot die EG dem Land die Einleitung des Integrationsprozesses an. Die Führungen der drei dominierenden Nationen – Serbien, Kroatien und Slowenien – lehnten das Angebot ab und optierten für die Desintegration. Die gleiche Begeisterung lag der Ausweitung der Assoziierungsabkommen auf Bulgarien und Rumänien zugrunde. Auch hinsichtlich der postkommunistischen Entwicklung in Albanien überwog bis zur Krise von 1997 der Optimismus. Inzwischen ist die Stimmung umgeschlagen. Die einzigen Länder, die eine kontinuierliche Verbesserung ihrer Beziehungen zur EG/EU verzeichnen konnten, waren Ungarn und Slowenien, wenngleich hinsichtlich Sloweniens immer wieder und bei jedem Integrationsschritt Zweifel laut wurden. Ferner konnte Griechenland sich nicht für die Währungsunion qualifizieren: Sein Beitrittsantrag wurde als einziger abgelehnt. Und schließlich hat die Türkei seit der Mitte der achtziger Jahre immer wieder die Mitgliedschaft in der EG/EU beantragt, ohne jedoch ihrem Ziel während dieser Zeit nähergekommen zu sein.

Betrachtet man nur in ökonomischer Hinsicht Kosten und Nutzen der Integration, so stellt man bezüglich der Staaten Südosteuropas erhebliche Unterschiede fest. Griechenland ist EU-Mitglied, unter dem Gesichtspunkt des Warenaustauschs und hier insbesondere des Exports jedoch keine Handelsnation. Seine Ausfuhren entsprechen etwa denen Sloweniens, obwohl das griechische BIP annähernd das Sechsfache beträgt. Bezieht man allerdings Dienstleistungen und Einkommenstransfers ein, so ergibt sich ein anderes Bild, aber der Stellenwert dieses Handels ist ein anderer als der des Warenaustauschs. Die Türkei treibt – vor allem bei Berücksichtigung der Größe ihrer Volkswirtschaft – keinen großen Außenhandel. Die Länder der Region weisen somit beim Handel keinen hohen Integrationsgrad gegenüber der EU auf, wenngleich ihre formelle Integration vollständig oder sehr signifikant ist.

Von den Transitionsstaaten gehören Ungarn und Slowenien zu den Kandidaten der ersten Runde der EU-Erweiterung. Für die anderen Staaten sind die Aussichten nicht sehr günstig, und der Zeitpunkt der tatsächlichen Integration läßt sich derzeit nicht genau bestimmen. Bei Rumänien und Bulgarien können besondere Fortschritte in dieser Richtung nicht konstatiert werden. Es läßt sich nicht absehen, wann diese beiden Staaten von der EU als beitrittsfähig beurteilt werden. Die Länder des sogenannten Westbalkans schließlich werden derzeit für eine Aufnahme überhaupt nicht in Betracht gezogen.

Für diese Länder ist das bedauerlich und auch kostspielig, denn beim Handel ist ihre tatsächliche oder potentielle Integration in die EU weitreichend bis sehr weitreichend. Das Fehlen von vertraglichen Abmachungen erlegt ihrem EU-Handel hohe Kosten auf. Auch schmälert die fehlende politische Koordinierung ihre Attraktivität für Auslandsinvestitionen. Die «Vorteile», wenn man dies überhaupt so bezeichnen kann, bestehen in der «Freiheit», politische Präferenzen verfolgen zu können, die diese Staaten als EU-Mitglieder oder Beitrittskandidaten aufgeben müßten.

Die Integrationsaussichten des Länder des sogenannten Westbalkans sind also gegenwärtig sehr gering. Die EU verlangt ihnen zunächst eine Verbesserung ihrer Beziehungen untereinander ab, wenn sie für eine weitergehende Integration in Frage kommen wollen. Der Leitgedanke dieses regionalen Ansatzes besteht darin, daß die Perspektive einer EU-Integration für diese Länder ein ausreichender Anreiz sein müsse, damit sie ihre bilateralen oder gar multilateralen Sicherheitsprobleme bereinigen. Inzwischen hat sich herausgestellt, daß dieser Anreiz offenbar nicht stark genug war. Angesichts der Entwicklungen in Bosnien und Herzegowina und insbesondere derjenigen im Kosovo scheint diese Politik gescheitert zu sein. Welche Orientierung an ihre Stelle treten wird, bleibt abzuwarten.

Aus dem Englischen übersetzt von Karl Freudenstein

V.

Kultur

Sprachen

Klaus Steinke

Die Gesellschaften Südosteuropas lassen sich kurz und prägnant als multiethnisch, multireligiös, multikulturell sowie vielsprachig charakterisieren. Diese spezifische und unter bestimmten Umständen explosive gesellschaftliche Gemengelage hat sich dort im Laufe mehrerer Jahrhunderte herausgebildet, und sie findet in der Redewendung vom «Pulverfaß Balkan» ihren bildhaften Ausdruck. Wenn gegenwärtig in den Ländern Südosteuropas wieder einmal nationalistische und chauvinistische Töne den Tenor des öffentlichen Diskurses bestimmen und Konfrontationen bis hin zu kriegerischen Konflikten eskalieren, dann spielt die Sprache in diesen Auseinandersetzungen nicht selten eine tragende Rolle. Diese Beobachtung ist nicht auf die Vorgänge in Ex-Jugoslawien zu beschränken, wo sich die Gegensätze zwischen den verschiedenen Bevölkerungs- und Sprachgruppen gleich mehrmals in spektakulärer Form entluden. Spannungen und Auseinandersetzungen zwischen den sprachlich unterschiedlichen Gruppen sind auch in Rumänien, Bulgarien, Makedonien, Griechenland und Albanien zu registrieren. Überall in Südosteuropa spielen die Sprachen vor allem in den interethnischen Beziehungen eine bedeutende Rolle, so daß ihnen auch bei der Erklärung der ethnopolitischen Konflikte eine wichtige Funktion zukommt.

Sprache und Nation

Funktionell betrachtet, ist die Sprache in erster Linie das bedeutendste Kommunikationsmittel des Menschen; aber darüber hinaus kann sie weitere, sehr wichtige sekundäre Funktionen, nämlich eine kognitive, ästhetische sowie ferner eine identifikatorische Funktion, übernehmen. Denn die Sprache ist immer auch ein wichtiges unverwechselbares Kennzeichen für eine bestimmte Sprechergruppe und zugleich einer der stärksten Faktoren, um die Zugehörigkeit zur jeweiligen Gemeinschaft und ihre Abgrenzung gegen andere zu gewährleisten. Die Sprache funktioniert als ein besonders augenfälliges Identifikationsmerkmal, erzeugt in der betreffenden Sprachgemeinschaft ein Wir-Gefühl und ist zudem ein einfaches, überdies untrügliches Mittel zur Unterscheidung der eigenen von anderen Gruppen. Diese delimitative Potenz der Sprache ist schon im alttestamentarischen Buch der Richter beschrieben und genutzt worden, als man mit Hilfe des Schibboleth-Testes die Ephraimiter am Jordan identifizierte und dann tötete. Während kommunikative Hindernisse im mehrsprachigen Kontakt einen Sprecher normalerweise veranlassen, die engeren Grenzen seiner Muttersprache bewußt zu überschreiten, um den Dialog mit Anderssprachigen zu erleichtern, hat die delimitative Wirkung der identifikatorischen Funktion der Sprache genau das Gegenteil zur Folge, d. h., sie führt zur Selbstisolation oder sogar zur feindseligen Abschottung gegenüber dem Fremden. In relativ harmloser Form äußert sich das, wenn man fremde Sprachgewohnheiten nachahmt, was freilich schnell mit Spott verbunden wird und dann in offene Feindseligkeit umschlagen kann.

Diese beiden Wesensmerkmale der Sprache, ihre kommunikative und ihre identifikatorische Funktion, haben beträchtliche Auswirkungen auf die Ausgestaltung der Beziehungen zwischen den Völkern Südosteuropas gehabt. Die ständige Notwendigkeit, über die engeren Sprachgrenzen einer Gemeinschaft hinaus zu kommunizieren, hat zur Bildung des «Balkansprachbundes» geführt: Die über mehrere Jahrhunderte andauernde Mehrsprachigkeit eines großen Teils der Bevölkerung auf der Balkanhalbinsel und der vielfältige Kontakt zwischen den Sprechern sehr unterschiedlicher Sprachen haben fraglos die Festigung gemeinsamer Sprachstrukturen, der sogenannten «Balkanismen», in miteinander nicht unmittelbar verwandten Sprachen begünstigt. Als Folge der konvergenten Sprachentwicklung sind unter anderem der nachgestellte Artikel im Albanischen, Bulgarischen, Makedonischen und Rumänischen oder die gleiche Futurbildung in diesen Sprachen entstanden. Mit der Erforschung dieser auffälligen strukturellen Übereinstimmungen beschäftigt sich eine neue, inzwischen selbständig gewordene linguistische Teildisziplin, die Balkanologie oder – gemäß dem Benennungsvorschlag des dänischen Sprachwissenschaftlers Kristian Sandfeld – Balkanlinguistik. Andererseits kommt der delimitativen Potenz der Sprache gerade in den gegenwärtigen Auseinandersetzungen zwischen Serben und Kroaten oder auch zwischen Bulgaren und Makedoniern eine zentrale Bedeutung zu. In diesem Fall wird die nach Meinung mancher Politiker nur unzureichende sprachliche Barriere zwischen den verfeindeten Gruppen speziell mit Hilfe entsprechender, auf eine stärkere Unterscheidung abzielender Sprachregelungen künstlich erhöht. Die sprachliche Distanz zwischen den Nachbarn – an sich kontraproduktiv für jede ungehinderte Kommunikation zwischen ihnen, die ja üblicherweise auf den Abbau von Unterschieden gerichtet ist – wird absichtlich ausgebaut. Dabei muß man sich allerdings im wesentlichen auf die

Erfindung neuer Wörter beschränken, da die anderen Ebenen der Sprachstruktur weniger Ansatzmöglichkeiten für solche Manipulationen bieten.

Den bisherigen Darlegungen ist nicht zu entnehmen, welche Sprachform oder Sprachvarietät für die Bildung und Festigung der Nation überhaupt relevant ist. An sich trägt jede Sprachvarietät, ob Mundart, Dialekt oder Hochsprache, zur Entwicklung eines Zusammengehörigkeitsgefühls zwischen ihren Sprechern bei. Gewöhnlich wird man aber in unserem Kontext nur an die «Nationalsprache» oder, da dieser Begriff nicht ganz eindeutig ist, an die Hoch-, Schrift- bzw. Standardsprache denken, d. h., an jene Form der Sprache, welche für die überregionale Kommunikation in der Verwaltung, in den Medien, in der Kultur und in der Schule benötigt wird. Doch diese Sprachform ist in Südosteuropa relativ jung und überwiegend im vorigen bzw. sogar erst in diesem Jahrhundert entwickelt worden, als sich dort die heute bekannten Nationen herauszubilden begannen. Die Standardsprache gilt auf dem gesamten Sprachgebiet einer Nation, d. h., sie ist überregional, ferner polyvalent, und sie besitzt eine in Wörterbüchern und Grammatiken kodifizierte Norm. Allerdings sind diese Eigenschaften im Anfangsstadium einer Nation noch gar nicht ausgebildet, und ihre Entwicklung wird daher für die Nationalbewegungen in Südosteuropa neben ihren politisch-emanzipatorischen Zielen zu einer der vordringlichsten Aufgaben. Nicht selten entzünden sich um die Frage nach der adäquaten Basis für diese erst noch zu entwickelnde Sprachform sehr lebhafte Kontroversen. In der Anfangsphase der Bewußtseinsbildung können die Vertreter der Nationalbewegungen also auf keine konkrete Sprachform zurückgreifen, sondern sich letztlich nur auf ihr intuitives Sprachgefühl verlassen. Ein solcher Ansatz bleibt jedoch für die exakte Abgrenzung von Sprachgebieten unbefriedigend, etwa wenn man im Bereich der südslawischen Mundarten, die ein Kontinuum bilden, sprachliche und politische Kriterien miteinander in Einklang bringen will.

Der delimitativen Wirkung der Sprache nach außen, die sich schnell gegen andere Sprachgemeinschaften richten kann, entspricht ihre integrative Wirkung nach innen, die das Gemeinschaftsgefühl der eine bestimmte Sprache benutzenden Gruppe fördert und ferner Sprachloyalität einfordert. Aus der Benutzung einer gemeinsamen Sprache schließt man gewöhnlich auch auf eine Kultur- und Wertegemeinschaft ihrer Sprecher, und der Nationalstaat wird bald zum offenen oder unbewußten Ziel jeder Nationalbewegung, die nur noch in ihm ihre angemessene Existenzform erkennt. Die beiden Teilaspekte der identifikatorischen Funktion von Sprache spielen eine gewichtige Rolle bei den Versuchen, «Nation» und den davon abgeleiteten Begriff «Nationalismus» zu definieren.

Aus den umfangreichen Erörterungen über diesen Begriffskomplex interessieren in diesem Zusammenhang nur die Bezüge zur Sprache.

«Nation» und «Nationalismus» sind Begriffe, die sich erst auf die soziale Entwicklung der letzten zwei bis drei Jahrhunderte in Europa sinnvoll anwenden lassen. Als die Französische Revolution den alten Ständestaat durch den modernen Nationalstaat ersetzte, kam der Sprache eine neue, bis dahin unbekannte Bedeutung zu. Spielte sie vorher im Vergleich zu den dominanten Standesunterschieden nur eine untergeordnete Rolle, so wird sie jetzt zur tragenden Säule für die Begründung der Gruppensolidarität einer Nation. Die Forderungen nach Gleichheit, Freiheit und Brüderlichkeit, diese Fundamente des modernen Nationalstaats, werden bald um die nach der gemeinsamen Einheitssprache ergänzt. Häufig wird «Nation» seitdem nur noch als uniforme «Sprachnation» verstanden, und auf diese Weise werden Homogenisierungsbestrebungen gerechtfertigt, welche auf die Vereinheitlichung des Sprachgebiets zur Stützung und Festigung des Nationalstaates abzielen, aber gleichzeitig den demokratischen Ansatz konterkarieren, da sie sich gegen andere Sprechergruppen und Minderheitensprachen richten. Übrigens entbehrt die Unterscheidung zwischen einerseits Staats- oder Nationalsprache und andererseits Minderheitensprache nicht der Willkür, da z. B. Ungarisch nur im Bezug auf ganz Rumänien die Sprache einer Minderheit ist, während es in den traditionellen Siedlungsräumen, vor allem in den Bezirken Covasna und Harghita, von der absoluten Mehrheit der Bevölkerung gesprochen wird. Dasselbe gilt für Albanisch im Kosovo und für andere Fälle.

Ideologisch von der Aufklärung vorbereitet, wird die Entwicklung zur Sprachnation in der Praxis über die Schulen und andere staatliche Einrichtungen vorangetrieben. Die anderen, sprachlich vergleichsweise indifferenten Institutionen wie Dynastie und Kirche treten hingegen in den Hintergrund. Eine ideologische Weiterentwicklung dieses Ansatzes ist in den Versuchen zu erkennen, aus der gemeinsamen Sprache auch auf eine gemeinsame Abstammung ihrer Sprecher zu schließen, womit das Konfliktpotential erheblich ausgebaut wird. Denn die Durchsetzung des Modells vom ethnisch homogenen Nationalstaat hat gewöhnlich sprachliche Intoleranz und Gewalt zur Folge. (Nur der heterogene Nationalstaat ist hierzu eine denkbare demokratische Alternative.) Der Wunsch, eine Nation zu sein, und der sich auf ein Plebiszit gründende Anspruch auf politische Selbstbestimmung schweißen die Solidargemeinschaft mit ihrer spezifischen Tradition und historischen Erfahrung zu einer Schicksalsgemeinschaft zusammen und beanspruchen sprachliche Ein- bzw. Unterordnung. Dazu gehört unbedingt, daß man seine Sprache gegen vermeintliche oder tatsächliche Aggressionen anderer verteidigt, wie insbesondere der unermüdliche Kampf der Puristen gegen die «verderblichen» Fremdwörter demonstriert. Die primäre Funktion des schließlich zum Vaterland gewandelten Nationalstaates scheint darin zu bestehen, die Verteidigungsbereitschaft und den Opfermut seiner Glieder auf allen Gebieten entsprechend zu stärken.

Auf die Bedeutung der Sprache für die Konstituierung einer Nation hat man im vorigen Jahrhundert gerade in der Anfangsphase der südosteuropäischen nationalen «Wiedergeburtsbewegungen» immer wieder hingewiesen. «Alle Nationen», so noch 1967 Werner Bahner, «die nach der Erfüllung ihrer Kultur trachten, behandeln die Sprache als eine Lebensfrage.» In diesem Zusammenhang nahm ferner die als politischer Imperativ verstandene Gleichung *eine Sprache = eine Nation = ein Staat* Gestalt an. Sie bestätigt den hohen Stellenwert der Sprache für die Definition bzw. Existenz einer Nation. Nationen werden nun fast ausschließlich als einsprachige Gebilde aufgefaßt, für die man selbstredend ein eigenes Territorium fordern darf. Diese in der Neueren Geschichte Europas oft verhängnisvolle Gleichung versuchte man natürlich wissenschaftlich entsprechend zu untermauern und, falls notwendig, mit Waffen durchzusetzen. Wissenschaftlich begründet wird die Suche nach einer älteren Tradition, mit der die Dignität und Anciennität der Nationalsprache bzw. der Nation abgesichert werden soll. Wohin das letztlich führt, verdeutlicht das bekannte Bonmot des Berliner Balkanologen Norbert Reiter: «Eine Nation ist eine Gruppe von Menschen, die durch einen gemeinsamen Irrtum hinsichtlich ihrer Abstammung und eine gemeinsame Abneigung gegen ihre Nachbarn geeint ist.»

Dignität und Anciennität der Nationalsprachen

Zu den wichtigsten Stützpfeilern im ideologischen Gebäude der südosteuropäischen Nationalbewegungen gehören die Dignität und Anciennität der jeweiligen Sprache und, damit eng verbunden, die edle Abstammung des nach Anerkennung drängenden Sprachvolkes sowie ferner sein Erstbesiedlungsrecht bzw. seine Autochthonität in den gegenwärtigen Wohnsitzen und eventuell die daraus ebenfalls ableitbaren Ansprüche auf inzwischen verlorengegangene Gebiete. Beflügelt wurde die Suche nach der Dignität der Sprache durch die im 19. Jahrhundert aufblühende historisch-vergleichende Sprachwissenschaft, welche den genealogischen Rekonstruktionen die notwendige wissenschaftliche Weihe verlieh. Das bekannteste Modell zur Veranschaulichung solcher verwandtschaftlichen Beziehungen zwischen Sprachen ist der 1861 von August Schleicher nach Darwins Vorbild entwickelte Stammbaum für das Indogermanische.

War die sprachliche Traditionslinie über die Verwandtschaft mit einer alten Kultursprache erst einmal abgesichert, so öffnete sich der Weg zum Nachweis der edlen Abstammung ihrer Sprecher, die damals unter sehr schmachvollen kulturellen, politischen und ökonomischen Bedingungen lebten. In der glorreichen Vergangenheit findet man dann den wohltuenden Trost, aber auch den erforderlichen Ansporn, um die Lage der Nation zu verbessern.

Die Verbindung von Dignität und Anciennität sowie der in diesem Zusammenhang entwickelten Vorstellungen mit der Sprache ist äußerst fragwürdig. Hier werden nämlich Eigenschaften auf ein Kommunikationsmittel übertragen, die ihm a priori gar nicht zukommen. Denn es ist weder edel noch unedel, sondern es funktioniert bestenfalls gut oder weniger gut. Dennoch spielt gerade die Sprache bei der Frage nach dem Ursprung der südosteuropäischen Nationen, bei ihrer Selbstfindung, eine überaus wichtige Rolle; und sie bildet schließlich den Ausgangspunkt für die verschiedenen nationalen Mythenbildungen. Eine engere Beziehung zwischen diesen Eigenschaften und einer Sprache läßt sich also nur indirekt herstellen. Die Dignität des jeweiligen Idioms wird in der Regel durch die Anknüpfung an eine ältere Kultursprache begründet, und ihre Anciennität ist vor allem im Zusammenhang mit dem Nachweis der Autochthonität ihrer Sprecher relevant, d. h., die Sprecher der älteren Kultursprache siedelten schon in sehr früher Zeit auf den von ihren heutigen Nachfahren beanspruchten Gebieten, und sie dient damit vornehmlich zur Legitimierung territorialer Forderungen und nicht etwa zur Erörterung und Lösung sprachlicher Probleme.

Die Völker Südosteuropas unterscheiden sich voneinander nicht nur sprachlich, sondern auch, was den Ansatzpunkt ihrer historischen Wurzeln und der darauf fußenden Herkunftsmythen betrifft. Im Vordergrund der folgenden Betrachtungen stehen die Griechen, Albaner, Romanen und Slawen, während die übrigen kleineren Gruppen, d. h., die verschiedenen dort ebenfalls ansässigen Turkvölker, Roma, Juden, Armenier, Deutschen usw., hier nicht berücksichtigt werden müssen, weil sie für den untersuchten Fragenkomplex nur eine periphere Bedeutung haben.

Die Dignität und Anciennität des Griechischen wurden bisher nicht bezweifelt, höchstens stießen die damit verbundenen nationalen Mythen auf Kritik. Namentlich Jakob Philipp Fallmerayer stellte die vorbehaltlose Anknüpfung der heutigen Griechen an die Antike und die dabei angenommene Bluts- und Kulturkontinuität nachdrücklich in Frage. Neuerdings hat der britische Historiker Eric J. Hobsbawn diese Kritik wieder aufgegriffen und wurde dafür von griechischer Seite barsch zurechtgewiesen. Es bleibt also weiterhin ein Sakrileg, das im vorigen Jahrhundert geprägte Bild der griechischen Nation einer kritischen Analyse zu unterziehen, wie auch die gegenwärtigen Streitereien mit dem Nachbarn im Norden um die Rechte auf den Namen *Makedonien* sowie die sprachliche Gängelung der slawischen und albanischen Bevölkerung in Nordgriechenland zeigen. Zum Nachweis der griechischen Kontinuität wird die Sprache benutzt. Denn, so der griechische Publizist Pavlos Tzermias, «sie, und nicht das ungemischte Blut, ist das Instrument, welches das alte mit dem neuen Hellas verbindet». In der Tat ist das Griechische die älteste europäische Kultursprache, wie die Namen von Homer, Plato und Aristoteles eindrucksvoll bezeugen. Die Griechen gründeten die erste europäische Hochkultur und bildeten gewissermaßen den europäischen Brückenkopf für die Verbreitung der aus dem Nahen Osten übernommenen Schriftkultur. Auch ihre Anciennität oder Autochthonität wird, obwohl die alten griechischen Stämme irgendwann in vorhistorischer Zeit nach Hellas einwanderten, nicht in Zweifel gezogen, da sie auf jeden Fall früher als die Romanen oder Slawen dort beheimatet waren.

Sehr schwierig ist unter diesen Gesichtspunkten die Behandlung des Albanischen, da es an keine ältere Kultursprache anknüpfen kann. Das in diesem Zusammenhang häufig erwähnte Illyrische bietet keine zuverlässige Basis, da es weitgehend unbekannt ist und sicherlich keine Kultursprache im engeren Sinne war. Allenfalls für die Frage der Autochthonität der Albaner in den heutigen Wohnsitzen ist es von Belang. Allerdings ist die Abstammung des Albanischen vom Illyrischen keineswegs einwandfrei bewiesen und wird außerhalb Albaniens oft in Frage gestellt, so daß der Nachweis für die frühe Anwesenheit der Albaner in Südosteuropa mangels entsprechender Quellen nicht direkt geführt werden kann. Andererseits sind jedoch die altertümlichen sprachlichen Parallelen mit dem Rumänischen, die auf den gemeinsamen Ursprung in einem altbalkanischen Substrat verweisen, als ein sehr starkes, wenn auch nur indirektes Argument für ihre Autochthonität bzw. frühe Anwesenheit in diesem Raum zu werten.

Die nächste Gruppe, über deren Entstehung mehr bekannt ist, bilden die verschiedenen ostromanischen Sprachen: Rumänisch, Aromunisch, Meglenorumänisch und Istrorumänisch. Sie entstanden nach Trajans Erweiterung des Imperium Romanum und der Ausdehnung seiner Verkehrssprache nach Osten, also ab dem zweiten nachchristlichen Jahrhundert. Diese Sprachen haben sich in historischer Zeit formiert und beanspruchen als unmittelbare Nachfahren der zweiten großen europäischen Kultursprache ebenfalls das lateinische Erbteil für sich. Allerdings gibt es bezüglich der Vergangenheit dieser Gruppe eine Reihe von ungelösten Problemen. Vor allem stellt die Kontinuität der Rumänen und ihrer Sprache in der Provinz Dacia nach dem Abzug der Legionen unter Aurelian im Jahre 276, also nach «nur» etwas mehr als anderthalb Jahrhunderten römischer Herrschaft, weiterhin eine offene Frage für die Forschung dar. Denn die Spuren des östlichen Lateins versiegten allmählich, und für den nachfolgenden «geschichtslosen» Zeitraum bis zum 13. Jahrhundert, als die ersten rumänischen Fürstentümer entstanden, hat sich deshalb der Terminus «dunkles Jahrtausend» eingebürgert. Aus dem Fehlen sprachlicher Zeugnisse aus diesem Zeitraum erwuchsen erhebliche Zweifel am Verbleiben der romanisierten Bevölkerung nördlich der Donau, die vor allem von den ungarischen Historikern aufgegriffen wurden. Es ist allerdings wenig wahrscheinlich, daß die romanisierte Bevölkerung zunächst komplett nach Süden abzog, um dann wieder zurückzukehren. Unklar sind ferner die verwandtschaftlichen Beziehungen zwischen den verschiedenen Sprachen der Ostromania. Unbeantwortet bleibt insbesondere die Frage, ob sie alle einen gemeinsamen Ursprung in einem «Urrumänischen» haben oder ob es sich eher um selbständige Reste des Romanischen aus der Zeit des Imperium Romanum handelt, die mehr oder weniger unabhängig voneinander eine östliche Variante des Vulgärlateins fortsetzen. Von Bedeutung ist das für die richtige Einordnung der häufig als Vlachen bezeichneten Aromunen oder Balkan-Romanen, die trotz ihrer sprachlichen und kulturellen Eigenständigkeit keinen Nationalstaat schufen.

Die zahlenmäßig größte und gleichzeitig auch jüngste der hier berücksichtigten Sprachgemeinschaften in Südosteuropa stellen schließlich die Slawen dar. Ihr Vordringen in diesen Raum ist erst ab dem 6. Jahrhundert zweifelsfrei in byzantinischen Quellen belegt, und sie gelangten zu verschiedenen Zeiten sowie auf unterschiedlichen Wegen dorthin. Aus diesem Umstand werden u. a. die Unterschiede zwischen den heutigen südslawischen Sprachen erklärt. Entscheidend für die Dignität des Slawischen wird aber erst das Wirken der beiden «Slawenlehrer» Kyrill und Method, die in der zweiten Hälfte des 9. Jahrhunderts eine slawische Liturgie- und Schriftsprache schufen und so den Kreis der europäischen Kultursprachen auf drei erweiterten. Diese altkirchenslawische Sprache spielte in der Folge für die gesamte Slavia Orthodoxa bis zur Etablierung der modernen Standardsprachen eine ähnliche Rolle wie das Latein im katholischen Bereich, sie war zugleich Liturgie- und Kanzleisprache. Freilich sollte man diese Parallele nicht überstrapazieren, da Latein im Unterschied zum Kirchenslawischen auch Kulturträger, nicht nur Kulturmittler war. Auf den anderen Aspekt, die Anciennität der Sprache und die Autochthonität ihrer Sprecher, konnten sich die Slawen hingegen weniger berufen, da sie viel später als Griechen, Albaner oder Romanen in Südosteuropa Fuß faßten.

Die Geschicke Südosteuropas wurden bis in unser Jahrhundert überwiegend von zwei Vielvölkerimperien, dem Osmanischen Reich und dem Habsburger Reich, bestimmt. Beide waren mehrsprachig-multiethnisch, und es gab in ihnen neben jeweils einer dominanten Religion, Islam bzw. Katholizismus, eine Reihe weiterer, allerdings bestenfalls tolerierter Religionen. Die Klammer für diese Reiche bildeten die jeweilige Dynastie und die Staatsreligion, während Sprache und Nationalität lange Zeit keine oder nur eine sehr untergeordnete Rolle spielten. Erst mit dem Beginn der nationalen «Wiedergeburtsbewegungen» ändert sich das Bild grundlegend, und die obengenannten Aspekte werden virulent. Zum hehren Ziel der Aufklärer und nationalen Erwecker wurde der wissenschaftliche Nachweis der edlen Abstammung und des hohen Alters der eigenen Nation, und dazu diente vorzugsweise der Rückgriff auf sprachliche Fakten. Daß es sich hierbei mehr um Konstruktionen als Rekonstruktionen handelt, zeigt erst die genauere Analyse dieser Bewegungen in Südosteuropa.

Die nationale «Wiedergeburt» in Südosteuropa

Die Entstehung der Nationen und die Entwicklung von Standardsprachen sind wichtige Aspekte eines allgemeinen Modernisierungsprozesses, der im 19. Jahrhundert ganz Südosteuropa zu erfassen begann. Freilich traf er dort auf andere Voraussetzungen als in Mitteleuropa, wodurch die beträchtlichen Unterschiede in seiner Umsetzung zu erklären sind. Der zur Bezeichnung der verschiedenen nationalen Sammelbewegungen Südosteuropas im vorigen Jahrhundert übliche Terminus «Wiedergeburt» stellt eine Übersetzung von «Renaissance» bzw. «Rinascimento» dar und beinhaltet bereits den wichtigsten Programmpunkt. Denn nach ihrer innersten Überzeugung wurden die südosteuropäischen Nationen damals nicht etwa «geboren» oder gar «gemacht», sondern lediglich «wiedergeboren», d. h., es hat sie früher schon einmal gegeben, und sie waren zwischenzeitlich irgendwie verschwunden und unter historischem Schutt begraben. Ihr Untergang vor langer Zeit wird gewöhnlich den osmanischen Invasoren und den Verrätern in den eigenen Reihen angelastet. Hier konturiert sich deutlich ein pseudoreligiöser, an die Wiederauferstehung erinnernder Akzent der aufklärerischen Bewegungen, der ihnen sozusagen eine sakrale Weihe verleiht und manchen Aufklärer mit einem messianischen Nimbus umgibt. Für die Aktivisten dieser Bewegung stand also von vornherein fest, daß die Argumente für die Größe und die Dignität der jeweiligen Sprache und der sich darauf berufenden Nation in der Vergangenheit zu suchen waren. Statt dessen zu sagen, wir schließen uns als ein Interessenverband zusammen, der gemeinsame aktuelle wirtschaftliche, kulturelle und religiöse Ziele verfolgt und hierfür auch ein gemeinsames, modernes Kommunikationsmittel benötigt, wäre unter diesen Prämissen geradezu als Verrat an der Idee der Nation und ihrem wichtigsten Identifikationsmittel aufgefaßt worden.

In den zahlreichen Erörterungen jener Zeit über die Herkunft der Nationen spielen zwei Komponenten eine herausragende Rolle, nämlich die Anknüpfung an eine glorreiche und heroische Vergangenheit des eigenen Volkes, die im krassen Gegensatz zu seiner gegenwärtigen Situation steht, sowie die Identitätsfindung in einer gemeinsamen Sprache. «Sprache» und «Volk» werden zu den Schlüsselbegriffen der nationalen «Wiedergeburt» bei den Völkern Südosteuropas. Allerdings kommt auch der Konfession, die bis in die neueste Zeit hinein mit zur Unterscheidung der verschiedenen Gruppen beiträgt, in manchen Fällen noch eine erhebliche Bedeutung zu. So läßt sich auf dem Weg zur modernen politischen Willensgemeinschaft der Nation häufig eine Zwischenstufe mit konfessionsbezogener Gruppensolidarität erkennen. Selbst in der Gegenwart kann sie für die interne Differenzierung von sprachlich weitgehend einheitlichen nationalen Gruppen – wie etwa Bosniern, Kroaten oder Serben – noch relevant sein.

Von den nationalen «Wiedergeburtsbewegungen» in Südosteuropa haben die Bemühungen der Griechen zweifellos das größte Echo im übrigen Europa gefunden, und das wirkte sich u. a. nachhaltig auf die Diskussion um die adäquate Form der zukünftigen neugriechischen Standardsprache aus. Denn der nach Griechenland hineinwirkende Philhellenismus fand dort nicht nur Widerhall, sondern beeinflußte die Auseinandersetzungen und begünstigte die Beibehaltung einer veralteten Sprachform. Die Suche nach der adäquaten Form für die neugriechische Standardsprache bot während der griechischen «Wiedergeburt» durchaus Anlaß für ernsthaftere Auseinandersetzungen, während an ihrer in der Antike begründeten Dignität als Kultursprache keine Zweifel bestanden. Sie mußte sich in dieser Hinsicht auch nicht gegen andere Sprachen behaupten. Statt dessen war nur unter den zur Verfügung stehenden griechischen Varietäten die richtige Auswahl für die angestrebte einheitliche Standardsprache zu treffen. Hierfür gab es zwei im Prinzip konträre Ansatzpunkte, und zwar eine ehrwürdige, sich letztlich am Altgriechischen orientierende Schriftsprache und eine schriftlich nur zögerlich verwandte, noch nicht vereinheitlichte Umgangssprache. Die führende Gestalt im griechischen Sprachenstreit war Adamantios Korais, der weder im Attizismus, also in der Fortführung des Altgriechischen, noch in der «Pöbelsprache» geeignete Lösungen des Problems sah, sondern als «goldenen Mittelweg» die kultivierte griechische Umgangssprache der Mittelschicht propagierte. Die Position der griechischen Volkssprache *(Dimotiki)* blieb zunächst vergleichsweise schwach, da sie sich noch nicht gegen das von Antike, Kirche und Theologie sowie das durch ihr Ansehen außerhalb Griechenlands etablierte Prestige der «reinen Sprache» *(Katharevousa)* durchsetzen konnte. Erst nach dem Ende des Obristenregimes wurde dieses Fossil 1975 endgültig von der inzwischen weiterentwickelten Volkssprache abgelöst.

Die Serben gehören zu jenen im 19. Jahrhundert noch als «geschichtslos» geltenden Völkern Südosteuropas, die sich erst einen geeigneten Bezugspunkt für ihre geschichtlichen Projektionen suchen mußten. Sie fanden ihn vornehmlich im Großreich des Zaren Stefan Dušan Uroš IV. (1331–1355), das die größte Ausdehnung unter allen serbischen Staatsgebilden im Mittelalter besaß. Vor diesem Hintergrund nimmt die Sprachenfrage einen wesentlich anderen Verlauf als bei den Griechen. Zwar standen die Dignität des Kirchenslawischen und des davon abgeleiteten Altserbischen wegen ihrer frühen Kulturleistungen außer Frage, aber letzteres wurde im 18. Jahrhundert zusehends vom importierten Russischkirchenslawischen verdrängt, das dann den Ausgangspunkt für eine neue, «Slavenoserbisch» genannte Mischsprache bildete. Das Prestige und die Verwendungsmöglichkeiten dieser artifiziellen Mischsprache blieben jedoch gering, und sie fand daher bald in der Volkssprache einen ernsthaften Widerpart. Doch erst dem Sprachreformer Vuk Karadžić gelang schließlich mit der Wahl seiner ostherzegowinischen Mundart zur neuen, volkssprachlichen Standardsprache auf štokavischer Basis der Durchbruch.

Sein Ansatz gewann schnell über den engeren serbischen Rahmen hinaus an Bedeutung, als die nördlichen Nachbarn ebenfalls daran Interesse zeigten und ihn übernahmen. Im sprachlich und politisch stärker zersplitterten kroatischen Raum gab es vorher unterschiedliche schriftsprachliche Ansätze, darunter vor allem den regional begrenzten auf čakavischer Basis und den auch das Slowenische mit einschließenden kajkavischen Ansatz sowie schließlich den der serbischen Lösung näherstehenden štokavischen in Dubrovnik (so bezeichnet nach der jeweiligen Form des Fragepronomens «was?»). Die Kroaten nahmen schließlich von ihren eigenen, teilweise vom Illyrismus beeinflußten Versuchen zur Schaffung einer modernen überregionalen südslawischen Schriftsprache Abstand und schlossen sich dem Vorschlag von Vuk Karadžić an. Als wichtiger Anpassungsschritt auf diesem Wege ist ferner Ljudevit Gajs orthographische Reform des lateinischen Alphabets nach den Vorstellungen Karadžićs zu nennen. Dieser pragmatische, über nationalistische Eifersüchteleien erhabene und im Wiener Vertrag von 1850 bekräftigte Sprachkompromiß wird heute in einer veränderten politischen Landschaft wieder völlig in Frage gestellt. Absichtlich werden neue sprachliche Hürden errichtet, um so die Trennung zwischen Kroaten und Serben auch sprachlich zu manifestieren. An diesem Beispiel zeigt sich sehr deutlich der immer noch sehr hohe Symbolwert der Sprache für die nationale Identität.

Für die Bulgaren, die sowohl unter osmanischer Herrschaft im politischen Leben wie auch unter griechischer Bevormundung im kirchlichen Bereich zu leiden hatten, ergab sich eine andere Ausgangssituation als bei den bisher behandelten Gruppen. Bulgarische Autoren sprechen häufig vom «doppelten Joch» ihres Volkes, wenn sie die Zeit vor der «Befreiung» 1878 charakterisieren. Zentrales Thema ihrer nationalen «Wiedergeburt» wurde die Rückbesinnung auf die glorreiche Geschichte des ersten und zweiten bulgarischen Reiches im Mittelalter. Als besonderer Aktivposten wurde in dieser Erfolgsbilanz die Schaffung und Verbreitung des Altkirchenslawischen bzw. – nach bulgarischer Diktion – «Altbulgarischen» als Liturgiesprache in der gesamten Slavia Orthodoxa betrachtet. Bereits 1762 rief der bulgarische Aufklärer Paisij Chilendarski mit einer berühmt gewordenen rhetorischen Frage in seiner «Slawobulgarischen Geschichte» seine Landsleute zu mehr Selbstbewußtsein insbesondere gegenüber den Griechen, aber auch gegenüber den Serben und den anderen Slawen auf: «Oh du Narr, warum schämst du dich, daß man dich Bulgare nennt, und warum liest und sprichst du nicht in deiner Sprache? Oder hatten die Bulgaren etwa keine Zaren und kein Reich?» Damit spielte er unmittelbar auf die Dignität des Bulgarischen an, des einzigen legitimen Erben der dritten europäischen Kultursprache im Mittelalter. In der Tat schrieben und sprachen seine gebildeten bulgarischen Zeitgenossen oft Griechisch, und der griechische Klerus bemühte sich zudem massiv, die slawischen Gläubigen zu hellenisieren. Als Argument gegen die Verwendung des Bulgarischen in der kulturellen Sphäre diente ihnen der vermeintliche Mangel dieser Sprache an Dignität.

In der Diskussion um die Basis für die moderne bulgarische Standardsprache lassen sich anfangs ebenfalls zwei gegensätzliche Positionen ausmachen: Die eine Gruppe, die kirchenslawische Schule, versucht, die kirchenslawische Schriftsprache zu modernisieren und den zeitgenössischen Erfordernissen anzupassen, die andere Gruppe, die neubulgarische Schule, auf volkssprachlicher Grundlage eine neue Standardsprache zu entwickeln. Durchsetzen konnte sich schließlich mit der slawobulgarischen Schule eine Kompromißlösung, die Ansätze beider Richtungen aufnahm und über die Schulen neuen Typs und die Literatur verbreitete.

Im Unterschied zu den bisher genannten Fällen war die Eigenständigkeit einer anderen südslawischen Sprache, nämlich des Makedonischen, lange Zeit heftig umstritten. Vor der osmanischen Invasion gab es kein eigenständiges makedonisches Reich, und Makedonien gehörte abwechselnd zum byzantinischen, bulgarischen und serbischen Reich, so daß die Frage nach der nationalen Kontinuität kaum lösbar schien. Auf diesem Umstand fußt übrigens – zumindest was die historischen Rechtfertigungsversuche betrifft – der Streit zwischen Serben und Bulgaren während der Balkankriege um dieses erst spät aus dem Osmanischen Reich entlassene, überwiegend von Slawen bewohnte Gebiet. Beide erklärten Makedonien zum integralen Bestandteil ihres ursprünglichen Sprachgebiets. Die in makedonischen Geschichtsdarstellungen manchmal suggerierte Verbindung zum Reich Alexanders mutet phantastisch an, gehört aber zum nationalen Mythos der Makedonier. Eine gewisse Rolle spielt dieser anachronistische Bezug übrigens beim aktuellen Streit zwischen Athen und Skopje um die Namensrechte. Für die erst 1945 kodifizierte makedonische Standardsprache hätte allerdings die Dignität keine Rolle mehr spielen müssen, da die Teilrepublik Makedonien im Staatsverband des föderativen Jugoslawien per Verfassung als Geltungsbereich für diese Sprachform definiert wurde. Es mußte also für diese Sprache kein eigenes Territorium, kein eigener Staat mehr eingefordert werden. Dennoch gab es bald Versuche, wie sie von den anderen Balkanvölkern aus dem 19. Jahrhundert bekannt sind, auch für das Makedonische eine Geschichte zu kreieren, die, was die sprachliche Komponente betrifft, bis zu den genannten «Slawenlehrern» Kyrill und Method zurückgeführt wurde, weil diese aus Thessaloniki, d. h. aus der antiken Provinz Macedonia, stammten. Dieser fragwürdige Versuch wird insbesondere von Politikern und Wissenschaftlern in Bulgarien vehement bekämpft, die bis in die Gegenwart hinein Makedonien als Teil ihres eigenen Sprachgebiets betrachten und ferner das Altkirchenslawische bzw. «Altbulgarische» für sich in Anspruch nehmen.

Für die Rumänen stellt sich die Situation sehr komplex dar, weil ein Teil von ihnen lange Zeit in eigenständigen, jedoch von der Hohen Pforte abhängigen Fürstentümern lebte, während der andere Teil völlig rechtlos im habsburgischen Siebenbürgen Magyarisierungsversuchen und Unionsbestrebungen von seiten der katholischen Kirche ausgesetzt war. Die Idee von der nationalen «Wiedergeburt» entwickelte sich unter diesen Voraussetzungen primär in Siebenbürgen, wo der Fortbestand des rumänischen Volkes und seiner Sprache stark gefährdet schien. Es waren insbesondere rumänische Kleriker der Zwangsunion zwischen katholischer und orthodoxer Kirche, die während ihrer Theologiestudien in Rom nebenbei historische Beweise für die romanische Abstammung, für die Romanität ihres unterdrückten Volkes und seiner Sprache sammelten. Nicht selten wurde das Rumänische damals sogar als eine «slawisch-römische» Mischsprache und die Rumänen als slawisch-romanisches Mischvolk bezeichnet. Vor allem mit diesen Vorstellungen und den von ungarischer Seite vorgetragenen Zweifeln an der Kontinuität bzw. der Autochthonität der Rumänen nördlich der Karpaten wollten die Aufklärer der *siebenbürgischen Schule* ab dem Ende des 18. Jahrhunderts in ihren philologischen und historischen Werken aufräumen. Ein tragfähiges Argument für den Nachweis der Romanität der Rumänen gab nur die Sprache ab, da die geschichtlichen Quellen für die ältere Zeit sehr spärlich flossen und wenig Material für geschichtsträchtige und vor allem kontinuitätsstiftende Mythenbildungen bereitstellten. Die Latinität der rumänischen Sprache, die allerdings zunächst durch die Verwendung des von den orthodoxen Rumänen benutzten kyrillischen Alphabets verdeckt wurde, konnte deren Alter und Dignität belegen und ferner zum Argument für die Kontinuität der Rumänen auch nördlich der Karpaten ausgebaut werden. Die Abstammung des Rumänischen vom Latein rückte diese Sprache in den Kreis der ältesten Kultursprachen und so gegenüber dem Ungarischen in eine überlegene Position.

Mit der 1780 in Wien erschienenen Grammatik *Elementa linguae dacoromanae sive valachicae* wurde der endgültige sprachwissenschaftliche Nachweis für die Latinität des Rumänischen geführt. Diese Grammatik benutzte erstmals auch das lateinische Alphabet, um rumänische Wörter wiederzugeben, wobei durch eine stark archaisierende Schreibweise generell der lateinische Ursprung der Wörter verdeutlicht werden sollte. In den rumänischen Fürstentümern südlich und östlich der Karpaten war die nationale Identität weniger bedroht. Erst unter dem Einfluß der «Wiedergeburt» in Siebenbürgen wurde die Latinität des Rumänischen auch hier allmählich zu einem Thema, doch nur sehr langsam konnte das kyrillische Alphabet durch das lateinische abgelöst werden. Grund war der Widerstand der orthodoxen Kirche, die dahinter Katholisierungsversuche witterte. Bereits lange zuvor, ab dem 16. Jahrhundert, begann in den rumänischen Fürstentümern die stufenweise Ablösung der kirchenslawischen Liturgiesprache durch das Rumänische.

Die Herkunft der kleinsten Gruppe, der Albaner, und ihrer Sprache blieb lange Zeit völlig ins geschichtliche Dunkel getaucht. Die Quellen zu ihrer Geschichte und Sprache sind vergleichsweise jung, und zudem werden die Zusammenhänge im nicht geringen Maße durch ein umfangreiches lateinisches Adstrat verdeckt. Interessant ist zunächst, daß trotz der religiösen Vielfalt das ethnische und auch sprachliche Zusammengehörigkeitsgefühl der Albaner immer überwog und keine zentrifugalen Entwicklungen förderte.

Für die Dignität und auch für die Autochthonität des Albanischen lassen sich keine direkten Belege finden. Die wissenschaftlich umstrittene Anknüpfung an das weitgehend unbekannte Illyrische trägt wenig zur Lösung dieser Fragen bei. Wenn das Albanische vom Illyrischen abstammte, dann wären immerhin seine Sprecher autochthon, d. h. auf jeden Fall länger als alle benachbarten Slawen auf der Balkanhalbinsel beheimatet.

Übrigens gibt es einen weiteren, allerdings selbst in Albanien umstrittenen Versuch, die Pelasger, einen noch unbekannteren Stamm aus der balkanischen Frühgeschichte, zu den eigentlichen Urahnen der heutigen Albaner zu machen. Die Pelasger sind nach dieser Auffassung sogar die eigentlichen Begründer der abendländischen Kultur und haben diese dann den Griechen gebracht.

Für die Bildung der albanischen Standardsprache hatten solche Hypothesen jedoch keine praktische Bedeutung, da diese alten Sprachen nur in geringen Sprachresten bezeugt sind und daher keinen konkreten Anknüpfungspunkt für die Lösung der aktuellen Probleme des Albanischen bieten konnten. In der Diskussion um die Form der Standardsprache konnte man sich folglich auf keine alte Kultursprache berufen, sondern nur verschiedene relativ junge, volkssprachliche Ansätze gegeneinander abwägen. Die Unterschiede zwischen ihnen reflektieren die vielfältigen religiösen und kulturellen Traditionen der Albaner. Schon äußerlich zeigt sich das in der Verwendung verschiedener Alphabete – im katholischen Bereich des lateinischen, im orthodoxen des griechischen und im muslimischen gelegentlich des arabischen. Daneben existieren weitere, davon teilweise unabhängige Versuche, die Frage der Orthographie zu lösen. Doch erst 1908 setzte sich auf dem Kongreß von Monastir, dem heutigen Bitola in Makedonien, die noch immer gültige Schreibung auf der Basis des lateinischen Alphabets durch. Ferner entwickelten sich mehrere voneinander abweichende schriftsprachliche Ansätze, die aus den beiden großen Dialektformationen des Gegischen im Norden und des Toskischen im Süden hervorgingen. Bis zum Ende des Zweiten Weltkrieges verwendete man vor allem die gemeingegische Amtssprache von Elbasan sowie daneben eine nordwestgegische und noch eine gemeintoskische Schriftform.

Die geschilderten Vorgänge spielten sich vornehmlich auf dem Boden des Osmanischen Reiches ab, jedoch nicht ganz ohne Mitwirkung der Habsburgermonarchie, was ganz deutlich im Falle der Rumänen zum Vorschein kam. Generell war dort die Situation der südosteuropäischen Völker besser, da nach den josephinischen Reformen des 18. Jahrhunderts zumindest dem Unterricht in der jeweiligen Muttersprache nichts mehr entgegenstand und schon vorher der Zugang zur okzidentalen europäischen Kultur nie ganz versperrt gewesen war. Zumeist konnten die verschiedenen ethnischen Großgruppen ihre Interessen leichter als im Herrschaftsbereich der Hohen Pforte artikulieren. Allerdings war der Einfluß der einzelnen Gruppen unterschiedlich, und vor allem in der ungarischen Hälfte der Donaumonarchie kam es zu massiven Magyarisierungsversuchen. Rumänen, Kroaten, Slowaken u. a. wurden dadurch in ihrer kulturellen und sprachlichen Entfaltung stark beeinträchtigt. Die insgesamt jedoch günstigeren Voraussetzungen, die das Habsburgerreich den verschiedenen ethnischen Gruppen bot, machten es zu einem Magneten für nichtmuslimische Untertanen des Sultans, und in den Kontaktgebieten zum Osmanischen Reich fand ein reger Kulturtransfer statt, über den viele der Ideen aus Mitteleuropa nach Süden gelangten. Deshalb wird die nationale «Wiedergeburt» der Völker in Südosteuropa in einen größeren geistesgeschichtlichen Kontext gestellt, wobei in der Regel auf den Anteil der Ideen aus Mitteleuropa an dieser Entwicklung hingewiesen wird. In diesem Zusammenhang ist insbesondere Johann Gottfried Herders idealistischer Volksgeist-Gedanke zu nennen, der dort begierig aufgegriffen wurde.

Dieser Transfer mittel- und westeuropäischen Gedankenguts war aber nicht unproblematisch, da in Südosteuropa die Voraussetzungen für eine Umsetzung ganz anders waren. Während in Mitteleuropa der nationale Gedanke und vor allem seine Forderung *eine Sprache = ein Volk = ein Staat* zur Vereinigung der getrennt lebenden Angehörigen einer Sprachgruppe und damit zur Gründung der auf diese Weise definierten Staaten Deutschland und Italien führte, kam es im Donau-Balkan-Raum an Stelle von Fusionen zu ethnonationalen Emanzipationsbestrebungen samt Sezessionen in den Vielvölkerstaaten. Die Folge war wegen der komplizierten Bevölkerungsstruktur in Südosteuropa die Auflösung dieser Staaten nach längeren kriegerischen Auseinandersetzungen sowie das Fortbestehen schwerwiegender, zum Teil bis heute anhaltender Minderheitenprobleme. Hierbei spielen die Sprache und teilweise die Religion als Determinanten des Gruppenbewußtseins eine tragende Rolle, und sie werden oft zum Auslöser für separatistische und irredentistische Bewegungen.

Sprache und Nationalismus im heutigen Südosteuropa

Mit dem stufenweisen Erringen der staatlichen Unabhängigkeit war ein Etappenziel vieler «Wiedergeburtsbewegungen» in Südosteuropa erreicht, und die weitere Entwicklung der Standardsprachen wurde nun überwiegend von der Praxis, d. h., von der Schule, der Literatur, den Medien und der Verwaltung, übernommen. Wer indessen geglaubt hatte, daß nach zwei Balkankriegen und zwei Weltkriegen, nach großen Bevölkerungsverschiebungen durch Vertreibung, Flucht, Bevölkerungsaustausch und «ethnische Säuberungen» alle strittigen Probleme gelöst worden seien, sieht sich nachhaltig getäuscht. Zwar herrschte nach dem Zweiten Weltkrieg bis Ende der 80er Jahre eine gespannte Ruhe, die von keinen größeren Konflikten gestört wurde, doch war das, wie sich jetzt herausstellt, lediglich die Ruhe vor dem großen Sturm. Man fühlt sich gegenwärtig wieder an die nationale «Wiedergeburt» der Balkanvölker im vorigen Jahrhundert erinnert, als viele der heutigen Probleme schon einmal diskutiert wurden. Bedenkenlos greifen die Akteure derzeit auf die Argumente jener Zeit zurück und lassen alte Mythen wiederaufleben, um Kontinuität oder Autochthonität zu beweisen bzw. territoriale Ansprüche zu begründen, und immer wieder wird dabei die Sprache als «objektive» Zeugin angerufen. Das labile interethnische und zwischenstaatliche Gleichgewicht des Kalten Krieges erwies sich als zu schwach, um in der politischen Umbruchsituation nach dem Ende des Kommunismus weiterzubestehen.

Diese Entwicklung brach nicht ganz unvermittelt herein, da der aufmerksame Beobachter schon vorher vereinzelt ethnopolitische Spannungen zwischen den sozialistischen Brudervölkern registrieren konnte, wobei nicht selten philologische Streitfragen in den Vordergrund geschoben wurden. So machte sich etwa die Bulgarische Akademie der Wissenschaften 1978 Gedanken über die «Einheit der bulgarischen Sprache in der Vergangenheit und in der Gegenwart» und schloß dabei selbstverständlich auch Makedonien in ihre Überlegungen ein. Die entsprechende Stellungnahme aus Skopje kam postwendend. Zwischen ungarischen und rumänischen Historikern tauschte man sich höchst kontroverse Ansichten zur Geschichte Siebenbürgens aus, und die einzigen nichtsozialistischen Staaten jener Zeit, Griechenland und die Türkei, drangsalierten ihre jeweiligen Minderheiten und standen trotz ihrer Zugehörigkeit zur NATO deswegen mehrfach an der Schwelle eines Kriegs. Erhebliches Aufsehen erregte im Westen ferner der Umgang mit den Türken in Bulgarien, der 1989, kurz vor der «Wende», zu einem Massenexodus führte, weil man sie durch erzwungenen Namenswechsel sprachlich «bulgarisieren» wollte. Manche Lösungen, zu denen man sich im vorigen und Anfang dieses Jahrhunderts nach langen Diskussionen durchgerungen hatte, wurden im letzten Jahrzehnt wieder in Frage gestellt, so z. B. das Serbokroatische.

Die Griechen beseitigten nach dem Sturz der von 1967 bis 1974 währenden Obristendiktatur endlich auch die Diglossie, also das Nebeneinander von *Katharevousa* und *Dimotiki*, und verhalfen so der Volkssprache zu ihrem Sieg. Auf diese Weise zogen sie mit den übrigen Balkanvölkern gleich, die meist schon im vorigen Jahrhundert ihre Volkssprachen den veralteten Schriftsprachen vorgezogen hatten. Nur wenig hat sich hingegen am Status der Minderheiten in Nordgriechenland geändert, wo man insbesondere «Slawophone» und «Arvaniten», also Südslawen und Albaner, mit Mißtrauen verfolgt sowie linguistischer Feldforschung Hindernisse in den Weg legt.

Erwähnenswert sind in diesem Zusammenhang ferner die gegenwärtig mit beträchtlicher staatlicher Unterstützung stattfindenden Bemühungen, das Idiom der muslimischen Pomaken Thrakiens zu einer neuen südslawischen Schriftsprache zu entwickeln. Auf diese Weise schwächt Athen nicht nur die religiös motivierte Orientierung dieser Gruppe an der Türkei, sondern unterläuft gleichzeitig eine mögliche sprachliche Annäherung an Bulgarien, wo auf der anderen Seite der Grenze ebenfalls Pomaken bzw. – in amtlich bulgarischer Terminologie – «muslimische Bulgaren» leben. Entsprechend wird hier deren Idiom zum bulgarischen Dialektkontinuum gerechnet, was sprachgeschichtlich sicher berechtigt ist.

In Albanien wurde unter kommunistischer Herrschaft die Entwicklung einer einheitlichen Nationalsprache vorangetrieben und das Nebeneinander verschiedener Schriftsprachen beseitigt. Mit dem Orthographie-Kongreß von 1972 wurde diese neue Schriftsprache für Albanien und – was besonders bedeutsam ist – auch außerhalb Albaniens als verbindlich anerkannt. Damit verzichteten die Albaner im Kosovo darauf, das Kosovarische zu einer eigenen Schriftsprache zu entwickeln und damit zu Albanien auf Distanz zu gehen, was in Titos Jugoslawien sicherlich begrüßt worden wäre. Diese Lösung geriet nach der politischen Wende in die Diskussion, wobei sich speziell die Emigration zu Wort meldete und die Abschaffung der als «kommunistische Einheitssprache» gebrandmarkten Standardsprache forderte. Die Übernahme dieser Sprachform außerhalb Albaniens zeigte letztlich die Unsinnigkeit dieses Vorstoßes und zeichnete sein Scheitern vor. Längst war man dazu übergegangen, Schulbücher und andere Publikationen auszutauschen und wechselseitig nachzudrucken. Fraglos hatten die Kommunisten Interesse daran gehabt, den älteren Zustand, nämlich die Verwendung von mehreren unterschiedlichen Schriftsprachen in einem Land, zu beseitigen. Allerdings war dies trotz aller Rhetorik keine in der Ideologie begründete Maßnahme, sondern in erster Linie ein Akt der Vernunft, den sich wohl auch eine bürgerliche Regierung zu eigen gemacht hätte.

Interessante Veränderungen zeichnen sich seit der «Wende» im romanischen Bereich ab. Zunächst ist das Verschwinden einer in der Sowjetunion geschaffenen Sprache, nämlich des mit kyrillischem Alphabet geschriebenen Moldawischen, zu konstatieren. In der inzwischen unabhängigen Republik Moldova benutzt man das lateinische Alphabet und orientiert sich zudem an der in Rumänien gültigen Rechtschreibung. Auch die offizielle Bezeichnung der Sprache ist neuerdings «Rumänisch». Dies ist ein Lehrbeispiel dafür, daß politischer Druck nicht immer erfolgreich sein muß und daß als unumkehrbar geltende sprachliche Regelungen wieder revidiert werden können, wenn der politische Wille dazu vorhanden ist. Andererseits haben die Rumänen selbst eine an sich sehr vernünftige Rechtschreiberegelung, nämlich die einheitliche Bezeichnung des engen, zentralen, ungerundeten und zwischen *i* und *u* artikulierten Vokals mit *î*, wieder rückgängig gemacht, weil sie in kommunistischer Zeit beschlossen worden war. Die damals verfügte Schreibung, die nur die Ausnahme *român* («Rumäne») zuließ, um die Herkunft vom lateinischen *Romanus* zu verdeutlichen, ist heute als Symbol der Ceauşescu-Diktatur diskreditiert. An ihre Stelle tritt seitdem die inkonsequente und etymologisch nur z. T. korrekte Wiedergabe eines Lautes mit zwei verschiedenen Zeichen – *î* oder *â*.

Eine gewisse Belebung erfuhr in den letzten Jahren ferner die Aromunische Frage, also das Schicksal des in Griechenland, Albanien, Makedonien, Bulgarien, Rumänien und der Bundesrepublik Jugoslawien beheimateten Volkes der Aromunen, die noch immer um elementare Minderheitenrechte kämpfen müssen. Hier formiert sich vor dem Hintergrund entsprechender europäischer Initiativen eine neue Sammelbewegung. Ungehindert entfalten die Aromunen ihre Aktivitäten heute vor allem in Rumänien, das gewissermaßen das Patronat für diese romanische Minderheit übernommen hat, in Makedonien sowie in der amerikanischen Diaspora. Wichtige Probleme, die Vereinheitlichung der Rechtschreibung und die Festlegung einer schriftsprachlichen Norm, werden weiter diskutiert, sind aber noch nicht endgültig gelöst.

Sehr unterschiedlich sind die Entwicklungen im slawischen Raum. In Bulgarien hat, wenn man von mehreren Orthographiereformen einmal absieht, die im vorigen Jahrhundert entwickelte Standardsprache ihre Physiognomie weitgehend bewahrt, und auch die Minderheiten artikulieren sich gegenwärtig wieder ungehindert. Sonst lassen sich die für alle posttotalitären Gesellschaften typischen sprachlichen Prozesse und ein zunehmender Einfluß des Englischen beobachten, das in gewisser Hinsicht das Russische ablöst.

Geradezu katastrophal sind hingegen die Veränderungen im ehemaligen Jugoslawien. Der einst ausgehandelte Kompromiß «Serbokroatisch» bzw. – in der Teilsprache Kroatisch – «Kroatoserbisch» gilt nach den kriegerischen Auseinandersetzungen in den letzten Jahren nicht mehr, und die zentrifugalen Kräfte haben Oberhand gewonnen. Diese Entwicklung überrascht kaum, da natürlich schon vorher das spannungsgeladene Verhältnis zwischen Serben und Kroaten auch die Sprachenfrage erfaßt hatte. Insbesondere die Kroaten verknüpften ihre politische Unzufriedenheit häufig damit. Sie versuchten, ihrer Varietät der gemeinsamen Standardsprache immer wieder zu mehr Eigenständigkeit zu verhelfen, und verwendeten, wo immer sich eine Möglichkeit dazu bot, den Terminus «Kroatisch» statt des ungeliebten «Serbokroatisch» bzw. «Kroatoserbisch». Selbst zu Titos Zeiten, als der Nationalitätenstreit unterbunden und teilweise hart sanktioniert wurde, verstummte die Diskussion nie ganz. Daher wird der erwähnte, über religiöse Unterschiede und politische Grenzen hinweg geschlossene Wiener Sprachenvertrag von 1850 neuerdings als Verrat gewertet und Vuk Karadžić wechselweise als «Großserbe» bzw. «Kryptokroate» beschimpft. Daß hinter diesen Auseinandersetzungen und den darauf folgenden sprachlichen Säuberungen keine linguistischen Zweckmäßigkeiten, sondern allein politischer Wille steht, wird nur selten offen ausgesprochen. Die unmittelbaren Folgen zeigen sich in einem Wiederaufleben des kroatischen Purismus, der sich jetzt gegen vermeintliche oder tatsächliche lexikalische Serbismen und gleichzeitig gegen Internationalismen richtet, die im Serbischen üblicher sind. Die Serben haben den Terminus «Serbokroatisch» noch nicht ganz aus ihrem Sprachgebrauch verbannt, doch wurde in der Bezeichnung des Sprachinstituts der Akademie «serbokroatisch» bereits durch «serbisch» ersetzt. Ferner wird eindeutig die ekavische Form des Štokavischen favorisiert, obwohl so die Serben in der Republika Srpska und Montenegro ausgeschlossen werden, die wie übrigens auch die Kroaten die ijekavische Form verwenden. Selbst die strikte Zuordnung der Alphabete – das lateinische für die Kroaten und das kyrillische für die Serben – verfälscht die einst geltenden Verhältnisse. Auch katholische Kroaten haben sich früher einmal der Kyrilliza bedient.

Die Trennung der Kroaten und Serben sowie der Untergang des Serbokroatischen hat wiederum unmittelbare Rückwirkungen auf die Situation in Bosnien und Herzegowina. Während sich die dortigen Kroaten und Serben sprachlich ihren jeweiligen Titularstaaten anschlossen, blieben die muslimischen Bosnier auf sich gestellt. Sie versuchen jetzt eine eigene Schriftsprache zu entwickeln, die sie nach den Kriegsereignissen vor allem nicht mehr «serbokroatisch» nennen wollen, und haben statt dessen die Bezeichnung «bosnisch» eingeführt. Dabei besinnen sie sich einerseits auf entsprechende Ansätze während der k. u. k. Zeit 1878–1918 und verstärken andrerseits den Anteil der Turzismen in der Lexik, was freilich durch die Zugehörigkeit zum Islam sowieso bedingt und daher nicht als Purismus zu werten ist. Der Nachdruck von sprachwissenschaftlichen Werken aus der austroungarischen Periode belegt zwar die Rückbesinnung auf die eigenen Wurzeln, aber dennoch scheint die Tendenz zur Glottotomie hier am geringsten ausgeprägt zu sein. Die weitere sprachliche Entwicklung wird davon abhängen, ob das Land eine politische Einheit bleibt oder auseinanderfällt. Selbst in Montenegro, das zum ijekavischen Gebiet gehört, wird die Verselbständigung der dortigen Variante der serbokroatischen Schriftsprache diskutiert. Sämtliche angeführten Abgrenzungsversuche ändern aber nichts an der Tatsache, daß sich alle Gruppen nach wie vor problemlos miteinander sprachlich verständigen können.

Relativ gesichert erscheint mittlerweile der Status des Makedonischen, woran auch gewisse Vorbehalte der gegenwärtigen bulgarischen Regierung nichts ändern. Denn die makedonische Standardsprache ist mittlerweile in allen wichtigen Funktionsbereichen von Administration, Medien, Schule und Kultur etabliert. Allerdings hat seit dem Zerfall Jugoslawiens auch der Druck des Serbischen auf die Entwicklung dieser Sprache nachgelassen, so daß abzuwarten bleibt, ob die forcierte Abgrenzung zum Bulgarischen, vor allem im Wortschatz, fortgesetzt wird.

Ausblick

Für die Zukunft Südosteuropas erweist sich das alte sprachpolitische Konfliktpotential, das im letzten Jahrzehnt nur ansatzweise verringert wurde, weiterhin als schwere Hypothek. Beherrscht wird dieser Teil unseres Kontinents immer noch von zwei vorwiegend gegeneinander gerichteten Kräften – einerseits vom Bemühen der Mehrheit, die sprachliche Homogenisierung des jeweiligen Staatsgebiets voranzutreiben und Sprachloyalität einzufordern, andererseits vom Kampf der Minderheiten um die Anerkennung ihrer Rechte, d. h. der sprachlichen sowie der kulturellen Selbstbestimmung. Das Streben nach Homogenisierung ist bereits im Gleichheitsgebot der Nationalstaatsidee angelegt, das infolge seiner Ausweitung über den juristischen Rahmen hinaus bald zur Forderung nach allgemeiner Chancengleichheit und damit verbunden nach einer einheitlichen Nationalsprache führte. Die Einschränkung der sprachlichen Vielfalt zugunsten der nationalen Einheit gewinnt dabei über zunächst utilitaristische Erwägungen hinaus an ideologischer Bedeutung. Minderheiten gelten unter diesem Aspekt schnell als Störfaktoren, insbesondere wenn mit ihrer Anerkennungsforderung die Regionalisierung des jeweiligen Staatsgebiets gefordert wird und sich so die Gefahr einer Irredenta abzeichnet. Die Regionalisierung kann in unterschiedlicher Richtung als politische Waffe eingesetzt werden: Deutlich wird das am Beispiel der bis 1991 existierenden Moldawischen SSR (heute Republik Moldova), wo große Anstrengungen unternommen wurden, um das Moldawische als selbständige, vom Rumänischen unterschiedene Sprache einzuführen und so die Angliederung an die Sowjetunion zu rechtfertigen.

Neben dem weiterhin bestehenden sprachpolitischen Konfliktpotential sind in Südosteuropa auch hoffnungsvolle Ansätze zu seiner Entschärfung zu erkennen. Entscheidend für eine Verbesserung der Beziehungen untereinander dürfte der Wille der meisten Balkanvölker sein, die Beitrittsbedingungen zur Europäischen Union zu erfüllen. Dazu gehört auch ein Schutz der Minderheiten, der in der 1992 aufgelegten und am 1. März 1998 in Kraft getretenen Europäischen Charta für Regional- oder Minderheitensprachen des Europarates in Straßburg festgeschrieben wurde. Jedoch wurde diese internationale Konvention in Südosteuropa bisher erst von Ungarn und Kroatien ratifiziert sowie von Rumänien, Slowenien und Makedonien zumindest unterzeichnet. Gänzlich fehlen hingegen die Unterschriften der Mitgliedsstaaten Albanien, Bulgarien, Griechenland, Moldova und Türkei sowie diejenigen der Nicht-Mitglieder Bundesrepublik Jugoslawien und Bosnien und Herzegowina. Das ist nicht verwunderlich, wenn man bedenkt, daß sich selbst Staaten wie Italien, Großbritannien, Frankreich oder Schweden mit der Unterzeichnung schwertun – sei es aus Kostengründen, sei es aus prinzipiellen Widerständen.

Ungeachtet der vorhandenen Reserviertheit in zahlreichen Staaten gegenüber weitgehenden Regelungen ist aber für das neue Südosteuropa alles in allem zu konstatieren, daß die meisten Minderheiten sich weitgehend unbehelligt ihrer Sprachen bedienen, eigene Medien betreiben und – in allerdings deutlich divergierendem Maße – muttersprachlichen Unterricht erhalten können. Das ist im Angesicht früherer Erfahrungen immerhin ein Hoffnungszeichen.

Literaturen

Reinhard Lauer

Das kollektive Bewußtsein der südosteuropäischen Völker, namentlich das Bewußtsein ihrer besonderen Identität und Zugehörigkeit zu einer bestimmten ethnischen beziehungsweise nationalen Gruppe, sei sie Mehrheitsvolk oder nationale Minderheit, setzt sich aus unterschiedlichen Komponenten zusammen, von denen die Sprache, die Volksüberlieferung, die nationalen Geschichtsbilder und die nationale Literatur eine entscheidende Rolle spielen. Angesichts der ungeheuren Zersplitterung in ethnische Gruppen und der komplizierten multilingualen und -kulturellen Verhältnisse im südosteuropäischen Raum waren es gerade die Sprache und die Literatur, die das Selbstbewußtsein und das Wissen um die eigene Nation trugen und festigten. Die Sprache, indem sie – nicht erst seit und durch Herders Lehre von der Sprache als Begründerin einer Kulturnation – das dem einzelnen natürlich zugewachsene Idiom als gewichtiges, wenn auch nicht einziges und erstes Identitätsmoment behauptete und seine Gleichberechtigung mit anderen verfocht. Die Literatur, indem sie die nationale Eigenart im wahrsten Sinne des Wortes festschrieb und damit gesichert erscheinen ließ.

Entsprechend den Ereignissen der südosteuropäischen Geschichte durchlief die sprachliche und literarische Identitätsfindung bei den einzelnen Völkern beziehungsweise Volksteilen verschiedene Entwicklungsphasen: im Mittelalter, in der Zeit des Humanismus und der Renaissance, in der Romantik und im 20. Jahrhundert. Der Rhythmus, in dem die einzelnen Völker ihre Sprache und Literatur entwickelten, war höchst unterschiedlich und vollzog sich nicht geradlinig. Dennoch lassen sich typologische Gemeinsamkeiten, wenn nicht Gesetzmäßigkeiten erkennen. Auf die hohe Blüte, die das Schrifttum im bulgarischen oder im serbischen Feudalreich erlangt hatte, auf die einzigartige Kunstübung der ragusanischen Literatur in der Renaissance- und Barockepoche folgten Brüche und Niedergänge, die erst in den Wiedergeburtsbewegungen des 19. Jahrhunderts aufgefangen und umgekehrt werden konnten. Obgleich natürlich Zeugnisse früheren Schrifttums vorhanden waren, gründete sich die albanische Literatur erst zum Ausgang des 19. Jahrhunderts, die makedonische wurde 1944, im Zuge der Neuordnung Jugoslawiens, «deklariert». Die Literaturgeschichte spiegelt hier nur die differierenden Schicksale der südosteuropäischen Völker wider.

Teilung – das kulturologische Schicksal Südosteuropas

Kulturologisch betrachtet, war das Schicksal Südosteuropas durch beständige Teilung bestimmt. Niemals stellte sich die Region als politische und/oder kulturelle Einheit dar. Immer war sie von politischen, konfessionellen, sozioökonomischen oder ideologischen Grenzen durchzogen, die in der meisten Zeit undurchdringlich waren: eiserne Vorhänge. Die Orientierung auf Rom oder Byzanz, die Anbindung an die Stephanskrone, an das Habsburgerreich oder an Venedig schufen bereits deutliche Differenzierungen, doch war für 500 Jahre die entscheidende südosteuropäische Dichotomie diejenige zwischen den christlichen Staaten und dem Osmanenreich. Sie entschied darüber, ob ein Volk, eine Region im Verbund mit den Hauptentwicklungen in Europa blieb, also Humanismus, Renaissance, Barock, Aufklärung aufnehmen konnte oder davon abgeschnitten war. Diesen anhaltenden Teilungen sind weitere gefolgt. Noch in den letzten Jahren vor der Wende war in Südosteuropa eine literarisch-kulturelle Dreiteilung zu beobachten: In Griechenland ging eine Entwicklung im Sinne der westlichen Demokratien vonstatten; die Länder des Ostblocks wurden an den «Sozialistischen Realismus» gebunden – noch 1989 wurden im bulgarischen Schriftstellerverband keinerlei Abstriche von dieser Doktrin zugelassen; und in der Literatur des «liberalen» Jugoslawien bestand eine Ausdrucksspanne, die sich zwischen den Polen Realismus und Modernismus bewegte.

Die Teilung Südosteuropas hatte für die Kulturen der betroffenen Völker enorme Verschiebungen und Verwerfungen zur Folge. Der Vergleich jener Völker, die eine linguistisch gleiche Sprache sprechen – wie Bosnier, Kroaten und Serben oder Albaner und Kosovaren – macht dies deutlich. Während die Kroaten bereits im 9. Jahrhundert für das weströmische Christentum und somit für das lateinische Kulturmodell optierten, waren sie, im großen und ganzen, den Ausstrahlungen der italienischen und der deutschen Kultur ausgesetzt. Sie nahmen deshalb früh die humanistische Gelehrsamkeit, den diesseitigen Kunstsinn der Renaissance und, nach dem Tridentinum, des spirituellen Barock auf. Hingegen blieben die unter osmanischer Herrschaft lebenden Serben und Bulgaren von der Globalentwicklung der Neuzeit bis zum 18. Jahrhundert ausgeschlossen. Die islamisierten slawophonen Bosnier wieder, seien sie Kroaten oder Serben, schufen eine kulturelle Symbiose, die nach der Vertreibung der Osmanen zurückgedrängt wurde und erst in unseren Tagen erneut ihre Lebensfähigkeit beweisen kann. Alle diese Verhältnisse schlugen sich in den südosteuropäischen Literaturen nieder, bildeten systemsteuernde Faktoren, wirkten als kulturhistorische «Einflüsse» oder gaben schlicht Diskurse und Themen vor.

Bei dem allenthalben zu verzeichnenden Auseinanderklaffen von ethnisch-kulturellen Räumen und Staatsgebilden, wie es sich im 19. und 20. Jahrhundert in Südosteuropa herausbildete, gibt es so gut wie keine Literatur, die sich kohärent auf nur einem Staatsterritorium ausgebreitet hätte. Die ungarische Literatur greift auf das heute rumänische Siebenbürgen und auf die jugoslawische Vojvodina, das ehemalige Südungarn, über; die bulgarische blickt auf wichtige eigene Traditionen im heutigen Makedonien und umgekehrt; die albanische hat ihren Ort nicht nur in Albanien, sondern auch im jugoslawischen Kosovo und Metohija. Und beachtliche Teile der serbischen Literatur waren in Kroatien und in Bosnien angesiedelt, was weder in Habsburger noch in jugoslawischen Zeiten größere Aufmerksamkeit erregte, vielmehr erst mit der kroatischen Unabhängigkeitserklärung ins Bewußtsein drang.

Das titoistische Jugoslawien hatte sich stets als vorbildliches multikulturelles und also auch multiliterarisches Gebilde dargestellt. Nicht nur das harmonische Ensemble der Nationalliteraturen in den sechs Republiken und zwei autonomen Gebieten, sondern namentlich auch die großzügige Förderung der multiliterarischen Gegebenheiten in der Vojvodina und im Kosovo galten als Ausdruck toleranter Literaturpolitik. In der Tat bestand in der Vojvodina eine einzigartige multiliterarische Struktur, der, neben der serbischen, eine starke ungarische, eine rumänische, eine slowakische und sogar eine rusinische (ukrainische) Literaturformation zugehörten. Die staatliche Förderung, die der auf einen nur geringen Bevölkerungsanteil gegründeten rusinischen Literatur zugute kam, zählt zu den denkwürdigen Erscheinungen des literarischen Lebens; sie ist in gewisser Weise dem Status der sorbischen Kultur und Literatur in Deutschland vergleichbar.

Man darf dabei allerdings nicht übersehen, daß die Förderung und Präsentanz der Literatur im früheren Jugoslawien immer nach einem bestimmten Republiken- oder Nationalitätenproporz erfolgte. Die staatlich subventionierten Anthologien, die föderalen Manifestationen der Literatur unterlagen ebenso wie die Programme der Folkloreensembles allzeit dem sogenannten Republikenschlüssel. Für eine lebendige Literatur, die in Nivellierung und Proporzdenken ihre natürlichen Gegner und gerade im je Eigenen ihr wesentlichstes Anliegen erblicken muß, lagen hier Unvereinbarkeiten, die ebenso wie die Sprachenfrage ungeheure Sprengkraft in sich bargen.

Der kroatisch-serbische Sprachenstreit brach Ende der 60er Jahre im sogenannten Kroatischen Frühling auf. Die kroatischen Schriftsteller begehrten gegen eine unifizierte serbokroatische «Staatssprache» auf und bestanden auf der Benennung und dem Gebrauch ihrer ureigenen, kroatischen Sprache. Aus dem Gespür der kroatischen Schriftsteller und ihrer Leser, daß die eigene Sprache im literarischen und alltäglichen Gebrauch bedroht und angefochten sei, ergab sich eine kulturpolitische Krise, die Tito mit rabiater Gewalt «löste». Es ist daran zu erinnern, daß auch das kleine, in allen sprachlichen Dingen außerordentlich sensible slowenische Volk auf Äußerungen des serbischen Schriftstellers Miodrag Bulatović, das Slowenische solle aus Gründen der Zweckmäßigkeit zugunsten des Serbokroatischen aufgegeben werden, mit Verbitterung reagierte. Der Zerfall Jugoslawiens begann mit dem Sprachenkampf und völlig unangebrachten Tendenzen, das «Jugoslawische» in der Literatur zu stärken.

Der historische Beitrag Südosteuropas zur Literatur

Die periphere Lage und permanente Unsicherheit Südosteuropas haben dazu geführt, daß nur relativ wenige der kulturellen Leistungen, die dort erbracht wurden, von der europäischen Öffentlichkeit zur Kenntnis genommen wurden. Das gilt nachgerade auch für die Literaturen, die, unübersichtlich und sprachlich schwer erschließbar, nur einem kleinen Kreis von Spezialisten und Kennern vertraut sind. Man muß dies um so mehr bedauern, als aus diesem Raum Werke der Kunst- und der Volksliteratur kommen, die den Vergleich mit solchen der großen europäischen Literaturen nicht zu scheuen brauchen.

Im Ersten Bulgarischen Reich bestand unter Zar Simeon bereits im 9. und 10. Jahrhundert eine bedeutende – die altbulgarische – Literatur, die das Erbe der Slawenapostel Kyrill und Method unter ihrem Schüler, dem heiligen Kliment, fortsetzte. Eng an das byzantinische Schrifttum angelehnt, der mystischen Hesychastenbewegung folgend und bald auch vom Manichäertum der Bogumilen erfaßt, wurde das Fundament einer Literatur gelegt, die während der Türkenherrschaft wieder verkümmerte. Erst im letzten Drittel des 18. Jahrhunderts nahm die nationale Wiedergeburt mit der «Slawo-bulgarischen Geschichte» (1762) des Mönchs Paisij Chilendarski ihren Anfang. Nach und nach wurden in einem Prozeß der «beschleunigten Entwicklung» (Georgi Gačev) die in 400 Jahren versäumten Phasen aufgeholt. Die literarischen Mischformen, die sich bei diesem Prozeß notwendig ergeben mußten, sind freilich eher für den Literaturwissenschaftler als für den Literaturliebhaber von Interesse. In der Zeit der Befreiung Bulgariens, vor und nach 1878, fanden Dichter und Literaten wie Ljuben Karavelov, Christo Botev und Ivan Vazov den Anschluß an die europäischen Standards. Vazovs Roman «Unter dem Joch» (1889) zeichnete mit romantischen und realistischen Mitteln den Aprilaufstand von 1876 nach, mit dem die Befreiung Bulgariens begann. Die symbolistischen Dichter Pejo Javorov, Dimčo Debeljanov und Teodor Trajanov sind einige der besten Vertreter der bulgarischen Literatur. Wie so oft bei den großen Lyrikern der Weltliteratur bleibt mangels angemessener Übersetzungen ihr poetisches Werk ein Geheimtip für Eingeweihte.

Im benachbarten Serbien entstand in der Nemanjiden-Ära ein ebenfalls von Byzanz beeinflußtes, vorrangig religiöses Schrifttum. Seine charakteristische Ausprägung fand es in der Gattung der Herrscher-Viten, d. h. den Lebensbeschreibungen der serbischen Könige und Despoten. Doch auch eine weltliche Literatur, bestehend aus Übersetzungen der auch in Westeuropa, bei den Kroaten und Bulgaren bekannten Romane und Erzählungen (Alexander-Roman, Troja-Sage, Tristan und Isolde), ist aus dem 14. und 15. Jahrhundert bekannt. Im zweiten Drittel des 15. Jahrhunderts, unmittelbar vor dem Ende der serbischen Staatlichkeit, erreichte die mittelalterliche Literaturblüte ihren Höhepunkt.

Nach dem Vordringen der Türken wurde das Schrifttum allein in den Klöstern gepflegt, während sich die mündliche Volksdichtung in großer Vitalität und Reichhaltigkeit im ländlichen Bereich ausbreitete. Die Dichtung der «serbischen Barden», allen voran die Heldenballaden über Königssohn Marko und die Schlacht auf dem Amselfeld, die wie überall in Südosteuropa im Schatten der Geschichte entstand, sollte, als sie im 18./19. Jahrhundert neu entdeckt wurde, das Fundament des an Herder orientierten Kulturmodells des serbischen Sprachreformators Vuk Karadžić abgeben. Das große episch-dramatische Gedicht «Der Bergkranz» (1847) des montenegrinischen Fürstbischofs Petar II. Njegoš, in dem eine blutige Episode aus dem 17. Jahrhundert, die Bestrafung islamisierter montenegrinischer Renegaten, im Volksmetrum geschildert wurde, gilt als das Kardinalwerk der serbisch-montenegrinischen Literatur, die früher als die bulgarische den Anschluß an die europäischen Hauptentwicklungen fand. Die symbolistische Strömung vor dem Ersten Weltkrieg und der Belgrader Surrealismus *(nadrealizam)* in der Zwischenkriegszeit bestätigten die nachhaltige französische Orientierung der Serben.

In der kroatischen Literatur sind jene Formationen, die zu den unterworfenen Völkern erst mit großer Verspätung und auf Umwegen gelangten, früh und vollständig ausgebaut: Humanismus, Renaissance und Barock. Die neulateinische Dichtung der Kroaten kann auf bedeutende Autoren hinweisen wie Juraj Šišgorić (Georgius Sisgoreus) aus Šibenik, Marko Marulić (Marcus Marulus) aus Split oder Ivan Česmički (Ianus Pannonius), der am ungarischen Hofe des Matthias Corvinus wirkte. Es waren die dalmatinischen Humanisten, die die Illyrer zu den Vorfahren der Kroaten beziehungsweise der Südslawen erklärten. Marulić schrieb nicht nur das in ganz Europa verbreitete Erbauungsbuch «De institutione bene vivendi» (1506), sondern auch ein lateinisches David- und ein kroatisches Judith-Epos, mit denen er die Christenheit zum Kampf gegen die Türken ermunterte.

Eine Glanzzeit nicht nur der kroatischen, sondern der europäischen Literatur stellt das ragusanische Seicento dar. Mit dem Epiker Ivan Gundulić, dem Lyriker Ivan Bunić-Vučić und dem Dramatiker Junije Palmotić brachte die Epoche ein unvergleichliches Dreigestirn hervor. An künstlerischer Kraft können sich die drei Barockdichter durchaus mit den besten ihrer europäischen Zeitgenossen messen, doch sind sie, da ihre Werke nur zum Teil und in völlig unzulänglicher Übersetzung vorliegen, im Ausland weitgehend unbekannt geblieben. Das muß namentlich im Blick auf Gundulićs meisterliches Epos «Osman» (1622–1638) als herber Mangel gelten, denn in dieser Dichtung wird am Beispiel des jungen Sultans Osman II. das Scheitern von Hoffart und Hybris in barocker Manier und doch leicht und unterhaltsam vorgeführt. Kein Zweifel kann bestehen, daß dieses Werk, wäre es in französischer, italienischer, englischer oder deutscher Sprache geschrieben, zu den Gipfelwerken der europäischen Barockliteratur gezählt würde.

Auch die kroatische Literatur erlebte im 18. Jahrhundert aus mancherlei Gründen einen Niedergang, um endlich 1835 mit der Bewegung des Illyrismus die nationale Wiedergeburt einzuleiten. Erst jetzt gelang es, die drei Stränge der kroatischen kulturellen Gesamtheit, den slawonischen, den dalmatinischen und den binnenkroatischen, sprachlich zu verklammern. Die auf eine Einigung aller Südslawen – «Illyrer» – gerichteten Ziele hingegen scheiterten an den längst spürbaren eigenen Emanzipationsbewegungen der Slowenen, Serben und Bulgaren. Etwa gleichzeitig mit Njegošs Epos legte Ivan Mažuranić die epische Dichtung «Der Tod des Smailaga Čengić» (1846) vor, ein Werk, das die türkische Willkürherrschaft und die Leiden der christlichen Bevölkerung in Montenegro vergegenwärtigte.

Die Selbstdefinition der eigenen Position geschah bei Mažuranić und Njegoš noch immer, wie bereits bei den Humanisten oder in der Volkspoesie – nicht aber bei Gundulić –, in der Auseinandersetzung mit der türkischen Aggression und Fremdherrschaft. Man kann dies in einer Phase, die im wesentlichen der Romantik entsprach, mit der dichterischen Bestimmung des Deutschtums in der Opposition zu Napoleon am Beginn des 19. Jahrhunderts vergleichen. Seit dem Illyrismus durchläuft die kroatische Literatur Entwicklungen, die zunehmend dem europäischen Gesamttrend entsprechen. Eng sind die Verbindungen zum deutschen

Literaturraum, stark die kritischen Potentiale. Im Werk Miroslav Krležas erreicht sie im 20. Jahrhundert eine Höhe der Kunstübung, die sich zwischen den Klippen des «Sozialistischen Realismus» und der Avantgarde bewegt, politisch oppositionell, mythenkritisch, sozial engagiert und von einer Suggestivität, die das intellektuelle Klima im ganzen damaligen Jugoslawien beeinflußte.

Das rumänische Schrifttum, dank bulgarischer Missionare von Anfang an mit einer kirchenslawischen Komponente ausgestattet und bis in die Mitte des 19. Jahrhunderts in kyrillischen Schriftzeichen geschrieben, erlebte bis ins 18. Jahrhundert eine ähnliche Depression wie das der Bulgaren und Serben. Das rumänische Nationalbewußtsein regte sich später als das der benachbarten Völker, doch konnten im 19. Jahrhundert Dichter wie Ion Creangă und vor allem Mihail Eminescu aus den reichen Quellen der Volkspoesie schöpfen. Wie bei ihren Nachbarn wurde auch bei den Rumänen die Literatur zum Träger der nationalen Idee, deren Vorgaben mit der Vereinigung aller Volksteile im Jahre 1919 erfüllt zu sein schienen.

Wie sehr das Fehlen einer ausgebauten Literatursprache die Entwicklung der nationalen Literatur und damit die Nationsbildung verzögert, zeigt das albanische Beispiel. Daß die fundamentalen Fragen des Alphabets, der Rechtschreibung, ja der linguistischen Basis der Literatursprache erst 1918 beziehungsweise 1945 geregelt wurden, behinderte nachhaltig die Literaturentwicklung. Erst das lebhafte Fortschreiten der kosovo-albanischen Literatur seit den 60er Jahren und das Auftauchen eines bedeutenden Autors wie Ismail Kadaré schufen ein überzeugendes Bild von der albanischen Literatur.

Desgleichen beweisen die Verhältnisse in Makedonien, daß mehr als politische Konzepte und Programme das faktische Vorhandensein von Literatur die Sache der Nation befördern kann. Weder jugoslawische Wünsche noch bulgarische Einsprüche konnten letztlich die makedonische Sprache fördern oder behindern, sondern allein ein Sprachreformator und Literat wie Blaže Koneski und eine muntere Plejade makedonischer Lyriker und Erzähler erbrachten den Nachweis, daß es eine makedonische Literatur gibt – und zwar eine Literatur, die sehr rasch eine beachtliche künstlerische Reife erlangte. Allenthalben ist demnach zu sehen, daß Nationsbildung, Ausbildung der Nationalsprache und Schaffung einer nationalen Literatur aufs engste miteinander zusammenhängen. Man muß erlebt haben, mit welcher Liebe die Südosteuropäer jeglicher Provenienz und aller Altersgruppen an ihren Nationaldichtern hängen, ihre Verse deklamieren, sie mit familiären Namen benennen, so als wären sie ihre engsten Freunde und Vertrauten. Und sie sind es ja in gewisser Weise auch, da sie die zarten und die zornigen Gefühle, die mythischen und die geschichtlichen Erinnerungen in exemplarischer Weise in Gedicht und Prosa aufgeschrieben haben. Sie haben damit das Bewußtsein ihres Publikums ganz wesentlich mitgestaltet, ebenso wie sie sich ihrerseits auf den Erwartungshorizont ihres Publikums einstellten und damit eine Prägung von diesem erfuhren. Solche Wechselseitigkeit liegt der Wirkungsweise der nationalen Literatur zugrunde.

Herkunfts- und Auferstehungsmythen

Wie zu sehen war, bildete der Abwehrkampf der christlichen Völker gegen die Osmanen eines der wichtigsten Themen der südosteuropäischen Literaturen. Unterschiede der christlichen Konfession spielten gegenüber dem islamischen Eroberer keine Rolle. Ob katholischer Kroate oder Ungar, ob orthodoxer Serbe, Bulgare oder Grieche – als *antemurale christianitatis* waren sich die christlichen Völker Südosteuropas einig. Bis in die heutige Zeit hat sich ein antitürkischer Affekt vor allem bei den Serben und Griechen, aber auch bei den Bulgaren erhalten. Andererseits stellte sich die Lage der Unterworfenen, der christlichen Rajah, unter den Türken nicht unbedingt schlechter dar als die der Fronbauern in den christlichen Feudalstaaten, abgesehen von der Kopfsteuer, dem Haratsch, der oft mit grausamen Mitteln eingetrieben wurde. Man vergißt oft, daß das Osmanische Reich namentlich in der ersten Phase den christlichen Staaten in kultureller Hinsicht vielfach überlegen war. Gerade der Haratsch aber war der Beweis ihrer blutigen Herrschaft. Dies thematisiert in eindringlicher Form Mažuranićs Epos. Überhaupt zählt die Darstellung türkischer Grausamkeiten zu den merkmalhaften Motiven der Wiedergeburtsliteraturen.

Es kann nicht verwundern, daß die in ihrer Existenz bedrohten Völker Südosteuropas sich in Reflexionen ergingen, die auf ihre Herkunft und Zukunft gerichtet waren. Eine der wichtigsten unter ihnen ist die illyrische Idee, die besonders im kroatischen Bereich ausgebaut wurde. Ihre Grundaussage besteht in der historisch freilich unhaltbaren These, Südosteuropa, genauer Dalmatien, sei die Wiege, die Urheimat der Slawen; die Slawen seien demnach die Nachfahren der alten Illyrer. Die illyrische Fiktion, eine Ausgeburt humanistischen Spekulierens, definierte die alten Völkerschaften dergestalt, daß mit Ausnahme der Griechen und Römer alle alten Balkanvölker Illyrer, also Slawen, seien. Man erhielt auf diese Weise ein ganzes Pantheon ruhmvoller «Slawen», angefangen von Aristoteles und Alexander dem Großen bis zum heiligen Hieronymus. In dem frühen Traktat «De origine successibusque Slavorum» (1532) des Vinko Pribojević aus Hvar sind sie fein säuberlich aufgezählt, ähnlich wie hier auch der Name der Slawen etymologisch von «slava» (der Ruhm) abgeleitet wurde. Das erkennbare kroatische Übergewicht in der illyrischen Idee hat allerdings früh Widerstand bei den Bulgaren, den Serben und endlich auch bei den Slowenen ausgelöst, so daß die kroatische Wiedergeburtsbewegung, der Illyrismus, im 19. Jahrhundert nur wenig an Ausstrahlung außerhalb des eigenen Bereiches entfalten konnte. Dennoch lagen hier und im späteren «Jugoslawismus» des Bischofs Juraj Strossmayer virulente Keime für die spätere Vereinigung der Serben, Kroaten und Slowenen in einem Staat.

Mit der Beschäftigung mit der eigenen Herkunft war insgeheim immer auch die Hoffnung verbunden, endlich doch eine lichte Zukunft durch die Wiederherstellung der verlorenen Goldenen Zeit von ehedem zu erreichen. In den Dichtungen der kroatischen Illyristen wurde ein besonderes Inventar von Motiven, Symbolen und Emblemen ausgebildet, um die illyrische Idee zu verdeutlichen. Die Grundthese der illyrischen Idee aber, daß die Slawen, ein friedlicher Arbeit und fröhlichen Festen hingegebenes Volk, Jahrhunderte lang von den Germanen und Mongolen bedrängt und unterdrückt worden seien und nun eine große Zukunft zu gewärtigen hätten, hatte Herder im berühmten Slawenkapitel seiner «Ideen zur Philosophie der Geschichte der Menschheit» (1784–1791) vorhergesagt. Der Tagstern Danica (Venus) wurde ebenso wie die Lyra Illyriens (d. h. die geographische Ausdehnung der Südslawen) zum vieldeutigen Symbol der kroatischen Hoffnungen. Die Art und Weise, wie sich die illyristische Literatur zum Träger der nationalen Bewußtseinsbildung machte, kann als exemplarisch gelten.

Heute, nachdem das illyrische Ideologem längst widerlegt und obsolet ist, nehmen die Albaner wohl mit größerem Recht die Abkunft von den alten Illyrern als einzigem autochthonen Volk der Balkanregion für sich in Anspruch. Die Bulgaren sehen sich als Nachfahren der Thraker, in neuerer Zeit aber auch der Protobulgaren, die im Zuge der Völkerwanderung zusammen mit Awaren und Slawen nach Südosteuropa gezogen waren. Die Rumänen vereinnahmen die Daker für sich, nicht ohne daraus, die dakoromanische gegen eine slaworomanische Hypothese wendend, eine kulturologische Perspektive zu gewinnen. Fragwürdig erscheinen Herkunftstheorien wie die von Jozko Savli und Matej Bor, denen zufolge die Slowenen als die letzten Abkömmlinge der Veneter oder Winden/Wenden, des alteuropäischen Urvolkes, deklariert werden. Oder die der Kroaten, für die eine gotische, iranische oder, in jüngster Zeit, eine keltische Herkunft propagiert wurde. Ähnlich die unlängst von Jovan I. Deretić vorgebrachte Abstrusität, die Serben seien das älteste Kulturvolk Europas mit früh ausgebildeter Schriftlichkeit, von dem sich alle Hochkulturen, von der griechischen bis zur keltischen und germanischen, ableiteten. Wie aber sind solche Phantastereien zu bewerten? Sind es einfach ridiküle Gedankenspiele, die man mit einem Schmunzeln abtun kann? Oder werden mit ihnen insgeheim Ansprüche und Anwartschaften aufgebaut, die bedenklich sind?

Von Meto Jovanovski, dem Sprecher des makedonischen Helsinki-Komitees, stammt die Feststellung, jedem Menschen auf dem Balkan sei der Traum von einem Groß-Serbien, Groß-Griechenland, Groß-Albanien, Groß-Bulgarien oder einem «Vereinigten Makedonien» von Kindheit an vertraut. Mythisches Denken – in Personen und ihren Handlungen ausgedrückte Begrifflichkeit – impliziert immer auch die aktionelle Umsetzung der Mytheme.

Aus den Opfermythen klingt die Verheißung, daß das Opfer nicht umsonst gebracht wurde. Sie schaffen, ganz im Gegenteil, eine Sinnachse, an der sich das nationale Bewußtsein entlangtasten kann. So besitzen die Kroaten ihren Siget-Mythos: In der belagerten Festung Siget trotzte im Jahre 1566 der kroatische Banus Šubić-Zrinski, vergeblich auf Entsatz durch Kaiser Maximilian hoffend, mit 2 500 Verteidigern zwei Monate lang der türkischen Übermacht unter Sultan Süleyman dem Prächtigen mit 90 000 Soldaten und 300 Kanonen. Der Untergang Zrinskis und seiner Mannen gewann in zahlreichen epischen Dichtungen mythischen Rang. Auch Theodor Körner hat ihn in seinem Drama «Zriny» (1812) festgehalten, nach welchem Ivan Zajc die kroatische Nationaloper komponierte.

Der Siget-Mythos weist einige Gemeinsamkeiten mit dem Kosovo-Mythos der Serben auf. Die Entscheidungsschlacht zwischen den Serben unter dem Fürsten Lazar Hrebeljanović und den Türken unter Sultan Murad am Veitstag (Vidovdan) 1389 stellt den wichtigsten Mythos der serbischen Nation dar. Die Serben unterlagen zwar auf dem Amselfeld dem übermächtigen Gegner, doch gelang es nach der Legende dem serbischen Ritter Miloš Obilić, den Sultan in seinem Zelt zu ermorden. Daß die fatale Niederlage auf beeindruckende Weise in den serbischen Volksballaden und ferner in zahllosen literarischen Werken aller Gattungen gestaltet wurde, mag zu denken geben. Die der mythischen Überlieferung innewohnende Zweideutigkeit und Alogik wurde dabei meist übersehen. Die suggestive Kraft dieses mächtigen Mythos ist bis heute, wie die Ereignisse um die Feier zur 600. Wiederkehr des Vidovdan und der Krieg um das Kosovo zeigen, ungebrochen. Der aus der Avantgarde kommende Miloš Crnjanski, der Dichter Miodrag Pavlović, allen voran aber der Literaturhistoriker Miodrag Popović haben auf die bedenklichen Seiten des Amselfeldmythos hingewiesen. Inzwischen hat Ismail Kadaré mit seinem Buch «Drei Trauergesänge für das Kosovo» (1999) auf die Bedeutung des Mythos auch für die Albaner und die Rumänen aufmerksam gemacht, die auf dem Amselfeld gemeinsam mit Serben und Bosniern gegen die Türken kämpften.

Balkanische Helden

In den Helden, die die literarischen Werke darbieten, drücken sich die Menschenbilder der Nationen und Gesellschaften aus. Man kann aus ihnen wesentliche Einsichten zur Mentalität, zu den Handlungsmaximen wie auch zu den geistigen Kräften gewinnen, die die Völker bewegen. Doch gilt natürlich umgekehrt auch, daß die Dichter eben das niederlegen, was ihnen ihr Erfahrungsschatz nahebringt. In mehreren Literaturen Südosteuropas taucht als übermächtiger Held und Rabauke der Königssohn Marko auf. Schon Goethe hat sich, als er sich mit den serbischen Liedern beschäftigte, von diesem «rohen Gegenbild zu dem griechischen Herkules» und «absolut monstrosen Helden» abgestoßen gefühlt. Für die unterjochten Völker jedoch bedeuteten Markos erschreckende Unmenschlichkeit und Grausamkeit, besonders wenn sie gegen den Sultan gerichtet war, ein Hoffnungszeichen. Das humane Gegenstück zum barbarisch-wilden Marko bildete vor allem im ungarisch-slawischen Raum der gute König Matthias Corvinus (slawisch: Matija Korvin), der im 15. Jahrhundert dem Kaiser widerstand, die Türkengefahr bannte und seinen Hof zu einem Zentrum humanistischer Kultur machte. Der aus Siebenbürgen stammende Mythos um Graf Dracula, den blutsaugenden Untoten, geht auf die Gestalt des Woiwoden der Walachei, Vlad Țepeș, zurück, die mit dem in Südosteuropa virulenten Vampir-Motiv verbunden wurde. Wenn Dracula, weit über die rumänische Literatur hinauswirkend, inzwischen zur obligatorischen Figur des Schauerfilms avanciert ist, ist sein Stellenwert im südosteuropäischen Rahmen eher als kollektive Projektion von nationalen Hoffnungen und Ängsten, übrigens oft auch in komischer Beleuchtung, zu sehen.

Die Albaner finden ihre nationalen Helden in den Kämpfern für die albanische Unabhängkeit von König Pyrrhus bis zu Ali Pascha von Jannina, dem epirotischen Statthalter, der sich 1819 für unabhängig von der Hohen Pforte erklärte. Insbesondere aber hat die Volksdichtung Gjergj Kastrioti, genannt Skanderbeg, festgehalten, den Generalkapitän Albaniens und Verteidiger der albanischen Sache. Ihm hat Naim Frashëri das Epos «Geschichte Skanderbegs» (1898) gewidmet, das zu den ersten Dichtungen der albanischen Kunstliteratur überhaupt zählt.

Seit dem ausgehenden 19. Jahrhundert wurden mit der voranschreitenden Zivilisierung die alten Heldenbilder des *Homo balcanicus*, der als Hajduke oder Klefte, Junak und Delija die Volkslieder und die romantischen Dichtungen bevölkert hatte, brüchig. Die Rückständigkeit im Denken und Handeln, eine archaisch-patriarchalische Mentalität und horrende Unbildung, allerdings im modernen europäischen Kostüm «alafranga», wie sie in Bulgarien nach der Befreiung aufkam, fand sich in der genialen Satire «Baj Ganju» (1894) des Bulgaren Aleko Konstantinov gespiegelt. Ähnlich haben bei den Serben Radoje Domanović und Branislav Nušić oder bei den Rumänen Ion Luca Caragiale die balkanisch-westliche Zwittermentalität der im Übergang befindlichen Gesellschaften aufgespießt.

Ivo Andrić und Miroslav Krleža

Die Wege und Irrwege der Literatur im alten Jugoslawien lassen sich an den beiden bedeutendsten Repräsentanten dieser Literatur gut verdeutlichen: Ivo Andrić, dem Nobelpreisträger für Literatur von 1961, und Miroslav Krleža, dem größten Dichter Kroatiens. Schon der Platz, den Ivo Andrić in den komplizierten literarischen Koordinaten Jugoslawiens einnahm, ist alles andere als eindeutig. Andrić hätte nach seinem Nationale, da in einer katholischen Familie in Bosnien geboren, seinerzeit als bosnischer Kroate gelten müssen. Seine literarischen Anfänge in Sarajevo zeigen die Spuren der kroatischen Moderne, politisch engagiert er sich in der proserbischen Bewegung «Junges Bosnien». In Zagreb tritt er 1914 in der Anthologie «Junge kroatische Lyrik» hervor, in der sich die kroatische Avantgarde zu Wort meldete. Im Ersten Weltkrieg aber ist er wegen seiner «jugoslawischen» Orientierung von Anfang an in Haft. Zusammen mit Krleža, Crnjanski und anderen ist er in der Zeit des Umbruchs an der Zeitschrift «Literarischer Süden» beteiligt, in der sich die politische und kulturelle Vorbereitung auf den gemeinsamen Staat der Südslawen abzeichnet. Nach der Gründung des Königreiches der Serben, Kroaten und Slowenen in den diplomatischen Dienst aufgenommen, wo er es in steiler Karriere zum jugoslawischen Gesandten in mehreren europäischen Ländern, zuletzt in Berlin, und sogar zum stellvertretenden Außenminister bringen wird, sind seine jugoslawischen Optionen offensichtlich. In späteren Jahren, nun der führende Erzähler seines Landes, wird er sich selbst der serbischen Literatur zuordnen.

Bosnien, und zwar das osmanische und das österreich-ungarische Bosnien, ist das Hauptthema der Erzählungen und Romane Andrićs. Aber er behandelt es nicht als bosnischer Schriftsteller, von innen, sondern als einer, der Bosnien verlassen hat und es nun mit schmerzlichem Blick von außen betrachtet. In der Erzählung «Ein Brief aus dem Jahre 1920» ist der Abschied eines jüdischen Arztes als eine Art Flucht vor den barbarischen Zuständen in Bosnien geschildert. Man spürt, daß damit ein für den Autor bedeutsamer symbolischer Akt gemeint ist. Aus intimer Kenntnis der bosnischen Verhältnisse, nicht zuletzt auch der türkischen

Sprachelemente im Bosnischen, wird Bosnien unter dem verfremdenden Blick seines Schilderers zum Modell einer von Grausamkeit, Unordnung und Mißherrschaft bestimmten Welt. Dabei ist auffällig, daß das bosnische Milieu oft durch Fremde, Reisende oder Diplomaten, wahrgenommen und erfahren wird. Die erzählerische Brillanz Andrićs mag das Bild ein wenig mildern und glätten, allein, an den bitteren Tatsachen kommt der Leser nicht vorbei.

Von der ersten Erzählung, «Der Weg des Alija Djerzelez» (1919) bis zu der Novelle «Der verfluchte Hof» (1954) entfaltet sich Andrićs künstlerisches Werk geradlinig und aus einem Guß. Am Anfang steht die tragische Deheroisierung eines bosnischen Kraftprotzes in der Begegnung mit der Schönheit der Frauen, am Ende eine kafkaeske Parabel von der Welt als Gefängnis, ganz in den konkreten Einzelheiten der osmanischen Wirklichkeit geschildert und doch, da in einer verschachtelten Struktur von einem bosnischen Frater aufgenommen, auch wieder auf Bosnien weisend. «Der verfluchte Hof» mußte als Entschleierung jeglichen Totalitarismus interpretiert werden, wenn der Kerkermeister Karadjož alle Welt für schuldig und damit die Kerkerhaft zum Normalzustand des Menschen erklärte. Andrić hat niemals ideologisch argumentiert, sondern erzählerisch das aufgezeigt, was ist. Aus seinem tiefsinnigen «Gespräch mit Goya» ergibt sich freilich, daß der Künstler das Gegebene verdichtet, verzerrt, falsifiziert. Man kann daraus auf Verfremdung, aber auch auf die Scheinhaftigkeit der Kunst als solcher schließen.

Andrićs Roman «Die Brücke über die Drina» (1945), eine Chronik der Stadt Višegrad über mehrere Generationen hinweg, die seinen Namen im Ausland vor allem bekannt machte, und der Diplomatenroman «Wesire und Konsuln» (1945), der zur Napoleonischen Zeit in der Wesirsstadt Travnik spielt, können selbstverständlich als historische Romane aus dem bosnischen Milieu gelesen werden, doch handeln sie immer auch, im ontologischen Sinne, von der Unsicherheit der menschlichen Situation. Andrić ist ein Autor, der tief in die Geschichte und die realen Verhältnisse eindringt, um sie zugleich auch ins Allgemeine zu transzendieren – viel stärker als Meša Selimović, ein anderer bosnischer Autor, der in dem Roman «Der Derwisch und der Tod» (1966) die islamische Sphäre von innen aufschloß. Sicher ist, daß Andrićs Erzählwerke, vor allem «Wesire und Konsuln» und «Der verfluchte Hof», als Gleichnisse auf die Zeitverhältnisse gelesen werden können. Und stärker noch ist bei Selimović das Parabelhafte ausgebildet. Bosnien ward so zum äsopischen Land.

Anders bei Miroslav Krleža. Er ist Zagreber, stammt also aus dem kroatischen Kernland, wo der kajkavische Dialekt gesprochen wird, den die Illyristen aus pragmatischen Erwägungen zugunsten des neu-štokavischen Dialektes aufgegeben hatten. Natürlich schrieb und wirkte Krleža für den gesamtjugoslawischen Raum, und es ist denkwürdig zu sehen, daß er, wie nicht wenige seiner kroatischen Schriftstellerkollegen, bis 1929, d. h. bis zur Einführung der Königsdikatur in Jugoslawien, sogar die serbische, ekavische Variante der Literatursprache gebrauchte. In seinem wohl bedeutendsten Werk, den «Balladen des Petrica Kerempuh» (1936), griff er jedoch, das historische Schicksal des kroatischen Volks aus plebejischer Sicht rekapitulierend, auf das Kajkavische und eine barocke Stilisierung zurück, die authentisch und hoch künstlerisch in einem ist.

Die Balladen zeigten nicht nur die enormen stilistischen Möglichkeiten des Kroatischen auf, sondern zerrissen angestammte gloriose Geschichtsbilder, die die Waffentaten und die nationale Größe der Kroaten feierten. Aus den klagenden Versen vernahm man nunmehr die Qualen der ausgebeuteten, ausgehobenen Bauern und Kleinbürger, die ihre Haut für die Großen dieser Welt zu Markte tragen mußten. Eine trotzige Korrosivität, eine Verweigerungshaltung der Obrigkeit gegenüber, sei sie magyarisch, habsburgisch, osmanisch oder jugoslawisch, drang aus den Balladen hervor.

Krleža war zwar ein «linker» Autor und verkündete, ein Schriftsteller müsse notwendig Dissident sein, doch fand er, wie Andrić, seinen Platz in der Nähe der Mächtigen. Illusionslos und unerbittlich in der Dialektik seines Denkens, entwickelte er ein Literaturmodell, das sich nach langjährigem Tauziehen auf der politischen Linken in Jugoslawien endlich durchsetzen konnte. In der Literatur Südosteuropas zählt es im 20. Jahrhundert zu den interessantesten. Sein künstlerisches Ziel war das Festhalten der konkreten Lebensintensität, was weder mit den Mitteln des dogmatisierten «Sozialistischen Realismus» noch mit den experimentellen Formen der Avantgarde zu erreichen war. Ein dialektisches Lavieren zwischen Realismus und Modernismus, wie es Krleža propagierte und in seinen Werken der 30er Jahre selbst vorgeführt hatte, wurde seit den 50er Jahren in Jugoslawien herrschende Lehre. Die Attraktivität der Literatur Jugoslawiens im Vergleich mit der anderer sozialistischer Länder beruhte auf den Richtungsvorgaben Krležas, der sich der Unterstützung durch Tito sicher sein konnte.

In den Romanen, Erzählungen und Dramen Miroslav Krležas, von dem umfangreichen essayistischen Werk ganz zu schweigen, sind die Diskursmomente wesentlich stärker und jedenfalls unmittelbarer anwesend als bei Andrić oder irgendeinem anderen südosteuropäischen Autor. Die Werke sind gleichsam um aktuelle Diskurse, um brennende Fragen der Geschichte und Politik, Kunst und Literatur herum geschrieben, was an Musil oder auch an Sartre denken läßt. Thematisch beziehen sich die meisten seiner Werke auf die letale Endphase des Habsburgerreiches und die ersten Jahre des Nachfolgestaates Jugoslawien, die in ihrer «pannonischen» Befindlichkeit, d. h. in jenem typischen Amalgam von innerer Rückständigkeit und äußerlicher Modernität, analysiert und entlarvt werden. Dabei erkennt Krleža sehr genau die sozialen Spannungen und die getäuschten nationalen Erwartungen, die das jugoslawische Experiment von Anfang belasteten.

In den Kriegserzählungen «Der kroatische Gott Mars» (1922), in den Kriegsdramen «Galizien» (1920) und «Golgatha» (1922), in dem aus drei Dramen und mehreren Erzählungen bestehenden Glembay-Zyklus (1932), der die Schicksale einer fragwürdigen Zagreber Bankiersfamilie nachzeichnet, schließlich in den Romanen «Die Rückkehr des Filip Latinovicz» (1932), «Ohne mich» (1938) und in seinem letzten großen Werk «Flaggen» (1962–1968) sind die typischen Vertreter des kroatischen Bürgertums in ihrer sozialpsychologischen Besonderheit, die signifikanten Ereignisse und der Zeitgeist mit vielen Verästelungen festgehalten. In dem Roman «Bankett in Blitwien» (1938–1962) gestaltet Krleža in scharfsichtiger Analyse das Modell einer faschistoiden Präsidentendiktatur, das in der Zwischenkriegszeit die politische Landschaft Ostmitteleuropas prägte. Krleža reiht sich damit in die Phalanx der großen Mitteleuropäer ein, der Autoren wie Joseph Roth, Robert Musil, Heimito von Doderer, Tibor Déry oder Elias Canetti zugehören. Bezeichnenderweise hat er an der Partisanenbewegung im Zweiten Weltkrieg nicht teilgenommen und sie auch künstlerisch nicht behandelt. In der jugoslawischen Ära zeichnete Krleža, der *poeta eruditus* schlechthin, verantwortlich für die großen Enzyklopädie-Projekte – mit allen ideologischen Komplikationen, die eine solche Tätigkeit mit sich bringen mußte. Bald nach seinem Tod zog im Zagreber Lexikographischen Institut eine ernste Krise auf, die sich an der Darstellung der Sprachen und Republiken Jugoslawiens entzündete. Die zweite Auflage der Jugoslawischen Enzyklopädie endete unrühmlich mit dem 6. Band, der das Lemma «Jugoslavija» enthält.

Krležas dialektische Methode, die Verhältnisse radikal anzudenken und doch gleichwohl immer genügend taktischen Spielraum für pragmatische Lösungen, beispielsweise den geordneten Rückzug, offenzulassen, übte auf die Zeitgenossen eine faszinierende Wirkung aus. Die Literatur in Jugoslawien gewann im Geiste Krležas eine relativ offene Diskursfähigkeit. Und gerade sie begünstigte allmählich jene Ideen und Tendenzen, kraft deren das jugoslawische Gebäude mehr und mehr ins Wanken geriet und endlich zerbarst. Rückblickend zeigt sich, daß Krleža sich der Brüchigkeit der jugoslawischen Konstruktion stets bewußt gewesen war, ebenso wie er die kroatischen Dilemmata immer wieder beim Namen nannte. Sein Pessimismus war von anderer Art als der Andrićs, doch war Hoffnung auf günstige Wendungen in den südslawischen beziehungsweise südosteuropäischen Verhältnissen auch bei ihm nicht zu erlangen. Was aber beide ihren Zeitgenossen vermittelt haben, war das Postulat, daß die Schriftsteller nicht fremden Moden, Themen und Diskursen nachzulaufen, sondern ihre schöpferischen Impulse aus dem *hic et nunc* der eigenen Situation heraus zu ziehen hätten.

Wende und Krieg in der Literatur

Die Ereignisse, die die südosteuropäische Landschaft um 1990 grundlegend verändern sollten, kündigten sich in den Literaturen auf unterschiedliche Weise an. Während in Ungarn ein vergleichsweise liberales Klima herrschte, stieß der Liberalisierungsprozeß in Jugoslawien, das doch lange Zeit als liberales Musterland unter den sozialistischen Staaten gegolten hatte, in dieser Zeit auf Hemmnisse. Man hat heute schon vergessen, daß das Anrühren der nationalen Fragen oder gar der Zweifel am titoistischen Sozialismusmodell streng geahndet wurde. Zeitweilig mußte es in der Mitte der 80er Jahre scheinen, als setze sich gerade unter den serbischen Schriftstellern eine freiere Sinnesart durch, was von der Partei (d. h. dem «Bund der Kommunisten Jugoslawiens») ausgerechnet von Zagreb aus mit einem «Weißbuch» beantwortet wurde, das offen proskriptiven Charakter trug. Der ideologische Wirrwarr im jugoslawischen Schriftstellerverband erreichte bald ein unglaubliches Maß, die Schriftstellerdelegationen aus den einzelnen Republiken agierten in einer Weise gegeneinander, daß die literarische Einheit Jugoslawiens noch rascher und unabänderlicher zerfiel als die staatliche. Wenn man so will, war auch hier die Literatur wieder Spiegel des kollektiven Bewußtseins, das, wenigstens bei der Mehrheit der Bevölkerung, keine Identifizierung mit der jugoslawischen Föderation mehr aufbrachte.

Genau betrachtet, lagen in den 80er Jahren längst die Texte vor, die, wiewohl in versteckter Aussage, die neuen politischen Programme vortrugen. Wer zwischen den Zeilen las – und wer verstand das in Osteuropa nicht! –, erkannte großserbische Aspirationen in den Gedichten des bedeutenden Poeten Vasko Popa, wenn er die serbische Geschichte in mythischer Sicht beschwor oder den Wolf, das serbische Totemtier, im Sinne des serbischen Leidensmythos als lahme, verfolgte und gepeinigte Kreatur zeigte. Milorad Pavićs Erfolgsroman «Das chasarische Wörterbuch» (1984) bot in postmoderner Verkleidung ein Bild der jugoslawischen Verhältnisse. Das Reich der toleranten, großzügigen Chasaren diente als Allegorie: Obwohl die Chasaren das Mehrheitsvolk bilden, ist ihr Staat so eingerichtet, daß nur einer der von ihnen bewohnten Bezirke den chasarischen Namen trägt, während die anderen auf andere Weise benannt sind.

Natürlich sind die Chasaren im Staat an allen Ecken und Enden benachteiligt – nichts anderes wurde zur serbischen Situation im berüchtigten Memorandum der Serbischen Akademie der Wissenschaften ausgesagt. Wenige Jahre zuvor hatte der spätere Politiker Vuk Drašković in seinem Roman «Das Messer» (1982) eine Geschichte erzählt, die als Lösung des Bosnien-Problems angelegt war: Orthodoxe Serben und muslimische Bosnier traten als vertauschte Brüder und als Feinde aus fundamentalen Mißverständnis auf, die das mörderische Messer der Feindschaft endlich begraben sollten. Draškovićs Vision, daß dereinst serbisches und muslimisches junges Volk in freundlich-fröhlichem Miteinander in Sarajevos Baščaršija flanieren werde, war vielleicht nicht so blauäugig, wie sie zunächst erscheinen mußte. Zehn Jahre später aber war sie blutig widerlegt. Im nachhinein lassen sich freilich manche Texte der 80er Jahre anders – luzide vorausweisend – lesen als zu ihrer Zeit.

Die politische Wende in Südosteuropa bedeutete für die Literatur in fast allen Staaten Südosteuropas den Zusammenbruch der gewohnten Organisationsstrukturen. Literatur hatte zuvor in den sozialistischen Ländern im Grunde nur in der Organisationsform des Schriftstellerverbandes existiert. Literatur außerhalb dieses Rahmens war ausgegrenzt, offiziell nicht vorhanden; eine breite Dissidentenliteratur, vergleichbar der russischen, hat es in den südosteuropäischen Literaturen nicht gegeben. Die Mitgliedschaft der Literaten in den Schriftstellerverbänden garantierte nicht nur soziale Absicherung und zahlreiche Privilegien, sondern auch lukrative verlegerische Betreuung der literarischen Werke. Ja, es mag vielfach sogar ein schöpferischer Anreiz gewesen sein, gegen die engen ideologischen und künstlerischen Beschränkungen anzuschreiben und dennoch mit Partei und Staat im reinen zu bleiben. Jedenfalls kam nach der Wende, als die Forderung des «gesellschaftlichen Auftrages» an die Schriftsteller ersatzlos entfallen war, bei nicht wenigen Schriftstellern Ratlosigkeit auf, was man denn nun überhaupt schreiben sollte und konnte.

Schmerzlicher war, daß das eingespielte Verlags- und Distributionswesen in den Transitionsländern zunächst vollständig zusammenbrach. Bis zur Neuorganisation unter marktwirtschaftlichen Gesichtspunkten brauchte es mehrere Jahre. Die postsozialistische Literatur, die sich inzwischen etabliert hat, kann am besten durch das privatistische Kriterium definiert werden, daß sie die staatlichen, offiziellen Zwecke, die ohnehin im demokratischen System nicht eindeutig und arbiträr festzulegen sind, nicht mehr bedient. Das heißt nicht, daß die bewegenden Ereignisse wie der jugoslawische Krieg von der Literatur nicht wahrgenommen würden, doch erkennt sie keinerlei Einschränkungen mehr an: *anything goes*.

In Bulgarien kam es zunächst zu einem regelrechten Boom der Buchproduktion, der sich aber, bei rapidem Rückgang des Leserinteresses, bald als Krisensymptom erweisen sollte. Die Dichterin Blaga Dimitrova, die in der Wendezeit eine tapfere Haltung gezeigt hatte, Viktor Paskov mit seinem Roman «Deutschland, ein schmutziges Märchen» (1993) oder der Dramatiker Konstantin Iliev traten als Interpreten der neuen Gegebenheiten auf. Da sich die bulgarische Literatur über vierzig Jahre fest im Griff der Literaturdoktrinäre befunden hatte, wurden erst jetzt verbotene und ausgegrenzte Autoren wieder frei zugänglich. Die großen Dichter des Symbolismus, Javorov und Trajanov, die Vertreter der Avantgarde und der «bürgerlichen» Literatur mußten reintegriert oder völlig neu gedeutet werden.

Enttabuisierung und Aufhebung von Verboten waren nach der Wende überall festzustellen. Dies bedeutete allerdings, daß nun auch die nationalen Stimmen wieder deutlich zu hören waren, die im Sozialismus totgeschwiegen worden waren. Man kann diese Komplettierung und Reintegration der betroffenen Literaturen nicht freudig genug begrüßen, mag auch die Befürchtung nicht fernliegen, daß der Stellenwert der Literatur in Gesellschaft und Kultur im Abnehmen begriffen und möglicherweise der mächtigen Konkurrenz seitens der elektronischen Medien nicht gewachsen ist.

Bei den Kroaten zeichnen sich, wenn nicht alles trügt, nach der Konstituierung des Staates Tendenzen zu einer neuerlichen Regionalisierung der Literatur ab. Alten kulturhistorischen Mustern gehorchend, widmen sich die Autoren der slawonischen (Pavao Pavličić), der dalmatinischen (Ivan Aralica, Nedjeljko Fabrio) oder der ragusanischen Region (Fedja Šehović, Luko Paljetak) und erreichen in modernem Erzählduktus, in Drama oder Vers überzeugende Ergebnisse. In Serbien lagen die Höhepunkte der Erzählliteratur da, wo sie, wie bei Aleksandar Tišma oder Danilo Kiš, das Existentielle über das Zeitaktuelle stellten. Tišmas vielbeachtete Roman-Pentalogie hat, immer wieder auf das Novi Sad während der ungarischen Besetzung im Zweiten Weltkrieg zurückweisend, illusionslos Verhältnisse dargestellt, in denen die Grenzen zwischen Gut und Böse, Menschlichkeit und Barbarei aufgehoben sind. Viel ist aus seinen Romanen «Das Buch Blam» (1972) und «Der Gebrauch des Menschen» (1976) oder aus dem Erzählband «Schule der Gottlosigkeit» (1978) über die jugoslawische Befindlichkeit herauszulesen, noch mehr aber werden Grausamkeit und Feigheit des Menschen als anthropologische Konstante aufgedeckt, die in allen Menschen und Völkern latent vorhanden ist. Daß die politische Katharsis des Titoismus, die Ausschaltung der jugoslawischen Stalinisten nach der Informbüro-Krise mit bolschewistischen Mitteln, in Romanen von Antonije Isaković und Slobodan Selenić behandelt wurde, war ehrenwert. Leider hat der nationalistische Furor viele serbische Autoren in eine Sackgasse getrieben, aus der schwer wieder herauszukommen ist. Die Analyse der von den serbischen Literaten aufgebauten ethnischen und politischen Mythologien, wie sie Ivan Čolović geleistet hat, spricht eine deutliche Sprache. Und dieser scharfsinnige Geist hat durchaus recht, wenn er auf ähnliche Erscheinungen auch bei den balkanischen Nachbarn und im übrigen Europa hinweist. In der Tat, die nationalistische Aufwallung hat in allen Literaturen Ex-Jugoslawiens ihre Spuren hinterlassen. Aber es macht doch einen beträchtlichen Unterschied aus, auf welcher Seite man das Geschehen erlebte. Bei den Kroaten hat sich das Erschrecken der Opferseite überzeugend in der von Ivo Sanader und Ante Stamać besorgten Gedichtanthologie «In diesem schrecklichen Augenblick» (1992) sowie in Fabrios genialischem Romanzetto «Der Tod Vronskijs» (1994), einem Supplement zu Tolstojs «Anna Karenina», niedergeschlagen.

Eines der bleibenden Ergebnisse aber des unseligen Krieges, eines, das seine Drahtzieher mit am wenigsten erhofften, bildet die Entstehung einer bosnischen, genauer: bosniakischen Literatur. Zwar bestanden in Bosnien seit dem Mittelalter verschiedene Stränge des Schrifttums nebeneinander. In osmanischer Zeit und während der österreich-ungarischen Okkupation gewann es einen multiliterarischen Charakter. Nach dem Abzug der Türken optierten die meisten Autoren entweder für die kroatische oder die serbische Literatur beziehungsweise wurden der einen oder anderen zugerechnet. Daß der bosnischen Literatur ein selbständiger Status (außer dem administrativen Republikstatus) zukommt, zeichnete sich erst seit den 70er Jahren ab, als vom Institut für Sprache und Literatur in Sarajevo multiliterarische Strukturen erforscht und Editionen der bosnisch-herzegowinischen Autoren veranstaltet wurden. Mit der Beschießung Sarajevos und Mostars hat sich der Akzent mehr und mehr auf die bosnisch-muslimische Literatur verschoben. Nicht zufällig wurde das dokumentarische Kriegstagebuch zu der Gattung, mit der sich die Bosniaken mit erschütternder Wahrnehmbarkeit ins Bewußtsein der Öffentlichkeit brachten. Ob es gelingen wird, eine multiliterarische Formation auszubilden, in der, über Muslime wie Mak Dizdar, Izet Sarajlić, Irfan Horozović oder Semezdin Mehmedinović hinaus, auch die in Bosnien und der Herzegowina lebenden kroatischen und serbischen Autoren integriert wären, wird die Zukunft zeigen. Die Bosniaken zumindest haben ihre literarische Identität gefunden.

Literatur und Bewußtsein: Die Entwicklungen in Südosteuropa bieten reichhaltiges Material zu dieser Fragestellung. Mag es sich auf den ersten Blick auch verästelt, atomisiert darstellen, so lassen sich doch gemeinsame

Problemlagen und quasi-gesetzmäßige Verhältnisse erkennen. Das Prinzip der Teilung beherrscht den südosteuropäischen Raum, für den Verspätung und Nachholen signifikant sind. Legimitätskonstruktionen scheinen immer wieder erforderlich. Das Vorhandensein kleiner Teilmengen und vielfältiger Interferenzen erschwert die Wahrnehmung. Die – nicht unberechtigte – Isolierung der einzelnen Entitäten aus der Gemengelage verwischt einen Teil der südosteuropäischen Wahrheit. Trotz allem bieten die Literaturen Südosteuropas, bei Ausdehnungen und Grenzen, die nicht eindeutig zu definieren sind, weit mehr, als sich viele Literaturinteressierte vorstellen können. Vor allem bieten sie Einblick in das Fühlen, Denken und Handeln der Ungarn und Rumänen, Slowenen und Kroaten, Bosnier, Serben und Montenegriner, Makedonier, Albaner, Bulgaren und Griechen. Kurz, in eine Mentalität, die gerade hierzulande und anderswo für viele ein Buch mit sieben Siegeln geblieben ist.

Bildungswesen

Wolfgang Mitter

Geschichtliche Aspekte

Die historische Entwicklung der vergangenen Jahrhunderte hat die Grundlage eines Bildungswesens geschaffen, das bis zum heutigen Tage die politische, ökonomische, soziale und kulturelle Vielfalt Südosteuropas widerspiegelt. Sie hat ihre Wurzeln zum einen in der Abgrenzung des römisch-katholischen Westens/Nordens vom orthodoxen Osten/Süden der Region. Als Folge des Schismas vom Jahre 1054 nahm die Entwicklung des Bildungswesens einen getrennten Verlauf. Die grundlegenden Unterschiede manifestierten sich in bezug auf seine Trägerschaft, vor allem die der Klöster, die Unterrichtssprache (Latein versus Kirchenslawisch) und die Schrift als Kommunikationsmedium (Latein versus Kyrillisch). Weitere Differenzen der Kulturformationen zeigten sich in den Weltsichten und Einstellungen, zum Beispiel in der Beurteilung der Bedeutung der Arbeit im Leben des Menschen. Die geistigen Bezugszentren waren Rom oder Byzanz. Die Siege des Osmanischen Reiches und dessen Expansion im Südosten Europas trugen wesentlich zur Verfestigung des katholisch-orthodoxen Dualismus bei, während sie zugleich mit der Etablierung muslimischer Gemeinschaften, vor allem in Bosnien und Herzegowina, Makedonien und Albanien, die Entwicklung einer dritten, ebenfalls religiös begründeten Kulturformation als mittragenden Faktor der Gesamtgesellschaft und damit auch des Bildungswesens einleiteten.

Zum anderen bestätigten und förderten die politischen Entwicklungen in der Neuzeit die Vielfalt im Bildungswesen in erheblichem Maße. Im Westen/Norden der Region legten die – in der gesamteuropäischen Dimension – bedeutenden schulpolitischen Initiativen der Habsburgermonarchie Grundlagen für die Entfaltung allgemeinbildender Schulen sowie, wenn auch zunächst nur in ersten Ansätzen, zur Entstehung berufsbildender Einrichtungen innerhalb und außerhalb des etablierten Schulwesens. Besondere Erwähnung verdienen in diesem Überblick die von Maria Theresia im Jahre 1774 erlassene «Schulordnung» sowie die umfassenden Schulgesetze, die im Umfeld des «Ausgleichs» von 1867 in beiden Reichshälften der Monarchie in Kraft gesetzt wurden.

Im Osten/Süden der Region stagnierte mit der Etablierung der osmanischen Herrschaft die Bildungsentwicklung für mehrere Jahrhunderte. Dies betraf vor allem die unmittelbar von Konstantinopel beherrschten Territorien, auf denen sich heute die Staaten Bulgarien, Makedonien, Albanien und Bosnien und Herzegowina erstrecken. Selbst unter der osmanischen Herrschaft aber erlaubte die relative Kultur- und Rechtsautonomie, welche den nichtmuslimischen Ethnien im Rahmen des Millet-Systems gewährt wurde, den Aufbau orthodoxer Schulen in den Klöstern und deren Umgebung. Erst recht konnten diesen Freiraum die teilsouveränen Fürstentümer (Moldau, Walachei und Montenegro und seit Beginn des 19. Jahrhunderts auch Serbien) nutzen. Die Entstehung der gänzlich unabhängigen Staaten, welche sich in unterschiedlichen Etappen und Formen vollzog, schuf schließlich die Grundlage zur Errichtung «nationaler Bildungssysteme», wenn auch anfangs nur in rudimentärer Gestalt, wobei die Herausformung der modernen Volks- und Literatursprachen katalysatorische Wirkungen ausübte. Parallel zeitigte die habsburgische Schulpolitik, seit 1867 im geteilten Reich, die Entwicklung ausgedehnter Schulnetze in Krain, dem heutigen Slowenien, sowie in Kroatien. In Bosnien und Herzegowina setzte diese Entwicklung nach 1878 ein. Eine besondere Situation bestand in Dalmatien mit seiner italienisch-kroatischen Sprachendualität.

Der erste Durchbruch zu umfassenden bildungspolitischen Aktivitäten war freilich erst nach der Auflösung der beiden Großreiche möglich. Nunmehr wurden in der ganzen Region neue gesetzliche und administrative Rahmenbedingungen für die Entwicklung nationaler Bildungssysteme geschaffen, die insbesondere in Rumänien und Jugoslawien tiefgreifend waren, und zwar aufgrund der erheblichen territorialen Ausweitung und der Notwendigkeit, die bisherigen rechtlich-administrativen, politischen und ethnisch-sprachlichen Unterschiede zugunsten systemischer «Integration» zu überwinden. Alle diese Aktivitäten zielten auf die Weckung «nationaler Identität» auf der Grundlage der neuen territorialen Ordnungen. Daß mit diesen «integrativen» Bestrebungen zugleich die vorhandenen ethnischen Konflikte, die sich vordergründig am Gebrauch der Schulsprachen entzündeten, nicht nur fortgeführt, sondern sogar verschärft wurden, war die unvermeidliche Folge des Dilemmas, das aus der Errichtung der zentralgesteuerten «Nationalstaaten» und der Opposition der teilweise sehr selbstbewußten Nationalitäten erwuchs. Weitere Divergenzen in der gesamten Region brachte die Anlehnung an «Mutterländer» und auch an andere Vorbilder, wie beispielsweise die Orientierung der rumänischen Schulpolitik an Frankreich – bei gleichzeitigem Weiterwirken habsburgisch-ungarischer Traditionen in Transsilvanien. Besondere Erwähnung verdient in diesem Zusammenhang schließlich die Präsenz ausländischer (vor allem französisch- und deutschsprachiger) Missionsschulen in Bulgarien, welche vor allem Kindern aus der Ober- und der Mittelschicht die Tore zu einem Hochschulstudium im westlichen Ausland öffneten.

Trotz dieser Divergenzen hatten viele Schulen im südöstlichen Europa im Laufe des 19. und des beginnenden 20. Jahrhunderts in ihren Grundzügen «europäische Standards» erreicht, wobei sich systematische Eigentümlichkeiten als Folge ihrer jeweiligen Ausrichtung an den westlichen Vorbildern österreichisch-deutscher oder französischer Herkunft im nachhinein identifizieren lassen. Überall entstand ein Pflichtschulwesen von größtenteils achtjähriger Dauer in Gestalt von «Volksschulen», auf denen weiterführende Schulen verschiedenen Typs («Gymnasien», «Realschulen» usw.) aufbauten. Auch die Entwicklung der erwähnten berufsbildenden Einrichtungen gehört in dieses Gesamtbild, vor allem in den vormaligen habsburgischen Territorien.

Neben Ähnlichkeiten in den strukturellen Merkmalen äußerte sich der «europäische Standard» auch in den Inhalten, welche in den Schulen vermittelt wurden. Die Lehrpläne lassen insofern Gemeinsamkeiten sichtbar werden, als in ihnen die gleichen Kernfächer enthalten sind, die in den heutigen Schulen das Kerncurriculum konstituieren. Sie wurden in elementarer Form in den Volksschulen, auf zunehmend «akademischem» Niveau in den weiterführenden Schulen gelehrt. Besondere Bedeutung kam dem im europäischen Vergleichsmaßstab ausgeprägten Fremdsprachenunterricht zu, der beachtliche Erfolge erzielte und viele Schulabsolventen zum Erwerb mehrerer Fremdsprachen führte. Diese waren – neben den klassischen Sprachen Latein und Griechisch – hauptsächlich Deutsch und/oder Französisch in unterschiedlicher Prioritätensetzung; die englische Sprache spielte bis zum Ende des Zweiten Weltkrieges eine eher untergeordnete Rolle. Nicht vergessen werden sollte in diesem Zusammenhang die Tatsache, daß viele Menschen zumindest über praktische Kenntnisse in allen Sprachen des jeweiligen lokalen Umfelds verfügten. Dieses positive Gesamtbild wird indes dadurch stark getrübt, daß vielfach nur Angehörige der Ober- und der Mittelschicht in den Genuß einer abgeschlossenen allgemeinen Bildung gelangten, während für Angehörige der Unterschicht selbst der Besuch der Volksschule wegen mangelnder Förderung mit mehrfachem Sitzenbleiben oder – trotz der gesetzlichen Schulpflicht – mit vorzeitigem Abgang endete. So besuchten in Jugoslawien im Schuljahr 1939/1940 nur 50,1 Prozent der Kinder im Alter von 7 bis 14 Jahren eine Schule.

An der Spitze der Bildungspyramide standen die Universitäten; die ersten waren bereits im 19. Jahrhundert gegründet worden. Den Anfang machte die von Dositej Obradović (1742–1811), dem bedeutendsten Vertreter der serbischen Aufklärung, gegründete «Große Schule» in Belgrad, aus der die spätere Universität erwuchs. Zu erwähnen sind auch die Universitätsgründungen in den beiden Donaufürstentümern, nämlich in Jassy (Iaşi, 1860) und Bukarest (1864); in der in Kolozsvár (Cluj, Klausenburg) errichteten Universität war bis zum Ende des Ersten Weltkrieges das Ungarische die Lehrsprache. Die erste bulgarische Universität entstand im Jahre 1904 in Sofia. Die Expansion des Hochschulwesens sollte freilich erst während der sozialistischen Periode erfolgen.

Nach dem Ende der deutschen Hegemonie bzw. Okkupation im Zweiten Weltkrieg und dem darauf folgenden kurzfristigen Ansatz einer Wiederanknüpfung an die Vorkriegsentwicklung schien es, als ob mit dem Machtantritt der sozialistischen Regime das Bildungswesen im südöstlichen Europa vereinheitlicht würde. In der Tat läßt eine Gesamtbetrachtung dieser bildungsgeschichtlichen Periode solche Tendenzen sichtbar werden: Durchsetzung der mindestens achtjährigen Schulpflicht in Einheitsschulen (mit verbindlichen einheitlichen Lehrplänen), verbunden mit der Abschaffung der bis dahin bestehenden selektiven Einrichtungen («gymnasiale Unterstufe») oberhalb des vierten Schuljahres; allgemeine Abschaffung des Religionsunterrichts; die, wenngleich zeitlich versetzt und mit unterschiedlichen Akzentsetzungen erfolgende, Aufnahme der russischen Sprache in die Curricula; zunehmende Professionalisierung des allgemeinbildenden Schulwesens oberhalb des achten Schuljahres bis zur (wenn häufig auch nur nominellen) Abschaffung aller allgemeinbildenden Schulformen; Konzentration der Forschung, vor allem der Grundlagenforschung, an Akademien der Wissenschaften und eigenständigen außeruniversitären Instituten; Aufgabenbestimmung der Hochschulen als Ausbildungseinrichtungen mit strengen Studienplänen und zunehmender Bindung an die betriebliche Produktion; schließlich Unterwerfung aller Lehrinhalte unter die Normen der marxistisch-leninistischen Ideologie, wovon vor allem die geistes- und gesellschaftswissenschaftlichen Disziplinen betroffen waren. Die Merkmale der gesamtregionalen Unifizierung erklären, daß die Periode der sozialistischen Bildungsgeschichte unter analogen Fragestellungen untersucht werden kann. Und sie legitimieren zugleich die allgemeine Aussage, daß nach dem Zusammenbruch des Sozialismus unter der zentralen Fragestellung der Transformation auch in der Gegenwart Vergleiche von Strukturen, Inhalten, Tendenzen und transnationalen Wechselbeziehungen möglich sind, in denen sich nicht nur Unterschiede, sondern auch Gemeinsamkeiten ermitteln lassen.

Von einer einheitlichen Entwicklung kann während der sozialistischen Periode indes nicht die Rede sein. Die politischen Sonderwege Jugoslawiens, Albaniens und teilweise auch Rumäniens führten dort zu unterschiedlichen Zeitpunkten zur Lösung vom sowjetischen Vorbild, das nur in Bulgarien bis zum Ende der achtziger Jahre anerkannt wurde. Aber selbst dort wurden, wie im gesamten «Sowjetblock», vor allem im Fortgang der achtziger Jahre, «Abweichungen» möglich, insbesondere gegenüber der in der Sowjetunion niemals konsequent verfolgten Professionalisierung des gesamten oberen Sekundarbereichs. Besonders stark äußerten sich die Divergenzen in der jeweils gültigen Auslegung der marxistisch-leninistischen Ideologie; von ihr waren besonders die Unterrichtsfächer Geschichte und Staatsbürgerkunde sowie der mutter- und der fremdsprachliche Unterricht betroffen. Am deutlichsten äußerte sich die Eigenständigkeit in Jugoslawien; sie wurde dort zusätzlich durch die inneren Differenzen verstärkt, zumal die rechtlichen und administrativen Kompetenzen der Schulpolitik in die Hände der Teil-Republiken gelegt wurden. Zwar kam es 1981 zur Verabschiedung von Kernlehrplänen, doch konnten diese in den Teil-Republiken niemals voll in die Schulpraxis umgesetzt werden. Die Professionalisierung des Sekundarbereichs (ab Schuljahr 9), welche durch Republikgesetze im Anschluß an den 10. Kongreß des «Bundes der Kommunisten» (1974) verabschiedet worden war, stieß besonders in Slowenien und in Kroatien auf Widerstand. Dieser drückte sich zum einen in der fortlaufenden Höherbewertung der aus den Gymnasien hervorgegangenen Ausbildungsgänge bei Lehrern, Schülereltern, Hochschullehrern und in der Öffentlichkeit aus, zum anderen in der ebenfalls nicht abzubauenden Wertschätzung der weiterhin bestehenden traditionellen Berufsschulen.

Zu Beginn der Transformation war also das Bildungswesen in Südosteuropa – wenn wir hier und im folgenden Ungarn und Griechenland beiseite lassen – durch das Vorhandensein von vier «nationalen Bildungssystemen» geprägt, welche die allgemeinpolitische Entwicklung und überdies das Weiterbestehen und teilweise die Wiedergeburt von Merkmalen der vorsozialistischen Vergangenheit spiegelten. Der Zerfall Jugoslawiens bewirkte dann, daß der Beobachter heute nicht mehr mit vier, sondern *formaliter* mit acht «nationalen Bildungssystemen» konfrontiert ist, von denen sechs zentralgesteuert sind, nämlich diejenigen in Albanien, Bulgarien, Kroatien, Makedonien, Rumänien und Slowenien. Die beiden anderen Bildungssysteme – die in Bosnien und Herzegowina und in Jugoslawien – sind entsprechend der politischen Verfaßtheit dieser Staaten föderativ konstituiert. Die getrennten Leitungskompetenzen in Bosnien und Herzegowina betreffen die bosniakisch-kroatische «Föderation Bosnien und Herzegowinas» und die «Republika Srpska». Die besonderen Probleme des Bildungswesen in der Bundesrepublik Jugoslawien sind zum einen durch die Dualität zwischen Serbien und Montenegro, zum anderen durch das Vorhandensein der Autonomen Provinzen Vojvodina und Kosovo-Metohija bestimmt.

Rechtliche Grundlagen und Verwaltung nach 1989

Die politischen Veränderungen am Ende der achtziger und zu Beginn der neunziger Jahre zogen naturgemäß erhebliche Veränderungen der rechtlichen Grundlagen des Bildungswesens nach sich. Dabei ging es zum einen um deren Anpassung an die angestrebten demokratischen Ordnungen, zum anderen um neue Ansätze in den unabhängig gewordenen Staaten. Die Unterschiede in bezug auf Ablauf, Tempo und Substanz der eingeleiteten Transformationsschritte sowie die Unstetigkeiten und Turbulenzen, die dabei in den einzelnen Staaten auftraten, waren die allgemeinen Ursachen für Probleme in den Gesetzgebungsprozessen, häufige Anwendung von Übergangsregelungen und zahlreiche Verzögerungen. Konkret wirkten sich daneben in Rumänien, Bulgarien und Albanien vor allem die mehrfachen Regierungswechsel aus, im ex-jugoslawischen Raum die Neuorientierungen der Nachfolgestaaten. Besonders betroffen von der Unstetigkeit war und ist Bosnien und Herzegowina mit seinen beiden Entitäten, in denen bis heute die rechtlichen Rahmenbedingungen des Bildungswesens klarer Konturen entbehren.

Die Anfang der neunziger Jahre in Kraft getretenen Verfassungen enthalten spezielle Artikel, in denen das Recht auf Bildung garantiert wird. Verbunden mit dieser Verfassungsgarantie ist die Anerkennung fundamentaler Normen, wofür Artikel 53 der am 12. Januar 1991 von der Großen Volksversammlung der Republik Bulgarien verabschiedeten Verfassung als Beispiel dienen soll:

«(1) Jeder Bürger hat das Recht auf Bildung.

(2) Die schulische Ausbildung bis zum 16. Lebensjahr ist obligatorisch.

(3) Die Grund- und Mittelschulbildung in den staatlichen und gemeindlichen Schulen ist kostenlos. Unter festgelegten Bedingungen ist die Bildung an den staatlichen Hochschulen kostenlos.

(4) Die Hochschulen genießen akademische Autonomie.

(5) Bürger und Organisationen können Schulen bei Absprache und entsprechend den gesetzlichen Bestimmungen gründen.

(6) Der Staat fördert die Bildung, indem er Schulen gründet und finanziert, begabte Schüler und Studenten unterstützt, Bedingungen für eine Berufsausbildung und Weiterqualifizierung schafft. Er übt über alle Schularten und -stufen Kontrolle aus.»

Die Normen 1, 2 und 6 sowie der erste Satz der dritten Norm schließen an die vor der Transformation bestehenden Regelungen an; auch der zweite Satz der dritten Norm bringt nur eine geringe Abweichung. Dagegen bedeuten die Normen 4 und 5 einen Bruch mit der sozialistischen Vergangenheit.

Wenn man von den einschlägigen gesetzlichen Bestimmungen in Zusammenhang mit den ethnischen Minderheiten absieht, auf die weiter unten ausführlich einzugehen sein wird, wurden im Laufe der 90er Jahre die folgenden für das gesamte Bildungswesen oder für Teile davon relevanten Gesetze verabschiedet:

Albanien: Gesetz über das voruniversitäre Bildungssystem (1996), Gesetz über die Hochschulbildung (1994);

Bulgarien: Gesetz über die Volksbildung (1991), Gesetz über die akademische Autonomie der Hochschulen (1990), Gesetz über Hochschulbildung (1995);

Jugoslawien: Gesetze für Serbien und Montenegro (verabschiedet seit 1992) über Primarschulen, Sonderschulen, Sekundarschulen, Universitäten sowie über Standards von Schülern und Studenten; daneben Gesetze für Serbien über soziale Betreuung von Kindern und postsekundäre Bildung, für Montenegro über Vorschulerziehung und Inspektion;

Kroatien: Gesetze über die soziale Betreuung der Kinder im Vorschulalter (1991), Primarbildung (1990), Sekundarbildung (1992), «Institute» (postsekundäre Bildungseinrichtungen) (1993) und Hochschulbildung (1993);

Makedonien: Gesetze über Primarbildung und Sekundarbildung (1995), Gesetz über Hochschulbildung (1996);

Rumänien: Gesetz über die Volksbildung (1995);

Slowenien: Gesetze (verabschiedet 1991–1992) über Organisation und Finanzierung des Bildungssystems, Vorschuleinrichtungen, Primarbildung, Gymnasien (allgemeinbildende Sekundarschulen), Berufs- und Fachausbildung, Erwachsenenbildung; Gesetz über Hochschulbildung (1993).

Die Gesetze enthalten im einzelnen Bestimmungen über allgemeine Bildungsziele, Strukturen, Curricula und Prüfungen, Grundsätze der Finanzierung sowie Voraussetzungen und Modalitäten bei der Zulassung von nichtöffentlichen Bildungseinrichtungen.

Schließlich legen die Bildungsgesetze auch die Verwaltungsstrukturen fest. Die Umsetzung der entsprechenden Bestimmungen wird in der Praxis nicht nur durch die allgemeinen politischen und ökonomischen Rahmenbedingungen erschwert, sondern auch dadurch, daß den Gesetzen notwendigerweise bereits Verwaltungsmaßnahmen vorausgegangen waren, die seit Verabschiedung der Gesetze teilweise revidiert werden mußten. Dadurch ergibt sich in der Gesamtbetrachtung ein buntes Bild in bezug auf Kompetenzen und Aufgaben der einzelnen Verwaltungsorgane. Wichtiger als einzelne Erscheinungsformen sind daher die Analogien, welche sich zu folgenden Feststellungen resümieren lassen.

Das Ende der sozialistischen Regime hat insofern eine Stärkung der *staatlichen* Zentralgewalten mit sich gebracht, als die Monopolstellung der kommunistischen *Parteien* weggefallen ist. Diese hatten sowohl vertikal auf die gesamte und namentlich die zentrale Verwaltungshierarchie als auch horizontal auf regionaler und lokaler Ebene auf die einzelnen Bildungseinrichtungen eingewirkt. Hinsichtlich der Nachfolgestaaten Jugoslawiens ist obendrein bedeutsam, daß dort mit dem Fall des (post-)titoistischen Regimes die politischen Selbstverwaltungsorgane verschwanden, darunter auch die regionalen und lokalen Schulverwaltungskomitees, die wesentlichen Einfluß auf die Schulwirklichkeit ausgeübt hatten. Dies hatte nicht automatisch eine Depolitisierung im Bildungswesen zur Folge. Wie kompetente und einflußreiche slowenische Bildungspolitiker ausgeführt haben, sind dort als Folge der «starken Politisierung» bei der Ernennung von Schulleitern nach 1990 Forderungen nach einer Zentralisierung des Systems laut geworden, welche die Bildungspolitik der 90er Jahre erheblich beeinflußt haben.

Im Rahmen der Regierungen sind in allen Staaten der Region Bildungsministerien die obersten Organe der Steuerung und Kontrolle des Bildungswesens; Hochschulwesen und Wissenschaft sind teilweise in eigenständigen Ressorts organisiert. Die föderative Verfaßtheit von Jugoslawien und Bosnien und Herzegowina modifiziert diese allgemeine Kompetenzfestlegung nur insofern, als dort die zentrale Steuerung den Teil-Entitäten zusteht. Die Ausführung der von den Parlamenten beschlossenen Gesetze, die den Ministerien obliegt, umfaßt vor allem die landesweit geltenden Regelungen über die Stundentafeln für den Pflicht- und größtenteils auch für den Wahlunterricht, das im internationalen Vergleich extensive Kerncurriculum, die Genehmigung der Schulbücher, Grundsätze der Leistungsmessung und Zensurengebung sowie der Versetzungs- und Prüfungsmodalitäten, schließlich allgemein-pädagogische und administrative Fragen.

Unter den Bildungsministerien üben für den Primar- und den Sekundarbereich Inspektorate auf Bezirksebene – in Rumänien etwa sind es 41, in Bulgarien 28 – die Schulaufsicht auf der mittleren Ebene aus. Auf der unteren Ebene werden den Gemeinden, vor allem denjenigen in Slowenien, einige Entscheidungsbefugnisse zuerkannt. Sie beschränken sich bislang indes größtenteils auf die Mitfinanzierung der Schulkosten und teilweise auch der Lehrergehälter. Generell stoßen diese Mitwirkungsrechte an finanzielle Schranken. Inwieweit das von Veselin Metodiev, dem bulgarischen Minister für Erziehung und Wissenschaft, formulierte Postulat einer «Dezentralisierung und Umverteilung der Verwaltungsfunktionen der Einheiten», das sich an den in Westeuropa durchgesetzten oder angestrebten Deregulierungen orientiert, in die Verwaltungsrealität umgesetzt werden kann, kann für die ganze Region als offene Frage festgehalten werden.

Schließlich enthalten die einzelnen Landesgesetze, wiederum in unterschiedlichem Maße, Bestimmungen über die innere Schulverfassung. Diese beruht gegenwärtig auf einer Kombination von Elementen der überlieferten bzw. wiederhergestellten Direktorialkompetenz und einer kollegialen Schulleitung in Gestalt «Pädagogischer Räte», denen alle Lehrkräfte einer Schule angehören. Ferner geht es um die Mitwirkung der Eltern in Elternräten, während Überlegungen über eine Mitbestimmung von Schülern bisher im Hintergrund geblieben sind. Die Mitwirkung von Eltern bewegt sich bislang im Rahmen materieller Hilfsaktionen und der Organisation außerschulischer Aktivitäten; auf die inhaltliche und methodische Gestaltung des Unterrichts haben sie keinen Einfluß.

Strukturen und Curricula

Die Vielfalt, welche ein Vergleich der Strukturen und Curricula zeigt, wird durch die in den einzelnen Bildungssystemen verwendete Terminologie noch zusätzlich gefördert. Als prägnantes Beispiel sei hier der Umgang mit der Bezeichnung «Gymnasium» angeführt. In den meisten Bildungssystemen dient sie der Kennzeichnung der allgemeinbildenden Sekundarschule (Schuljahre 9–12). In Bulgarien bezieht sie sich aber lediglich auf die «profilierten Gymnasien», während für das Regelsystem weiterhin die aus der sozialistischen Periode übernommene Bezeichnung «Allgemeinbildende Mittelschule» gilt, die alle Schuljahre der Primar- und Sekundarbildung (1–12) zusammenfaßt. Rumänien fällt insofern ganz aus diesem Begriffsrahmen, als hier «Gymnasium» die eigenständige Primar-Oberstufe (Schuljahre 5–8) meint, die in den meisten Bildungssystemen Westeuropas mit dem Begriff «untere Sekundarstufe» («Sekundarstufe I») charakterisiert wird; die allgemeinbildenden Sekundarschulen (und auch die Fachschulen) heißen dagegen traditionell «Lyzeen». Anstatt diese Vielfalt im einzelnen nachzuzeichnen, sollen im folgenden allgemeine Tendenzen aufgezeigt und Ähnlichkeiten wie Unterschiede umrissen werden.

Die in allen Staaten vorhandenen Vorschuleinrichtungen werden den Schulen zugerechnet. Sie sind nichtobligatorisch und gliedern sich in Kinderkrippen und Kindergärten unterschiedlicher Art. Das letzte Jahr, das der Primarbildung unmittelbar vorausgeht, soll der gezielten Vorbereitung auf das schulische Lernen dienen. Der kroatische Bildungsbericht nennt folgende Aufgaben, die im Rahmen des «kognitiven Elements» zu erfüllen sind: «Formen und Inhalte der Kommunikation, kognitive Inhalte und spezifische Formen von Spielen und Übungen (Sprachenlernen, Musik, Spielen, Sport), die von einer Vorschuleinrichtung zur anderen variieren».

Die Schulpflicht dauert in den meisten Staaten acht Jahre. Ausnahmen bilden Bulgarien mit 10 Jahren und Slowenien, wo zwischen den Schuljahren 1999/2000 und 2003/2004 die Verlängerung auf neun Jahre wirksam werden soll. Dies soll durch die Vorverlegung des Einschulungsalters von sieben Jahren, das den Regelfall in der Region darstellt, auf sechs erfolgen. Abgeleistet wird die Schulpflicht in der achtjährigen (in Slowenien künftig neunjährigen) Grundschule, die mit der Lernstufe der Primarbildung zusammenfällt. Rumänien, wo zu Beginn der neunziger Jahre die Schulpflicht von zehn auf acht Jahre reduziert wurde, fällt mit seinen erwähnten «Gymnasien» aus diesem Gesamtbild heraus, ebenfalls Bulgarien mit seiner zwölfjährigen «Allgemeinbildenden Mittelschule» sowie mit seinen (freilich nur wenigen) «Progymnasien» für die Schuljahre 5 bis 8. In Bulgarien und in Makedonien sind überdies vierklassige Grundschulen vorhanden, die sich vor allem in Dörfern und Kleinstädten befinden und reduziert werden sollen.

Unabhängig vom Schultyp herrscht in allen Systemen die herkömmliche Teilung in eine Unterstufe (Schuljahre 1–4), in welcher der Unterricht von einem Klassenlehrer erteilt wird, und eine Oberstufe (Schuljahre 5–8) vor, in welcher der Unterricht nach dem Fachlehrerprinzip erteilt wird. In der Unterstufe beschränken sich die Curricula auf die Lernbereiche Muttersprache, Mathematik, Einführung in Natur und Gesellschaft sowie Kunst und Sport. Vom 5. Schuljahr an werden sie zunehmend differenziert, bis im 7. Schuljahr der volle Umfang mit Muttersprache, einer Fremdsprache, Mathematik, Geschichte, Geographie, Physik, Chemie, Biologie, Kunst und Sport erreicht wird. Zur laufenden Leistungskontrolle begleitet den Unterstufenschüler ein «Schülerbuch», während in der Oberstufe Jahrgangszeugnisse und am Ende des 8. Schuljahres ein Abschlußzeugnis erteilt wird, das die Berechtigung zum Übertritt in die Sekundarbildung enthält.

Der Sekundarbereich hat in der ganzen Region insofern eine grundlegende Wandlung durchlaufen, als die «Professionalisierung», die zu unterschiedlichen Zeitpunkten eingeführt worden war, zurückgenommen wurde. Dieser Prozeß läuft dort am reibungslosesten, wo sich, wie vor allem in Slowenien, unter dem Dach polyvalent-berufsspezialisierter Mittelschulen Profile behaupten konnten, welche die allgemeinbildende Tradition fortsetzten. Heute gibt es überall allgemeinbildende vierjährige «Gymnasien» (bzw. «Lyzeen»), vierjährige Fachschulen (Technische Schulen, in Rumänien «Fachlyzeen», in Bulgarien «Fachgymnasien»), die ihre Absolventen für «mittlere» Berufe ausbilden und unter bestimmten Voraussetzungen zu einem Hochschulstudium führen, sowie ein- bis vierjährige Berufsschulen. Dazu kommen spezielle Musik- und Kunstschulen, die aber dem allgemeinbildenden Sektor zugerechnet werden.

Dieser ist unterschiedlich in sich differenziert, wobei drei Grundtypen vorherrschen, nämlich ein sprachlicher, ein naturwissenschaftlicher und ein «allgemeiner»; in Kroatien wurden überdies einige «klassische Gymnasien» (wieder)gegründet. In allen Typen konzentriert sich der Unterricht auf ein breites Kerncurriculum, das in herkömmlicher Weise und auch im Rückgriff auf die Gymnasien der vorsozialistischen Perioden an das der Primar-Oberstufe anschließt. In den beiden obersten Klassen (11 und 12) erscheinen in Lehrplänen auch Philosophie, Psychologie und/oder Soziologie als verbindliche Fächer. Im Fremdsprachenangebot, das sich nach dem Interesse der Schüler und (mehr noch) nach der Verfügbarkeit von Fachlehrern richtet, überwiegt heute das Englische bei weitem; ihm folgen Deutsch oder Französisch, während das Russische grundsätzlich zwar weiterhin unter den Optionen erscheint, in der Schulrealität jedoch in den Hintergrund getreten ist. Das Kerncurriculum wird durch einen Wahlbereich ergänzt, der etwa ein Drittel der Stundentafeln ausfüllt; er umfaßt hauptsächlich Angebote in den fremdsprachlichen, naturwissenschaftlichen und technologischen Lernbereichen.

Grundlegende Neuerungen betreffen folgende Lernbereiche: a) die Einführung von Computerstudien als allenthalben akzentuiertes, wenngleich erst in ersten Ansätzen realisiertes Postulat; b) die Wiedereinführung von Religionsunterricht in unterschiedlicher Intensität (in Rumänien, Kroatien und Slowenien auf allen Klassenstufen, in Jugoslawien nur oberhalb des Primarbereichs, in Bulgarien erst seit 1997 zunächst nur im Primarbereich); c) nach der raschen Beseitigung der marxistisch-leninistischen Indoktrination der Aufbau einer demokratischen sozialen und politischen Bildung und Erziehung unter Konzentration auf das Fach Geschichte. Die letztgenannte Neuerung wirft allerdings gravierende Probleme auf, weil sie mit einem Spannungsverhältnis konfrontiert ist, das zwischen der Erziehung zu allgemein-humanen und demokratischen Grundwerten und einer «patriotischen Erziehung» besteht. Dieses erscheint am sichtbarsten im Programm der «Kroatisierung», das vom Bildungsministerium als fachübergreifender Schwerpunkt auf den Lehrplan gesetzt worden ist. Zugleich wird dort aber, wie in Slowenien, die Entwicklung der «Europäischen Dimension» ausdrücklich betont.

Am Ende der allgemeinen Sekundarbildung werden Abschlußprüfungen abgehalten, deren Bedeutung in den letzten Jahren durch Wiedereinführung der traditionellen Formen der «Matura» (Slowenien, Kroatien) und des «Baccalaureat» (Rumänien) als Voraussetzungen zur Bewerbung um Zulassung zu einem Hochschulstudium verstärkt worden ist.

Die Zulassung selbst bedarf des Bestehens einer fachrichtungsgebundenen Aufnahmeprüfung, die mit einem auf Quoten basierenden Wettbewerbsverfahren kombiniert ist. Die Entwicklung des Prüfungssystems ist überall insofern im Fluß, als im Anschluß an die internationale Entwicklung die Einführung moderner Testverfahren erprobt bzw. diskutiert wird.

Der berufsbildende Bereich mit seinen beiden Sektoren sieht sich radikalen Herausforderungen ausgesetzt. Diese werden dadurch erzwungen, daß die sozialistische Berufsbildung mit ihren engen Spezialisierungen und rigiden Bindungen an die planwirtschaftliche Produktion obsolet geworden ist. Dies betrifft sowohl die theoretische Komponente mit ihren berufsspezifischen und allgemeinbildenden Curricula als auch die praktische Ausbildung, die in Ermangelung ausbildungsbereiter Privatbetriebe, wenn überhaupt, nur langsam vorankommt. Eine Ausnahme bilden die Bemühungen in Slowenien um die Wiedereinführung «mitteleuropäisch» bestimmter dualer Ausbildungsgänge in Zusammenarbeit mit den Industrie- und Handels- sowie den Handwerkskammern.

Der Sonderschulbereich, der sich der Bildung und Betreuung geistig und körperlich behinderter Kinder und Jugendlicher widmet, hat eine in der ganzen Region bemerkenswerte Tradition, an die angeknüpft werden kann. Die Alternative zu den bestehenden Sonderschulen (im Primar- und auch im Sekundarbereich) in Form einer Integration dieser Schüler in reguläre Schulen wird nach einem UNESCO-Bericht nur in Bosnien und Herzegowina praktiziert.

Auch der Hochschulbereich ist von tiefgreifenden Veränderungen erfaßt. Unter strukturellem Aspekt läßt die Region eine große Variationsbreite erkennen. Diese ist zum einen dadurch bedingt, daß in der sozialistischen Periode neben den auf Natur- und Gesellschaftswissenschaften reduzierten Universitäten spezielle Fachschulen aufgebaut wurden, deren (Re-)Integration in die Universitäten betrieben wird. Zum anderen geht es um die Abgrenzung der «vollentwickelten» Hochschulen (mit Forschungsverpflichtungen) von den zahlreichen postsekundären Einrichtungen, die unter den Bezeichnungen «Halbhochschulen» (Bulgarien), «Institute» (in den Nachfolgestaaten Jugoslawiens) und «Kollegs» (Rumänien, heute teilweise auch in den anderen Staaten) auftreten. Sie haben die Funktion höherer Fachschulen und bilden beispielsweise Vorschulerzieher(innen) sowie teilweise auch Primarlehrer und Fachlehrkräfte für Musik, Kunst und Sport aus oder bieten Studiengänge in technischen Disziplinen an.

Erheblicher Reformbedarf herrscht insgesamt in bezug auf die Modernisierung der Studienpläne und die Weiterqualifizierung der Lehrenden. Vorrangige Bedeutung wird dem Anschluß an internationale Standards in den natur- und wirtschaftswissenschaftlichen sowie in den technologischen Disziplinen (mit besonderer Berücksichtigung von Kooperationen mit der Wirtschaft) beigemessen. Aber auch in den geistes-, gesellschafts- und rechtswissenschaftlichen Studiengängen werden Reformen durchgeführt, zumal damit die Ausfüllung des Vakuums verbunden ist, das aus der Schließung einstiger ideologisch begründeter Institute und Lehrstühle resultiert. Der Orientierung an eigenständigen Traditionen und westlichen Vorbildern entspricht die Befreiung zumindest der Universitäten von der unmittelbaren ministeriellen Kontrolle. Bulgarien (mit seinem besonderen Gesetz von 1990) und Rumänien (durch Verankerung in der Verfassung von 1991) hatten mit der (Wieder-)Herstellung autonomer Strukturen und Kompetenzen den Anfang gemacht. Analoge Prozesse vollziehen sich in zahlreichen anderen Staaten, insbesondere in Slowenien; allerdings bildet Serbien, wo durch das jüngste, zu Beginn des Jahres 1999 verabschiedete Hochschulgesetz die direkte staatliche Aufsicht wieder eingeführt worden ist, die Ausnahme von der Regel. Daraus ergeben sich Konsequenzen für die Finanzierung ebenso wie für die Organisations- und Verantwortungstrukturen, die Studienplangestaltung und die Qualifizierungsverfahren. Wiederum unter westlichem Einfluß gilt artikulierte Aufmerksamkeit modernen Formen einer Qualitätssicherung durch Evaluationen und die Entwicklung von Leistungsstandards, die im Unterschied zu den herkömmlichen Prüfungen in modernen Methoden und Instrumentarien gründen. Verbunden damit ist der Aufbau zentraler Akkreditierungsorgane, welche insbesondere in Rumänien und Bulgarien wegen der dort beinahe «wildwüchsigen» Gründung privater Hochschulen erforderlich geworden ist. Neu geordnet wird ferner das Graduierungssystem im Anschluß an das in der Regel vierjährige Grundstudium, das mit einem Diplom oder künftig auch mit einem Baccalaureat angloamerikanischen Typs abschließt. Ihm folgen jeweils zweijährige «Spezialisten»- und «Magister»-Studiengänge und, auf ihnen aufbauend, drei- bis vierjährige Doktorandenstudien. Die Ausbildung der Lehrer der Primar-Oberstufe und der Sekundarlehrer (in Kroatien «Professoren») findet an den Universitäten (mit bislang allerdings nur minimalen pädagogisch-psychologischen Auflagen) oder, wie in Jugoslawien, an Pädagogischen Hochschulen statt.

In der ganzen Region wird die Erwachsenenbildung als wichtiges Desiderat diskutiert. Dabei geht es auch, vor allem in den südöstlichen Gebieten, um das Nachholen des Sekundar- und sogar des Primarabschlusses sowie um die Beseitigung noch vorhandenen Analphabetentums unter der älteren Generation. Den Schwerpunkt bildet jedoch die berufliche Weiterbildung, welche die gleichen Hindernisse wie die Erstausbildung zu überwinden hat. Kaum entwickelt ist bisher die Lehrerweiterbildung.

Schließlich beanspruchen die neu entstandenen privaten Bildungseinrichtungen gesonderte Aufmerksamkeit. Auch wenn diese bisher unter quantitativem Aspekt eine bislang nur marginale Position erreicht haben, wird ihnen unter qualitativem Aspekt mehr oder wenig starke Beachtung geschenkt. Privatschulen, zu denen im weiteren Sinn auch die von Kirchen oder kirchlichen Organisationen gegründeten (oder geplanten) religiösen Schulen zählen, gibt es in allen Staaten, in Serbien allerdings nur oberhalb des Primarbereichs. Besondere Erwähnung verdienen die Expansion dieses Sektors im Vorschulbereich in Slowenien und unter den berufsbildenden Einrichtungen in Bulgarien sowie die bereits erwähnten Privatuniversitäten in Bulgarien und in Rumänien, die unter aktiver Beteiligung ausländischer Sponsoren entstanden sind, wofür das Engagement der Soros Foundation das markanteste Beispiel bietet.

Nationale Minderheiten und multikulturelle Realität

Mit Ausnahme der Roma verfügen die nationalen Minderheiten über eigenständige Schultraditionen, die sich im Laufe der beiden vergangenen Jahrhunderte herausgebildet haben, das heißt bereits in der Periode der beiden Großreiche. Verschärft wurde und wird die Problematik des Umgangs mit den ethnischen Minderheiten (nicht nur) im Bildungswesen dadurch, daß die Nationalitätenkarte Südosteuropas beinahe wie ein Leopardenfell aussieht. Nicht nur in den Städten, auch auf dem Lande leben Kinder der Staatsnation mit Altersgenossen einer, manchmal auch mehrerer ethnischer Minderheiten auf engem Raum zusammen. Dies zwingt die nationale Bildungspolitik und Bildungsverwaltung zu grundsätzlichen Entscheidungen über gezielte Maßnahmen, die den ethnischen Besonderheiten Rechnung tragen, zumal Europarat und Europäische Union dies als eine der wesentlichen Aufnahmebedingungen deklariert haben. Hinzu kommt die religiöse Heterogenität, die die Suche nach befriedigenden Lösungen noch erschwert. Die gegenwärtige Lage ist allgemeinpolitisch dadurch bestimmt, daß Parlamente und Regierungen sich zu einer Achtung der Bildungsansprüche ihrer Minderheiten verpflichtet und dies in Verfassungen und Gesetzen kodifiziert haben.

Inwieweit sich allerdings diese allgemeinen Bekenntnisse zu demokratischen Prinzipien in der Umsetzung der Bestimmungen und vor allem in der Realität des Schulalltags auswirken, muß indes weiterhin als offene Frage angesehen werden; angesichts der bisherigen Erfahrungen ist durchaus Skepsis angebracht. So beurteilt etwa der kroatische Erziehungswissenschaftler Vlatko Previšić, um einen ausgewiesenen Kenner der Materie zu zitieren, die gegenwärtigen Bemühungen seiner Regierung auf diesem

Felde eher zurückhaltend: «Es ist klar, daß Kroatien zahlreiche Gründe und Möglichkeiten hat, Multikulturalität/Interkulturalität zu praktizieren. Indes ist weder reales Wissen noch die demokratische Sensibilität vorhanden, welche die Idee fördern könnte. In der Tat sind viele Menschen mit den philosophischen, religiösen und humanistischen Wurzeln der Idee der Multikulturalität/Interkulturalität nicht vertraut ... Daher wird das Bildungssystem durch sie (diese Idee – W. M.) nur wenig bestimmt. Es handelt sich eher um individuelle Anstrengungen als um eine entwickelte Bildungspolitik.» In diesem Zusammenhang müssen auch die großen demographischen Veränderungen beachtet werden, die sich vor allem auf dem einstigen jugoslawischen Territorium, vor allem in Kroatien und in Bosnien und Herzegowina, als Folge «ethnischer Säuberungen» vollzogen haben. Rumänien und Bulgarien sind von vergleichbaren Exzessen verschont geblieben und verfügen daher über bessere Grundbedingungen zur Lösung dieser Probleme. Grundsätzlich aber kann die oben angeführte Einschätzung als für die ganze Region gültig angesehen werden. Vor diesem Hintergrund müssen die Ansätze beurteilt werden, welche in den einzelnen Staaten gewählt worden sind.

Bei dieser Beurteilung sollen folgende Fragen als Leitfragen dienen:

a) Welche rechtlichen, administrativen und finanziellen Voraussetzungen sind zur besonderen Betreuung von Minderheiten getroffen worden?
b) Auf welche Klassenstufen und Schultypen des Bildungssystems erstrecken sich die politischen Bestrebungen?
c) Werden besondere Schulen oder Klassen eingerichtet, in denen der reguläre Unterricht in den Muttersprachen der Minderheiten erteilt wird? Welchen Status hat in solchen Modellen der Unterricht in der Staatssprache?
d) In welchem Umfang wird muttersprachlicher Unterricht als zusätzliches Fach in Schulen angeboten, in denen Angehörige der Minderheiten ihren regulären Unterricht in der Staatssprache erhalten?
e) Welche curricularen Eigentümlichkeiten kennzeichnen die Bildung und Erziehung von Angehörigen der Minderheiten in anderen Schulfächern, z. B. im Geschichtsunterricht?

Das *White Paper on Education in the Republic of Slovenia* (1996) erwähnt die für den Primarbereich gesetzlich bestätigten bilingualen Schulen und «Schulen für die Kinder der Minderheiten», die gegenüber den regulären slowenischsprachigen Schulen durch niedrigere Klassenfrequenzen und günstigere Lehrer-Schüler-Verhältnisse privilegiert seien. Für die «gymnasiale Stufe» (Klassen 9–12) gibt es in Slowenien italienischsprachige Schulen in Istrien sowie ungarischsprachige in Prekmurje. An allen diesen Schulen gelten modifizierte Lehrpläne, deren Gleichwertigkeit mit denen der slowenischen Regelschulen betont wird.

Die Minderheitenfrage in Bulgarien konzentriert sich auf Türken und Roma; die besondere Problemlage der letztgenannten Gruppe, die für alle Staaten der Region mehr oder weniger bedeutsam ist, wird weiter unten behandelt. Artikel 8 des Volksbildungsgesetzes vom Oktober 1991 legt die bulgarische Literatursprache als verbindliche Unterrichtssprache an allen Schulen fest. Darüber hinaus wurde darin ausdrücklich vermerkt, daß Schüler, für die Bulgarisch nicht die Muttersprache ist, lediglich das Recht haben, ihre Muttersprache außerhalb der staatlichen Schulen zu erlernen, wobei dies «unter Unterstützung und Kontrolle des Staates» zu erfolgen habe. Diese rigorose Festlegung löste sofort starken Protest unter den bulgarischen Türken aus. Sie wurde durch einen Ministerialerlaß vom November 1991 insofern entschärft, als seit 1992 türkische Kinder ihre Muttersprache als Wahlfach bis zu vier Wochenstunden pflegen können, allerdings unter der Bedingung, daß «es für eine Gruppe genügend Bewerber gibt». Außerdem sind für Kinder, welche über keine hinreichenden Kenntnisse in der bulgarischen Sprache verfügen, Fördermaßnahmen in der ersten Primarklasse eingeführt worden. Nicht berücksichtigt worden sind dagegen Forderungen der Interessenvertretungen der türkischen Minderheit, türkischsprachige Schulen, die bis 1971 bestanden hatten, wiederzuerrichten.

In Kroatien stellten zu Beginn der 90er Jahre die insgesamt 21 Minderheiten mehr als ein Fünftel der Gesamtbevölkerung. Die zahlenmäßig größten Gruppen unter ihnen bildeten die Serben, die (muslimischen) Bosniaken, die Italiener und die Roma. Unter ihnen ist nur das italienischsprachige Bildungwesen mit insgesamt 19 Kindergärten und 40 Primar- und Sekundarschulen (so der Stand von 1994) zahlenmäßig erfaßt. Nicht erfaßbar ist hingegen die Bildungssitation der Serben und der Bosniaken, wobei dies insbesondere für die Situation der Serben nach Flucht und Vertreibung eines Großteils von ihnen nach dem Fall der «Srpska Krajina» im Jahre 1995 zutrifft. Im «Verfassungsgesetz über Menschenrechte und Freiheiten» von 1991 hat sich Kroatien zur Achtung der Rechte der nationalen Minderheiten bekannt. Diese Verpflichtung ist dann im «Gesetz über Bildung und Sprachen der ethnischen und nationalen Gemeinschaften oder Minderheiten» für das Bildungswesen konkretisiert worden. Danach sollen Schulen oder Klassen für die Minderheiten (wieder)eingerichtet werden. Überdies soll in kroatischsprachigen Schulen auf fakultativer Grundlage Unterricht der Minderheitensprachen angeboten werden.

Die bildungspolitische Richtung als Ganzes ist in Zusammenhang mit den laufenden Bestrebungen zu sehen, die Eigenständigkeit des Kroatischen – in Abkehr von dem im einstigen Jugoslawien vertretenen Prinzip des Serbokroatischen als *einer* Sprache mit zwei Alphabeten – zu praktizieren. Demgegenüber wird die Einrichtung von Schulen für bosniakische Kinder mit deren Zugehörigkeit zum Islam begründet. Eine besondere Situation besteht in Ost-Slawonien, das von Serben erobert und 1997 auf Geheiß der UNO Kroatien zurückgegeben wurde. Die kroatische Regierung hat sich in einem Absichtsbrief vom Januar 1997 zur Achtung der «Bildungs- und Kulturautonomie» innerhalb der nationalen Gesetzgebung verpflichtet, womit die Schulversorgung der dort lebenden serbischen Kinder gemeint ist.

Makedonien erwähnt in seinen Gesetzen über die Primar- und Sekundarbildung vom Jahre 1995 besondere Schulen und Klassen für seine Minderheiten. Es handelt sich bei diesen hauptsächlich um Albaner (nach der letzten Volkszählung 23,1 Prozent der Gesamtbevölkerung), daneben vor allem um Türken und Serben. An den Universitäten werden spezielle Lehrkräfte ausgebildet; das gleiche gilt für die Erstellung von Lehrbüchern und Lernmitteln.

In Albanien kann der Unterricht der Kinder, die der makedonischen, der griechischen oder der montenegrinischen Ethnie angehören, in ihrer Muttersprache erfolgen. Diese Regelung gilt indes nur für die Primarbildung.

Der Bericht, den die Jugoslawische UNESCO-Kommission über die Jahre 1994–1995 der 45. Internationalen Bildungskonferenz (Genf 1996) vorlegte, enthält globale Angaben über Schulen und Klassen, welche die besonderen Bildungsbedürfnisse der in Jugoslawien lebenden Minderheiten befriedigen sollen. Die Grundsätze hierzu finden sich in der Verfassung der Föderation sowie in den Verfassungen der beiden Teil-Republiken Serbien und Montenegro. In den Gesetzen für die Primar- und Sekundarbildung sind diese Grundsätze operationalisiert. In bezug auf die Unterrichtssprachen sind drei Formen vorgesehen: a) jeweilige Muttersprache, b) bilingual, c) serbisch «mit dem Lernen der Muttersprache und Elementen der nationalen Kultur». In diesem Programm sind Einrichtungen der Vorschulerziehung eingeschlossen. Während für Montenegro nur die albanische Minderheit erwähnt wird, beziehen sich die Regelungen für Serbien auf folgende Minderheitensprachen: Ungarisch, Rumänisch, Ukrainisch, Slowakisch, Türkisch und Albanisch. Spezieller bilingualer Unterricht ist für die bulgarische Minderheit und «in einigen Fällen» auch für ungarische, slowakische und rumänische Kinder vorgesehen. Nach diesem Modell wird der Fachunterricht auf die Sprache der Minderheit und die Staatssprache verteilt. Zur Aufnahmeprüfung für den Eintritt in eine nichtserbischsprachige Sekundarschule (Klasse 9) werden nur Schüler zugelassen, welche die Primarstufe in Klasse 8 in dieser Sprache abgeschlossen haben. Schließlich enthält der Bericht allgemeine Angaben über die jeweiligen Sprachkenntnisse, welche Lehrkräfte, die Unterricht in einer Minderheitensprache erteilen, nachweisen müssen.

Das Bildungswesen der nationalen Minderheiten in Rumänien zeichnet sich von dem der übrigen Staaten durch seine fast acht Jahrzehnte währende Kontinuität aus, welche in Transsilvanien überdies an habsburgische Traditionen anknüpft. Sie hat, im Unterschied beispielsweise zu Bulgarien, die gesamte sozialistische Periode überdauert. Während Ceauşescus Herrschaft wurde die Stellung der Minderheitenschulen letztmals im Schulgesetz vom Jahre 1978 unter der Überschrift «Unterricht in den Sprachen der mitwohnenden Nationalitäten» (Artikel 105) festgelegt. Nach Übergangsregelungen zwischen 1989 und 1994 fand dieses Problem Eingang in das Schulgesetz vom Jahre 1995 unter der Überschrift «Unterricht für Personen, welche nationalen Minderheiten angehören». Die entsprechenden Artikel (18–24) sind auf die Verfassung bezogen, die im Artikel 32 das Recht der Minderheiten auf Unterricht ihrer Kinder in der Muttersprache garantiert. Verfassung und Schulgesetz bestätigen das Forbestehen bzw. die Neugründung von Vorschuleinrichtungen sowie von allgemeinbildenden Primar- und Sekundarschulen. Ausgenommen vom muttersprachlichen Unterricht ist dagegen in der Regel die Fachausbildung in Berufsschulen, Fachschulen und postsekundären Lyzeen (mit Ausnahme pädagogischer Ausbildungsinstitute). Im Hochschulbereich ist die Lehre in Minderheitensprachen auf Sektionen und Gruppen in der Lehrerbildung sowie bei Studiengängen mit künstlerischem und kulturellem Profil begrenzt. Eine Ausnahme bilden ferner die medizinischen Fakultäten, in denen mit der Auflage, daß die rumänische Fachterminologie vermittelt wird, in einer der Muttersprachen gelehrt werden darf. In diese Ausnahmeregelungen ist die Anwendung von Minderheitensprachen in den jeweiligen Aufnahmeprüfungen eingeschlossen.

Im Schuljahr 1995/1996 umfaßte der Primar- und Sekundarbereich im Minderheitenschulwesen insgesamt 2820 Schulen und Schulabteilungen, in denen 225 599 Schüler von 15 858 Lehrkräften in folgenden Sprachen unterrichtet wurden: Ungarisch, Deutsch, Serbisch, Kroatisch, Türkisch, Tschechisch, Bulgarisch und Ukrainisch. Die weitaus große Mehrheit dieser Bildungseinrichtungen, nämlich 2437 (85,6 Prozent aller Minderheitenschulen), bilden die ungarischsprachigen Einheiten. An zweiter Stelle folgen die 273 deutschsprachigen Einrichtungen mit 19 301 Schülern und 1065 Lehrkräften. Nichtrumänischsprachige Bildungseinrichtungen werden auch von rumänischen Kindern und denen anderer Minderheiten besucht. Dies betrifft insbesondere das deutschsprachige «Theoretische Lyzeum H. Oberth» in Bukarest. Die übrigen deutschsprachigen Lyzeen in Arad, Braşov (Kronstadt), Sibiu (Hermannstadt) und Timişoara (Temeschwar-Josephstadt) können hingegen als «Schulen der deutschen Minderheit» im strengen Sinn gelten, wobei freilich der beachtliche Rückgang der deutschen Schüler in den letzten Jahren aufgrund ihrer Auswanderung nach Deutschland nicht unberücksichtigt bleiben darf.

Für die jeweiligen Minderheitenschulen (oder Schulabteilungen) gelten Lehrpläne und Lehrbücher entsprechend denen der rumänischen Mehrheit. Besondere Regelungen betreffen das Fach «Rumänische Sprache und Literatur» in der Primarstufe, in der spezifische Lehrpläne und Lehrbücher in Kraft sind. Dagegen gelten für dieses Fach an den Gymnasien (Klassen 5–8) und Lyzeen (Klassen 9–12/13) die gleichen Lehrpläne und Lehrbücher wie für rumänischsprachige Schulen, ebenso für die Fächer «Geschichte Rumäniens» und «Geographie Rumäniens». Neben den speziellen Bildungseinrichtungen für Minderheiten wird in rumänischsprachigen Schulen «auf Antrag von Eltern» Unterricht in nichtrumänischer Sprache und Literatur sowie auch in Geschichte angeboten, um Traditionspflege zu ermöglichen.

Darüber hinaus sollen gemäß Artikel 20 des Schulgesetzes von 1995 im Rahmen der Unterrichtsfächer «Weltgeschichte» und «Geschichte Rumäniens» die «Geschichte und Tradition der nationalen Minderheiten» behandelt werden. Wie weit diese dem Gesetz nach liberalen Bestimmungen in der Schulpraxis verwirklicht werden, muß auch hier offenbleiben. Die Tatsache, daß die «Demokratische Union der Ungarn in Rumänien» (UDMR), die bedeutendste politische Interessenvertretung der größten Minderheit, schon die gesetzlichen Regelungen als unzureichend kritisierte, weist jedenfalls auf Reibungspunkte hin.

Noch weit größere Schwierigkeiten als die schulische Integration der Kinder und Jugendlichen der «etablierten» autochthonen Minderheiten bereitet diejenige ihrer Roma-Altersgenossen. Die von den anderen Bevölkerungsgruppen weithin isolierten Roma haben erst in der Gegenwart Wege zur Ausformung einer schriftlich kodifizierten Muttersprache und zu einer gemeinsamen Identität beschritten, die sich einerseits an dem Staat orientiert, in dem sie leben, andererseits auf staatenübergreifende Kohärenz gerichtet ist. Die verfügbaren Informationen zeigen an, daß die nationalen Bildungsbehörden die komplexe Problematik zu kennen scheinen. In Rumänien wurden zwischen 1991 und 1995 acht spezielle Einrichtungen geschaffen, in denen 359 Roma-Kinder (davon 323 in der Primarstufe) von acht Lehrkräften in der Roma-Sprache unterrichtet wurden. In Kroatien und in Bulgarien sind seit Beginn der neunziger Jahre Bestrebungen sichtbar geworden, die auf die Entwicklung bilingualen Unterrichts zielen. Die Umsetzung entsprechender Vorhaben in die Praxis stößt aber auf grundsätzliche soziokulturelle und sprachliche Barrieren sowie auf aktuelle Schwierigkeiten, welche durch die ökonomischen Krisenerscheinungen bedingt sind; die Roma sind von diesen besonders hart betroffen. Alles in allem blieb das Interesse an der Wahrnehmung entsprechender schulischer Angebote sehr schwach. Dies belegt etwa die Entwicklung in Bulgarien, die – wenngleich in vielen Fällen keine genauen und verläßlichen Zahlen vorliegen – als symptomatisch für die ganze Region angenommen werden kann. Dort hörten viele Roma-Kinder schon ab 1990 auf, überhaupt in eine Schule zu gehen. Waren 1990 noch insgesamt 120 000 von ihnen in den Schulen erfaßt, so fiel die Zahl binnen zwei Jahren auf die Hälfte. Ab 1993 wurde ein leichter Anstieg (auf 80 000) registriert, ohne daß in der Folgezeit eine spürbare Weiterentwicklung stattgefunden hätte.

Gesonderte Aufmerksamkeit gebührt schließlich den besonderen Problemen, welche die schulische Betreuung der – größtenteils aus Bosnien und Herzegowina stammenden – Flüchtlingskinder in den jungen Nachfolgestaaten Jugoslawiens verursacht. In Kroatien besuchten zwischen 1992 und 1995 30 000–33 000 Flüchtlingskinder die regulären Schulen. In Slowenien, wo im Schuljahr 1992/1993 etwa 17 500 Flüchtlingskinder zwischen 7 und 16 Jahren registriert waren, wurden dagegen «verkürzte Curricula» durch das Ministerium für Bildung und Sport erstellt, um einer Assimilierung dieser Kinder vorzubeugen, woran weder die slowenische noch die bosnische Regierung interessiert ist. In Jugoslawien wurden im Schuljahr 1994/1995 215 000 Flüchtlingskinder aus Bosnien und aus Kroatien registriert. Die regulären Primar- und Sekundarschulen nahmen 55 000 dieser Kinder auf. Für die Bildungssysteme, die ohnehin großen Belastungen ausgesetzt sind, entstanden dadurch zusätzliche Herausforderungen, insbesondere im Hinblick auf die Infrastrukturen und die Arbeit der Lehrkräfte.

Bildungsforschung

Die Geschichte der Bildungsforschung im südöstlichen Europa reicht weit in die vorsozialistische Vergangenheit zurück. Wie im übrigen Europa war sie zunächst auf Erziehungsphilosophie und theoretische Pädagogische Psychologie beschränkt. Besonders in Rumänien, und zwar an den Universitäten Bukarest und Cluj, kam es aber bereits während der zwanziger und frühen dreißiger Jahre des 20. Jahrhunderts zur Gründung von Forschungseinrichtungen, an denen experimentelle pädagogisch-psychologische Untersuchungen durchgeführt wurden. Während der sozialistischen Periode wurde die gesamte Bildungsforschung den Normen der marxistisch-leninistischen Ideologie unterworfen. Außer in Jugoslawien wurde sie überall schwerpunktmäßig an außeruniversitäten Institutionen angesiedelt, die größtenteils direkt den Bildungs- oder anderen Ministerien unterstanden. Ihre Aufgabe lag im wesentlichen darin, für die Ministerien Lehrpläne auszuarbeiten sowie die Ergebnisse von Schulreformen auszuwerten. In diesem Rahmen kamen in der Spätphase auch empirische Methoden zur Anwendung. Einen besonders krassen Fall von Instrumentalisierung der Bildungsforschung liefert Rumänien. Während es zwischen 1965 und 1971 in der kurzen «rumänischen Perestrojka» (C. Birzea) sogar zu einer gewissen Öffnung mit Zulassung «bürgerlicher» Pädagogen gekommen war, wurde danach die Bildungsforschung (wieder) streng reglementiert und schließlich zu Beginn der achtziger Jahre eliminiert. Das zentrale Institut für pädagogische und psychologische Wissenschaften wurde unter der fadenscheinigen Beschuldigung, «transzendentale Meditation zu fördern», gänzlich geschlossen; seine Angehörigen wurden als ungelernte Arbeiter in Großfabriken eingesetzt.

Der Zusammenbruch der sozialistischen Regime bewirkte eine Befreiung der Bildungsforschung von dem politischen und ideologischen Zwang, der auf ihr gelastet hatte. Die Forschungsstrukturen wurden umorganisiert; dies galt sowohl für die Universitäten, in denen die Forschung wieder Einzug hielt, als auch für die außeruniversitären Einrichtungen. Die Entwicklung in den neunziger Jahren ist, im ganzen wie im einzelnen, keineswegs reibungslos verlaufen, weil die erwähnten Unstetigkeiten in der Politik, teilweise verbunden mit dem Aufkommen traditionalistisch-nationalistischer Ideologien, Forschungsplanung und Forschungsorganisation (einschließlich der Personalpolitik) beeinflußten. So wurde etwa das bulgarische «Institut (zeitweise: Nationales Zentrum) für Bildung und Wissenschaft» zweimal umorganisiert, was jedes Mal personelle Veränderungen nach sich zog.

Als stabile Einrichtungen können das «Institut für Bildungsforschung» an der Universität Ljubljana und vor allem das «Institut für Bildungswissenschaften» in Bukarest gelten. Das letztgenannte wurde 1990 als außeruniversitäre Einrichtung gegründet; es untersteht zwar der Aufsicht des Bildungsministeriums, das auch seinen ordentlichen Haushalt finanziert, konnte aber von Beginn an unter seinem Direktor Cesar Birzea eine beachtliche Eigenständigkeit entwickeln, die – nicht nur im südosteuropäischen Vergleichsrahmen – bemerkenswert ist. C. Birzea führt diese relative Autonomie auf einen «Schuldkomplex der politischen Behörden» zurück, dem das Motiv der Wiedergutmachung entsprungen sei.

Die Aufgaben, welche den staatlichen außeruniversitären Instituten zugedacht sind, seien am Beispiel dieses rumänischen Instituts zusammenfassend wiedergegeben. Es soll

– die Probleme des Bildungssystems feststellen;
– Studien entwickeln, welche für Entscheidungsprozesse im Bildungssystem nützlich sind;
– an der Vorbereitung, Entwicklung und Umsetzung der Bildungsrefor-

men in den Bereichen der Curriculumentwicklung, Evaluierung, Fachpraxis, Bildungstechnologie, Erstausbildung und Weiterbildung der Lehrer, Management und Finanzierung mitwirken;
- eine Bildungsdatenbank und Bildungsstatistiken entwickeln;
- das Interesse der Lehrer und der Öffentlichkeit an Bildungsforschung stimulieren;
- Ergebnisse von Bildungsforschungsprojekten, die in Rumänien und anderen Ländern durchgeführt wurden, verbreiten;
- an internationalen Forschungsprojekten auf dem Felde der Bildung und Erziehung (Europarat, IEA, UNESCO Institute of Education, Weltbank usw.) teilnehmen.

Außerhalb dieses Aufgabenkatalogs bleiben die Pädagogische Psychologie und die Bildungssoziologie, welche den Universitäten zufallen; diese Verteilung gilt prinzipiell für alle Staaten der Region. In bezug auf die Erziehungswissenschaften stellt die angeführte Liste einen umfassenden Katalog im Sinne einer maximalen Programmatik dar. Diese perspektivische Orientierung kommt insbesondere in dem 1993 vom Direktor und einigen Mitarbeitern des Bukarester Instituts in Eigeninitiative erarbeiteten «Weißbuchs» zum Ausdruck. Von den Verantwortlichen der Bildungspolitik wurde es im damaligen Klima der politischen «Gegenreformation» nicht einmal diskutiert. Als konzeptioneller Entwurf, der Prinzipien und Ziele einer umfassenden Bildungsreform umreißt und Vorschläge zu ihrer Umsetzung enthält, ist es auch für international vergleichende Bildungsforscher lesenswert. Daneben verdient auch das schon erwähnte *White Paper on Education in the Republic of Slovenia* (1996) besondere Aufmerksamkeit. Im Unterschied zum rumänischen «Weißbuch» ist es in unmittelbarem Auftrag des Bildungsministeriums erarbeitet worden. Das gründliche Handbuch dient als Leitfaden für die Bildungsgesetzgebung und die Bildungspolitik wie auch für die Bildungspraxis.

Inzwischen hat sich auch die Beteiligung von Bildungsforschern südosteuropäischer Staaten an internationalen Untersuchungen verstärkt. Als jüngstes Beispiel sei hier die Mitwirkung Bulgariens, Rumäniens und Sloweniens an der *Third International Mathematics and Science Study* (TIMSS) der «International Association for the Evaluation of Educational Achievement» (IEA) hervorgehoben. Während Bulgarien in der Endauswertung der Testergebnisse nicht mehr erscheint, erreichten bei insgesamt 41 vertretenen Staaten die slowenischen Schüler (8. Schuljahr) die Plätze 7 (Naturwissenschaften) und 12 (Mathematik), während ihre rumänischen Altersgenossen sich mit den Plätzen 28 und 36 begnügen mußten.

Probleme und Perspektiven

In allen Staaten Südosteuropas sind die Bildungssysteme eng in die politischen, sozioökonomischen und geistig-kulturellen Transformationsprozesse eingebunden. Der Grad, in dem sich sowohl die etablierten als auch die neu entstandenen Nationalstaaten auf Stabilität hin zubewegen, spiegelt sich im Entwicklungsstand der eingeleiteten Bildungsreformen wider. Das slowenische Bildungswesen scheint sich bei der Bewältigung der Probleme, welche die Transformation aufwirft, am stärksten einer relativen Stabilität angenähert zu haben, welche die Voraussetzungen für solide Reformen darstellt. Für die anderen Staaten fällt die Einschätzung in unterschiedlichem Maße weniger günstig aus. Die zu beobachtenden Verzögerungen und Stagnationen sind zum einen Folgen mehrerer Wechsel in den Parlamentsmehrheiten und Koalitionsregierungen mit partiell spürbaren Rückfällen, wovon besonders die Entwicklungen in Bulgarien und Rumänien zeugen. Zum anderen sind sie in den Nachfolgestaaten Jugoslawiens durch die Kriege und die durch diese verursachten «ethnischen Säuberungen» bedingt. In den Bildungsberichten äußern sich die Auswirkungen dieser Geschehnisse in Hinweisen nicht nur auf materielle Verluste (Zerstörungen von Schulgebäuden usw.), sondern auch auf die zwingende Aufgabe, Flüchtlingskinder mit einer wie immer gearteten Schulbildung zu versorgen. Schließlich stoßen alle Reformansätze immer wieder auf die allgemeinen ökonomischen Krisenerscheinungen, mit denen die ganze Region belastet ist.

Die Analyse der Makroebene, von den gesetzlichen und administrativen Regelungen bis hin zu den, bisher freilich nur provisorischen, Revisionen der Curricula, läßt Initiativen zur Erreichung neuer Stabilität erkennen. Auf diese und auf die Ebene der regionalen und lokalen Verwaltungsstrukturen ist der vorliegende Beitrag konzentriert. Offen bleiben muß, in Ermangelung zuverlässiger empirischer Befunde, die Einschätzung der Entwicklungen auf der Mikroebene. Sie stellt ein wichtiges Desiderat für weitere Untersuchungen dar, denn der Blick auf die Makroebene indiziert nur Entwicklungen in der Bildungspolitik und Bildungsverwaltung. Reformerfolge spiegeln sich jedoch letztlich erst auf der Mikroebene der einzelnen Schulen und ihrer Umfelder wider. In der Arbeit der Lehrer verdichtet sich die Spannung zwischen Politik und Praxis, bei deren Beurteilung von der Tatsache ausgegangen werden muß, daß an den Schulen Südosteuropas größtenteils Lehrer unterrichten, die ihre Ausbildung in sozialistischen Systemen erfahren haben und in diesen oft jahrelang tätig waren. Abgesehen von den grundsätzlichen Problemen, die sich in Zusammenhang mit den notwendigen Änderungen im Wertebewußtsein und im Alltagsverhalten ergeben, ist zu berücksichtigen, daß von dem Leitbildwechsel auch die Lehrenden betroffen sind, welche die künftigen Lehrer ausbilden.

In der Suche nach neuen Identitätskriterien wird der Artikulation «nationaler Werte» in allen Staaten der Region besonderes Gewicht beigemessen. In den Curricula äußert sich dies in den Programmen und Inhalten einer «patriotischen Erziehung». Diese verbinden sich mit der Wiederbelebung der von den sozialistischen Regimen – in Albanien bis zur totalen Eliminierung – verfolgten Religiosität und der sie repräsentierenden Kirchen. Die Orientierung an nationalen und patriotischen Ideen und Modellen vorsozialistischer Prägung vermag – unter dem Aspekt der Identitätsbildung – einer humanen Pädagogik zu dienen. Voraussetzung dafür ist allerdings, daß sie auf der Akzeptanz und Vermittlung bestimmter Grundwerte – Menschenrechte, Toleranz, Demokratie, Friedensfähigkeit – beruht. Die Wiedererweckung historischer Legenden, die in der Verherrlichung von Kriegen und der Diskriminierung einstiger und gegenwärtiger «Feinde» ihren Tiefpunkt erreicht, läuft einer solchen Zielsetzung freilich zuwider. Jüngst erschienene Geschichtslehrbücher in Kroatien und in Serbien sind nicht frei von solchen Erscheinungen. Abgesehen von ihrer antihumanen Substanz wecken und fördern diese Tendenzen segregationistische Einstellungen unter Kindern und Jugendlichen.

Die Bildungssysteme der südosteuropäischen Staaten sehen sich also mit großen und verschiedenartigen Problemen konfrontiert. Da sind zum einen die Belastungen, die aus politischer Unruhe und ökonomischen Krisenerscheinungen resultieren, zum anderen die Herausforderungen an eine Pädagogik, die auf einer Balance zwischen Patriotismus, Demokratie und Weltoffenheit begründet sein soll. In einer solchen Situation sind Reformen von Strukturen und «unpolitischen» Inhalten eher realisierbar, wie dies auch die vorliegenden Ansätze verdeutlichen. Im einzelnen sind indes noch viele Aufgaben zu leisten: die Modernisierung obsolet gewordener Lehrinhalte, die Einbeziehung der neuen Informations- und Kommunikationstechnologien in den gesamten Unterricht, die Entwicklung offener Unterrichts- und Erziehungsstile unter Abkehr von bis heute dominierenden autoritären Lehrmethoden, die Anpassung der beruflichen Bildung an die Erfordernisse einer dynamischen Marktwirtschaft, der Fortgang von Reformen im Hochschulwesen, der Abbau hierarchischer Strukturen in der Bildungsverwaltung, der Aufbau eines zweckgemäßen Managements, das bislang noch nirgendwo zu sehen ist, und nicht zuletzt eine radikale Innovation in der Aus- und Weiterbildung der Lehrer.

Internationale Institutionen wie die Europäische Union (mit ihren Förderprogrammen Phare, Tempus, Socrates, Leonardo, Youth for Europe

III u. a.), der Europarat, die «European Training Foundation» und die UNESCO leisten wichtige Bildungshilfen. Diese Einschätzung gilt in der Hauptseite auch für die Initiativen der Weltbank, wenngleich von Erziehungswissenschaftlern in Südosteuropa zu Recht kritisiert wird, daß durch die Bindung an Programme struktureller Anpassung marktwirtschaftliche Kriterien auf Kosten pädagogischer überbewertet werden. Unterhalb dieser staatlichen bzw. staatsgebundenen Aktivitäten erfüllen Initiativen von Nicht-Regierungsorganisationen wesentliche Funktionen bei der Förderung des Bildungswesens in der Region. Besondere Erwähnung verdienen die Kooperationen im Hochschulbereich, Städtepartnerschaften und schließlich Austauschprogramme von einzelnen Schulen und Jugendverbänden. Mehr als die staatlichen Programme ermöglichen solche Initiativen, die sich unmittelbar auf die «Basis» – d. h. in diesem Falle die Schulen und ihr Umfeld – beziehen, grenzenüberschreitende Begegnungen von Kindern, Jugendlichen, Lehrern und «Pädagogen» im weitesten Wortsinn.

Medien

Rossen Milev

In der Nähe des rumänischen Ortes Vinca fanden Archäologen unlängst die ältesten bislang entdeckten Spuren von sakralem Schriftgebrauch (auf Tongegenständen) in Europa. Diese sogenannte paläobalkanische Schrift – piktographische Zeichen, die mittels ikonischer Darstellung eine Bedeutung übertragen – wird etwa auf das 40. Jahrhundert v. Chr. datiert. Südosteuropa hat also offenbar auch für die Proto-Mediengeschichte und die Entfaltung der Medienkultur auf dem Alten Kontinent eine besondere Bedeutung.

Um so bedrückender wirkt das heutige mediale Gesamtbild in der Region: In Teilen davon sind die gravierendsten Defizite im Hinblick auf Mediendemokratie und -pluralismus in Europa zu verzeichnen, und medientechnologisch und medienkulturell kann man durchaus von Peripherie und Hinterland sprechen. Diese Sonderstellung wird meistens mit einer eigentümlichen «Vitalität» (je nach Blickwinkel können die Anführungszeichen auch entfallen) kompensiert, die sich unter anderem in einer unbefangenen und oft zügellosen Piraterie auf allen Gebieten des medialen Lebens äußert, aber auch in einer im Vergleich mit Westeuropa, Island und Irland ausgenommen, bemerkenswerten Lesekultur und interpersonellen Kommunikation im Zeitalter der explosionsartigen Ausbreitung globaler audiovisueller Medien. Diese Phänomene sind das Resultat einer spezifischen politischen und folglich auch medienpolitischen Entwicklung besonders im 20. Jahrhundert, in dessen Verlauf Südosteuropa fast durchgängig unter Diktaturen und (halb)autoritären Regimen zu leiden hatte.

Auch zehn Jahre nach der Implosion der kommunistischen Herrschaft hat der politische Umbruch (noch) nicht zu so stabilen Verhältnissen wie etwa in den Ländern Ostmitteleuropas geführt. Die Halbherzigkeit bei der Einführung von Pluralismus und Demokratie in Albanien, Bulgarien, Rumänien oder in den Nachfolgestaaten Jugoslawiens (sieht man einmal von der Ausnahme Slowenien ab) ist unabhängig von der Couleur der jeweils Regierenden und hat direkte Auswirkungen auf die Gestaltung und Entwicklung des Mediensektors. Dieser wird geprägt von paradoxen Erscheinungen, einer oft widersprüchlichen Dynamik, einer bescheidenen Präsenz westlichen Kapitals, dem häufigen Aufkommen und Ableben von Medien, der oft undurchsichtigen Verquickung von Staatlichem und Privatem und der Diskrepanz zwischen Medienrecht und Medienrealität.

Bestimmungsfaktoren der Medienlandschaften nach 1989

Mit dem Wegfall der ideologischen Beschränkungen, die ein halbes Jahrhundert die politische, soziokulturelle und wirtschaftliche Entwicklung in weiten Teilen Südosteuropas eingeengt und verfremdet hatten, begann nach 1989 überall eine stürmische Entfaltung neuer, in der Regel privater Medien. Es war ein explosionsartiger Prozeß, bei dem in kurzer Zeit zahllose neue Rundfunk- und Fernsehsender, Zeitungen und Zeitschriften gegründet wurden. Ein Jahrzehnt später bietet sich in Südosteuropa ein höchst ungleiches Bild der Medienlandschaften, die auch den Grad von Erfolg und Mißerfolg der politischen, gesellschaftlichen und wirtschaftlichen Transformationen widerspiegeln.

Der Großteil der elektronischen und der Printmedien Südosteuropas leidet schwer unter der finanziellen Not der Gesellschaften, unter den eigenartigen Gesetzen eines begrenzten und oft zwielichtigen Werbemarktes. Viele Medien verschaffen sich dadurch Luft, daß sie Copyright und Autorenrechte schlicht ignorieren – vor allem auf Kosten von westlichen Fernseh- und Radioprogrammen, Verlags- und Musikhäusern. Darüber hinaus ist zu bedenken, daß in der Region – abgesehen vielleicht vom Fall Rumäniens – Kleinmärkte vorherrschend sind, was die Entwicklung einer pluralistischen Medienkultur auch aus wirtschaftlichem Blickwinkel problematisch macht. Zusammen mit der negativen historischen Hypothek und den sich fortsetzenden staatlichen Desintegrationsprozessen, die mit nationalistischen Ausbrüchen und Konflikten verbunden sind, schafft dies ein Klima einer allgemeinen kommunikativen Unsicherheit, das in der sprachlich ohnehin bunten Balkan-Region eine transnationale mediale Kommunikation äußerst erschwert. Einzelne Ausnahmen, wie sie etwa ab 1999 in den Beziehungen zwischen makedonischen und bulgarischen Medien zu verzeichnen sind, bestätigen nur die meist unerfreuliche Regel.

Die Entwicklung von technisch vermittelter Kommunikation (Telegraph, Telefon, Radio, Film, Fernsehen, Computer usw.) auf der Balkanhalbinsel war immer mit Medientechnologietransfer aus dem Westen und in den Zeiten der kommunistischen Herrschaft auch teilweise mit einem solchen aus der Sowjetunion verbunden. Medientechnisch und -technologisch war man also größtenteils auf Importe aus dem Ausland angewiesen.

Medienpolitisch haben hier die undemokratische Tradition des Osmanischen Reiches und später des als Befreier der christlichen Balkanvölker auftretenden Rußländischen Reiches sowie der in beiden Imperien tief verwurzelte Etatismus eine genuine Entfaltung von Mediendemokratie wesentlich gehemmt. Hinzu kamen die nationalen Gegensätze zwischen den neu entstandenen Balkanstaaten, die durch die Eingriffe der europäischen Mächte noch verschärft wurden, sowie die langen Perioden rechtsnationaler autoritärer Regime in der Zwischenkriegszeit und kommunistischer Diktaturen in einem Großteil der Region während der zweiten Hälfte des 20. Jahrhunderts. Die Herrschaft anti-demokratischer Kräfte erstreckte sich über längere Zeiten auch auf Griechenland und die Türkei, was namentlich im letztgenannten Fall zumindest teilweise bis in die Gegenwart hineinreicht. Diese beiden marktwirtschaftlich verfaßten Länder können jedenfalls medienpolitisch auf keinen Fall als rühmliches Beispiel für die postkommunistischen Balkanländer dienen, auch nicht das EU-Mitglied Griechenland. Während in der internationalen Öffentlichkeit zu Recht auf die fehlenden Medienrechte und -freiheiten für die Kurden in der Türkei aufmerksam gemacht wird, läßt sich sehr selten ein Hinweis auf die Tatsache finden, daß in Griechenland die großen ethnischen Minderheiten im Norden des Landes – die türkische, die bulgarische, die makedonische und die albanische – zum größten Teil ebenfalls selbst des Minimums an Rechten zur Artikulation in der eigenen Sprache beraubt sind. Daher ist es nicht verwunderlich, daß in anderen Balkanländern oft die Vermutung geäußert wird, daß Europarat und EU hier mit zweierlei Maßstab messen.

Dabei ist das Bild in den anderen Balkanstaaten durchaus nicht einheitlich. Auf der einen Seite hat es in den vergangenen Jahren Beispiele für eine systematische Beschneidung vorher vorhandener Minderheitenrechte gegeben, wie sie etwa die Kosovo-Albaner nach 1989 am einschneidendsten zu spüren bekamen. Andererseits hat sich die Sachlage für einige ethnische Minderheiten zumindest im Vergleich zu der Zeit vor 1989 gebessert, etwa für die Ungarn in Rumänien oder auch für die Türken in Bulgarien. Ein Paradebeispiel für die Existenz und das Neben- und Miteinander von Medien der unterschiedlichen ethnischen Großgruppen bietet die Republik Makedonien. Dagegen haben Kroatien und Bosnien und Herzegowina noch bedeutende Rückstände in Sachen Medienminderheitenkultur zu überwinden. Dennoch kennt man etwa aus Sarajevo die Zeitung *Oslobodjenje*, die auch während der ärgsten Kriegswirren von einem multinationalen Team aus Serben, Kroaten und muslimischen Bosniern herausgegeben wurde und heute noch das international bekannteste und renommierteste Blatt in Bosnien und Herzegowina ist.

Medienwirtschaftlich ist die Lage ebenfalls widersprüchlich. Interessanterweise war es Serbien, das den Anfang damit machte, seine Telekommunikation teilweise zu privatisieren und zu internationalisieren, indem es Anteile an griechische und italienische Unternehmen verkaufte. Die griechische staatliche Telekommunikationsgesellschaft OTE erwarb Anteile auch am rumänischen Pendant ROMTELECOM und ist dabei, auch auf den bulgarischen Markt vorzustoßen. Dadurch würde OTE eine nahezu dominante Rolle in einem Großteil der Balkanhalbinsel spielen. Dies ist insofern bemerkenswert, als unter Privatisierung, Liberalisierung und Deregulierung der Telekommunikationsbranche namentlich im Westen in erster Linie das Aufkommen der privaten Anbieter verstanden wird und nicht die Expansion eines staatlichen Unternehmens in die Nachbarstaaten.

Auch private intra-regionale Ströme von Medienkapital sind auf der Balkanhalbinsel keine Seltenheit. Der bedeutendste private TV-Sender in Sofia etwa gehört einem serbischen Unternehmer, Darko Tamindžić. Darüber hinaus werden Investitionen türkischer Unternehmen in Bulgarien, Rumänien und Makedonien erwartet. Es ist anzunehmen, daß die Präsenz griechischer und türkischer Investoren, die im allgemeinen in vielen Balkanstaaten schon ausgeprägt ist, sich auch in der Medienbranche verstärken wird. Die Türkei verfügt bereits neben Italien und Deutschland über die größte Zahl von TV-Satellitenprogrammen in Europa. Diese bieten eine wichtige mediale Alternative für die türkischen Minderheiten, die in vielen Balkanstaaten anzutreffen sind.

Direktinvestitionen aus dem westlichen Ausland sind dagegen die Ausnahme geblieben. In nennenswerten Größenordnungen ist westliches Kapital lediglich in die ungarische und die slowenische Medienbranche geflossen. Im Hinblick auf Albanien, Moldova, Makedonien, Jugoslawien oder gar Bosnien und Herzegowina tendiert hingegen das Investitionsinteresse gegen Null. Etwas stärker, aber immer noch weit entfernt von der Situation im Nordwesten der Region, ist die westliche Präsenz auf dem rumänischen und dem bulgarischen Medienmarkt. Von einzelnen Bereichen – etwa dem bulgarischen Zeitungsmarkt – abgesehen, bleibt also angesichts zögerlicher Medieninvestoren aus Westeuropa die Balkan-Region medienwirtschaftlich im großen und ganzen unter sich.

Allerdings waren die rechtlichen und sonstigen Rahmenbedingungen in vielen Ländern zumindest über längere Zeit nicht geeignet, ein besonders günstiges Investitionsklima zu schaffen. Politisch motivierte Einwirkungen und institutionelle Unsicherheiten, wie sie sich etwa durch die Abwesenheit staatlicher Institutionen für die Auflagenkontrolle ergeben, sorgten zuweilen für heftige Auseinandersetzungen auch über westliche Investoren. So wurde der «Westdeutschen Allgemeinen Zeitungsverlagsgesellschaft», die die beiden bedeutendsten Zeitungsverlagshäuser

Bulgariens erworben hat, Monopolismus vorgeworfen, und die darauf folgenden Verfahren zogen sich in die Länge. Nur in Rumänien waren schon frühzeitig (1991/1992) relativ stabile medienrechtliche Grundlagen geschaffen worden. In den anderen postkommunistischen Balkanstaaten wurde hingegen über Jahre ein Wildwuchs von halblegalen elektronischen Medien geduldet, ehe die notwendigen Gesetze verabschiedet wurden, was in Albanien und Makedonien erst 1997 und in Bulgarien 1996 bzw. 1998 der Fall war.

Medienkulturell hat die Balkan-Region im letzten halben Jahrhundert gerade in den ehemals kommunistisch regierten Ländern einen gewaltigen Schritt nach vorn getan. Das Analphabetentum wurde im großen und ganzen überwunden. Heute ergeben sich aber angesichts des Aufkommens moderner Kommunikationstechnologien und vor allem des Internets neue Herausforderungen. Die Zahl der medientechnologisch kompetenten Bürger in Südosteuropa ist viel geringer als im Westen. Einzig Slowenien weicht von diesem Bild ab, dies aber deutlich: Hier liegt die Zahl der Internet-Anschlüsse pro Kopf der Bevölkerung höher als in den meisten EU-Mitgliedsstaaten.

Gerade im Hinblick auf die Medienkultur tendieren ausländische Perspektiven auf die Balkan-Region dazu, die vorhandenen positiven Erscheinungen zu übersehen. Insgesamt wird in Südosteuropa – dies belegen zahlreiche Studien unterschiedlicher Herkunft – viel mehr gelesen als im Westen. Wenngleich in den letzten Jahren hiervon besonders die Trivialliteratur profitiert hat, bleibt dies für das mediale Gefüge ein wichtiger Faktor. Auch die zwischenmenschliche Kommunikation wird trotz wirtschaftlicher Krise weitaus besser gepflegt und unterliegt nicht so gravierend dem Druck der Medienkommunikation wie in den westlichen Industriestaaten. Schließlich haben sich im Prozeß der Einfügung in globale Entwicklungen der Medienkommunikation die nationalen bzw. regionalen kulturellen Eigenheiten in einem erstaunlichen Maß behaupten können. Die Amerikanisierung ist nicht so dominierend wie in Westeuropa. Auch die jüngeren Generationen lassen sich nicht allein von westlichen Musikhits begeistern, sondern auch von der balkanischen Populärmusik; der sogenannte serbische Turbo-Folk ist nicht nur in Jugoslawien beliebt, sondern im gesamten südosteuropäischen Teil der Region, namentlich in Bulgarien und in Makedonien.

Insofern ist das Bild vom zerrissenen, sich selbst zerfleischenden Balkan mindestens einseitig und unvollständig. Es ignoriert auch die vorhandene Vitalität, die sich in der Medienbranche in dem Aufkommen von immer neuen elektronischen und Printmedien äußert, das trotz der schwierigen Bedingungen und häufig mißlichen wirtschaftlichen Ergebnisse nicht versiegt. Ungeachtet aller Turbulenzen dauerte Ende der 90er Jahre der Gründerboom bei den elektronischen Medien an: Fast jede Woche entstand irgendwo ein neuer Sender, deren Besitzer vor allem auf lukrative Werbeaufträge hofften. Allein in Moldova sind private Medieninitiativen noch immer rar, obwohl auch dort *TV Catalan* 1995 das staatliche Monopol aufbrach. Letztendlich erwies sich, daß sich unternehmerische Initiativen auch im Bereich der elektronischen Medien in der Regel gegen allzu enge rechtliche und politische Korsetts durchsetzen konnten.

Erheblich erweitert hat sich das Medienspektrum auch durch die Möglichkeiten zum Empfang zahlreicher Satellitenprogramme, die vor allem für die mediale Integration der einzelnen Auslandskolonien von Bedeutung sind. Die in vielen westlichen Ländern lebenden Südosteuropäer werden heute durch Fernsehprogramme aus den Heimatländern in ihrer Sprache erreicht. Letzteres galt von 1994 bis April 1999 auch für die Kurden, wobei der Sender *MED TV* infolge der Positionen Ankaras «natürlich» einen Standort außerhalb der Türkei (London) hatte wählen müssen. Im April 1999 – mitten während des Jugoslawien-Kriegs – wurde ihm jedoch von den britischen Behörden die Lizenz mit der Begründung entzogen, er ermutige Gewaltaktionen. London bestätigte, daß entsprechende Beschwerden zuvor von Ankara vorgebracht worden waren, wies aber den Verdacht zurück, daß der Lizenzentzug als eine politische Entscheidung anzusehen sei.

Daneben haben zahlreiche Zeitungen Auslandsausgaben aufgelegt, die in Westeuropa gedruckt und vertrieben werden. Eines der bedeutendsten Druckzentren, in dem etwa albanische und türkische Publikationen, aber auch die Auslandsausgabe der bereits erwähnten *Oslobodjenje* produziert werden, befindet sich in Frankfurt am Main.

Das Panorama der Medienlandschaften ist also insgesamt von starker Bewegung und widersprüchlicher Vielfalt gekennzeichnet. Die sehr freie Marktwirtschaft im Medienbereich mit einem gewissen Hang zur Piraterie und Improvisation hat die Besonderheiten der «originellen Demokratie» (Mircea Dinescu), wie sie sich in Südosteuropa nach der Wende herausgebildet hat, noch deutlicher hervortreten lassen. Auch das äußere Erscheinungsbild ist hiervon geprägt: Die Darstellungsformen sind oft äußerst politisierend und emotionsgeladen, und die Trennlinien zwischen seriösen und Boulevard-Medien verschwimmen. Manche Beobachter haben hierin typische Entäußerungen einer «Balkanisierung» ausmachen wollen. Aber angesichts der gleichzeitigen Entwicklungen im Westen – immer stärkere und raschere Ausrichtungen nach Einschaltquoten und Auflagenhöhen, ein zunehmender Trend zum Infotainment – sind zumindest Zweifel daran angebracht, ob sich hierin nicht eher eine medienkulturelle Anpassung der Balkan-Region an den (west)europäischen *mainstream* vollzieht.

Medienrechtliche Grundlagen

In den neuen Verfassungen, die nach 1989 in den südosteuropäischen Staaten verabschiedet wurden, sind die Prinzipien der Presse- und der Redefreiheit überall verankert. Auf dieser konstitutionellen Grundlage wurden nach und nach rechtliche Rahmenbedingungen für demokratische und pluralistische Mediensysteme errichtet. Dazu gehörten namentlich die Gesetze über die elektronischen Medien, mit denen in allen südosteuropäischen Staaten das sogenannte duale System mit einer weitgehenden Gleichberechtigung von öffentlich-rechtlichen und privaten Anbietern etabliert wurde.

Auch wurden überall Gesetze zum Schutz der Autorenrechte angenommen, die den internationalen Standards entsprechen. Daneben schufen Gesetze oder zumindest rechtliche Verfügungen die Voraussetzungen für Demonopolisierung und Privatisierung im Post- und Telekommunikationswesen in der gesamten Region. Wichtige medienrechtliche Folgen ergaben sich zudem aus der Aufnahme aller südosteuropäischen Staaten außer Jugoslawien in den Europarat. Hier ist besonders auf Artikel 10 der Europäischen Menschenrechtskonvention zu verweisen, der die Medienfreiheit garantiert. Der Europäische Gerichtshof für Menschenrechte in Straßburg kann auf dieser Basis auch individuelle Klagen von Bürgern der Mitgliedsstaaten über die Verletzung ihrer Rechte etwa auf freie öffentliche Artikulation behandeln und im Falle erwiesener Schuld den dafür verantwortlichen Staat vor allem zu Geldzahlungen an den Kläger verurteilen. Von der Möglichkeit zur Klage machten mehrere Dutzend Menschen aus südosteuropäischen Staaten Gebrauch, viele davon mit Erfolg. Durch die Mitgliedschaft im Europarat ist im übrigen auch die Teilnahme an dessen Filmförderungsprogramm *Eurimages* möglich, durch das ein Großteil der neueren audiovisuellen Produktionen vor allem in Bulgarien und in Rumänien unterstützt wird. Beide Staaten haben als einzige in der Balkan-Region ein Assoziierungsabkommen mit der EU geschlossen, aber dieses ist im medialen Bereich eher mit Verpflichtungen als mit Unterstützungsmaßnahmen verbunden, worauf weiter unten einzugehen sein wird.

Am Ende der 90er Jahre wird der Bereich der elektronischen Medien in den meisten Balkanstaaten schon von der zweiten Generation von Gesetzeswerken reguliert, die nach der Wende verabschiedet wurden. Die erste Generation schuf in der Anfangsphase, zumeist in den Jahren 1991 und 1992, die Voraussetzungen für einen neuen, demokratischen Rahmen namentlich im Hinblick auf Rundfunk und Fernsehen, die zweite folgte im wesentlichen in den Jahren 1997/1998 und ergab sich entweder aus fachlich-rechtlichen Erwägungen infolge der gemachten Erfahrungen oder aus Regierungs- und damit Richtungswechseln oder aber, was meistens der Fall war, aus einer Mischung von beidem. So war etwa im rumänischen Parlament 1992, als die Post-Kommunisten über die Mehrheit verfügten, ein Gesetz über die audiovisuellen Medien und 1994 auch ein spezielles Gesetz über den öffentlich-rechtlichen Rundfunk- und Fernsehsektor durchgesetzt worden. Nachdem sich die Mehrheitsverhältnisse durch die Wahlen im Herbst 1996 zugunsten einer konservativen Koalition geändert hatten, wurden zwei neue Gesetze verabschiedet, eines über das Filmwesen (1997) und eines über die elektronischen Medien (1998), das seine Vorgänger von 1992 und 1994 weiterentwickelte. Ähnliches ergab sich in Bulgarien, wo 1996 mit den Stimmen der Abgeordneten der regierenden «Sozialistischen Partei» ein von europäischen Experten wegen seines restriktiven Geistes stark kritisiertes Gesetz über Rundfunk und Fernsehen angenommen worden war. Nach dem durch die Wahlen im Frühjahr 1997 herbeigeführten Wechsel, mit dem die konservative «Union der demokratischen Kräfte» an die Regierung kam, brachte deren Mehrheit im Parlament 1998 zwei neue Mediengesetze durch, eines über die elektronischen Medien und eines über die Telekommunikationen. Auch wenn diese einen beachtlichen Fortschritt im Vergleich zum Gesetz von 1996 darstellen, werden sie von den entsprechenden europäischen Institutionen nur teilweise begrüßt, weil sie weiterhin zuviel staatliche Kontrolle bei der Vergabe von Radio- und Fernsehlizenzen vorschreiben und auch im obersten Aufsichtsgremium zur Kontrolle der elektronischen Medien eine absolute Mehrheit der Regierenden absichern.

Diese Beispiele weisen auf eine allgemeine Problematik hin. Die Gesetze über die elektronischen Medien, wenn auch überall nach westeuropäischen Vorlagen und nach Beratung mit Experten des Europarates, der EU und anderer internationaler Organisationen ausgearbeitet, sind dennoch, besonders im öffentlich-rechtlichen Bereich, zu einer Stütze der jeweils Regierenden, wenn nicht zu Instrumenten ihrer Politik geworden. Von Land zu Land ist die Lage zwar unterschiedlich, und in einzelnen Fällen – wie etwa in Rumänien und in Bulgarien – waren gewisse Fortschritte zu verzeichnen. Aber insgesamt werden öffentlich-rechtliche Sender von den federführenden politischen Kräften in Südosteuropa immer noch weitgehend als staatliche, folglich nutzbare Institutionen verstanden und vom Publikum entsprechend wahrgenommen. Die einzigen Ausnahmen bilden Slowenien und bis zu einem gewissen Grade auch Makedonien. In Slowenien werden – in Anlehnung an deutsche Vorbilder – auch gesellschaftlichen Verbänden, Gewerkschaften und Kirchen Plätze in den Aufsichtsbehörden des öffentlich-rechtlichen Sektors eingeräumt. Der Rundfunkrat in Makedonien wurde ähnlich eingerichtet, er besitzt aber im Grunde genommen nur eine beratende Funktion. Allerdings ist darauf zu verweisen, daß auch in vielen westlichen Staaten Rundfunk und Fernsehen lange Zeit als eindeutig staatliche Domänen behandelt wurden und eine Abkehr von dieser Vorstellung nur langsam und schrittweise einsetzte.

Am deutlichsten trat und tritt die Problematik in Zusammenhang mit dem Fernsehen zutage, das als das am weitesten verbreitete Informationsmedium von besonderer Bedeutung für die politischen Eliten im Kampf um Wählergunst und Macht ist. Es war kein Zufall, daß sich die heftigsten Auseinandersetzungen stets hieran entzündeten. In einigen Fällen (Ungarn, Bulgarien, Albanien) waren die Konflikte zeitweise so scharf, daß von «Medienkriegen» die Rede war. Diese drehten sich hauptsächlich um Zusammensetzung und Vollmachten der Aufsichtsgremien und um das Verfahren zur Ernennung der wichtigsten Amtsträger darin. Daneben ging es um die Fragen, wie Sendelizenzen an private Anbieter erteilt und ob Beschränkungen für ausländische Investoren bzw. ausländische Programminhalte auferlegt werden sollten.

Ausgangspositionen und Frontenverlauf im Hinblick auf die beiden zuerst genannten Streitpunkte waren dabei relativ gleichartig. Insbesondere in der ersten Phase nach der Wende war unter den politischen Führungen die Neigung stark verbreitet, die Kontrolle über die elektronischen Medien als eine selbstverständliche Beigabe zur Regierungsübernahme zu empfinden. Dementsprechend ausgeprägt war ihr Bemühen, sich durch das Recht auf Ernennung der Leiter oder gar der gesamten Vorstände einen weitreichenden Einfluß in den Aufsichtsgremien zu sichern. Aus der Perspektive der Opposition wurde dies als Rückfall in vordemokratische Zeiten kritisiert und eine Wahl durch das Parlament verlangt, wobei sie proportional berücksichtigt werden sollte. Nach Regierungswechseln fand in der Regel ein entsprechender Rollentausch statt. Ein besonders krasses Beispiel hierfür lieferten die Auseinandersetzungen um den Aufsichtsrat des öffentlich-rechtlichen Fernsehsenders *TvSh* in Albanien. Vor dem Hintergrund einer scharfen allgemeinen Polarisierung der politischen Szene traten im April 1998 sechs der «Demokratischen Partei» angehörende Mitglieder des Aufsichtsrates zurück, die vom Parlament in dieses Amt berufen worden waren, als ihre Partei die Mehrheit der Abgeordneten und mit Sali Berisha auch den Präsidenten gestellt hatte. Als Grund nannten sie die «rote Inquisition» der neuen sozialistischen Parlamentsmehrheit, die nicht zulasse, daß auch die Meinung der jetzigen Opposition im öffentlich-rechtlichen Rundfunk und Fernsehen zum Tragen komme. Die Regierungspartei bezeichnete dies erwartungsgemäß als «schlichten Betrugsversuch» und wies darauf hin, daß das Mandat der zurückgetretenen Ratsmitglieder ohnehin bald abgelaufen wäre. Schritte zur strukturellen Verbesserung der Sachlage wurden nicht eingeleitet. Aber auch in einem Land wie Ungarn, wo die Transition in ruhigen Bahnen verlief und die umfangreichen medienrechtlichen Umwälzungen auch frühzeitig geregelte institutionelle Prozesse hervorgebracht hatten, blieb der öffentlich-rechtliche Sektor ein parteipolitisches Streitobjekt. Zwar war der erste «Medienkrieg» Anfang 1996 mit der Annahme eines neuen Gesetzes für beendet erklärt worden. Doch gingen auch danach die Scharmützel um den öffentlich-rechtlichen Sender *MTV* weiter, wobei immer die Besetzung von Leitungsposten und die Auswahl der Aufsichtsratsmitglieder den Stein des Anstoßes bildeten.

Besondere Beachtung ist von westlicher Seite aus naheliegenden Gründen auch dem Schutz der Autorenrechte zuteil geworden. Wenngleich, wie bereits angeführt, die gesetzliche Lage hier durchaus den internationalen Standards entspricht, kann dies für die Realität nicht in gleichem Maße behauptet werden. Tatsächlich herrschte in einigen Staaten zeitweise eine fast zügellose Piraterie. Nach den Zahlen in Produktion und Export von Piraten-CDs gehörte etwa Bulgarien in der zweiten Hälfte der 90er Jahre vorübergehend zu den Spitzenreitern in der Welt, ehe ab 1997 eine sukzessive Eindämmung erreicht werden konnte. Dabei war es namentlich der Druck der EU – nicht zuletzt unter Hinweis auf die vertraglichen Beziehungen –, der die bulgarischen Behörden zu einer energischeren Bekämpfung der Piraterie besonders im Video- und CD-Bereich bewegte. Auch die USA nehmen besonders aktiv an der Bekämpfung medialer Piraterie teil, da ja ihre audiovisuellen Produzenten zu den Hauptbetroffenen gehören. In der Balkan-Region steht dabei neben Bulgarien auch Griechenland unter permanentem Monitoring. Auf Druck der USA wurden von der griechischen Regierung über 50 private lokale Fernsehsender geschlossen, denen nachgewiesen worden war, daß sie regelmäßig audiovisuelle Piraterie betrieben hatten.

Recht und Realität

Zwar ist überall eine rechtliche Basis für demokratische und pluralistische Mediensysteme geschaffen worden, und die neue Medienvielfalt hat das einstige staatliche Monopol definitiv gebrochen. Allerdings haben sich die Demokratisierungsprozesse nicht in allen Teilen der Region und auch nicht in allen Bereichen gleichermaßen durchgesetzt. Eines der allgemeinen Probleme ist bereits besprochen worden – die Mühe der politischen Machtzentren, sich eines allzu schamlosen Zugriffs auf die Kontrollinstanzen der öffentlich-rechtlichen Sender zu enthalten. Darüber hinaus sind deutliche Unterschiede vor allem in der Umsetzung der rechtlichen Normen, aber auch in diesen selbst auszumachen. An der Rechtssicherheit im Mediensektor und Autonomie der Medien gemessen, bieten die Transitionsstaaten in Südosteuropa ein dreigeteiltes Bild: Am besten schneiden hier Slowenien und Ungarn ab, am schlechtesten Jugoslawien, aber auch Kroatien, Bosnien und Herzegowina und Albanien, dazwischen anzusiedeln sind Makedonien, Bulgarien und Rumänien.

Dies muß berücksichtigt werden, wenn im folgenden hauptsächlich auf die Situation in denjenigen Staaten eingegangen wird, in denen die größten Defizite bestehen. Diese sind keineswegs repräsentativ für die gesamte Region, und es ist kein Zufall, daß es sich durchgängig um Staaten handelt, die unmittelbar von Kriegen und Bürgerkriegen betroffen waren. Aber die Entwicklungen hier illustrieren eben auch am schärfsten vorhandene strukturelle Schwachstellen – Ungereimtheiten und sehr weit auslegungsfähige rechtliche Bestimmungen, ihre selektive Anwendung, Eingriffe in die Presse-, Meinungs- und Redefreiheit, Mißachtung der Rechte von Journalisten – und damit auch den brüchigen Charakter der Transitionsprozesse in einem Teil der Region.

In der Bundesrepublik Jugoslawien (Serbien und Montenegro) nahm die politische Unterwerfung des staatlichen Rundfunks und Fernsehens unter den Willen der politischen Machthaber derart monströse und groteske Formen an, daß die eigentliche Gesetzeslage belanglos erschien. Serbien und Montenegro hatten bereits 1991 ein erstes Gesetz über Rundfunk und Fernsehen verabschiedet, dem 1998 eigene Gesetze der zweiten Generation in den beiden Teilrepubliken folgten. Das serbische wurde und wird im Lande selbst und im Ausland heftig kritisiert, weil es – hier dem kroatischen Beispiel aus dem Jahre 1992 folgend, auf das noch einzugehen sein wird – zum großen Teil die Intention spiegelt, alternative Medien und Journalisten zum Schweigen zu bringen, wenn nicht mit direkter Verfolgung, dann mit perfiden Mitteln wie Geldstrafen und anderen Arten wirtschaftlichen Drucks. Demgegenüber ist das montenegrinische Gesetz über die öffentliche Kommunikation im wesentlichen als eine demokratische Weiterentwicklung betrachtet worden. Allerdings besteht auch unter dem reformversprechenden Präsidenten Milo Djukanović, der nach seinem Wahlsieg 1997 einen engen Vertrauten Miloševićs, Momir Bulatović, von der Macht verdrängt hatte, eine große Nähe der staatlichen Medien zur politischen Führung, die manchmal ein schiefes Licht auf die Bekundungen über die Respektierung der Medienautonomie wirft.

In Serbien herrschte vor Beginn der NATO-Bombardements 1999 ein Durcheinander von Bundesgesetzen, Republikgesetzen und Regierungsverordnungen. Ihre willkürliche Anwendung spiegelte den allgemeinen rechtlosen Zustand in Jugoslawien wider, das unter dem Alleinherrscher Slobodan Milošević seit mehr als einem Jahrzehnt verkam. Gegen unabhängige und regierungskritische Medien und Journalisten wurde mit den unterschiedlichsten Mitteln vorgegangen – von wirtschaftlichem Druck der Steuerbehörden über das Verbot der Übernahme ausländischer Rundfunkprogramme (Oktober 1998), scheinrechtlich begründete Manipulationen bei der Vergabe neuer Frequenzen bis hin zu juristischer Verfolgung, Gefängnisstrafen, brutaler Repression. Auf der Basis des Informationsgesetzes vom 20. Oktober 1998 wurden von Bezirksgerichten zahlreiche drakonische Strafen nach Verleumdungsklagen gegen Medien und Journalisten ausgesprochen. Allein in den ersten fünf Monaten nach seinem Inkrafttreten belief sich die Strafsumme insgesamt auf umgerechnet fast eine Million US-Dollar. Das hatte u. a. den Zusammenbruch des regimekritischen Blattes *Naša Borba* und die Verlagerung der unabhängigen Tageszeitungen *Danas* und *Dnevni Telegraf* aus Belgrad nach Montenegro zur Folge. Gegen den Besitzer von *Dnevni Telegraf* und einen Journalisten der Zeitung wurden Anfang März 1999 fünfmonatige Gefängnisstrafen verhängt.

Eine Erklärung für die besondere Repressionswut der Behörden Serbiens gegen unabhängige Medien findet sich wahrscheinlich in der Tatsache, daß das Regime bürgerliche Oppositionsparteien aus dem Parlament und der staatlich gelenkten Öffentlichkeit weitgehend eliminieren konnte. Dementsprechend blieben die freien Medien als einzige wirksame Träger oppositioneller Gedanken übrig. Trotz der prekären rechtlichen Situation und der Behördenwillkür wurde 1998 die Zahl der Hörfunksender in Serbien auf etwa 300 und der TV-Stationen auf 90 geschätzt. Der allergrößte Teil wurde vornehmlich aus wirtschaftlichen Motiven betrieben, aber eine nicht zu unterschätzende Anzahl kleiner Anstalten vermittelte auch für das Regime unbequeme politische Inhalte. Mit der Ausrufung des Kriegsrechts bei Beginn der NATO-Bombardements wurden zahlreiche unabhängige Stimmen fürs erste gänzlich mundtot gemacht.

Kroatien, das dem Europarat angehört und sich zumindest langfristig als Kandidat für die EU-Mitgliedschaft sieht, neigt zu deutlicher Überregulierung der Medien und kritikwürdigen Praktiken in der Behandlung unliebsamer Stimmen. Bereits 1990 waren hier Rundfunk und Fernsehen als unabhängig von den jugoslawischen Zentralbehörden erklärt und gleichzeitig eine Art Mini-Gesetz der ersten Generation verabschiedet worden, das in wenigen Paragraphen die Medienfreiheit propagierte und zugleich die Werbung im nichtprivaten Sektor einschränkte. 1992 nahm das Parlament das Gesetz über die öffentliche Kommunikation an, das nur am Rande die elektronischen Medien betraf und eigentlich ein typisches Pressegesetz darstellte, das seine Aufmerksamkeit nicht so sehr den Rechten als vielmehr den Pflichten von Publikationen und Journalisten widmete. Gerade dieses Gesetz erlaubte und erlaubt es der regierenden Partei «Kroatische Demokratische Gemeinschaft» (HDZ) unter dem Präsidenten Franjo Tudjman, massiv gegen Andersdenkende in den Medien vorzugehen. So waren Anfang 1999 mindestens 500 Strafprozesse gegen Journalisten anhängig, viele davon aufgrund von Klagen von Mitgliedern der HDZ. Häufig wurden bei solchen Prozessen übermäßig hohe Geldstrafen verhängt, die einzelne Medien ruiniert haben. Unter äußerem Druck sind zwar einzelne Gesetzesänderungen z. B. im Rundfunkbereich vorgenommen worden, doch handelte es sich hierbei für gewöhnlich um kosmetische Operationen, um das westliche Ausland von der eigenen Reformbereitschaft zu überzeugen. Nach Auffassung der OSZE-Mission in Zagreb wurde etwa mit den am 29. Oktober 1998 beschlossenen Änderungen des Rundfunkgesetzes eine Chance verpaßt, um echte Veränderungen in Gang zu setzen. Nur wenige der Ratschläge des Europarates und der OSZE-Mission wurden dabei berücksichtigt, und die weitgehende staatliche Kontrolle über den öffentlich-rechtlichen Sender *HRT* blieb unangetastet.

Ähnlich repressive Wirkungen wie das kroatische Gesetz von 1992 hatte das 1993 verabschiedete Pressegesetz in Albanien. Allerdings wurde es 1997 praktisch annuliert, und es blieb als einzige gesetzliche Bestimmung der Satz: «Die Presse ist frei.» Hierin spiegelte sich allerdings weniger eine prononcierte Liberalität als vielmehr der chaotische politische Zustand im Lande wider, der zunächst jedwede weitergehende Vereinbarung verhinderte. Es war dann der Europarat, der maßgeblich an der Formulierung eines neuen Gesetzes über die elektronischen Medien beteiligt war, das am 30. September 1998 im Parlament angenommen wurde. Es schuf die rechtliche Basis für die Umwandlung des bis dahin staatlichen Fernsehsenders *TvSh* in eine öffentlich-rechtliche Anstalt und legte Bedingungen und Procedere bei der Vergabe von Sendelizenzen an private Betreiber fest. Politische Parteien, religiöse Organisationen und staatliche Stellen dürfen keine privaten Sender betreiben, und eine Rechtsperson darf in einem landesweiten privaten Sender höchstens ein Drittel des Aktienanteils auf sich vereinigen. Ob dieses lobenswerte Gesetz tatsächlich konsequent umgesetzt wird, darf allerdings bezweifelt werden. Von verschiedenen kompetenten Stellen, darunter der OSZE-Mission in Tirana, sind entsprechende Bedenken frühzeitig vorgebracht worden. Das größte Hindernis ist nämlich nach wie vor vorhanden – die scharfe politische Polarisierung.

Allein Bosnien und Herzegowina verfügt über keine einheitliche und relevante Mediengesetzgebung. Dies ergibt sich daraus, daß ungeachtet des Daytoner Vertrags praktisch drei unterschiedliche Mediensysteme existieren, die die jeweiligen Interessenvertretungen der drei größten ethnischen Gruppen in den beiden Entitäten (Republika Srpska und die kroatisch-muslimische Föderation von Bosnien und Herzegowina) zu kontrollieren suchen; hinzu kommen die übergreifenden Befugnisse des «Hohen Repräsentanten» und der OSZE auch bezüglich der Medien. Ein einheitliches, für den Gesamtstaat geltendes Mediengesetz wäre bei der heutigen politischen Situation größtenteils irrelevant und in bezug auf die Medienpraxis sinnlos. So herrscht eine unübersichtliche Mischung aus Vorkriegsgesetzgebung, Gesetzen und Verordnungen der beiden Entitäten sowie Erlassen der OSZE und des «Hohen Repräsentanten». Da das kriegsverwüstete Land insgesamt als eine Art Protektorat geführt wird, kommt der «Unabhängigen Medienkommission» (IMC) besondere Bedeutung zu; sie hat das Recht, Rundfunksender und andere Medienorgane finanziell zu bestrafen, ja sogar zu schließen. Außerdem soll sie die zukünftige Mediengesetzgebung ausarbeiten. Allerdings ist sie weder im Lande noch bei internationalen Medienorganisationen unumstritten. Einige Maßnahmen, die in Zusammenhang mit der Beobachtung der Medien standen, sind von unterschiedlichen Seiten kritisiert worden, so etwa die gewaltsame Schließung einiger extrem nationalistischer Sender in der Republika Srpska durch IFOR-Truppen oder die Streichung von 15 Politikern (Kroaten aus Bosnien und Herzegowina) von der Kandidatenliste für die Parlamentswahlen, weil das Fernsehen des benachbarten Kroatien ihnen nach Meinung der OSZE-Vertreter ungebührende Vorteile in der Berichterstattung hatte zugute kommen lassen.

Printmedien

Wie überall in Osteuropa zog der politische Umbruch auch in den Balkanstaaten zunächst einmal einen Boom des Pressewesens nach sich. Unzählige Publikationen entstanden als Reaktion auf die so lange Zeit mißachteten Kommunikationsbedürfnisse der Bevölkerung. Man konnte frei über alles sprechen und schreiben; anders aber war die Situation in Rundfunk und Fernsehen, wo die Zensur verdeckter, raffinierter wurde, aber bis zum heutigen Tag, wenn auch unter anderen und unterschiedlichen politischen Vorzeichen, praktiziert wird. Daher ist der elektronische Medienbereich die Arena besonders erbitterter Kämpfe unter den politischen Akteuren geblieben, während die Printmedien weniger Beachtung und Konflikte hervorriefen.

Die fast basarähnliche Buntheit der Presselandschaft – die in den ersten Jahren nach der Wende besonders ausgeprägt war, ehe dann ein natürlicher Konzentrationsprozeß einsetzte – sollte nicht darüber hinwegtäuschen, daß im Hinblick auf die Besitzverhältnisse keineswegs eine ähnliche Pluralität gegeben ist. Häufig konnten Vertreter der ehemaligen Nomenklatura persönliche und wirtschaftliche Beziehungen nutzen, um darauf aufbauend neue Medienunternehmen zu gründen. Ungeachtet nennenswerter Ausnahmen war dies in Rumänien, Bulgarien, Albanien und auch in den Nachfolgestaaten Jugoslawiens wohl die Regel. Ein gewisses Gegengewicht dazu schufen regierungs- bzw. nomenklaturunabhängige Medien, die zumeist mit finanzieller und politischer Unterstützung westlicher Organisationen, meist Stiftungen, aufgebaut wurden. Dabei spielte das Engagement des US-amerikanischen Multimilliardärs und Mäzens George Soros eine besonders große Rolle. Die Aktivitäten der Soros-Stiftung sind allerdings nicht unumstritten. Auf der einen Seite hat diese wesentlich zur Pluralität in den Medienlandschaften beigetragen. Zahlreiche Zeitungen und Zeitschriften, deren Orientierungen liberal, anti-konservativ, anti-sozialistisch und/oder minoritätenfreundlich-nationalgesinnt sind und die zumeist einen Gegenpol zur Presse der Ex-Kommunisten und derjenigen neuer autokratischer Regime bilden, könnten ohne die finanziellen Zuwendungen der Soros-Stiftung längst nicht mehr erscheinen. Auf der anderen Seite ist Kritik nicht nur aus der Richtung der Ex-Kommunisten und der neuen Autokraten laut geworden. Auch andere Beobachter haben darauf hingewiesen, daß eine Art «Netzwerk von Soros-Medien» – meist in Form von Vereinen und gemeinnützigen Stiftungen – entstanden ist, die nicht über eine echte Unabhängigkeit verfügen und einer einseitigen Einflußnahme unterliegen oder zumindest für eine solche offen sind. Zwar verzerrt das Wort von einer «neuen Form von Monopolismus» die tatsächlichen Relationen, doch ist die Gefahr nicht von der Hand zu weisen, daß sich im Zuge der geschilderten Blockbildung dichotomistische Konstellationen in den Medienlandschaften festsetzen.

Ungeachtet dieser völlig neuen Rahmenbedingungen sind einige für Südosteuropa typische Merkmale erhalten geblieben. Dazu gehört etwa die vergleichsweise starke Präsenz der Parteipresse auf dem Printmedienmarkt. Obwohl sie im Vergleich zu den ersten Jahren nach dem politischen Umbruch an Auflagenhöhe verloren hat, bleibt sie eine wichtige Konstante in der politischen Öffentlichkeit. Das ist im übrigen nicht nur eine postkommunistische, sondern eine regionale Besonderheit, denn auch in Griechenland spielen die Organe der politischen Parteien eine besondere Rolle. Ob die politischen Parteien in den postkommunistischen Balkanstaaten ihre Zeitungen unter den Bedingungen immer weiter steigender Papier- und Druckkosten und stagnierender oder rückläufiger Auflagenzahlen werden halten können, ist allerdings fraglich. In

Bulgarien sind z. B. die beiden wichtigsten Parteiorgane – die sozialistische *Duma* und die konservative *Demokracija* – hoch verschuldet.

Als Positivum ist anzumerken, daß extrem nationalistische Zeitungen wie *România Mare* oder *Europa* in Rumänien oder *Zora* in Bulgarien mit den Jahren an Einfluß und Auflage eingebüßt haben. Nationalistische Grundtöne haben sich indes, wenn auch in eleganterer Form, auf andere Blätter verlagert. So gelang es dem Regime von Slobodan Milošević, die international renommierte Belgrader Tageszeitung *Politika*, die seit Anfang des Jahrhunderts besteht und selbst zu Titos Zeiten eine gewisse politische Unabhängigkeit bewahren konnte, «umzupolen» und zu einem wichtigen Sprachrohr der eigenen nationalistischen Politik zu machen. In Kroatien geschah ähnliches mit *Slobodna Dalmacija*, die von regierungstreuen Medienunternehmern «privatisiert» wurde und dadurch die kritische Einstellung zu Franjo Tudjman und der regierenden HDZ verlor. Dies ist im übrigen ein warnendes Beispiel dafür, daß angesichts häufig unklarer oder nicht überschaubarer Besitzverhältnisse Vorsicht bei der Verwendung des Attributs «unabhängig» angeraten erscheint.

Um so deutlicher ist hervorzuheben, daß sich mit den Jahren eine journalistisch professionell gestaltete, balancierte und geistig offene und standhafte Presse herausgebildet hat, für die etwa Publikationen wie *Vreme* (Belgrad), *Feral Tribune* (Zagreb), *Oslobodjenje* (Sarajevo), *Kapital* (Sofia), *Koha Jone* (Tirana), *Curentul* (Bukarest) oder *Delo* (Skopje) stehen. Manche solcher Zeitungen sind auf finanzielle Unterstützung angewiesen. In Ljubljana wurde ein «Coordinating Centre for Independent Media on the Balkans» gegründet, das die Hilfe der UNESCO, der EU und teilweise auch einzelner privater Initiativen für elektronische und Printmedien im ex-jugoslawischen Raum koordiniert. Dank ansehnlicher Zuwendungen aus dem Westen konnten einzelne regimekritische Medien zu bedeutenden Multimedia-Unternehmen avancieren, wie *Radio B 92* in Belgrad, das eigene Filmproduktionsfirmen und Publikationen unterhält.

Westliche Investitionen, die von privaten Unternehmen und nicht von staatlichen oder gesellschaftlichen Organisationen getätigt werden, sind in den postkommunistischen Balkanstaaten eher die Ausnahme. Hier sind vor allem die Essener WAZ-Gruppe (in Bulgarien), der Schweizer Ringier-Verlag (im ex-jugoslawischen Raum) und einige italienische Kleinverlage aktiv. Daneben haben Emigranten, die lange im Westen gelebt haben und oft auch über langjährige Geschäftsbeziehungen mit ihren Heimatländern verbunden waren, neue Publikationen auf den Markt gebracht. Dies gilt insbesondere für Rumänien, wo Ion Raţiu *Cotidianul* und Iosif Constantin Drăgan *Naţiunea* und *Puncte cordiale* gründeten.

Insgesamt weisen die Balkanländer im Vergleich zu Westeuropa nach wie vor ein viel ausgeprägteres Interesse des Publikums für die periodische Presse auf. Dies ist an dem, gemessen an der Bevölkerungszahl, sehr dichten Angebot an nationalen und regionalen Zeitungen ersichtlich, aber auch an der Tatsache, daß der Preis einer Zeitung in Relation zum Monatseinkommen im Vergleich zum Westen viel höher ist. Diese Lesefreudigkeit ist unter anderem mit dem immer noch sehr starken allgemeinen politischen Interesse zu erklären, aber auch mit der verbreiteten Unsicherheit angesichts der permanenten wirtschaftlichen Krise und zahlreicher politischer Konflikte, die den Hunger nach aktuellen Informationen nähren.

Rundfunk und Fernsehen

Wie die Presse erlebten auch Rundfunk und Fernsehen nach 1989 einen allseitigen Neuanfang. Politisch war er gekennzeichnet von den Möglichkeiten zur Artikulation eines breiten Spektrums unterschiedlicher Standpunkte, wenn dies auch hier und dort durch den staatlichen Dirigismus eingegrenzt wurde; wirtschaftlich durch das Aufkommen der privaten Medien und die Umstellung auf eine gemischte Finanzierung der öffentlich-rechtlichen Sender aus staatlichen Mitteln, Werbeeinnahmen und Sponsoring; kulturell durch eine Entkrampfung des gesamten Programms nach den Zeiten des kommunistischen Dogmatismus und durch die Boulevardisierung und Amerikanisierung der Programmangebote. Auch die medientechnologischen Folgen sind nicht zu übersehen: Kabel- und Satellitenfernsehen bestimmen weitgehend die Medienlandschaft, der Video- und der CD-Markt boomen, woran allerdings die Piraterie immer noch einen großen Anteil trägt, Multimedia, Internet, Online-Dienste bahnen sich ihren Weg, wenn auch in einem langsameren Tempo als in Westeuropa.

Die privaten elektronischen Medien in den postkommunistischen Balkanländern kamen zusammen mit dem politischen Umbruch Ende 1989 auf. Im Dezember 1989 wurde in Timişoara, einem Zentrum der ungarischen Minderheit in Rumänien und Ausgangspunkt der größten Proteste gegen die Diktatur Ceauşescus, fast parallel zum Umsturz in Bukarest die erste private lokale Fernsehstation in Osteuropa gegründet: *TVI Timişoara*. Rumänien war unter den postkommunistischen Balkanstaaten zweifellos der Pionier, was die Einführung von privatem Rundfunk und Fernsehen betrifft: Schon 1990 begann hier der Prozeß der Demonopolisierung im Bereich der elektronischen Medien, rund zwei Jahre früher als in Bulgarien und in den meisten Nachfolgestaaten Jugoslawiens und fünf bis sechs Jahre früher als in Albanien.

Zunächst etablierten sich die privaten Anbieter vor allem im Hörfunkbereich, und hier konnten sie relativ rasch einen bedeutenden Teil des Auditoriums für sich gewinnen. Als erste waren es aber die großen staatlichen Auslandssender der westlichen Staaten wie *Voice of America*, *Radio Free Europe/Radio Liberty*, die *Deutsche Welle*, die *BBC*, *Radio France International*, die – oft in Kooperation mit lokalen Partnern – ihre Stationen in den jeweiligen Ländern selbst aufbauten und daneben auch eine gewisse Starthilfe leisteten. Die *BBC* gründete 1992 in Bukarest eine eigene Ausbildungsstätte – die «BBC School of Radio and Television».

Inzwischen existieren in allen Balkanstaaten viele private oder kommunale Rundfunksender, deren Gesamtzahl nicht zu übersehen ist. Daneben sind an Universitäten zahlreiche Studenten-Sender entstanden, wie etwa *Student Radio* (Universität Skopje), *Nova* (Universität Bukarest) usw. Besondere Popularität im Lande, in der Region und international erreichten zwei Belgrader Studenten- und Jugendsender – *Radio B 92* und *Radio Index* – durch ihre mutige, unkonventionelle und zuverlässige Berichterstattung.

Ob *Radio B 92* und *Radio Index* in Belgrad oder *Radio 101* in Zagreb – Sender, die ihre Nachrichten und Berichte nicht den Wünschen der politischen Führungen Jugoslawiens bzw. Kroatiens entsprechend maßschneidern, werden von den Behörden dieser Länder auf verschiedenen Wegen unter Druck gesetzt, sei es über die steuerrechtliche Behandlung, über die Lizenzvergabe bzw. -verlängerung oder über juristische Instanzen, was häufig zu extrem hohen Geldstrafen führt. Verhaftungen oder gar das «Verschwinden» bzw. die Ermordung von unliebsamen Journalisten, wie dies etwa bei «prokurdischen» Medienvertretern in der Türkei häufiger geschehen ist, sind in den postkommunistischen Balkanländern bislang Ausnahmeerscheinungen. Nur während der Präsidentschaftszeit von Sali Berisha in Albanien kam es mehrmals zu Inhaftierungen von oppositionellen Journalisten, die aber nach der Intervention von internationalen Organisationen und Politikern wieder auf freien Fuß gesetzt wurden.

Das Medium Radio ist für die rasche, im Vergleich zum Fernsehen weniger kostenaufwendige und effektive Verbreitung von Informationen vor allem in Krisenzeiten gut geeignet. Seine Popularität gründet sich aber auch und gerade darauf, daß die meisten Sender lokale sind, die das besondere Interesse des Publikums an den örtlichen Problemen und Ereignissen – sehr verständlich nach den Zeiten der hyperzentralisierten und zentral gelenkten Medienkultur im Staatssozialismus – ansprechen kann. Aber auch die diversen Musikangebote, die Unterhaltung nach neuen Maßstäben ziehen ein breites Publikum verschiedener Altersgruppen an. Darauf beruht z. B. die ausgesprochene Beliebtheit der bulgarischen Radiokette *Vesselina*, von *Tinerama* in Bukarest, von *Zid* in Sarajevo, von *Radio 101* in Zagreb. Ähnlich wie in Westeuropa wird inzwischen auch auf dem Balkan das Radio immer mehr als sogenanntes Begleitmedium im Alltag genutzt, das eher zur Zerstreuung im Hintergrund «mitläuft» und weniger die ausschließliche Konzentration des Hörers auf die Medienbotschaften fesselt. Allein in den ländlichen Gebieten, in denen aber auf dem Balkan immer noch ein relativ hoher Anteil der Gesamtbevölkerung lebt, hat es – und dabei gerade der neue private Hörfunk – ein größeres Gewicht als Primärmedium.

Die «zweite Generation» von Mediengesetzen wird eine Neuordnung der Hörfunklandschaft auf dem Balkan nach sich ziehen. Einerseits werden die meisten Rundfunksender wie auch die privaten Fernsehanstalten eine neue Lizenz erwerben und dabei ihre Absage an jegliche Piraterie offiziell bekunden müssen. Andererseits ist mit einer wesentlichen Erhöhung von Gebühren und Steuern zu rechnen, was seinerseits zu einer Konzentration im Bereich der elektronischen Medien führen wird. So werden im wesentlichen zwei Arten von Medienunternehmen sicher überleben – die finanzstarken und/oder diejenigen, die ihre Loyalität zur Staatsführung unter Beweis gestellt haben. Es ist also einerseits davon auszugehen, daß ein Prozeß der Regulierung des Wildwuchses und besonders der Bekämpfung der Piraterie einsetzt, andererseits muß mit erhöhter Aufmerksamkeit beobachtet werden, ob dabei neue Formen von parteistaatlichen Abhängigkeiten unter von Land zu Land unterschiedlichen politischen Vorzeichen entstehen.

Dasselbe gilt natürlich auch für den Fernsehsektor, der besonders in der zweiten Hälfte der 90er Jahre sowohl in den postkommunistischen Balkanstaaten als auch in Griechenland und in der Türkei einen Boom von meist halblegalen lokalen Sendern vor allem im Kabel- und auch im terrestrischen Bereich erlebte. Jetzt werden diese Sender – und davon gibt es in jedem etwas größeren Ort in Bulgarien, Rumänien, Makedonien, Jugoslawien, Kroatien, Bosnien und Herzegowina zumindest einen – «unter die Lupe» der staatlichen Aufsichtsbehörden genommen, die fast überall «Nationalräte für Rundfunk und Fernsehen» heißen. Die meisten dieser TV-Sender übernehmen piratenweise Satellitenprogramme und verbreiten sie, ergänzt um ein winziges Programmsegment eigener Nachrichten, weiter; oft verfügen sie nicht einmal über eine offizielle Lizenz. Jetzt wird dieser Basar-Kapitalismus im elektronischen Medienbereich schrittweise beseitigt – zumindest nach den Bekundungen der offiziellen Stellen. Damit wird europäischen Rechtsprinzipien Genüge getan, zugleich aber auch gegenüber dem Westen und seinen übermächtigen Medienmogulen Entgegenkommen signalisiert. Andererseits ist nicht zu übersehen, daß – würden den Bekundungen konsequente Taten folgen

– das Publikum auf zahlreiche seiner beliebtesten Unterhaltungsprogramme verzichten müßte. Nach den bisherigen Erfahrungen ist davon auszugehen, daß die Realisierung länger brauchen wird, als die Ankündigungen suggerieren.

In jedem Fall ist aber in nächster Zeit eine deutliche Konzentration auf dem privaten TV-Markt zu erwarten, zumal viele Anzeichen für ein deutlich erweitertes Engagement westlicher Investoren sprechen. Im Blickpunkt steht dabei vor allem das US-amerikanische Medienunternehmen *Central European Media Enterprises*, das nach seiner raschen Expansion in Ostmitteleuropa und dem Erfolg seines Senders *Pro TV* in Slowenien offenbar vor dem Sprung auf den Balkan steht. Größere Zuflüsse westeuropäischer Medienkapitalien, in Ansätzen vergleichbar mit denjenigen nach Tschechien, Polen oder Ungarn, sind dagegen nicht in Sicht. Dafür erscheinen die Märkte der Balkanstaaten zu klein und die Investitionsbedingungen zu unsicher, was sich mit dem Krieg um das Kosovo noch verschärft hat.

Eine Konzentration und Neuordnung bei den privaten elektronischen Medien sowie ihre Ausweitung von lokalen Sendern und Ketten zu nationalen Anbietern werden aber auch den öffentlich-rechtlichen Hör- und Fernsehfunk vor neue Herausforderungen stellen. Besonders die nationalen TV-Anstalten wären von der Konkurrenz betroffen, und es ist möglich, daß sie, ähnlich wie in Westeuropa, ihre dominante Stellung an die Privaten verlieren. Strukturelle Schwächen und Unsicherheiten sind hier schon längst zutage getreten. In den meisten postkommunistischen Staaten auf dem Balkan betrug die Amtszeit des jeweiligen Leiters der öffentlich-rechtlichen Fernsehanstalten höchstens zwei Jahre, in Bulgarien gar zählte man in den ersten 10 Jahren nach der Wende auch ebenso viele Generaldirektoren, und jeder trat mit einer eigenen Reformkonzeption an. Welche Ergebnisse dieser permanente Wechsel an der Spitze der öffentlich-rechtlichen Fernsehsender gezeitigt hat, ist an ihren Programmen abzulesen, die immer wieder nach einem neuen Profil suchen und dabei als ständige Konstante die US-amerikanischen B- und C-Filme behalten, weil für ein besseres Programm einfach das Geld fehlt. Hiermit ist ein weiteres Defizit verbunden. Obwohl die Europäisierung als offizielle Programmpolitik überall (außer in Jugoslawien) verkündet ist, kann sie in der Programmrealität kaum stattfinden, weil die westeuropäischen Filme zu teuer sind. Ein Entgegenkommen seitens der europäischen Medieninstitutionen wäre in diesem Punkt auf jeden Fall angebracht, wenn man bedenkt, in welch schwieriger ökonomischen Lage sich die Balkanländer befinden.

Ausblick

Ein besonderes Problem stellt die destruktive Rolle einiger Medien in Zusammenhang mit nationalen Gegensätzen und Konflikten dar. Dies ist nicht allein ein balkanisches Spezifikum, aber gerade in diesem Teil Europas wurden die verhängnisvollen Folgen einer Instrumentalisierung von Medien sichtbar. 1991 war das Auseinanderbrechen Jugoslawiens von Hetzkampagnen in Medien der einzelnen Teilrepubliken vorbereitet worden. Der Versuch, durch die Etablierung eines neuen gesamtjugoslawischen Senders YUTEL im selben Jahr ein Gegengewicht zu schaffen, hielt sich nur wenige Monate und scheiterte schließlich am ausbrechenden Krieg. Auch späteren Medieninitiativen, die auf eine Versöhnung zielten, war nur geringer Erfolg beschieden; dazu zählten etwa das von der EU geförderte *Radio Brod*, das von einem Schiff in der Adria aus sein Programm ausstrahlte, oder Netzwerke zwischen den unabhängigen, nichtnationalistischen Medien in den einzelnen Nachfolgestaaten Jugoslawiens wie das von Paris aus betriebene Informationsnetwork AIM.

Der Krieg der NATO-Staaten gegen Jugoslawien führte 1999 auch im Medienbereich zu verschärfter Spannung. Bekannte nationalistische Stereotypen und Ressentiments wurden durch einzelne Medien in allen Ländern Südosteuropas neu mobilisiert. Nun sind aber auch westliche TV-Anstalten und besonders CNN direkt in einen Prozeß involviert, den man als ein Spezifikum unterentwickelter Medienkultur an den Peripherien Europas und anderswo auf der Welt abgestempelt hat. Die gegenseitige mediale Stilisierung des Gegners als die Inkarnation des Bösen hat Hochkonjunktur und wird mit allen Mitteln der psychologischen Kriegsführung und der Propaganda betrieben. Es ist aber hervorzuheben, daß die Berichterstattung in den seriösen Medien derjenigen Staaten in der Region, die nicht direkt in den Konflikt einbezogen waren, in der Regel durchaus sachlich und relativ objektiv blieb. Gerade in diesem Fall brauchten sie den Vergleich mit westeuropäischen Medien nicht zu scheuen.

Der Aufbau einer wahrhaft pluralistischen, demokratischen Medienöffentlichkeit ist ein Prozeß, bei dem die postkommunistischen Balkanstaaten noch eine Reihe von Hürden nicht nur in den einzelnen Ländern selbst, sondern auch im medial-kommunikativen Miteinander überwinden müssen. Eine neue Generation von Journalisten hat inzwischen die Medienbühne betreten, die diese Aufgabe bewältigen könnte, natürlich nur unter der Bedingung, daß die politische Stabilisierung und die Überwindung der allgemeinen Wirtschaftsmisere gelingt. Man darf die verheerenden Entwicklungen in und um Jugoslawien nicht zum unabänderlichen Kennzeichen für die gesamte Region machen. Dabei ginge der Blick dafür verloren, welche imposanten medialen Veränderungen in nur einem Jahrzehnt nach dem Zusammenbruch der sozialistischen Systeme eintraten: die Abschaffung der Zensur und die Einführung einer neuen Mediengesetzgebung, das Aufkommen der privaten Medien, die Entkrampfung und Befreiung der Mediensprache von den vorgegebenen Klischees des Staatssozialismus, die enorme Ausbreitung der Palette der Medienangebote. Natürlich dürfen die Kehrseiten nicht außer acht gelassen werden: die Amerikanisierung der Medienkultur, die Einseitigkeit der Kommunikationsströme, die Tendenz zum Infotainment, die Zurückdrängung der öffentlich-rechtlichen Medien infolge der Kommerzialisierung. Aber diese rühren aus allgemeinen gesellschaftlichen Entwicklungen, die die Medien wohl spiegeln und verstärken, aber gewiß nicht entscheidend beeinflussen oder gar verändern können.

Anhang

Statistisches Profil

Stephan Stuch

Internationale statistische Vergleiche sind mit einigen Unwägbarkeiten und Schwierigkeiten verbunden. In einigen Fällen sind gesicherte Daten überhaupt nicht vorhanden, in anderen führen unterschiedliche Erhebungsmethoden zu unterschiedlichen Resultaten, und allzuoft ist die Verläßlichkeit der Quellen zu bezweifeln. Es wurde daher darauf geachtet, der vorliegenden Zusammenstellung soweit wie möglich die jeweils jüngsten gesicherten Angaben zugrunde zu legen.

Besondere Hinweise sind erforderlich im Hinblick auf die Angaben über die Zahl der Gläubigen der verschiedenen Religionsgemeinschaften, über die Bildungssituation und über die demographischen Entwicklungen sowie hinsichtlich des internationalen Vergleichs nationaler Wirtschaftsdaten.

Die quantitative Erfassung der Religionsgemeinschaften wird durch den Umstand erschwert, daß oft nicht nur Daten fehlen, sondern daß darüber hinaus die Aussagekraft der vorhandenen Daten anzuzweifeln ist. Wenn möglich, wurde auf Erhebungen im Rahmen von Volkszählungen zurückgegriffen. Solche liegen für die sozialistische Periode zum Beispiel aber nicht vor. Vorhanden sind für diese Zeit nur Schätzungen, die in der Regel auf den Angaben der Religionsgemeinschaften selbst beruhen. Bei diesen und den anderen Schätzungen für die Gegenwart bleibt überdies unklar, nach welchen Kriterien – wie etwa dem Eintrag in Gemeinde- oder Taufregister oder der tatsächlichen Praktizierung des Glaubens – die Zugehörigkeit zu einer Glaubensgemeinschaft bestimmt wurde.

Lücken müssen auch bei der Beschreibung der Bildungssituation in Kauf genommen werden. Der wichtigste Grund hierfür sind die Erhebungsmethoden. In den nationalen Statistiken der letzten Jahre wird in der Regel nach Einschulungsraten bzw. Schüler- und Studentenzahlen gefragt. Interessanter und in Hinblick auf die Vergleichbarkeit mit den Daten der Zwischenkriegszeit und der sozialistischen Periode wichtiger wären allerdings Angaben zur prozentualen Aufteilung der Bevölkerung nach dem höchsten erreichten Bildungsabschluß. Daten dieser Art sind jedoch nur selten zu erhalten. Ist dies doch der Fall, so ist zudem die intraregionale Vergleichbarkeit wegen unterschiedlicher Referenzgruppen nicht uneingeschränkt gegeben.

Zweifel sind angebracht in Hinblick auf die demographischen Daten für Bosnien und Herzegowina sowie die BR Jugoslawien für die Zeit nach 1995. Die vorhandenen offiziellen Angaben zur Wohnbevölkerung stellen die Dislokation großer Bevölkerungsteile durch den Krieg nicht in Rechnung. Zusätzlich angegeben wurden deshalb auch Schätzungen zu Einwohnerzahlen und Flüchtlingen für die Jahresmitte 1998. Gänzlich fehlen verläßliche Angaben über die Verschiebungen in den ethnischen Strukturen infolge der Konflikte und Kriege in Ex-Jugoslawien. Aufgeführt wurden daher die Ergebnisse der jeweils letzten Volkszählungen in Jugoslawien bzw.

in den Nachfolgestaaten. In Kroatien, Bosnien und Herzegowina, Makedonien und der Bundesrepublik Jugoslawien entsprechen diese Angaben nicht mehr den heutigen Verhältnissen.

Große Probleme wirft auch ein Vergleich der Wirtschaftsdaten auf. Sowohl in den offiziellen nationalen Statistiken als auch in anerkannten internationalen Gesamtrechnungen finden sich infolge unterschiedlicher Methoden und Bewertungsmaßstäbe z. T. erheblich differierende Angaben. Um sich daraus ergebende Inkonsistenzen so weitgehend wie möglich zu vermeiden, stützen sich die im folgenden zusammengestellten Statistiken zur wirtschaftlichen Entwicklung in den südosteuropäischen Staaten vor allem auf folgende Publikationen: *Transition Report* und *Transition Report Update*, herausgegeben von der Europäischen Bank für Wiederaufbau und Entwicklung (European Bank for Reconstruction and Development – EBRD), *Wirtschaftslage und Reformprozesse in Mittel- und Osteuropa*, herausgegeben im Auftrag des Bundesministeriums für Wirtschaft, und *Economic Survey of Europe*, herausgegeben von der Wirtschaftskommission für Europa der Vereinten Nationen. Ergänzend verwendet wurden Angaben aus den Statistischen Jahrbüchern der südosteuropäischen Staaten, aus weiteren periodisch erscheinenden Übersichten sowie aus Einzelpublikationen.[1]

1 Für wertvolle Hinweise und Anregungen danke ich Dr. Heinrich Machowski, Dr. Franz-Lothar Altmann und Prof. Marvin Jackson, für die Aufarbeitung griechischer Materialien Stavros Katsigiannis.

Tabelle 1: Staaten Südosteuropas im Überblick

Republik Albanien/Republika e Shqipërisë

Unabhängig seit dem 28.11.1912. Republik seit 1990, vorher Volksrepublik. Verfassung durch Referendum angenommen am 22.11.1998.

Hauptstadt	Tirana
Einwohner* 1996	3286
Fläche/davon ldw. genutzte Fläche	28748 qkm/7040 qkm
Städte > 100000 Einwohner 1997	Tirana (427), Durrës (100, S Juli 1997)
Währung	Lek (ALL)
Staatsfeiertag	28. November (Unabhängigkeit 1912)

Republik Bosnien und Herzegowina/Republika Bosna i Hercegovina

Souveränitätserklärung am 15. 10. 1991. Ausrufung der Republik am 9.1.1992. Die Verfassung der Republik Bosnien und Herzegowina ist der Anhang Nr. 4 des Allgemeinen Rahmenvertrages über den Frieden in Bosnien und Herzegowina, der am 14.12.1995 in Paris unterzeichnet wurde («Dayton-Verfassung»).

Hauptstadt	Sarajevo
Einwohner* 1996[1]	4510
Fläche	51190 qkm
Bosnien	42000 qkm
Herzegowina	9190 qkm
Städte > 100000 Einwohner 1991	Sarajevo (383), Tuzla (230), Bihać (200), Zenica (146), Banja Luka (143), Mostar (126)
Währung	Konvertible Mark
Staatsfeiertag	1. März (Unabhängigkeitsreferendum 1992)

Republik Bulgarien/Republika Bălgarija

Unabhängig seit dem 22.9.1908. Republik seit 1990, vorher Volksrepublik. Verfassung angenommen am 12.7.1991, in Kraft seit dem 13.7.1991.

Hauptstadt	Sofia
Einwohner* 1996	8356
Fläche/davon ldw. genutzte Fläche	110994 qkm/43260 qkm
Städte > 100000 Einwohner 1994	Sofia (1116), Plovdiv (346), Varna (304), Burgas (200), Ruse (169), Stara Zagora (151), Pleven (128), Sliven (107), Dobrič (104)
Währung	Lev (BGL)
Staatsfeiertag	3. März (Präliminarfrieden von San Stefano zwischen dem Osmanischen Reich und Rußland 1878)

Griechische Republik/Ellinikí Demokratíja

Unabhängigkeit proklamiert am 13.1.1822, formell anerkannt seit dem 3.2.1830. Republik seit 1973. Verfassung vom 11.6.1975.

Hauptstadt	Athen
Einwohner* 1996	10475
Fläche/davon ldw. genutzte Fläche	131957 qkm/39050 qkm
Städte > 100000 Einwohner 1991	Athen (772/3072), Thessaloniki (384/749), Piräus (182), Patras (153), Pesterion (137), Iraklion (116), Wolos (116/384), Larisa (113)
Währung	Drachme (GRD)

Staatsfeiertage	25. März (Beginn des Befreiungskampfes gegen das Osmanische Reich 1821) 28. Oktober (Zurückweisung des italienischen Ultimatums 1940)

Bundesrepublik Jugoslawien/Savezna Republika Jugoslavija

Bundesrepublik seit 1992. Verfassung vom 27.4.1992.

Hauptstadt	Belgrad
Einwohner* 1996[2]	10577
Serbien	9938
Davon:	
Kosovo	2153
Vojvodina	1984
Montenegro	639
Fläche	102173 qkm
Serbien	88361 qkm
Davon:	
Kosovo	10887 qkm
Vojvodina	21506 qkm
Montenegro	13812 qkm
Städte > 100000 Einwohner 1991	Belgrad (1168/2000), Niš (175), Novi Sad (171), Priština (155), Kragujevac (147), Podgorica (117), Subotica (100)
Währung	Jugoslawischer neuer Dinar (YUM)
Staatsfeiertage	27. April (Gründung der BR Jugoslawien) 29. November (Abschaffung der Monarchie und Konstituierung als Föderative Volksrepublik 1945, bis 1998 auch Konstituierung des Antifaschistischen Rates der Nationalen Befreiung Jugoslawiens (AVNOJ) als provisorische Regierung in Jaice 1943)

Republik Kroatien/Republika Hrvatska

Unabhängigkeitserklärung am 25.6.1991, am 8.10.1991 formelle Trennung von Jugoslawien. Verfassung angenommen am 21.12.1990, in Kraft seit dem 22.12.1990.

Hauptstadt	Zagreb
Einwohner* 1996	4771
Fläche/davon ldw. genutzte Fläche	56610 qkm/11790 qkm
Städte > 100000 Einwohner 1991	Zagreb (707; S Juli 1997: 994), Split (189), Rijeka (168), Osijek (105)
Währung	Kroatische Kuna (HRK)
Staatsfeiertage	30. Mai («Tag der kroatischen Staatlichkeit»: Erste Sitzung des neugewählten Parlaments 1990) 5. August («Tag der kroatischen Dankbarkeit»: Proklamiert 1996 aus Anlaß der Wiedergewinnung der Krajina 1995)

Republik Makedonien[3]/Republika Makedonija

Unabhängigkeitserklärung am 25.11991. Unabhängigkeitsreferendum am 8.9.1991. Verfassung angenommen am 17.11.1991, in Kraft seit dem 20.11.1991. Wichtige Verfassungsänderungen am 6.1.1992.

Hauptstadt	Skopje
Einwohner* 1994	2075
Fläche	25713 qkm
Städte > 100000 Einwohner 1994	Skopje (563), Tetovo (170), Bitola (138), Kumanovo (126), Gostivar (101)
Währung	Denar (MKD)
Staatsfeiertage	2. August (Illinden-Aufstand 1903) 8. September (Referendum über die Unabhängigkeit 1991) 11. Oktober (Beginn des nationalen Befreiungskampfes 1941)

Republik Moldova/Republica Moldova

Souveränitätserklärung am 23.6.1990. Unabhängigkeitserklärung am 27.8.1991. Verfassung angenommen am 28.7.1994, in Kraft seit dem 27.8.1994.

Hauptstadt	Chişinău
Einwohner* 1996	4344
Fläche	33700 qkm
Städte > 100000 Einwohner 1992	Chişinău (667), Tiraspol (187), Bălţi (159), Tighina (russ.: Bendery) (133)
Währung	Moldova-Leu (MDL)
Staatsfeiertag	27. August (Unabhängigkeitserklärung 1991)

Rumänien/România

Unabhängigkeit anerkannt durch den Berliner Kongreß am 13.7.1878. Republik seit 1991, vorher Volksrepublik. Verfassung angenommen am 21.11.1991, in Kraft seit dem 8.12.1991.

Hauptstadt	Bukarest
Einwohner* 1996	22608
Fläche/davon ldw. genutzte Fläche	238391 qkm/99603 qkm
Städte > 100000 Einwohner 1995	Bukarest (2054), Constanţa (348), Iaşi (343), Timişoara (333), Cluj-Napoca (331), Galaţi (328), Braşov (323), Craiova (308), Ploieşti (254), Brăila (236), Oradea (223), Bacău (209), Arad (187), Piteşti (186), Sibiu (170), Tîrgu Mureş (166), Baia Mare (150), Buzău (149), Satu Mare (131), Botoşani (129), Piatra Neamţ (126), Suceava (117)
Währung	Leu (ROL)
Staatsfeiertag	1. Dezember (Treffen transsilvanischer Rumänen in Alba Iulia und Proklamation der Vereinigung mit Rumänien 1918)

Republik Slowenien/Republika Slovenija

Unabhängigkeitserklärung am 25.6.1991, am 8.10.1991 formelle Trennung von Jugoslawien. Verfassung vom 23.12.1991. Wichtige Verfassungsänderung am 14.7.1997.

Hauptstadt	Ljubljana
Einwohner* 1996	1991
Fläche/davon ldw. genutzte Fläche	20255 qkm/3020 qkm
Städte > 100000 Einwohner 1994	Ljubljana (270), Maribor (103)
Währung	Tolar (SIT)
Staatsfeiertag	25. Juni (Unabhängigkeitserklärung 1991)

Republik Ungarn/Magyar Köztársaság

Unabhängigkeit proklamiert am 16.11.1918. Republik seit 1989, vorher Volksrepublik. Verfassung vom 20.8.1949. Wesentliche Verfassungsänderungen am 31.12.1990.

Hauptstadt	Budapest
Einwohner* 1996	10193
Fläche	93030 qkm
Städte > 100000 Einwohner 1994	Budapest (2008), Debrecen (217), Miskolc (191), Szeged (178), Pécs (172), Győr (131), Nyíregyháza (115), Székesfehérvár (110), Kecskemét (105)
Währung	Forint (HUF)
Staatsfeiertage	15. März (Beginn der Revolution 1848) 20. August (Fest Stephan I., wird seit dem 12. Jahrhundert gefeiert) 23. Oktober (Beginn des Aufstandes 1956 und Ausrufung der Republik 1989)

Anmerkungen: * Die Angaben zu Einwohnerzahlen von Staaten und Städten sind in Tausend angegeben. Die Angaben zu den städtischen Einwohnerzahlen beziehen sich in der Regel auf das Stadtgebiet. Nur in den Fällen, in denen sich erheblich abweichende Zahlen zum städtischen Einzugsgebiet ergeben, sind zwei Angaben angeführt: Davon bezieht sich die erste auf das Stadtgebiet, die zweite auf das Einzugsgebiet. S bedeutet Schätzung.

[1] Nach der Volkszählung von 1991 betrug die Einwohnerzahl rund 4,38 Millionen. Nach einer Schätzung hat sich die Zahl der tatsächlich innerhalb der Staatsgrenzen lebenden Einwohner bis zur Jahresmitte 1998 auf rund 3,38 Millionen verringert.

[2] Nach einer Schätzung vom Juli 1998 lebten in der Bundesrepublik Jugoslawien 11,22 Millionen Einwohner, davon 10,56 Millionen in Serbien und 0,68 Millionen in Montenegro. Enthalten sind in dieser Zahl rund 726000 Flüchtlinge aus Bosnien und Herzegowina sowie aus Kroatien.

[3] Provisorischer Name durch die UN seit dem 8.4.1993: «Ehemalige Jugoslawische Republik Makedonien» (The Former Yugoslav Republic of Macedonia – FYROM).

Quellen: Länderberichte; Fischer Weltalmanach; Europa World Yearbook; nationale Statistiken; Demographic Yearbook; Munziger Archiv; CIA factbook 1998; eigene Berechnungen.

Tabelle 2: Bevölkerungsentwicklung, städtische Bevölkerung (in % an der Gesamtbevölkerung) und Bevölkerungsdichte (in Einwohnern pro qkm), um 1970, um 1985, um 1990, um 1996

	Fläche in qkm	Um 1970			Um 1985			Um 1990			Um 1996		
		Bevölkerung in 1 000	Davon in Städten	Dichte Einw./qkm	Bevölkerung in 1 000	Davon in Städten	Dichte Einw./qkm	Bevölkerung in 1 000	Davon in Städten	Dichte Einw./qkm	Bevölkerung in 1 000	Davon in Städten	Dichte Einw./qkm
Albanien[1]	28 748	2 068	32	74,3	2 957	35	102,9	3 255	36	113,3	3 286	38	114,3
Bosnien u. Herz.[2]	51 200	3 746	–	73,2	4 314	–	84,4	4 377	40	85,5	–	–	–
Bulgarien[3]	110 994	8 515	52	76,7	8 948	67	80,6	8 669	67	82,4	8 356	68	75,3
Griechenland[4]	131 957	8 769	53	66,4	9 739	58	73,8	10 238	63	77,6	10 475	59	79,4
Jugoslawien[5]	102 173	8 909	48	87,3	10 210	53	99,9	10 530	51	103,1	10 577	57	103,5
Kroatien[6]	56 610	4 426	–	78,2	4 655	49	82,2	4 784	54	84,5	4 771	56	84,3
Makedonien[7]	25 713	–	–	–	–	–	–	2 033	58	79,1	1 980	60	77,0
Moldova[8]	33 700	3 568	32	105,9	4 235	44	125,6	4 361	48	129,4	4 344	46	128,9
Rumänien[9]	238 391	20 250	37	85,0	23 206	50	97,4	22 756	54	95,5	22 608	56	94,8
Slowenien[10]	20 255	1 891	51	85,1	2 000	–	95,2	1 966	51	94,3	1 991	52	98,3
Ungarn[11]	93 030	10 322	59	110,9	10 649	61	114,47	10 553	65	113,4	10 193	65	109,6

Anmerkungen: Die Angaben gelten für folgende Jahre:
1 1970, 1985, 1990, 1996.
2 1971, 1985, 1991.
3 1970, 1985, 1990, 1996.
4 1971, 1981, 1990, 1996.
5 1970, 1981, 1990, 1996.
6 1971, 1981, 1991, 1996.
7 1991, 1996.
8 1975, 1985, 1990, 1994.
9 1970, 1985, 1990, 1996.
10 1970, 1985, 1990, 1996.
11 1970, 1985, 1990, 1995.

Quellen: Nationale Statistiken; Länderberichte; Fischer Weltalmanach.

Tabelle 3: Lebenserwartung bei Geburt, Anfang 1970er Jahre, Ende 1980er Jahre, Gegenwart

	Anfang 1970er Jahre		Ende 1980er Jahre		Gegenwart	
	Männer	Frauen	Männer	Frauen	Männer	Frauen
Albanien[1]	69,2	74,2	69,9	75,5	69,0	74,0
Bosnien u. Herzeg.[2]	(65,4)	(70,2)	–	–	69,6	75,1
Bulgarien[3]	68,7	73,9	69,0	75,0	67,1	74,6
Griechenland[4]	70,1	73,6	74,0	79,0	75,2	80,2
BR Jugoslawien[5]	67,9	71,7	68,6	73,3	69,9	74,7
Kroatien[6]	65,7	72,3	66,6	74,2	65,6	75,0
Makedonien[7]	(65,4)	(70,2)	–	–	69,3	73,7
Moldova[8]	62,4	68,8	65,5	72,3	61,8	69,7
Rumänien[9]	67,4	72,0	66,6	72,7	65,7	73,4
Slowenien[10]	66,0	72,4	69,4	77,3	70,3	77,8
Ungarn[11]	66,4	72,4	65,4	73,8	66,4	75,1

Anmerkungen: Die Angaben sind auf die erste Dezimalstelle gerundet und gelten für folgende Stichjahre bzw. stellen Durchschnittswerte der angegebenen Zeiträume dar:

[1] 1965/1975, 1988/1989, 1990/1995.

[2] In Klammern angegeben der Durchschnitt 1970/1972 für das damalige Jugoslawien, Durchschnitt für Bosnien und Herzegowina 1990/1995 nach Schätzung der UN.

[3] 1974/1976, 1988, 1996.

[4] 1975, 1987, 1996.

[5] 1976, 1990, 1997.

[6] 1971, 1985, 1993.

[7] In Klammern angegeben der Durchschnitt 1970/1972 für das damalige Jugoslawien, Durchschnitt für Makedonien 1990/1995 nach Schätzung der UN.

[8] 1979, 1989, 1995.

[9] 1974/1975, 1988/1990, 1995.

[10] 1970, 1990, 1995.

[11] 1974, 1989, 1997.

Quellen: Nationale Statistiken; Länderberichte; Statistische Jahrbücher Ausland; Demographic Yearbook.

Tabelle 4: Altersstrukturen (in % an der Gesamtbevölkerung), um 1970, um 1990, Gegenwart

	Um 1970			Um 1990			Gegenwart		
	0–14 Jahre	15–64 Jahre	≥ 65 Jahre	0–14 Jahre	15–64 Jahre	≥ 65 Jahre	0–14 Jahre	15–64 Jahre	≥ 65 Jahre
Albanien[1]	42,4	53,3	4,3	32,7	61,9	5,3	–	–	–
Bosnien und Herzegowina[2]	–	–	–	14,5	78,3	7,2	–	–	–
Bulgarien[3]	22,8	67,1	9,6	21,9	65,3	12,7	17,2	67,5	15,3
Griechenland[4]	25,4	63,8	10,9	17,1	67,5	15,4	16,8	67,6	15,6
BR Jugoslawien[5]	25,1	66,6	8,3	22,8	67,2	9,9	–	–	–
Kroatien[6]	22,6	67,1	10,3	19,4	67,4	13,4	19,3	68,4	12,3
Makedonien[7]	–	–	–	24,2	67,6	8,3	–	–	–
Moldova[8]	34,2	53,2	12,4	29,7	54,9	15,4	28,3	56,0	15,7
Rumänien[9]	25,6	64,4	10,0	23,6	66,0	10,4	19,4	68,0	12,7
Slowenien[10]	23,0	65,7	11,3	20,6	68,4	10,9	18,4	69,3	12,3
Ungarn[11]	21,1	61,9	17,0	18,9	67,3	13,7	17,5	68,1	14,4

Anmerkungen: Aufgrund der Rundung ergibt die Summe der Prozentangaben nicht immer 100 %.
Die Angaben gelten für folgende Jahre:

[1] 1970, 1990.
[2] 1990.
[3] 1970, 1990, 1996.
[4] 1971, 1990, 1995/96.
[5] 1971, 1991.
[6] 1970, 1990, 1995.
[7] 1990.
[8] 1970, 1990, 1996.
[9] 1977, 1990, 1997.
[10] 1985, 1991, 1995.
[11] 1970 (angegeben sind die Altersgruppen 0–14 J., 15–59 J., ≥ 60 J.), 1994, 1998.

Quellen: Nationale Statistiken; Länderberichte; Demographic Yearbook.

Tabelle 5: Bildungsstrukturen (in Prozent der Referenzgruppe), 1960er–1970er Jahre, Gegenwart

	Analphabeten	Ohne Schulbildung	Grundschule	Allgemeinbildende Mittel- u. Fachschule	Allg. höhere Schule u. Fachschule	Hochschule
1960er–1970er						
Albanien[1]	31,1	–	–	–	–	–
Bulgarien[2]	9,7	8,6	44,6	32,0	12,5	2,4
Griechenland[3]	16,0	–	–	–	–	–
Jugoslawien[4]	24,2	23,9	57,9	8,1	3,3	1,3
Kroatien[5]	9,0	17,6	58,4	17,7	4,1	2,2
Moldova[6]	–	–	–	31,5	–	5,9
Rumänien[7]	11,6	–	75,3	15,8	6,7	2,2
Slowenien[8]	–	28,5	40,9	25,4	–	3,3
Ungarn[9]	3,9	4,0	67,3	21,7	5,1	1,9
Gegenwart						
Bulgarien[10]	–	23,3	31,1	–	37,4	8,2
Jugoslawien[11]	7,0	9,5	25,0	32,2	6,5	3,2
Kroatien[12]	3,0	10,1	44,6	24,2	15,8	5,3
Moldova[13]	–	10,3	34,7	46,3	–	8,7
Slowenien[14]	0,0	17,1	29,9	42,8	–	8,8
Ungarn[15]	–	0,7	–	85,2	34,7	12,1

Anmerkungen: Die Aufteilung erfolgte, sofern dies möglich war, nach dem jeweils höchsten erreichten Bildungsabschluß. Die Angaben gelten für folgende Jahre und Referenzgruppen (Bevölkerung jenseits einer bestimmten Altersgrenze):

[1] 1955; > 9 Jahre.
[2] 1965; > 8 Jahre.
[3] 1971; > 10 Jahre.
[4] 1961; > 10 Jahre.
[5] 1971; > 10 Jahre.
[6] 1979; > 15 Jahre.
[7] 1966; > 12 Jahre. Die Angabe bzgl. der Analphabeten bezieht sich auf das Jahr 1956.
[8] 1971; > 10 Jahre.
[9] 1971; > 7 Jahre.
[10] 1992; > 8 Jahre.
[11] 1991; > 15 Jahre.
[12] 1991; > 10 Jahre.
[13] 1989; > 15 Jahre.
[14] 1991; > 10 Jahre.
[15] 1996; wechselnde Referenzgruppen: Kategorie «Ohne Schulbildung»: > 10 Jahre, «Mittelschule»: > 15 Jahre, «Höhere Schulbildung»: > 18 Jahre, «Hochschule»: > 25 Jahre.

Quellen: Paul S. Shoup: The East European and Soviet Data Handbook; Länderberichte; Fischer Weltalmanach; Itogi vsesojuznoj perepisi naselenija 1989 g.

Tabelle 6: Gläubige nach Religionsgemeinschaften im 20. Jahrhundert (in % der Gesamtbevölkerung)

Zwischenkriegszeit

	Christen	Darunter:				Muslime	Juden	Andere, unbekannt
		Orthodox	Röm.-Kath.	Unierte	Protestanten			
en[1*]	30	20	10	–	–	70	–	–
ien[2]	85,7	84,4	0,8	–	0,1	13,5	0,8	0,4
enland[3]	96,8	96,1	0,6	–	0,1	2,0	1,2	0,0
lawien[4]	88,0	48,7	37,4	–	1,7	11,2	0,5	0,3
nien[5]	94,2	72,6	6,8	7,9	6,9	1,0	4,2	0,6
n[5]	94,7	0,5	64,9	2,3	27,0	–	5,1	–

960er–1980er Jahre

	Christen	Darunter:				Muslime	Juden	Atheisten	Andere, unbekannt
		Orthodox	Röm.-Kath.	Unierte	Protestanten				
en[6]	5,4	–	–	–	–	20,5	–	18,7	55,4
ien[7]	65,5	64,2	0,7	–	0,6	10,8	0,1	8,4	15,2
enland[8]	97,3	96,8	0,4	–	0,1	1,3	0,0	–	1,4
awien[7]	74,0	39,2	33,7	0,6	1,0	10,7	0,0	6,3	9,0
nien[7]	82,8	79,3	6,2	0,0[14]	8,3	1,2	0,5	6,8	8,7
n[7]	83,6	0,6	58,9	0,0	24,0	0,0	0,9	7,1	8,4

Gegenwart

	Christen	Darunter:			Muslime	Juden	Atheisten	Andere, unbekannt
		Orthodox	Röm.-Kath.	Protestanten				
en[9*]	30	20	10	–	70	–	–	–
n u. Herzeg.[9*]	48	31	17	–	44	–	–	–
ien[10]	86,7	85,7	0,6	0,3	13,1	0,1	–	0,1
goslawien[9*]	75	44	31	–	12	–	–	–
n								
tenegro[9*]	81	75	6	–	19	–	–	–
ien[9*]	90	90	–	–	5	–	–	–
enland[10]	97,0	97,0	–	–	1,2	–	–	1,8
n[11]	89,1	11,1	76,6	1,4	1,2	–	1,2	7,2
onien[12*]	67	67	–	–	30	–	–	–
va[9*]	98,5	98	0,5	–	–	1,5	–	–
ien[10]	97,6	88,0	5,1	3,5	0,2	–	–	1,1
nien[11]	74,3	2,4	70,9	1,0	1,5	–	4,3	20,2
n[13]	~87	~ 2	~64	~23	~ 0,0	~ 1	–	~12

Anmerkungen: * bedeutet Schätzung. Die Angabe «0,0» bedeutet einen prozentualen Anteil unter 0,1 %.
Die Angaben beziehen sich auf folgende Jahre:

[1] 1940.
[2] 1934.
[3] 1928.
[4] 1931.
[5] 1930.
[6] 1980.
[7] 1975.
[8] 1961.
[9] 1997.
[10] 1992.
[11] 1991.
[12] 1994.
[13] 1989. Für Ungarn liegen nur absolute Zahlen zu verschiedenen Zeitpunkten vor: 6,61 Millionen Katholiken 1993, 2 Millionen Calvinisten 1987, 430000 Lutheraner 1992, 273000 Orthodoxe, 100000–120000 Juden, 3000 Muslime.
[14] Nach Barret: World Christian Encyclopedia. Nach Angaben des Vatikan lebten 1974 in Rumänien neben rund 1,5 Millionen Katholiken weitere 1,56 Millionen Gläubige der vom Staat verbotenen Rumänischen Unierten Kirche. Vgl. Voss: Religionsfreiheit, S. 142.

Quellen: Voss: Religionsfreiheit; Barret: World Christian Encyclopedia; Fischer Weltalmanach; Shoup, Paul S.: The East European and Soviet Data Handbook; Gjuzelev, Bojan: Minderheiten, S. 372.

Tabelle 7: Nationalitäten im 20. Jahrhundert (in 1000 und Prozent an der Gesamtbevölkerung)

a) Zwischenkriegszeit

	Alba-ner	Arme-nier	Bul-garen	Deut-sche	Gagau-sen	Grie-chen	Italie-ner	Juden	Jugo-slawen	Kroaten	Make-donier	M da
Albanien[1] 1945	1075,7 95,8%	–	–	–	–	26,5 2,4%	–	–	14,9 1,2%	–	–	
Bulgarien 1934	–	23,0 0,4%	5275,9 86,8%	4,2 0,1%	–	9,6 0,2%	–	28,0 0,5%	–	–	–	
Griechenland 1928	18,8 0,3%	33,6 0,5%	16,8 0,3%	–	–	5759,6 92,8%	–	63,2 1,0%	–	–	81,9 1,3%	
Jugoslawien[4] 1931	505,2 3,6%	–	–	500,0 3,6%	–	–	9,4 0,1%	18,0 0,1%	10730,8 77,0%[3]	–[4]	–[4]	
Rumänien 1930	12,2 0,1%	–	66,3 0,5%	663,5 4,7%	–	23,2 0,2%	–	451,9 3,2%	–	–	–	
Ungarn 1930	–	–	–	477,1 5,5%	–	–	–	–	–	47,3 0,5%	–	

Anmerkungen: Für die Republik Moldova in ihren heutigen Grenzen liegen keine Angaben für die 1930er Jahre vor. Zwar bestand zwischen 1924 und 1940 eine Moldawische SSR innerhalb der Ukrainischen SSR. Mit der Eingliederung Bessarabiens und der Nord-Bukowina änderten sich Territorium und Bevölkerungszusammensetzung allerdings vollständig.

[1] Für Albanien liegen vor dem Zweiten Weltkrieg keine amtlichen Daten vor. Nach Schätzungen gehörten 8% der Einwohner Albaniens ethnischen Minderheiten an. Davon waren ca. 50000 Griechen, 10000 – 20000 Aromunen, 10000 Serben und Montenegriner sowie 10000 Zigeuner.

Quellen: Bibliographisches Handbuch der ethnischen Gruppen Südosteuropas; Osteuropa-Handbuch. Jugoslawien; Shoup, Paul S.: The East European and Soviet Data Handbook.

b) 1948–1960

	Alba-ner	Arme-nier	Bul-garen	Deut-sche	Gagau-sen	Grie-chen	Italie-ner	Juden	Jugo-slawen	Kroaten	Make-donier	M da
Albanien 1955	1349,0 97%	–	–	–	–	35,3 2,5%	–	–	5,8 0,4%	–	–	
Bulgarien 1956	1,1 0,0%	22,0 0,3%	6506,5 85,5%	0,7 0,0%	–	7,4 0,1%	–	6,0 0,1%	–	–	187,7 2,5%	
Griechenland 1951	7,8 0,1%	3,7 0,0%	17,9 0,3%	–	–	7455,3 97,6%	–	6,3 0,1%	–	–	10,3 0,2%	
Jugoslawien 1948	750,4 4,8%	–	61,1 0,4%	55,3 0,4%	–	–	79,6 0,5%	–	–	3784,3 24,0%	810,1 5,1%	
Moldaw. SSR 1959	–	1,2 0,0%	61,7 2,1%	–	95,9 3,3%	–	–	95,1 3,3%	–	–	–	1 6
Rumänien 1956	–	6,4 0,0%	12,0 0,1%	384,7 2,2%	–	11,2 0,1%	–	146,3 0,8%	46,5 0,3%	–	–	
Ungarn 1960	–	–	–	8,6 0,1%	–	–	–	–	–	14,7 0,1%	–	

[1] 656025 Türken und 5993 Tataren.
[2] Serben, Kroaten und Slowenen.
[3] 20469 Tataren, 14329 Türken.

Quellen: Bibliographisches Handbuch der ethnischen Gruppen Südosteuropas; Osteuropa-Handbuch. Jugoslawien; Itogi vsesojuznoj perepisi naselenija 1959 g. Moldovskaja SSR; Shoup, Paul S.: The East European and Soviet Data Handbook.

te- iner	Muslime	Ru- mänen	Russen	Serben	Slo- wenen	Slo- waken	Tsche- chen	Türken	Ukrainer	Ungarn	Vlachen	Zigeuner (Roma)	Übrige
	–	–	–	–	–	–	–	–	–	–	–	–	5,6 0,6 %
	–[2]	16,4 0,3 %	11,9 0,2 %	–	–	–	–	622,6[3] 10,2 %	–	–	–	80,5 1,3 %	6,6 0,1 %
	–	–	–	–	–	–	–	191,3 3,1 %	–	–	–	5,0 0,1 %	34,6 0,5 %
4	–[4]	137,9[5] 1,0 %	36,3 0,3 %	–[4]	1 135,4 8,2 %	76,4 0,6 %	52,9 0,4 %	132,9 1,0 %	27,7 0,2 %	468,2 3,4 %	–[5]	70,4 0,5 %	32,4 0,2 %
	–	11 118,2 78,1 %	50,7 0,4 %	50,3 0,4 %	–	50,7 0,4 %	–	41,7 0,3 %[6]	45,9 0,3 %	1 423,5 10,0 %	–	242,7 1,7 %	–
	–	16,2 0,2 %	–	7,0 0,1 %	5,5 0,1 %	104,8 1,2 %	–	–	–	8 000,3 92,1 %	–	7,8 0,1 %	19,1 0,2 %

[2] In Bulgarien wurde nach der Muttersprache gefragt. 1934 lebten in Bulgarien 134 125 bulgarisch sprechende Muslime, von denen die meisten (1926: 102 351) Pomaken waren.
[3] Davon 4 377 Tataren.
[4] Serben, Kroaten, Makedonier, Montenegriner, Muslime erscheinen ohne Differenzierung in der Spalte «Jugoslawen».
[5] Vlachen und Rumänen wurden in der Statistik zusammengefaßt.
[6] 26 080 Türken und 15 580 Tataren.
[7] Gefragt wurde nach der Muttersprache.

te- ner	Muslime	Ru- mänen	Russen	Serben	Slo- wenen	Slo- waken	Tsche- chen	Türken	Ukrainer	Ungarn	Vlachen	Zigeuner (Roma)	Übrige
	–	–	–	–	–	–	–	–	–	–	–	–	1,3 0,1 %
	–	3,7 0,0 %	10,6 0,1 %	0,5 0,0 %	–	–	1,2 0,0 %	662,0[1] 8,7 %	–	0,7 0,0 %	–	197,9 2,6 %	5,6 0,1 %
	–	–	–	–	–	–	–	118,2 1,5 %	–	–	–	4,1 0,0 %	11,9 0,2 %
,7 %	808,9 5,1 %	64,1 0,4 %	20,1 0,1 %	6 547,1 41,5 %	1 415,4 9,0 %	83,6 0,5 %	39,0 0,2 %	98,0 0,6 %	–	496,5 3,2 %	102,9 0,7 %	72,7 0,5 %	57,0 0,3 %
	–	1,7 0,0 %	292,9 10,2 %	–	–	–	–	–	420,8 14,6 %	–	–	7,3 0,2 %	21,4 0,7 %
	–	14 996,1 85,7 %	38,7 0,2 %	–	–	23,3 0,1 %	11,8 0,1 %	34,8[3] 0,2 %	60,5 0,3 %	1 587,7 9,1 %	–	104,2 0,6 %	31,6 0,2 %
	–	12,3 0,1 %	–	3,9 0,0 %	–	14,3 0,1 %	–	–	–	9 837,3 98,8 %	–	56,1 0,6 %	13,7 0,1 %

c) Gegenwart

	Albaner	Armenier	Bulgaren	Deutsche	Gagausen	Griechen	Italiener	Juden	Jugoslawen	Kroaten	Makedonier	M da
Albanien[1] 1989	3 117,6 98,0 %	–	–	–	–	58,8 1,9 %	–	–	–	–	4,7 0,1 %	
Bosnien u. Herz. 1991	–	–	–	–	–	–	–	–	239,8 5,5 %	760,9 17,3 %	–	
Bulgarien 1992	3,2 0,0 %	13,7 0,2 %	7 271,2 85,7 %	0,9 0,0 %	–	4,9 0,1 %	–	3,5 0,0 %	–	–	–	
BR Jugoslawien:												
Montenegro 1991	40,9 6,6 %	–	–	–	–	–	–	–	25,8 4,0 %	–	–	
Serbien 1991	1 686,7[4] 17,2 %	–	25,2 0,3 %	–	–	–	–	–	317,7 3,2 %	109,2 1,1 %	47,6 0,4 %	
Darin: Kosovo[5] 1981	1 226,7 77,4 %	–	–	–	–	–	–	–	–	–	–	
Vojvodina 1991	–	–	–	–	–	–	–	–	174,3 8,7 %	98,0 4,8 %	17,5 0,9 %	
Kroatien 1991	12,0 0,3 %	–	–	2,6 0,0 %	–	–	21,3 0,4 %	–	106,0 2,2 %	3 736,4 78,1 %	–	
Makedonien 1994	479,0 23,1 %	–	–	–	–	–	–	–	–	–	1 378,7 66,4 %	
Moldawische SSR 1989	–	2,8 0,1 %	88,4 2,0 %	7,3 0,2 %	153,5 3,5 %	–	–	65,7 1,5 %	–	–	–	27 64
Rumänien 1992	–	2,0 0,0 %	9,9 0,0 %	111,4 0,5 %	–	3,9 0,0 %	–	9,0 0,0 %	–	4,1 0,0 %	–	
Slowenien 1991	3,6 0,2 %	–	–	0,5 0,0 %	–	–	3,1 0,1 %	–	12,3 0,6 %	54,2 2,8 %	4,4 0,2 %	
Ungarn 1990	–	–	–	30,8 0,3 %	–	–	–	–	–	13,6 0,1 %	–	

Anmerkungen: Laut der Verfassung von 1975 gelten alle Bürger Griechenlands als Griechen. Daher existieren für die Gegenwart keine Erhebungen über die ethnische Zugehörigkeit mehr. Eine Ausnahme bilden allein die Türken, die als Minderheit anerkannt sind.

[1] Die Richtigkeit der Angaben der Volkszählung in Albanien wird von seiten Jugoslawiens, Makedoniens und Griechenlands bestritten. Die Zahl der Montenegriner wird auf 15 000–20 000, die der Makedonier auf 45 000–60 000 geschätzt. Zigeuner und Aromunen werden als Minderheiten in den albanischen Statistiken nicht geführt.

[2] 800 052 Türken, 4 515 Tataren

[3] 3 392 Tataren

Quellen: Bibliographisches Handbuch der ethnischen Gruppen Südosteuropas; Bartl: Albanien, S. 13–15; Narody Rossii; Itogi vsesojuznoj perepisi naselenija 1989 g.; Seewann: Ethnostruktur.

nte-riner	Muslime	Ru-mänen	Russen	Serben	Slo-wenen	Slo-waken	Tsche-chen	Türken	Ukrainer	Ungarn	Vlachen	Zigeuner (Roma)	Übrige
-	–	–	–	0,1 0,0 %	–	–	–	–	–	–	–	–	1,3 0,04 %
-	1 905,8 43,7 %	–	–	1 369,3 31,4 %	–	–	–	–	–	–	–	–	93,4 2,1 %
-	–	2,5 0,0 %	17,1 0,2 %	0,4 0,0 %	–	–	0,6 0,0 %	804,6[2] 9,5 %	–	0,3 0,0 %	–	313,4 3,7 %	51,1 0,6 %
0,5 8 %	89,9 14,6 %	–	–	57,2 9,3 %	–	–	–	–	–	–	–	–	15,0 2,7 %
0,0 4 %	237,4 2,4 %	42,4 0,4 %	–	6 428,4 65,8 %	8,3 0,1 %	67,2 0,6 %	–	11,5 0,1 %	–	345,4 3,5 %	17,6 0,2 %	137,3 1,4 %	143,1 1,4 %
7,0 7 %	58,6 3,6 %	–	–	209,5 13,2 %	–	–	–	12,5 0,7 %	–	–	–	34,1 2,1 %	16,0 1,0 %
4,8 2 %	–	38,8 1,9 %	–	1 143,7 56,8 %	–	63,5 3,2 %	–	–	–	339,5 16,9 %	–	24,4 1,2 %	69,3 3,4 %
9,5 2 %	43,4 0,9 %	–	–	581,7 12,2 %	22,4 0,5 %	5,6 0,1 %	13,1 0,3 %	–	–	22,4 0,5 %	–	6,7 0,1 %	196,2 4,1 %
-	16,1 0,8 %	–	–	39,9 1,9 %	–	–	–	81,6 3,9 %	–	–	–	47,4 2,3 %	23,9 1,6 %
-	–	2,4 0,1 %	562,1 13,0 %	–	–	–	–	3,4[3] 0,1 %	600,4 13,8 %	–	–	11,6 0,3 %	43,0 1,0 %
-	–	20 379,9 89,6 %	30,6 0,1 %	29,4 0,1 %	0,3 0,0 %	19,6 0,1 %	5,8 0,0 %	54,4 0,2 %	65,2 0,3 %	1 624,1 7,1 %	–	401,1 1,8 %	4,1 0,0 %
4,2 0,2	26,8 1,4 %	–	–	47,9 2,4 %	1 727,0 87,8 %	–	–	–	–	8,5 0,4 %	–	2,3 0,1 %	78,5 4,2 %
	–	10,7 0,1 %	–	2,9 0,0 %	1,9 0,0 %	10,5 0,1 %	–	–	–	10 142,1 97,8 %	–	142,7 1,4 %	19,6 0,2 %

[4] Die angeführte Zahl der Albaner in Serbien beruht auf einer Schätzung der serbischen Seite, da die Albaner im Kosovo die letzte Volkszählung im Jahr 1991 boykottierten. Die Schätzung gibt keine gesonderten Zahlen für die Albaner im Kosovo an.

[5] Die Angaben beruhen auf der letzten Volkszählung, an der alle Volksgruppen teilgenommen haben. Die Volkszählung des Jahres 1991 wurde von den Albanern im Kosovo boykottiert. Es liegen daher keine verläßlichen Daten für die ethnischen Strukturen im Kosovo für die 90er Jahre vor, sondern lediglich Schätzungen. Aus Schätzungen der serbischen Seite des Jahres 1991 kann geschlossen werden, daß die Zahl der Albaner im Kosovo bei einer Gesamtbevölkerung von 1,9 Millionen rund 1,6 Millionen (= 84,2 %) betrug. Einer albanischen Schätzung des Jahres 1994 zufolge betrug die Zahl der Albaner 1,93 Millionen (= 88,8 %) bei einer Gesamtbevölkerung von 2,175 Millionen.

Tabelle 8: Nationalitäten in Jugoslawien nach Gebieten 1921 und 1948

a) 1921

	Alba- ner	Deut- sche	Italie- ner	Jugo- slawen[1]	Monte- negriner	Muslime	Ru- mänen	Russen Russen	Slo wen
Bosnien u. Herz.	0,6 0,0%	16,7 0,9%	1,7 0,1%	1826,7 96,7%	–	–	1,3 0,1%	2,6 0,1%	4,7 0,2
Kroatien	0,7 0,0%	98,3 3,3%	9,1 0,3%	2836,4 91,2%	–	–	0,9 0,0%	5,4 0,2%	22, 0,7
Makedonien	110,7 13,9%	0,1 0,0%	–	549,3 68,5%	–	–	9,1 1,1%	0,2 0,0%	0, 0,0
Montenegro	17,2 5,5%	0,1 0,1%	0,2 0,1%	292,7 94,0%	–	0,4 0,1%	–	0,2 0,1%	0, 0,1
Serbien darunter:	310,3 6,4%	349,5 7,2%	0,8 0,0%	3394,5 70,5%	–	–	219,7 4,6%	10,5 0,2%	11, 0,2
Kosovo	288,9 65,8%	–	–	114,1 26,0%	–	–	0,4 0,1%	–	0, 0,0
Vojvodina	0,8 0,0%	334,1 22,0%	0,3 0,0%	654,3 43,0%	–	–	67,6 4,4%	6,0 0,4%	8, 0,5
Slowenien	0,1 0,0%	41,5 3,9%	0,7 0,1%	11,9 1,1%	1,2 0,1%	–	–	1,6 0,2%	98 92,

Anmerkungen:

[1] Angeführt sind die Ergebnisse der Volkszählung 1921. Gefragt wurde dabei nach der Muttersprache. Serben, Bosnier, Makedonier, Montenegriner und Kroaten wurden als Jugoslawen angegeben.

Quellen: Osteuropa-Handbuch. Jugoslawien; Shoup, Paul S.: The East European and Soviet Data Handbook.

b) 1948

	Albaner	Bulgaren	Deutsche	Italiener	Kroaten	Make- donier	Monte- negriner	Muslime	Rum
Bosnien u. Herz.	0,8 0,0%	–	1,3 0,0%	1,0 0,0%	614,1 23,9%	0,7 0,0%	3,1 0,0%	788,4 30,7%	–
Kroatien	0,6 0,0%	0,6 0,0%	10,1 0,3%	76,1 2,0%	2975,4 79,2%	1,4 0,0%	2,9 0,0%	1,1 0,0%	0, 0,0
Makedonien	197,4 17,1%	0,9 0,0%	0,4 0,0%	–	2,1 0,2%	798,6 68,5%	2,3 0,2%	1,6 0,1%	–
Montenegro	19,4 5,1%	–	0,4 0,1%	0,1 0,0%	6,8 1,8%	0,1 0,0%	342,0 90,7%	0,4 0,1%	–
Serbien darunter:	532,0 8,1%	59,5 0,9%	41,5 0,6%	0,9 0,0%	169,9 2,6%	17,9 0,3%	74,9 1,1%	17,3 0,3%	63 1,0
Kosovo	498,2 68,5%	–	0,2 0,0%	–	5,3 0,7%	0,5 0,1%	28,1 3,9%	9,7 1,3%	–
Vojvodina	0,5 0,0%	3,5 0,2%	31,8 1,9%	0,2 0,0%	134,2 8,1%	9,1 0,6%	30,6 1,8%	1,1 0,1%	59 3,6
Slowenien	0,2 0,0%	–	1,8 0,2%	1,5 0,1%	16,1 1,2%	0,4 0,0%	0,5 0,0%	0,2 0,0%	–

Quellen: Osteuropa-Handbuch. Jugoslawien; Shoup, Paul S.: The East European and Soviet Data Handbook.

sche- hen	Türken	Ungarn	Übrige
6,4 ,3%	0,2 0,0%	2,6 0,1%	27,1 1,5%
4,0 ,4%	0,3 0,0%	77,5 2,5%	13,5 0,4%
0,1 ,0%	118,8 14,9%	–	13,1 1,6%
0,1 ,0%	0,2 0,1%	–	0,1 0,0%
2,0 ,3%	30,6 0,6%	373,0 7,7%	55,5 1,3%
–	27,9 6,4%	–	7,5 1,7%
7,6 ,8%	0,2 0,0%	369,9 24,3%	22,9 1,7%
2,9 ,3%	0,2 0,0%	14,4 1,4%	2,7 0,2%

ssen	Serben	Slowenen	Slowaken	Tschechen	Türken	Ungarn	Vlachen	Zigeuner (Roma)	Übrige
–	1136,1 44,3%	4,3 0,2%	–	–	–	0,5 0,0%	–	–	15,0 0,6%
–	543,8 14,5%	38,7 1,0%	10,1 0,3%	29,0 0,8%	–	51,4 1,4%	–	0,4 0,0%	11,2 0,3%
–	29,7 2,6%	0,7 0,0%	–	–	95,9 8,3%	0,2 0,0%	9,5 0,8%	–	22,4 2,0%
–	6,7 1,8%	0,5 0,1%	–	–	–	–	–	–	0,7 0,2%
3,3 2%	4823,7 73,9%	21,0 0,3%	73,1 1,1%	6,8 0,1%	1,9 0,0%	433,7 6,6%	93,4 1,4%	52,2 0,8%	31,9 0,5%
0,4 0,0	171,9 23,6%	0,3 0,0%	–	–	1,3 0,2%	–	–	11,2 1,5%	0,7 0,1%
5,1 3%	841,2 50,0%	7,2 0,4%	72,0 4,3%	4,0 0,2%	–	428,9 25,8%	–	7,6 0,5%	26,8 1,6%
0,8 0%	7,0 0,5%	1350,1 97,0%	–	–	–	10,6 0,8%	–	–	1,6 0,1%

Tabelle 9: Nationalitäten Südosteuropas in der Gegenwart nach Staaten und Größe (in Prozent der Gesamtbevölkerung, Nationalitäten mit einem Anteil an der Gesamtbevölkerung von über einem Prozent)

Albanien[1]

Albaner	98,0
Griechen	1,9

Bosnien und Herzegowina[2]

Muslime	43,7
Serben	31,4
Kroaten	17,3
Jugoslawen	5,5

Bulgarien[3]

Bulgaren	85,7
Türken	9,5
Roma	3,7

BR Jugoslawien[2]
Darin:
Serbien

Serben	65,8
Albaner	17,2[4]
Ungarn	3,5
Jugoslawen	3,2
Muslime	2,4
Roma	1,4

Montenegro[2]

Montenegriner	61,8
Muslime	14,6
Serben	9,3
Albaner	6,6
Jugoslawen	4,0

Kroatien[2]

Kroaten	78,1
Serben	12,2
Jugoslawen	2,2

Makedonien[5]

Makedonier	66,4
Albaner	23,1
Türken	3,9
Roma	2,3
Serben	1,9

Moldova[1]

Moldavier	64,5
Ukrainer	13,8
Russen	13,0
Gagausen	3,5
Bulgaren	2,0
Juden	1,5

Rumänien[2]

Rumänen	89,6
Ungarn	7,1
Roma	1,8

Slowenien[2]

Slowenen	87,8
Kroaten	2,8
Serben	2,4
Muslime	1,4

Ungarn[6]

Ungarn	97,8
Roma	1,4

Anmerkungen:
[1] 1989
[2] 1991
[3] 1992
[4] Die angeführte Zahl der Albaner in Serbien beruht auf einer Schätzung der serbischen Seite, da die Albaner im Kosovo die letzte Volkszählung im Jahr 1991 boykottierten.
[5] 1994
[6] 1990

Quellen: Bibliographisches Handbuch der ethnischen Gruppen Südosteuropas; Bartl: Albanien, S. 13–15; Narody Rossii; Itogi vsesojuznoj perepisi naselenija 1989 g.; Seewann: Ethnostruktur.

Tabelle 10: Lebensstandard, 1991–1997

	1991	1992	1993	1994	1995	1996	1997	1998*
Albanien								
Durchschn. Monatslohn in USD								
amtl. Wechselkurs	10	26	38	52	–	100	41[1]	–
Haushalte unter Existenzmin. %	–	–	–	–	20	–	–	–
Konsumgüterpreise								
Veränderung ggü. Vorjahr, %	35,5	226,0	85,0	22,6	7,8	12,7	32,1	20,6
Bosnien und Herzegowina								
Konsumgüterpreise								
Veränderung ggü. Vorjahr, %								
Musl.-kroat. Föder. (DM-Basis)	114	73 109	44 069	780	–4	–25	14	5
Republika Srpska (YUM-Basis)	114	7 461	2,2E+10[2]	1 061	118	66	3	38
Republika Srpska (DM-Basis)	–	–	–	–	21	17	–7	2
Bulgarien								
Durchschn. Monatslohn in USD								
amtl. Wechselkurs	54	89	114	87	123	64	94	107
Kaufkraftparität	–	–	286	220	213	–	–	–
Haushalte unter Existenzmin. %	–	–	20	–	–	–	70*	35
Konsumgüterpreise								
Veränderung ggü. Vorjahr, %	333,5	82,0	73,0	96,3	62,0	123,0	1 082	22
Griechenland								
Durchschn. Monatslohn in USD								
amtl. Wechselkurs	–	–	1 140	1 214	1 435	1 523	1 147	–
Haushalte unter Existenzmin. %	–	–	–	–	–	–	–	–
Konsumgüterpreise								
Veränderung ggü. Vorjahr, %	19,5	15,9	14,4	10,9	8,9	8,2	5,5	4,8
BR Jugoslawien								
Durchschn. Monatslohn in USD								
amtl. Wechselkurs	–	–	–	–	–	160	160	113
Kaufkraftparität	–	–	–	–	106	–	–	–
Haushalte unter Existenzmin. %	–	–	–	66	–	20	30	30
Konsumgüterpreise								
Veränderung ggü. Vorjahr, %	122	8 926	2,2E+14[2]	7,9E+10[2]	71,8	90,5	23,2	–
Kroatien								
Durchschn. Monatslohn in USD								
amtl. Wechselkurs	402	111	147	359	552	591	584	–
Kaufkraftparität	–	–	–	486	615	642	–	–
Einzelhandelspreise								
Veränderung ggü. Vorjahr, %	123	666	1 518	97,6	2,0	3,5	3,6	5,7
Makedonien								
Durchschn. Monatslohn in USD								
amtl. Wechselkurs	–	70	83	177	226	220	182	–
Haushalte unter Existenzmin. %	–	–	–	21	24	23	20	20
Konsumgüterpreise								
Veränderung ggü. Vorjahr, %	–	1 664	338,4	126,5	16,4	2,5	1,3	0,6
Moldova								
Durchschn. Monatslohn in USD								
amtl. Wechselkurs	–	–	30	45	49	57	–	–
Haushalte unter Existenzmin. %	–	–	–	–	–	20	–	–
Konsumgüterpreise								
Veränderung ggü. Vorjahr, %	98,0	1 276	788,5	329,7	30,2	23,5	11,8	8,0
Rumänien								
Durchschn. Monatslohn in USD								
amtl. Wechselkurs	84	95	103	110	138	138	118	160
Kaufkraftparität	–	–	563	483	385	–	–	–
Konsumgüterpreise								
Veränderung ggü. Vorjahr, %	161,1	210,4	256,1	136,7	32,3	38,8	154,8	45,0
Slowenien								
Durchschn. Monatslohn in USD								
amtl. Wechselkurs	610	627	666	734	941	955	989	–
Kaufkraftparität	–	–	–	1 079	1 120	1 222	1 265	–
Konsumgüterpreise								
Veränderung ggü. Vorjahr, %	117,7	207,3	32,9	21,0	13,5	9,9	8,4	8,0
Ungarn								
Durchschn. Monatslohn in USD								
amtl. Wechselkurs	240	282	295	317	309	307	305	–
Kaufkraftparität	421	463	478	495	465	477	503	–
Haushalte unter Existenzmin. %	13	–	–	33	35	–	–	–
Konsumgüterpreise								
Veränderung ggü. Vorjahr, %	35,0	23,0	22,5	18,8	28,2	23,6	18,3	14,3

Anmerkungen: Das Existenzminimum wird definiert als Einkommen in einer Höhe von weniger als 50 % des Durchschnittslohns. Bei den Monatsverdiensten handelt es sich um Brutto-Verdienste. Die Veränderungen der Konsumgüter- bzw. Einzelhandelspreise sind Jahresdurchschnittswerte.

* Vorläufige Angaben oder Schätzungen.

1 Mitte des Jahres.

2 Die Ziffer hinter dem Pluszeichen gibt die Anzahl der Nullen an. Ist in der ersten Ziffer, die vor dem E steht, eine Kommastelle angegeben, so ist eine Null abzuziehen; 2,2E+10 = 22000000000; 2,2E+14 = 220000000000000; 7,9E+10 = 79000000000.

Quellen: Wirtschaftslage und Reformprozessse; Economic Survey of Europe, Nr. 3/1998; Transition Report Update 1999; Nationale Statistiken.

Tabelle 11: Bruttoinlandsprodukt (BIP), 1991–1998

		1991	1992	1993	1994	1995	1996	1997	1998*
Albanien									
Gesamt	Mrd. ALL	16,5	53,2	125,3	187,9	224,7	281,0	338,9	446,2
real, Veränderung	in % ggü. Vorjahr	-27,7	-7,2	9,6	9,4	8,9	9,1	-7,0	8,0
pro Kopf	in USD	346	222	388	620	745	799	708	–
Bosnien und Herzegowina									
Gesamt	Mrd. USD	8,7	–	–	1,3	1,9	2,7	3,4	4,1
real, Veränderung	in % ggü. Vorjahr	-20	–	–	–	21	69	30	18
pro Kopf	in USD	1979	–	–	299	445	669	815	972
Bulgarien									
Gesamt	Mrd. BGL	136	201	299	526	880	1749	17103	21000
real, Veränderung	in % ggü. Vorjahr	-11,7	-7,3	-1,5	1,8	2,1	-10,9	-6,9	2,5
pro Kopf	in USD	872	1012	1276	1157	1538	1189	1227	1700
Griechenland									
Gesamt	Mrd. GRD	16231	18766	21136	23984	26884	29698	32752	–
real, Veränderung	in % ggü. Vorjahr	3,4	0,4	-0,9	1,5	2,1	2,7	3,5	3,2
pro Kopf	in USD	8713	9552	8901	9485	11109	11684	11288	–
BR Jugoslawien									
Gesamt	Mrd. YUM[2]	–	29	20	21	–	–	–	–
real, Veränderung	in % ggü. Vorjahr	-11	-26	-30,3	6	6	5,9	7,4	2,6
pro Kopf	in USD	2274	1740	1270	1390	1510	1545	1455	–
Kroatien									
Gesamt	Mrd. HRK	0,4	2,7	39,0	87,4	98,4	107,3	119,1	129,0
real, Veränderung	in % ggü. Vorjahr	-21,1	-11,7	-8,0	5,9	6,8	6,0	6,5	2,5
pro Kopf	in USD	4028	2291	2342	3139	4029	4392	4267	4477
Makedonien									
Gesamt	Mrd. MKD	0,9	11,8	59,2	136	153	157	166	168
real, Veränderung	in % ggü. Vorjahr	-12,1	-21,1	-9,1	-1,8	-1,2	0,8	1,5	3,0
pro Kopf	in USD	–	–	1141	1500	1887	1950	1663	–
Moldova									
Gesamt	Mrd. MDL	0,03	0,2	2,2	5,8	7,5	8,8	10,0	9,9
real, Veränderung	in % ggü. Vorjahr	-17,5	-29,1	-1,2	-31,2	-3,0	-8,0	1,3	-8,6
pro Kopf	in USD	–	231,7	310,0	327,2	386,4	444,5	504,0	005,0
Rumänien									
Gesamt	Mrd. ROL	2204	6029	20036	49768	72560	109515	249750	338600
real, Veränderung	in % ggü. Vorjahr	-12,9	-8,8	1,5	3,9	7,1	4,1	-6,6	7,3
pro Kopf	in USD	1245	859	1161	1331	1579	1572	1549	1697
Slowenien									
Gesamt	Mrd. SIT	349	1018	1435	1853	2221	2553	2907	3265
real, Veränderung	in % ggü. Vorjahr	-8,9	-5,5	2,8	5,3	4,1	3,3	3,8	4,0
pro Kopf	in USD	6333	6280	6370	7231	9418	9429	9101	9826
Ungarn									
Gesamt	Mrd. HUF	2498	2943	3548	4365	5614	6894	8541	10251
real, Veränderung	in % ggü. Vorjahr	-11,9	-3,1	-0,6	2,9	1,5	1,3	4,4	5,0
pro Kopf	in USD	3242	3617	3752	4052	4374	4441	4513	4727

Anmerkungen: * Schätzungen.
Angegeben ist das BIP zu laufenden Preisen.

Quellen: Transition Report Update 1999; Länderbericht Griechenland; Wirtschaftslage und Reformprozesse 1999.

Tabelle 12: Wirtschaftsstruktur nach Sektoren[1] und Anteil des Privatsektors (prozentualer Anteil am BIP), 1991–1997

	Sektoren	1991	1992	1993	1994	1995	1996	1997
Albanien	I	35,9	54,2	54,6	54,6	54,6	51,5	56,0
	II	48,2	24,5	23,1	22,1	22,0	23,4	23,6
	III	15,8	18,3	19,4	23,3	23,4	25,1	20,4
	PS	–	–	–	–	65	75	75
Bulgarien	I	15	11,6	9,9	11,5	12,7	14,5	23,3
	II	48	39,0	30,6	29,9	31,0	28,9	26,2
	III	37	49,4	59,5	58,6	56,3	54,0	50,5
	PS	16,6	26,5	37,9	42,3	50,6	55,6	66,0
BR Jugoslawien	I	–	21	–	22	26,3	–	–
	II	–	49	–	50	36,1	–	–
	III	–	30	–	28	37,6	–	–
	PS	–	31	–	32	–	–	35
Kroatien	I	14,5	14,0	10,0	10,4	9,7	9,3	9,0
	II	38,0	35,0	24,1	23,4	21,4	21,8	22,5
	III	47,5	51,0	65,9	66,2	68,9	68,9	68,5
	PS	25,2	34,9	41,2	44,9	–	–	–
Makedonien	I	–	15,9	15,8	16,5	17,8	10	11,3
	II	–	49,2	44,4*	49,0	45,6	32	23,2
	III	–	34,9	–	34,5	36,6	58	65,5
	PS	–	–	–	–	40	50	50
Moldova	I	–	38	31,5	29,2	29,3	27,3	26,0
	II	–	31	42,7	38,1	28,5	29,2	25,0
	III	–	31	25,8	32,7	42,2	43,5	49,0
	PS	–	–	–	20	30	–	–
Rumänien	I	18,5	19,0	21,0	19,8	19,9	19,1	18,8
	II	43,6	43,0	39,0	42,0	41,1	42,6	41,0
	III	37,9	38,0	40,0	38,2	39,0	38,3	40,2
	PS	23,6	26,4	34,8	38,9	45	52	58
Slowenien	I	4,9	4,9	5,2	4,6	4,6	4,6	4,3
	II	44,8	41,6	38,9	40,2	38,7	38,5	39,1
	III	50,3	53,5	55,9	55,2	56,7	56,9	56,6
	PS	15,7	19,5	–	–	40	45	55
Ungarn	I	9,0	7,2	6,6	6,7	6,7	6,5	6,3
	II	35,0	33,2	31,9	30,4	30,9	30,6	32,6
	III	54,0	59,6	61,5	62,9	62,4	62,9	61,1
	PS	18	25	–	55	60	70	75

Anmerkungen:

[1] Die Angaben über die Anteile der Wirtschaftssektoren am BIP variieren je nach Quelle zum Teil in erheblichem Maße. Daraus erklären sich die Unterschiede zwischen den in dieser Tabelle zusammengestellten Daten und denjenigen in Tabelle 5 im Beitrag von Marvin Jackson.

I – Agrarsektor (Land- und Forstwirtschaft)
II – Industrie inkl. Baugewerbe
III – Dienstleistungen und Sonstiges
PS – Privatsektor

Fehlt die Dezimalstelle, sind keine genaueren Angaben vorhanden. Vermutlich handelt es sich bei diesen Werten um Schätzungen.

* ohne Baugewerbe

Quellen: Wirtschaftslage und Reformprozesse; Länderberichte.

Tabelle 13: Produktionsentwicklung nach Sektoren, 1991–1997 (Indices, 1990 = 100)

	Sektoren	1990	1991	1992	1993	1994	1995	1996	1997
Albanien	Industrie	100	61,3	39,8	35,8	25,0	26,5	30,1	28,4
	Landwirt.	100	75,6	84,5	96,7	117,0	132,5	136,5	137,8
	Bauwesen	100	69,6	74,5	96,7	112,0	135,8	160,8	150,6
Bosnien u. Herz.	Industrie	100	75,5	33,2	7,2	7,2	8,9	9	13
Bulgarien	Industrie	100	–	65,4	58,3	64,8	67,3	70,3	63,1
	Landwirt.	100	101,1	99,3	79,9	68,9	78,9	73,0	92,1
	Bauwesen	100	40,7	41,4	37,1	34,6	35,4	29,2	20,0
Griechenland	Industrie	100	–	98,0	95,1	96,4	98,2	99,3	–
BR Jugoslawien	Industrie	100	83,2	64,4	40,1	40,6	42,0	44,7	47,4
	Landwirt.	100	109,8	90,0	87,0	90,5	96,5	95,5	95,0
	Bauwesen	100	90,8	71,2	53,8	45,7	46,2	48,7	55,5
Kroatien	Industrie	100	71,5	61,1	57,4	55,9	56,1	57,8	61,7
	Landwirt.	100	91,0	79,6	69,1	68,8	67,0	69,1	72,9
	Bauwesen	100	75,3	51,4	46,0	44,0	41,8	56,8	73,3
Makedonien	Industrie	100	82,8	68,5	57,6	52,2	52,2	55,3	58,6
	Landwirt.	100	–	–	–	86,2	89,5	87,6	88,6
	Bauwesen	100	–	–	–	72,7	70,6	71,9	61,6
Moldova	Industrie	100	–	64,8	65,0	47,0	44,2	41,3	38,4
	Landwirt.	100	–	75,1	82,6	62,5	65,6	57,1	63,4
	Bauwesen	100	–	67,3	37,7	18,5	–	–	–
Rumänien	Industrie	100	87,1	78,3	61,0	62,9	69,2	74,9	70,5
	Landwirt.	100	88,1	73,9	87,4	90,0	94,5	92,2	95,1
	Bauwesen	100	80,6	74,7	94,8	120,2	129,7	138,0	107,6
Slowenien	Industrie	100	87,6	76,0	73,9	78,7	80,2	82,0	86,0
	Landwirt.	100	100,4	90,3	87,9	93,5	95,9	99,7	97,6
	Bauwesen	100	106,6	74,4	71,2	74,7	79,9	91,9	98,1
Ungarn	Industrie	100	83,4	75,2	78,2	84,1	87,9	90,9	97,2
	Landwirt.	100	93,8	75,0	69,9	72,7	73,4	77,1	75,6
	Bauwesen	100	84,9	80,9	79,0	90,8	76,2	74,7	81,8

Quellen: Wirtschaftslage und Reformprozesse; Statistisches Jahrbuch Ausland.

Tabelle 14: Arbeitsmarkt, 1989–1997

		1989	1990	1991	1992	1993	1994	1995	1996	1997
Albanien										
Gesamtbeschäftigung	(Indices, 1989 = 100)	100	99,2	97,5	76,0	72,7	80,7	79,0	77,5	76,9
Beschäftigte im staatl. Sektor	in % der Besch.			–	62,7	41,3	30,1	25,8	21,9	20,4
Arbeitslosenquote	in % der Erwerbspersonen			8,3	27,9	29,0	19,6	16,9	12,4	14,9
Bulgarien										
Gesamtbeschäftigung	(Indices, 1989 = 100)	100	93,9	81,6	75,0	73,8	74,3	75,2	75,3	73,3
Beschäftigte im staatl. Sektor	in % der Besch.			89,9	82,3	70,4	62,7	58,2	56,5	47,4
Arbeitslosenquote	in % der Erwerbspersonen			11,1	15,3	16,4	12,8	11,1	12,5	13,7
Griechenland										
Arbeitslosenquote in %				7,0	8,9	9,7	9,6	10,0	10,3	10,3
BR Jugoslawien										
Gesamtbeschäftigung	(Indices, 1989 = 100)	100	97,0	94,1	90,9	88,3	86,5	85,3	84,8	83,6
Beschäftigte im staatl. Sektor	in % der Besch.			–	–	91,0	90,2	89	89	90
Arbeitslosenquote	in % der Erwerbspersonen			–	–	24,0	23,9	24,7	26,1	25,6
Kroatien										
Gesamtbeschäftigung	(Indices, 1989 = 100)	100	97,1	89,2	79,3	76,6	74,8	73,9	74,5	73,9
Arbeitslosenquote	in % der Erwerbspersonen			13,2	13,2	14,8	14,5	14,5	16,4	17,5
Makedonien										
Gesamtbeschäftigung	(Indices, 1989 = 100)	100	98,5	95,6	91,2	86,2	81,7	73,9	70,6	66,8
Beschäftigte im staatl. Sektor	in % der Besch.			–	–	–	–	–	50	36
Arbeitslosenquote	in % der Erwerbspersonen			19,2	27,8	28,3	31,4	37,7	31,9	36,0
Moldova[1]										
Gesamtbeschäftigung	(Indices, 1989 = 100)	100	99,1	99,0	98,0	80,7	80,4	80,0	79,4	78,7
Beschäftigte im staatl. Sektor	in % der Besch.			–	18,3	19,8	19,0	18,4	–	–
Arbeitslosenquote	in % der Erwerbspersonen			–	0,1	0,7	1,1	1,4	1,8	1,6
Rumänien										
Gesamtbeschäftigung	(Indices, 1989 = 100)	100	99,0	98,5	95,5	91,9	91,5	86,7	85,7	82,4
Beschäftigte im staatl. Sektor	in % der Besch.			66,4	59,0	56,2	50,8	50,2	–	–
Arbeitslosenquote	in % der Erwerbspersonen			3,0	8,2	10,4	10,9	9,5	6,6	8,8
Slowenien										
Gesamtbeschäftigung	(Indices, 1989 = 100)	100	96,1	88,7	83,8	81,3	79,3	79,1	78,7	78,6
Beschäftigte im staatl. Sektor	in % der Besch.			–	84,1	81,3	77,6	62,5	–	–
Arbeitslosenquote	in % der Erwerbspersonen			8,2	11,5	14,4	14,4	13,9	13,9	14,4
Ungarn										
Gesamtbeschäftigung	(Indices, 1989 = 100)	100	96,9	87,7	79,5	75,6	73,9	72,6	72,6	72,8
Arbeitslosenquote	in % der Erwerbspersonen			7,4	12,3	12,1	10,4	10,4	10,5	10,4

Anmerkungen: [1] Ab 1993 ohne Transnistrien.

Quellen: Economic Survey of Europe, 3/1998; Transition Report Update 1999; Wirtschaftslage und Reformprozesse 1995 ff.; nationale Statistiken.

Tabelle 15: Konsolidierte öffentliche Haushalte, 1991–1998

		1991	1992	1993	1994	1995	1996	1997	1998*
Albanien									
Einnahmen	Mrd. ALL	–	12,5	29,6	47,4	54,0	60,4	57,7	87,5
Ausgaben	Mrd. ALL	–	23,6	41,2	68,2	73,5	91,6	100,8	135,2
Budgetsaldo	Mrd. ALL	-44,0	-11,1	-11,6	-20,8	-19,5	-31,2	-43,1	-47,7
	% des BIP[1]	–	-20,0	-9,3	-12,4	-10,3	-12,1	-12,6	-10,7
Auslandsverschuldung	Mrd. USD	0,63	0,81	0,93	1,01	0,68	0,73	0,76	0,9
Bulgarien									
Einnahmen	Mrd. BGL	54,8	77,0	111,3	192,4	301,1	579,5	5538,2	–
Ausgaben	Mrd. BGL	74,7	107,2	143,8	224,4	358,3	763,4	6073,8	–
Budgetsaldo	Mrd. BGL	-19,9	-30,2	-32,6	-32,1	-58,1	-183,9	-535,7	–
	% des BIP	–	–	-10,9	- 6,1	- 6,6	-10,5	- 3,1	–
Auslandsverschuldung	Mrd. USD	11,8	12,5	13,9	11,4	10,2	9,7	10,1	10,3
Griechenland									
Einnahmen	Mrd. GRD	4267	5329	5970	6171	7070	7952	9193*	10266
Ausgaben	Mrd. GRD	5954	6629	8295	9058	9803	9746	10098*	10424
Budgetsaldo	Mrd. GRD	-1687	-1300	-2325	-2886	-2733	-2891	-2020*	-1560
	% des BIP	-11,5	-12,3	-14,2	-12,1	- 9,1	- 8,2	–	–
Auslandsverschuldung	Mrd. USD	26,8	30,0	35,6	35,6	–	42,5	–	–
BR Jugoslawien									
Auslandsverschuldung	Mrd. USD	–	–	9,7	10,3	10,9	11,5	12	–
Kroatien									
Einnahmen	Mrd. HRK	64	557	8382	23142	27980	31367	33846	43808
Ausgaben	Mrd. HRK	83	564	8314	22598	28696	31501	35006	42551
Budgetsaldo	Mrd. HRK	-19,5	-7	68	544	-715	-134	-1160	1257
	% des BIP	–	–	0,1	0,6	-0,8	-0,1	-1,1	0,9
Auslandsverschuldung	Mrd. USD	3,0	2,7	2,5	2,8	3,3	4,8	6,7	8,0
Makedonien									
Einnahmen	Mrd. MKD	–	–	–	63,2	64,3	64,4	41,4	–
Ausgaben	Mrd. MKD	–	–	–	67,1	66,0	65,1	41,4	–
Budgetsaldo	Mrd. MKD	–	–	–	-3,9	-1,7	-0,7	0	–
	% des BIP	–	-7,2	-11,1	-2,6	-1,1	-0,9	0	–
Auslandsverschuldung	Mrd. USD	0,74	0,76	0,82	0,84	1,06	1,12	1,14	1,3
Moldova									
Einnahmen	Mrd. MDL	–	–	0,49	1,85	2,56	2,07	2,94	–
Ausgaben	Mrd. MDL	–	–	0,64	2,21	2,93	2,83	2,95	–
Budgetsaldo	Mrd. MDL	–	–	-0,15	-0,37	-0,37	-0,75	-0,67	–
	% des BIP	–	–	-8,1	-7,7	-5,7	-9,3	-7,6	–
Auslandsverschuldung	Mrd. USD	–	0,02	0,26	0,50	0,67	0,80	1,2	1,2
Rumänien									
Einnahmen	Mrd. ROL	497	1364	3792	8860	12888	18373	43835	67216
Ausgaben	Mrd. ROL	538	1627	4129	10930	15858	23732	52897	77617
Budgetsaldo	Mrd. ROL	-41	-236	-521	-2070	-2970	-5359	-9062	-10401
	% des BIP	–	-4,4	-1,8	-4,2	-4,1	-5,7	-4,5	-4,0
Auslandsverschuldung	Mrd. USD	2,1	3,2	4,2	5,5	6,6	8,3	9,3	9,1
Slowenien									
Einnahmen	Mrd. SIT	468	467	673	850	1015	1154	1296	1490
Ausgaben	Mrd. SIT	466	465	671	854	1016	1147	1328	1508
Budgetsaldo	Mrd. SIT	2,4	1,6	1,7	-4,2	-0,7	6,6	-31,6	-18,2
	% des BIP	–	0,2	0,1	-0,2	-0,0	0,3	-1,1	-0,6
Auslandsverschuldung	Mrd. USD	1,9	1,7	1,9	2,3	3,0	4,0	4,2	5,0
Ungarn									
Einnahmen	Mrd. HUF	716	793	1041	1191	1568	2288	2511	2389
Ausgaben	Mrd. HUF	831	990	1241	1513	1729	2206	2700	2801
Budgetsaldo	Mrd. HUF	-114	-197	-200	-322	-161	81	-188	-419
	% des BIP	-2,1	-6,2	-5,4	-9,8	-6,2	-3,3	-4,9	–
Auslandsverschuldung	Mrd. USD	22,7	21,4	24,6	28,5	31,7	27,6	23,7	24,5

Anmerkungen: * Schätzung; [1] auf Commitment-Basis.
In der Zeile «Auslandsverschuldung» ist die Bruttoverschuldung angegeben.

Quellen: Wirtschaftslage und Reformprozesse; Transition Report Update 1999; Länderberichte.

Tabelle 16: Wechselkurse, 1991–1997[1]

	1991	1992	1993	1994	1995	1996	1997
ALL (Lek)/USD	14,6	81,3	105,6	95,4	93,0	104,8	149,6
BGL (Lev)/USD	18,1	23,3	27,6	54,1	67,2	177,9	1 641
GRD (Drachme)/USD	182,3	190,7	229,3	242,6	231,7	240,1	273,1
YUM (Dinar)[2]/USD	19,64	508,07	–	–	4,74	4,96	5,72
HRK (Kuna)/USD	0,02	0,26	3,58	6,0	5,23	5,43	6,16
MKD (Dinar)/USD	–	–	23,6	43,2	38,0	39,9	49,9
MDL (Leu)/USD	–	0,2	1,5	4,1	4,6	4,6	4,6
ROL (Leu)/USD	76,3	308	760	1 655	2 033	3 083	7 168
SIT (Tolar)/USD	27,6	81,3	113,2	128,8	118,5	135,4	159,7
HUF (Forint)/USD	74,8	79,0	92,0	105,1	125,7	152,6	186,8

Anmerkungen: Die in Bosnien und Herzegowina eingeführte Währung «Konvertible Mark» ist im Verhältnis 1:1 an den Kurs der Deutschen Mark gekoppelt.

[1] Die angegebenen Wechselkurse sind jeweils Jahresmittelwerte.

[2] Der Dinar wurde mehrfach denominiert, und zwar am 1. 7. 1992 (1:10), am 1. 10. 1993 (1:1 Million), am 1. 1. 1994 (1:1 Billion) und am 24. 1. 1994 (1:13 Millionen). Daher sind zuverlässige Durchschnittswerte für 1993 und 1994 nicht vorhanden.

Quellen: Transition Report Update 1999; Nationale Statistiken; Wirtschaftslage und Reformprozesse; Economic Survey of Europe.

Tabelle 17: Ausländische Direktinvestitionen (Netto-Zuflüsse in Mio. USD), 1991–1997

	1991	1992	1993	1994	1995	1996	1997
Albanien	8	32	45	65	89	97	42
Bulgarien	56	42	40	105	82	100	497
Griechenland	410	590	403	536	–	–	–
BR Jugoslawien	–	–	–	–	–	–	300
Kroatien	–	13	77	95	83	509	196
Makedonien	–	–	–	24	13	12	30
Moldova	–	17	14	18	73	56	64
Rumänien	37	73	97	341	417	263	1 224
Slowenien	41	113	111	131	170	178	295
Ungarn	1 459	1 471	2 339	1 146	4 453	1 987	1 653

Quellen: Transition Report Update 1999, Wirtschaftslage und Reformprozesse; EU Direct Investment Yearbook 1996.

Tabelle 18: Außenhandelsvolumen (in Mrd. USD), 1991–1997

	1991	1992	1993	1994	1995	1996	1997
Albanien							
Import	0,41	0,54	0,60	0,60	0,68	0,92	0,69
Export	0,10	0,07	0,11	0,14	0,21	0,24	0,17
Saldo	−0,31	−0,45	−0,49	−0,46	−0,47	−0,68	−0,52
Bosnien und Herzegowina							
Import	1,67	–	–	–	1,08	1,88	2,20
Export	2,12	–	–	–	0,15	0,34	0,57
Saldo	0,45	–	–	–	−0,93	−1,55	−1,63
Bulgarien							
Import	2,33	4,47	4,76	4,18	5,26	4,70	4,62
Export	2,73	3,92	3,72	3,98	5,39	4,89	4,29
Saldo	−0,40	−0,55	−1,04	−0,20	0,13	0,19	−0,33
Griechenland							
Import	21,58	23,23	17,61	18,74	22,93	24,14	–
Export	8,70	2,10	5,03	5,22	5,78	5,77	–
Saldo	−12,88	−21,43	−12,58	−13,52	−17,15	−18,37	–
BR Jugoslawien							
Import	4,00	3,59	3,00	1,90	2,38	4,12	4,83
Export	3,00	2,54	2,92	1,48	1,36	2,02	2,68
Saldo	−1,00	−1,32	−0,08	−0,42	−1,02	−2,10	−2,15
Kroatien							
Import	3,83	4,46	4,67	5,23	7,51	7,79	9,10
Export	3,29	4,60	3,90	4,26	4,63	4,51	4,17
Saldo	−0,54	0,14	−0,77	−0,97	−2,88	−3,28	−4,93
Makedonien							
Import	1,38	1,21	1,23	1,24	1,44	1,58	1,75
Export	1,15	1,20	1,06	1,07	1,21	1,20	1,18
Saldo	−0,23	−0,01	−0,17	−0,17	−0,24	−0,37	−0,57
Moldova[1]							
Import	–	0,91	0,63	0,67	0,79	1,06	1,18
Export	–	0,87	0,45	0,62	0,74	0,82	0,83
Saldo	–	−0,04	−0,18	−0,05	−0,05	−0,23	−0,35
Rumänien							
Import	5,79	6,26	6,52	7,11	10,28	11,43	11,28
Export	4,27	4,36	4,89	6,15	7,91	8,08	8,43
Saldo	−1,57	−1,90	−1,63	−0,96	−2,37	−3,35	−2,85
Slowenien							
Import	4,13[2]	5,89	6,24	7,17	9,30	9,25	9,18
Export	4,18[2]	6,68	6,08	6,83	8,35	8,37	8,41
Saldo	0,05	0,79	−0,15	−0,34	−0,95	−0,88	−0,77
Ungarn							
Import	11,38	11,08	12,53	14,55	15,47	18,61	21,23
Export	10,19	10,71	8,91	10,70	12,87	15,95	19,10
Saldo	−1,19	−0,37	−3,62	−3,85	−2,60	−2,66	−2,13

Anmerkungen: [1] Ab 1993 ohne Transnistrien.
[2] Ohne den Handel mit den anderen Republiken von Ex-Jugoslawien.

Quellen: Wirtschaftslage und Reformprozesse; Economic Survey of Europe.

Tabelle 19: Warenstruktur des Außenhandels nach SITC (in % des monetären Gesamtwertes, Auswahl), um 1995

a) Export

SITC-Positionen / Staaten	Albanien[1]	Bulgarien[2]	Griechenland[1]	Jugoslawien[2]	Kroatien[2]	Moldova[1]	Slowenien[1]	Rumänien[1]	Ungarn[3]
Nahrungsmittel, lebende Tiere	13,8	7,3	18,1	22,0	9,1	70,6	3,2	5,1	14,9
Getränke, Tabak	–	8,8	5,6	5,5	2,0		0,6	0,4	
Rohstoffe	3,0	3,1	7,1	4,7	5,5	1,1	2,1	3,8	3,3
Mineral. Brennstoffe, Schmiermittel etc.	15,8	6,4	6,5	2,1	9,2	–	1,2	9,0	3,0
Tierische u. pflanzl. Öle u. Fette	–	0,4	5,5	0,5	0,2	1,5	0,1	–	1,1
Chemische Erzeugnisse	1,3	19,0	4,9	9,1	14,3	1,7	10,5	10,7	9,9
Bearbeitete Waren	–	10,6	2,5	33,1	13,2	7,9	28,5	25,9	15,3
Maschinen, elektro-techn. Erzeugnisse, Fahrzeuge	1,4	6,3	8,0	12,1	21,4	7,8	31,4	13,1	51,9
Versch. Fertigwaren	40,9	38,1	20,9	9,1	25,1	9,4	22,3	31,7	15,4

b) Import

SITC-Positionen / Staaten	Albanien[1]	Bulgarien[2]	Griechenland[1]	Jugoslawien[2]	Kroatien[2]	Moldova[1]	Slowenien[1]	Rumänien[1]	Ungarn[3]
Nahrungsmittel, lebende Tiere	28,4	6,0	13,1	12,2	9,9	5,1	6,7	7,3	4,2
Getränke, Tabak	–	1,9	2,1	0,9	0,7	4,1	0,6	0,9	
Rohstoffe	1,4	0,3	3,4	10,4	2,8	46,5	6,5	5,3	2,8
Mineral. Brennstoffe, Schmiermittel etc.	11,2	37,7	7,2	13,9	11,0		6,6	21,5	9,6
Tierische u. pflanzl. Öle u. Fette	–	0,5	0,3	0,3	0,5	0,2	0,4	–	0,5
Chemische Erzeugnisse	8,2	13,1	13,7	14,3	10,9	10,2	12,1	10,6	11,3
Bearbeitete Waren	–	17,1	19,7	19,8	17,8	9,7	19,8	19,8	19,7
Maschinen, elektro-techn. Erzeugnisse, Fahrzeuge	22,5	8,1	27,4	19,4	27,3	15,0	33,8	24,8	42,0
Versch. Fertigwaren	15,8	15,3	12,9	7,9	14,3	9,1	10,6	8,9	9,9

Anmerkungen: Für Makedonien ist keine prozentuale Aufteilung vorhanden. Wichtigste Außenhandelsgüter sind im Import: Erdöl, Kraftstoffe, textile Rohstoffe, Maschinen, Kraftfahrzeuge, Chemiestoffe, elektrotechnische Erzeugnisse, im Export: Textilien, Lederwaren, Tabak, Agrarprodukte.
Für Bosnien und Herzegowina sind keine Angaben vorhanden.
[1] 1995. [2] 1996. [3] 1997.

Quellen: Nationale Statistiken; Länderreporte; Fischer Weltalmanach.

Tabelle 20: Die wichtigsten Handelspartner im Außenhandel (in % des monetären Wertes nach Ländergruppen und Staaten), um 1995

		Handel nach Regionen			Handel mit einzelnen Staaten		
		EU	GUS	CEFTA	Südosteuropäische Staaten	Deutsch-land	Weitere wichtige Handelspartner
Albanien[1]	Export	79,5	0,7	0,4	Griechenland (9,9), Makedonien (4,0)	6,1	Italien (51,5), Türkei (6,1), USA (3,4)
	Import	76,9	1,0	1,3	Griechenland (26,8), Bulgarien (8,0), Makedonien (2,5), Ungarn (0,7)	4,6	Italien (37,9)
Bulgarien[2]	Export	37,2[1]	–	–	Griechenland (7,1), Jugoslawien (4,7), Makedonien (3,0), Moldova (1,9), Rumänien (1,5)	9,0	Italien (10,1), Rußland (9,8), Türkei (7,9), Ukraine (3,4)
	Import	38,1[1]	–	–	Griechenland (3,9), Rumänien (1,4), Jugoslawien (1,1), Ungarn (0,7), Makedonien (0,6)	11,3	Rußland (33,4), Italien (6,3), Frankreich (3,2), Ukraine (2,4)
Griechenland[2]	Export	55,8	0,8	–	Bulgarien (0,5)	23,6	USA (16,2), Italien (9,3), Ukraine (7,0), Frankreich (5,9), Japan (2,7), Schweiz (2,6)
	Import	66,6	2,2	–	Bulgarien (0,7)	16,4	Italien (16,8), USA (8,7), Ukraine (8,0), Frankreich (7,9), Niederlande (6,0)
Jugoslawien[2]	Export	31,8	–	–	Makedonien (11,5), Griechenland (5,1), Ungarn (1,6)	8,5	Italien (9,8), Rußland (8,5), Schweiz (4,5)
	Import	42,1	–	–	Makedonien (5,5), Bulgarien (5,3), Griechenland (3,6), Ungarn (3,1), Rumänien (3,0)	12,8	Italien (10,6), Rußland (5,5), Frankreich (3,3), Österreich (3,0), USA (2,9)
Kroatien[3]	Export	51,2	–	16,3	Slowenien (14,1), Bosnien und Herzegowina (12,6)	17,8	Italien (20,8), Österreich (5,1), Rußland (3,8), Frankreich (1,8), Ukraine (1,5)
	Import	59,5	–	15,0	Slowenien (8,3), Ungarn (2,5)	20,2	Italien (18,9), Österreich (7,8), Rußland (5,0), Frankreich (3,2), Schweden (2,3), Ukraine (1,5)
Makedonien[2]	Export	25,1	–	–	Bulgarien (22,5), Slowenien (7,3)	14,8	Italien (12,9), Rußland (7,8)
	Import	40,0	–	–	Bulgarien (19,1), Slowenien (12,7), Kroatien (4,6)	19,9	Italien (8,3), Rußland (7,7)
Moldova[3]	Export	9,7[2]	68,2[2]	–	Rumänien (7)	4,0	Rußland (62), Ukraine (5), Weißrußland (4)
	Import	15,4[2]	67,0[2]	–	Rumänien (9), Bosnien und Herzegowina (5)	8,0	Rußland (29), Ukraine (18)
Rumänien[2]	Export	54,5	–	–	Ungarn (2,1)	17,1	Italien (15,6), Rußland (12,6), Frankreich (5,0)
	Import	49,4	–	–		18,1	Italien (16,7), Frankreich (5,6), Türkei (5,0)
Slowenien[3]	Export	69,3[1]	–	–	Kroatien (10,0), Bosnien und Herzegowina (3,4), Makedonien (2,0)	29,4	Italien (14,9), Österreich (6,4), Frankreich (5,5), Rußland (3,9), USA (2,9)
	Import	76,9[1]	–	–	Kroatien (5,0)	20,7	Italien (16,6), Frankreich (10,5), Österreich (8,4), USA (3,0), Rußland (2,7)
Ungarn[3]	Export	63,2[2]	–	8,7[2]	Rumänien (1,7), Slowenien (1,5), Kroatien (1,2), Jugoslawien (0,8), Griechenland (0,4), Bulgarien (0,2)	37,3	Österreich (11,4), Italien (6,2), Rußland (5,1), Frankreich (3,8), Großbritannien (3,3), USA (3,2), Niederlande (2,8)
	Import	59,7[2]	–	7,7[2]	Rumänien (0,7), Slowenien (0,5), Jugoslawien (0,3), Kroatien (0,2), Griechenland (0,2), Bulgarien (0,1)	26,7	Österreich (10,6), Rußland (9,2), Italien (7,3), Frankreich (4,4), USA (3,8), Ukraine (3,4), Japan (3,3)

Anmerkungen: Fehlt die Dezimalstelle, sind keine genaueren Angaben vorhanden.
[1] 1995.
[2] 1996.
[3] 1997.

Quellen: Nationale Statistiken; Wirtschaftslage und Reformprozesse; Fischer Weltalmanach; Länderberichte bfai.

Quellen

Statistische Jahrbücher (wenn nicht anders angegeben, wurden jeweils verschiedene Jahrgänge verwendet)

Anuarul statistic al republicii Moldova – Statističeskij ežegodnik respubliki Moldova, Chişinău.
Anuarul statistic al României – Statistical Yearbook of Romania, Bukarest.
Magyar statisztikai évkönyv – Statistical Yearbook of Hungary, Budapest.
Statističeski godišnik – Statistical Yearbook of Bulgaria, Sofia.
Statistički godišnik na Republika Makedonija – Statistical Yearbook of the Republic of Macedonia, Skopje.
Statistički godišnjak Jugoslavije – Statistical Yearbook of Yugoslavia, Belgrad.
Statistički ljetopis – Statistical Yearbook, Zagreb.
Statistični letopis Republike Slovenije – Statistical Yearbook of the Republic of Slovenia, Ljubljana.
Statistike epeteris tes Hellados – Statistical Yearbook of Greece, Athen.
Vjetari Statistikor i Shqiperise – Statistical Yearbook of Albania, Tirana 1991.

Periodisch erscheinende Werke

Demographic Yearbook. Hg. von den Vereinten Nationen, New York, Genf, verschiedene Jahrgänge.
Economic Survey of Europe. Hg. von der Economic Commission for Europe der Vereinten Nationen, New York, NY, Genf (Economic Survey of Europe in 1994–1995, erschienen 1995; Economic Survey of Europe in 1996–1997, erschienen 1997; Economic Survey of Europe 1/1998, 2/1998, 3/1998).
The Europe World Yearbook, London, verschiedene Jahrgänge.
European Union Direct Investment Yearbook. Hg. von Eurostat, Luxemburg 1997.
Länderreport. Wirtschaftstrends. Hg. von der Bundesstelle für Außenhandelsinformation (bfai), Köln.
OECD Economic Survey, Paris, verschiedene Jahrgänge.
Statistische Jahrbücher für das Ausland. Hg. vom Statistischen Bundesamt, Wiesbaden.
Transition Report und Transition Report Update. Hg. von der European Bank for Reconstruction and Development (EBRD), London, 1995 ff.
Wirtschaftslage und Reformprozesse in Mittel- und Osteuropa. Hg. im Auftrag des Bundesministeriums für Wirtschaft, verschiedene Jahrgänge.

Sonstige Werke

Barret, David (Ed.): World Christian Encyclopedia, Oxford u. a. 1982.
Bartl, Peter: Albanien, Regensburg 1995.
Eastern Europe and the Commonwealth of Independent States 1999, London 1998.
Gjuzelev, Bojan: Die Minderheiten in Bulgarien unter Berücksichtigung der letzten Volkszählung vom Dezember 1992, in: Südosteuropa 43 (1994) 6–7, S. 360–373.
Itogi vsesojuznoj perepisi naselenija 1959 g. Moldavskaja SSR, Moskau 1962.
Itogi vsesojuznoj perepisi naselenija 1989 g., Minneapolis, MN, 1993.
Markert, Werner (Hg.): Osteuropa-Handbuch. Jugoslawien, Köln 1954.
Narody Rossii. Enciklopedija, Moskau 1994.

Seewann, Gerhard: Die Ethnostruktur der Länder Südosteuropas aufgrund der beiden letzten Volkszählungen im Zeitraum 1977–1992, in: Südosteuropa 42 (1993) 1, S. 78–82.

Seewann, Gerhard/Dippold, Pétar (Hg.): Bibliographisches Handbuch der ethnischen Gruppen Südosteuropas, 2 Bde., München 1997.

Shoup, Paul S.: The East European and Soviet Data Handbook. Political, Social and Developmental Indicators 1945–1975, New York, NY, 1981.

Statistik des Auslandes. Länderberichte. Hg. vom Statistischen Bundesamt, Wiesbaden.

Voss, Eugen (Hg.): Die Religionsfreiheit in Osteuropa. Texte zum kirchlichen Verständnis der Religionsfreiheit und zum Religionsrecht, Zollikon 1984.

Nützliche Internet-Links:

http://www.unece.org/stats/trend/trend_h.htm (Wirtschaftsstatistik)

http://www.odci.gov/cia/publications/factbook/country.html (CIA factbook 1997)

http://www.brandenburg.de/lbs/service/statist.htm (Links zu statistischen Ämtern im WWW und Eurostat)

http://www.rferl.org (Informationsdienst von Radio Free Europe/Radio Liberty)

http://www.uni-wuerzburg.de/law (Verfassungstexte vieler südosteuropäischer Staaten)

Ausgewählte Literatur

Die vorliegende Bibliographie ist in zwei größere Segmente untergliedert. Der allgemeine Teil verweist auf Bibliographien, Nachschlagewerke, Atlanten, übergreifende Darstellungen sowie auf umfassendere Arbeiten zu den einzelnen südosteuropäischen Ländern. Der zweite Teil folgt der Gliederung des Handbuchs und führt Literatur zu den in den jeweiligen Kapiteln behandelten Themen an, darunter auch die von den Autoren der einzelnen Beiträge benutzten Publikationen.

Es werden vornehmlich Werke in deutscher bzw. westlichen Sprachen verzeichnet. Bevorzugt wurden neuere Untersuchungen, die weiterführende Quellen- und Literaturhinweise enthalten oder die den aktuellen Forschungsstand repräsentieren.

Allgemeiner Teil

Bibliographien

Bernath, Mathias/Nehring, Karl (Hg.): Historische Bücherkunde Südosteuropas, Bd. I, 2 Teilbde.: Mittelalter, 2 Teile; Bd. II, Teilbd. 1: Osmanisches Reich, Makedonien, Albanien, München 1978–1988.

Grimm, Gerhard (Hg.): Südosteuropa-Veröffentlichungen aus der Bundesrepublik Deutschland 1989–1993, München 1996.

Grothusen, Klaus-Detlev (Hg.): Südosteuropa-Veröffentlichungen aus der Bundesrepublik Deutschland 1984–1988, München 1989.

Horecky, Paul L. (Ed.): Southeastern Europe. A Guide to Basic Publications, Chicago, IL, London 1969.

Jelavich, Charles (Ed.): Language and Area Studies: East Central and Southeastern Europe, Chicago, IL, 1969.

Jessup, John E.: Balkan Military History: A Bibliography, New York, NY, u. a. 1986.

Roth, Klaus/Wolf, Gabriele/Helebrant, Tomislav: South Slavic Folk Culture. A Bibliography of Literature in English, German, and French on Bosnian-Hercegovinian, Bulgarian, Macedonian, Montenegrin and Serbian Folk Culture, Columbus, OH, 1993.

Seewann, Gerhard/Dippold, Petér (Hg.): Bibliographisches Handbuch der ethnischen Gruppen Südosteuropas, 2 Bde., München 1997.

Stokes, Gail (Ed.): Nationalism in the Balkans. An Annotated Bibliography, New York, NY, London 1984.

Südost-Institut (Hg.): Südosteuropa-Bibliographie, 6 Bde., München 1968–1992.

Nachschlagewerke

Bérenger, Jean: Lexique historique de l'Europe danubienne, XVIe–XXe siècle, Paris 1976.

Bernath, Mathias/Nehring, Karl/Schroeder, Felix von (Hg.): Biographisches Lexikon zur Geschichte Südosteuropas, 4 Bde., München 1974–1981.

Boden, Martina: Nationalitäten, Minderheiten und ethnische Konflikte in Europa. Ursprünge, Entwicklungen, Krisenherde. Ein Handbuch, München 1993.

Bugajski, Janusz: Ethnic Politics in Eastern Europe. A Guide to Nationality Policies, Organizations, and Parties. Armonk, NY, London 1995.

Eastern Europe and the Commonwealth of Independent States. A Political and Economic Survey, London u. a. 1997.
Goebl, Hans u. a. (Hg.): Kontaktlinguistik. Ein internationales Handbuch zeitgenössischer Forschung, Bd. 2, 2 Halbbde., Berlin, New York, NY, 1996–1997.
Held, Joseph: Dictionary of East European History Since 1945, London u. a. 1994.
Horak, Stephen M.: Eastern European National Minorities 1919–1980, Littleton, CO, 1985.
Kaser, Karl: Handbuch der Regierungen Südosteuropas (1833–1980), 2 Bde., Graz 1981–1984.
Ludwig, Klemens: Ethnische Minderheiten in Europa. Ein Lexikon, München 1995.
Nohlen, Dieter/Waldmann, Peter/Ziemer, Klaus (Hg.): Lexikon der Politik, Bd. 4: Die östlichen und südlichen Länder, München 1997.
Nowak, Jürgen: Europas Krisenherde. Nationalitätenkonflikte vom Atlantik bis zum Ural. Ein Handbuch, Reinbek 1994.
Nyssen, Wilhelm u. a. (Hg.): Handbuch der Ostkirchenkunde, 3 Bde., Düsseldorf 1984–1996.
Protonotarios, Nicolas/Veremis, Thanos M. (Eds.): Southeast Europe Factbook & Survey 1996–1997, Athens 1996.
Rehder, Peter (Hg.): Das neue Osteuropa von A-Z. Staaten, Völker, Minderheiten, Religionen, Kulturen, Sprachen, Literaturen, Geschichte, Politik, Wirtschaft, Neue Entwicklungen in Ost- und Südosteuropa, München 1993.
Shoup, Paul S.: East European and Soviet Data Handbook. Political, Social, and Developmental Indicators, 1945–1975, New York, NY, 1981.
Szajkowski, Bogdan (Ed.): Encyclopaedia of Conflicts, Disputes and Flashpoints in Eastern Europe, Russia and the Successor States, Harlow 1993.
Szajkowski, Bogdan (Ed.). Political Parties of Eastern Europe, Russia and the Successor States, Harlow 1994.
Wende, Frank (Hg.): Lexikon zur Geschichte der Parteien in Europa, Stuttgart 1981.
White, Stephen (Ed.): Political and Economic Encyclopaedia of the Soviet Union and Eastern Europe, Harlow 1990.

Atlanten

Crampton, Richard J./Crampton, Ben: Atlas of Eastern Europe in the Twentieth Century. London 1996.
Hupchik, Dennis P./Cox, Harold E.: Concise Historical Atlas of Eastern Europe, London 1996.
Jordan, Peter (Hg.): Atlas Ost- und Südosteuropa, Karten Nr. 2.2-R3: Sprachenverteilung in Siebenbürgen; Nr. 2.7-S1: Ethnische Struktur Südosteuropas um 1992; Nr. 2.5-O1: Ethnische Struktur der östlichen Europas und Kaukasiens um 1990, Wien 1990–1995.
Magocsi, Paul Robert/Matthews, Geoffrey J.: Historical Atlas of East Central Europe, Seattle, WA, London 1993.
Zentner, Christian: Bildatlas Östliches Europa. Geographie, Kultur, Politik, Wirtschaft, München 1990.

Übergreifende Darstellungen

Altmann, Franz-Lothar/Hösch, Edgar (Hg.): Reformen und Reformer in Osteuropa, Regensburg 1994.
Banac, Ivo (Ed.): Eastern Europe in Revolution, Ithaca, NY, London 1992.
Berend, Iván T./Ránki, György: Economic Development in East-Central Europe in the 19th and 20th Centuries, New York, NY, London 1974.
Bérenger, Jean: Geschichte des Habsburgerreiches 1273 bis 1918, Wien u. a. 1996.

Carter, Francis W. (Ed.): An Historical Geography of the Balkans, London u. a. 1977.
Castellan, Georges: Histoire des Balkans (XIVe–XXe siècle), Paris 1991.
Crampton, Richard J.: Eastern Europe in the Twentieth Century, London, New York, NY, 1994.
Cvijić, Jovan: La Péninsule balkanique. Géographie humaine, Paris 1918.
Dawisha, Karen/Parrott, Bruce (Eds.): Politics, Power and the Struggle for Democracy in South-East Europe, Cambridge 1997.
Fejtö, François: Geschichte der Volksdemokratien, 2 Bde., Graz u. a. 1972
Fine, John V. A.: The Early Medieval Balkans. A Critical Survey from the Sixth to the Late Twelfth Century, Ann Arbor, MI, 1983.
Fine, John V. A.: The Late Medieval Balkans: A Critical Survey from the Twelfth Century to the Ottoman Conquest, Ann Arbor, MI, 1987.
Goodwin, Jason: Lords of the Horizon. A History of the Ottoman Empire, New York, NY, 1999.
Held, Joseph (Ed.): The Columbia History of Eastern Europe in the Twentieth Century, New York, NY, 1992.
Heppner, Harald (Hg.): Hauptstädte in Südosteuropa. Geschichte, Funktion, nationale Symbolkraft, Wien u. a. 1994.
Hösch, Edgar: Geschichte der Balkanländer. Von der Frühzeit bis zur Gegenwart, München 1995.
Jelavich, Barbara: History of the Balkans, 2 Bde., Cambridge u. a. 1983.
Jelavich, Charles/Jelavich, Barbara (Eds.): The Balkans in Transition. Essays on the Development of Balkan Life and Politics since the Eighteenth Century, Berkeley, CA, Los Angeles, CA, 1963.
Jelavich, Charles/Jelavich, Barbara: The Establishment of the Balkan National States, 1804–1920, Seattle, WA, London 1987.
Juchler, Jakob: Osteuropa im Umbruch. Politische, wirtschaftliche und gesellschaftliche Entwicklungen 1989–1993, Zürich 1994.
Kaser, Karl: Südosteuropäische Geschichte und Geschichtswissenschaft. Eine Einführung, Wien, Köln 1990.
Lampe, John R./Jackson, Marvin R.: Balkan Economic History, 1550–1950. From Imperial Borderlands to Developing Nations, Bloomington, IN, 1982.
Liebich, André: Les minorités nationales en Europe centrale et orientale, Genève 1997.
Lory, Bernard: L'Europe balkanique de 1945 à nos jours, Paris 1996.
Macartney, Carlisle M./Palmer, Alan W.: Independent Eastern Europe. A History, London, New York, NY, 1962.
Majoros, Ferenc/Rill, Bernd: Das Osmanische Reich (1300–1922). Die Geschichte einer Großmacht, Graz u. a. 1994.
Matuz, Josef: Das Osmanische Reich. Grundlinien seiner Geschichte, Darmstadt 1994.
Oswald, Ingrid: Nationalitätenkonflikte im östlichen Teil Europas, Berlin 1993.
Pavlowitch, Stevan K.: A History of the Balkans, 1804–1945, London 1999.
Pearson, Raymond: National Minorities in Eastern Europe 1848–1945, London 1983.
Popovic, Alexandre: L'Islam balkanique: Les musulmans du Sud-Est Européen dans la période post-ottomane, Berlin, Wiesbaden 1986.
Poulton, Hugh: Minorities in Southeast Europe: Inclusion and Exclusion, London 1998.
Poulton, Hugh: The Balkans. Minorities and States in Conflict, London 1993.
Ristelhueber, René: A History of the Balkan Peoples. Edited and translated by Sherman David Spector, New York, NY, 1971.
Rothschild, Joseph: East Central Europe between the Two World Wars, Seattle, WA, London 1974.
Rothschild, Joseph: Return to Diversity: A Political History of East Central Europe since World War II, New York, NY, London 1993.

Schevill, Ferdinand: History of the Balkan Peninsula. From the Earliest Times to the Present Day, New York, NY, 1966.
Sedlar, Jean W.: East Central Europe in the Middle Ages, 1000–1500, Seattle, WA, London 1994.
Seton-Watson, Hugh: Die osteuropäische Revolution, München 1956.
Seton-Watson, Hugh: Eastern Europe Between the Wars, 1918–1941, Boulder, CO, London 1986.
Seton-Watson, Robert W.: The Rise of Nationality in the Balkans, London 1917.
Stadtmüller, Georg: Geschichte Südosteuropas, München 1976.
Stavrianos, Leften S.: The Balkans 1815–1914, New York, NY, u. a. 1965.
Stavrianos, Leften S.: The Balkans Since 1453, New York, NY, 1958.
Stavrianos, Leften S.: Balkan Federation. A History of the Movement toward Balkan Unity in Modern Times, Northhampton, MA, 1942.
Stoianovich, Traian: Between East and West: The Balkan and Mediterranean Worlds, 4 Bde., New Rochelle, NY, 1992–1995.
Stoianovich, Traian: Balkan Worlds. The First and Last Europe, Armonk, NY, London 1994.
Sundhaussen, Holm (Hg.): Südosteuropa zu Beginn der neunziger Jahre. Reformen, Krisen und Konflikte in den vormals sozialistischen Ländern, Berlin, Wiesbaden 1993.
Todorova, Maria: Imagining the Balkans, New York, NY, Oxford 1997.
Weidenfeld, Werner (Hg.): Demokratie und Marktwirtschaft in Osteuropa, Gütersloh 1995.
Weithmann, Michael W. (Hg.): Der ruhelosen Balkan. Die Konfliktregionen Südosteuropas, München 1993.
Wolff, Robert Lee: The Balkans in Our Time, New York, NY, 1978.
Zernack, Klaus: Osteuropa. Eine Einführung in seine Geschichte, München 1977.

Umfassende Werke zu den einzelnen Staaten

Albanien

Altmann, Franz-Lothar (Hg.): Albanien im Umbruch. Eine Bestandsaufnahme, München 1990.
Bartl, Peter: Albanien. Vom Mittelalter bis zur Gegenwart, Regensburg, München 1995.
Biberaj, Elez: Albania in Transition: The Rocky Road to Democracy, New York, NY, 1998.
Castellan, Georges: L'Albanie, Paris 1980.
Eberhart, Helmut/Kaser, Karl (Hg.): Albanien. Stammesleben zwischen Tradition und Moderne, Wien u. a. 1995.
Faensen, Johannes: Die albanische Nationalbewegung, Wiesbaden 1980.
Gashi, Dardan/Steiner, Ingrid: Albanien – archaisch, orientalisch, europäisch, Wien 1994.
Grothusen, Klaus-Detelv (Hg.): Albanien in Vergangenheit und Gegenwart, München 1991.
Grothusen, Klaus-Detlev (Hg.): Südosteuropa-Handbuch, Bd. VII: Albanien, Göttingen 1993.
Hall, Derek: Albania and the Albanians, London, New York, NY, 1994.
Hutchings, Raymond: Historical Dictionary of Albania, Lanham, MD, London 1996.
Kohl, Christine von: Albanien, München 1998.
Lienau, Cay/Prinzing, Günter (Hg.): Albanien. Beiträge zu Geographie und Geschichte, Münster 1986.
Sjöberg, Örjan: Rural Change and Development in Albania, Boulder, CO, u. a. 1991.

Tönnes, Bernhard: Sonderfall Albanien. Enver Hoxhas «eigener Weg» und die historischen Ursprünge seiner Ideologie, München 1980.
Vickers, Miranda: The Albanians. A Modern History, London u. a. 1995.
Vickers, Miranda/Pettifer, James: Albania: From Anarchy to a Balkan Identity, New York, NY, 1997.
Zickel, Raymond et al. (Eds.): Albania. A Country Study, Washington, DC, 1994.

Bosnien und Herzegowina
Balić, Smail: Das unbekannte Bosnien. Europas Brücke zur islamischen Welt, Köln 1992.
Calic, Marie-Janine: Der Krieg in Bosnien-Hercegovina. Ursachen, Konfliktstrukturen, Internationale Lösungsversuche, Frankfurt/M. 1995.
Cigar, Norman: Genocide in Bosnia. The Policy of «Ethnic Cleansing», College Station 1995.
Čuvalo, Ante: Historical Dictionary of Bosnia and Herzegowina, Lanham, MD, London 1997.
Donia, Robert J./Fine, John V. A.: Bosnia and Hercegovina. A Tradition Betrayed, New York, NY, 1994.
Džaja, Srećko: Bosnien-Herzegowina in der österreichisch-ungarischen Epoche (1878–1918), München 1994.
Friedman, Francine: The Bosnian Muslims. Denial of a Nation, Boulder, CO, London 1996.
Haselsteiner, Horst: Bosnien-Hercegovina. Orientkrise und südslavische Frage, Wien u. a. 1996.
Lovrenović, Ivan: Bosnien und Herzegowina. Eine Kulturgeschichte, Wien, Bozen 1998.
Malcolm, Noel: Geschichte Bosniens, Frankfurt/M. 1996.
Pinson, Mark (Ed.): The Muslims of Bosnia-Herzegovina. Their Historic Development from the Middle Ages to the Dissolution of Yugoslavia, Cambridge, MA, 1996.
Sells, Michael: The Bridge Betrayed. Religion and Genocide in Bosnia, Berkeley, CA, 1996.
Stefanov, Nenad/Werz, Michael (Hg.): Bosnien und Europa. Die Ethnisierung der Gesellschaft, Frankfurt/M. 1994.

Bulgarien
Bell, John D. (Ed.): Bulgaria in Transition. Politics, Economics, Society, and Culture after Communism, Boulder, CO, 1998.
Crampton, Richard J.: A Concise History of Bulgaria, Cambridge u. a. 1997.
Crampton, Richard J.: A Short History of Modern Bulgaria, Cambridge u. a. 1987.
Crampton, Richard J.: Bulgaria 1878–1918. A History, New York, NY, 1983.
Curtis, Glenn E. (Ed.): Bulgaria. A Country Study, Washington, DC, 1993.
Detrez, Raymond: Historical Dictionary of Bulgaria, Lanham, MD, London 1997.
Erler, Gernot/Deimel, Johanna: Bulgarien – Ein Jahr nach dem Regierungswechsel, München 1998.
Grothusen, Klaus-Detlev (Hg.): Südosteuropa-Handbuch, Bd.VI: Bulgarien, Göttingen 1990.
Härtel, Hans Joachim/Schönfeld, Roland: Bulgarien. Vom Mittelalter bis zur Gegenwart, Regensburg 1998.
Höpken, Wolfgang (Hg.): Revolution auf Raten: Bulgariens Weg zur Demokratie, München 1996.
Knaus, Gerald: Bulgarien, München 1997.
Lampe, John R.: The Bulgarian Economy in the Twentieth Century, New York 1986.
Lexikonredaktion des VEB Bibliographisches Institut Leipzig (Hg.): Taschenlexikon Bulgarien, Leipzig 1983.

Melone, Albert P.: Creating Parliamentary Government. The Transition to Democracy in Bulgaria, Columbus, OH, 1998.

Griechenland

Allison, Graham T./Nicolaidis, Kalypso (Eds.): The Greek Paradox: Promise Vs. Performance, Cambridge, MA, 1997.
Clogg, Richard: Geschichte Griechenlands im 19. und 20. Jahrhundert. Ein Abriß, Köln 1997.
Grothusen, Klaus-Detlev (Hg.): Südosteuropa-Handbuch, Bd. III: Griechenland, Göttingen 1980.
Lienau, Cay: Griechenland. Geographie eines Staates an der europäischen Südperipherie, Darmstadt 1989.
Mouzelis, Nicos P.: Modern Greece: Facets of Underdevelopment, London 1988.
Tzermias, Pavlos: Neugriechische Geschichte. Eine Einführung, Tübingen 1993.
Tzermias, Pavlos: Politik im neuen Hellas. Strukturen, Theorien und Parteien im Wandel, Tübingen 1997.

Jugoslawien

Banac, Ivo: The National Question in Yugoslavia: Origins, History, Politics, London 1984.
Bartl, Peter: Grundzüge der jugoslawischen Geschichte, Darmstadt 1985.
Bennett, Christopher: Yugoslavia's Bloody Collapse: Causes, Course, and Consequences, New York, NY, 1994.
Clissold, Stephen: A Short History of Yugoslavia. From Early Times to 1966, Cambridge 1968.
Deschner, Karlheinz/Petrović, Milan: Krieg der Religionen. Der ewige Kreuzzug auf dem Balkan, München 1999.
Duijzings, Ger/Janjić, Dušan/Maliqi, Shkëlzen (Eds.): Kosovo – Kosova: Confrontation or Coexistence, Nijmegen 1997.
Elsie, Robert (Ed.): Kosovo: In the Heart of the Powder Keg, Boulder, CO, New York, NY, 1997.
Grothusen, Klaus-Detlev (Hg.): Jugoslawien. Integrationsprobleme in Geschichte und Gegenwart, Göttingen 1984.
Grothusen, Klaus-Detlev (Hg.): Südosteuropa-Handbuch, Bd. I: Jugoslawien, Göttingen 1975.
Judah, Tim: The Serbs. History, Myth and the Destruction of Yugoslavia, New Haven, London 1997.
Lampe, John R.: Yugoslavia as History. Twice There Was a Country, Cambridge 1997.
Lukic, Reneo/Lynch, Allen: Europe from the Balkans to the Urals: The Disintegration of Yugoslavia and the Soviet Union, Oxford 1996.
Magaš, Branka: The Destruction of Yugoslavia: Tracking the Break-up 1980–92, London 1993.
Malcolm, Noel: Kosovo. A Short History, London, New York, NY, 1998.
Markert, Werner (Hg.): Osteuropa-Handbuch: Jugoslawien, Köln, Graz 1954.
Meier, Viktor: Wie Jugoslawien verspielt wurde, München 1999.
Olschewski, Malte: Der serbische Mythos. Die verspätete Nation, München 1998.
Radan, Peter/Pavković, Aleksandar (Eds.): The Serbs and their Leaders in the Twentieth Century, Aldershot u.a. 1997.
Ramet, Sabrina P.: Balkan Babel: The Disintegration of Yugoslavia from the Death of Tito to Ethnic War, Boulder, CO, 1996.
Reuter, Jens: Die Albaner in Jugoslawien, München 1982.
Roux, Michel: Les Albanais en Yougoslavie. Minorité nationale, territoire et développement, Paris 1992.

Rusinow, Dennison: The Yugoslav Experiment, 1948–1974, Berkeley, CA, Los Angeles, CA, 1987.
Shoup, Paul S.: Communism and the Yugoslav National Question, New York, NY, 1968.
Silber, Laura/Little, Alan: Death of Yugoslavia, London 1995.
Sundhaussen, Holm: Experiment Jugoslawien. Von der Staatsgründung bis zum Staatszerfall, Mannheim u. a. 1993.
Sundhaussen, Holm: Geschichte Jugoslawiens 1918–1990, Stuttgart u. a. 1982.
Šuster, Željan: Historical Dictionary of the Federal Republic of Yugoslavia, Lanham, MD, London 1998.
Trifunovska, Snežana (Ed.): Yugoslavia through Documents. From its Creation to its Dissolution, Dordrecht u. a. 1994.
Veremis, Thanos/Kofos, Evangelos (Eds.): Kosovo: Avoiding Another Balkan War, Athen 1998.
Vickers, Miranda: Between Serb and Albanian. A History of Kosovo, London, New York, NY, 1998.
Weckbecker, Arno/Hoffmeister, Frank: Die Entwicklung der politischen Parteien im ehemaligen Jugoslawien, München 1997.
Woodward, Susan: Balkan Tragedy. Chaos and Dissolution After the Cold War, Washington, DC, 1995.
Woodward, Susan: Socialist Unemployment. The Political Economy of Yugoslavia, 1945–1990, Princeton, NJ, 1995.

Kroatien

Budak, Neven u. a. (Hg.): Kroatien. Landeskunde – Geschichte – Kultur – Politik – Wirtschaft – Recht, Wien u. a. 1995.
Ceh, Nick/Harder, Jeff (Eds.): The Golden Apple. War and Democracy in Croatia and Bosnia, New York, NY, 1996.
Gazi, Stephen: A History of Croatia, New York, NY, 1973.
Stallaerts, Robert/Laurens, Jeannine: Historical Dictionary of the Republic of Croatia, Metuchen, NJ, London 1995.
Tanner, Marcus: Croatia. A Nation Forged in War, New Haven, CT, London 1997.

Makedonien

Adanır, Fikret: Die Makedonische Frage. Ihre Entstehung und Entwicklung bis 1908, Wiesbaden 1979.
Georgieva, Valentina/Konechni, Sasha: Historical Dictionary of the Republic of Macedonia, Lanham, MD, London 1998.
Libal, Wolfgang: Mazedonien zwischen den Fronten. Junger Staat mit alten Konflikten, Wien, Zürich 1993.
Lorenz, Elke/Raab, Andreas (Hg.): Makedonien. Reiches armes Land, Ulm 1997.
Lory, Bernard/Chiclet, Christophe (Eds.): La Republique de Macédoine. Nouvelle venue dans le concert européen, Paris, Montreal 1998.
Lukan, Walter/Jordan, Peter (Hg.): Makedonien. Geographie – Ethnische Struktur – Geschichte – Sprache und Kultur – Politik – Wirtschaft – Recht, Wien u. a. 1998.
Pettifer, James (Ed.): The New Macedonian Question, London 1999.
Poulton, Hugh: Who Are the Macedonians?, London 1995.

Moldova

Bruchis, Michael: The Republic of Moldavia. From the Collapse of the Soviet Empire to the Restoration of the Russian Empire, Boulder, CO, New York, NY, 1996.
Cazacu, Matei/Trifon, Nicolas (Eds.): La Moldavie ex-soviétique. Histoire et enjeux actuels, Paris 1993.

Dima, Nicholas: From Moldavia to Moldova. The Soviet-Romanian Territorial Dispute, Boulder, CO, New York, NY, 1991.
Dyer, Donald L. (Ed.): Studies in Moldovan. The History, Culture, Language, and Contemporary Politics of the People of Moldova, Boulder, CO, New York, NY, 1996.
Hofbauer, Hannes/Roman, Viorel: Bukowina, Bessarabien, Moldawien. Vergessenes Land zwischen Westeuropa, Rußland und der Türkei, Wien 1997.
King, Charles: Post-Soviet Moldavia – A Borderland in Transition, London 1995.
Neukirch, Claus: Die Republik Moldau. Nations- und Staatsbildung in Osteuropa, Münster 1996.
Ruzé, Alain: La Moldova entre la Roumanie et la Russie. De Pierre le Grand à Boris Eltsine, Paris 1997.

Rumänien
Constantinescu, N. N. (Ed.): Romania's Economic History. From the Beginnings to World War II, Bukarest 1994.
Durandin, Catherine: Histoire des Roumains, Paris 1995.
Fischer-Galati, Stephen: Twentieth Century Rumania, New York, NY, 1991.
Gabanyi, Anneli Ute: Systemwechsel in Rumänien. Von der Revolution zur Transformation, München 1998.
Gallagher, Tom: Romania after Ceauşescu: The Politics of Intolerance, Edinburgh 1995.
Giurescu, Dinu C. et al. (Eds.): Romania. A Historic Perspective, New York, NY, u. a. 1998.
Gregori, Ilina/Schaser, Angelika (Hg.): Rumänien im Umbruch. Chancen und Probleme der europäischen Integration, Bochum 1993.
Grothusen, Klaus-Detlev (Hg.): Südosteuropa-Handbuch, Bd. II: Rumänien, Göttingen 1977.
Hitchins, Keith: Rumania, 1866–1947, Oxford 1994.
Otetea, Andrei (Ed.): A Concise History of Romania, London 1985.
Treptow, Kurt W. (Ed.): A History of Romania, Iasi 1996.
Treptow, Kurt W./Popa, Marcel: Historical Dictionary of Romania, Lanham, MD, London 1996.
Turnock, David: An Economic Geography of Romania, London 1974.
Verdery, Katherine: What Was Socialism and What Comes Next?, Princeton, NJ, 1996.
Verseck, Keno: Rumänien, München 1998.
Völkl, Ekkehard: Rumänien. Vom 19. Jahrhundert bis in die Gegenwart, Regensburg 1995.

Slowenien
Benderly, Jill/Kraft, Eran (Eds.): Independent Slovenia: Origins, Movements, Prospects, New York, NY, 1996.
Bernard, Antonia: Petite histoire de la Slovénie, Paris 1996.
Fink-Hafner, Danica/Robbins, John R. (Eds.): Making a New Nation. The Formation of Slovenia, Aldershot 1997.
Plut-Pregelj, Leopoldina/Rogel, Carole: Historical Dictionary of Slovenia, Lanham, MD, London 1996.
Prunk, Janko: Slowenien. Ein Abriß seiner Geschichte, Ljubljana 1996.
Rehder, Petra: Slowenien, München 1999.

Ungarn
Bayer, József (Hg.): Der Schock der Freiheit. Ungarn auf dem Weg in die Demokratie, Frankfurt/M. 1993.
Bozóki, András et al. (Eds.): Post-Communist Transition. Emerging Pluralism in Hungary, London 1992.

Brown, Aurel/Barany, Zoltan D. (Eds.): Dilemmas of Transition: The Hungarian Experience, New York, NY, 1999.
Brunner, Georg (Hg.): Ungarn auf dem Weg der Demokratie. Von der Wende bis zur Gegenwart, Bonn 1993.
Gorzka, Gabriele (Hg.): Ungarn im Wandel. Zwischenbilanz und Aspekte der ungarisch-deutschen Beziehungen, Köln 1995.
Grothusen, Klaus-Detlev (Hg.): Südosteuropa-Handbuch, Bd. V: Ungarn, Göttingen 1987.
Hanák, Péter: Ungarn in der Donaumonarchie. Probleme der bürgerlichen Umgestaltung eines Vielvölkerstaats, München 1985.
Hanák, Péter (Hg.): Die Geschichte Ungarns. Von den Anfängen bis zur Gegenwart, Essen, Budapest 1988.
Heinrich, Hans-Georg: Hungary. Politics, Economics and Society, London 1986.
Hoensch, Jörg K.: Geschichte Ungarns 1867–1983, Stuttgart u. a. 1984.
Kurtán, Sándor (Hg.): Vor der Wende. Politisches System, Gesellschaft und Reformen im Ungarn der achtziger Jahre, Wien u. a. 1993.
Pállinger, Zoltán Tibor: Die politische Elite Ungarns im Systemwechsel 1985–1995, Bern u. a. 1997.
Pamlényi, Ervin (Ed.): A History of Hungary, Budapest 1973.
Pribersky, Andreas/Liebhart, Karin/Kurtán, Sándor: Ungarn, München 1999.
Várdy, Steven Béla: Historical Dictionary of Hungary, Lanham, MD, London 1997.

Ausgewählte Literatur zu den Kapiteln

Einleitung und Kapitel I: Struktureller Rahmen und historisches Erbe

Adám, Magda: The Little Entente and Europe (1920–1929), Budapest 1993.
Anderson, M. S.: The Eastern Question, 1774–1923: A Study in International Relations, London, New York, NY, 1966.
Ascherson, Neal: Schwarzes Meer, Berlin 1996.
Ayçoberry, Pierre/Bled, Jean-Paul/Hunyadi, Istvan (Eds.): Les Conséquences des traités de paix de 1919–1920 en Europe centrale et sud-orientale, Strasbourg 1987.
Bakić-Hayden, Milica: Nesting Orientalisms: The Case of Former Yugoslavia, in: Slavic Review 54 (1995).
Bakić-Hayden, Milica/Hayden, Robert: Oriental Variations on the Theme «Balkans»: Symbolic Geography in Recent Yugoslav Cultural Politics, in: Slavic Review 51 (1992).
Balviet, Michel: Aux orginines de l'islamisation des Balkans Ottomans, in: Revue du Monde Musulman et de la Méditerranée 66 (1992).
Beck, Hans-Georg: Das byzantinische Jahrtausend, München 1978.
Beck, Peter J.: Impartial Soldiers as One Approach to Balkan Instability: The Example of the Peacekeeping Past, in: East European Quarterly 17 (1983).
Behschnitt, Wolf Dietrich: Nationalismus bei Serben und Kroaten 1830–1914. Analyse und Typologie der nationalen Ideologie, München 1980.
Bernath, Mathias: Habsburg und die Anfänge der rumänischen Nationswerdung, Leiden 1972.
Bernath, Mathias: Südosteuropäische Geschichte als gesonderte Disziplin, in: Forschungen zur osteuropäischen Geschichte 20 (1973).
Bernath, Mathias/Nehring, Karl (Hg.): Friedenssicherung in Südosteuropa. Föderationsprojekte und Allianzen seit dem Beginn der nationalen Eigenstaatlichkeit, Neuried 1985.
Boeckh, Katrin: Von den Balkankriegen zum Ersten Weltkrieg. Kleinstaatenpolitik und ethnische Selbstbestimmung auf dem Balkan, München 1986.

Bohmann, Alfred: Menschen und Grenzen, Bd. 2: Bevölkerung und Nationalitäten in Südosteuropa, Köln 1969.

Borejsza, Jerzy: Il fascismo e l'Europa orientale. Dalla propaganda all'aggressione, Roma, Bari 1981.

Brague, Rémi: Europa. Eine exzentrische Identität, Frankfurt/M. u. a. 1993.

Braude, Benjamin/Lewis, Bernard (Eds.): Christians and Jews in the Ottoman Empire: The Functioning of a Plural Society, 2 Bde., New York, NY, London 1982.

Braudel, Fernand (Hg.): Europa: Bausteine seiner Geschichte, Frankfurt/M. 1989.

Brown, Carl L. (Ed.): Imperial Legacy. The Ottoman Imprint on the Balkans and the Middle East, New York, NY, 1996.

Campbell, John K.: Honour, Family and Patronage, New York, NY, Oxford 1976.

Carnegie Endowment für International Peace (Ed.): Report of the International Commission to Inquire into the Causes and Conduct of the Balkan Wars, Washington, DC, 1914.

Carter, Francis W./Norris, Harry T. (Eds.): The Changing Shape of the Balkans, London 1996.

Castellan, Georges: History of the Balkans from Mohammed the Conqueror to Stalin, Irvington, NY, 1991.

Chirot, Daniel (Ed.): The Origins of Backwardness in Eastern Europe. Economics and Politics from the Middle Ages Until the Early Twentieth Century, Berkeley, CA, u. a. 1989.

Choliolčev, Christo/Mack, Karlheinz/Suppan, Arnold (Hg.): Nationalrevolutionäre Bewegungen in Südosteuropa im 19. Jahrhundert, Wien, München 1992.

Clogg, Richard (Ed.): Balkan Society in the Age of Greek Independence, London 1981.

Conze, Werner: Ostmitteleuropa. Von der Spätantike bis zum 18. Jahrhundert. München 1992.

Couroucli, Maria (Ed.): Les Balkans – carrefour d'ethnies et de cultures: les aspects éducatifs et culturels, Strasbourg 1996.

Cvijic, Chris: Remaking the Balkans, London 1991.

Danforth, Loring M.: The Macedonian Conflict. Ethnic Nationalism in a Transnational World, Princeton, NJ, 1995.

Davies, Norman: Europe. A History, Oxford, New York, NY 1996.

Deletant, Dennis/Hanak, Harry (Eds.): Historians as Nation-Builders. Central and South-East Europe, London 1988.

Diner, Dan: Das Jahrhundert verstehen. Eine universalhistorische Deutung, München 1999.

Eickhoff, Ekkehard: Venedig, Wien und die Osmanen. Umbruch in Südosteuropa 1645–1700, Stuttgart 1988.

Elazar, Daniel J. et al. (Eds.): The Balkan Jewish Communities. Yugoslavia, Bulgaria, Greece and Turkey, London 1984.

Elvert, Jürgen (Hg.): Der Balkan. Eine europäische Krisenregion in Geschichte und Gegenwart, Stuttgart 1997.

Fischer, Jürgen: Oriens – Occidens – Europa. Begriff und Gedanke «Europa» in der späten Antike und im frühen Mittelalter, Wiesbaden 1957.

Fischer, Theobald: Die südeuropäischen Halbinseln, in: Länderkunde von Europa, 2. Teil, 2. Hälfte, Wien u. a. 1893.

Fraser, Angus: The Rom Migrations, in: Journal of the Gypsy Lore Society 1992, 2.

Gavazzi, Milovan: Die kulturgeographische Gliederung Südosteuropas, in: Südost-Forschungen 15 (1956).

Gellner, Ernest: Nationalismus und Moderne, Berlin 1991.

Geiss, Immanuel: Europa – Vielfalt und Einheit, Mannheim u. a. 1993.

Georgiev, Vladimir: The Genesis of the Balkan Peoples, in: Slavonic and East European Review 44 (1966).

Gerhard, Dietrich: Old Europe. A Study of Continuity, 1000–1800, New York, NY, 1981.
Geshkof, Theodore I.: Balkan Union: A Road to Peace in Southeastern Europe, New York, NY, 1940.
Geyer, Dietrich: Der russische Imperialismus. Studien über den Zusammenhang von innerer und auswärtiger Politik 1860–1914, Göttingen 1977.
Gollwitzer, Heinz: Europabild und Europagedanke. Beiträge zur deutschen Geistesgeschichte des 18. und 19. Jahrhunderts, München 1964.
Gow, James: Serbian Nationalism and the Hissssing Ssssnake in the International Order: Whose Sovereignty? Which Nation?, in: Slavonic and East European Review 72 (1994).
Gow, James: Triumph of the Lack of Will: International Diplomacy and the Yugoslav War, London 1997.
Grafenauer, Bogo: Die ethnische Gliederung und geschichtliche Rolle der westlichen Slawen im Mittelalter, Ljubljana 1966.
Grimm, Frank D. (Hg.): Grenzen und Grenzregionen in Südosteuropa, München 1998.
Gross, Hermann: Südosteuropa: Bau und Entwicklung der Wirtschaft, Leipzig 1937.
Grothusen, Klaus-Detlev (Hg.): 110 Jahre Wiedererrichtung des bulgarischen Staates 1978–1988, München 1990.
Grothusen, Klaus-Detlev (Hg.): Ethnogenese und Staatsbildung in Südosteuropa, Göttingen 1974.
Gustavsson, Sven (Ed.): Tradition and Modern Society, Stockholm 1989.

Hadži-Jovančić, Dušanka: The Serbian Question in the Balkans. Geographical and Historical Aspects, Belgrad 1995.
Hahn, Johann G. von: Reise von Belgrad nach Salonik, Wien 1861.
Halecki, Oskar: Europa. Grenzen und Gliederung seiner Geschichte, Darmstadt 1957.
Halecki, Oskar: Grenzraum des Abendlandes. Eine Geschichte Ostmitteleuropas, Salzburg 1957.
Hardten, Eggert/Stanisavljević, André/Tsakiris, Dimitris (Hg.): Der Balkan in Europa, Frankfurt/M. 1996.
Haselsteiner, Horst (Hg.): Wirtschafts- und Kulturbeziehungen zwischen dem Donau- und dem Balkanraum seit dem Wiener Kongreß, Graz 1991.
Hatschikjan, Magarditsch A.: Tradition und Neuorientierung in der bulgarischen Außenpolitik 1944–1948. Die «nationale Außenpolitik» der Bulgarischen Arbeiterpartei (Kommunisten), München 1988.
Hatschikjan, Magarditsch A./Weilemann, Peter R. (Hg.): Nationalismen im Umbruch. Ethnizität, Staat und Politik im neuen Osteuropa, Köln 1995.
Hecker, Hans (Hg.): Europa – Begriff und Idee. Historische Streiflichter, Bonn 1991.
Hecker, Hans/Spieler, Silke (Hg.): Die historische Einheit Europas. Ideen – Konzepte – Selbstverständnis, Bonn 1994.
Heinen, Armin: Die Legion «Erzengel Michael» in Rumänien – soziale Bewegung und politische Organisation. Ein Beitrag zum Problem des internationalen Faschismus, München 1986.
Heller, Wilfried (Hg.): Migration und sozioökonomische Transformation in Südosteuropa, München 1997.
Heppner, Harald/Larentzakis, Grigorios: Das Europa-Verständnis im orthodoxen Südosteuropa, Graz 1996.
Hering, Gunnar: Die politischen Parteien in Griechenland 1821–1936, 2 Bde., München 1992.
Heuberger, Valeria/Suppan, Arnold/Vyslonzil, Elisabeth (Hg.): Der Balkan. Friedenszone oder Pulverfaß?, Frankfurt/M. u. a. 1998.

Hobsbawm, Eric: Das Zeitalter der Extreme. Weltgeschichte des 20. Jahrhunderts, München, Wien 1995.

Hobsbawm, Eric J.: Nationen und Nationalismus. Mythos und Realität seit 1780, Frankfurt/M., New York, NY, 1991.

Höpken, Wolfgang: Gibt es eine «balkanische politische Kultur»?, in: Bramke, Werner, in Zusammenarbeit mit Thomas Adam (Hg.): Politische Kultur in Ostmittel- und Südosteuropa, Leipzig 1999.

Höpken, Wolfgang (Hg).: Zwangsmigrationen in Mittel- und Südosteuropa, Leipzig 1996 (= Comparativ 6/1996, H. 1).

Höpken, Wolfgang/Sundhaussen, Holm (Hg.): Eliten in Südosteuropa. Rolle, Kontinuitäten, Brüche in Geschichte und Gegenwart, München 1998.

Hösch, Edgar: Kulturgrenzen in Südosteuropa, in: Südosteuropa 47 (1998) 12.

Hoffman, George W.: The Balkans in Transition, Princeton, NJ, 1963.

Hohlweg, Armin (Hg.): Byzanz und seine Nachbarn, München 1996.

Hudemann, Rainer/Kaelble, Hartmut/Schwabe, Klaus (Hg.): Europa im Blick der Historiker, München 1995.

Huntington, Samuel P.: Der Kampf der Kulturen. The Clash of Civilizations. Die Neugestaltung der Weltpolitik im 21. Jahrhundert, München, Wien 1996.

Inalcik, Halil (Ed.): An Economic and Social History of the Ottoman Empire, Bd. 2: 1600–1914, Cambridge 1997.

Ivanova, J. V.: The Traditional Systems of Life Subsistence of Different Ethnic Groups in South-East Europe, in: Balkan Studies 35 (1994).

Jackson, Marvin R.: Comparing the Balkan Demographic Experience, 1860 to 1970, in: Journal of European Economic History 14 (1985).

Judt, Tony: Große Illusion Europa. Herausforderungen und Gefahren einer Idee, München, Wien 1996.

Just, Michael: Ost- und südosteuropäische Amerikawanderung 1881–1914, Wiesbaden 1988.

Just, Roger: Triumph of the Ethnos, in: Tonkin, Elizabeth/McDonald, Maryon/Chapman, Malcolm (Eds.): History and Ethnicity, London, New York, NY, 1988.

Kafadar, Cemal: Between Two Worlds: The Construction of the Ottoman State, Los Angeles, CA, 1996.

Kahan, Arcadius u. a.: Wirtschafts- und Sozialgeschichte Ost- und Südosteuropa 1850–1914, Stuttgart 1980.

Kaplan, Robert D.: Balkan Ghosts: A Journey through History, New York, NY, 1993.

Kappeler, Andreas: Osteuropäische Geschichte, in: Maurer, Michael (Hg.), Aufriß der historischen Wissenschaften, Bd. 2: Das Interesse an der Geschichte: Räume, Stuttgart 1999.

Karakasidou, Anastasia N.: Fields of Wheat, Hills of Blood. Passages to Nationhood in Greek Macedonia, 1870–1990, Chicago, IL, London 1997.

Karanovich, Milenko: Causes of Serbian Immigration to the United States, in: Balkan Studies 31 (1990).

Kennedy, Paul: The Rise and Fall of the Great Powers. Economic Change and Military Conflict from 1500 to 2000, New York, NY, 1987.

Keppel, George Thomas: Narrative of a Journey across the Balcan, by the Two Passes of Selimno and Pravadi. Also a Visit to Azani, and Other Newly Discovered Ruins in Asia Minor, in the Years 1829–30, 2 Bde., London 1831.

Kienitz, Friedrich-Karl: Städte unter dem Halbmond. Geschichte und Kultur der Städte in Anatolien und auf der Balkanhalbinsel im Zeitalter der Sultane 1071–1922, München 1972.

Kitromilides, Paschalis M.: «Balkan Mentality»: History, Legend, Imagination, in: Nations and Nationalism 2 (1996) 2.
Kitromilides, Paschalis M.: Enlightenment, Nationalism, Orthodoxy: Studies in the Culture and Political Thought of South-Eastern Europe, Aldershot, Brookfield, VT, 1994.
Koder, Johannes: Der Lebensraum der Byzantiner. Historisch-geographischer Abriß ihres mittelalterlichen Staates im östlichen Mittelmeerraum, Darmstadt 1984.
Kornrumpf, Hans-Jürgen: Scheriat und christlicher Staat: Die Muslime in Bosnien und in den europäischen Nachfolgestaaten des Osmanischen Reiches, in: Saeculum 35 (1984).
Kürti, László/Langman, Juliet (Eds.): Beyond Borders. Remaking Cultural Identities in the New East and Central Europe, Boulder, CO, 1997.

Latawski, Paul (Ed.): Contemporary Nationalism in Eastern Europe, London 1995.
Le Goff, Jacques: Das alte Europa und die Welt der Moderne, München 1996.
Le Goff, Jacques: Die Geschichte Europas, Frankfurt/M., New York, NY, 1997.
Lemberg, Hans: Osteuropa, Mitteleuropa, Europa. Formen und Probleme der «Rückkehr» nach Europa, in: Elvert, Jürgen/Salewski, Michael (Hg.): Der Umbruch in Osteuropa, Stuttgart 1993.
Lemberg, Hans (Hg.): Ostmitteleuropa zwischen den beiden Weltkriegen (1918–1939). Stärke und Schwäche der neuen Staaten, nationale Minderheiten, Marburg 1997.
Lemberg, Hans: Zur Entstehung des Osteuropabegriffs im 19. Jahrhundert. Vom «Norden» zum «Osten» Europas, in: Jahrbücher für Geschichte Osteuropas 33 (1985).
Longworth, Philip: The Making of Eastern Europe. From Prehistory to Postcommunism, Basingstoke, London 1997.

MacFie, A. L.: The End of the Ottoman Empire, 1908–1923, New York, NY, 1998.
Majer, Hans Georg (Hg.): Die Staaten Südosteuropas und die Osmanen, München 1989.
Maner, Hans-Christian: Parlamentarismus in Rumänien (1930–1940). Demokratie im autoritären Umfeld, München 1997.
Matešić, Josip/Heitmann, Klaus (Hg.): Südosteuropa in der Wahrnehmung der deutschen Öffentlichkeit vom Wiener Kongreß (1815) bis zum Pariser Frieden (1856), München 1990.
Matl, Josef: Südslawische Studien, München 1965.
Mazower, Mark: Dark Continent. Europe's Twentieth Century, New York, NY, 1999.
McCarthy, Justin: Death and Exile. The Ethnic Cleansing of Ottoman Muslims, 1821–1922, Princeton, NJ, 1996.
Melville, Ralph/Schröder, Hans-Jürgen (Hg.): Der Berliner Kongreß von 1878. Die Politik der Großmächte und die Probleme der Modernisierung in Südosteuropa in der zweiten Hälfte des 20. Jahrhunderts, Wiesbaden 1982.
Meurs, Wim P. van: The Bessarabian Question in Communist Historiography: Nationalist and Communist Politics and History Writing, Boulder, CO, 1994.
Mollat du Jourdin: Europa und das Meer, München 1993.
Mommsen, Margareta (Hg.): Nationalismus in Osteuropa. Gefahrvolle Wege in die Demokratie, München 1992.
Morin, Edgar: Europa denken, Frankfurt/M., New York, NY, 1991.
Münkler, Herfried: Europa als politische Idee. Ideengeschichtliche Facetten des Europabegriffs und deren aktuelle Bedeutung, in: Leviathan 19 (1991).

Niedhart, Gottfried: Internationale Beziehungen 1917–1947, Paderborn u. a. 1989.
Norris, Harry T.: Islam in the Balkans. Religion and Society between Europe and the Arab World, Columbia, SC, 1993.

Panzac, Daniel: La population de l'Empire Ottman et de ses marges du XVe au XIXe

siècle: Bibliographie (1941–1980) et bilan provisoire, in: Revue de l'Occident Musulman et de la Méditerranée 31 (1981).
Pavković, Aleksandar: The Serb National Idea: A Revival 1986–96, in: Slavonic and East European Review 72 (1994).
Petrovich, Michael Boro: A History of Modern Serbia, 1804–1918, New York, NY, 1976.
Peyfuss, Max Demeter: Die Aromunische Frage. Ihre Entwicklung von den Ursprüngen bis zum Frieden von Bukarest (1913) und die Haltung Österreich-Ungarns, Wien, Köln, Graz 1974.
Pomian, Kryzsztof: Europa und seine Nationen, Berlin 1990.
Potthoff, Wilfried (Hg.): Konfliktregion Südosteuropa. Vergangenheit und Perspektiven, München 1997.

Reichert, Günter: Das Scheitern der Kleinen Entente. Internationale Beziehungen im Donauraum von 1933 bis 1938, München 1971.
Reiter, Norbert (Hg.): Nationalbewegungen auf dem Balkan, Berlin, Wiesbaden 1984.
Remak, Joachim: 1914 – The Third Balkan War: Origins Reconsidered, in: Journal of Modern History 43 (1971).
Rhode, Gotthold (Hg.): Tausend Jahre Nachbarschaft. Deutsche in Südosteuropa, München 1981.
Roglić, Josip: Die Gebirge als die Wiege des geschichtlichen Geschehens in Südosteuropa, in: Colloquium Geographicum, Argumenta geographica 12 (1970).
Ronneberger, Franz: Der politische Südosteuropabegriff, in: Reich-Volksordnung-Lebensraum. Zeitschrift für völkische Verfassung 6 (1943).
Roth: Klaus: Ethnokulturelle Gemeinschaft der Balkanvölker: Konstrukt oder Realität, in: Heuberger, Valeria/Suppan, Arnold/Vyslonzil, Elisabeth (Hg.). Der Balkan. Friedenszone oder Pulverfaß?, Frankfurt/M. u. a. 1998.
Roth, Klaus: Wie «europäisch» ist Südosteuropa? Zum Problem des kulturellen Wandels auf der Balkanhalbinsel, in: Bringéus, Nils-Arvid u. a. (Hg.): Wandel der Volkskultur in Europa, Bd. 1, Münster 1988.
Rothschild, Joseph: Ethnopolitics: A Conceptual Framework, New York, NY, 1981.
Rupnik, Jacques: Eisschrank oder Fegefeuer. Das Ende des Kommunismus und das Wiedererwachen der Nationalismen, in: Transit 1 (1990) 1.

Schmaus, Alois: Gesammelte slavistische und balkanologische Abhandlungen, II. Teil, München 1973.
Schmid, Thomas (Hg.): Krieg im Kosovo, Reinbek 1999.
Schmidt-Neke, Michael: Entstehung und Ausbau der Königsdiktatur in Albanien 1912–1939. Regierungsbildungen, Herrschaftsweise und Machteliten in einem jungen Balkanstaat, München 1987.
Schödl, Günter: Formen und Grenzen des Nationalen, Erlangen 1990.
Schödl, Günter: Kroatische Nationalpolitik und «Jugoslavenstvo». Studien zu nationaler Integration und regionaler Politik in Kroatien-Dalmatien am Beginn des 19. Jahrhunderts, München 1990.
Schönfeld, Roland (Hg.): Industrialisierung und sozialer Wandel in Südosteuropa, München 1989.
Schönfeld, Roland (Hg.): Reform und Wandel in Südosteuropa, München 1985.
Schubert, Peter: Zündstoff im Konfliktfeld des Balkan: Die albanische Frage, Baden-Baden 1997.
Schulin, Ernst: Die weltgeschichtliche Erfassung des Orients bei Hegel und Ranke, Göttingen 1958.
Schulze, Hagen: Staat und Nation in der europäischen Geschichte, München 1994.

Schulze, Hagen/Paul, Ina Ulrike (Hg.): Europäische Geschichte. Quellen und Materialien, München 1994.

Shaw, Stanford J.: History of the Ottoman Empire and Modern Turkey, Bd. I: Empire of the Gazis: The Rise and Decline of the Ottoman Empire 1280–1808, Cambridge u. a. 1976.

Shaw, Stanford J./Kural Shaw, Ezel: History of the Ottoman Empire and Modern Turkey, Bd. II: Reform, Revolution and Republic: The Rise of Modern Turkey 1808–1975, Cambridge u. a. 1977.

Stadtmüller, Georg: Osmanische Reichsgeschichte und balkanische Volksgeschichte, in: Leipziger Vierteljahrsschrift für Südosteuropa (1939) 3.

Stökl, Günther: Osteuropa – Geschichte und Politik, Opladen 1979.

Stökl, Günther: Osteuropa und die Deutschen, Stuttgart 1982.

Stone, Norman: The Balkan Muslims, in: National Interest 30 (1992–1993).

Sugar, Peter: Southeastern Europe under Ottoman Rule, 1354–1804, Seattle, WA, London 1977.

Sundhaussen, Holm: Der Wandel in der osteuropäischen Agrarverfassung während der frühen Neuzeit. Ein Beitrag zur Divergenz der Entwicklungswege von Ost- und Westeuropa, in: Südost-Forschungen 49 (1990).

Sundhaussen, Holm: Ethnonationalismus in Aktion: Bemerkungen zum Ende Jugoslawiens, in: Geschichte und Gesellschaft 20 (1994).

Sundhaussen, Holm: Nationsbildung und Nationalismus im Donau-Balkan-Raum, in: Forschungen zur osteuropäischen Geschichte 48 (1993).

Sundhaussen, Holm: Osteuropa, Südosteuropa, Balkan: Überlegungen zur Konstruktion historischer Raumbegriffe, in: Ders. (Hg.): Was ist Osteuropa? 1. Colloquium des Osteuropa-Instituts, Arbeitspapiere des Osteuropa-Instituts der Freien Universität Berlin 1998, 1.

Sziklay, László (Hg.): Aufklärung und Nationen im Osten Europas, Budapest 1983.

Szücs, Jenö: Die drei historischen Regionen Europas, Frankfurt/M. 1990.

Teichova, Alice: Kleinstaaten im Spannungsfeld der Großmächte. Wirtschaft und Politik in Mittel- und Südosteuropa in der Zwischenkriegszeit, München 1988.

Torke, Hans-Joachim: Was ist Osteuropa? Zu einer Historiker-Debatte zwischen den Weltkriegen und danach, in: Sundhaussen, Holm (Hg.): Was ist Osteuropa? 1. Colloquium des Osteuropa-Instituts, Arbeitspapiere des Osteuropa-Instituts der Freien Universität Berlin 1998, 1.

Troebst, Stefan: «Demokratie als ethnisch geschlossene Veranstaltung»: Nationalistischer Integrationsdruck und politische Formierung der nationalen Minderheiten in Bulgarien (1989 – April 1991), in: Höpken, Wolfgang (Hg.): Revolution auf Raten: Bulgariens Weg zur Demokratie, München 1996.

Troebst, Stefan: Die bulgarisch-jugoslawische Kontroverse um Makedonien 1967–1982, München 1983.

Troebst, Stefan: Mussolini, Makedonien und die Mächte 1922–1930. Die «Innere Makedonische Revolutionäre Organisation» in der Südosteuropapolitik des faschistischen Italien, Köln, Wien 1987.

Troebst, Stefan: Nationalismus und Gewalt im Osteuropa der Zwischenkriegszeit. Terroristische Separatismen im Vergleich, in: Berliner Jahrbuch für osteuropäische Geschichte 3 (1996) 1.

Trotzki, Leo: Die Balkankriege 1912–13, Essen 1995.

Turczynski, Emanuel: Konfession und Nation. Zur Frühgeschichte der serbischen und rumänischen Nationsbildung, Düsseldorf 1976.

Valjavec, Fritz: Ausgewählte Aufsätze. Hg. Karl August Fischer, München 1963.

Vilfan, Sergij: Rechtsgeschichte der Slowenen, Graz 1968.
Vlasto, A. P.: The Entry of the Slavs into Christendom. An Introduction to the Medieval History of the Slavs, Cambridge 1970.
Völker und Kulturen Südosteuropas, München 1959.

Wandruszka, Adam/Urbanitsch, Peter (Hg.): Die Habsburgermonarchie 1848–1918, 6 Bde., Wien 1973–1989.
Ware, Timothy: The Orthodox Church, Middlesex 1972.
Weber, Max: Wirtschaft und Gesellschaft. Grundriß der verstehenden Soziologie, Tübingen 1985.
Wilkes, John: The Illyrians, Oxford, Cambridge 1995.
Winnifrith, Tom J.: The Vlachs: The History of a Balkan People, London 1987.
Wolff, Larry: Inventing Eastern Europe. The Map of Civilization on the Mind of Enlightment, Stanford, CA, 1994.

Zeune, [Johann] August: Gea: Versuch einer wissenschaftlichen Erdbeschreibung, Berlin 1808.

Kapitel II: Menschen und Gesellschaften

Alexander, Stella: Church and State in Yugoslavia since 1945, London, New York, NY, Melbourne 1979.
Alexander, Stella: The Triple Myth: A Life of Archbishop Alojzije Stepinac, Boulder, CO, New York, NY, 1987.
Apostolov, Mario: The Pomaks. A Religious Minority in the Balkans, in: Nationalities Papers 24 (1996) 4.
Augustinos, Gerasimos (Ed.): Diverse Paths to Modernity in Southeastern Europe, New York, NY, u. a. 1991.

Benz, Wolfgang (Hg.): Dimension des Völkermords. Die Zahl der jüdischen Opfer des Nationalsozialismus, München 1991.
Berend, Ivan T.: Central and Eastern Europe 1944–1993. Detour from the Periphery to the Periphery, Cambridge 1996.
Berend, Iván T. (Ed.): Long-Term Structural Changes in Transforming Central and Eastern Europe (The 1990s), München 1997.
Berend, Iván T./Ránki, György: The European Periphery and Industrialization 1780–1914, Budapest 1982.
Black, Cyril E.: The Process of Modernization. The Bulgarian Case, in: Butler, Thomas (Ed.): Bulgaria. Past and Present, Columbus, OH, 1976.
Birmingham, Katherine: The OSCE and Minority Issues, The Hague 1995.
Boestfleisch, Hans-Martin: Modernisierungsprobleme und Entwicklungskrisen: Die Auseinandersetzungen um die Bürokratie in Serbien 1839–1858, Frankfurt/M. u. a. 1987.
Bollerup, Søren Rinder/Christensen, Christian Dons: Nationalism in Eastern Europe. Causes and Consequences of the National Revivals and Conflicts in Late-Twentieth-Century Eastern Europe, Basingstoke 1997.
Bremer, Thomas: Zur ökumenischen Lage in Jugoslawien, in: Ostkirchliche Studien 40 (1991).
Bremer, Thomas: Ekklesiale Struktur und Ekklesiologie in der Serbischen Orthodoxen Kirche im 19. und 20. Jahrhundert, Würzburg 1992.
Bremer, Thomas: Die Kirchen und ihre Beziehungen im ehemaligen Jugoslawien, in: Der Krieg auf dem Balkan (Probleme des Friedens 2/92).
Bremer, Thomas: Religiöse Motive im jugoslawischen Konflikt der Gegenwart, in: Herrmann, Peter (Hg.): Glaubenskriege in Vergangenheit und Gegenwart, Göttingen 1996.

Bremer, Thomas (Hg.): Religion und Nation im Krieg auf dem Balkan, Bonn 1996.
Brubaker, Rogers: Nationalism Reframed. Nationhood and the National Question in the New Europe, Cambridge 1996.
Brunner, Georg: Nationalitätenprobleme und Minderheitenkonflikte in Osteuropa, Gütersloh 1996.
Brunner, Georg/Tontsch, Günther H.: Der Minderheitenschutz in Ungarn und in Rumänien, Bonn 1995.
Brunner, Georg/Lemberg, Hans (Hg.): Volksgruppen in Ostmittel- und Südosteuropa, München, Baden-Baden 1994.
Burkhart, Dagmar (Hg.): Körper, Essen und Trinken im Kulturverständnis der Balkanvölker, Berlin, Wiesbaden 1991.

Calic, Marie-Janine: Probleme nachholender Entwicklung in Serbien (1830–1941), in: Archiv für Sozialgeschichte 34 (1994).
Calic, Marie-Janine: Sozialgeschichte Serbiens 1815–1941. Der aufhaltsame Fortschritt während der Industrialisierung, München 1994.
Carter, Francis W./Turnock, David (Eds.): Environmental Problems in Eastern Europe, London u. a. 1996.
Clewing, Konrad: Zwischen Instrumentalisierung und Brückenfunktion. Die griechische Minderheit in Südalbanien als Faktor in der Albanienpolitik Athens, in: Südosteuropa 44 (1995) 6/7.
Connor, Walker: Ethnonationalism. The Quest for Understanding. Princeton, NJ, 1994.
Council of Europe (Ed.): Framework Convention for the Protection of National Minorities and Explanatory Report. Convention Opened for Signature on 1 February 1995, Strasbourg 1995.
Crowe, David/Kolsti, John (Eds.): The Gypsies of Eastern Europe, Armonk, NY, London 1991.
Cuthbertson, Ian M./Leibowitz, Jane (Eds.): Minorities: The New Europe's Old Issue, Prague u. a. 1993.

Damianakos, Alexander N.: Charilaos Trikoupes and the Modernization of Greece, 1874–1894, Ann Arbor, MI, 1978.
Devetak, Silvo/Flere, Sergej/Seewann, Gerhard (Eds.): Petites nations et minorités ethniques dans une Europe en devenir, München 1993.
Dimitrov, Mitko (Ed.): A Comparative Analysis of the Structural Changes in the Central and Eastern European Countries, Sofia 1996.
Döpmann, Hans-Dieter (Hg.): Religion und Gesellschaft in Südosteuropa, München 1997.

Erfahrungen aus dem Konflikt im ehemaligen Jugoslawien, 2 Bde., Bonn 1997.
Ermacora, Felix/Pan, Christoph: Grundrechte der europäischen Volksgruppen, Wien 1993.
Estébanez, María Amor Martín: International Organizations and Minority Protection in Europe, Turku 1996.

Faber, Mient Jan (Ed.): The Balkans. A Religious Backyard of Europe, Ravenna 1996.
Fraenkel, Eran: Turning a Donkey into a Horse: Paradox and Conflict in the Identity of Makedonci muslimani, in: Balkan Forum 3 (1995) 4.
Frowein, Jochen A./Hofmann, Rainer/Oeter, Stefan (Hg.): Das Minderheitenrecht europäischer Staaten, 2 Bde., Berlin 1993–1994.

Gabanyi, Anneli Ute/Majer, Hans Georg (Hg.): Frauen in Südosteuropa, München 1998.
Genov, Nikolai (Ed.): Central and Eastern Europe: Continuing Transformation, Sofia 1998.
Georgiadou, Vassiliki: Griechenlands nicht-kapitalistische Entwicklungsaspekte im 19. Jh., Frankfurt/M. u. a. 1992.

Gerschenkron, Alexander: Some Aspects of Industrialization in Bulgaria, 1878–1939, in: Ders.: Economic Backwardness in Historical Perspective, Cambridge, MA, 1962.
Gilberg, Trond: Modernization in Romania Since World War II, New York, NY, u. a. 1975.
Gilberg, Trond: Nationalism and Communism in Romania, Boulder, CO, 1990.
Glatzer, Wolfgang (Hg.): Lebensverhältnisse in Osteuropa. Prekäre Entwicklungen und neue Konturen, Frankfurt/M. 1996.
Göksu Özdoğan, Günay/Saybaşilii, Kemâli (Eds.): Balkans. A Mirror of the New International Order, Istanbul 1995.
Grimm, Frank D. (Hg.): Aktuelle Umweltprobleme in Südosteuropa, München 1996.
Grimm, Frank-Dieter/Roth, Klaus (Hg.): Das Dorf in Südosteuropa zwischen Tradition und Umbruch, München 1997.
Grulich, Rudolf: Die Katholische Kirche in der Sozialistischen Föderativen Republik Jugoslawien, Zollikon o. J. [1978].

Hassiotis, Ioannis K. (Ed.): The Jewish Communities of Southeastern Europe from the Fifteenth Century to the End of World War II, Thessaloniki 1997.
Hausleitner, Mariana/Katz, Monika (Hg.): Juden und Antisemitismus im östlichen Europa, Berlin, Wiesbaden 1995.
Heintze, Hans-Joachim (Hg.): Moderner Minderheitenschutz. Rechtliche oder politische Absicherung?, Bonn 1998.
Heintze, Hans-Joachim (Hg.): Selbstbestimmungsrecht der Völker – Herausforderung der Staatenwelt. Zerfällt die internationale Gemeinschaft in Hunderte von Staaten?, Bonn 1997.
Heller, Wilfried (Ed.): Romania: Migration, Socio-economic Transformation and Perspectives of Regional Development, München 1998.
Heuberger, Valeria/Suppan, Arnold/Vyslonzil, Elisabeth (Hg.): Brennpunkt Osteuropa. Minderheiten im Kreuzfeuer des Nationalismus, Wien u. a. 1996.
Heuberger, Valeria u. a. (Hg.): Nationen, Nationalitäten, Minderheiten. Probleme des Nationalismus in Jugoslawien, Ungarn, Rumänien, der Tschechoslowakei, Bulgarien, Polen, der Ukraine, Italien und Österreich 1945–1990, Wien, München 1994.
Hösch, Edgar/Seewann, Gerhard (Hg.): Aspekte ethnischer Identität. Ergebnisse des Forschungsprojekts «Deutsche und Magyaren als nationale Minderheiten im Donauraum», München 1992.
Hofmann, Rainer: Minderheitenschutz in Europa. Völker- und staatsrechtliche Lage, Berlin 1995.

Jackson, Marvin R.: Comparing the Balkan Demographic Experience, 1860 to 1970, in: Journal of European Economic History 14 (1985) 2.
Jackson, Marvin R.: Changes in Ethnic Populations of Southeastern Europe: Holocaust, Migration and Assimilation, in: Schönfeld, Roland (Hg.): Nationalitätenprobleme in Südosteuropa, München 1987.
Jowitt, Kenneth (Ed.): Social Change in Romania, 1860–1940. A Debate on Development in a European Nation, Berkeley, CA, 1978.

Kappeler, Andreas/Simon, Gerhard/Brunner, Georg (Hg.): Die Muslime in der Sowjetunion und in Jugoslawien, Köln 1989.
Karagiannis, Evangelos: Zur Ethnizität der Pomaken Bulgariens, Münster 1997.
Kaser, Karl: Familie und Verwandtschaft auf dem Balkan. Analyse einer untergehenden Kultur, Wien u. a. 1995;
Kaser, Karl: Freier Bauer und Soldat. Die Militarisierung der agrarischen Gesellschaft an der kroatisch-slawonischen Militärgrenze (1535–1881), Wien u. a. 1997.

Kaser, Karl: Hirten, Helden, Stammeskämpfer. Ursprünge und Gegenwart des balkanischen Patriarchats, Wien u. a. 1992.
Kaser, Michael C. (Ed.): The Economic History of Eastern Europe 1919–1975, 5 Bde., Oxford 1985–1990.
Katus, L.: Die Probleme des demographischen Übergangs in Ungarn vor dem ersten Weltkrieg, in: Erdödy, G. (Hg.): Demographie, Bevölkerungs- und Agrarstatistik, Budapest 1982.
Kawerau, Peter: Das Christentum in Südost- und Osteuropa, Lovanii 1984.
King, Robert R.: Minorities under Communism. Nationalities as a Source of Tension among Balkan Communist States, Cambridge, MA, 1973.
Kocsis, Károly/Kocsics-Hodosi, Eszter: Ethnic Geography of the Hungarian Minorities in the Carpathian Basin, Budapest 1998.
Kolar, Othmar: Rumänien und seine nationalen Minderheiten 1918 bis heute, Wien, Köln 1997.

Lampe, John R.: Varieties of Unsuccessful Industrialization: the Balkan States before 1914, in: Journal of Economic History 35 (1975).
Lampe, John R.: Belated Balkan Modernization and the Consequences for Communist Power, 1918–1948, in: Schönfeld, Roland (Hg.): Industrialisierung und gesellschaftlicher Wandel in Südosteuropa. München 1989.
Liebich, André: Minorities in Eastern Europe: Obstacles to a Reliable Count, in: Radio Free Europe/Radio Liberty Research Reports 1 (1992) 20.

Marko, Joseph: Der Minderheitenschutz in den jugoslawischen Nachfolgestaaten, Bonn 1996.
Miall, Hugh (Ed.): Minority Rights in Europe: The Scope for a Transnational Regime, London 1994.
Micgiel, John S. (Ed.): State and Nation Building in East Central Europe: Contemporary Perspectives, New York, NY 1996.
Minority Rights Group Greece/Pettifer, James/Poulton, Hugh: The Southern Balkans, London 1994.
Moore, Wilbert E.: Economic Demography of Eastern and Southern Europe, Geneva 1945.
Mouzelis, Nicos P.: Politics in the Semi-Periphery. Early parliamentarism and late industrialisation in the Balkans and Latin America, Basingstoke 1985.

Offe, Claus: Der Tunnel am Ende des Lichts. Erkundungen der politischen Transformationen im Nahen Osten, Frankfurt/M. 1994.

Packer, John: On the Definition of Minorities, in: Packer, John/Myntti, Kristian (Eds.): The Protection of Ethnic and Linguistic Minorities, Turku 1997.
Pacurariu, Mircea: Geschichte der Rumänischen Orthodoxen Kirche, Erlangen 1994.
Perry, Duncan M.: Stefan Stambolov and the Emergence of Modern Bulgaria, 1870–1895, Durham, NC, London 1993.
Pinson, Mark (Ed.): The Muslims of Bosnia-Herzegovina. Their Historic Development from the Middle Ages to the Dissolution of Yugoslavia, Cambridge, MA, 1995
Piper, Wolfgang: Grundprobleme des wirtschaftlichen Wachstums in einigen südosteuropäischen Ländern in der Zwischenkriegszeit, Berlin 1961.
Poulton, Hugh/Taji-Farouki, Suha (Eds.): Muslim Identity and the Balkan State, London 1997.

Radić, Radmila: Die Kirche und die «serbische Frage», in: Bremer, Thomas/Popov, Nebojša/Stobbe, H.-G. (Hg.): Serbiens Weg in den Krieg, Berlin 1998.
Ramet, Pedro: Primordial Ethnicity or Modern Nationalism: The Case of Yugoslavia's Muslims, in: Nationalities Papers 13 (1985) 2.
Regional Environmental Center for Central and Eastern Europe (Ed.): Strategic Environmental Issues in Central and Eastern Europe, Budapest o. J.

Reiter, Norbert (Hg.): Die Stellung der Frau auf dem Balkan, Berlin, Wiesbaden 1987.
Reiter, Norbert/Sundhaussen, Holm (Hg.): Allgemeinbildung als Modernisierungsfaktor. Zur Geschichte der Elementarbildung in Südosteuropa von der Aufklärung bis zum Zweiten Weltkrieg, Berlin, Wiesbaden 1994.
Riedel, Sabine: Die türkische Minderheit im parlamentarischen System Bulgariens, in: Südosteuropa 42 (1993) 2.
Roggemann, Herwig/Sundhaussen, Holm (Hg.): Ost- und Südosteuropa zwischen Tradition und Aufbruch. Aspekte der Umgestaltungsprozesse in den postsozialistischen Ländern, Wiesbaden 1996.

Sanders, Irwin T./Whitaker, Roger: Tradition and Modernization: The Case of Bulgaria, in: Lutz, J. G./El-Shaks, S. (Eds.): The Role of Traditionalism in the Modernization Process, Washington, DC, 1982.
Schödl, Günter: Die Dauer des Nationalen. Zur Entwicklungsgeschichte des «neuen» Nationalismus im östlichen Europa, in: Winkler, Heinrich August/Kaelble, Hartmut (Hg.): Nationalismus – Nationalitäten – Supranationalität, Stuttgart 1993.
Schönfeld, Roland (Hg.): Nationalitätenprobleme in Südosteuropa, München 1987.
Schwandner-Sievers, Stephanie: The Albanian Aromanians Awakening: Identity Politics and Conflicts in Post-Communist Albania, Flensburg 1999.
Seewann, Gerhard (Hg.): Minderheiten als Konfliktpotential in Ostmittel- und Südosteuropa, München 1995.
Seewann, Gerhard (Hg.): Minderheitenfragen in Südosteuropa, München 1992.
Serbian Orthodox Church. Its Past and Present, Belgrade 1992.
Simic, Andrei: Urbanization and Modernization in Yugoslavia: Adaptive and Maladaptive Aspects of Traditional Culture, in: Kenny, M. (Ed.): Urban Life in Mediterranean Europe: Anthropological Perspectives, Chicago, IL, 1983.
Smith, Anthony D.: Nations and Nationalism in a Global Era, Cambridge 1995.
Sterbling, Anton: Strukturfragen und Modernisierungsprobleme südosteuropäischer Gesellschaften, Hamburg 1993.
Sundhaussen, Holm: Die verpaßte Agrarrevolution. Aspekte der Entwicklungsblockade in den Balkanländern vor 1945, in: Schönfeld, Roland (Hg.): Industrialisierung und gesellschaftlicher Wandel in Südosteuropa, München 1989.
Sundhaussen, Holm: Historische Statistik Serbiens 1834–1914. Mit europäischen Vergleichsdaten, München 1989.
Sundhaussen, Holm: Institutionen und institutioneller Wandel in den Balkanländern aus historischer Perspektive, in: Papalekas, Johannes C. (Hg.): Institutionen und institutioneller Wandel in Südosteuropa, München 1994.
Suttner, Ernst Christoph: Die orthodoxe Kirche und das Aufkommen der Nationalstaaten in Südosteuropa, in: Ostkirchliche Studien 41 (1992).
Suttner, Ernst Christoph: Kirche und nationale Identität in Europa zur Zeit der Osmanenherrschaft in Südosteuropa, in: Ostkirchliche Studien 43 (1994).
Suttner, Ernst Christoph: Theologische und nicht-theologische Motive für die Unionen von Marča von Užgorod und von Siebenbürgen, in: Ostkirchliche Studien 45 (1996).
Szayna, Thomas S.: Ethnic Conflict in Central Europe and the Balkans. A Framework and U. S. Policy Options, Santa Monica, CA, 1994.

Thornberry, Patrick: International Law and the Rights of Minorities, Oxford 1991.
Todorov, Nikolai: The Balkan City, 1400–1900, Seattle, WA, London 1983.
Todorov, Nikolaj: Society, the City and Industry in the Balkans, 15th – 19th Centuries, Aldershot u. a. 1998.
Todorova, Maria N.: Balkan Family Structure and the European Pattern. Demographic Developments in Ottoman Bulgaria, Washington, DC, 1993.

Tomasevich, Jozo: Peasants, Politics, and Economic Change in Yugoslavia, Stanford, CA, London 1955.
Troebst, Stefan: Ethnopolitics in Bulgaria: The Turkish, Pomak, Macedonian and Gypsy Minorities, in: Helsinki Monitor 5 (1994) 1.
Troebst, Stefan: Ethnopolitische Konflikte in Osteuropa und die OSZE. Eine vorläufige Bilanz, in: Ethnos – Nation 6 (1998) 1–2.
Troebst, Stefan: From Paper to Practice: The Council of Europe's Framework Convention for the Protection of National Minorities, in: Helsinki Monitor 10 (1999) 1.
Turnock, David: The Romanian Economy in the Twentieth Century, London, Sydney 1986.

United Nations Economic Commission for Europe: Economic Survey of Europe in 1996–1997, New York, NY, Geneva 1997.

Warriner, Doreen (Ed.): Contrasts in Emerging Societies: Readings in the Social and Economic History of South-Eastern Europe in the Nineteenth Century, Bloomington, IN, 1965.
Weingärtner, Erich (Hg.): The Tragedy of Bosnia: Confronting the New World Disorder, Genf 1994.

Zečević-Božić, Jure: Die Autokephalieerklärung der Makedonischen Orthodoxen Kirche, Würzburg 1994.

Kapitel III: Staaten und Politik

Almond, Mark: Europe's Backyard War. The War in the Balkans, London 1994.
Aspen Institute Berlin/Carnegie Endowment for International Peace (Eds.): Unfinished Peace. Report of the International Commission on the Balkans, Washington, DC, 1996.
Axt, Heinz-Jürgen (Hg.): Beiträge zur Stabilisierung Südosteuropas aus deutscher und griechischer Sicht, München 1995.
Axt, Heinz-Jürgen/Brey, Hansjörg (Eds.): Cyprus and the European Union. New Chances for Solving an Old Conflict?, München 1997.

Bartole, Sergio: Riforme costituzionali nell'Europa centro-orientale, Bologna 1993.
Bayer, József/Deppe, Rainer (Hg.): Der Schock der Freiheit. Ungarn auf dem Weg in die Demokratie, Frankfurt/M. 1993.
Bell, John D.: The Bulgarian Communist Party from Blagoev to Zhivkov, Stanford, CA, 1986.
Bethlehem, Daniel/Weller, Marc (Eds.): The «Yugoslav» Crisis in International Law. General Issues, Vol. 1., Cambridge, New York, NY, 1997.
Beyme, Klaus von: Systemwechsel in Osteuropa, Frankfurt/M. 1994.
Bianchini, Stefano/Shoup, Paul (Eds.): The Yugoslav War, Europe and the Balkans: How to Achieve Security?, Ravenna 1995.
Blaustein, Albert P./Flanz, Gisbert H. (Eds.): The Constitutions of the Countries of the World, New York 1992.
Bokovoy, Melissa K. et al. (Eds.): State-Society Relations in Yugoslavia, 1945–1992, New York, NY, 1997.
Borić, Tomislav/Marko, Joseph (Hg.): Slowenien – Kroatien – Serbien. Die neuen Verfassungen, Graz u. a. 1991.
Brey, Hansjörg/Wagenlehner, Günther (Hg.): Die Staaten Südosteuropas und die europäisch-atlanischen Strukturen. Eine Bestandsaufnahme, München 1997.
Brown, Jim F.: Nationalism, Democracy and Security in the Balkans, Aldershot u. a. 1992.
Brunner, Georg (Hg.): Minderheitenschutz im östlichen Europa, Bonn 1999.
Brunner, Georg: Verfassunggebung in Osteuropa, in: Osteuropa-Recht 42 (1995) 4.

Brunner, Georg (Hg.): Verfassungs- und Verwaltungsrecht der Staaten Osteuropas, Loseblattsammlung, Bände I/1, I/2 und II, Berlin 1992ff.

Calic, Marie-Janine: Der Krieg in Bosnien-Hercegovina. Ursachen, Konfliktstrukturen, internationale Lösungsversuche, Frankfurt/M. 1995.

Carothers, Thomas: Understanding Democracy Assistance: The Case of Romania. The Carnegie Endowment for International Peace, Washington, D. C., 1996.

Cebulla, Manuel/Cebulla, Mario: Das albanische Gesetz über die Hauptvorschriften der Verfassung, in: Osteuropa-Recht 37 (1991) 4.

Cohen, Leonard: Broken Bonds: Yugoslavia's Disintegration and Balkan Politics in Transition, Boulder, CO, 1995.

Coloumbis, Theodore/Yannas, P.: Greek Security Challenges in the 1990s, in: ELIAMEP: The South Eastern European Yearbook 1994–1995, Athens 1995.

Costa, Nicholas J.: Shattered Illusions: Albania, Greece and Yugoslavia, New York, NY, 1999.

Council of Europe: The Rebirth of Democracy. 12 Constitutions of Central and Eastern Europe, Strasbourg 1995.

Crâiuțu, Aurelian: A Dilemma of Dual Identity: The Democratic Alliance of Hungarians in Romania, in: East European Constitutional Review 4 (1995) 2.

Crawford, Beverley/Lijphart, Arend: Explaining Political and Economic Change in Post-Communist Eastern Europe: Old Legacies, New Institutions, Hegemonic Norms, and International Pressures, in: Compartive Political Studies 28 (1995) 2.

Creed, Gerald: Domesticating Revolution: From Socialist Reform to Ambivalent Transition in a Bulgarian Village, Pittsburgh, PA, 1998.

Crnobrnja, Mihajlo: The Yugoslav Drama, Montreal 1994.

Danchev, Alex/Halverson, M. (Eds.): International Perspectives on the Yugoslav Conflict, Oxford 1996.

Danopoulos, Constantine P./Messas, Kostas G. (Eds.): Crises in the Balkans. Views from the Participants, Boulder, CO, 1997.

Deimel, Johanna: Bewegte Zeiten. Frauen in Bulgarien gestern und heute, München 1998.

Deppe, Rainer/Dubiel, Helmut/Rödel, Ulrich (Hg.): Demokratischer Umbruch in Osteuropa, Frankfurt/M. 1991.

Deubner, Christian: Die EU und Jugoslawiens Bürgerkrieg, Ebenhausen 1991.

Drumeva, Emilia: Das bulgarische Verfassungsgericht, in: Zeitschrift für ausländisches öffentliches Recht und Völkerrecht 53 (1993) 1.

Dyker, David A./Vejvoda, Ivan (Eds.): Yugoslavia and After. A Study in Fragmentation, Despair and Rebirth, London, New York, NY, 1996.

Economides, Spyros: The Balkan Agenda. Security and Regionalism in the New Europe, London 1995.

Economides, Spyros: The Balkans and the Search for Security: From Inter-War to Post-Cold War, in: Arms Control 13 (1992) 1.

Ehrhart, Hans-Georg/Schnabel, Albrecht (Eds.): The Southeast European Challenge: Ethnic Conflict and the International Response, Baden-Baden 1999.

European Comission: Central and Eastern Eurobarometer, No.6, Brussels 1996.

Frankowski, Stanislaw/Stephan III, Paul B.: Legal Reform in Post-Communist Europe. The View from Within, Dordrecht u. a. 1995.

Gabanyi, Anneli Ute: Rumänien und die NATO, Berichte des Bundesinstituts für ostwissenschaftliche und internationale Studien, Köln 1997.

Ganev, Venelin I.: The Mysterious Politics of Bulgaria's «Movement for Rights and Freedoms», in: University of Chicago Law Center Review 4 (1995) 1.

Gapinski, James H.: The Economic Structure and Failure of Yugoslavia, Westport, CT, u. a. 1993.

Giersch, Carsten: Konfliktregulierung in Jugoslawien 1991–1995. Die Rolle von OSZE, EU, UNO und NATO, Baden-Baden 1998.

Glenny, Misha: The Fall of Yugoslavia. The Third Balkan War, London u. a. 1996.

Gligorov, Vladimir: Why Do Countries Break Up? The Case of Yugoslavia, Stockholm 1994.

Gligorov, Vladimir: Balkanization: A Theory of Constitutional Failure, in: East European Politics and Society 6 (1992) 3.

Hanusch, Rolf/Šarčević, Edin/Thomä-Venske, Hanns (Hg.): Flüchtlinge, Verfassungsrecht und Menschenrechte, Siegburg 1997.

Hatschikjan, Magarditsch: Mazedonien: Variable Balancen, fragile Strukturen, in: Europäische Rundschau 24 (1996) 2.

Hatschikjan, Magarditsch A.: Die außenpolitischen Optionen Bulgariens, Interne Studien des Forschungsinstituts der Konrad-Adenauer-Stiftung, Sankt Augustin 1992.

Hatschikjan, Magarditsch A./Altmann, Franz-Lothar (Hrsg.): Eliten im Wandel. Politische Führung, wirtschaftliche Macht und Meinungsbildung im neuen Osteuropa, Paderborn u. a. 1998.

Hatschikjan, Magarditsch A./Weilemann, Peter R. (Hg.): Parteienlandschaften in Osteuropa. Politik, Parteien und Transformation in Ungarn, Polen, der Tschecho-Slowakei und Bulgarien 1989–1992, Paderborn u. a. 1994.

Hayden, Robert M.: Constitutional Nationalism in the Formerly Yugoslav Republics, in: Slavic Review 51 (1992) 4.

Heller, Regina: Russische Interessen im Balkankonflikt, Münster 1998.

Higley, John u. a.: The Persistence of Postcommunist Elites, in: Journal of Democracy 7 (1996) 2.

Iorga, Roxana: The Romanian Perception of Security Risks, IAI/SWP-Projektpapier No. 6, Ebenhausen, Juni 1995.

Ivanov, Andrey: The Balkans Devided: Nationalism, Minorities, and Security, Frankfurt/M. 1996.

Karipsiades, George: State-Succession in the Balkans: Its Impacts on International Boundaries, in: ELIAMEP: The South Eastern European Yearbook 1994–1995, Athens 1995.

Karp, Regina Cowen (Ed.): Central and Eastern Europe: The Challenge of Transition, Oxford 1993.

Kligman, Gail: Reclaiming the Public: A Reflection on Creating Civil Society in Romania, in: East European Politics and Societies 4 (1990) 3.

Koslowski, Gerd: Die NATO und der Krieg in Bosnien-Hercegovina: Deutschland, Frankreich und die USA im internationalen Krisenmanagement, Köln 1995.

Kramer, Heinz: The Cyprus Problem and European Security, in: Survival 39 (1997) 3.

Kristan, Ivan: Verfassungsentwicklung und Verfassungsordnung Sloweniens, in: Zeitschrift für ausländisches öffentliches Recht und Völkerrecht 53 (1993) 2.

Küpper, Herbert: Das neue Recht der auswärtigen Beziehungen in Albanien, in: Zeitschrift für ausländisches öffentliches Recht und Völkerrecht 59 (1999) 1.

Küpper, Herbert: Völkerrecht, Verfassung und Außenpolitik in Ungarn, in: Zeitschrift für ausländisches öffentliches Recht und Völkerrecht 58 (1998) 2.

Lange, Klaus: Versuch über südosteuropäische Politik. Studien zum Problem des historischen Subjekts in der politischen Theorie, München 1979.

Larrabee, F. Stephen (Ed.): The Volatile Powder Keg. Balkan Security after the Cold War, Washington, D. C., 1994.

Linz, Juan J./Stepan, Alfred: Problems of Democratic Transition and Consolidation: Southern Europe, South America, and Post-Communist Europe, Baltimore, MD, u. a. 1996.

Luchterhandt, Otto (Hg.): Neue Regierungssysteme in Osteuropa und der GUS. Probleme der Ausbildung stabiler Machtstrukturen, Berlin 1996.

MacFarlane, Bruce: Yugoslavia. Politics, Economics and Society, London, New York, NY, 1988.

MacIntyre, Robert J.: Bulgaria. Politics, Economics and Society, London, New York, NY, 1988.

Marko, Joseph: Der Minderheitenschutz in den jugoslawischen Nachfolgestaaten, Bonn 1995.

Merkel, Wolfgang/Sandschneider, Eberhardt/Segert, Dieter (Hg.): Systemwechsel. Die Institutionalisierung der Demokratie, Opladen 1996.

Mishler, William/Rose, Richard: Trajectories of Fear and Hope: Support for Democracy in Central and Eastern Europe, in: Comparative Political Studies 28 (1996) 4.

Nelson, Daniel N.: Balkan Imbroglio. Politics and Security in Southeastern Europe, Boulder, CO, u. a. 1991.

Nelson, Daniel N.: Security in the Balkans. A Bleak Future?, Norfolk 1995.

Nohlen, Dieter/Kasapovic, Mirjana: Wahlsysteme und Systemwechsel in Osteuropa. Genese, Auswirkungen und Reform politischer Institutionen, Opladen 1996.

Nonneman, Gerd et al. (Eds.): Muslim Communities in the New Europe, Ithaca, NY, 1997.

Owen, David: Balkan Odyssey, New York 1995.

Papalekas, Johannes Chr. (Hg.): Institutionen und institutioneller Wandel in Südosteuropa, München 1994.

Pavkovic, Aleksandar: The Fragmentation of Yugoslavia. Nationalism in a Multinational State, London 1997.

Perry, Duncan M.: Crisis in the Making? Macedonia and its Neighbours, in: Südosteuropa 43 (1994) 2.

Pešut, Nenad: Verfassungsgerichtsbarkeit in Kroatien, in: Osteuropa-Recht 42 (1996) 1.

Pippidi, Alina Mungiu: Intellectuals as Political Actors in Eastern Europe: the Romanian Case, in: East European Politics and Societies 10 (1996) 2.

Pridham, Geoffrey et al. (Eds.): Building Democracy? The International Dimension of Democratisation in Eastern Europe, New York 1994.

Pridham, Geoffrey/Lewis, Paul G. (Eds.): Stabilising Fragile Democracies: Comparing New Party Systems in Southern and Eastern Europe, London 1996.

Prifti, Peter R.: Socialist Albania Since 1944: Domestic and Foreign Developments, Cambridge, MA, 1978.

Pusić, Vesna: Constitutional Politics in Croatia, in: Praxis 13 (1994) 4.

Pusić, Vesna: Dictatorships with Democratic Legitimacy: Democracy versus Nation, in: East European Politics and Societies 8 (1994) 3.

Ramet, Sabrina P.: Nihil Obstat. Religion, Politics, and Social Change in East-Central Europe and Russia, Durham, NC, und London 1998.

Ramet, Sabrina P.: Whose Democracy? Nationalism, Religion, and the Doctrine of Collective Rights in Post–1989 Eastern Europe, Lanham, MD, 1997.

Ramet, Sabrina P./Adamovich, Ljubica S. (Eds.): Beyond Yugoslavia. Politics, Economics, and Culture in a Shattered Community, Boulder, CO, u. a. 1995.

Rose, Richard: What is Europe? A Dynamic Perspective, New York und London 1996.

Rose, Richard/Mishler, William: Representation and Leadership in Post-Communist Political Systems, in: Journal of Communist Studies and Transition Politics 12 (1996) 2.

Salem, Norma (Ed.): Cyprus: A Regional Conflict and Its Solution, New York 1992.

Šarčević, Edin: Die Schlußphase der Verfassungsgebung in Bosnien und Herzegowina, Leipzig 1996.

Schmidt-Neke, Michael: Albanien zwischen zwei Machtwechseln, in: Osteuropa 48 (1998) 4.

Schrameyer, Klaus: Das bulgarische Verfassungsgericht, in: Osteuropa-Recht 39 (1993) 2.
Schrameyer, Klaus: Die neue bulgarische Verfassung, in: Osteuropa-Recht 38 (1992) 2/3.
Schrameyer, Klaus: Die Verfassung der Republik Makedonien, in: Jahrbuch für Ostrecht, 35/1 (1994).
Seroka, Jim (Ed.): The Tragedy of Yugoslavia. The Failure of Democratic Transformation, Armonk, NY, London 1992.
Shafir, Michael: Romania. Politics, Economics and Society, London 1985.
Südosteuropa-Gesellschaft (Hg.): Dayton und die Folgen, München und Köln 1996.

Tökés, Rudolf L.: Hungary's Negotiated Revolution. Economic Reform, Social Change, and Political Succession, Cambridge 1996.
Thomas, Robert: The Politics of Serbia in the 1990s, New York, NY, 1999.
Troebst, Stefan: Die KSZE Spillover Mission in Makedonien 1992–1993, Ebenhausen 1994.
Troebst, Stefan: Conflict in Kosovo: Failure of Prevention? An Analytical Documentation 1992–1998, ECMI Working Paper, Flensburg 1998.
Tsipis, Kosta (Ed.): Common Security Regimes in the Balkans, New York 1996.
Tzvetkov, Plamen S.: A History of the Balkans. A Regional Overview From a Bulgarian Perspective, 2 Bde., San Francisco, CA, 1993.

Vukadinovic, Radovan: Croatian Foreign Policy: From State Building to Regional Power, in: Balkan Forum 5 (1997) 2.

Wettig, Gerhard (Hg.): Sicherheits- und Bedrohungsvorstellungen in Südosteuropa, Sonderveröffentlichung des Bundesinstituts für ostwissenschaftliche und internationale Studien, Köln 1995.
White, Stephen/Batt, Judy/Lewis, Paul (Eds.): Developments in East European Politics, London 1993.
Wightman, Gordon (Ed.): Party Formation in East-Central Europe, Aldershot u. a. 1995.
Wollmann, Hellmut/Wiesenthal, Helmut/Bönker, Frank (Hg.): Transformation sozialistischer Gesellschaften: Am Ende des Anfangs, Leviathan, Sonderheft 15/1995, Opladen 1995.

Zellner, Wolfgang/Dunay, Pál: Ungarns Außenpolitik 1990–1997. Zwischen Westintegration, Nachbarschafts- und Minderheitenpolitik, Baden-Baden 1998.
Zucchoni, Mario (Ed.): The Balkans and the West, New York und London 1996.

Kapitel IV: Wirtschaft

Aldcroft, Derek H./Morewood, Steven: Economic Change in Eastern Europe Since 1918, Aldershot u. a. 1995.
Altmann, Franz-Lothar: Der Prozeß der wirtschaftlichen Transformation in Südosteuropa, in: Brey, Hansjörg/Wagenlehner, Günther (Hg.): Die Staaten Südosteuropas und die europäisch-atlantischen Strukturen. Eine Bestandsaufnahme, München 1997.
Avramović, Dragoslav: Reconstruction of the Monetary System and Economic Recovery of Yugoslavia, Forschungsberichte des Wiener Instituts für Internationale Wirtschaftsvergleiche 216, Wien 1995.

Baldwin, Richard E.: Towards an Integrated Europe, Centre for Economic Policy Research, London 1994.
Bastian, Jens: The Political Economy of Transition in Central and Eastern Europe. The Light(s) at the End of the Tunnel, Aldershot u. a. 1998.
Belak, Janko/Kajzer, Stefan (Hg.): Unternehmen im Übergangsprozeß zur Marktwirtschaft. Mit Fallbeispielen aus Slowenien, Wien 1994.
Belak, Janko u. a. (Hg.): Unternehmen und Unternehmertum im Übergangsprozeß. Mit Fallbeispielen aus Slowenien, Wien 1994.

Blanchard, Olivier J.: The Economies of Post-Communist Transition, Oxford, New York 1997.
Blejer, M./Coricelli, F.: The Making of Economic Reform in Eastern Europe, Aldershot u.a. 1995.
van Brabant, Jozef M.: The New Eastern Europe and the World Economy, Boulder, CO, u. a. 1993.
Brada, Josef C./King, Arthur: Is There a J Curve for the Economic Transition from Socialism to Capitalism?, in: Economics of Planing, January 1992.
Bristow, John A.: The Bulgarian Economy in Transition, Cheltenham u. a. 1996.
Brüggemann, Peter: Privatisierung und Restrukturierung in Mittel- und Osteuropa. Die Rolle schlechter Schulden und der Einfluß der sozialen Absicherung, Amsterdam 1999.
Bryant, Christopher G. A./Mokrzycki, Edmund (Eds.): The New Great Transformation? Change and Continuity in East-Central Europe, London, New York, NY, 1994.
Buckley, Peter J.: The Economics of Change in East and Central Europe. Its Impact on International Business, London u. a. 1994.
Bundesinstitut für ostwissenschaftliche und internationale Studien (Hg.): Der Osten Europas im Prozeß der Differenzierung. Fortschritte und Mißerfolge der Transformation, München, Wien 1997.
Bundesministerium für Wirtschaft: Wirtschaftslage und Reformprozesse in Mittel- und Osteuropa, Sammelbände 1996ff., Bonn 1996ff.

Chenery, Hollis/Syrquin, Moshi: Patterns of Development 1950–1970, Oxford, New York 1975.
Clement, Hermann: Wirtschaftsentwicklung in den Ländern Mittel- und Osteuropas, Arbeiten aus dem Osteuropa-Institut, München 1995.
Clement, Hermann: Wirtschaftsentwicklung in Osteuropa und ausgewählten Ländern der ehemaligen Sowjetunion, Arbeiten aus dem Osteuropa-Institut, München 1996.
Clement, Hermann: Wirtschaftsentwicklung in ausgewählten mittel- und osteuropäischen Ländern, Arbeiten aus dem Osteuropa-Institut, München 1997.
Clement, Hermann: Wirtschaftsentwicklung in ausgewählten mittel- und osteuropäischen Ländern 1997/98, Arbeiten aus dem Osteuropa-Institut, München 1998.
Cooper, Richard N.: Trade Growth in Transition Economies: Export Impediments for Central and Eastern Europe, Cheltenham u. a. 1997.

Daianu, Daniel: Transformation of Economy as a Real Process. An Insider's Perspective, Aldershot u. a. 1998.
Deutsches Institut für Wirtschaftsforschung (DIW): Wirtschaftslage und Reformprozesse in Mittel- und Osteuropa, Sammelband 1995, Berlin 1995.
Dimitrov, Mitko u. a.: State Enterprise Restructuring in Bulgaria, Albania and Romania, in: Economic Analyses 1 (1998) 3.
Dyker, David A.: Yugoslavia. Socialism, Development and Debt, London u. a. 1990.

Estrin, S./Cave, M. (Eds.): Competition and Competition Policy: A Comparative Analysis of Central and Eastern Europe, London 1993.
Eucken, Walter: Die Grundlagen der Nationalökonomie, Berlin 1989.
European Bank for Reconstruction and Development (EBRD): Transition Report, London 1995ff.
European Bank for Reconstruction and Development (EBRD): Transition Report Update, London 1995ff.

Faini, R./Portes, R. (Eds.): European Union Trade with Eastern Europe. Adjustment and Opportunities, Centre for Economic Policy Research, London 1995.
Fingleton, John et al. (Eds.): Competition Policy and the Transformation of Central Europe, London 1996.

Gärtner, Wolfram: Die Neugestaltung der Wirtschaftsverfassungen in Ostmitteleuropa, Berlin 1996.

Gianaris, Nicholas V.: Geopolitical and Economic Changes in the Balkan Countries, Westport, CT, 1996.

Gligorov, Vladimir: On the Way to Normality. The States on the Territory of Former Yugoslavia in the Postwar Period, Forschungsberichte des Wiener Instituts für Internationale Wirtschaftsvergleiche 250, Wien 1998.

Gligorov, Vladimir: Yugoslav Economics Facing Reform and Dissolution, Forschungsberichte des Wiener Instituts für Internationale Wirtschaftsvergleiche 247, Wien 1998.

Gligorov, Vladimir: Fears and Passions. The Prospects for Former Yugoslavia, in: Balkan Forum 3 (1995) 3–4 (13).

Gligorov, Vladimir: Gradual Shock Therapy, Institut für Höhere Studien, Reihe Osteuropa 1, Wien 1994.

Gligorov, Vladimir: Stabilization of a War Economy, Institut für Höhere Studien, Reihe Osteuropa 18, Wien 1995.

Good, David F.: Economic Transformation in East and Central Europe. Legacies from the Past and Policies for the Future, London u. a. 1994.

Haderi, Sulo u. a.: Inflation and Stabilisation in Albania, in: Post-Communist Economies 11 (1999) 1.

Hashi, Iraj/Xhillari, Lindita: Privatization and Transition in Albania, in: Post-Communist Economies 11 (1999) 1.

Heller, Wilfried (Hg.): Migration und sozioökonomische Transformation in Südosteuropa, München 1997.

Hewett, Edward: A Gravity Model of CMEA Trade, in: Brada, Josef C. (Ed.): Quantitative and Analytical Studies in East-West Economic Relations, Bloomington, IN, 1976.

Hillman, Arye L. (Ed.): The Transition from Socialism in Eastern Europe: Domestic Restructuring and Foreign Trade, Washington, DC, 1992.

Hirschhausen, C. von: From Privatisation to Capitalisation: Industrial Restructuring in Post-Socialist Central and Eastern Europe, in: Withley, R./Schmidt, G./Dietrich, E. (Eds.): Industrial Transformation in Europe, London 1995.

Hoekman, Bernard/Djankov, Simon: Determinants of the Export Structure of Countries in Central and Eastern Europe, in: The World Bank Review 11 (1997) 3.

Holzmann, Robert: Output Decline in Eastern Europe: Unavoidable, External Influence or Homemade?, Dordrecht u. a. 1995.

Hughes, Gordon/Hare, Paul: The International Competitiveness of Industries in Bulgaria, Czechoslovakia, Hungary and Poland, Oxford Economic Papers 46, Oxford 1994.

Hungarian Central Statistical Office: Hungary Since the Change of Regime, Budapest 1995.

Jackson, Marvin: Economic Development in the Balkans Since 1945 Compared to Southern and East-Central Europe, in: Eastern European Politics and Societies 1 (1987) 3.

Jackson, Marvin: The Rise and Decay of the Socialist Economy in Bulgaria, in: Journal of Economic Perspectives, Fall 1991.

Jackson, Marvin: The Economic Interpenetration between the EC and Eastern Europe: Romania, European Economies: Reports and Studies, Nr. 6/1994.

Jackson, Marvin: Labor Markets and Income Maintenance: A Survey of Transition, in: NATO (Ed.): Economic Developments and Reforms in Cooperation Partner Countries: the Social and Human Dimension, Brüssel 1994.

Jackson, Marvin: Restructuring or Structural Change in Industry of Transition Countries: a Review of Issues, LICOS Discussion Papers on the Economic Transformation: Policy, Institutions and Structure, Nr. 63, Leuven 1997.

Jackson, Marvin: Romania: Transition and New Conditions for Regional Cooperation, Phare ACE Project 94–0760: Economic Cooperation in the Balkans: A Regional Approach to European Integration, Final Report 1997.

Jackson, Marvin/Biesbvonck, W. B. (Eds.): Marketisation, Restructuring and Competition in Transition Industries in Central and Eastern Europe, Aldershot u. a. 1995.

Jackson, Marvin R./Lampe, John R.: A Survey of Evidence on Industrialization in Southeastern Europe, 1900 to 1950: The Cases of Bulgaria and Romania, in: East European Quarterly 16 (1982) 4.

Jackson, Marvin/Petrakos, George: Regional Differences in the Impact of EU Integration on the Industrial Structures and Competitiveness of CEFTA Members. A Paper Prepared for the Phare ACE Project P–96–6071-R, Leuven 1999.

Jackson, Marvin/Repkine, Alexandre: A Comparison of Structural Changes Among the Branches of Industry in Seven Transition Countries, LICOS (Leuvens Instituut voor Central- en Oosteuropese Studies) Discussion Papers on the Economic Transformation: Policy, Institutions and Structure, Nr. 64, Leuven 1997.

Jones, Derek C./Miller, Jeffrey (Eds.): The Bulgarian Economy: Lessons from Reform During Early Transition, Aldershot u. a. 1997.

Knell, Mark (Ed.): Economics of Transition. Structural Adjustment and Growth Prospects in Eastern Europe, Cheltenham u. a. 1996.

Kolodko, Gregor: Perverse Effect of Fiscal Adjustment in Transition Economies, in: Economics of Transition (1993) I (3).

Kovács, János Mátyás (Ed.): Social Costs of Economic Transformation in Central Europe, Greenwich, CT, u. a. 1996.

Kuznets, Simon: Modern Economic Growth, New Haven, CT, 1966.

Landesmann, Michael: The Patterns of East-West Integration: Catching Up or Falling Behind?, in: Dobrinsky, R./Landesmann, M. (Eds.): Transforming Economies and European Integration, Aldershot u. a. 1995.

Landesmann, Michael/Burgstaller, Johann: Vertical Product Differentiation in EU Markets: the Relative Position of East European Producers, Forschungsberichte des Wiener Instituts für Internationale Wirtschaftsvergleiche 234 a, Wien 1997.

Manoilescu, Mihai: Politica producţiei naţionale, Bukarest 1923.

Mertzanis, Harilaos/Petrakos, George: Changing Landscapes in Europe's Economic Structure, in: Transition (The World Bank) 9 (1998) 2.

Organization for Economic Cooperation and Development (OECD): Economic Surveys. Bulgaria, Paris 1997.

Organization for Economic Cooperation and Development (OECD): Economic Surveys 1997–1998. Romania, Paris 1998.

Orlowski, Lucjan T. et al. (Eds.): Trade and Payments in Central and Eastern Europe's Transforming Economies, Westport, CT, 1997.

Palairet, Michael: The Balkan Economies c. 1800–1914. Evolution Without Development, Cambridge u. a. 1997.

Petrakos, George: The Regional Dimension of Transition in Eastern and Central European Countries: An Assessment, in: Eastern European Economics 34 (1996) 5.

Petrakos, George: Industrial Structure and Change in the European Union: Comparative Analysis and Implications for Transition Economies, in: Eastern European Economics 35 (1997) 2.

Petrakos, George/Christodoulakis, Nikos: Transition in the Balkans: Patterns of Change and Policies to Overcome Marginalisation and Disintegration, Phare-ACE Program

Structural Changes and Spillovers in the East European Reform Process, Final Report, London 1998.

Plattner, Dankwart: Privatisierung in der Systemtransformation. Eine ökonomische Untersuchung am Beispiel der Privatisierungspolitik in Tschechien, der Slowakei, Ungarn, Polen und Rumänien, Berlin 1996.

Portes, Richard: Structural Reform in Central and Eastern Europe, in: European Economic Review 36 (1992) 2/3.

Quaisser, Wolfgang: Der Außenhandel Mittel- und Osteuropas mit der Europäischen Union in den sensiblen Sektoren, Arbeitspapiere aus dem Osteuropa-Institut, München 1996.

Quidde, Gunther: Indikatoren der Systemtransformation: Eine vergleichende Analyse unter besonderer Berücksichtigung der Privatisierung in 26 Staaten, Mainz, Univ. Diss. 1996.

Ramet, Sabrina Petra: Social Currents in Eastern Europe. The Sources and Consequences of the Great Transformation, Durham u. a. 1995.

Rein, Martin/Friedman, Barry L./Wörgötter, Andreas (Eds.): Enterprise and Social Benefits After Communism, Cambridge u. a. 1997.

Repkine, Alexandre/Walsh, Paul: European Trade and Investment U-Shaping Industrial Output in Central and Eastern Europe: Evidence for Bulgaria, Hungary, Poland, and Romania, LICOS Discussion Papers on the Economic Transformation: Policy, Institutions and Structure, Nr. 73, Leuven 1998.

Richter, Sandor et al.: EU Eastern Enlargement: Challenge and Opportunity, Forschungsberichte des Wiener Instituts für Internationale Wirtschaftsvergleiche 249, Wien 1998.

Roland, Gerard/Verdier, Tierry: Transition and the Output Fall, CEPR (Centre for Economic Policy Research) Discussion Paper 1636, London 1997.

Rosati, Darius: The Impact of the Soviet Trade Shock on Central and East European Economies, in: Empirica 21 (1994).

Schönfeld, Roland (Hg.): Fünf Jahre nach der Wende – Bilanz in Mittel- und Südosteuropa, München 1995.

Schönfelder, Bruno: Der Niedergang Serbiens oder der Preis des ordnungspolitischen Rückschritts, in: Sylke Behrends (Hg.): Ordnungskonforme Wirtschaftspolitik in der Marktwirtschaft, Berlin 1997.

Schrameyer, Klaus: Makedonien – Friedlichkeit, Maß und Vernunft mit balkanischem Charme, in: Südosteuropa 46 (1997) 12.

Schumacher, Dieter (Hg.): Transformation des Wirtschaftssystems in den mittel- und osteuropäischen Ländern: außenwirtschaftliche Bedingungen und Auswirkungen, Berlin 1997.

Sheehy, John: Economic Interpenetration between the European Union and Central and Eastern Europe, in: Dobrinsky, R./Landesmann, M. (Eds.): Transforming Economies and European Integration, Aldershot u. a. 1995.

Shen, Raphael: The Restructuring of Romania's Economy. A Paradigm of Flexibility and Adaptability, Westport, CT, 1997.

Singleton, Fred/Carter, Bernard: The Economy of Yugoslavia, London u. a. 1982.

Stavrou, Theofanis G./Lampe, John R. (Eds.): Redefining Southeastern Europe. Political Challenges and Economic Opportunities, München 1998.

Turnock, David: The East European Economy in Context: Communism and Transition, London u. a. 1997.

Weber, Ralf L.: Außenwirtschaft und Systemtransformation. Zur Bedeutung der Zahlungsbilanzrestriktion im Übergang von der Zentralplanwirtschaft zur Marktwirtschaft, Stuttgart u. a. 1995.

Winiecki, Jan: The Distorted World of Soviet-Type Economies, London 1988.
World Bank: World Development Report 1996, Washington, DC, 1996.

Kapitel V: Kultur

Ameida, Rodolfo u. a.: Review of the Education System in the Federation of Bosnia and Herzegovina, Paris 1996.
Anweiler, Oskar (Hg.): Systemwandel im Bildungs- und Erziehungswesen in Mittel- und Osteuropa, Berlin 1992.
Aubrey, Carol: Slovenia: A System of Special Education at a Time of Change, in: Education in Russia, the Dependent States and Eastern Europe 12 (1994) 2.
Autissier, Anne-Marie/Mattelart, Tristan: Entre état et marché: audiovisuel et cinéma en Europe centrale et orientale, Paris 1993.

Bach, Uwe: Bildungspolitik in Jugoslawien von 1945 bis 1974. Darstellung und Dokumentation, Wiesbaden 1977.
Bachmaier, Peter (Hg.): Bildungspolitik in Osteuropa. Systemwandel und Perspektiven, Wien 1991.
Bachmaier, Peter: Bildungs-, Hochschul- und Wissenschaftspolitik in Makedonien 1944–1995, in Ost-Dokumentation 9 (1995) 3.
Bachmeier, Peter: Hochschulpolitik in Ostmitteleuropa 1945–1995, Frankfurt/M., New York 1996.
Bahner, Werner: Das Sprach- und Geschichtsbewußtsein in der rumänischen Literatur von 1780–1880, in: Sitzungsberichte der Deutschen Akademie der Wissenschaften zu Berlin, Klasse für Sprachen, Literatur und Kunst 1967, 3.
Baier, Hannelore: Interkulturalität und interkulturelles Lernen in Rumänien, in: Internationale Schulbuchforschung 19 (1997) 2.
Baleanu, Virgil: Mass Media in Post-Communist Europe, London 1996.
Bandoly, Werner: Das bulgarische Bildungswesen zwischen Umbruch und demokratischer Neugestaltung, Köln u. a. 1997.
Bandoly, Werner: Curricula in der Schule: Bulgarien, Köln u. a. 1996.
Barac, Antun: Geschichte der jugoslavischen Literaturen von den Anfängen bis zur Gegenwart, Wiesbaden 1977.
Becker, Jörg/Butrimenko, Alexander: Europe Speaks to Europe. Telecommunications in a Common European House, Moskau, Frankfurt/M. 1993.
Beham, Mira: Kriegstrommeln. Medien, Krieg und Politik, München 1996.
Behring, Eva: Rumänische Literaturgeschichte von den Anfängen bis zur Gegenwart, Konstanz 1994.
Behring, Eva (Hg.): Geschichtliche Mythen in den Literaturen und Kulturen Ostmittel- und Südosteuropas, Stuttgart 1999.
Beierwaltes, Andreas (Hg.): Lernen für das neue Europa. Bildung zwischen Wertevermittlung und High-Tech, Baden-Baden 1998.
Benedek, Wolfgang: Situation of Needs of Higher Education in Sarajevo, Mostar and Tuzla. Fact Finding Report on Behalf of the Council of Europe, Strasbourg 1995.
Benini, Natalija: Report on Secondary Education in Croatia, Strasbourg 1993.
Bernik, France: Slowenische Literatur im europäischen Kontext. Drei Abhandlungen. München 1993.
Birzea, César: Educational Reform and Power Struggles in Romania, in: European Journal of Education (1996) 1.
Bittermann, Klaus (Hg.): Serbien muß sterbien. Wahrheit und Lüge im jugoslawischen Bürgerkrieg, Berlin 1994.

Broadcasting after Communism. Javnost – Themenheft, Nr. 3/1995, Ljubljana 1995.
Braun, Maximilian: Die Anfänge der Europäisierung in der Literatur der moslimischen Slaven in Bosnien und Herzegowina, Leipzig 1934.
Burkhard, Dagmar: Kulturraum Balkan, Berlin 1989.

Calderley, James (Ed.): Educational Research in Europe, Clevedon u. a. 1994.
Castellan, Georges: Le monde des Balkans, Paris 1994.
Cidilko, Vesna: Studien zur Poetik Vasko Popas, Wiesbaden 1987.
Cookson, Peter W./Sadovnik, Allan R./Semel, Susan F. (Eds.): International Handbook of Educational Reform, New York u. a. 1992.
Council of Europe: Education in Bosnia and Herzegovina. Summary Report of Council of Europe Activities, Strasbourg o. J.
Council of Europe: The Long-term Strategic Development of the Croatian Education System, Strasbourg 1997.
Czigány, Lóránt: The Oxford History of Hungarian Literature, Oxford 1984.

Décsy, Gyula: Die linguistische Struktur Europas. Vergangenheit – Gegenwart – Zukunft, Wiesbaden 1973.
Delteure-De-Brycker, Chantal: Le marché des médias en Europe centrale et orientale, Paris 1994.
Dieckmann, Christoph Wulf/Wimmer, Michael (Eds.): Violence – Racism, Nationalism, Xenophobia, Münster, New York 1996.
Die zeitgenössischen Literaturen Südosteuropas. 18. Internationale Hochschulwoche der Südosteuropa-Gesellschaft 1977 in Tutzing, München 1978.
Dörr, Dieter (Hg.): Osteuropa zwischen Deregulierung und neuer Ordnung, München 1994.
Dumitrescu-Bulengă, Zoe/Bucur, Marin u. a.: Literatur Rumäniens 1944–1980. Einzeldarstellungen, Berlin 1983.

European Audiovisual Observatory: Radio and Television Systems in Central and Eastern Europe, Strasbourg 1998.
European Centre for Higher Education: Higher Education in Bosnia and Herzegovina: A Way Forward? Findings of the UNESCO Mission, Bucharest 1996.
European Commission: The Devolopment of Audiovisual Landscape in Central Europe Since 1989, Luton 1998.

Frangeš, Ivo: Geschichte der kroatischen Literatur. Von den Anfängen bis zur Gegenwart, Köln u. a. 1995.

Gabanyi, Anneli Ute: Partei und Literatur in Rumänien seit 1945, München 1975.
Georgescu, Dakmara-Ana: On Curriculum and Reform in Romania, in: The School Field, 8 (1997) 3/4.
Georgescu, Dakmara-Ana: Secondary Education in Romania, Strasbourg 1997.
Gesemann, Gerhard: Zur Charakterologie der Slaven. Der problematische Bulgare, in: Slavische Rundschau 3 (1931) 1.
Gesemann, Gerhard: Zur Charakterologie der Slaven. Der parasitäre Balkaner, in: Slavische Rundschau 5 (1933) 1.
Gesemann, Wolfgang/Haralampieff, Kyrill/Schaller, Helmut (Hg.): Bulgarische Sprache, Literatur und Geschichte, Neuried 1980.
Gligorov, Vladimir/Strnčević, Ljubica: Education in the State of Bosnia and Herzegovina. Challenges and Prospects, Institut für Vergleichende Bildungs- und Hochschulforschung, Wien 1996.
Gogolin, Ingrid (Hg.): Schulen in Europa, Hamburg 1996.
Gustavsson, Sven: Socialism and Nationalism: Trends and Tendencies in the Language,

Nationality and Minority Policy of the Socialist Countries in Post-War Europe, in: Sociolinguistica 4 (1990).
Gutschmidt, Karl: Die Ausgestaltung der slavischen Schriftsprachen in der zweiten Hälfte des 19. Jahrhunderts und am Beginn des 20. Jahrhunderts – die Rolle der Sprachwissenschaft, in: Zeitschrift für slavische Philologie 53 (1993).

Haarmann, Harald: Die Sprachenwelt Europas. Geschichte und Zukunft der Sprachnationen zwischen Atlantik und Ural, Frankfurt/M. 1993.
Haarmann, Harald: Soziologie und Politik der Sprachen Europas, München 1975.
Hallenberger, Gerd/Krzeminski, Michael (Hg.): Osteuropa – Medienlandschaft im Umbruch, Berlin 1994.
Hannick, Christian (Hg.): Sprachen und Nationen im Balkanraum. Die historischen Bedingungen der Entstehung der heutigen Nationalsprachen, Köln, Wien 1987.
Heppner, Harald (Hg.): Hauptstädte in Südosteuropa. Geschichte – Funktion – Nationale Symbolkraft, Wien u. a. 1994.
Hill, Peter: Mehrsprachigkeit in Südosteuropa, in: Zeitschrift für Balkanologie 26 (1990).
Hopf, Claudia: Sprachnationalismus in Serbien und Griechenland: Theoretische Grundlagen sowie ein Vergleich von Vuk Stefanović Karadžić und Adamantios Korais, Berlin, Wiesbaden 1997.

Institut für vergleichende Bildungs- und Hochschulforschung der ÖGBF: Mittel- und osteuropäische Bildungssysteme. Kurzdarstellungen, Wien 1996.

Jakubovic, Karol/Wasko, Janet: Audiovisual Landscape in Central und Eastern Europe, Nimwegen 1995.

Katunarić, Vjeran (Ed.): Multicultural Reality and Perspectives in Croatia, Zagreb 1997.
Klaniczay, Tibor/Szauder, József/Szabolcsi, Miklós: Geschichte der ungarischen Literatur, Budapest 1963.
Kodron, Christoph u. a. (Hg.): Vergleichende Erziehungswissenschaft. Herausforderung – Vermittlung – Praxis. Festschrift für Wolfgang Mitter zum 70. Geburtstag, Köln u. a. 1997.
Krek, Janez (Ed.): White Paper on Education in the Republic of Slovenia, Ljubljana 1996.

Lauer, Reinhard (Hg.): Die bulgarische Literatur in alter und neuer Sicht, Wiesbaden 1997.
Lauer, Reinhard: Die Moderne in den Literaturen Südosteuropas, München 1991.
Lauer, Reinhard: Künstlerische Dialektik und Identitätssuche. Literaturwissenschaftliche Studien zu Miroslav Krleža, Wiesbaden 1990.
Lauer, Reinhard (Hg.): Sprachen und Literaturen Jugoslaviens, Wiesbaden 1985.
Lauer, Reinhard/Lehfeldt, Werner (Hg.): Das jugoslawische Desaster. Historische, sprachliche und ideologische Hintergründe, Wiesbaden 1995.
Lauer, Reinhard/Schreiner, Peter: Kulturelle Traditionen in Bulgarien, Göttingen 1989.
Lehfeldt, Werner: Sprachen und Nationen des südslavischen Raums, in: Hentschel, G. (Hg.): Über Muttersprachen und Vaterländer: Zur Entwicklung von Standardsprachen und Nationen in Europa, Frankfurt/M. u. a. 1997.
Luger, Kurt/Zielinski, Siegfried: Europäische Audiovisionen, Wien 1994.

Marković, Milvia: Curriculum Policy in Croatia, in: The School Field 8 (1997) 3/4.
Martin, Thomas M.: Der bulgarische Diabolismus. Eine Studie zur bulgarischen Phantastik zwischen 1920 und 1934, Wiesbaden 1993.
Matesić, Josip (Hg.): Tendenzen der kroatischen Gegenwartsliteratur, München 1996.
Matl, Josef: Die Kultur der Südslawen, in: Die Kulturen der Westslawen und Südslawen, Frankfurt/M. 1970.

Media in Europe. The Yearbook of the European Institute for the Media 1998, Düsseldorf 1998.
Merlino, Jacques: Les Vérités Yougoslaves ne sont pas toutes bonnes à dire, Paris 1993.
Miclescu, Maria: Das rumänische Bildungswesen im Wandel, Köln u. a. 1997.
Micu, Dumitru/Manolescu, Nicolae: Rumänische Literatur der Gegenwart 1944–1966, München 1974.
Milev, Rossen (Hg.): Radio auf dem Balkan. Zur Entwicklung des Hörfunks in Südosteuropa, Hamburg 1995.
Milev, Rossen (Hg.): TV auf dem Balkan. Zur Entwicklung des Fernsehens in Südosteuropa, Hamburg 1996.
Ministry of Education and Physical Culture: National Report on Education for 1994 – 1996, Prepared by the Pedagogical Institute of Macedonia, Skopje 1995.
Mitter, Wolfgang/Weiß, Manfred/Schäfer, Ulrich (Hg.): Neuere Entwicklungstendenzen im Bildungswesen in Osteuropa, Frankfurt/M. u. a. 1992.
Mühlbauer, K. R./Berg, K. R. (Hg.): Neue Wege in der Pädagogik, St. Ottilien 1997.

Niehoff-Panagiotidis, Johannes: Koine und Diglossie, Wiesbaden 1994.

Okuka, Miloš: Eine Sprache – viele Erben. Sprachpolitik als Nationalisierungsinstrument in Ex-Jugoslawien, Klagenfurt u. a. 1998.
Olt, Reinhard (Hg.): Der Riese erwacht. Osteuropa nach 1989. Facetten aus Gesellschaft, Politik und Medien, Frankfurt/M. 1995.

Pango, Ylli: Secondary Education in Albania, Strasbourg 1996.
Piciga, Darja: Secondary Education in Slovenia, Strasbourg 1995.
Politis, Linos: Geschichte der neugriechischen Literatur, Köln 1984.

Rehder, Peter (Hg.): Einführung in die slavischen Sprachen (mit einer Einführung in die Balkanphilologie), Darmstadt 1998.
Reichenkron, Günter/Schmaus, Alois (Hg.): Die Kultur Südosteuropas. Ihre Geschichte und ihre Ausdrucksformen, Wiesbaden 1964.
Reiter, Norbert: Das mazedonische Glied in der Südslavenkette, in: Gutschmidt, Karl/Keipert, Helmut/Rothe, Hans (Hg.): Slavistische Studien zum XI. Internationalen Slavistenkongreß in Preßburg/Bratislava, Köln u. a. 1993.
Reiter, Norbert: Sprachenstreit auf dem Balkan als Ausdruck gesellschaftlicher Gegensätze, in: Zeitschrift für Balkanologie 20 (1984).
Reiter, Norbert: Sprache in nationaler Funktion, in: Grothusen, Klaus-Detlev (Hg.): Ethnogenese und Staatsbildung in Südosteuropa, Göttingen 1974.
Reiter, Norbert: Gruppe, Sprache, Nation, Wiesbaden und Berlin 1984.
Reljić, Dušan: Killing Screens. Medien in Zeiten von Konflikten, Düsseldorf 1998.
Richter, Ludwig/Olschowsky, Heinrich (Hg.): BI-Lexikon Literaturen Ost- und Südosteuropas, Leipzig 1990.
Robillard, Serge: Television in Europe: Regulatory Bodies, Düsseldorf 1996.

Schaller, Helmut (Hg.): Sprache und Politik: Die Balkansprachen in Vergangenheit und Gegenwart, München 1996.
Schneider, Wolfgang (Hg.): Bei Andruck Mord. Die deutsche Propaganda und der Balkankrieg, Hamburg 1997.
Schmidt-Hartmann, Eva (Hg.): Formen des nationalen Bewußtseins im Lichte zeitgenössischer Nationalismustheorien, München 1994.
Seme, Tanja/Strajn, Darko/Huck, Wolfgang: Slowenien, in: Internationales Handbuch der Berufsbildung (Loseblatt-Sammlung), Baden-Baden 1995 ff.
Slodnjak, Anton: Geschichte der slowenischen Literatur, Berlin 1958.

Sparks, Colin (Ed.): The Media after Communism. Special issue of Media, Culture and Society, London 1994.

Spaulding, Seth/Rakotomanana, Michel: Educational Reconstruction in Bosnia-Hercegovina, in: Education and Society 14 (1996) 1.

Splichal, Slavko: Media Beyond Socialism. Theory und Practice in East Central Europe, Boulder, CO, 1994.

Sting, Stephan/Wulf, Christoph (Eds.): Education in a Period of Social Upheaval. Educational Theories and Concepts in Central East Europe, Münster, New York 1994.

Szabolcsi, Miklós u.a.: Literatur Ungarns 1945 bis 1980. Einzeldarstellungen, Berlin 1984.

The Development of Education. The National Report – The Republic of Croatia, Zagreb 1996.

Thiergen, Peter (Hg.): Ivo Andrić 1892–1992, München 1995.

Thompson, Mark (Ed.): Forging War. The Media in Serbia, Croatia and Bosnia-Hercegovina, London 1994.

Tzermias, Pavlos: Das Bild Griechenlands im Ausland, in: Südosteuropa-Mitteilungen 38 (1998) 3.

Tzermias, Pavlos: Die neugriechische Literatur, Tübingen 1987.

Udolph, Ludger: Teodor Trajanov. Die Entwicklung seiner Lyrik 1904 bis 1941. Eine philologische Studie, Köln u. a. 1993.

Weithmann, Michael W.: Balkan-Chronik: 2000 Jahre zwischen Orient und Okzident, Darmstadt 1997.

Yugoslav Commission for UNESCO: Development of Education in the FR Yugoslavia 1994–1995. Prepared by Iskra Maksimović and Stanoje Ivanović. The Report for the 45th Session of the International Conference on Education, Belgrad 1996.

Glossar

Allochthon – Bei Bevölkerungen oder Bevölkerungsteilen: ursprünglich an anderem Ort ansässig und später zugewandert. Gegensatz zu → autochthon.

Antemurale christianitatis – «Vormauer der Christenheit»; abendländisches Selbstbild in der Frontstellung gegenüber dem Islam.

Autochthon – Eingesessen, am Ort entstanden; häufig verwendet in Zusammenhang mit Bevölkerungen bzw. Bevölkerungsteilen. Gegensatz zu → allochthon.

Autokephalie – Kirchenrechtliche Selbständigkeit; in der Orthodoxie weist das Attribut (z. B. autokephale bulgarische Kirche) auf die Unabhängigkeit der einzelnen nationalen bzw. Volkskirchen hin, an deren Spitze ein eigenes Oberhaupt (Patriarch) steht.

Balkanisierung – Meist abwertend benutztes politisches Schlagwort zur Kennzeichnung von Kleinstaaterei und organisatorischer Zersplitterung, abgeleitet vor dem Hintergrund der Nationalstaatsbildungen in Südosteuropa im letzten Viertel des 19. Jahrhunderts und aufgekommen während des Ersten Weltkriegs vor allem angesichts der bevorstehenden Auflösung des Habsburgerreiches.

Balkanismen – Grammatische Gemeinsamkeiten in zahlreichen Sprachen der Region (Griechisch, Albanisch, Türkisch, ostromanische und südslawische Sprachen).

Čaršija – Handels- und Handwerksviertel einer balkanischen Stadt.

Devşirme – «Knabenlese» im Osmanischen Reich; Aushebung von Christenkindern, die muslimisch erzogen und dann dem Militärdienst zugeführt wurden.

Donaufürstentümer – Bezeichnung für die Fürstentümer Moldau und Walachei bis zu deren Vereinigung zum Staat Rumänien (1859/1861).

Enosis – Griechisch: «Vereinigung», «Einheit»; Bewegung der griechisch-zypriotischen Bevölkerung zur Vereinigung mit Griechenland, entstanden zur Zeit des antikolonialen Kampfes gegen Großbritannien; später Begründung und Synonym für den Anspruch Griechenlands auf Zypern.

Jugoslawismus – Politisches Konzept im 19. und frühen 20. Jahrhundert zur Vereinigung von Serben, Kroaten und Slowenen in einem Staat, später auch supranationaler Identitätsrahmen der Bürger in der Sozialistischen Föderativen Republik Jugoslawien.

Megalē idea – Griechisch: «Große Idee»; Maximalprogramm in der griechischen Nationalbewegung im 19. Jahrhundert mit dem Ziel der Wiederherstellung der Grenzen des Byzantinischen Reiches.

Militärgrenze – Kette habsburgischer Militärbezirke entlang der Grenze zum Osmanischen Reich.

Millet – Nichtmuslimische Religionsgemeinschaft mit Selbstverwaltungsstatus im Osmanischen Reich.

Patrilinearität – Der väterlichen Linie folgend (z. B. Abstammungsrechnung, Erbfolge).

Tanzimat – Reformperiode im Osmanischen Reich Mitte des 19. Jahrhunderts.

Transhumanz – Saisonal bedingte Fernweidewirtschaft von Wanderhirten.

Unierte Kirchen – Auch als «griechisch-katholische» bezeichnet; orthodoxe Kirchen, die Ritus und Kirchenrecht der Orthodoxie beibehalten und zugleich den päpstlichen Primat anerkennen und mit der römisch-katholischen Kirche administrativ verbunden sind.

Vidovdan – St. Veitstag; 15. Juni nach altem Stil (dem Julianischen Kalender), 28. Juni nach neuem Stil (dem Gregorianischen Kalender).

Wiedergeburt – Romantisierende Eigenbezeichnung für die Anfangsphase der modernen Nationalismen Südosteuropas, die sich nicht als Neuschöpfungen, sondern als Ausdruck und Wiederherstellung historischer, seit dem Mittelalter oder der Antike bestehender Kontinuitätslinien betrachten.

Wilayet – Territoriale Großeinheit (Provinz) im Osmanischen Reich, die eine nicht eindeutig festgelegte Zahl von Grundeinheiten (den Sandschaks) umfaßte; an der Spitze stand ein Beglerbeg.

Zadruga – Patrilineare und patrilokale sowie in Produktions- und Gütergemeinschaft lebende Großfamilie (Hauskommunion) auf dem Balkan.

Register

Autoren und Herausgeber

Altmann, Dr. Franz-Lothar – geboren 1942, Stellvertretender Leiter des Südost-Instituts München; Geschäftsführender Vorstand der Deutschen Gesellschaft für Osteuropakunde e. V.; Chefredakteur von *Osteuropa-Wirtschaft* und *Südosteuropa*.

Bremer, Prof. Dr. Thomas – geboren 1957, Professor für Ökumenik und Friedensforschung an der Westfälischen Wilhelms-Universität Münster.

Calic, Dr. Marie-Janine – geboren 1962, Wissenschaftlerin am Forschungsinstitut der Stiftung Wissenschaft und Politik (SWP), Ebenhausen.

Crampton, Prof. Richard – geboren 1940, Professor für Osteuropäische Geschichte und Fellow of St. Edmund Hall an der University of Oxford; 1998/1999 Fellow am Woodrow Wilson International Center for Scholars, Washington, DC.

Daskalov, Dr. Rumen – geboren 1958, Assistenzprofessor für Geschichte an der Kliment-Ochridski-Universität Sofia.

Gligorov, Dr. Vladimir – geboren 1945, wissenschaftlicher Mitarbeiter am Wiener Institut für Internationale Wirtschaftsvergleiche.

Hatschikjan, Dr. Magarditsch – geboren 1951, wissenschaftlicher Mitarbeiter im Bereich Forschung und Beratung der Konrad-Adenauer-Stiftung, St. Augustin; 1998/1999 Fellow am Kulturwissenschaftlichen Institut im Wissenschaftszentrum Nordrhein-Westfalen, Essen.

Höpken, Prof. Dr. Wolfgang – geboren 1953, Professor für Ost- und Südosteuropäische Geschichte an der Universität Leipzig.

Hösch, Prof. Dr. Edgar – geboren 1935, Professor für Geschichte Osteuropas und Südosteuropas an der Ludwig-Maximilians-Universität München; Leiter des Südost-Instituts München.

Jackson, Prof. Marvin – geboren 1932, Professor emeritus, zuletzt Professor für Wirtschaftswissenschaften an der Katholieke Universiteit Leuven und Geschäftsführender Direktor des Leuvens Instituut voor Centraal- en Oosteuropese Studies (LICOS).

Kaser, Prof. Dr. Karl – geboren 1954, Professor für Geschichte Südosteuropas an der Karl-Franzens-Universität Graz; Direktor des Centre for the Study of Balkan Societies and Cultures (CSBSC), Graz.

Küpper, Dr. Herbert – geboren 1964, wissenschaftlicher Assistent am Institut für Ostrecht der Universität zu Köln; Schriftleiter von *Osteuropa-Recht*.

Lauer, Prof. Dr. Reinhard – geboren 1935, Professor für Slavische Philologie an der Georg-August-Universität Göttingen.

MILEV, DR. ROSSEN – geboren 1963, Leiter des Instituts Balkanmedia, Sofia; Chefredakteur von *Balkanmedia*.

MITTER, PROF. DR. WOLFGANG – geboren 1927, Präsident der World Association of Educational Research; 1977-1995 Professor für Erziehungswissenschaften an der Johann-Wolfgang-von-Goethe-Universität Frankfurt am Main; 1978–1981 und 1987–1995 Direktor des Deutschen Instituts für Internationale Pädagogische Forschung, Frankfurt am Main.

SCHÖNFELDER, PROF. DR. BRUNO – geboren 1956, Professor für Volkswirtschaftslehre an der Technischen Universität Bergakademie Freiberg.

SEEWANN, DR. GERHARD – geboren 1944, Leiter der Bibliothek des Südost-Instituts München.

STEINKE, PROF. DR. KLAUS – geboren 1942, Professor für Slavische Sprachwissenschaft an der Friedrich-Alexander-Universität Erlangen-Nürnberg.

STUCH, STEPHAN, M.A. – geboren 1970, Doktorand (Osteuropäische Geschichte), Köln.

SUNDHAUSSEN, PROF. DR. HOLM – geboren 1942, Professor für Südosteuropäische Geschichte an der Freien Universität Berlin.

TROEBST, PROF. DR. STEFAN – geboren 1955, Professor für Kulturstudien Ostmitteleuropas an der Universität Leipzig, 1998/1999 Heisenberg-Stipendiat der Deutschen Forschungsgemeinschaft.

Anzeigen

16 östl. v. Greenwich
20
48
44
Südosteuropa: Ethnische Struktur
Stand um 1990 (siehe Hinweise zu den Karten)
© Ed. Hölzel, Wien
Slawen Südslawen
Slowenen
Kroaten
Moslems
Serben
Montenegriner
Makedonier
Jugoslawen
Bulgaren
Westslawen
Tschechen
Slowaken
Ostslawen
Ukrainer
Russen
Germanen
Deutsche
Österreicher
Romanen
Italiener
Friauler
Rumänen
Moldaver
Walachen, Aromunen
Turkvölker
Türken
Tataren
Gagausen
Sonstige
Ungarn
Albaner
Griechen
Roma, Sinti
sonstige Nationalitäten in Städten (Anteile unter 10%)
dünn besiedelt
über 1 Mio.
über 500 000
über 100 000
Einw.
Maßstab 1:5 000 000
ÖSTERREICH
SLOWAKEI
UNGARN
SLOWENIEN
KROATIEN
BOSNIEN UND HERZEGOWINA
JUGOSLAWIEN
ALBANIEN
Wien
Linz
Krems
Wels
Steyr
St. Pölten
Salzburg
Wr. Neustadt
Ödenburg
Leoben
Graz
Kärnten
Klagenfurt
Villach
Karawanken
Burgenland
Preßburg (Bratislava)
Trnava
Nitra
Lučenec
Komárno
Esztergom
Budapest
Raab (Győr)
Tatabánya
Miskolc
Eger
Debrecen
Szolnok
Steinamanger
Veszprém
Stuhlweißenburg (Székesfehérvár)
Plattensee (Balaton)
Zalaegerszeg
Nagykanizsa
Kaposvár
Tolnau
Szekszárd
Kecskemét
Békéscsaba
Békés
Szeged
Fünfkirchen (Pécs)
Mohács
Baranja
Baja
Subotica
Senta
Kikinda
Sombor
Bečej
Zrenjanin
Vrbas
Novi Sad
Vukovar
Vinkovci
Osijek
Vojvodina
Großes Ungarisches Tiefland
Alföld
Maros
Körös
Udine
Friaul
Görz (Gorizia)
Triest (Trieste)
G. v. Triest
Koper
Laibach (Ljubljana)
Kranj
Celje
Marburg (Maribor)
Varaždin
Agram (Zagreb)
Bjelovar
Daruvar
Pakrac
Slawonien
Požega
Slavonski Brod
Sisak
Karlovac
Banija
Nova Gradiška
Kordun
Rijeka
Istrien
Rovinj
Pula
Senj
Gospić
Bihać
Cazinska krajina
Bosanski Novi
Prijedor
Banja Luka
Gračanica
Doboj
Brčko
Bijeljina
Tuzla
Sremska Mitrovica
Šabac
Syrmien
Belgrad (Beograd)
Smederevo
Požarevac
Valjevo
Kragujevac
Jajce
Travnik
Zenica
Vareš
Zvornik
Srebrenica
Sarajevo
Goražde
Foča
Zadar
Knin
Kninska krajina
Šibenik
Split
Dalmatien
Mostar
Herzegowina
Dubrovnik
Sandschak
Užice
Priboj
Kraljevo
Sjenica
Novi Pazar
Kosovska Mitrovica
Priština
Peć
Kosovo
Metohija
Prizren
Montenegro
Nikšić
Podgorica
Kotor
Cetinje
Budva
Bar
Boka Kotorska
Shkodër
Tirana (Tiranë)
Durrës
Elbasan
Debar
Ohrid
Berat
Korçë
Vlorë
Gjirokastër
Sarandë
Korfu (Kerkira)
Kerkira
Epirus
Ioannina
Konitsa
Tetovo
Kičevo
Adriatisches Meer
Straße von Otranto